古代契约法的
"礼法"形态论

先秦时期至汉代

范一丁／著

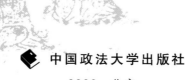

中国政法大学出版社

2022·北京

图书在版编目（ＣＩＰ）数据

古代契约法的"礼法"形态论.先秦时期至汉代/范一丁著. —北京：中国政法大学出版社，2022.5

ISBN 978-7-5764-0335-0

Ⅰ.①古…　Ⅱ.①范…　Ⅲ.①契约法－研究－中国－先秦时代-汉代　Ⅳ.①D923.62

中国版本图书馆CIP数据核字(2022)第021142号

出 版 者　　中国政法大学出版社

地　　址　　北京市海淀区西土城路 25 号

邮寄地址　　北京 100088 信箱 8034 分箱　邮编 100088

网　　址　　http://www.cuplpress.com (网络实名：中国政法大学出版社)

电　　话　　010-58908289(编辑部) 58908334(邮购部)

承　　印　　北京九州迅驰传媒文化有限公司

开　　本　　720mm×960mm　1/16

印　　张　　26.75

字　　数　　440 千字

版　　次　　2022 年 5 月第 1 版

印　　次　　2022 年 5 月第 1 次印刷

定　　价　　139.00 元

目 录

CONTENTS

概　　论 / 001

第一章　先秦时期的礼仪及礼俗与契约法原则 / 013

　　第一节　礼俗的形成和以其作为契约法的主要构成部分 / 018

　　第二节　"三礼"规则体系与契约法原则的形成 / 036

　　　一、"三礼"规则体系以礼俗对契约法主要内容的规范 / 045

　　　二、礼俗中体现的契约法原则 / 048

　　　　（一）诚信原则 / 048

　　　　（二）公序良俗原则 / 101

　　　　（三）公平原则 / 150

第二章　秦汉礼制规则体系与契约法 / 214

　　第一节　秦汉时期的法治和礼治思想 / 214

　　　一、秦代商鞅、韩非的法治思想 / 214

　　　二、汉代叔孙通、陆贾、贾谊的礼治思想 / 216

　　　　（一）汉初叔孙通制礼和陆贾的礼治主张 / 216

　　　　（二）贾谊以"道德"为根本的礼治思想 / 219

　　　三、董仲舒的"天"论哲学和礼治思想 / 234

　　第二节　秦汉法制、礼制规则体系与契约法 / 266

　　　一、《秦律》、秦礼与契约法 / 266

　　　　（一）《秦律》与契约法 / 266

（二）秦礼与契约法 / 284

二、汉代礼制、礼仪与契约法 / 297

（一）汉代礼制 / 297

（二）汉代礼仪与契约法 / 305

三、汉代礼俗仪式与契约法 / 344

（一）《风俗通义》所载礼俗仪式与契约法规则 / 345

（二）《四民月令》所载礼俗仪式与契约法规则 / 363

参考文献 / 408

概　论

　　中国古代法律制度特征的形成，与两个因素有重要关系：一是家族主义，二是儒家思想，这一观点在瞿同祖先生的名著《中国法律与中国社会》中有充分的说明。[1]陈顾远先生也认为，"中国固有法系受儒家之学说影响甚深，而儒家又极力维持中国社会固有组织之家族制度，此所以愈使中国固有法系倾向于家族本位。"[2]并且，陈顾远先生所著的《中国法制史概要》一书中在言及中国固有法中民法的存在时，还谈到另一个重要的观点，即"礼应认为系广义的法"，以礼的"广义之地位"，"不特政事法求之于此，民事法亦然。"[3]叶孝信主编的《中国民法史》也认为，中国历史上最早的"礼"，就是民法，由于"以礼入律"过程的完成，古礼所规定的民事规范，除被其他法律部门重新强调者，大抵转变为礼俗（习惯）。[4]事实上，如潘维和所说，对于中国古代民法存在之形式，持"礼法合一说"者，不乏其人。[5]如张晋藩主编的《中国民法通史》对此的进一步认识是，"礼"以宗法伦序关系解决民事纠纷的功能，贯穿于整个封建社会，因此"礼"是中国古代社会重要

---

　　[1]　"家族和阶级是中国古代法律的基本精神和主要特征，在法律上占极为突出的地位……法律承认贵族、官吏、平民和贱民的不同身分……法律之所以特别着重上述两种身分，自是由于儒家思想的影响。在儒家心目中家族和社会身分是礼的核心，也是儒家所鼓吹的社会秩序的支柱。古代法律可以全为儒家的伦理思想和礼教所支配。"（瞿同祖：《中国法律与中国社会》，中华书局1981年版，第326页。）

　　[2]　陈顾远：《家族制度与中国固有法系之关系》，载《中华法学杂志》1937年第7期，第17页。

　　[3]　陈顾远：《中国法制史概要》，三民书局1964年版，第254页。

　　[4]　叶孝信主编：《中国民法史》，上海人民出版社1993年版，"绪论"第13、21~22页。

　　[5]　潘维和将20世纪80年代以前关于中国有无民法的意见分成了四类，即以梅仲协先生为代表的肯定说，以梁启超为代表的否定说，以杨鸿烈、戴炎辉、胡长清、杨幼炯、徐道邻、张镜影、林咏荣、浅井虎夫等法学名家为代表的民刑合一说，以及以陈顾远、史尚宽等先生为代表的民法与礼合一说。（潘维和：《中国民事法史》，汉林出版社1982年版，第46~53页。）

的民事法律渊源。[1]

不过，以上各家说法均停留在概说的层面上，未见有具体的深入，而对此持反对意见者也并不是少数，但本书是赞成"礼法合一说"的。从现有持"礼法合一说"各家观点来看，有如下提示：一是就中国古代法律制度的特征而言，其与家族制度的关系，事实上正是需要进一步探寻的"礼"是如何实现解决民事纠纷功能问题，是重要的切入点，并且，以此切入是有可能寻找到中国古代民法存在的真实样态的，而能够为此认识路径提供的第一个台阶是由于"君臣之礼"和"家人之礼"的适用场域不同，即前者适用于政治场域，而后者适用于"私"的场域，[2]以此而论，"家人之礼"实为民法存在的表现形式。此问题留待本书后文作深入的探讨，在此不予展开。二是"礼俗"作为"家人之礼"在广义上存在的载体，即"礼俗"中包含的民法以及契约法的内容，是这一认识路径上的第二个台阶。三是礼仪作为"礼"的表现形式，以其对"礼俗"的形成具有影响和控制作用，可以认为礼制以制度的形式存在，是由礼仪规则体系和礼俗规则体系共同构成的。因此，所谓"礼"中包含了民法以及契约法，具体来说是指礼制作为国家制定的典章制度，就是成文法，其包含了民法规则体系，以及契约法规则体系。而以上各家"礼法合一说"给出的提示，实际上已导引出本书需要通过具体深入从而使之得以证明的观点：

古代契约法并不是仅以习惯形式存在的"自然法"，礼仪作为礼的表现形式，自汉代以后，成为国家制定的行为规则，而"以礼正俗"，[3]在礼仪制度的控制和影响下形成的礼俗，其与国家礼仪制度共同构成的中国古代社会的礼制规则体系，被用于对一般社会行为进行规范，而不仅仅是作为伦理范围内的行为规范。礼制规则体系是经由儒家礼学"以礼为法""引礼入法"

---

[1]　参见张晋藩主编：《中国民法通史》，福建人民出版社 2003 年版，"绪论"第 7 页。

[2]　居家所依循的"父子之礼"，与治国所要遵守的"君臣之礼"，分属两个有所区别的规则系统。"君臣"关系要优越于"父子"关系，"家人父子之礼"是一贯被理解为不应该用于"君臣"的场域的，在"君臣"的场域中，"家人之礼"也就是家族秩序不起作用或不应该发挥作用（[日]尾形勇：《中国古代的"家"与国家》，张鹤泉译，中华书局 2010 年版，第 156~158 页）。

[3]　《礼记·曲礼上》："教训正俗，非礼不备。"孔颖达疏："熊氏云：教谓教人师法，训谓训说义理。以此教训，正其风俗。"[李学勤主编：《十三经注疏（标点本）礼记正义》卷十三"王制"，龚抗云整理，王文锦审定，北京大学出版社 1999 年版，第 418 页。]

的主张而成为以"礼法"形态存在的国家制定法的。以此而论，礼制规则对契约行为具有的规范作用，是不言而喻的。虽然这种规范作用往往是间接的，但它们仍然应该被认为是对民事行为，包括对契约行为具有规范作用的法律。如果仅限于传统礼学的解释，"礼法"一词，是指"礼"的诸要素（礼法、礼义、礼器、辞令、礼容、等差等）之一，其为"行礼的程式、章法"，"包括行礼的时间、场所、人选，人物的服饰、站立的位置、使用的辞令、行进的路线、使用的礼器以及行礼的顺序，等等，这就是礼法。《仪礼》一书，就是先秦各种礼仪的礼法的汇编"〔1〕。但是，如果从中国古代社会存在的法的历史类型来看，"礼法"实际上既不同于"礼"，也不同于"法"，以及将"礼"与"法"并称的"礼法"。"礼法"其实是一个独立的范畴，而不仅仅是一个有关"礼""法"关系的概念。关于"礼法"一词的起源及涵义的演变，现代学者梁治平对此有重要的、甚为详细的考述，其认为"礼"与"法"的关系在历史上大略经过了三个发展阶段，而"礼法"一词的涵义因此而有所不同：一是"礼""法"合体于"礼"的初始时期（三代至春秋），在这个时期，"礼法"表现了"礼之为制度、规范、秩序、法式的方面"。而在"古人观念中，此规范、秩序、法式亦可以'法'名之"，但"唯此'法'辄与德、教相连，故又谓之'德法'或'先王德教'而有别于单纯的暴力性规范如刑"。二是自春秋之际开始发生的德刑之争，"礼""法"分立，"至荀子所谓礼义包含法且高于法，实为法之定准。秦代实行的法家政策，也将礼、法之间的对立和紧张推至极端。"儒家之礼因此被认为是"伦理化的法"，即"礼法"，而法家之"法"，则是"去道德化的法"。三是自汉代起始的"礼""法"相融，以经义决狱，表现为"儒学的法家化"，或名为"法律之儒家化"，直至隋唐而完成，上下历数百年，"最终，在编排严整、内容宏富、体例成熟的唐代诸律中，礼与法实现其完美结合"，而"这种观念和制度，简括以言之，既非单纯之礼，亦非单纯之法，而是礼与法的完美结合，曰礼法"。〔2〕对

---

〔1〕　彭林：《中国古代礼仪文明》，中华书局 2004 年版，第 34~36 页。

〔2〕　关于梁治平先生的考证，摘录其要如下："礼法"一词出现甚晚，五经之中，仅二见于《周礼》。《周礼·春官宗伯》记小史之职，有"小史掌邦国之志，……大祭祀，读礼法，……凡国事之用礼法者，掌其小事"等语。春官系礼官，小史即为礼官之属，其职志正与礼仪法度有关。所谓"读礼法"，贾疏引《大史职》"大祭祀，戒及宿之日，与群执事读礼书而协事"之语云："彼云礼书，即此礼法也。"后人纂辑礼书，亦有名之为"礼法"者。其渊源或即在此。这应当是"礼法"一词特定用法之一种，而在更一般意义上，"礼

此，亦有俞荣根、秦涛所论与之相近，其认为"律令说"难以涵盖古代中国的法体系，且难以容纳中国古代的乡规民约、家法族规等，因此中国古代法不能归结为"律令法""律令体制""律令体系""律令法系"，而是"礼法"。"律令"生于"礼法"，合于"礼法"，"礼法"统摄"律令"，包含"律令"。"礼法"不是"礼"和"法"，或"礼"加"法"，也不是指"纳礼入法"，或"礼法融合"，"礼法"是一个双音节词汇，一个名词，一个法律学上的法概念，一个法哲学上的范畴，也是古代"礼乐政刑"治国方式的统称。质言之，"礼法"即法。确切地说，"礼法"是古代中国的法。[1]对于至唐代完成的"礼""法"融合所形成的"礼法"，另有研究如吕丽称之为"礼

法"所指涉，常常就是礼及其所涵盖的各种事项。然则，礼法既同于礼，何不云礼，而谓礼法？由汉唐经学用例可知，礼法连用虽无改于礼之义，却揭明并强调了礼的一个重要面相，即礼之为制度、规范、秩序、法式的方面。古人观念中，此规范、秩序、法式亦可以"法"名之，唯此"法"辄与德、教相连，故又谓之"德法"或"先王德教"，而有别于单纯的暴力性规范如刑。三代之世，礼法未分，礼亦非诸法之法，法上之法，而是巨细靡遗，规范万有。法之一字，当时也另有其名。《尔雅·释诂》释法："柯、宪、刑、范、辟、律、矩、则，法也。"法又训常："典、彝、法、则、刑、范、矩、庸、恒、律、戛、职、秩，常也。"其含义亦非后世狭义之"法"所能范围。这些训法、训常的单字里面，又有一字值得更多注意，那就是"刑"。刑有刑罚之义，范型之义。礼治下的刑，可以被视为礼的一种消极表达。礼之为法，固无待于刑，而刑之存在，则保证了礼的强制性。三代的礼治，并非只言德教。所谓"明于五刑，以弼五教"，原是以刑配合教来运用的。礼，无法之名，而有其实。而自今人立场观之，当时的礼就是法，只是，这种法既有习俗之形态，又具规范弥散的性质，同时不乏神圣渊源，故能贯通人类生活的各个领域，将整个社会纳入一个无所不包的规范秩序之中。这种秩序，名之为"礼法"，或许更能表明其实际。春秋之际，因为时势变化，早先浑然不分的礼法，日渐分化，终至礼、法对立而不可调和，至荀子所谓礼义包含法且高于法，实为法之定准。秦代实行的法家政策，也将礼、法之间的对立和紧张推至极端。而汉代董仲舒以"天人三策"，系统阐述儒家政治理念，一举奠定了汉政的意识形态格局，其影响至为深远。董子申明仁义礼乐之道，反对任刑，并非简单地拒斥政刑，而是要摆正礼与法、德与刑的关系。在汉代，礼法、德刑的这种关系，在微观层面上的表现，则是以儒家经义断决疑狱蔚为风尚，而董仲舒本人，正是一位开风气之先的经义决狱的宗师。自汉开始，中经魏晋南北诸朝，直至隋唐而完成，上下历数百年，陈宠其事，不过是其中一个小小环节，其成败固不在一时。近之学者论及这段历史，或谓为"儒学的法家化"，或名为"法律之儒家化"。延至东汉，无论观念上、制度上，还是实践中，儒法合流之势已然形成，不可移易。其后，魏除异子之科，又以"八议"入律；晋"峻礼教之防，准五服以制罪"，开后世依服制罪之先河；"犯罪存留养亲"及"官当"之条见于北魏；北齐则列"不孝"为重罪十条之一；隋律改名"十恶"，列于篇首。这些出自儒家士大夫之手的法律创制，历代相承而逐渐完善。最终，在编排严整、内容宏富、体例成熟的唐代诸律中，礼与法实现其完美结合。论者谓"唐律一准乎礼""出人得古今之平"。荀子的兼综礼法，董子的经义断狱，在此化为一种成熟之观念，完备之制度，这种观念和制度，简括以言之，既非单纯之礼，亦非单纯之法，而是礼与法的完美结合，曰"礼法"。（梁治平：《"礼法"探原》，载《清华法学》2015年第1期。）

〔1〕 俞荣根、秦涛：《律令体制抑或礼法体制？——重新认识中国古代法》，载《法律科学》2018年第2期。

仪法”，也就是“礼仪习俗与规则的大量内容被法律化，即由朝廷确认或制定，明令遵行，礼仪法成为法律体系中一个重要的组成部分，一个自成体系的法律门类，甚至在唐以后实现了法典化，有诸如《大唐开元礼》《明集礼》和《大清通礼》等专门的礼仪法典”。[1]而马小红虽认为“从汉至清，礼与法实为统一的‘共同体’”，但其对这个“共同体”中“礼”“法”分而论之，将“礼”称为“软法”，而将“法”称为“硬法”。[2]此论仅就“礼”与“法”在这个“共同体”中不同的管辖范围和功用及二者所谓“相辅相成”的关系而论，似乎触及了这个“共同体”的存在，既不是“礼”，也不是“法”的问题。

而礼仪和礼俗通过对人们社会关系的伦理化控制，可以使社会交往中的个人行为得到规范，并因此使社会交往关系秩序得以建立，所谓的“伦理化控制”，其实只是手段而已。以下事实是可以作为前提予以确认的：一是在古代社会生活中，人们的交往行为，除了受等级性制约以外，仍然是以对等性为基础的。虽然礼仪和礼俗主要体现了等级性，但等级性的存在并不是绝对的。如人们的商品交易行为（包括贵族之间、贵族与庶民之间的商品交易也是普遍存在的），就必须是以对等性为基础的。二是礼仪和礼俗作为一般社会行为规则，就社会交往秩序而言，其并非仅体现了社会关系中的不平等关系，[3]至少处于社会相同阶层中的个人，他们的身份地位是平等的。而对于不同身份的个人，他们在社会交往中的权利义务虽然从总体上看是不对等的，但日常生活中对交易行为的必然需要，决定了他们之间的对等关系同样是必不可少的。并且，以商品交易在古代自然经济中的有限存在而论，对等性存在的暂时性和只在局部范围内存在，并不构成对等级制度的破坏。

---

〔1〕　吕丽：《论中国古代的礼仪法》，载《法制与社会发展》2000年第2期。

〔2〕　马小红：《“软法”定义：从传统的“礼法合治”中寻求法的共识》，载《政法论坛》2017年第1期。

〔3〕　如先秦民法中平等性的存在依据，在于宗法制度中各个等级内部，包括庶人阶层，其权利义务是平等的。（张晋藩主编：《中国民法通史》，福建人民出版社2003年版，第40~41页。）当然，不仅如此，处于宗族制度中不同等级的个人之间的市场交易行为，是必然发生的，《唐律疏议》对监临官借贷行为作出专门限制规定：“诸贷所监临财物者，坐赃论（授讫未上，亦同。余条取受及相犯，准此）；若百日不还，以受所监临财物论。强者，各加二等。（余条强者准此）”［（唐）长孙无忌等撰：《唐律疏议》卷十一“职制·贷所监临财物”，刘俊文点校，中华书局1983年版，第222页。］禁止“贷所监临财物”而不禁止贷给所监临之人财物，以保障契约双方在订立契约时的（限制监临官权力和身份作用后）权利义务的平等。

正因为如此，在西周宗法制和后来演变的宗族制关系中，以不同礼仪对不同身份的个人所形成的规范，在适用于交易行为时，就会出现紊乱，但是，礼制的有效，是被古代史所证明了的。礼制的有效之所以能够使秩序得以建立，是因为礼制选择了世俗化的途径。以礼制的下行，使其等级性与其作为国家制度所应当具有的普适性之间的矛盾得到解决，是其选择了对等性作为补充使然。因为以所谓"礼不下庶人"，如果其真实存在且有效的话，那么所导致的情形只能是在国家礼制规范的有效范围内有士以上身份的个人，他们不仅无法与"庶人"交往，而且其与不同身份的人（如君臣、爵级和官阶不同的大臣）也会由于适用礼仪规范的不同，而难以相互交往，显然，这样的情形在现实中是不可能实际存在的。对于"礼不下庶人"，有学者研究认为，其并不是指对庶人阶层没有礼仪规则加以规范，而仅指庶人阶层不适用士以上阶层的礼仪规范。[1]而这样的解释，实际上蕴含了只有以对等性作为补充，才能使社会交往秩序得以形成的含义。事实上，所谓"礼不下庶人"并不是说对庶人阶层不适用于以礼仪来规范其行为，而是说国家以成文法形式制定的礼只适用于贵族官员，且主要适用于政治场域。[2]"庶人之礼"不仅存在，而且是一种"庶人"必须遵守的行为规则，因为事实上，"庶人"违反礼俗的行为，是要受到"法"的惩处的。"法"在古代中国，在与"礼"并称时多被前者包含且等同于"刑（罚）"，惩罚的目的，是为教化人遵守"礼"的规范，而礼俗实际上即是礼制作为国家制度在庶人阶层延伸所形成的习惯法。

正因为"礼"的规则具有对等性，包含了对交易行为的规范，所以

---

〔1〕 对贾谊在《新书·阶级》所说的"礼不及庶人，刑不至大夫"这句话的阐释，一直是有所争论的。这段未断句的原话是："国君抚式大夫下之大夫抚式士下之礼不下庶人刑不上大夫刑人不在君侧。"栗劲先生、王占通先生断句："国君抚式，大夫下之；大夫抚式，士下之；礼不下庶人。刑不上大夫，刑人不在君侧。"（栗劲、王占通：《略论奴隶社会的礼与法》，载《中国社会科学》1985 年第 5 期。）徐复观先生指出：东周的"礼"不同于西周的"礼"，东周"礼法"意义上的"礼"来自西周讲的"彝"（徐复观：《中国人性论史》，华东师范大学出版社 2005 年版，第 27~28 页）。亦即"礼不下庶人"的"礼"指仪礼，根本不能与"刑"对称。因此，不能将"礼不下庶人刑不上大夫"断在一起（谢维扬：《"礼不下庶人，刑不上大夫"辨》，载《学术月刊》1980 年第 8 期）。张晋藩等认为："礼不下庶人"的意思是"庶人和奴隶没有资格享受礼所规定的权利，而却必须遵守礼所规定的许多规范"（张晋藩、刘海年：《"礼不下庶人，刑不上大夫"小议》，载《学习与探索》1980 年第 5 期）。杨志刚认为："先秦确是'礼不下庶人'。所谓'礼不下庶人'，并非说庶人完全不行礼，或不受礼制的约束，而主要是指官方仅为贵族制礼，庶人没有适合于他们生活方式的礼的文本规定。"（杨志刚：《"礼下庶人"的历史考察》，载《社会科学战线》1994 年第 6 期。）

〔2〕 政治场域主要是对官员而言的，虽然贵族（士）也在政治场域中活动（宗法制使然），但居家之贵族，既需要遵守礼仪，也需要通过礼俗与庶民交往，所以礼仪适用范围其实也并非仅限于政治场域。

"礼"也是规范契约行为的"法"。而对"礼"与"法"的关系，笼统地将这二者并列，并进一步以"契约"二字为标识，且仅在"法（刑）"中寻找古代契约法的踪迹，是多有所失的。因为中国古代社会虽有春秋至秦时期的"法家之治"，但并无"法治"。[1]

"礼"作为调整人与人之间关系的行为规范，是道德本体的外在表现，而"礼仪"则是对这种外化的具体化和规范化，并由国家以典章制度的形式加以确立，因此所形成的国家制度被称为"礼制"。

事实上，在涉及上述问题时，另一个需要加以强调的，且实际已有相当数量的文章所谈到的观点是：以"礼仪"的规范作用来实现"礼义"所体现的伦理目的时，"法（刑）"并非与其对称的规则体系，因为后者只是使"礼仪"的若干行为规则得到遵行的强制性规范。所谓"出礼则入刑"是指对违反"礼仪"行为规则的行为进行处罚，虽然这种处罚是为了强调对具体的"礼仪"规范必须遵行，但与"刑"有关的规定并不是指引人们去遵行合乎于"礼义"的伦理要求的行为规则。如依据"礼仪"规则定罪处罚的案例，其相关依据并不会在"礼制"的"刑"的部分作出具体规定。[2]也就是

---

〔1〕　曾宪义、马小红认为："战国法家之‘法’，从广义上讲，即指制度"，以"狭义的法观念"，"主要指刑法而言。"并认为："应该注意的是法家的‘法’，并不是我们今天意义上的‘法’，法家之‘法’泛指制度，偏重刑罚。"（曾宪义、马小红：《中国传统法的结构与基本概念辨正——兼论古代礼与法的关系》，载《中国社会科学》2003年第5期。）该文无对古代"法"与现代"法"之异同的辨析。而二者之异，并不仅在于前者"偏重刑罚"，而是在于其本质上仍然是"人治"，即"王者之治"的代名词。事实上，古代"法"的概念，更多的是倾向于"狭义"上的，对此，如信春鹰言："在相当长的一段时间里，当人们说‘法律’的时候，他们在很大程度指的是刑法。‘某人犯了法’的意思基本上等同于‘某人犯了罪’。"（信春鹰：《中国的法律制度及其改革》，法律出版社1999年版，第2页。）可见历史上曾经出现过"法家之治"，其主题含义，是对以刑罚来整肃社会秩序作用的强调，与"礼治"教化作用相对称，而不是与"礼"的本体存在，即"礼"的规则体系相对称的。

〔2〕　如董仲舒依据《春秋》等儒家经典进行决断的疑案之一："子误伤父案。甲父乙与丙争言相斗，丙以佩刀刺乙，甲即杖击丙，误伤乙，甲当何论？或曰：殴父也，当枭首。论曰：臣愚以为，父子至亲也，闻其斗，莫不有怵怅之心，扶杖而救之，非所以欲诟父也。《春秋》之义，许止父病，进药于其父而卒，君子原心，赦而不诛。甲非律所谓殴父，不当坐。"〔（宋）李昉：《太平御览》卷六四〇"刑法部六・决狱"，夏剑钦、黄巽斋点校，河北教育出版社1994年版，第42页。〕董氏认为，若按"殴父罪"判处甲，则与当朝提倡的孝道观相背。其依"原心论罪"原则，对"殴父罪"作了限制性的解释，即在客观行为之外，加上"欲诟父"的主观动机作为犯罪要件。既然甲是出于救父的孝心，就不犯有"殴父罪"，故判决"不当坐"。以此可见，甲所依循的"孝"的规则行为，致伤乙而"不当坐"，其所依循的规则，并非在与此有关的"刑"的部分有具体规定，而是属于"礼制"中由"礼仪"所规范的行为规则。虽然"刑"的部分规定了"殴父也，当枭首"（以"引礼入法"的原则所制定的规则），但在具体适用中，却需要以"礼仪"所规范的行为规则来进行评判，故"刑"的部分并不提供具体如何依"礼"而行的规则，而仅提供处罚的种类。

说，"刑"并非另立的规范个人行为的伦理规则体系，其不能与"礼仪"的规则体系相对称，而只能在一定意义上说，"礼仪"的规则体系中包含了"刑"（对违反者进行处罚的规则）。因此，"礼制"作为国家法律体系，是民刑混合的。在此，所谓用于调整士以上阶层贵族官员的"礼仪"，其强制性的规则是通过"礼制"之若干规定来表达的，中国古代的"礼制"也就是现代意义上的"法制"，但此"法制"体系内的"刑"的若干规定，并非就是现代意义上的刑法，"民刑不分"正是在这个意义上所讲的。因为"礼制"中的若干规则，仅在字面意义上与"刑"的部分相区别，但事实上，倘若违反"礼制"中的某项"礼仪"规则，完全有可能被处以"刑罚"，而并不会因为这样的规则在"刑"的部分没有被具体规定就不予以处罚。

然而，"礼制"作为国家制度，在强调其自身必须具有的对公众而言的普适性时，其"别贵贱、序尊卑"的等级性作用则不得不被弱化，而这种弱化必然会导致"礼"的适用界限变得模糊起来，且这种情况并不必然表现为是"礼制"的陈旧性所致。由于社会的进化所导致的社会各阶层等级界限的被突破，虽然会使"礼制"曾经的适用范围的界定被否定，但由于"礼仪"规则与其习惯法渊源之间的关系是不可割裂的，这种天然联系使其必然会存在世俗化的版本，因此界限只是部分有效地被划分出来，或只能对部分情况作出划分。并且，这种划分即便明确，其本身也是无法做到绝对清晰的。也就是说，国家的成文法与习惯法，在此虽因国家意志将前者的适用范围限于仅适用于政治场域以及适用对象为贵族官员，但这种限制因只符合部分公众的需要，而必然会被打破。因为以"礼义"所表达的道德需要，是对社会意志的反映。由于"礼"的形成，是由"俗"发展而来，汉代许慎以"事神致福"来解释"礼"字，郭沫若在《孔墨的批判》一文中说："大概礼之起，起于祀神，故其字后来从示，其后扩展而为对人，更其后扩展而为吉、凶、军、宾、嘉的各种仪制。"[1]事实上，"礼仪"的若干规则，正是由民风世俗演进

---

[1] 郭沫若：《十批判书》，东方出版社1996年版，第96页。杨向奎则认为"礼"起源于人类原始的交往，并认为原始社会的"礼尚往来"实际上是货物交易，而自周公、孔子始，"礼"的涵义才完全摆脱了原来的意义，去掉了"礼仪"中的商业性质（杨向奎：《礼的起源》，载《孔子研究》1986年第1期）。虽然关于"礼"的起源观点各有不同，但在"礼"确系来自民间世俗的"习惯法"这一点上，基本上是可以统一的，如果以"习惯法"这个概念来概括由若干民风世俗所形成的社会行为规则的话。

而来的，以此更清楚的说明是：既然"礼仪"的若干规则来自风俗习惯，那么，它的世俗化则是对其习惯法本质的回归。这是因为社会意志虽然会受到国家意志的干预，但其又有相对独立存在的一面。

　　"礼俗"[1]作为庶人阶层所要遵循的符合公众对道德秩序需要的习惯法，是社会意志的体现，但并非完全受国家意志的左右。而符合统治者所阐释的"礼义"的"礼俗"，则应当是"礼制"的必然构成部分。以其作为习惯法存在的"自然状态"，与经由国家制度所认可的那部分"礼俗"是不同的，以此而论，与契约法制度的认识相关，后者即为本书的"隐性存在的契约法规则"的考察对象。不过，"国家认可的"那部分"礼俗"，并非由国家制定，所以其首先是不同于"礼仪"的成文法体系中所包含的"刑"的部分（"刑"只能由国家制定和执行），其内容更多的是调整平等主体之间的关系。其次是将其作为属于民事部分的行为规则（仅从与契约法制度相关的角度来看，虽然同为庶人，但宗族内部和家族内部个人的身份等级也是不同的），对这类调整平等主体之间关系的行为规则进行认识，将使本书的研究主题所涉及的研究对象，即契约法行为规则体系，得以寻找到其存在的根据。不过，在此还需要强调的是，以"礼俗"作为习惯法所形成的行为规则，并非对"礼制"作为国家制定的成文法的通俗化译读，虽然"礼俗"作为等级社会中庶人阶层的秩序规则仍然归属于"礼制"的制度体系，但其作为"礼制"的世俗化版

---

　　[1]　关于"礼俗"，学者邓子琴考："礼俗"之解释可分为两种：第一种视"礼俗"为一名，第二种以"礼俗"为二实。前者如郑康成，《周礼·大宰》中大宰以八则治鄙，"六曰礼俗，以驭其民"，郑注："昏姻丧纪，旧所行也"，推郑氏之意，凡礼必成为习惯，始能永存，习惯中必有礼的成分，始有价值。因此"礼俗"自是一物疏。而后者如孙诒让，其驳郑贾，自有依据，如《礼记·曲礼》云："礼从宜，使从俗""君子行礼，不求变俗"，礼与俗对举，明非一物。"吾以为析名谈理，自宜从第二说。而本书之主要点，自不妨仍重昏丧诸事"。故邓氏在对"风俗""民俗"分别定义后，给出的"礼俗"定义是："凡依理智的指导形成之习惯，构成一定之仪式，而流行于一般社会中者，谓之礼俗"，"民俗范围，大于礼俗范围"，"而风俗范围，又大于民俗范围"（邓子琴：《中国礼俗学纲要》，中国文化社 1947 年版，第 1、7~8 页）。王贵民先生认为，"礼俗"是某些习俗经过规范化，凝集为一定的形式，也就是"礼仪"。只有按照教化的观念、意识，用"礼"的形式去规范某种风俗时，方才成为"礼俗"。"礼俗"赋有规范的、有意识目的的自觉性。就范围来说，"礼俗"较"风俗"狭窄，但"礼俗"进入文明时代才发生，有它一定的历史范畴，这时，掺入了政治内容，"礼俗"为统治者用为导向作用。"礼俗"为中国所特有，"礼俗"的社会根基是宗族组织和宗法制度。其还把传统"礼俗"的嬗变划分为三个时期：先秦——"礼俗"形成期，秦汉至唐五代——"礼俗"渐变期，宋元明清——"礼俗"繁化蜕变期（王贵民：《中国礼俗史》，文津出版社 1993 年版，第 2~16、33、125、221 页）。王炜民先生对"礼俗"定义为："由于统治者对礼制的强化，文人学士对礼仪的倡导，学校中对礼学的教育，社会上日复一日、年复一年地践行礼仪，使礼仪渐渐地融入人们的日常生活，成为大家处世行事的规范而代代相传，于是礼仪便成了风俗习惯"（王炜民：《中国古代礼俗》，商务印书馆 1997 年版，第 5 页）。

本，对仅适用于士以上阶层的"礼仪"的程序性规则及其实体性规范体系所作的衍化，体现的是社会意志的强化，不同于前者是以体现国家意志为主，这是"礼俗"的一个基本特征，也是对此进行研究所涉及的一个核心概念。但是，由于"礼俗"是以习惯法的形态存在的，使得任何有关的文本形式的概括，都难以体现其以隐性方式存在的完整性和系统性，因此其不同于"礼制"以国家成文法形式的存在，可以有数量庞大的文本作为研究对象。然而，如前所言，"礼俗"作为"礼仪"规则的"世俗化"版本，其适用于庶人阶层，以调整平等主体间的权利义务关系为主要功能（宗族、家族、行会等社会组织内部，仍然存在着明确的等级性，但相对于国家政治体系的等级结构而言，庶人阶层内部的个人之间在政治上的平等，是主要的，这也就意味着从国家权力那里获得的权利分配，是大致均等的，宗族或家族内部的不平等，是由族权和家长权对权利的再分配造成的），契约关系借助于这种功能，得以构造其内部秩序。这是因为主体间的平等关系的存在，是契约关系得以形成的先决条件。

当然，士以上同等级的阶层内部，也同样存在着平等关系，有所不同的是，市场的调节作用使主体间的平等关系具有普遍性，而不会以身份来划分适合于同等级身份的个人进行交易的不同等级的市场，虽然这种特别的市场在中国古代社会也是存在的，但这不是在一般意义上所说的市场。而我们在此是以古代契约法的规则及其体系结构为研究对象的，只能以市场的一般性存在作为其场域。也就是说，在一般性市场中发生的交易，由此产生的契约关系，必然为市场秩序所左右，而市场秩序的形成，除了受国家干预和经济规律的支配以外，还有"礼俗"对人与人之间关系的规范，这其中必然包含对人与人之间因市场交易而发生的关系，而这种关系的规范化体现就是契约关系。

显然，"礼俗"以对市场秩序的规范所形成的对契约关系的规范，并不是具体的，若干世俗化之"礼仪"规则，只是一般性社会行为规则。只不过因市场秩序的需要，必然会对此有进一步改造，并因此形成若干交易习惯和行规。这些以"习惯法"来统称的规则，就是契约法规则。虽然这些规则因所谓"官从政法，民从私约"的国家立法原则，对国家成文法体系的界限做了划分，致使"民从私约"所依循的行为规则缺少系统化的整理和编纂，并似乎难以得到继承发展，但是这只是表面现象。因为"礼制"作为对社会秩序进行规范的行为规则，是一直被沿用的，其因此而不断地被改造，并得到继承和发展，这一情况，必然会使"礼俗"也处于被不断改变和发展的状态之中。

由于仅从难以获得的、缺失的历史上各个时代市场交易习惯和行规等去窥见"礼俗"规则的变化，故往往难以得到完整认识，并且"礼俗"难以被系统整理出来，以此为研究对象，只能以所谓窥见来进行，这是不够的。不过，换一个角度来看，如果我们通过对历史上"礼制"的文本进行研究，去了解"礼俗"规则可能发生的变化的整体情况，或可得到对古代契约法规则及其体系相对完整的认识，只不过仅依据此路径，却会遇到另一方面的困难，尽管历史上对"礼制"的研究，文本资料丰富，且相关著述浩瀚，却很少有将其与"礼俗"，更少有与契约法规则相联系的。

然而，上述情况与历史的实际存在不相符合的地方是：契约关系作为社会经济生活中必然发生的，社会关系中最普遍和最基本的人与人之间的关系之一，在日常生活中必不可少，且从历史上并非完整的相关记载中，可以了解到至少从西汉董仲舒以《春秋》决狱起，"引礼入法"，并不仅在刑法的制定和对刑事案件的审理上有所体现，在对民事纠纷案件的司法审判中，包括对契约纠纷案的审判中，由"礼义"所衍生的若干行为规则，即以"礼仪"之世俗化的"礼俗"所提供的若干行为规则，是一直都被用来判断民事纠纷，包括契约纠纷的是非曲直的，虽然相关历史资料对此并无系统的整理和编纂，但有关的案例却可以为这样的寻找提供相关证据。

由于"礼治"的范围是无所不包的，庶人阶层的行为规范仍需要以"礼"来进行调整，这一出自政治制度的根本需要，与统治者集团另一重要的政治需要，即与通过强调"礼"的"别贵贱"的作用来试图建立符合其集团利益的稳固的等级社会结构之间，是存在逻辑上的矛盾及其内在冲突的。而"礼"作为伦理之治的那个最基本的正当理由，虽被有意遮蔽或忽视，却在实际上解除了因片面强调"礼"的等级性而给"礼治"主张所带来的根本性困境：因为伦理的对象是社会中人与人之间的关系，这个对"礼治"而言具有根本性意义的正确选择，使"礼治"超越了士以上阶层贵族官员用以"别贵贱"的那条红线的限制，而必然向庶人阶层下行延伸。因此，"礼制"作为国家成文法虽然没有对庶人阶层的行为规范作出明确规定，但"礼治"的需要决定了"礼制"的世俗化版本"礼俗"的存在,是其必要的组成部分,而契约法正是在这个意义上指那些被国家认可的,由"礼俗"所规范的有关规则体系。

显然,不能因为国家成文法没有直接对契约行为进行系统规范(历代法典在刑事法的规范体系中,均有少量的针对契约行为的规范规则),而认为中国古代并无契约法。但是,将由"礼制"演变而来的"礼俗"规则体系作为契约法规则的构造依据,却有可能被认为存在牵强之处,究其原因,是在于"礼俗"的若干规则,的确不能等同于契约法规则。然而,这同样只是表面现象:因为契约法规则的存在,实际上是由"礼俗"规则演变而来,其运行也受"礼俗"规则所约束,这是一个客观事实。因此,如何对古代契约法规则及其体系进行揭示和描述,将"引礼入法"的过程在契约关系中进行寻找后并予以还原,或可以达到目的。也就是说,前述的由"民从私约"之国家立法制度所决定的对民事法律制度,包括契约法律制度的建立,其在形式上被国家"立法"所放任,任其"自然生长",只是一种表面现象。受这种现象所蒙蔽,致使"礼俗"中契约法规则的存在和形成过程被忽视而蒙尘甚久,现在要做的工作只不过是将落定的尘埃拂净罢了。

正是基于这样的认识,本书将以与"礼仪"和"礼俗"相关的古代契约案例或事例作为考察中心,这是因为从"礼制"到"礼俗",它们对契约关系的调整是间接的,只有通过相关案例或事例,才能认识到这种调整是如何进行的。我们可以在此基础上抽象出一般性规则,以求揭示古代契约法的全貌。

第一章

先秦时期的礼仪及礼俗与契约法原则

"礼俗"教化作用之目的，在于体现"礼义"。在这一点上，其与仅适用于士的阶层的"礼仪"，如《礼记》所记载的国家成文法对礼的外在形态，主要包括制度、仪式、日常行为和器物[1]的规范之目的是一致的，区别仅在于二者的适用范围和适用对象不同。《礼记·内则》中针对日常生活中的行为细则和细微的注意事项进行了大量的记录和研讨，如其中有一段从人能用手吃饭的时刻开始，到七十致事的时候结束的记录，系统地展现了社会成员终生都在礼的程序之中的主题，[2]可见古代国家对已形成习俗的礼的外在形态是有明确规范的，这种规范体现了国家意志并非对庶人阶层的行为放任于"礼治"范围之外的事实。虽然作为成文法的礼仪规则对庶人行为的规范是间接性的，且是通过对以礼的精神，即以"礼义"的教化来实现的。而"礼制"的制度性规范体系即为"礼仪"，其世俗化版本"礼俗"，正是国家以"礼义"教化的结果。这种教化可以使"一切习俗性的日常活动（包括家务劳作），统统被作为行为规则而固定下来"。[3]当然，并非一切由"礼俗"所确立的行为规则，国家都是一概加以认可的（以若干国家敕令或礼学家著述中的阐释予以明确），因为国家认可的"礼俗"过程，体现的是选择和修正并

---

〔1〕 见勾承益：《先秦礼学》，巴蜀书社2002年版，第338页。

〔2〕 见勾承益：《先秦礼学》，巴蜀书社2002年版，第357页。《礼记·内则》："子能食食，教以右手。能言，男'唯'，女'俞'，男鞶革，女鞶丝。六年，教之数与方名。七年，男女不同席，不共食。八年，出入门户及即席饮食，必后长者，始教之让。九年，教之数日。十年，出就外傅，居宿于外，学书计，衣不帛襦袴；礼帅初，朝夕学幼仪，请肄简谅。十有三年，学乐，诵《诗》，舞《勺》。成童，舞《象》，学射御。二十而冠，始学礼，可以衣裘帛，舞《大夏》，惇行孝悌，博学不教，内而不出。三十而有室，始理男事，博学无方，孙友视志。四十始仕，方物出谋发虑，道合则服从，不可则去。五十命为大夫，服官政。七十致事。"［李学勤主编：《十三经注疏（标点本）礼记正义》卷二十八"内则"，龚抗云整理，王文锦审定，北京大学出版社1999年版，第868~870页。］

〔3〕 见勾承益：《先秦礼学》，巴蜀书社2002年版，第358页。

举的创制。在这一过程中，与"礼义"相符者，在被确认和修改后成为国家制度所明确的，具有维系等级社会秩序功用的"礼俗"，因此，这样的"礼俗"并不等同于风俗习惯。[1]而那些与礼制的推行所体现的"礼义"不相符合的习惯法，如宗族法或家族法中与"礼义"不相符合的部分，是不可能得到国家在相关司法行为中的认可的。中国古代国家在以礼制所构造的等级性宗法体制中，以成文法对宗族法或家族法进行规范的情况，与宗族法或家族法被认为是习惯法的观点之间存在矛盾之处吗？对此，本书可以提供的认识是：礼制的世俗化与其规则系统作为国家成文法的形式存在之间，因"礼治"的根本性需要与其以等级性所划定的对自身适用范围的限制之间，有矛盾的一面，从而使它们作为行为规则系统因适用对象不同而有间隔，但它们之间又是相互联系的，在体系上是同构的。这种情况，正如日本学者井上徹在《中国的宗族与国家礼制：从宗法主义角度所作的分析》一书中所认为的那样："殷周时代，称'宗法'的宗族统制原理，适用于为统合封建诸侯诸旁系亲族这一目标。"但是，自此以后到清代为止的中国社会，一直处在"宗族形成运动"中，所谓的"宗族"是指"一般的父系世系族亲"，而"向宗族形成运动提供理论依据的'宗法'，正属于'礼'这个儒教化社会规范的范畴"[2]。也就是说，最初礼制建立时设立的适用范围，在后来的世俗化过程中，实际已经通过其具有的教化作用，在一般社会阶层中得到广泛运用，如以"宗族形成运动"所推行的"宗法"，就是礼制世俗化的证明。因此，国家成文法对礼制的世俗化，是以间接方式实行控制的，并以实现"礼治"为目的。这个目的并不能全部解释为礼制之目的，但礼制之目的和那些被国家认可的"礼俗"规范之目的，同为对"礼义"的体现。尽管历史上不同的社会发展阶段

---

〔1〕 如何联奎在其所著的《中国礼俗研究》中认为，习俗可二分：①恶俗（含薄俗、浇俗）；②美俗。而美俗是"礼"所提倡的。"礼俗"因此是维持社会秩序的美俗经过"礼"融合后而成的礼形态（何联奎：《中国礼俗研究》，台湾中华书局1983年版，第10页），其观点与此处所言相近。而现代已有的若干对"礼俗"的相关定义，多从"礼"与"俗"的关系上认识，即以"礼"作为国家制定的社会行为规范，事实上是来源于"俗"的，且在"礼"以教化推行的过程中，又形成为其所左右的世风世俗之"俗"，虽同为"俗"，前后并不相同。本书在此处及以下各章节中，对于由"礼制"的推行而形成的"俗"，特指为"礼俗"，其与"礼"这个概念并不对称，而是与"礼制"相对称，即指由于"礼制"作为国家成文法的推行，因其狭义上的效力范围，及于仅适用于士的阶层（不包括"刑"的部分，此部分分是及于全体社会成员的），由于"礼治"的根本性需要所决定，"礼制"的世俗化是必然的，而这种世俗化的结构即为"礼俗"。

〔2〕 ［日］井上徹：《中国的宗族与国家礼制：从宗法主义角度所作的分析》，钱杭译，钱圣音校，上海书店出版社2008年版，"绪言"第3~5页。

中，统治者对"礼义"的解读不同，但同一时期国家礼制和被国家认可的"礼俗"规范，仍然是以符合统治者对等级宗法制度的维护需要为目的。正是在这个意义上讲，"礼俗"是礼制的规则体系的必要组成部分。也就是说，虽然"礼俗"并非由国家直接制定，但其规则体系中那部分与现代意义上的法律规则相近或相同的规则，包括民事行为规则及契约法规则，是被国家以制度化规范，即礼制和"法律（刑法）"所间接规范了的，如此，以现代法律语言，我们或许可以将它们称之中国古代社会的广义上的"法"。

　　然而，我们对这个广义上的"法"做进一步的了解的话，就会发现，"礼俗"的规则体系的存在，是概念化的，因为这个只在概念中具有可理解完整性的规则体系，其实际存在往往是分散的、难以收集全面和系统化的。而这个在古代经学中已有的概念，[1]尚缺少清晰的定

---

〔1〕　自先秦以来的经学对"礼俗"并无直接清晰的解释，其中典型的如清代孙诒让指出："礼俗当分两事，礼谓吉凶之礼……俗谓土地之习。"［（清）孙诒让撰：《周礼正义》卷二"天官·大宰"，王文锦、陈玉霞点校，中华书局1987年版，第71页。］而宋代吕祖谦则认为"礼""俗"二者合为一"方谓之礼俗"：礼俗不可分为两事，且如后世虽有笾豆簠簋，百姓且不得而见，安得习以成俗？故礼、俗不相干。故制而用之谓之礼，习而安之谓之俗。如春秋祭祀，不待上令而自安而行之，刑，是仪刑之刑，须是二者合为一，方谓之礼俗。若礼是礼、俗是俗，不可谓之礼俗。［（宋）吕祖谦编著，黄灵庚、吴战垒主编：《吕祖谦全集》（第1册）卷一"东莱吕太史别集卷一·家范一·宗法"，浙江古籍出版社2008年版，第285页。］宋代王应麟也说，"圣王之治，天下本俗而安之，礼俗以成之，修其教不易其俗，一道德以同俗。其移风易俗以乐，其化民成俗以学。修其孝悌忠信，维以礼义廉耻。士有常心，民有定志。殷之衰也，遗俗犹存周之季也。"［（宋）王应麟：《通鉴答问》卷四"公孙弘对策"，载（宋）王应麟：《周易郑康成注·六经天文编·通鉴答问》（王应麟著作集成），郑振峰等点校，中华书局2012年版，第370页。］清代汪绂言："礼俗，有礼之俗也。"［（清）汪绂：《参读礼志疑》卷下，载《钦定四库全书》（经部一二三·礼类），景印文渊阁四库全书第0129册，台湾商务印书馆1982年版，第651页。］清代惠士奇有大致相同之说，其认为礼可将俗归于一统，即所谓"一之以礼则无不同"："所谓礼俗也，百里不同风，千里不同俗。俗不同，而一之以礼则无不同……俗言天命者性，师教者习，因习而俗成焉……有一家之俗，有一国之俗，有天下之俗。一家之俗大夫主之，一国之俗诸侯主之，天下之俗天子主之。而皆以一人为转移，故天下、国家、远近、大小虽殊，莫不有祖宗家法，颠覆典型、纷更约束、子孙不法祖宗而俗败矣。"［（清）惠士奇：《礼说》卷一"天官上"，载《钦定四库全书》（经部九五·礼类），景印文渊阁四库全书第0101册，台湾商务印书馆1982年版，第389页。］元代解蒙《易精蕴大义》则以教化民而成"礼俗"："观君臣、父子、兄弟、夫妇、朋友之文，则道之以礼乐，风之以诗书，彰以车服，辨以采章，以化天下，而成礼俗也。"［（元）解蒙：《易精蕴大义》卷四，载《钦定四库全书》（经部一九·礼类），景印文渊阁四库全书第0025册，台湾商务印书馆1982年版，第606页。］清代《钦定礼记义疏》中说："夫先王立宗法，而吉凶相及，缓急相扶，尊卑有纪，亲疏有伦，然后一族如一家，一家如一人。此礼俗所以成，而民风所由厚也。因宗法为服制之本，故先图于此。"［清乾隆十三年（1748年）敕撰：《钦定礼记义疏》卷八十二，载《钦定四库全书》（经部一二〇·礼类），景印文渊阁四库全书第0126册，台湾商务印书馆1982年版，第610页。］清康熙四年（1665年）敕编的《日讲礼记解义》则说："周官以礼俗驭其民，是礼非不下庶人。"［清康熙四年（1665年）敕编：《日讲礼记解义》卷三"曲礼上"，载《钦定四库全书》（经部一一七·礼类），景印文渊阁四库全书第0126册，台湾商务印书馆1982年版，第40页。］

义，[1]但可以明确的是，"礼俗"并不是一个具体存在的规则体系的代称，而仅是表征了这一规则体系的存在（那些可以寻找到的具体规则对此可予以证明，但这些可以找到的具体规则，只能是其中的一部分）。以此而论，使本书主题得以展开的工作，显然不同于民俗学家或社会学家所做的那样，以收集民间存在的"样本"和实地考察为主，这不仅因为现代与古代的距离会使许多这样的实地考察因失去那些曾经存在的历史场域，而只能得到失真的结论；而且因为以这样的路径和方法，是难以获得我们所需要的对"礼俗"的规则体系的全面的认识的。但是，也正因为如此，这样的方法似乎给我们指出了另一条必然的路径，那就是以"礼俗"所表征的那部分为国家所认可的规则体系中，与契约法相关的规则，在相当程度上是较为完整地存在于礼制的规则体系之中的，而它们曾经是礼制的制定者们，对因国家之"礼"的教化作用而生成的"俗"，和那些自然生成的、可以生成为"礼"的民间之"俗"，做过全面的考察（这当然是指那些具有原创性的，来自现实的"因时制范"之"礼"）后认可的社会一般性行为规则。因此，这些"礼"的规则，往往为我们提供了其时为国家制度所认可的那些合"礼"之"俗"，即"礼俗"。这其中相当部分，主要是皇家礼仪的部分，是需要刨除的。但应有的保留是关于皇帝礼仪对世俗之礼的示范和引领作用的认识，这也是对古代经学家们通常所说的"教化"作用存在的认识。这些从表面看起来与庶人之礼无关的礼仪，其实间接地与民间"礼俗"的形成有关，并因此给出了通过此类礼仪对民间"礼俗"予以认识的途径。这应该是本书主题得以在以下征考之所得可以被证成的基础。

"礼制"之所以被称为是制度化的"礼仪"，是因为作为"礼"的外部形

---

[1] 许多以"礼俗"为内容或有涉及这个概念的文章，往往避免给其下定义，以笔者所见，给出较为明确说法的，如何联奎在《中国礼俗研究》中言："我确定地说，礼俗是一种文化事象"，而"文化，是指人类生活的模式（Mode of Life）"，又具体解释道："俗，是社会的习惯，礼，是社会习惯的规范。以礼节俗（世制、控制），则为礼俗。"（见何联奎：《中国礼俗研究》，台湾中华书局1983年版，第4、3、15页。）此说似与清代汪绂之"礼俗，有礼之俗也"类似。另有如常金仓的《周代礼俗研究》，似以"礼""俗"为二事，即"礼是社会行为规范"，而"俗"是"风俗"，故其将"礼俗"作为一个概念给出定义。而言"礼""俗"的区别有三：一是风俗比礼形成得早，"礼是习俗发展到一定阶段上的产物"；二是习俗是民间流行的文化，"而礼，从理论上讲，则是最高政权控制范围内统一规定的法则"；三是"礼与习俗更加本质的区别在于礼有严格的等级精神，而风俗却没有这种意识"。（常金仓：《周代礼俗研究》，黑龙江人民出版社2004年版，第1~9页。）以其所论之周代"礼俗"，实为《周礼》所载之礼。

态存在的"仪礼"，正是礼制的最初指称对象，[1]即礼制对"礼"的外部形态的存在以制度进行固定，以《仪礼》为代表。虽然《仪礼》所制定的相关规则渐为陈旧和烦琐难懂，在后世几乎弃之不用，但以其所代表的若干对"礼仪"的系统化和规范化的典章制度，作为"礼"的外部形态存在的具体化，正是可供研究的标本。当然，如《仪礼》之类中的"礼仪"制度，并非"礼俗"中体现的"礼仪"制度，[2]但二者之关系，已如前述。

"礼制"作为中国古代社会国家政治制度和现代意义上的法律制度，自先秦至清代，是贯穿于一的，虽然期间有春秋后期至战国时期的"礼崩乐坏"，但出现这种情况是因为分封制的解体和诸侯力量的增强，旧礼不合时宜所致，[3]并非礼制作为国家政治制度被废弃。而秦奉行的"法治"，实为"法家之治"，国家所制定的律法，是通过"法（刑）"来强化以王权为中心的等级制，其奉行的是重刑主义，并非从根本上取消了"礼"对人们社会行为的规

---

〔1〕《仪礼》是我国最早的礼仪汇编总集。古文经学家认为《仪礼》的作者是周公，而今文经学家则认为是孔子。沈文倬先生认为，《仪礼》一书是公元前五世纪中期至公元前四世纪中期的一百多年中，由孔门弟子及后学陆续撰作而成的，其中有关丧礼的四篇内容相贯，著作年代相近，约在鲁哀公末年至鲁悼公初年，即周元王、定王之际（沈文倬：《略论礼典的实行和〈仪礼〉书本的撰作》，载氏著：《宗周礼乐文明考论》，浙江大学出版社1999年版，第54页）。朱熹云："《仪礼》是经，《礼记》是解《仪礼》。"[（宋）黎靖德编：《朱子语类》卷八十五"礼二·仪礼·总论"，王星贤点校，中华书局1986年版，第2194页。]元代熊朋来说："《仪礼》是经，《礼记》是传。"[（元）熊朋来撰：《经说》卷五"仪礼·礼记·仪礼中自有礼记"，载《钦定四库全书荟要·经部·熊氏〈经〉卷一》，摛藻堂四库全书荟要本。]但钱玄先生则认为，《仪礼》和《礼记》不能绝对分开，"郑玄称《仪礼》，或曰《今礼》，或曰《曲礼》，在注中引《仪礼》，仅提篇名，或称《礼记》"，"《仪礼》亦称《礼记》，因为《仪礼》中既有经，又有记，故有此名。"（钱玄：《三礼通论》，南京师范大学出版社1996年版，第5页。）本书认为，《仪礼》一书在记载了礼仪规则制度的同时，对"仪礼"作为规则系统本身进行了较为完整的构建。

〔2〕有研究提到："《仪礼》的内容是关于礼俗制度的"，"是对社会生活现实的记载和描述"（马增强：《〈仪礼〉思想研究》，西北大学2003年博士学位论文，第18页）。清代邵懿辰认为，"经礼三百，曲礼三千，《仪礼》所谓经礼也。周公所制本有三百之多，至孔子时，即礼文废缺，必不止十七篇，亦不必止如《汉志》所云五六十篇而已。而孔子所为定礼乐者，独取十七篇为教，配六艺而垂万世，则正以冠、昏、丧、祭、射、乡、朝、聘八者为天下之达礼也。"[（清）邵懿辰：《三礼通论》，载（清）王先谦辑：《皇清经解续编》卷一二七七，清光绪十四年（1888年）南菁书院刻本。]即认为后世所见《仪礼》十七篇，是孔子在周公所制之礼的众多遗礼中选定而编定了《仪礼》。清末学者皮锡瑞同意邵氏观点，认为论《仪礼》十七篇为孔子所定，邵懿辰之说最通，"汉以十七篇立学，尊为经，以其为孔子所定也。……邵氏此说犂然有当于人心。以十七篇为孔子所定，足正后世疑《仪礼》为阙略不全之误。以《仪礼》为经礼，足正后世以《周礼》为经礼，《仪礼》为曲礼之误。"[（清）皮锡瑞：《经学通论》三"三礼"，中华书局1954年版，第15页。]对《仪礼》之十七篇的成书，相关争议于此暂且不论，仅以"经礼三百"为选定，虽与"俗"有关，却显然在本质上应归属于国家成文法，因为主要是士大夫阶层的"礼"，而并非以"礼俗"所指称的习惯法。

〔3〕杨志刚：《中国礼仪制度研究》，华东师范大学出版社2001年版，第100~103页。

范,秦朝实际上执行了更为严格的"礼仪"行为规范。[1]而在此之后,自汉武帝听从董仲舒建议而实行"罢黜百家,独尊儒术"的基本国策以来,中国古代社会至清朝一代,国家政治制度始终未离开以礼治国之"礼治"这个中心。当然,对此有所争论的,是历史上是否出现过"引礼入法"之"礼治"与"法治"二者并举的局面,但这类争论,所言之"法",实际是以"刑法"为主要表现形式的"律、令、格、式",或是在部分刑法中引入的体现"礼义"的行为规范,而对民事行为,包括契约法行为只有少量的间接规范。如"春秋决狱",是直接引用体现"礼义"的行为规范作为刑事案件的判决依据,并非因此体现了"法"与"礼"是两个不同的规则体系。虽然有所谓"出礼则入法"之说,但此处的"法",即多通"刑"字解,且主要以"罚"(肉刑为主)来体现其强制力,也就是说,所谓"出礼则入法",是指以刑法的规定,对违反"礼"的行为进行处罚的意思。以礼治国的中国古代社会,"礼治"之通行如一,自有其变化发展的历史进程,而这一进程是相对独立的,并不因为历史上朝代的更迭而被中断,这是中国社会历史发展中的一个独特现象,也是中国古代法律制度,包括契约法制度发展中的一个独特现象。正因为如此,有关"礼俗"在各个历史时期的变化发展情况,基本上是应该依循礼制变化发展的不同阶段的划分来予以认识。

第一节　礼俗的形成和以其作为契约法的主要构成部分

"周公制礼"作为国家的立法活动的代名词,是为后世所公认的历史事实,但对此却并无当时的文字明确记载。"周公制礼"的主要内容,由后来的三部礼书所记载,并称为"三礼",系因东汉末年郑玄注《仪礼》《周礼》和《礼记》,并著《三礼目录》,故有"三礼"之名。[2]

"三礼"作为礼书,被认为是对礼仪和礼义的制度化、系统化的整理和阐述,是礼制得以国家成文法形式表现的标志。"《周礼》《仪礼》《礼记》等礼

---

[1]　如陈戍国说:"太史公论六家,明明说过:'法家严而少恩,然其正君臣上下之分,不可改也。'此非礼而何?……秦朝礼仪与先秦礼制虽不是全无关系,区别之大却是颇为明白的,但如对这种区别估计过分,又未必妥当。"(陈戍国:《中国礼制史·秦汉卷》,湖南教育出版社1993年版,第2页。)

[2]　钱玄:《三礼通论》,南京师范大学出版社1996年版,"前言"第1页。

书的出现，标志了中国礼制的发展步入了一个新的时期，即文本化时期。"〔1〕而"三礼"作为礼书，之所以会被认为是国家成文法的"文本"，是因为礼书并非专业性的私人著述，而是指"国家治职文书"。〔2〕礼书即为礼典，是礼仪和礼义的典章化之法典。其中《仪礼》主要是对各类礼仪形式的具体程序的记录。在《周礼》中，"礼"的意义主要是使行政制度的形式得以体现，其中记录的礼仪只能被视为是对礼仪的存在形态所列出的纲目，不同于《仪礼》是对吉、凶、宾、嘉等礼仪形态的若干具体规范和实行程序的详细记录。至于《礼记》，则是对《仪礼》中若干"礼"的外在形态所隐含的"礼"的本质意义进行揭示和阐释。〔3〕

对于"三礼"中的《仪礼》，班固有论道："汉兴，鲁高堂生传《士礼》十七篇。讫孝宣世，后仓最明。戴德、戴圣、庆普皆其弟子，三家立于学官。《礼古经》者，出于鲁淹中及孔氏，与十七篇文相似，多三十九篇，及《明堂阴阳》，《王史氏记》所见，多天子、诸侯、卿大夫之制，虽不能备，犹愈仓等推《士礼》而致于天子之说。"〔4〕

即认为《仪礼》十七篇的内容主要是天子、诸侯及卿大夫之礼，对此，另有元人敖继公，其认为《仪礼》十七篇所记载的相关礼仪，实为"侯国之书"与"王朝之礼"：

> 然周公此书，乃为侯国而作，而王朝之礼不与焉。何以知其然也？书中十七篇，《冠》《昏》《相见》《乡饮》《乡射》《士丧》《既夕》《士虞》《特牲馈食》凡九篇，皆言侯国之士礼；《少牢馈食》上下二篇，皆言侯国之大夫礼；《聘》《食》《燕》《大射》四篇，皆言诸侯之礼；唯《觐礼》一篇，则言诸侯朝天子之礼，然主于诸侯而言也。《丧服》篇中言诸侯及公子、大夫、士之服详矣，其间虽有诸侯与诸侯之大夫为天子之服，然亦皆主于诸侯与其大夫而言也。由是观之，则此书决为侯国之书无疑。〔5〕

---

〔1〕 杨志刚：《中国礼仪制度研究》，华东师范大学出版社 2001 年版，第 109 页。
〔2〕 林尹注译：《周礼今注今译》，书目文献出版社 1985 年版，第 11 页。
〔3〕 勾承益：《先秦礼学》，巴蜀书社 2002 年版，第 37~38 页。
〔4〕 （汉）班固撰，（唐）颜师古注：《汉书》卷三十"艺文志"，中华书局 1962 年版，第 1710 页。
〔5〕 （元）敖继公撰：《仪礼集说》（上），何俊主持整理，孙宝点校，上海古籍出版社 2017 年版，"仪礼集说序"第 1 页。

对上述情况，现今的研究者认为，"《仪礼》十七篇之内容独有士礼的观点是不客观的，但今十七篇，惟《士冠礼》《士昏礼》《士丧礼》《士相见礼》为士礼，其余十三篇都是天子、诸侯及卿大夫之礼也有偏颇。"[1]而持此类似观点的多数人，恐怕主要是从"礼仪"的起源上溯及其与"俗"有关，以及对于《周礼》和《仪礼》，认为二者仅是"西周流行的典章制度系统化、理想化而成书"。[2]但是，以国家制度论，其不可能不涉及庶人之礼。事实也的确如此，《周礼》中所谓的"听称责"，表达了债权人和债务人双方相对称的权利义务关系，《周礼·秋官·朝士》曰："凡有责者，有判书以治，则听。"《周礼·天官·小宰》进一步明确"听称责以傅别"，即以契约作为判断双方债权债务关系的依据，当然，这种情况也表明："先秦时期债的发生主要是以契约之争而引起的。"[3]《周礼》作为记载国家关于"礼"的典章制度的礼书，虽然其主要内容不能否认是有关士以上阶层的礼仪制度，但其中对"契约"及其相关基本规则也有所规范，从起因上讲，多半是出于贵族阶层的需要，因为"随着私田的出现和大小贵族手中私有财产的增多"，致使私有财产的交换和流通成为必然的需要，从而"债的关系自然出现了"[4]。不过，"私有财产的交换和流通"，不独为贵族阶层的需要，虽然西周时期经济是"真正的自然经济"，但仅有极小的部分加入流通过程。[5]在其社会的宗法制度中，家族或者宗族内部实行财产公有，各支"异居而同财，有余则归之宗，不足则资之宗"（《仪礼·丧服》）。一个宗族就是一个较为独立的经济组织，宗族内部个人私有观念尚不发达，但民间贸易如"肇牵车牛远服贾"（《尚书·酒诰》），是社会日常生活之必需。1975 年陕西岐山董家村出土的九年卫鼎铭文中载，矩伯用山林地换取裘卫马车及附属车具，为了成交，裘卫将帛送给矩伯妻子，并送与该山林地有牵连的百颜陈两匹大马。成交时，在林地四周堆上土封作田界，请了证人参加，并铸鼎确认所有权转移。[6]交易中的双

〔1〕 马增强：《〈仪礼〉与礼学研究》，载《西北大学学报（哲学社会科学版）》2003 年第 2 期。
〔2〕 杨向奎：《宗周社会与礼乐文明》（修订本），人民出版社 1997 年版，第 297 页。
〔3〕 张晋藩主编：《中国民法通史》，福建人民出版社 2003 年版，第 55 页。
〔4〕 张晋藩主编：《中国民法通史》，福建人民出版社 2003 年版，第 55 页。
〔5〕 ［德］马克思：《资本论》（第 3 卷），郭大力、王亚南译，人民出版社 1953 年版，第 1026 页。
〔6〕 胡留元、冯卓慧：《长安文物与古代法制》，法律出版社 1989 年版，第 42 页。

方，裘卫是周王室负责皮革制造的官员兼商人，[1]矩伯是否为庶人，是可质疑的：裘卫盉铭文载有"唯三年三月既生霸壬寅王称旗于丰，矩伯庶人取瑾璋于裘卫，才八十朋"这一明确的身份界定，但其可能原为贵族，[2]后沦落为庶人。[3]以铭文记载的交易，尚不能清楚地划分界线明确其是在"士以上阶层"中进行的，更何况是在《礼记·王制》所记载的国家对市场交易规定的"圭璧金璋，不粥于市；命服命车，不粥于市；宗庙之器，不粥于市"限制以外，那些没有记载也不可能被记载的庶民阶层日常生活所需的小商品交易，此类交易应该一样被规定要在由政府统一管理的市场内进行，而不允许私下进行。

在这一时期，如家庭纺织、竹木器具、制陶等这些小手工业生产中，有一部分是商品生产，如《诗·氓》中所说的"氓之蚩蚩，抱布贸丝"即是。[4]西周时期的市场由官方设置，《周礼·冬官·考工记》载："匠人营国……左祖右社，面朝后市"，也就是说，王都的王宫北墙之外设置有交易市场。《周礼·天官·内宰》曰："凡建国，佐后立市"，其中"后"指王后。就是说在兴建国都的时候，"内宰"要辅佐王后主持国都内市场的建设。当然，王后只是名义上的市场建造者和最高负责人。诸侯国都之市和卿大夫采邑之市都以王都市场为标准而在规模上有不同程度的缩小。并且，如《周礼·地官·遗人》中记载："凡国野之道……五十里有市，市有候馆，候馆有积。"这种设有"候馆"的市，实际上是一种规模较大的国家驿站，同时也是地区商品的集散地，[5]以此可见市场的普遍存在。对于参与市场交易的人，《周礼·地官·司市》中是有所明确的："大市，日昃而市，百族为主；朝市朝时而市，商贾为主；夕市夕时而市，贩夫贩妇为主。"即"大市"在日过正午的时候开始交易，以百姓为主；"朝市"在早晨开始交易，以商贾为主；"夕市"在夕时开始交易，以男女小贩为主。可见庶人阶层日常生活之需的交易，是普遍存在

---

[1]　李学勤：《西周金文中的土地转让》，载《光明日报》1983 年 11 月 30 日。
[2]　周瑗：《矩伯、裘卫两家族的消长与周礼的崩坏——试论董家村青铜器群》，载《文物》1976 年第 6 期。
[3]　赵光贤：《从裘卫诸器铭看西周的土地交易》，载《北京师范大学学报（哲学社会科学版）》1979 年第 6 期。
[4]　朱家桢：《西周的井田制与工商食官制》，载《河南师范大学学报（哲学社会科学版）》1991 年第 2 期。
[5]　朱红林：《〈周礼〉中的市场设置及规划考证》，载《税务与经济》2003 年第 6 期。

且被国家允许的。

而对于市场的管理，《周礼·地官·司市》中规定："司市掌市之治、教、政、刑、量度、禁令。""司市"为市场管理的最高长官，掌管听断市场的争讼、教道经营、（掌管有关的）政令、刑罚、度量单位和禁令。对于市场则"以次叙分地而经市"（《周礼·地官·司市》）。"次"是市场管理的官吏治理市的办公场所，且有"思次"和"介次"之分："思次"为市官之长，即司市及所属官吏的治事之所；"介次"为市场具体从事商品物价及质量等管理的官吏，即胥师和贾师及其属下的治事之所。"上旌于思次以令市，市师莅焉，而听大治大讼；胥师、贾师莅于介次，而听小治小讼。"其中"市师"，即司市。"叙"，《说文解字》"支部"云："次弟也。"[1]孙诒让云："肆行列前后有次第，谓之叙。"[2]"肆"为商品堆聚、摆放与交易的地方。"经，界也。"[3]"经市"，即在市场上以次、叙、肆来划分地界。"以次叙分地而经市"，也就是按照次和叙的设置来区分地段、划分市场。"凡建国，佐后立市，设其次，置其叙，正其肆。"（《周礼·天官·内宰》）除了"凡治市之货贿、六畜、珍异"（《周礼·地官·司市》）是当禁之物外，[4]其他商品须"以陈肆辨物而平市"，即要求对市场商品辨异同，将同类商品陈列于同肆之中。对于禁止交易的商品，"以政令禁物靡而均市"（《周礼·地官·司市》），属于"物靡"的商品，是指市场中精且细，但非生产、生活及战争所必用之奢侈商品。这类商品如果"人买之者多"，卖者必抬价，使之"贵而无用"，结果会导致"粗物买之者少而贱"[5]。但此种禁止，并非绝对的，"靡者使微"[6]，郑玄解释为："奢靡细好，使富民好奢，微之而已。"孙诒让解释为：

---

〔1〕（汉）许慎撰，（清）段玉裁注：《说文解字注》，上海古籍出版社1981年版，第126页。

〔2〕（清）孙诒让撰：《周礼正义》卷二十七"地官·司市"，王文锦、陈玉霞点校，中华书局1987年版，第1055页。

〔3〕（清）孙诒让撰：《周礼正义》卷二十七"地官·司市"，王文锦、陈玉霞点校，中华书局1987年版，第1054页。

〔4〕《礼记·王制》规定十四种商品"不粥于市"：①圭璧金璋；②命服命车；③宗庙之器；④牺牲；⑤戎器；⑥用器不中度；⑦兵车不中度；⑧布帛精粗不中数、幅广狭不中量；⑨奸色乱正色；⑩锦文珠玉成器；⑪衣服饮食；⑫五谷不时、果实未熟；⑬木不中伐；⑭禽兽鱼鳖不中杀。[钱玄等注译：《礼记》（上），岳麓书社2001年版，第186、306~308页。]

〔5〕（清）孙诒让撰：《周礼正义》卷二十七"地官·司市"，王文锦、陈玉霞点校，中华书局1987年版，第1056页。

〔6〕《周礼·地官·司市》："凡治市之货贿，六畜、珍异，亡者使有，利者使阜，害者使亡，靡者使微。"

"使微者，减损之使微少而已，对使亡为却绝，竞不得市也。"[1]亦即对于一般的奢侈品，要压低其上市量，使其"微"；而对于民有害之物，一定要禁止上市，使其"亡"。所禁之物中，圭璧金璋、命服命车、宗庙之器均为尊贵之物，非诸侯大夫等贵族不得使用。锦文珠玉成器也属华贵之物，倘民对这些物品过于追求，必然导致奢侈，所以要"禁"。衣服饮食，当以适度占有为好，倘若作为商品上市，必然会刺激人的贪欲，所以也要"禁"。[2]可见，"禁物靡而均市"倒也并非完全禁止奢侈商品出售，只是要将这类商品的数量及品种降到最低限度。[3]

事实上，西周时期国家是鼓励进行市场交易的。"以商贾阜货而行布"（《周礼·地官·司市》），"阜，犹盛也"，[4]"阜货"指货物丰盛充盈。"布，谓泉也"，[5]"泉"是先秦时期的一种货币，"行布"指货币的使用与流通，只有货币流通国家税收才有保障。[6]《周礼·地官·司市》规定负责市场税收的官员"廛人"，"掌敛市絘布、緫布、质布、罚布、廛布，而入于泉府"，"敛市"即收税，五种"布"指市场的五种税收，其中的"质布"是货物买卖税收，即契约税，[7]"泉府"即国家市场的税金府库。从掌管市场交易的各种官员的职责来看，如"质人掌成市之货贿、人民、牛马、兵器、车辇、珍异"，即质人掌管评定市场上的货物、奴婢、牛马、兵器、珍异之物的价格。可见这些被列举出的商品（包括奴婢也被视为商品），是可以交易的。据颂鼎铭文记载，周王命令颂"官嗣成周贮二十家，监嗣新窏（造）贮用官御"，其中"贮"为"贾"字解，[8]而"二十家"，应等同于"二十肆"。

---

〔1〕（清）孙诒让撰：《周礼正义》卷二十七"地官·司市"，王文锦、陈玉霞点校，中华书局1987年版，第1056页。

〔2〕邹德文、姚晓娟：《论先秦对商品的管理及其节约与诚信意识——以〈周礼·地官·司市〉为例》，载《长春师范学院学报》2006年第9期。

〔3〕孙瑞：《〈周礼〉中市场行政管理文书探究》，载《吉林大学社会科学学报》2003年第3期。

〔4〕（清）孙诒让撰：《周礼正义》卷二十七"地官·司市"，王文锦、陈玉霞点校，中华书局1987年版，第1056页。

〔5〕（清）孙诒让撰：《周礼正义》卷二十七"地官·司市"，王文锦、陈玉霞点校，中华书局1987年版，第1067页。

〔6〕孙瑞：《〈周礼〉中市场行政管理文书探究》，载《吉林大学社会科学学报》2003年第3期。

〔7〕"布"指店铺税或商品税，"质布"指质剂税也就是契约税，"罚布"指市场管理者征收的各项罚款，"廛布"指仓储税。（朱红林、关晓丽：《〈周礼〉中的商业税收制度研究》，载《税务与经济》2002年第2期。）

〔8〕李学勤：《鲁方彝与西周商贾》，载《史学月刊》1985年第1期。

《尔雅·释言》:"贾,市也","贾"主要在朝市,其货物依类排列。《周礼·地官·肆长》云:"陈其货贿,名相近者相远也,实相近者相尔也"。"肆"指陈设货物之处,如《汉书·食货志》:"开市肆以通之"。每一处贾谓之一肆,一肆由一家经营。上述铭文中两句的意思是:王命颂掌管二十家(肆)商贾,并监管新进的宫中所使用的货物。而颂之职官为东都成周之贾师。以此可见"朝市"等市场货物种类之多,市场当有一定的规模。[1]

而此处所言"商贾",如《周礼·司市》曰:"通物曰商,居卖物曰贾",《白虎通义·商贾》也说:"商贾何谓也?商之为言商也,商其远近,度其有亡,通四方之物,故谓之商也。贾之为言固也,固其有用之物以待民来,以求其利者也。"即从事贩运贸易的商人被称为"商";而在当地活动、聚集商品、贱买贵卖的商人则被称为"贾"。《周礼·司市》中的"商贾",作为在市场中的参与交易者,与"百族""贩夫贩妇"是有区别的。对于"百族",郑司农注:"百族,百姓也。"贾公彦疏:"此据市人称百族,故以百姓为百族。"孙诒让曰:"百姓谓平民自赍货物买卖于市者。"[2]对于"贩夫贩妇"的身份,孙诒让认为这些人"所赍货物不多,无肆立持,不豫储,不久居"[3]。也就是说,这些在"夕市"活动的小商贩,他们在城市中没有住所,是一些居住在城市以外的农业劳动者或手工业者。

然而,由于西周实行"工商食官"制,与"百族"和"贩夫贩妇"不同,以从商为业的商人阶层中,即商贾中,有一部分是官商。商贾受雇于政府,从事行政事务,除为政府进行采购外,还以政府提供的资金从事商业活动,为政府谋利。[4]据《周礼》所载,此类官商者,即贾之官有:"庖人下属贾八人,大府下属贾十六人,玉府下属贾八人,职币下属贾四人,典妇功下属贾四人,典丝下属贾四人,泉府下属贾八人,马质下属贾四人,羊人下

---

〔1〕 刘桓:《释颂鼎铭中册命之文——兼谈宾字的释读》,载《故宫博物院院刊》2002 年第 4 期。

〔2〕 (清)孙诒让撰:《周礼正义》卷二十七"地官·司市",王文锦、陈玉霞点校,中华书局 1987 年版,第 1061 页。

〔3〕 (清)孙诒让撰:《周礼正义》卷二十七"地官·司市",王文锦、陈玉霞点校,中华书局 1987 年版,第 1065 页。

〔4〕 朱红林将周代"工商食官"之商人分为两类:一类是设在国家各级行政机构中的商人,其主要职责是为本部门采购商品及对出入于本部门的物资进行价值鉴定,称之为"在府官商";另一类是在市场上为国家出售商品、经营商业的官商,称之为"在市官商"。(朱红林:《周代"工商食官"制度再研究》,载《人文杂志》2004 年第 1 期。)

属贾二人，巫马下属贾二人，犬人下属贾四人。"庖人职下设有贾八人。郑玄注曰："贾，主市买，知物价。"贾疏曰："此特有贾人者，庖人牲当市之故也。"这就是说，庖人所需的牲畜，通常需要从市场上购买，因此，要有专职商贾来办理此事。而对于"知物贾"者，如《周礼·天官·典丝》中载，典丝下设官贾二人，其职责是对本部门的原材料进行成本计价，同时，对手工业者的纺织品进行质量检查验收，然后将产品上交典妇功。《周礼·天官·典妇功》曰："掌妇式之法，以授缤妇及内人女功之事资。""典妇功"是王室纺织机构的最高负责人，管辖典丝和典枲两个部门，属下有官贾四人。在发放原料时，典妇功属下贾人要对原材料进行计价，以便计算成本。两个下属部门将产品上缴后，贾人对产品质量检查验收，"辨其苦良，比其大小而贾之，物书而楬之。"郑玄注曰："贾之者，物不正齐，当以泉计通功。"也就是说，贾人通过对产品质量的检查，标以不同的价格，以此评定产品的优劣。

但是，商贾中也有为平民者。西周在立国后，在封建诸侯与授土授民的同时，把殷民中部分从事手工业的族氏，也一起封赐给诸侯。如将条氏、徐氏、萧氏、索氏、长勺氏、尾勺氏等殷民六族封赐给鲁伯禽；将陶氏、施氏、繁氏、铸氏、樊氏、饥氏、终葵氏等殷民七族封赐给康叔。这些殷商遗族有不少是聚族而居的手工业者，如条氏即编织工，长勺氏、尾勺氏即酒器工，陶氏即陶工，施氏即旗工，繁氏即马缨工，铸氏即锉刀工，樊氏即篱笆工，终葵氏即椎工等。《逸周书·程典解》记载春秋时期周王室政策时说"士大夫不杂于商"，又说"工不族居，不足以给官；族不乡别，不可以入惠"[1]，可见商人是以家族的形式为统治阶层服务的。[2]然而，即使是在这种体制下，

---

〔1〕潘振注曰："给，办也。族不乡别之族，指商之聚居而言。乡，指市井商乡也。入惠，如廛而不征、法而不廛是已。工不聚居，业故不精，以之给官而不足，商不乡别，不知逐末之多少，以之入惠而不可，皆思有以处之也。不言农，可知。"陈逢衡注曰："族居，谓群聚州处也。《论语》'百工居肆以成其事'，故工不族居不足以给官。《六韬·六守篇》'工一其乡则器足'是也。族不乡别，族如'宗以族得民'之族，乡如《管子》商之乡六、士乡十五是也。无别则言龙事杂，无以纳于训恵矣。"唐大沛注曰："聚族居肆业乃精，事乃成，乃足给用器于官。'恵'与'慧'通，谓智巧也。别以乡则宗族亲戚在焉。声音同，传授易，乃可启其智慧。"朱右曾注曰："乡别则知民谷之数，而行补助人致也。《管子》定民之法盖出于此。"〔黄怀信、张懋镕、田旭东撰：《逸周书汇校集注》（上）卷二"程典解第十二"，李学勤审定，上海古籍出版社1995年版，第185~186页。〕

〔2〕除周王朝所属商贾外，尚有"诸侯商贾""贵族商贾"以及"方国商贾"（是指西周王朝以外诸蛮夷方国的商贾）。（邵鸿：《商品经济与战国社会变迁》，江西人民出版社1995年版，第21~26页。）

商贾中"平民商贩"也是存在的,如《尚书·酒诰》载周公训诫殷遗民说:

> 小子,惟一妹土!嗣尔股肱,纯其艺黍稷,奔走事厥考厥长,肇牵车牛远服贾,用孝养厥父母。厥父母庆,自洗腆致用酒。(伪孔传:"农功即毕,始牵车牛载其所有易其所无,远行买卖,用其所得珍异孝养父母。")

　　显然,这些殷民在农闲期间可以成为长途贩运的商贩,他们的身份是自由的。上古农人兼事工商由来已久,因而这不是西周的新事物。但这种季节性商贩进一步发展,就出现了职业性平民商贩。据《国语·郑语》和《史记·周本纪》载,褒姐的养父母,便是一对贩卖"檿弧箕服"的小商贩,亦即《周礼·司市》提及的"贩夫贩妇"。[1]

　　上述情况表明,即使是依据《周礼》等礼书所记载的周王朝制定的有关礼的典章制度规范,也会导致礼制的效力必然及于庶人阶层,其以制度划分的社会等级,因为制度所需效力的普适性,而发生内在的逻辑矛盾。也就是说,以"礼仪"所概括的体现"礼义"的规则体系作为国家成文法,即礼制,其立法的原初目的之一在于以此"别贵贱,序尊卑",将遵守"礼仪"的规范,视为是尊贵者的行为。因此,礼制所提供的若干遵守"礼仪"规则的制度,只局限于士以上阶层,但是,其作为国家成文法,则必然需要对社会全体公众的行为产生约束力,如果遵守"礼仪"规则,仅被视为是唯一符合"道"的行为的话,[2]那么是不可能于此之外产生对社会公众一般性社会行为的规范效力的。这二者之间的矛盾冲突导致有关礼制适用范围的局限被打破。《周礼》等礼的典章制度的制定者不得不面对客观现实,也就是不得不

---

　　[1] 邵鸿:《商品经济与战国社会变迁》,江西人民出版社1995年版,第25页。

　　[2] 关于"礼"的本体存在,即其第一形态的存在,《礼记》用"理"定义"礼",《礼记·礼器》:"礼也者,合于天时,设于地财,顺于鬼神,合于人心,理万物者也。"即"礼"是宇宙万物按照固有规律运行的那样一种事物。《仲尼燕居》说:"礼也者,理也。"《乐记》说:"礼也者,理之不可易者也。"而关于"理"的词义,《说文解字》曰:"治玉也。"段玉裁注:"玉虽至坚,而治之得其理以成器不难,谓之理。凡天下一事一物,必推其情至寸无憾而后即安,是之谓天理,是之谓善治,此引申之义也。"在把"理"作为"礼"本体的基本定义的同时,《礼记》中多次出现的"道"和"理"在内涵方面却存在着极高程度的重合。例如《中庸》说:"道也者,不可须臾离也,可离非道也。道不远人。"因此,从"道"的角度看,《礼记》事实上也把"礼"定义为客观不变的"道"在人类社会生活中的反映。(勾承益:《先秦礼学》,巴蜀书社2002年版,第278~281页。)

对"贩夫贩妇"们的交易行为施行管理，而进行这种管理的依据，对制度的制定者和执行者来说，是选择了以礼制所衍生出的那些行为规则为依据。而这种内生于制度异化可能性的存在，正是礼制必然被世俗化的原因之一。

如西周国家通对"市"的管控，来规范交易双方的行为，如果以礼制来实现这种管理的话，必然发生的一个重要的事实是，这种管理制度是需要在"道德"理想和现实的世俗需要之间获得平衡的。从制度的实际成效来看，"工商食官"制度，正是满足这种需要的理想化的标本。以这一制度管理官商行为，自然可以约束周王朝所属商贾，以及"诸侯商贾"和"贵族商贾"，但对于"贩夫贩妇"们的行为，却会失于管控。不过，通过西周国家对"市"的管控表明，其社会政治制度所适用的范围，显然是包括社会全体公众在内的。对此，制度的制定者和执行者如果试图以礼制来实现这二者之间平衡的话，那么以礼制文本所体现的"道德"理想，就不得不发生向世俗化方向的转化，因此，另一个并非以官方制定文本形式存在的社会行为规则体系，即礼俗规则体系，则必然成为转化之产物。

然而，与其他与此相类似的古今中外的社会政治制度一样，作为制度的制定者原初的"理想化"标志的载体，其制度的文本存在与规则的实际存在以及运行情况之间，其实是存在着差距的。但是，只要从上述有关"周公制礼"这个说法所代表的礼制的制定者们，对于"礼"的本体存在的基本哲学观点的表述上看，就可以发现，"礼"被认识为是"理"和"道"之客观不变在人类社会生活中的反映。[1]而这样的认识，不仅是以"礼"这个符号化概念来指称那个在物质世界存在的客观规律，而且是进一步以之指称了人与人之间的社会关系所遵循的客观规律，虽然因此而制定的体现这一规律的"礼"之外在形态的表现形式，即"礼仪"规则存在若干缺陷，但这种认识

---

[1] 勾承益：《先秦礼学》，巴蜀书社2002年版，第279~280页。勾文中提到："《礼记》中的另一种基本观念：'礼'是人类社会特有的文化现象，而'理'却并不为人类社会所特有。"其关于"'理'却并不为人类社会所特有"的观点，是很正确的，但在此句之前有关"文化现象"的说法，是欠妥的。因为所谓"文化现象"，是不能等同于"礼"的本体存在的，也就是人类社会中人与人之间关系所遵循的客观规律的存在本身，是不能等同于"礼"的外在形态，即"礼仪"的存在的。礼制固然不能完整反映"礼义"，但这并不意味着其与所谓"文化现象"可以等同。而有关"文化现象"这个本身含义极为模糊的概念被用来描述"礼"的本体存在，以及"礼仪"的制度化存在物礼制，似乎是普遍的现象（抑或在于"礼仪"的制度化存在物礼制，更多的是以"礼俗"形式存在，而被归属为"习俗"所致），这有可能是来自民俗学这个缺乏规范定义和系统性的学科的观点，与本书此处所论之意，是有距离的。

的出发点，却是如此正确，且基于这样的认识所创造的对"礼"的外在形态的表现形式本身，正是本书意欲探寻的，那个似乎隐藏在契约关系背后的社会规范体系。正因为以之构造的接近于客观之真（契约关系是社会关系的特殊表现形式，即亦为"他我关系"，却不可仅归之于"物我关系"，即人与客观外在物质世界之间的逻辑关系[1]），本书试图通过对中国古代市场交易中的契约关系进行正确描述，并进而勾勒出古代契约法规则体系全貌的努力而言，不同于西方契约理论所表述的古代契约法的存在样态及发展方向所展示的，主要包含在"礼俗"中的契约法规则，不是一种零散的、飘移的古代"文化现象"，而是一个建立在深厚且完整的政治和哲学理论基础之上的，同时也包含有一定经济思想的综合性理论体系及制度体系，以此形成的"伦理之治"下的市场交易规则体系，虽然欠缺结构层次和系统化，但无疑包含了契约法规则及其体系的核心要素。

事实上，以《周礼》等礼书所记载的西周所实行的社会政治经济制度，必然是以对"市"的管控为主要内容之一的。《周礼》中天官冢宰统领六官，总理天下政务，其中商贾"阜通货贿"，是与三农、园圃、虞衡、薮牧、百工、嫔妇、臣妾、闲民并列的一种职业或身份认同。天官冢宰"以九赋敛财贿"，具体由闾师掌管核计国中及四郊人民与六畜的数目，负责督促百姓自力生产，完纳政府规定的赋税，并按时征收。其中就包括"任商以市事，贡货贿"（《周礼·地官·闾师》），即让商人担任贸易的事情，贡纳货贿，也就是向国家交税。虽有"士大夫不杂于商"的"官"与"商"之区别，但这二者的结合体，即官商阶层的出现，意味着对"士大夫不杂于商"界限的突破，如裘卫盉铭文中的裘卫以官为氏，可能是王官。[2]《周礼》谓天官所属有司裘，设中士二人、下士二人及府、史、徒等人员，掌制作毛皮服装，管理供王用的有关皮革诸事。而在周代官制中，卿大夫以下为士，分上士、中士、下士，中士与下士合称"官师"。可见官商裘卫其人至少属于士以上的贵族阶层，此为从"商"到做"官"；而颂鼎铭文中的"颂"，其职掌实与贾师相

---

〔1〕 范一丁：《合同法新论——语言符号视角的解构》，社会科学文献出版社2015年版，"导言"第1~3页。

〔2〕 赵光贤：《从裘卫诸器铭看西周的土地交易》，载《北京师范大学学报（哲学社会科学版）》1979年第6期。

当。《周礼·地官·贾师》中明确贾师除"各掌其次之货贿之治，辨其物而均平之。展其成而奠其贾，然后令市"，"凡天患，禁贵儑者，使有恒贾"，"四时之珍异，亦如之"外，还需负责"国之卖儑"，并"各帅其属而嗣掌其月。凡师役、会同，亦如之"。因此其是从做"官"到从"商"。而贾师是管理贾人的，同时也监管为官府买进货物之事，其"级别不会很低，《周礼》一书将贾师列于命士以下，恐怕不符合周代实际情况"。[1]确实，以颂所职掌之权力，也应当属士以上之官阶。因此，虽然官商者的身份居于士以上，但实际不得不"杂于市"，因为其交易的相对方，虽然可被限制为作为王室商贾的世袭的商业家族，出面与之交易者被界定为这些家族中的首领，且在市场准入上，为不同身份的人划定了大市、朝市和夕市，以使为礼制所规范的界限不被逾越，这当然在某种意义上，趋近于市场交易的基本法则，即交易双方的身份应当平等。但是，这种设计只是制度设计者的"理想"化产物，因为商品的生产者和交易者是相对于市场的存在而存在的，并不是相对于制度的设置而存在的。官商者，作为礼制所限制的士以上阶层与庶民阶层进行市场交易的"中间人"，是会因为礼制的限制及对身份所作划分而使其行为必须遵循的规则本身，仅从理论上讲，就是难以判明的。因为在实际行为中，官商者或为"官"或为"商"，二者的身份是被混同的，其与在"野"的庶民交易，显然是不可避免的。就以周王室来说，出于王室成员的日常生活所需，和出于为促进国家经济发展和增加国家对市场交易所征收的税赋需要，仅以"成周贾二十家"之二十个商业家族的供给，是不能满足这种需要的。以王室成员的日常生活所需而论，首先这种需要是难以被"计划"所周全的，其次这种需要是处于不断增长的过程之中的。"周公制礼"所代表的礼制的设计者们，所推行的"计划经济"，最终只能被其允许设置的"市场"——一个自在的存在之"物"所具有的独立于"计划"外的客观规律所打破。

事实上，外来的"方国商贾"，[2]应该是促使以《周礼》为代表的礼制之系列制度所确立的有关"市"的若干等级性规则被打破的外在因素。虽然

〔1〕　刘桓：《释颂鼎铭中册命之文——兼谈宵字的释读》，载《故宫博物院院刊》2002年第4期。
〔2〕　邵鸿：《商品经济与战国社会变迁》，江西人民出版社1995年版，第25页。

对于西周王朝以外诸蛮夷方国的商贾的身份，是难以明确和规范的，但是如今甲盘铭文所称的那样："至于南淮夷、淮夷旧我帛晦（贿）人，毋敢不出其帛、其责（积）、其进人，其贾，毋敢不即次即市，敢不用命，则即刑扑伐"，[1]即对于南淮夷、淮夷，原向周王交纳贡帛的农人，不得欠缴贡帛、粮赋。他们来往、经商，不得扰乱地方和市肆。若胆敢违反周王的法令，则予以刑罚、征讨（这种情况，实际上是在贡纳行为中夹杂着的贸易关系[2]）。而如此之明令，虽然规定这些外来的"方国商贾"，必须在市场上进行交易（入"次"），接受临管，但对于其应以何种身份进入市场，并没有规定，事实上对此也是难以规定的。与这里记载的周王朝似乎是处于被动交易的情况不同的是，周王室在春秋时期实行了一系列促进商业发展的政策，首先就是轻关易道，招徕四方商贾。《逸周书·大匡》载，周王室颁布法令告四方"旅游旁生，忻通所在，津济道宿，所至如归"。潘振注云："言告四方而召游旅，四方之生财而乐于通商，津济无阻，道路有环，委积有待，则所至之旅，如归家之安也。"[3]而对外贸易是社会经济发展的必然现象。如商代遗址和墓葬中，除普通的石、骨、陶器外，青铜器、玉器、甲骨和海贝等出土物，均可以成为当时远地贸易的证据。其中著名的殷墟五号墓（妇好墓）中青铜器的矿料经科学测定，系来自云南某地。[4]妇好墓所出土的三百余件玉器，除少量为南阳玉和岫岩玉外，大都为新疆玉。[5]殷墟的龟甲，亦有产于马来半岛者。[6]至如大量出土的海贝，更只能来自沿海地区。上述物资无疑一部分得之贡纳，但是海贝、玉石和大龟等物，产地遥远，在西周时代这些也同样是人们心目中的宝物和贸易内容。如《周书》谓："商不出则三宝绝"（《左传·宣公六年》），"三宝"即龟、玉、象齿之类，这与商代应是一脉相承的。[7]不

---

[1] 连劭名：《〈兮甲盘〉铭文新考》，载《江汉考古》1986年第4期。

[2] 邵鸿：《商品经济与战国社会变迁》，江西人民出版社1995年版，第25页。

[3] 黄怀信、张懋镕、田旭东撰：《逸周书汇校集注》（上）卷二"大匡解第十一"，李学勤审定，上海古籍出版社1995年版，第167~168页。

[4] 李晓岑：《从铅同位素比值试析商周时期青铜器的矿料来源》，载《考古与文物》2002年第2期。

[5] 郑振香、陈志达：《近年来殷墟新出土的玉器》，载中国社会科学院考古研究所编著：《殷墟玉器》，文物出版社1982年版，第10页；陈志达：《妇好墓及其相关的问题》，载《考古与文物》1985年第4期。

[6] 徐心希：《谈商代商品经济的一些问题——兼谈甲骨文"贾"字的用法》，载《福建师范大学学报（哲学社会科学版）》1987年第3期。

[7] 邵鸿：《商品经济与战国社会变迁》，江西人民出版社1995年版，第20页。

仅如此，周王朝内各诸侯国之间的贸易往来，也是十分频繁的，如齐桓公在管仲辅佐下，齐国对外，"通齐国之鱼盐于东莱，使关市几而不征，以为诸侯利"（《国语·齐语》），对内，使士农工商四民分居，"令夫商，群萃而州处，察其四时，而监其乡之资，以知其市之贾，负、任、担、荷，服牛轺马，以周四方"（《国语·齐语》）。《左传·僖公三十三年》载，"郑商人弦高将市于周"，中途遇欲袭郑之秦师，乃矫君命"以乘韦先，牛十二犒师"。《国语·晋语》载，晋国的商人足迹在当时也是遍及各国。所以叔向说，绛之富商"能金玉其车，文错其服，能行诸侯之贿"。卫国的大商人子贡更是"结驷连骑，束帛之币以聘享诸侯，所至诸侯无不分庭与之抗礼"（《史记·货殖列传》）。由此可见，这类往来各国或各地运货贩卖的商人，至少首先从形式上打破了以"工商食官"制度所确立的以官营工商业为主的局面，因为"商其远近，度其有亡，通四方之物"（《白虎通·商贾篇》[1]）的商人，其身份是难以确切地归属为官方商贾的，他们实际已逐渐形成一个独立的商人阶层。这类"方国商贾"不同于那些以家族经营为基本单位，职业世袭，其身份、居住区、经营商品的种类甚至服务对象都受到官府的严格控制的"工商食官"者，[2]其有可能游离于"工商食官"制度所框范围之外的情况，是从这一制度被确立之始就已存在的，而并非后来新出现的。因为"通四方之珍异以资之"（《周礼·冬官考工记》）的"商旅"是自夏商之上古时代就已有之的，考古发现可以清楚地证明这一点（如前所引述的考古资料）。

　　"工商食官"制度作为西周时期的社会经济制度，是在礼制基础上所建立的，是"农村公社制下的产物"，并且，"作为农村公社基础的井田制度，实际上也是'工商食官'制度存在的基础"。[3]其与其时以血缘关系为纽带的社会宗法制度是相符合的，因此这一制度，并不是一种无现实基础"理想化"的东西。但是，从制度的设计上看，其确实较为切实地体现了礼制的整体性和系统性要求，在制度的制定层面上讲，应该是较为成功的。在此，对这一点有意予以强调，是因为本书对其时的契约法规则体系存在的探寻，与"工

---

〔1〕（清）陈立撰：《白虎通疏证》卷七"商贾"，吴则虞点校，中华书局1994年版，第346页。

〔2〕朱红林：《论春秋时期的商人——"工商食官"制度与先秦时期商人发展形态研究之二》，载《吉林大学社会科学学报》2006年第1期。

〔3〕朱红林：《周代"工商食官"制度再研究》，载《人文杂志》2004年第1期。

商食官"制度的文本存在，有密切的关系，这应该是不言而喻的。显然，"工商食官"制度作为一项由国家推行的社会经济制度，并非完善，但其缺陷却不是制度设计上的问题，而是这一制度建立在礼制基础上的不可避免的内在矛盾所导致。以礼制对社会等级性的强调，所造成的人与人之间社会关系的间隔，致使政治权力和其表现形式，政治经济制度和法律制度的效力受到阻碍，但这其实是统治者不希望发生的。正因为如此，从内在因素，即制度的存在意义与其形式构建上的缺陷间不可克服的矛盾，与外在因素，即统治者对制度设立所希望达到的效果，这两方面来看，礼制对社会中人与人之间关系的制度性局限是必须被打破的，"工商食官"制度的最终被废除证明了这一点。这与战国后期，社会最终"礼崩乐坏"的情况是相一致的。

"工商食官"制的最终解体，被认为是因铁制农具、铁工具和牛耕的使用，使土地私有化开始出现，从而导致井田制的瓦解[1]所致，其中最直接的原因是私人工商者作为一个社会阶层的出现。[2]这里涉及周代的国人是否为自由贸易者的问题，周代的国人主要指居住在城邑及四郊的居民，现代研究者认为他们拥有一定的私人经济。[3]以此，有关其时商人阶层的出现，基本上是一个可以确认的事实。然而，这个事实的存在，却导致了社会现实与礼制建立者的"理想"之间的距离出现，并且，正是由于有这个距离的存在，才促使"工商食官"制度产生。虽然这个距离本身，往往会被制度建立者和执行者在后来所忘记或忽视，但其存在并不为人的意志所左右。当然，有关

---

〔1〕 对于井田制作为一种土地制度在历史上是否真实存在并推行过，史学界对此之争议，迄今尚无定论。如胡适认为，井田制乃后人想象出来的"战国时期的乌托邦"。[胡适：《井田辨》，载氏著：《胡适文存》（一集卷二），黄山书社1996年版，第302、312页。]但后来的多数学者仍认为，井田制是存在的，如徐中舒认为："井田制是在一定的地理条件下适应于当时的生产力的一种生产关系的具体表现。"[徐中舒：《试论周代井田制及其社会性质——并批判胡适井田辨观点和方法的错误》，载《四川大学学报（哲学社会科学版）》1955年第2期。]赵光贤认为，井田制的特点是将"公田"和"私田"分开，农民把在"公田"上的收获交给公家（不管是王室、诸侯或卿大夫），"这是一种代役租的形式，也叫作劳动地租。"因此，"井田制是地占有者与生产者结合的一种特殊形式。"且井田制并非农村公社田制。（赵光贤：《周代社会辨析》，人民出版社1980年版，第47~48、56~58页。）以此可见，制度的存在与否，其文本性存在与实体性存在之间是有距离的，此类似于"工商食官"制，因为如《周礼》中的记载，也多有后世之所为的情况存在。

〔2〕 朱红林：《周代"工商食官"制度再研究》，载《人文杂志》2004年第1期。

〔3〕 晁福林：《先秦社会形态研究》，北京师范大学出版社2003年版，第513页。

的通说往往认为，是生产力的提高导致了"战国时期井田制度遭彻底破坏，授田制取而代之，与此同时，私人工商者作为一个专门的社会阶层开始活跃在社会经济舞台上，'工商食官'制度正式解体"[1]。而这样的认识所存在的偏差是，"工商食官"制作为一种制度的文本存在，与这一制度所试图体现的"第三次社会大分工已经出现到最终完成之前这一特定历史条件下的产物"，即当时客观存在的社会生产关系之间，同样是有距离的。事实上，私人工商者作为一个阶层的出现，并非以"工商食官"制度的解体与否为标志的，而是以这一制度所反映的生产关系的变化为标志的。

以上认识，对于本书以下所论的意义是在于：通过强调从《周礼》等礼书所获得的有关礼制的文本存在与西周时期社会政治经济制度的实体存在之区别，可以使以后者作为探寻古代契约法规体系存在的蓝本，并使这一选择的目的和将要展开的研究路径，得以显露出来。也就是说，礼制作为实际推行的西周时期社会政治法律制度，以《周礼》等礼书的记载，是可以证明有关这一制度的文本存在的（关于《周礼》等礼书，现代研究者基本一致的认识是，它们是汉人的撰作）。而这个事实所表明的意义，不仅在于我们有可能因此窥探到那个真实存在的礼制的本来面目究竟如何（这是需要加以深入辨析才得以窥探的，因为《周礼》等礼书所记载的，毕竟不是当时实际存在的礼制文本），而且还在于，礼制设立者们的初衷，与后来在礼制的实行中被不断地加以修改后的那个文本之间的距离反映了以下事实的存在：一方面是"理想"与现实的冲突，使"理想"不得不做出让步，另一方面则是，礼制的完善过程与社会的历史进程之间形成的其承续性存在，是与新的创生性改变相结合的产物。这两个方面的事实都表明，礼制作为制度自其被设立时起，就存在来自其自身的内在矛盾，也就是礼制以等级性所建立的社会秩序，必然会与这一制度的普适性效力之间形成冲突。而解决这一冲突的路径，最终还是交还给现实，即由社会存在来决定选择那个能够使这一矛盾能被最大限度地被包容的"礼制"，这既体现了统治者所希望建立的等级性社会秩序，又能够使若干只对士以上阶层适用的、不可避免地兼有体现身份的规则，对普通的庶民阶层而言也被认为是应当遵从的。而这种所谓遵从的含义具体是指：

---

[1]　朱红林：《周代"工商食官"制度再研究》，载《人文杂志》2004年第1期。

作为庶民，只有遵从这些规则的义务，但不享有因遵从这规则而获得的相应的道德评价，以及因此获得由相应的身份所决定的权利。

事实是礼制这一似乎难以被克服的内在矛盾，在交由社会来进行调和后，确实生成了符合上述要求的秩序，这是由统治者权力的外在性强制所致。因此，在此种情形下，所谓的社会生成，并非"自然法"意义上的规则生成，故把"礼俗"称为"习惯法"，是不能体现其真实面目的。

"礼俗"作为礼制的世俗化版本，是在统治者能够容忍的限度内形成的社会各阶层利益调和的结果。而礼制作为社会政治经济制度实体的一般性存在，更多地表现为是那些被以"礼俗"所称谓的若干规则的集成。这样的集成，因为社会的调和作用而得以形成其规则之间的相互关系，并因此形成体系。以此，"礼俗"并不是一种游离于国家政治经济制度以外的风俗习惯，也并非完全是由礼制所体现的"礼义"的教化而自然衍生出的"美俗"，国家权力通过礼制所产生的强制作用，是其生成的重要的促进因素。

正因为国家权力的强制作用的存在，"礼俗"事实上是礼制实体存在的重要组成部分。之所以称其为"部分"，是因为礼制中另有国家以若干成文法形式所组成的，只适用于士以上阶层的并非适用于"世俗行为"的"礼仪"（"礼仪"主要是政治行为规则，而调整士以上阶层"世俗行为"的规则，也只能称为"礼俗"，因为国家制度往往对此缺少具体的明文规定）。应该说，正是这两个"部分"的存在，构成了完整的礼制。当然，这两个"部分"并非可以绝对区别开来，因为对贵族或庶民而言的那个所谓的各自所在的"阶层"，在现实中不可能是两个或多个绝对封闭的生活空间。以"士大夫不杂于商"的禁忌为例，"工商食官"制度从一开始就不可能对社会的整体经济生活进行全面概括，且通过该制度最终不得不走向解体的情况，就可以说明这种禁忌其实仅是一种"理想"化的设置，不具有不间断的持续效力。

由于社会现实的经济生活所起的最终决定作用，以及"礼俗"因具有普适性特征，而成为契约法规则体系的主要构成部分。"礼俗"的普适性从本质上讲是包含平等性的，虽然"礼俗"规则并非直接对市场中与交易相关的权利义务进行规范，但其规范的是使交易行为符合官方和个人所普遍认同的"礼"的行为，即是使之符合于"礼俗"。因此，从这个意义上讲，对交易行为进行规范的规则，以及由此形成的体系，是契约法规则体系的主要部分。虽然在制度的构造上，其规范方式，是以"自律"为主，即是以对个人主观意识的约束为主，但这样约束机制，并非仅具有伦理意义。事实上，正因为有这样的约束机制存在，市场中交易的双方才得以省略交易成本，包括可以节约由于文化欠缺所带来的难以订立相对较为完善的契约的成本。

事实上，与近代以来在西方经济学契约理论中被假设的理想化的"经济人"不同的是，在中国古代契约法中，市场交易中的个人，虽然同样是被假设的（理想化的、抽象的）个人，但这个假设是建立在具象上的，即其是被假设为一个不能脱离现实社会关系的"真实的"个人。具体来说，其通常被认为是一个"有道德的经济人"，这样的个人之间实现的交易，应当是体现了"实质正义"的。因此，这样的个人，应当是一个拥有真实的除了自利的本性外，还必须符合"利他"的礼俗规则要求的个人，因此，其仅是一个适度保持自利本性的人。并且，按礼俗规则的要求，这样的个人应当表里如一，不能把订立的契约作为与其真实意思不符的"形式"，以口头的或书面的承诺去欺骗对方，从而获利。显然，这样的要求，并不是以"契约"约定本身就能够确保的（这也超出了契约约定范围），而只有结合礼俗的强制性制约，才能保障。正因为如此，中国古代契约法是简约的契约规则，与详尽的礼俗规则相结合形成的约束机制，以此构成了完整的规则体系。

不过，这里仍然存在的问题是：以这样的规则体系所形成的市场，似乎并不是"自由的"市场？然而，对此可以作出的解释是，市场在礼俗规则下以"自由"而使公平属性得以完全展现之前，中国古代契约法规则体系就建立了实现市场的这一属性的"理想化"范本（仅指对市场以"自由"实现的属性），而并非试图以此替代市场（的经济功能）。这样说有两点理由：其一，这一规则体系是建立在社会中人与人的关系之上的，这一方向的选择，与西方契约理论迄今的发展，所给出的"形式正义"是建立在物我关系之上的方向不同。事实证明，前者是人类文化早期文明对自然界和社会所具有的完整性的认识，虽然是模糊的、概然性的，但却是正确的。其二，仅从制度的设立上讲，这一规则体系试图将契约中以约定规则所给出的"形式正义"，与由礼俗规则对个人行为不确定性的约束所追求的"实质正义"相结合，虽然这样的制度设计的建立者们，对此并未没有清晰的认识和明确的目标追求，但客观上却形成了这样的结果。对此，本书将在以下章节中征引若干史料并论述以具体说明。

第二节 "三礼"规则体系与契约法原则的形成

先秦时期如《周礼》等礼书中直接明确规定的契约法规则，实际上可见之于现今古代契约史研究中所提供的相关成果，这些研究都只是在一定程度上证明了《周礼》这部记载先秦时期古代国家典章制度的礼书中，有部分内容是契约法规则。虽然这部分内容往往与"刑（法）"相关，而这种相关性的建立，是以国家对市场秩序的管理为基础的。如《周礼·地官·司市》中对于"以质剂结信而止讼"的目的和实现"止讼"目的的方式，即"以质剂结信"，贾公彦疏："恐民失信，有所违负，故为券书结之，使有信也。民之狱讼，本由无信，既结信则无讼，故云止讼也"。这里将"质剂"的作用引入"民之狱讼"的需要，显然是一种国家规范市场交易的行为，目的在于防止因交易双方"本由无信"而导致扰乱社会秩序，尤其是扰乱市场秩序的现象出现。在这里，应当注意到的是，所谓"止讼"，是实现对市场秩序管理的终极目标，而并非以此剥夺其诉权。《周礼·秋官·大司寇》云："以两造禁民讼，入束矢于朝，然后听之，以两剂禁民狱，入钧金三日乃致于朝，然后听之。"此处"以两造禁民讼"和"以两剂禁民狱"，如贾疏所言："此并下二经，论民狱不使虚诬之事。言禁者，谓先令人束矢，不实则没入官，若不入，则是自服不直，是禁民省事之法也。"也就是说，国家所要"禁"的，是所告不实的诉讼。"禁"在此作"法律或习惯上制止的事"讲（如犯禁，违禁品），其中"束矢"和"钧金"，是具有象征意义的诉讼费。而"讼"和"狱"之别，在于进行"狱"的诉讼中的败诉方，可能会使对方被处以刑罚，如当事人以与"两剂"有关的理由告对方构成侵犯财产罪。"两剂"即为"质剂"和"傅别"，可见与"两剂"有关的侵犯财产罪的罪名，即是与违犯市场管理秩序相关的，因契约而生的财产争议所引起。虽然对于因契约关系所导致的"讼"，并不涉及罪名，但这种情况仅指双方所争议的财产标的较小。[1]

对此，另见《周礼·秋官·小司寇》关于小司寇之职的所述：小司寇"以五刑听万民之狱讼，附于刑，用情讯之。至于旬，乃弊之，读书，则用法"。对"万民之狱讼"，要"附于刑"，且"用情讯之"，可见上述由契约关系导致的双方财产争议之"狱讼"，必然因为触犯"刑"的禁止性规定，官方才会"听之"，[2]并因此由国家为当事人双方的"狱讼"提供法律依据，这些依据需要在相关典章中明确，这也就是《周礼》制定与契约法制度相关的"法"的原因，但这些"法"，并不就是国家制定的契约法制度的全部。

上述情况，似乎表明了后来为世所公认的，"礼"与"法"的关系。对此，用"出礼则入法"来表述这种关系，实则源于《周礼》制度的基本建构，虽然这种建构本身并没有被明确表述出来，但已初具雏形。也正因如此，对于契约法律制度而言，那部分与"法"无直接关系的规则，显然存于"礼"中，而这是一个必然会被导出的结论。

但是，对于《周礼》中礼制规则体系具体是如何对社会行为起到规范作用的，或者说礼制规则是如何成为社会生活中人们所遵行的行为规则的，这二者之间的关系究竟具体如何，这方面是缺少研究的，尤其是关于契约法规则作为对人们交易行为的规范，其中那部分与"法（刑）"的禁止性规范尚有一定距离，但却为交易双方所共同遵守的行为规范，是否由礼制的规则转化而来，以及这种转化是如何完成的？这在中国古代契约法制史的研究中还未被关注到，甚至可以说这一研究领域尚未被中外研究者触及。

---

[1]《淮南子·氾论训》云："齐桓公令讼而不胜者出一束箭"，郑玄注："必入矢者，取其直也……古者一弓百矢，束矢，其百个与？"又"必入金者，取其坚也。三十斤曰钧"。而"必入矢者，取其直也，欲其讼无枉曲"。对于"讼"和"狱"之别，孙诒让注云："狱，谓相告以罪名者。"大司徒注云："争罪曰狱。"而对于"讼"，由于不涉及罪名，因此仅以"两造"即可，"造"即至也，"两造"即言双方当事人到场，黄度云："小曰讼，大曰狱。"虽然大司徒注云："争财曰讼。"但《周礼·秋官·士师》云："凡以财狱讼者，正之以傅别约剂。"可见由于双方争议的财产如果标的较小，也就不可能都有书契作为依据，因为双方只是口头契约关系。[（清）孙诒让撰：《周礼正义》卷六十六"秋官·大司寇"，王文锦、陈玉霞点校，中华书局1987年版，第2749~2750页。]

[2] 对于"读书，则用法"，孔疏云："读书，读囚人所犯罪状之书。用法，谓明其法律平断其罪。"孙诒让注云："谓其狱讼既定，则录先后讯辞计其所当之罪为书，使刑使对众宣读，囚不反覆，听者亦无辩论，则是情状允当，乃使法署其牍，明刑定也。"[（清）孙诒让撰：《周礼正义》卷六十六"秋官·小司寇"，王文锦、陈玉霞点校，中华书局1987年版，第2767~2768页。]在这一制作判决书并当众宣判的过程中，所要求的以"法律"来"平断其罪"，对于契约行为而言，此处的"法律"，也就是《周礼》等典章制度中所明确规定的为定罪量刑提供依据的契约法禁止性规则。

对此,本书的研究从整体上说,基本认识是:以《周礼》中对礼制规则体系的确立,可以认为,其与"法"的规则体系,是两个适用范围有所不同亦有所重合的规则体系,虽然从某种意义上来说,"法"就是"礼",因为二者在本质上是相同的,并且二者作为对社会行为的规范,都是为了维护既有的社会政治经济体制,且"法"之所禁,往往来自"礼"的要求,只不过对于交易中的契约行为,这类看起来似乎在"礼"的约束力之外的世俗行为,以礼制作为国家制定的礼仪制度,在适用对象上所作的限制,往往被误认为庶民对此可以不必遵守,这是把贵族适用的"礼仪"形式,与"礼"的规范体系相等同所致。但事实上,国家没有明确规定庶民应该适用何种"礼仪",并不代表庶民可以不遵守"礼"的规范,只不过这些规范并不由国家制定,而是经由世俗生活"自然"生成,而这种"自然"生成的"礼俗",与国家制定的礼制之间却有着必须的内在关系,其并不可能脱离国家礼制而成为完全没有约束的"自然法"。并且,"礼俗"是不应被称为"民间法"的,因为对于民间应遵守的"礼仪",在《周礼》中也是有所规定的,这不同于后来的礼制制定者和研究者们,在试图突出这一规则体系"别贵贱"的功能时得出的结论。国家为贵族们定制"礼仪",虽然从客观上说,除了以此体现等级性的要求以外,其中还有部分原因是制度的建立者自认为(礼制以宗族内部的宗法制度为主要渊源和内容)贵族们作为社会上层人士,是"生而知之"者,或"学而知之"者[1],能够以"明礼"的主观意识,来适应礼制的效力是依赖于人的主观认识对自我行为的约束这一特殊要求,这当然也可以说在当时的社会条件下,礼制的这一特殊要求体现了对人的自我行为适用了正确的判断标准,但国家礼制(当时)形成的原因(社会历史条件),被反过来作为这一制度得以建立的客观基础,是居于统治地位的社会利益集团对礼制"庸俗化"的结果,而并非礼制构建中必然的内在逻辑矛盾所致。对此,本书有以下认识,《周礼》的官制建构所体现的是国家政体结构,《周礼·天官·冢宰》的十条官法,被认为是《周礼》一书治国思想的集中体现:[2]

---

[1] 《论语·季氏》:"孔子曰:'生而知之者,上也;学而知之者,次也;困而学之,又其次也。困而不学,民斯为下矣。'"

[2] 彭林:《〈周礼〉主体思想与成书年代研究》,中国社会科学出版社 1991 年版,第 21 页。

以六典（治典、教典、礼典、政典、刑典、事典）佐王治邦国；以八法（官属、官职、官联、官常、官成、官法、官刑、官计）治官府；以八则（祭祀、法则、废置、禄位、赋贡、礼俗、刑赏、田役）治都鄙；以八柄（爵、禄、予、置、生、夺、废、诛）诏王驭群臣；以八统（亲亲、敬故、进贤、使能、保庸、尊贵、达吏、礼宾）诏王驭万民；以九职（三农、园圃、虞衡、薮牧、百工、商贾、嫔妇、臣妾、闲民）任万民；以九赋（邦中之赋、四郊之赋、邦甸之赋、家削之赋、邦县之赋、邦都之赋、关市之赋、山泽之赋、币余之赋）敛财贿；以九式（祭祀之式、宾客之式、丧荒之式、羞服之式、工事之式、币帛之式、刍秣之式、匪颁之式、好用之式）均节财用；以九贡（祀贡、嫔贡、器贡、币贡、材贡、货贡、服贡、斿贡、物贡）致邦国之用；以九两（牧、长、师、儒、宗、主、吏、友、薮）系邦国之民。

上述官法纲要，"八法、八则、八柄为治官之要，八统、九两为治民之要，九职、九赋、九式、九贡为理财之要，六典则兼统三者"。而六典由六官分掌，即"天官掌治典，地官掌教典，春官掌礼典，夏官掌政典，秋官掌刑典，冬官掌事典"，此"六官之制是《周礼》设官分职的总构架"[1]。而这种架构之法，被认为来自阴阳五行思想，"《周礼》的六官体系就是以阴阳五行为框架构筑的"[2]。

首先是"王国格局以阴阳为纲"；其次是《周礼》中所表述的官制体系，"出现了王与后的两个宫廷系统"。以五行理论架构《周礼》中的官制，"以天地四时命名的六官，是《周礼》设官分职的总框架"，是《周礼》作者"以人法天"的自然主义思想的集中表现，即"天地四时六官化生三百六十官，象征周天三百六十度，三百六十官又统摄邦国万民"[3]。学者彭林的这一观点，在另一篇文章中，有进一步的发挥，他认为，《礼记》中对"礼"的阐释，"使用得最多的哲学范畴首推阴阳"，如"昏礼与阴阳"的关系，"将男女从哲学属性上归为阴阳、天地、内外，将天子与后作为人类社会之阴阳

---

〔1〕　彭林：《〈周礼〉主体思想与成书年代研究》，中国社会科学出版社1991年版，第22页。
〔2〕　赵光贤、彭林：《〈周礼〉的主体思想与成书年代》，载《文献》1990年第2期。
〔3〕　彭林：《〈周礼〉主体思想与成书年代研究》，中国社会科学出版社1991年版，第26~27、32页。

的最高代表,'犹日之与月,阴之与阳'。国事只有两类:阳事与阴事,它们分属内外。所以天子立六官、三公、九卿、二十七大夫、八十一元士,以听外治;天子后立六宫、三夫人、九嫔、二十七世妇、八十一御妻,以听内治;实际上就是分理阴阳";"方位与阴阳"的关系,如"礼"中关于主、宾站立的位置,被"赋予了阴阳的意义";"礼器的奇偶与阴阳"的关系,礼家将礼器数目的奇偶,与阴阳并论,对祭品,也以阴阳分归其属性;"礼乐与阴阳"的关系,有"乐阳、礼阴之说"。并且,由于"仅仅用阴阳解释礼,在理论上尚欠精密",《礼记》则"需要将礼上升到当时流行的天道、四时的层次,使之具备法理的依据",故《礼记》"将礼与天地、四时、十二月、日月、阴阳、鬼神、四灵等比附,试图将自然之理与社会法则铸为一炉"。"《周礼》中的阴阳理论,远比《礼记》所及要完备明显",[1]在此,作者很明显地是在涉及"礼"与"阴阳五行"的关系,或者更具体些说,作者之所论,意在表明"礼"的规范体系,借用了"阴阳五行说"所论及的阴与阳,以及金、木、水、火、土五行之间的关系结构,而较之于前面所引的作者仅涉及《周礼》中的官制结构是借用了阴与阳,以及金、木、水、火、土五行之间的关系结构,有很大的不同。对此,本书不予过多涉及,但在此要说的是,有一个很明显的问题被突出出来:"礼"所形成的经由国家制定或认可的规范体系,即为"礼制",如果其结构与阴和阳,以及金、木、水、火、土五行的关系结构之间,存在同构关系的话,那么,这种同构关系是如何形成的呢?这个问题在与此有关的研究中,其实是被忽视了的,从现代的研究视角可以发现,阴阳和五行之间所形成的关系是对自然规律的虚构,正如冯友兰先生所说,"阴阳五行家思想是一个科学和巫术相混合的体系"。阴阳五行学家虚构的"世界图式",试图"把自然界和社会中的一切事物都归于其中",[2]从客观上来看,这种虚构的"世界图式",与礼制作为社会行为规范体系对社会中人与人之间关系进行的刻画,二者并非可以等同,但是在"人法于天"的观念影响下,古人似乎是直接将前者等同于后者,并借以隐喻关系的存在,加之以附会之说,而使后者得以假借前者之名,使对"自然规律"进行的描述,

---

〔1〕 彭林:《礼的哲学诠释》,载赵敦华主编:《哲学门》(总第16辑),北京大学出版社2008年版,第24~36页。

〔2〕 冯友兰:《中国哲学史新编》,人民出版社2001年版,第630、634页。

成为对"社会规律"的正确之表述，但这里被忽视的恰恰正是这种"附会之说"其实是借彼之名而言己之实的做法。

《周礼》假借对"自然规律"进行描述的阴阳五行说所虚构的逻辑结构，完成了对"社会规律"进行正确表述的转化，在这一转化过程中，"附会之说"本身其实并非在将"自然规律"解说为"社会规律"，而假借此"天道"来行其"人道"。因此，这种"附会之说"，事实上是独立的，且是以社会存在为对象的，并悄然地实现了从假借对"世界图式"进行描绘的阴阳五行说，向"社会存在"这种有别于"自然规律"的社会中人与人之间关系所具有的"社会规律"转化。也就是说，以这种转化的标志所形成的礼制，其内在结构在客观上并非以阴阳五行说所虚构的逻辑结构为结构的，而是假借了这一"虚构"的"世界图式"，用以表明其社会行为规范体系是"奉天承运"之作，因此，不能以此认为阴阳五行说所虚构的逻辑结构，即等同于礼制的内在逻辑结构。

礼制从伦理规则到社会行为规则的演化，并非直接以阴阳五行说的逻辑结构为"源头"，这不仅是中国古代道德哲学的独特之处，也是以道德哲学为指导的社会政治思想所独具的特色，而这一独具的"特色"，从现代观点来看，与西方道德哲学最终是以科学理性所认知的物我关系来替代社会之他我关系的发展方向相比较，虽然其模仿的阴阳五行关系结构本身是虚拟的，其以人与人之间的社会关系为模仿对象，但其正确性却是不言而喻的。正因为如此，不能仅以阴阳五行关系是虚构的，来否认仅以此名而添加的对人类社会规律认识正确的部分（这其实正是礼制除借此假"名"以外的主要内容）。

不过，应该强调的是，礼制的建立者们，确实同时将礼制作为社会行为规范体系的内在逻辑结构，在形式上，与阴阳五行说所虚构的逻辑结构进行"相似性"的附会解说，这无疑是我们在此后对其进行研究时应特别注意的。

在人的社会关系中，具体的个人行为，其主观意志是具有决定性作用的，而并非仅是由外在的来自他人的强制性可以直接决定的。这是人与人之间关系的特殊性，不同于人与自然的关系，即个人对自然世界的认识和改造行为，只能选择使其主观认识接受外在客观规律的强制。当然，人类社会作为自然界的一个组成部分，其存在同样具有物质性，因此，个人在面对自己与他人和他人之间所形成的社会关系时，这种社会关系所具有的客观规律，同样具有一种必须选择服从的外在强制性，但是，针对每一个具体的行为而言，如交易中的当事人双方，其主观认识所起的决定作用，是不可否认的，这实际上正是西方古典契约理论所确立的"契约自由"原则的基础。

不过，礼制作为国家所确立的社会行为规则体系，并没有直接针对契约行为给出具体的规范，甚至由于居统治地位的社会利益集团的有意为之，礼制的若干规则，是避讳涉及具体的与物质利益相关的行为规则的。《周礼》中虽然有若干对契约行为的规范，但与此相关的若干行为规则，是以"法"的规则形式出现的，也就是以"刑"所强调的若干禁止性规定，来体现国家对市场交易秩序，包括对交易双方行为秩序的强力维护。但事实上，这些规则既是"法"的规则，也是礼制体系内的规则。如《周礼·地官司徒第二·司市》中对司市的职责规定为："司市掌市之治、教、政刑、量度禁令。"贾疏云："下文云'听大治小治是也'。教，即此下文'以次叙分地'之等，谓教之处置货物是也。政者，即下文云'以政令禁物靡'等是也。刑者，即下文云'以刑罚禁虣'是也。"对于司市所掌之"刑罚"，孙诒让注云："刑罚，宪、徇、扑。"而所谓"以刑罚禁虣而去盗"，此处所言"去盗"，"此皆所以为市除害而护商"即对于违反"法"之禁止性规则而言的"有害行为"，司市皆可以处以"刑罚"，但此处的"刑罚"，为"市刑"，而非"五刑"，也非"罚布"，[1]其中"宪、徇、扑"，作为"市刑"，由司市"施于市中"。而"市刑"的三种刑罚中，"宪"，郑司农云："宪刑，播其肆。"孙诒让注云："此宪刑亦谓书其犯禁之状，表县于肆门，宣播其罚，与表县其法令同。""徇"，《说文·彳部》云："徇，行示也。"孙诒让注云："谓列其所犯，褐著其身，使周行市廛，以示众为戒也。""扑"，闾胥注云："挞，扑也。"《国语·鲁语》云："薄刑用鞭扑。"此三种是在市场中当场施行的刑罚，鞭挞为最重，

---

[1] "罚布"即罚款，古代集市犯令者罚纳的钱款。《周礼·地官·廛人》："廛人掌敛市，絘布、緫布、质布、罚布、廛布而入于泉府。"郑玄注："罚布者，犯市令者之泉也。"贾公彦疏："谓司市有教令，其人犯之，使出泉。"（按：泉、布皆古时钱币名。）[（清）孙诒让撰：《周礼正义》卷二十七"地官·司市""地官·廛人"，王文锦、陈玉霞点校，中华书局1987年版，第1054、1059、1082、1083页。]唐柳宗元曰："凡用罚布六千三百。"[（唐）柳宗元：《柳宗元集》卷二十"井铭"，中华书局1979年版，第555页。]

这三种刑罚的具体适用对象不清。关于"伪饰之禁"的禁止性规定，"凡市伪饰之禁，在民者十有二，在商者十有二，在贾者十有二，在工者十有二。"郑司农云："所以俱有十有二者，工不得作，贾不得粥，商不得资，民不得畜"。郑玄谓王制曰："用器不中度，不粥于市。兵车不中度，不粥于市。布帛精粗不中数、幅广狭不中量，不粥于市。奸色乱正色，不粥于市。锦文珠玉成器，不粥于市。衣服饮食，不粥于市。五谷不时、果实未熟，不粥于市。木不中伐，不粥于市。禽兽鱼鳖不中杀，不粥于市。"[1]此禁止性规定，即应为适用上述刑罚的依据。但如此之禁，看起来类似于对商品质量的管控，而并非针对市场中可能存在的种种于维护交易秩序不利的行为，虽然有对于"辟布者"（买卖双方就钱币出入产生纠纷，谓之"辟布"）、"量度者"（即对交易标的物数量发生争执的纠纷，孙诒让注曰："即今处斗斛及丈尺也"）、"刑戮者"（即对于是否应受市刑处罚而被控告和辩解所发生的讼事，孙诒让注曰："即下文市场刑宪徇扑三罚"）、"各于其地之叙"的诉讼之种类划分和对诉讼属地管辖规定，似乎已将"辟布者"和"量度者"两类交易中发生的民事纠纷排除在"市刑"的禁止性规定之外（不属于"刑戮者"），但事实上，对于"辟布者"和"量度者"，判断双方争议是非曲直的却是以"王制"所定的标准作为重要依据的，虽然这样的标准本身，仅是为周王室的采购需要而制定的。例如，对于"辟布者"，是有国家定价在先作为标准的，即司市"以量度成贾而征贾"，孙诒让注云："即下文'展成奠贾'，贾者所掌是也。"而对于"展成奠贾"，孙诒让疏曰："则贾师之专职也。展成，即质人'掌成市之货贿'之成，谓以所买卖之物，书之质剂，成其交易，奠贾亦以其物之贾，书之质剂：皆贾人省之定之也。"而对于定价的依据，贾疏云："量以量穀粱之等，度以度布绢之等。成，定也。以量度二物以定物贾。"可见市场价格由贾

---

[1]《礼记·王制》："有圭璧金璋，不粥于市。命服命车，不粥于市。宗庙之器，不粥于市。牺牲不粥于市。戎器不粥于市。用器不中度，不粥于市。兵车不中度，不粥于市。布帛精粗不中数、幅广狭不中量，不粥于市。奸色乱正色，不粥于市。锦文珠玉成器，不粥于市。衣服饮食，不粥于市。五谷不时、果实未熟，不粥于市。木不中伐，不粥于市。禽兽鱼鳖不中杀，不粥于市。关执禁以讥，禁异服，识异言。"《礼记正义》在对此的注解中谈道："关执禁以讥"，即言"司关之官，执此戒禁之书，以讥察出入之人，故云'执禁以讥'"。[李学勤主编：《十三经注疏（标点本）礼记正义》卷十三"王制"，龚抗云整理，王文锦审定，北京大学出版社1999年版，第418页。]可见此"王制"之禁止性，是适用"市刑"的主要依据。另有《礼记今注今译》对此段"王制"的具体规定，也认为："此一节疑疏解上文'刑禁'之语。"（王云五主编，王梦鸥注译：《礼记今注今译》，台湾商务印书馆1970年版，第189页。）

师，即政府负责采购人员来确定，以其所购买之物的价格，作为市场价格，而其定价依据，则是根据商品的等次来确定，然而如前所述，关于商品的等级，是由"王制"所定标准预先确定的，因此，决定商品价格高低的重要依据，也就是上述"伪饰之禁"的禁止性规定所给出的标准，这个标准有更具体的"细则"，如贾疏云："耒耜长六尺，弓长六尺六寸之等，矢长三尺之类，皆有长短度数也。""布之精粗，谓若朝服十五升，斩衰三升；齐衰有三等，或四升，或五升，或六升；大功已下，有七升，八升，九升；小功有十升，十一升，十二升；缌麻有十五升抽去半。其帛之升数，礼无明文。布幅则广二尺二寸。其缯幅则依朝贡礼，广二尺四寸。"对于"奸色乱正色，不粥于市"之说，关于"奸色"，孙诒让疏曰："奸色即五方之闲色也。"《五行大义》引颖子严《春秋释例》云："东方闲色绿，南方闲色红，西方闲色缥，北方闲色紫，中央闲色骊黄。"[1]如此类具体规定，却并非可以为每一项交易所需的约定提供具体的契约规范，因为这类禁止性规定只是市场的一种"准入制度"式的规则，对于实现交易的双方而言，其遵循的具体契约法规则，是不能逾越这类有国家强制力所保障的禁止性规定的，但这类禁止性规定并不能等同于那些在实现交易过程中双方应当遵循的契约法规则。

而关于上述契约法相关规则，先秦国家制度中往往再无具体，对这种现象，似乎也只能得出中国古代自先秦时期起，以"民从私约"，国家对民事行为，包括合同行为，并无具体的规范的结论。而事实也似乎是，若干与契约法制度相关的规定，仅有只言片语，其简约的表现形式，虽不能称之为简单（简约化不仅表现为是一种国家制度控制的方式，实际上也是一种纲要形式的存在)，但毕竟这种简约，仍然不能等同于具体规范体系的存在。然而，不能否认的是，从制度的整体效果上看，这种简约化的契约法制度，确实起到了与那种通过具体的契约规范体系形成的市场交易秩序同等作用（这当然也往往是从国家社会秩序的整体效果作出的判断，因为历史资料在很多情况下也只提供了这方面的记载，如关于某一时期国家经济发展、市场繁荣的记载)。对此可有的客观认识是，国家制度的有效性是存在的，并且当这种有效性体

---

[1]（清）孙诒让撰：《周礼正义》卷二十七"地官·司市"，王文锦、陈玉霞点校，中华书局1987年版，第1070~1071页。

现为对个人日常生活中的市场交易行为进行规范时，那个使"民从私约"的行为有序的，为隐于其后的对国家制度有效性提供支持的规则体系，是存在的。而这样的规则体系存在本身，即表明了其是获得国家制度认可的，因此，可以说它们实际上就是契约法制度的组成部分。由于中国古代国家制度主要是礼制，这样的规则体系，也主要是以礼俗形式存在的规则体系，因此，不能将这一规则体系称为"习惯法"或"民间法"。

一、"三礼"规则体系以礼俗对契约法主要内容的规范

关于中国古代社会的礼俗规则，据前述，在此可以明确其所指应为：国家所确立的，适用于社会全体公众，包括庶民阶层的具体行为规则。然而，有一点是值得注意的，那就是礼仪规则实际上也并非都是国家典章制度中明确规定的，事实上，它们是被"特定的原则、政策、学说及政治道德观念"所确认的规则，而国家礼制以成文法形式明确的，只是其中一部分。受礼仪规则的影响所衍生的礼俗规则，却可认为它们是以"隐在的法律"形式而存在的。在这里，"显现"的或"隐在"的法律之区别，在于前者是以文本形式而存在的，即是以"成文法形式表现出来的规则"，而后者则"是指通过推论获得具体内容的法律，它的产生依赖于对特定的原则、政策、学说及政治道德观念等一般内容的推论"[1]。

《周礼》中存在的，以礼的典章制度明文规定的简约化的契约法规则，显然主要是出于国家对市场交易秩序的管理需要，并非为交易双方提供应当依循的具体行为规则，这从此类规则是间接地存在于如"小宰""司市""质人""司约"等官员的行为规范中的情况，就可以明了。而关于此类契约法规则的简约化规定，还有另一种解释，即认为此类契约法规则，是隶属于具有国家行政管理性质的经济法范畴的，以此，似乎可以解释行使市场管理权的官员可使用强制性管理手段，如对违反者处以"市刑"。"市刑"与"五刑"是有区别的（"市刑"即在市场中施行"宪""徇""扑"三罚，并非"五刑"，孙诒让注云："此明刑罚即市刑，非五刑也非罚布"，贾疏曰："小刑宪

---

[1]　杨春福：《显现的法律与隐在的法律——从语言学的角度分析》，载《法律科学》2009 年第 2 期。

罚，中刑徇罚，大刑扑罚，其附于刑者归于士"[1]），但"市刑"毕竟是一种接近于刑法的强制性的法律，以此不应属于民事法律的范畴，也即不同于"罚布"等民事法律的制裁手段。"罚布"，即为罚款，与"市刑"还是有明确区别的，以此似乎可以得出的认识是，民事法律的概念在《周礼》中虽无明确，但从其对处罚手段的划分来看，"罚布"是与人身无关的财产处罚，与"市刑"和"五刑"（刑罚）是有明显不同的，这种情况或许可以说明《周礼》中的契约法规则是隶属于规范市场管理行为的行政法的，但其显然已被区别于刑法范畴的强制性规范。

正因为如此，仅以《周礼》中看似明确规定的契约法规则，来认识当时的契约法律制度，不仅是不够的，而且其选择的这种停留在因字面相同所认知的切入角度，也是错误的。《周礼》作为一部对官制、对政治体制进行构造的著作，其构建的体系是政治经济制度，而不是其他。而"刑法"和上述的市场管理法，是这一制度的组成部分，这类"法律"，同样也与现代意义上的法律概念有所不同，即"刑法"之"法"，实为以"刑"作为一种对违反国家政治经济制度的禁止性规定的行为所实施的处罚（手段），"法"即为"罚"，其本身并非现代意义上的法律规范。同样，在《周礼》中明确规定的若干契约法规则，实为对市场管理所设置的"禁条"，而并非可视之为契约法律制度。

但是，由上述情况，我们可以发现，那个隐于若干具有"禁条"性质的契约法规则背后，以非文本形式存在的先秦时期古代契约法律制度的"本体"，应当是存在的，因为在其之前显现的具有"禁条"性质的契约法规则，无疑是对其存在折射式的表象。而这个隐在的先秦时期的古代契约法律制度的"本体"，正是本书所欲探明和揭示的。

不过，对所谓的"探明和揭示"来说，还存在另一个"障碍"，即以现有的历史资料，我们只能以《周礼》等礼书作为主要研究对象（当然还有迄今的考古发现，但考古发现的相关资料，往往是片断的和零散的，难以据之

---

[1]　（清）孙诒让撰：《周礼正义》卷二十七"地官·司市"，王文锦、陈玉霞点校，中华书局1987年版，第1059页。对于贾疏所言："其附于刑者归于士"，其意为"对于触犯刑法的，则移送司法部门审理"（吕友仁译注：《周礼译注》之"地官司徒二·司市"，中州古籍出版社2004年版，第185页），可以说明触犯市刑者与触犯刑法者是有所区别的。

成说），而如《周礼》，其作为一部先秦时期关于国家典章制度的典籍，主要内容是礼制，以礼制对礼仪制度的规范，并不直接涉及契约的规则与原则，这似乎是一道屏障。但是，如前述所列举的一些个例和本书以下内容，将要证明的事实是：礼制中的规范，其实是通过对具体个人的礼仪行为规范，来使交易中双方的契约行为受到主观意识上的约束，从而使应当遵行的契约法原则和规则得以显现。或者说，《周礼》中的礼仪制度，其实是被认为可以用于替代契约法原则和规则的（因其功能或效力是被认为可等值于契约法原则和规则的），例如礼仪行为规范中所贯彻的"诚信"之礼义的原则，其适用范围，被认为是涵盖了对世俗的契约行为的规范的。当然，这里首先涉及的是礼仪行为规范的具体，即其内容究竟是怎样的这个问题。对此，确实需要对其进行必要的深入认知。与此相关的则涉及先秦"三礼"，即除《周礼》外，还有《仪礼》和《礼记》，是我们要了解和并做进一步认识的。相关研究认为，《仪礼》是对礼仪的具体制度的规定，而《礼记》则偏重对这些制度的意义（礼义）的解说。但是，《礼记》并非只是对《周礼》和《仪礼》的注解和发挥，其中也有对礼仪制度的具体描述和阐释，包括不同社会地位的人们之间交际的礼俗活动，以及如举行婚礼、葬礼等仪式中的不同仪程的规定。〔1〕事实上，正是《礼记》等礼书完成了对全体社会成员以礼俗规则〔2〕作为"隐在的法律"规范，而在这个"隐在的法律"中，就包括契约法的原则和规则，如见本书以下所述。

---

〔1〕 王锷：《〈礼记〉成书考》，中华书局 2007 年版，"序"第 5 页。

〔2〕《礼记》，亦称《小戴礼记》或《小戴记》，凡四十九篇，是一部先秦至秦汉时期的礼学文献选编。该书最初为西汉时期的戴圣所纂辑。据郑玄《礼记目录》每篇所附《别录》的记载，四十九篇之《礼记》是从各种《记》书中抄合而成的。综观四十九篇大体可以分为以下几种情况：其一，依据篇中所记主要内容命名，《王制》《月令》《礼运》《内则》《丧服小记》《学记》《乐记》《祭法》《祭义》《坊记》《三年问》《奔丧》《深衣》《投壶》《儒行》《冠义》《昏义》《乡饮酒义》《射义》《燕义》《聘义》《丧服四制》等二十二篇；其二，仅据首节或仅据篇中部分内容命名，《檀弓（上、下）》《文王世子》《祭统》《经解》《中庸》《表记》《问丧》等八篇；其三，取篇首或首句中若干字，或取篇中若干字命名，《曾子问》《礼器》《郊特牲》《玉藻》《明堂位》《哀公问》《仲尼燕居》《孔子闲居》《缁衣》《大学》等十篇；其四，以所记内容的性质命名，《曲礼（上、下）》《大传》《少仪》《杂记（上、下）》《丧大记》等七篇。其所记礼制、礼事和礼义，都是零星、片断而不成系统的。（杨天宇撰：《礼记译注》，上海古籍出版社 2004 年版，"前言"第 11~27 页。）

二、礼俗中体现的契约法原则

(一) 诚信原则

《周礼·地官·司市》云："以质剂结信而止讼"，贾公彦疏："恐民失信，有所违负，故为券书结之，使有信也。民之狱讼，本由无信，既结信则无讼，故云止讼也。"即签订契约，是保证信用的一种方式，客观上可以起到减少违约、防止纠纷的作用。

但关于保证信用，《周礼》中尚有其他若干与契约有关的规则用以体现"结信而止讼"的目的并因此表现出这些规则是以实现"诚信"为原则的，以"以质剂结信"只是其中之一。《周礼·天官·小宰》载："七曰听买卖以质剂。"也就是说，这里的"质剂"，是指买卖契约。而关于"质"与"剂"，《周礼·地官·质人》载："凡卖价者质剂焉，大市以质，小市以剂。……凡治质剂者，国中一旬，郊二旬，野三旬，都三月，邦国期。期内听，期外不听。"郑玄注："郑司农云：'质剂月平贾也，质大贾，剂小贾。'玄谓质剂者，为之券书藏之也。大市，人民牛马之属，用长券；小市，兵器珍异之物，用短券。"[1]这是说，凡货物的买卖，以券书作为凭证，奴婢牛马等的大宗买卖用长券，即为"质"，而兵器珍异等的小宗买卖用短券，也就是"剂"。西周时期，除了"质剂"这类买卖契约外，还有"傅别"，《周礼·天官·小宰》载："四曰听称责以傅别"，郑玄注："称责，谓贷子。傅别，谓券书也。听讼责者，以券书决之。傅，傅著约束于文书。别，别为两，两家各得一也。"贾公彦疏："称责谓举责生子，于官于民俱是称也。争此责者，则以傅别券书决之。"[2]所谓"傅别"，即为借贷契约，而官府把它作为债务关系成立及解决债务纠纷的依据。除此以外，还有"书契"，《周礼·天官·小宰》载："听取予以书契"，"取予"是指财物所有权的转移，因此，书契是一种有关财物所有权转移的契约。

以上述《周礼·地官·司市》所云"以质剂结信而止讼"，作为保证信

---

〔1〕 李学勤主编：《十三经注疏（标点本）周礼注疏》卷十五"地官·质人"赵伯雄整理，王文锦审定，北京大学出版社1999年版，第443页。

〔2〕 李学勤主编：《十三经注疏（标点本）周礼注疏》卷三"天官·小宰"赵伯雄整理，王文锦审定，北京大学出版社1999年版，第68~69页。

用的一种方式，其表现形式是直接规定的契约法规则，而这一规则是对诚信原则的体现，对此，应该是没有异议的。但是，如前所述，这类契约法规则，虽是以贯彻诚信原则为宗旨，但却是隶属于其市场管理制度的。

《仪礼》[1]作为对礼仪行为规则的具体规定，是对《周礼》中特别时日（包括场合）应遵循的礼仪规则的纲要予以具体化，且同时予以世俗化，[2]正如孔颖达所言："礼虽合训体、履，则《周官》为体，《仪礼》为履"，"《周礼》是立治之本，统之心体，以齐正于物，故为礼"，而"《仪礼》但明体之所行践履之事，物虽万体，皆同一履，履无两义也"[3]。因此，《仪礼》是通过对"践履之事"的具体行为规则的规定，来体现《周礼》对礼仪规则的规范要求的。而这种对《周礼》礼仪规则纲要的贯彻，其标准是符合于"礼义"，或者说是按照"礼义"的要求，来设置诸如此类的若干规则的。

然而，《仪礼》一书，对此并无说明，这一工作是由《礼记》等礼学著作来完成的。当然，《礼记》本身内容庞杂，其中对本书内容具有重要参考意义的部分，是《礼记》对于日常生活中社会成员应遵守的礼仪规则的"补充"，以此，其重要意义在于：一是这种"补充"是将具体的礼仪行为规则贯彻于社会生活的方方面面，而不是仅仅局限于各种特别时日（礼场）；二是将

---

　　[1]　郑注本《仪礼》（即今本《仪礼》）的篇次是：《士冠礼》第一，《士昏礼》第二，《士相见礼》第三，《乡饮酒礼》第四，《乡射礼》第五，《燕礼》第六，《大射》第七，《聘礼》第八，《公食大夫礼》第九，《觐礼》第十，《丧服》第十一，《士丧礼》第十二，《既夕礼》第十三，《士虞礼》第十四，《特牲馈食礼》第十五，《少牢馈食礼》第十六，《有司》第十七。据贾疏引郑玄《仪礼目录》说，这个篇次的根据是刘向的《别录》。《士冠礼》《士昏礼》《乡射礼》《士丧礼》《既夕礼》《士虞礼》《特牲馈食礼》，这七篇记了六种礼（《既夕礼》是《士丧礼》的下篇），这六种礼无疑都是士礼。《乡饮酒礼》是记载诸侯的乡大夫主持的饮酒礼。《少牢馈食礼》及其下篇《有司》，是记诸侯的卿大夫庙祭之礼。这三篇所记两种礼，属于卿大夫之礼。《燕礼》是记诸侯（即公）宴享臣下之礼。《大射》是记诸侯与其臣下举行的射箭比赛之礼。《聘礼》是记诸侯国之间的聘问之礼。《公食大夫礼》则是记诸侯国君款待来聘的大夫之礼。这四种礼，应该属于诸侯礼。《觐礼》是记诸侯觐见天子和天子接待来觐的诸侯之礼。《士相见礼》的内容较杂，既记了士与士相见之礼，又记了其他各级贵族互相访见之礼，还记了其他一些仪节。《丧服》记中国古代的丧服制度，据说这篇所记的服制，上从天子，下到庶民都适用。所以我们可以把这两篇所记的礼称为"通礼"。（杨天宇撰：《仪礼译注》，上海古籍出版社 2004 年版，"前言"第 14、16~17 页。）

　　[2]　马增强："《仪礼》的内容是关于礼俗制度的，属于社会生活史的内容。"（马增强：《〈仪礼〉思想研究》，西北大学 2003 年博士学位论文，第 18 页。）勾承益："《仪礼》通过仪式的形态"，使"宗法、秩序、规则等抽象的礼法意识得到了最为生动直观的表现形式"，并因此成为"社会成员日常生活中的具体规则"。（勾承益：《先秦礼学》，巴蜀书社 2002 年版，第 41 页。）

　　[3]　李学勤主编：《十三经注疏（标点本）礼记正义》，龚抗云整理，王文锦审定，北京大学出版社 1999 年版，"礼记正义序"第 3 页。

《周礼》之"士子之礼",扩大为全体社会成员应遵守的礼仪规则,这种世俗化的工作,虽然并未完全克服以礼而"别尊贵"之思想体系的内在矛盾(对社会等级性的强调与以明礼为普世价值观之间的矛盾),但毕竟实际完成了对仅适用于士以上阶层人士之礼的世俗化转换。

正因为《仪礼》和《礼记》等礼书,构造了供全体社会成员遵循的礼俗行为规则体系,使市场交易行为中的契约行为规则得以简约化,或者说,前者是后者得以形成的基础之一。对此,不能仅认为如《周礼》中记载的契约法规则的"简约",是因为其是简单的商品经济的产物。事实上,这一时期契约法规则的简约化表现方式,在后来的历史发展进程中被延续了下来。简单的商品经济在后来发展成为较高级的形态,不可能仅停留在原有水平上,这是不言而喻的。虽然从概念上说,前资本主义社会的市场经济,被统称为"简单的商品经济",但社会发展的必然,表明即使是简单的商品经济,也有各个不同的由低级到高级的发展时期,而中国古代契约法律制度,却始终秉承了其简约化的表现方式,这就说明这一表现方式本身,在中国古代社会的经济生活中,是相对稳定且自成体系的。这一现象表明,这种独特的简约化表现方式,其存在是与其有效性不可分的。而这种简约化表现方式所采用的对契约内容的概括式表达,往往缺少实现契约中约定的具体规则,以此可能导致的结果似乎只能是:在实际应用中,若无其他社会行为规则的存在作为基础,其效力是难以发挥的,因此是不具有实际价值的。以此,仅就这样的简约化契约规则体系本身而言,其显然是"不完善"的。但是,正是因为这种"不完善"与其在实际运用中的有效性所表现的不对称,使我们试图探寻其得以通行两千余年的那个"基础"成为必要。而这个所谓的"基础",如前所述,就是礼俗规则及其可系统化的整体,对此,是不需要再加以更多论证的,因为如前引的各家之论,对此已有相当明确的说法。而本书所要完成的工作,则是围绕着以下这个提问来展示相关主题,即礼俗规则体系中包含的契约法规则,如何得以简约化的表现形式在其应当发挥效用的秩序空间中,建立起秩序的?对此,本章只是论及部分,于本段而言,则有如下之具体:

1. 礼俗中的"诚信"作为契约法原则的体现

《礼记》以"忠信"为"礼之本"。对于《礼记》所言:"忠信,礼之本也；义理，礼之文也。无本不立，无文不行。"（《礼记·礼器》）孔颖达疏云："无本不立，解须本也。无忠信，则礼不立也。无文不行，解须文也。行礼若不合宜得理，则礼不行也。"〔1〕此处所说的"本"，是根本的、主要的或中心之意（《说文》："木下曰本。从木，一在其下，草木之根柢也。"《玉篇》："木，始也。"《广韵》曰："木，旧也，下也。"）。为根者，即为由此而生他者之始；而为中心者，也就是以此可作为其他附属者的依据，由此可以认为《礼记》此说，体现了以"忠信"作为原则的思想，也是这一原则的"原则性"体现。这里对于"文"的解说，孔颖达言："礼虽用忠信为本，而又须义理为文饰也。得理合宜，是其文也。"〔2〕"得理"与"合宜"是两个方面，均是以"忠信"作为行礼之"本"寻找到的理论依据。"得理"者，即合于"道"，也就是以符合自然规律作为"得理"的判断标准；而"合宜"，即符合时宜，也就是与个人身处的社会环境和条件相符合。这里重要的是后者，上述《礼记》中的说法虽然只是含混地表达了关于个人遵守礼俗规则的行为应以符合社会规律为辨别尺度之意，但却将社会规律作为"得理"之外的另一守礼之辨别尺度，这应该是在那种"天道即王道"观念之外的另一独立发现，这当然不是说孔颖达之疏是这种发现的代表，而是说这一发现于此处有所表现。对此，孔颖达另有更具体的表达："夫君子行礼，必须仰合天时，俯会地理，中趣人事，则其礼乃行也。"而对于"仰合天时"，其进一步的解释是："仰合天时，及依于四时，及丰俭随时"，而"中趣人事"，即"合于人心"。〔3〕

《礼记》上述以"忠信"作为"礼之本"的思想，其缘由在于《礼记》认为，"信"是大同社会的必要条件之一："大道之行也，天下为公。选贤与能，讲信修睦，故人不独亲其亲，不独子其子，使老有所终，壮有所用，幼有所长，矜寡孤独废疾者，皆有所养。男有分，女有归。货恶其弃于地也，不必藏于己；力恶其不出于身也，不必为己。是故谋闭而不兴，盗窃乱贼而

〔1〕 李学勤主编：《十三经注疏（标点本）礼记正义》卷二十三"礼器第十"，龚抗云整理，王文锦审定，北京大学出版社 1999 年版，第 718 页。

〔2〕 李学勤主编：《十三经注疏（标点本）礼记正义》卷二十三"礼器第十"，龚抗云整理，王文锦审定，北京大学出版社 1999 年版，第 718 页。

〔3〕 李学勤主编：《十三经注疏（标点本）礼记正义》卷二十三"礼器第十"，龚抗云整理，王文锦审定，北京大学出版社 1999 年版，第 718 页。

不作，故外户而不闭，是谓大同。"（《礼记·礼运》）所谓"大同"，孔颖达疏："'是谓大同'者，率土皆然，故曰'大同'。"而关于"率土皆然"普世价值观的形成，其认为"讲信修睦"是最基本的途径，因为"故礼义也者，人之大端也。所以讲信修睦，而固人之肌肤之会，筋骸之束也。所以养生送死，事鬼神之大端也。所以达天道顺人情之大窦也"（《礼记·礼运》）。也就是说，"讲信修睦"之所如同人的"肌肤之会、筋之束"那般重要，是因为其乃"达天道顺人情之大窦也"，"窦，孔穴也"。孔颖达疏："孔穴开，通人之出入。礼义者，亦是人之所出入。"[1]

而对于"信"和"睦"，孔颖达疏："信，不欺也"，"睦，亲也"，"世淳无欺，谈说辄有信也。"[2]即《礼记》认为"忠信"作为礼之本，是实现建立"谋闭而不兴，盗窃乱贼而不作，故外户而不闭"的理想社会的方式。"信"之所以有此功能，是因为对王者而言，可以通过"修礼达义"，而"体信以达顺"（《礼记·礼运》）。对于"顺"，《礼记》有进一步的解说："四体既正，肤革充盈，人之肥也；父子笃，兄弟睦，夫妇和，家之肥也；大臣法，小臣廉，官职相序，君臣相正，国之肥也；天子以德为车，以乐为御，诸侯以礼相与，大夫以法相序，士以信相考，百姓以睦相守，天下之肥也，是谓大顺。"[3]这里以"顺"，概括了家庭关系和君臣关系。而实现"天下之肥"的"大顺"，与"士以信相考，百姓以睦相守"的普通人守信行为密切相关，并不是仅以王者讲信就可以做到的。虽然《礼记》认为王者追求的"国之肥"与"天下之肥"，在此是有所区别的，但这并非仅因为"国"的定义在当时是指诸侯之国，天下则是指周之天下，因为"四体既正，肤革充盈，人之肥也"的象征性表述，仅是《礼记》此类论述中所用的一种表达方式。"礼也者，犹体也。若人身体。体不备，君子谓之不成人。"这种表述将礼的行为规则体系视同人体，"体不备，君子谓之不成人"。孔疏曰："释体也。人身体发肤、骨肉、筋脉备足，乃为成人。若片许不备，便不为

---

[1] 李学勤主编：《十三经注疏（标点本）礼记正义》卷二十二"礼运"，龚抗云整理，王文锦审定，北京大学出版社 1999 年版，第 708~709 页。

[2] 李学勤主编：《十三经注疏（标点本）礼记正义》卷二十一"礼运第九"，龚抗云整理，王文锦审定，北京大学出版社 1999 年版，第 659 页。

[3] 李学勤主编：《十三经注疏（标点本）礼记正义》卷二十二"礼运"，龚抗云整理，王文锦审定，北京大学出版社 1999 年版，第 711 页。

成人也。"〔1〕在此，其以"人身体"喻"礼"，"礼"显然不仅是适用于家庭、国家的行为规则体系，也包括适用于个人的行为规则体系，而"忠信"作为整个体系之本（根本、中心），是使礼俗规则体系"四体既正，肤革充盈"的首要条件，这样的首要条件，显然具有原则性的核心规则。

对于"忠"，《周礼·大司徒》将其作为道德行为规则之一："六德，知，仁，圣，义，忠，和。"孙诒让疏："言内尽心之敬是为忠也。"〔2〕对此，《说文》解之为："忠，敬也，尽心曰忠心。"《玉篇》："忠，直也。"《增韵》："忠，内尽其心，而不欺也。"《六书精蕴》："忠，竭诚也。"可见"忠"以"竭诚"而与"诚"相通，是"诚"的一种最高境界。而以"忠信"作为"诚信"的最高标准，则是礼俗规则体系构造者所希望达到的理想境界。如《礼记》引《诗经》云："彼都人士，狐裘黄黄。其容不改，出言有章。行归于周，万民所望。"孔颖达疏："'行归于周，万民所望'者，周，谓忠信。言都人之士行归忠信，万民所以瞻望，以法则之。"〔3〕（《国语·鲁语》："忠信为周。"）

而关于"诚"，《说文》曰："诚，信也。"《广雅》："敬也。"《增韵》："纯也，无伪也，真实也。"《易·乾卦》："闲邪存其诚。"《礼记·中庸》说："诚者天之道也，诚之者人之道也。""天地之道，可一言而尽也，其为物不贰，则其生物不测。""不贰，所以诚也。诚故不急，而生物之多，有莫知其所以然者。""诚"既为天道，亦为人道，是由于"道"作为反映事物根本属性的存在，并非仅指自然规律，也包括社会规律。就"人道"而言，努力求"诚"以达到合乎"诚"的境界，即是为人之道。然而，《礼记·郊特牲》有言："币必诚。"孔颖达疏："'币必诚'者，诚谓诚信。币帛必须诚信，使可裁制，勿令虚滥。"〔4〕"币"在此是指"昏礼"中男方的"聘礼"，此处将道

---

〔1〕 李学勤主编：《十三经注疏（标点本）礼记正义》卷二十三"礼器第十"，龚抗云整理，王文锦审定，北京大学出版社1999年版，第741页。

〔2〕 （清）孙诒让撰：《周礼正义》卷十九"地官·大司徒"，王文锦、陈玉霞点校，中华书局1987年版，第758页。

〔3〕 李学勤主编：《十三经注疏（标点本）礼记正义》卷五十五"缁衣第三十三"，龚抗云整理，王文锦审定，北京大学出版社1999年版，第1506页。

〔4〕 李学勤主编：《十三经注疏（标点本）礼记正义》卷二十六"郊特牲"，龚抗云整理，王文锦审定，北京大学出版社1999年版，第814~815页。

德行为规则引入对世俗行为的规范之中,强调婚礼的仪式中必须讲究诚信,可见"诚"作为道德行为规范,在被设置成为礼俗规则体系中的原则后,便直接与世俗行为规则相关联。

而对于"忠"与"信"的关系,司马光曰:"尽心于人曰忠,不欺于己曰信。"〔1〕这是对二者的区别和联系较为贴切的表述。"尽心"以达"竭诚",要做到"诚",须先做到"信",这是其作为道德行为规则"由内而处"的特征所决定的。"诚"是对事对人的态度,而"信"则由内心生成。《说文》:"信者,诚也",即"信"与"诚"相通。《广雅》:"实,诚也。以实之谓信。"《墨子经》:"信,言合于意也。"《白虎通·情性》:"信者,诚也,专一不移也。"《国语·晋语》:"定身以行事谓之信。"《孟子·尽心下》:"可欲之谓善,有诸己之谓信。"("善"的内容包括"恻隐、羞恶、辞逊、是非四端",而"有诸己",即具有这四种个人品质者,则谓之"信",而对这个可欲的"四端"及其所表征的"仁义礼智"诸德而言,即为"信者信此而已"。〔2〕)有现代研究者认为,"信"与"礼"的关系的形成,是因为在先秦儒家思想中,"信"与"礼"被认为是人类社会最基本的道德要求,"礼"与"信"是互为前提条件的:首先,"礼"是"信"的条件。如《礼记·礼器》说:"出言不以礼,弗之信矣"。其次,"信"是"礼"的道德基础。如《礼记·礼器》说:"忠信,礼之本也;义理,礼之文也。无本不立,无文不行",即"忠信"是"礼"的道德基础,"义理"是"礼"的外在形式。再次,"信"也是"礼"的一种表现形式。"礼"有不同的表现形式,一个人的行为符合"礼"的要求,那么对父母来说他必定会尽到孝道,对兄弟来说他也必会做到慈善和恭让,对朋友来说他必定会做到信守诺言。最后,"礼"是诚信的保证。《经解》篇说:"礼之于正国也,犹衡之于轻重也,绳墨之于曲直也,规矩之于方圆也。"也就是说,用"礼"来治理国家,就像用秤称重量,用绳墨来确定曲直,用规矩来幽方圆。因此,"礼"作为制度上的硬性规定是实

---

〔1〕 (宋)司马光:《四言铭系述》。

〔2〕 有观点认为:"诚""信"有一物二体之意,"诚"侧重于强调主体的自我修养,即内诚于心,而"信"则是"内诚"的外化,即外信于人。"诚"从字源上看,由"言"和"成"两部分组成,可理解为"实现所说的话"。"诚"更多的是对道德个体的单向要求,其作用在于约束自己。而"信"更多的是针对社会群体提出双向或多向要求,其作用侧重于规范社会秩序。"诚"是"信"的基础和依据,"信"是"诚"的外化体现。(李建军:《中国古代经济诚信思想研究》,贵州大学出版社 2008 年版,第 16 页。)

现诚信的保证。[1]

如以上所论述，"忠信"或"诚信"作为"礼"之本在"礼"的规则体系中所具有的原则性特征，是明显的。"忠"作为实现"诚"的最高境界（"忠，竭诚也"），"信"则是"竭诚"的个人所必须具备的品质（具有"四端"的品德，则为"信"），以对人对己的两个方向上的要求（"尽心于人曰忠，不欺于己曰信"），这种看似抽象的原则性要求，却有具体的行为标准，也就是"信也是礼的一种表现形式"，如"孝"于此所开通的这一原则与具体的礼仪规则之间的关联。而如唐贤秋以上所言，一个人对父母能够尽到孝道，对兄弟能够做到慈善和恭让，那么对朋友来说他必定会做到信守诺言，以此是符合《广雅》所说的"诚，敬也"的通说的（《说文》却说："信者，诚也"）。如"币必诚"之说，将"诚信"这一践行"礼"的原则性规范引入具体的世俗行中，"币必诚"的要求，是接近于市场交易行为中的"诚信"要求的，因为个人对待亲戚讲究"诚信"，那么他对待朋友也是应当是信守诺言的，由此而言其对待交易的相对方，同样应该是以"诚信"作为行为规范的。这样的说法，看起来似乎是对来自"礼"的规则体系的原则性规则意义的"延伸"，但事实上，这并非仅是一种推论，而是"礼"的规则体系世俗化的必然结果。

2. "诚信"作为"礼之本"，是如何演变为契约法原则的

"礼"的规则体系世俗化的必然，是向陌生人关系延伸的，而这种从调整家庭或家族内部伦理关系向外延伸至陌生人之间的关系，首先是从延伸至家庭或家族外的同一居住区域内的熟人关系开始的。而其延伸至对陌生人之间关系的调整这一情形的发生，对"礼"的规则体系世俗化来说，则是礼制的建立者们必然需要面对的。虽然在中国古代以宗族关系为纽带的社会关系中，占主导地位的是熟人关系，但即便是在以"亲亲"所结成的熟人关系中，人们之间仍然存在着亲疏远近的区别，也就因此成立相对而言的"陌生"；而在市场交易中所谓的"陌生人"，其在某一家族或宗族关系之外的存在，也是必然的。事实上，在中国古代国家的宗法体制度中，"尊尊"关系，也有部分是

---

[1]　唐贤秋、周怀红：《〈礼记〉中的"诚信"思想及其特征浅析》，载《长春市委党校学报》2003年第6期。

在"亲亲"关系之外的（如非同宗同族的同朝为官者之间的上下级关系），而对于这种"尊尊"关系中存在的陌生人关系（如非亲非故者之间的关系），礼制是以体现等级性的"敬"作为"诚信"的外在表现形式，来实现对秩序的控制的。这个事实值得注意之处是在于，其对市场交易中建立在平等性（市场中的"场"的范围内暂时的平等性）基础之上的陌生关系，是具有指导意义的。这是因为以"信"对个人道德品质的要求，通过对他人表现出的"诚"来实现践行"礼"的要求，这是礼制以礼仪规则体系所明确的"诚信"原则的规范效应，而这一原则在向世俗社会延伸后，成为礼俗规则体系的原则，却必然需要破除前者以等级性所划定的适用范围，这显然是由礼制的教化宗旨所决定的，以"敬"作为"诚信"的外在表现形式，来实现对秩序的控制这个目的被扩大到全社会时，其也因此成为对全体社会成员之间，包括市场交易中的陌生人之间行为规范的原则，这个必然发生的对国家的统治者来说也是其希望发生的结果，使等级性在如市场交易的陌生人关系中仅具有象征性的指导意义（即作为"敬"使交易双方行为符合一般性"礼节"要求的虚拟根据），而平等性的存在也同时被划定了界限（在此指如市场交易中的陌生人关系的范围）。

对以上认识，可以印证的是，商业道德的形成和存在，是始于自市场交易的出现而出现的。先秦时期即使是简单的自然经济，市场交易也是必不可少的。如春秋战国时期，铁制农具和牛耕的广泛使用，农业生产有了较大的发展，使农业生产中的部分劳动者得以从中脱离出来，专门从事手工业的生产。虽然这一时期，官营手工业仍是较为重要的工业生产方式，但私营手工业已是较普遍的现象。农业、手工业的发展，促进了商品经济的发展。现有历史资料可以反映的事实是，当时除西周京城外，各诸侯国的国都，均有"市"的设置。"商人"这一群体因此而产生，并形成了一个社会阶层。如所谓"士农工商"四民的出现，代表了新兴社会阶层，即商人阶层开始崛起。商人阶层以其从事的商品交易行为，其身份被社会认同，他们的这种身份是不可以其归属的那个家庭或宗族来替代的。或者说，在"市"中从事商品交易的个人，是以一个"自由的"陌生人面目出现的，在其与他人所发生的商品交易关系中，其可被归属于某个家庭或宗族的身份，是被隐去了的。正因为如此，礼仪规则建立者和建立在宗法关系基础上的礼俗规则体系利用者

（他们中有礼仪规则建立者，因为他们同时是对礼俗规则是否为"美俗"的辨析者和整理者），不得不面对"商人"身份的存在对国家的主要制度（即礼制）起破坏作用这个事实。西周国家"工商食官"制的实践的最终失败所反映的礼制在实施中所面临的重大问题，促使先秦诸子们各持其论，而有"百家争鸣"局面的出现。在这一中国历史上盛况空前的思想交锋中儒家胜出，是因为儒家伦理理论，从"义"与"利"概念的对立统一关系的建立出发，构建了较之于其他诸子理论更为完善的，将等级性社会秩序与平等性社会秩序相结合的对立统一关系理论。虽然这一关系理论展现的是伦理关系，而非社会经济关系，但以其对社会经济关系所具有的调整作用，对社会秩序的建立，包括对市场交易秩序的建立所体现的有效性，则是客观事实。正是这个事实，使我们有必要对儒家的这一理论建构过程进行必要的认识。

对于"义"，这一中国传统道德体系中重要的德目之一，《礼记·曲礼上》云："道德仁义，非礼不成。教训正俗，非礼不备。分争辨讼，非礼不决。"清代孙诒让疏："德者得理之称，仁是施恩及物，义是裁断合宜，言人欲行四事，不用礼无由得成，故云'非礼不成'也。"对于"义是裁断合宜"，《广韵》《集韵》《韵会》的解释是相同的，即"义，宜寄切，音议"。而《易·乾卦》说："利物足以和义。"所谓"利物足以和义"者，初步言及了"义"与"利"的关系。有研究认为，"义"的语意起码有如下几种意思："宜""正""理""则"。"义者，宜也"，这是对"义"的最一般的定义。《中庸》曰："义者，宜也，尊贤为大。"东汉刘熙的辞书《释名·释言语》说："义者，宜也。裁制事物，使合宜也。"这成为后世对"义"的标准界定，后世也大多沿袭以这种含义解"义"。这个意义上的"义"，代表的是一般性的善、正确或恰当，是一个普遍的价值词，还不是一个专门表明道德价值的词。即对一切事物的制断合于节度，处理一切事物合宜，都被称为"义"。[1]有研究认为，是孔子最早提出了"义"的概念，其所言之"义"，本指公正、合理而应当做的，而孟子则进一步阐述了"义"的含义，他认为"信"和"果"都必须以"义"。《孟子·离娄下》："大人者，言不必信，行不必果，惟义所在。"又："君子喻于义，小人喻于利"，"君子之于天下也，无适也，无莫也，

---

[1]　肖群忠：《传统"义"德析论》，载《中国人民大学学报》2008 年第 5 期。

义之与比。"后世儒家则把"义"与"仁""礼""智""信"合在一起，称为"五常"。其中的"仁义"成为儒家道德的核心。"义"可与"仁"并称，是因为"义"的另一阐释认为，"义"即为"正"——正当，是比"宜"出现得更早的"义"训。《墨子·天志下》曰："义者，正也。"《文子·道德》也说："正者，义也。"以"正"释"义"较之以"宜"释"义"，使"义"具有了明显道德意味的应然，而非宽松的"合宜""恰当"。孔子所言的"义"也明显是一种道德意义上的正当，所谓"君子喻于义，小人喻于利""见得思义""见义不为，无勇也"（《论语·为政》）等都是把"义"当作"当为之事"或"道德上的标准"，而非考虑多方因素的"合宜"。并且，除了以"宜"和"正"来训"义"外，还可以以"理"和"则"来训"义"。荀子说："义，理也，故行。"（《荀子·大略》）朱熹说："义者，天理之所宜。"（《论语集注》）它首先是一种人伦之理，同时亦被上升为一种天理即天下之通义。"天下有义则生，无义则死；有义则富，无义则贫；有义则治，无义则乱"（《墨子·天志上》）。义理不仅关系到个人的生存意义、价值取向，也关系到社会的治乱。由于"义"的作用在于裁制事务，使人们的行为"合宜""正当"，因此必然具有强烈的实践性。荀子说："仁，爱也，故亲；义，理也，故行；礼，节也，故成。"（《荀子·大略》）"义"的根本性质是"理"，"理"要落实为道德价值，必须依靠人们遵循道理而行动。因此，"义"就是人们的行为法度、规范和义则，是对行为的某种节制。这一意义体现在《左传》中"淫"与"义"的对比。譬如《左传·隐公三年》有言："且夫贱妨贵，少陵长……淫破义，所谓六逆也。"以"淫"为"义"的反面，所表示的"义"是节制、守规矩的意思。作为规范的"义"还有一个突出特点，就是带有明显的禁止色彩，即以行"义"的要求，遵循规范的首要意义是不违反规范，而非根据某些准则从事积极的创造和发挥。孟子把"羞恶之心"即做错事的羞愧心作为"义"德的源头，暗示了"义"的要旨就在于不行不义，不违背道理或规范，他说："人皆有所不忍，达之于其所忍，仁也；人皆有所不为，达之于其所为，义也。"（《孟子·尽心下》）荀子讲得更加明确："夫义者，所以限禁人之为恶与奸者也。"（《荀子·强国》）[1]

---

[1] 肖群忠：《传统"义"德析论》，载《中国人民大学学报》2008年第5期。

虽然是否由孔子最早提出了"义"的概念，难以考证，但孔子提出"义"的概念时，是与"利"这个概念相比较，并从对二者相互对立和相互联系的关系中，对二者进行认识的。子曰："君子喻于义，小人喻于利。"（《论语·里仁》）似乎是将"义"与"利"关系刻画为一种对立关系，并以此区分君子与小人的。先秦诸子中，类似于孔子此说的还有："小人则以身殉利，士则以身殉名，大夫则以身殉家，圣人则以身殉天下。"（《庄子·骈拇》）"不能以义制利，不能以伪饰性，则兼以为民。"（《荀子·正论》）"先义而后利者荣，先利而后义者辱。"（《荀子·荣辱》）"言无常信，行无常贞，唯利所在，无所不倾，若是则可谓小人矣。"（《荀子·不苟》）《礼记·丧服四则》有言："贵贵、尊尊，义之大者也。"《大戴礼记·盛德》则说："义者，所以等贵贱、明尊卑；贵贱有序，民尊上敬长矣。"对此，康有为说："界限者，义也。"（《春秋董氏学》卷六）这是对以这种对立关系来划分社会等级性的观点的深刻认识。而荀子所说的："水火有气而无生，草木有生而无知，禽兽有知而无义。人有气、有生、有知、亦且有义，故最为天下贵也。力不若牛，走不若马，而牛马为用，何也？曰：人能群，彼不能群也。人何以能群？曰：分。分何以能行？曰：义。故义以分则和，和则一，一则多力，多力则强，强则胜物；故宫室可得而居也。故序四时，裁万物，兼利天下，无他故焉，得之分义也。"（《荀子·王制》）对此观点可作出的理解是：社会因有等级区分，才能使人们依照不同的身份角色组织起来，以建立秩序。而"义"的精义就是社会等级区分的原则。因为在荀子看来，社会本来就应该有贫富、贵贱之分，没有这样的差别是很危险的。他说："夫两贵之不能相事，两贱之不能相使，是天数也。执位齐，而欲恶同，物不能澹则必争。争则必乱，乱则穷矣。先王忍其乱也，故制礼仪以分之，使有贫、富、贵、贱之等，足以相兼临者，是养天下之本也。"（《荀子·王道》）[1]

但是，以上孔子所言之"义"，并非完全切断了其与"利"的关系，因为其所主张的"义以为上，以义制利"观点，只不过是将这二者中"义"作为道德上的要求，"以'义'为准绳对'利'的追求加以节制，提倡'见利思义'，非义不取。他们反对的'利'，不过是与天下之公利相矛盾、相排斥

---

〔1〕　肖群忠：《传统"义"德析论》，载《中国人民大学学报》2008 年第 5 期。

的'私利'。重义轻利，也就是重公利而轻私利。"〔1〕"义"因此表现为具有行为的法度和行为的规范的特征，以其用于对逐利行为的规范和限制，而有一定的针对性，也就是所谓的适用范围，以"义"来表达那些代表此类用于使逐利行为得到规范化的道德规范体系，也就因此生成为对最具有代表性的逐利行为，即市场交易行为的规范。正因为如此，市场交易行为得以规范化的道德规范体系，通过"义"与"利"关系的立体系构筑，使"道德对社会的能动作用被充分肯定下来"。〔2〕这虽然是出自对于以道德规范体系形成相关制度的正当性寻求的需要，包括对市场交易中逐利行为进行规范的制度，即契约法律制度的正当性的寻求，与实际构造的契约法律制度本身并无直接关系，但社会公共利益因此而被作为追求的制度建立的目标之一，在此体现的是对市场经济规律认知和尊重，"利"因此而被抬高到实现"义"的手段。如《礼记·大学》中所言："有德此有人，有人此有土，有土此有财，有财此有用。德者本也，财者末也……此谓国不以利为利，以义为利也。"所谓"以义为利"表达的意思是，如果"利"为社会公利，那么追求此种利益者，其行为则是体现了"义"的。《国语·晋语二》曰："民之有君，以治义也。义以生利，利以丰民。"《墨子·经上》说得更直接："义，利也。"因此，这种以"义"为追求"利"的目的，追求"利"（社会公利）是使个人行为符合于"义"的要求的手段。后者的被肯定，进一步使道德规范体系世俗化为对包括人们进行市场交易行为的规范，并为这种世俗化寻找到了确切的依据和途径。对此，在后来的《二程集·河南程氏遗书》卷十六中，有出色的解释："不独财利之利，稳便处，皆利心也。凡有利心，便不可。如作一事，须寻自家圣人以义为利，义安处便为利。"所谓"义安处便为利"，其所言的"义安处"，即指符合义的地方，而"义"的世俗化存在，则是这种存在的主要表现。当然，以此形成的契约之约定不得违反或侵犯社会公共利益的契约法律制度原则，显然是可以由上述"义"与"利"关系的衍生而形成的。

先秦儒家对"义"与"利"关系的构筑，更进一步体现了"利"之不可或缺的地位的认识："贵义""兴利"与"合其志功而观焉"的义利双行，志

〔1〕 钱逊、陈瑛主编：《中国传统道德：理论卷》，中国人民大学出版社1995年版，第135页。
〔2〕 钱逊、陈瑛主编：《中国传统道德：理论卷》，中国人民大学出版社1995年版，第144页。

功合观。这一认识强调的是"义"与"利"的统一关系。《国语·周语上》说："夫利，百物之所生也，天地之所载也。"肯定了"利"的客观存在，《墨子·鲁问》中记载了墨子和鲁国国君的一段对话："鲁君谓子墨子曰：'我有二子，一人者好学，一人者好分人财，孰以为太子而可？'子墨子曰：'未可知也。或所为赏与为是也。钓者之恭，非为鱼赐也；饵鼠以虫，非爱之也。吾愿主君之合其志功而观焉。'"墨子言语中的"合其志功而观"所强调的对"志"与"功"的综合考察，是一种统一的义利观。《荀子·大略》中则说得更清楚："义与利者，人之所两有也。虽尧、舜不能去民之欲利，然而能使其欲利不克其好义也。虽桀、纣亦不能去民之好义，然而能使其好义不胜毋其欲利也。故义胜利者为治世，利克义者为乱世。"在这种观点的基础上，兴天下利，利济苍生的"兴利"主张，则几乎是先秦诸子的共识。[1]《论语·尧曰》有言："因民之所利而利之。"《墨子·兼爱下》说："仁人之事者，必务求兴天下之利，除天下之害。"孟子对墨家"兴利"的主张，也是赞同的，《孟子·尽心上》曰："墨子兼爱，摩顶放踵利天下，为之。"《荀子·正论》也说："汤武非取天下也，修其道，行其义，兴天下之同利，除天下之同害，而天下归之也。"这种积极的"兴利"主张，是古代契约法律制度得以形成的基础。因为以"义"所概括的道德规范体系的正当性，在先秦诸子那里，已被确证为是应当通过对"利"的客观存在的承认，到以"兴利"作为体现"义"的方式这一过程的完成来实现的。虽然这种认识所主张的是"天下之利"，而并非言"个人之利"，但以这种认识所强调的，应当将趋利行为的"正名"与"正道"相结合的观点，实际上正是古代契约法规则体系得以建立的理论基础。这个事实，却往往是被忽视了的，这是由于对道德规范体系的存在和作用认识，是通常被局限在古代伦理研究范围内的。而对古代契约法的研究，虽然会延伸至对道德规则的认识，但这种认识，往往只停留在得出概括性的知识层面，即使是对古代契约法规则体系进行的某些实际研究，也仅是对那些以简约化形式存在的契约法规则或契约本身进行的研究，并没有去具体涉及道德规则对它们的具体影响这个问题。当然，以目前为止本书的上述所论，这个仍然没有得到具体回答的问题，其实质性上的提问应当是：

---

〔1〕　钱逊、陈瑛主编：《中国传统道德：理论卷》，中国人民大学出版社 1995 年版，第 162 页。

当道德规则延伸进入契约法规则体系后，其性质，即其作为主观的自主性行为规则，变化为客观的外在强制性行为规则，是否真的发生了？或者说，当其仍然可被称为是"道德行为规则"时，这是否是可能的？对于本段而言，这个提问的进一步所指则是，诚信原则既来自道德规范体系，却在后来成为契约法律制度的原则，这一转换过程的发生，具体是如何完成的？

《论语·八佾》中关于孔子与子夏的一段对话，或许引入是对上述问题进行研究的一个入口："子夏问曰：巧笑倩兮，美目盼兮，素以为绚兮。何谓也？子曰：绘事后素。曰：礼后乎？子曰：起予者商也，始可与言诗已矣。"关于"绘事后素"，何晏《论语集解》引郑玄注："绘画，文也。凡绘画，先布众色，然后以素分布其间，以成其文。"[1]邢昺《论语注疏》发挥何晏《集解》中的观点："此章言成人须礼也。……素，喻礼也。……喻美女虽有倩盼美质，亦须礼以成之也。……子夏闻孔子言'绘事后素，即解其旨，知以素喻礼'，故曰'礼后乎'。"[2]但有绘画方面的专业人士认为，郑玄注"绘事后素"不符合绘画操作实际，更难配合解读"素以为绚"的妇女彩妆，以及诗乐也不可能在"礼后"，孔子所言"绘事后素"，当然不是说绘事的工艺规范，而仅仅是一种借喻。[3]然而，后有朱熹《论语集注》对此注曰："绘事，绘画之事也；后素，后于素也。"而对于"子夏问曰：'礼后乎？'子曰：'起予者商也。始可与言《诗》已矣'"，朱熹《论语集注》则注曰："礼必以忠信为质，犹绘事必以粉素为先。"对于将"礼"与"忠信"联系起来，并以"忠信"为质，也就是比喻为"素"（即白色，或质朴、本原之意），朱熹之说，是吸取了杨时的意见，《论语集注》引杨时之说曰："杨氏曰：甘受和，白受采，忠信之人，可以学礼。苟无其质，礼不虚行。此绘事后素之说也。"[4]也有观点认为，朱熹是凭空添加个"忠信"来，并把忠信作为礼的

---

〔1〕（魏）何晏集解，（梁）皇侃义疏：《论语集解义疏》卷二"论语八佾第三"，商务印书馆1937年版，第32页。

〔2〕 李学勤主编：《十三经注疏（标点本）论语注疏》卷三"八佾第三"，朱汉民整理，张岂之审定，北京大学出版社1999年版，第32~33页。

〔3〕 张冠印：《"绘事后素"新解》，载《文艺理论与批评》2001年第6期；刘道广：《孔子的"绘事后素"和"质素"说浅析》，载《学术月刊》1983年第12期；王文娟：《论儒家色彩观》，载《美术观察》2004年第10期。

〔4〕（宋）朱熹撰：《四书章句集注》之"论语集注"卷二"八佾第三"，中华书局1983年版，第63页。

质地，把礼反视为采饰，即"绚"的，与孔子的原意和子夏的领悟不符。[1]当然，从绘画理论上讲，有《周礼·考工记》曰："绘画之事，后素功。"而朱嘉对此却解释为"是谓先以粉地为质，而后施五采；犹人有美质，然后可加文饰"，与郑玄所言的先布众色后勾白线，众色先于素是有所不同的。如清人全祖望说："……夫巧笑美目，是素地也，有此而后可加粉黛簪珥衣裳之饰，是犹之绘事也，所谓绚也，故曰绘事后于素。而因之以悟礼，则忠信其素地也。"[2]这是肯定了朱熹之说的。与全祖望的理解相反，清人凌廷堪肯定的是郑玄之说，而言朱子解说之非："朱子不用旧注，以后素为后于素。于《考工记》旧注亦反之，以'后素功'为先以粉地为质，而后施五采。近儒皆以古训为不可易，而于'礼后'之旨，则终不能会通而发明之，故学者终成疑义……窃谓《诗》云'素以为绚兮'者，言五采待素而始成文也。今时画者尚如此，先布众色毕，后以粉勾勒之，则众色始绚然分明。"[3]然而，"以素喻礼"是得到一定程度公认的，只不过对于礼与忠信的联系，其实并非始自于朱熹。如前述所引，《礼记·礼器》说："忠信，礼之本也；义理，礼之文也。无本不立，无文不行。"这是说以忠信为礼之本，礼是信得以体现的方式或手段。如《礼记·礼器》言："出言不以礼，弗之信矣。"也就是说，要让别人相信自己，或认为自己是一个忠信之人，就必须在行为中处处遵守礼的规则。在这里，忠信既被作为礼之本，礼即是其外在表现形式；但忠信同时又是被作为礼之"文"的，因为忠信是体现礼之"义理"的，其即由此则成为礼的外在表现形式，也就是判断个人行为是否符合礼的行为标准。不过，忠信只是礼的一种表现形式，而礼有不同的表现形式：一个人做到了有礼，那么对父母亲来说他必定会尽到孝道，对兄弟来说他也必定会做到慈善和恭让，对朋友来说他必定会做到信守诺言。

　　对于上述所言中的最后一点，即忠信既为礼之本，同时以礼的外在表现形式，正好与前面所说的"绘事后素"这一似乎难解的公案，有着密切的

---

　　[1]　黄广华：《"绘事后素"辨解》，载《山东师大学报（哲学社会科学版）》1985年第1期。
　　[2]　（清）全祖望撰：《全祖望集汇校集注》之"经史问答"卷六"论语问目答范鹏"，朱铸禹汇校集注，上海古籍出版社2000年版，第1941页。
　　[3]　（清）凌廷堪：《校礼堂文集》卷十六"论语礼后说"，载（清）凌廷堪撰：《凌廷堪全集》（叁），纪健生校点，黄山书社2009年版，第147页。

关系：郑玄提出"先布众色，然后以素分布其间"之说，后面接着又说，"以成其文，喻美女虽有倩盼美质、亦须礼以成之。"朱熹所注："素，喻礼也"，即其认为，众色是被"素"色所规范的，并且，众色本身是因为被规范而体现了礼。如前述之"理义"和"信"，也是因为体现了礼的"众色"，所以它们是被礼所规范从而表现了礼的存在（"素"色的存在）的，并因此而成为"绚"。如子夏问："素以为绚兮。何谓也？"孔子的回答是，"绘事后素"。孔子此处所言之"素"，除了是指那个使众色得到规范而成为"绚"的礼之外，所谓的"后素"之"素"，同时是指"绘事"之目的，也就是为了体现"素"，那个无众色之"绚"的作为礼之"本"的存在，如朱熹所说的是礼之"质"，也就是忠信。"犹绘事必以粉素为先"，这里所说的以"素"来规范众色，与最后归于"素"的过程，是"绘事后素"的本义。但是，关于达于"素"，这句话在此有"后于素"与"达于素"两种意义指向同时存在，有观点认为，前者体现了"设色敷图的绘画理论和技法，追求形式"，而后者则是"侧重于追求以形写神和艺术整体美、生命情态的表达"。这类观点当然是相对于"绘事"本身而言的，而孔子所言在此并非在讨论绘画理论。[1]可见仅就朱子所注而言，可谓透彻，而有关从业"绘事"的专业人士于此处的种种疑问，确实系不明孔子借题发挥而又没有把话说得很清楚的缘故。

当然，本书无意在此过多涉及此话题，但于此有所寻获的是，以"忠信，礼之本也"对礼与忠信关系的表达，所表明的诚实信用，作为道德规范体系存在的原则，在先秦哲学中被认为是可通过礼而表现出来的，并由此有以下结论，以礼为"素"色设喻，其以对"众色"的规范而达自身之"素"，而诚信作为礼之本的"素"，同样是通过礼之"素"对"众色"的规范作用得以体现其自身的。这里的"众色"，因其系"素"之外的它色，已非忠信之本色，因此也就在道德本质的存在之外，正因为这种存在，必然需要将礼的

---

〔1〕 雷恩海：《"绘事后素"的意义指向及其在画论中的表现》，载《西北师大学报（社会科学版）》2003年第4期。但另有观点认为，在"后于素"与"达于素"两种意义中，指向将"绘事后素"释为绘事"达于素"更贴近孔子的原意，更符合当时的织绣工艺的实际。显然，也是从与"绘事"有关的角度，来探讨这一问题的。[陈晓娟、杨贤宗：《"绘事后素"辨义》，载《北京理工大学学报（社会科学版）》2011年第4期。]

行为规范，引申至其本质存在之外。

不过，对于上述这种延伸，仅以对《论语》或《礼记》等片断性论述的研究，是难以形成对于这一思想体系的完整认识的。并且，对这一思想体系的完整构造和证成，也是由孟子等后来的儒家们相继完成的。

首先，孟子是完成这一思想体系的承前启后者。孟子论"善"之"四端"是："恻隐之心，仁之端也；羞恶之心，义之端也；辞让之心，礼之端也；是非之心，智之端也。"(《孟子·公孙丑上》)《说文解字》中说，"端"本作"耑"，"耑，物初生之题也，上象生形，下象其根也"。也就是说，人人皆有的恻隐、羞恶、辞让、是非之心，即为"四心"，这是道德主体的心理情感，源自仁、义、礼、智之"四性"，体现了形上本体向形下之用转化之开端。此"四性"是为本心形上之体，本心触物发动，化显形下之用，是为仁、义、礼、智"四德"，"四心"因此也是仁、义、礼、智"四德"生成之开端。以孟子"四端"说，辞让之心是礼作为四德之一的发端，这种将"辞让"与"礼"建立的对应关系，看起来是单一的，但事实上，仁为礼之本，义为宜和为正，而如《礼记·曲礼上》所云："道德仁义，非礼不成。"是将仁和义与礼相关联，即认为仁义作为德性本体存在的不同侧面的表述，其形而上的存在需通过礼的行为规范来予以表现，只不过孟子在此所言的作为"四性"和"四德"之一的礼，是被当作德性之一来认识的，在其语境中的礼，不同于孔子在《论语》中的表述，也不同于上述《礼记》中的表述。孟子以"四端"来对形而上之"四性"予以体现时，"辞让之心"是作为"爱—推—敬—别"逻辑关系中的一个环节存在的，[1]从而与礼这种德性存在的表现之一，建立了对应关系。孟子"引礼入心"，所强调的是内在心性的作用，而力图抛弃礼的外在性。[2]同样，"智"亦被孟子作为"四性"之一，而与"是非之心"建立了对应关系。但是，由于"智"与"礼"同为德性的不同侧面的表现，所以，"是非之心"体现的"智"，与"辞让之心"体现的"礼"，是有逻辑上的相承关系的，它们存在于一个统一体中而非各自独立的存在。

---

〔1〕 崔海东：《论孟子"四端说"对孔子"忠恕观"的发展》，载张新民主编：《阳明学刊》（第3辑），巴蜀书社 2008 年版，第 203 页。

〔2〕 杨新宾、黄朴民：《孟子礼论的内在理路》，载《理论学刊》2013 年第 3 期。

对于仁义与礼和智的关系，孟子进一步指出："仁之实，事亲是也；义之实，从兄是也；智之实，知斯二者弗去是也；礼之实，节文斯二者是也。"（《孟子·离娄上》）也就是说，仁义的推行要在礼的节制与文饰下才能实现。仁与义重点是告诉人们应该做什么，智则是正确认识仁义并确保其得以实现的智识，而礼的着力点则在告诉人们应该怎么做，但义与礼在实现仁的道德理想时具有不同的作用，孟子因此概括为："夫义，路也；礼，门也。惟君子能由是路，出入是门也。"（《孟子·万章下》）由此，孟子谓"四德"的内在逻辑关系是："仁，宅也；义，路也；礼，门也；智，知也。"这四个方面紧密联系，不可分割。[1]

似乎孟子对内在心性作用的强调，会因此忽视了礼作为行为规范存在的意义，如有观点所认为，孟子所谓之礼，应该"被归于礼敬、辞让的道德实践范畴，而失去了它作为社会控制的道德规范及社会秩序的重要要层"[2]。但事实上，孟子的"四端"说在继管子的"四维"说后[3]，以恻隐、羞恶、辞让、是非之"四端"，对礼、义、廉、耻之"四维"开显的德性本体的外在之"用"，进一步对行为具体的道德规范，为礼作为社会行为规范的建构，奠定了理论基础。虽然孟子"四端"说之目的在于"引礼入心"，但"四端"作为实现"四德"的外在性存在（"端"即含有显露之意），则是一种可依循的被具体化了的行为规则。

孟子在提出"四端"说的同时，又有"五伦"论，即所谓："后稷教民稼穑，树艺五谷，五谷熟而民人育。人之有道也，饱食、暖衣、逸居而无教，则近于禽兽。圣人有忧之，使契为司徒，教以人伦：父子有亲，君臣有义，夫妇有别，长幼有叙，朋友有信。"（《孟子·滕文公上》）在这里，孟子只讲到了五种人伦关系，并且没有区分主次。关于"五伦"，《礼记·中庸》以为其乃"天下之达道"："天下之达道五，所以行之者三。曰：君臣也，父子也，夫妇也，昆弟也，朋友之交也，五者天下之达道也。"

---

〔1〕 樊浩：《中国伦理精神的历史建构》，江苏人民出版社1992年版，第112页。

〔2〕 刘宗贤：《孟、荀对孔子仁-礼学说的发展及得失》，载《东岳论丛》2009年第1期。

〔3〕 《管子·牧民》有论："国有四维：一维绝则倾，二维绝则危，三维绝则覆，四维绝则灭。倾可正也，危可安也，覆可起也，灭不可复错也。何为四维，一曰礼，二曰义，三曰廉，四曰耻。礼，不逾节；义，不自进；廉，不蔽恶；耻，不从枉。故不逾节，则上位安；不自进，则民无巧诈；不蔽恶，则行自全；不从枉，则邪事不生。"

孟子所说的"五伦"之"伦",与《礼记·中庸》所言之"达道"者,皆为"人伦"之"伦",即为辈或类。《说文解字》曰:"伦,从人,仑声,辈也。"《礼记·典礼下》曰:"拟人必于其伦。"郑玄注:"伦,犹类也。"而《逸周书·宝典》云:"悌乃知序,序乃伦,伦不腾上,上乃不崩",即认为"伦"是秩序。《论语·微子》曰:"言中伦。"朱子注:"伦,义理之次第也。"《尚书·洪范》曰:"我不知其彝伦攸叙。""伦理"即为义理、道理。因此,"伦"作为中国道德哲学中特有的概念,被认为在中国的家庭伦理关系中表现为"以血缘关系为基点,以辈分为次序由内向外、由亲及疏的扩展而形成的人伦关系"。但"伦"所结成的关系,并非"单个个体简单的集合并列和叠加","而是'人'与'伦'之实体间的关系,即所谓的人伦关系,是个体与整个实体的关系"[1]。可见,孟子对复杂的人伦关系所作的系统概括,在使其人伦思想体系化、结构化的同时,也使这一对人与人之间社会关系进行摹状和刻画的"五伦"关系本身,得以体系化和结构化,并因此建立了处理"五伦"关系的伦理规范,也就是分别以亲、义、别、序、信,作为调整父子、君臣、夫妇、长幼、朋友五种人伦关系的行为准则。亲,是父子有亲,维护血缘亲亲关系是伦理生活中最重要的事,"事,孰为大,事亲为大","事亲,事之本也"(《孟子·离娄上》)。义,是君臣关系之准则。"君臣有义","义者宜也,君臣之间各有其义"。别,是夫妇关系之准则。夫妇有别是男女之别,内外之别也。长幼(包括兄弟间以及年长者与年幼者之间的关系)之准则为序,序者先后、次第之分之份也。长幼关系是兄弟关系的扩展。信,是朋友关系之准则,"与朋友交,而不信乎?"(《论语·学而第一》)信者诚也,朋友间以诚相待,以信守之,则有莫逆之交,"不挟长,不挟贵,不挟兄弟而友。友也者,友其德也,不可以有挟也。"(《孟子·万章下》)

由以上所述可见,孟子以"五伦"对复杂社会关系所进行的摹状和概括,为以"四端"论开拓出的以德性体现其自身存在的方式,即以"四端"作为表现和实现"四德"的具体的社会行为规则,构造了以"四德"对"四端"始终保持了指引和规锢的对应关系,为在其之后的儒家所发展的相关理论提

---

[1] 商增涛:《五伦范型及其文化原理》,载《东南大学学报(哲学社会科学版)》2013年第1期。

供了准备。这里所说的具体的社会行为规则，是指由"四端"所概括的，表现为礼仪行为规则的规范体系，即由源自"四性"的恻隐、羞恶、辞让、是非之心，在行为上所表现出来恻隐、羞恶、辞让、是非之"四端"。孟子的目的虽然在于"引礼入心"，但其所论之内在心性，必然需要通过仁、义、礼、智"四德"的外在表现形式来表现其自身的本体性，而"四端"的这种外在性的表现形式，就是礼的行为规范，也就是礼仪。孟子因此本来是以"引礼入心"为目的，却在客观上为入"仁"之"宅"，寻找到了具体的路径。

由此，再回到前面所说的忠信与礼的关系时，就可以发现，孟子"四端"说涉及的恻隐、羞恶、辞让、是非，作为体现其所言的仁、义、礼、智之"四德"的具体路径被设想出来，因此以忠信作为礼之本，"辞让"也就首先作为一种体现忠信要求的更为具体的行为规范，使其与礼的亲系表现得更为明确和具体。同样，由于孟子所说的礼具有内在和外在的二元性，[1]以后者而论，其他三端——恻隐、羞恶、是非，也可以通过外在性的礼的行为规则，来予以表现。而这三者与忠信，都有着直接和间接的关系，这是因为它们兼出自德性本身。也正因为如此，它们同样是可以通过礼的行为规则来体现的。因此，孟子将复杂的社会关系概括为"五伦"的认识，实际上使礼的行为规则就此而演变为社会行为规则。也就是说，具体的恻隐、羞恶、辞让、是非之"四端"，作为成为体现仁、义、礼、智的更为具体的社会行为规则，从而使忠信作为道德规范，即因此而得以辞让、恻隐、羞恶、是非的具体行为规则，来表现其自身。

其次，在孟子之后，荀子较为深入地探讨了礼与诚信的关系。荀子有言："著诚去伪，礼之经也"（《荀子·乐论篇》），即认为使诚信内化成君子品格，是礼的社会作用的目标。以此而论，荀子认为诚信与礼的关系体现在：其一，把礼看作是人道价值趋向的终极标准，"故绳者直之至，衡者平之至，规矩者方圆之至，礼者人道之极也"（《荀子·礼论篇》），即认为只要知礼

---

〔1〕 如《孟子·离娄上》云："仁之实，事亲是也；义之实，从兄是也；智之实，知斯二者弗去是也；礼之实，节文斯二者是也。"赵岐注曰："礼义之实，节文事亲从兄，使不失其节。"〔（清）焦循撰：《孟子正义》卷十五"离娄上"，沈文倬点校，中华书局1987年版，第533页。〕礼在这里似乎是对仁义的规范和限定，使之中节不逾越界限，带有更多的外在约束意味。又如，孟子说："礼，朝廷不历位而相与言，不逾阶而相揖也。"（《孟子·离娄下》）此处之礼显然也是外在的规范，与内在之心性有较大的距离。（杨新宾、黄朴民：《孟子礼论的内在理路》，载《理论学刊》2013年第3期。）

行礼，所言自然无不诚，所行自然无不信。其二，礼是通向君子品格的必经之路，"凡治气养心之术，莫径由礼，莫要得师，莫神一好"，"礼者所以正身也"，即认为通过礼的规范与熏陶，可以使天生不讲诚信的人变得诚实可靠，变成社会的栋梁之材："故礼者养也"（《荀子·劝学篇》）。[1] 而正是由于荀子的这一认识，进一步开通了实现诚信的具体路径——

在荀子关于"礼"是"情"表现形态的言论中，礼仪被认为是对"情"这一人的主观存在的客观反映，"诚"则是君子高尚品格的主要标志，人们可以通过持之以恒地守"礼"，来体现这种君子品格。不仅如此，荀子还有更具体的创见："凡礼，事生、饰欢也；送死，饰哀也；祭祀，饰敬也；师旅，饰威也。"（《荀子·礼论篇》）以此论可见，所言饰"欢""哀""敬""威"之"礼"，应为不周的礼仪，具有它们各自所"饰"之不同的"情"的对"情"的存在的不同的表现形式。在此论之上，荀子进一步认为，这些展示的不同的表现形式的"礼"，即礼仪，只有结合在一起，并体现了"忠厚"之"礼义"，才能真正作为对"欢""哀""敬""威"之"情"的表现恰当"饰"："故事生不忠厚不敬文，谓之野；送死不忠厚不敬文，谓之瘠"（《荀子·礼论篇》）。然而，以荀子此论，其实际已将实现诚信（"忠厚"）的具体路径开拓并细化为对"欢""哀""敬""威"之"情"予以表现的不同的礼仪规则，如其认为这样的礼仪规则能营造使人身临其境的氛围，"故钟鼓、管磬、琴瑟、竽笙，《韶》《夏》《护》《武》《汋》《桓》《箾》《简》《像》，是君子之所以为惮诡其所喜乐之文也；齐衰、苴杖、居庐、食粥、席薪、枕块，是君子之所以为惮诡其所哀痛之文也；师旅有制、刑法有等，莫不称罪，是君子之所以为惮诡其所敦恶之文也。"（《荀子·礼论篇》）在这样氛围之内，更容易激发出参与仪式者的真情实感，"故死之为道也，不饰则恶，恶则不哀，尔则玩，玩则厌，厌则忘，忘则不敬。一朝而丧其严亲而所以送葬之者，不哀不敬，则嫌于禽兽矣。"（《荀子·礼论篇》）即谓琐碎的丧礼，是为了"著诚去伪"。并且，"礼"可以醇化民风，有效遏制奸诈之风。《荀子》认为，如果君王能明礼义，致忠信，尚贤使能，"若是故奸邪不作，盗贼不起，而化善者劝勉矣"（《荀子·富国篇》）。由此可见，荀子主张明礼隆义

---

[1]　王公山：《先秦儒家诚信思想研究》，山东大学 2005 年博士学位论文，第 147~148 页。

在诚信教育中是起到关键作用的。[1]

以荀子所认为的,明"礼"是遵守诚信道德规范的必然路径,与本书主题相关的结论似乎是,明"礼"应当是契约行为中实现诚信原则的必然路径。荀子认为,"礼"既是"天道之极",又是"人道之极":"天地以合,日月以明,四时以序,星辰以行,江河以流,万物以昌,好恶以节,喜怒以当,以为下则顺,以为上则明,万变不乱,贰之则丧也。"(《荀子·礼论》)这实际上是说,"礼"能上调天时,下节人情,因此,明"礼"之人能左右逢源,治万变而不乱。"礼"在此被看作是一种"智能"的化身,明"礼"与掌握"智能"没有什么区别。[2]以此,"礼"被视为判断是非,明辨真伪的绳墨和规矩:"绳墨诚陈矣,则不可欺以曲直;衡诚县矣,则不可欺以轻重;规矩诚施矣,则不可欺以方圆;君子审于礼,则不可欺以诈伪。"(《荀子·礼论篇》)"无礼则不正。礼之所以正国也,譬之犹衡之于轻重也,犹绳墨之于曲直也,犹规矩之于方圆也。故错之而人莫能诬也。"(《荀子·王霸篇》)故而明"礼"之人是不会受到欺骗的。"圣人何以不欺?曰:圣人者,以己度者也,故以人度人,以情度情。"(《荀子·非相篇》)相反,那些不明"礼义"的"众人","愚而无说,陋而无度者也。其所见焉犹可欺也,而况于千世之传也?妄人者,门庭之间犹可诬欺焉,而况于千世之上乎?"(《荀子·非相篇》)此番阐述明"礼"与掌握好"智能"的关系,对于逐利的契约行为而言,是同样具有规范意义的,因为明"礼"者对诚信原则的遵行,是不会受到欺骗的,因而也就不会遭受损失。然而,明"礼"者在具体的契约行为中是如何可能实现对他者所期望的规范要求,以确保交易安全的?

对上述提问的回答,在此可以先转换这样一个接近于荀子之说的问题,即荀子所言的"凡礼,事生、饰欢也",具体是如何以"礼"而"事生"和"饰欢"呢?也就是说,关于对"事生"和"饰欢"的礼仪规则,具体是怎样的呢?

由于"礼"出于"事生"而"饰欢"的说法过于宽泛,现仅以《礼记》和《仪礼》中所规定的"曲礼"和"燕礼"的部分礼仪行为规则为例,说明"礼"是如何为"事生"而"饰欢"的:

---

〔1〕 王公山:《先秦儒家诚信思想研究》,山东大学 2005 年博士学位论文,第 149 页。

〔2〕 王公山:《先秦儒家诚信思想研究》,山东大学 2005 年博士学位论文,第 149 页。

　　"曲礼"是指具体细小的礼仪规范，在这些规范中，关于体现"忠信"的礼仪，如有《礼记·曲礼上第一》说："君子不尽人之欢，不竭人之忠，以全交也。欢谓饮食，忠谓衣服之物。"郑玄注云："欢谓饮食，忠谓衣服。饮食是会乐之具。承欢为易。衣服比饮食为难，必关忠诚筹度，故名忠，各有所以也。明与人交者，不宜事事悉受。若使彼罄尽，则交结之道不全，若不竭尽，交乃全也。"这里所谓的"欢谓饮食"，如郑注所言，是说"承欢"之事，比如"饮食"，对此以礼仪规范，是比较容易的。有关"饮食"过程中的礼仪规则，在《礼记·曲礼上第一》中有详细记载，[1]孔颖达对此段记载"进食之礼"的规则注云："今此明卿大夫与客燕食之礼。"[2]孙希旦所论相同："此士大夫与宾客燕食之礼。"[3]"燕礼"是古代汉族贵族在政余闲暇之时，为联络与下属的感情而宴饮的礼仪。"燕礼"意在明君臣上下相尊之义，《仪礼》有《燕礼》一篇记"燕礼"的礼法仪轨。[4]而对"承欢"之事进行

────────────

　　〔1〕《礼记·曲礼上第一》："凡进食之礼，左殽右胾。食居人之左，羹居人之右。脍炙处外，醯酱处内，葱渫处末，酒浆处右。以脯修置者，左朐右末。客若降等，执食兴辞，主人兴辞于客，然后客坐。主人延客祭，祭食，祭所先进，殽之序，遍祭之，三饭，主人延客食胾，然后辩殽，主人未辩，客不虚口。……"〔凡向客人进食之礼，把带骨的肉块放在左边，把纯肉块放在右边，饭放在客人的左边，羹汤放在客人的右边。切成薄片的肉和烤熟的肉放在外侧，醋和酱放在里边，葱和蒸葱放在末端，清醴和截浆放在右边。如果再加放脯、惰两种干肉，那就使它们弯曲的部分朝左而放在最右边。客人的地位如果低于主人，就要拿着饭站起来，（对主人亲自陪食）加以推辞（并表示要下堂去取饭）。主人站起来，对于客人（要到堂下去取饭）表示推辞，然后客人在堂上就座。主人引导客人行食前祭礼。行食前祭礼的时候，所祭的食物要从先进上的开始，也就是从带骨的肉块开始，依次遍祭各种食物。客人吃过三口饭之后，主人要引导客人吃纯肉块，然后客人依次遍吃各种食物，而最后吃到带骨的肉块。主人还没有吃遍各种食物的时候，客人不饮酒洁口。〕（杨天宇撰：《礼记译注》"曲礼上第一"，上海古籍出版社 2004 年版，第 17～18 页。）

　　〔2〕李学勤主编：《十三经注疏（标点本）礼记正义》卷二"曲礼上"，龚抗云整理，王文锦审定，北京大学出版社 1999 年版，第 57 页。

　　〔3〕（清）孙希旦撰：《礼记集解》卷三"曲礼上第一之三"，沈啸寰、王星贤点校，中华书局 1989 年版，第 51 页。

　　〔4〕《仪礼·燕礼第六》："燕礼。小臣戒与者。膳宰具官馔于寝东。乐人县。设洗、篚于阼阶东南，当东霤。罍水在东，篚在洗西，南肆。设膳篚在其北，西面。司宫尊于东楹之西，两方壶，左玄酒，南上。公尊瓦大两，有丰，幂用绤若锡，在尊南，南上。尊士旅食于门西，两圆壶。司宫筵宾于户西，东上，无加席也。射人告具……"（燕礼。由小臣前往告请参加燕礼的群臣。膳宰把准备款待群臣用的酒食陈放在寝殿屋的东边。乐人把钟磬等乐器在堂下两阶之间悬挂好。洗和篚放置在阼阶的东南边、北当殿屋东溜的地方。用罍盛水，放在洗的东边。篚放在洗的西边，使篚首朝北而尾向南。膳篚放在篚的北边，面朝西。司宫在堂上东楹的西边设尊：卿大夫的尊是两只方壶，盛玄酒的壶放在酒壶的左边，以南边为上位；为君设的尊是两只瓦大，瓦大放在丰上，瓦大上用粗葛布或细布覆盖，两只瓦大都放在方壶的南边，以南边为上位。又在寝门内西侧为士旅食者放置两圆壶。司宫在室门的西边为宾设席，使席首朝东，席上不设加席。最后，射人向君报告一切准备就绪。）（杨天宇撰：《仪礼译注》"燕礼第六"，上海古籍出版社 2004 年版，第 141～142 页。）

规范的以礼仪规则，还可见之于乡饮酒礼。关于乡饮酒礼，郑玄有注，曰："《乡饮酒义》者，以其记乡大夫饮宾于庠序之礼，尊贤养老之义也。《别录》属《吉礼》。"《礼记·射义第四十六》曰："故燕礼者，所以明君臣之义也。乡饮酒之礼者，所以明长幼之序也。言别尊卑老稚，然后射，以观德行也。"可见乡饮酒礼，与燕礼之"饰欢"作用是相同的，只不过适用的对象有所不同而已。

乡饮酒分为四类：其一，三年大比，诸侯之乡大夫向其君举荐贤能之士，在乡学中与之会饮，待以宾礼；其二，乡大夫以宾礼宴饮国中贤者；其三，州长于春、秋会民习射，射前饮酒；其四，党正于季冬蜡祭饮酒。《礼记·乡饮酒义第四十五》："乡饮酒之礼，六十者坐，五十者立侍以听政役，所以明尊长也。"孔颖达曰："此明《党正》饮酒、正齿位之事。"[1]《礼记·射义》也说："乡饮酒礼者，所以明长幼之序也。"对于如何在乡饮酒中体现这些礼义，如《礼记·乡饮酒义第四十五》中，郑玄对"祭荐，祭酒"礼仪之义的解释是："祭荐，祭酒，敬礼也。啐肺，尝礼也。啐酒，成礼也，于席末。言是席之正，非专为饮食也，为行礼也，此所以贵礼而贱财也。卒觯，致实于西阶上，言是席之上，非专为饮食也。此先礼而后财之义也。先礼而后财，则民作敬让而不争矣。非专为饮食，言主于相敬以礼也。""非专为饮食"，体现的是"先礼而后财"之义，使遵行礼仪规则，等同于诚信先行，而"以礼属民而饮酒于序，以正齿位"（《礼记·乡饮酒义第四十五》），像这样的礼仪规则，如乡饮酒礼中若干详细仪轨，[2]被推广至一般民间交往的活动中，

---

〔1〕 李学勤主编：《十三经注疏（标点本）礼记正义》卷六十一"乡饮酒义第四十五"，龚抗云整理，王文锦审定，北京大学出版社1999年版，第1626页。

〔2〕《仪礼·乡饮酒礼》："乡饮酒之礼。主人就先生而谋宾、介。主人戒宾，宾拜辱；主人答拜，乃请宾。宾礼辞，许。主人再拜，宾答拜。主人退，宾拜辱。介亦如之。乃席宾、主人、介、众宾之席，皆不属焉。尊两壶于房户间，斯禁，有玄酒，在西。设篚于禁南，东肆，加二勺于两壶。设洗于阼阶东南，南北以堂深，东西当东荣。水在洗东，篚在洗西，南肆……"（乡饮酒之礼。主人前往就乡先生们商议选拔宾、介。接着主人到被选中的宾家去把选举的结果告诉他。宾向主人行拜礼，感谢他屈驾光临。主人回礼答拜，于是请宾参加为他举行的饮酒礼。宾推辞了一下，就答应了。主人行再拜礼，宾回礼答拜。主人退去，宾行拜礼相送再次感谢主人的屈驾光临。告介的礼仪也和告宾一样。于是为宾、主人和介布席。为众宾布的席互相都不连接。在东房门与室门之间的地方设尊，尊是两只壶，壶放在斯禁上，盛玄酒的壶放在西边。篚放在禁的南边，篚的首端朝东而尾向西陈放。把两只勺分别加放在两只壶上。在阼阶东南边设洗，洗与堂南北之间的距离和堂前后的深度相等，东西位置正对着堂的东荣。供盥洗用的水放在洗的东边。又一只篚放在洗的西边，篚的首端朝北而尾向南放。）（杨天宇撰：《仪礼译注》"乡饮酒礼第四"，上海古籍出版社2004年版，第65~66页。）

这是诚信原则被引入契约法律制度体系的基础。也就是说，礼仪规则作为对普及性的道德实践活动的规范，其意义不仅限于序长幼，以成就孝弟、尊贤、敬长养老的道德规范秩序，还在于以这种成就演变成具有普适性的社会行为一般性规则，其实际发挥的作用，必然由燕礼和乡饮酒礼中以熟人关系为主，扩展用以调整陌生人之间的关系，包括市场中陌生人之间的交易关系。虽然以陌生人为主体的交易双方，不会去具体遵行燕礼或乡饮酒礼中的礼仪规则，但是，当这类规则被作为社会行为的一般性规则时，其所体现的礼义，是会被作为原则来遵守的。

最后，对于荀子所言的"送死，饰哀也；祭祀，饰敬也；师旅，饰威也"（《荀子·礼论》），则有凶礼、吉礼、军礼分别以饰"哀""敬""威"。前述饰欢之礼，后被归为嘉礼，而五礼中的宾礼，亦有饰敬的功用。郑玄对《仪礼》以五礼所作划分为——吉礼：《特牲馈食礼第十五》《少牢馈食礼第十六》《有司彻第十七》；凶礼：《既夕礼第十三》《士虞礼第十四》《丧服第十一》《士丧礼第十二》；宾礼：《士相见礼第三》《聘礼第八》《觐礼第十》；嘉礼：《士冠礼第一》《士昏礼第二》《乡饮酒礼第四》《乡射礼第五》《燕礼第六》《大射第七》《公食大夫礼第九》。但《仪礼》中尚缺军礼，对此，如有杨向奎先生言："礼有礼仪及威仪，礼仪即礼，威仪即刑；而仪、刑古为同义字，在周书《吕刑》中，威仪遂与刑法为一体。"[1]即因其涉及军礼因近于刑（法），导致军礼未被纳入世俗生活中的礼仪规则体系，以此对其中原因似有所解。《周礼·春官·大宗伯》中对军礼有概要性叙述："大师之礼，用众也；大均之礼，恤众也；大田之礼，简众也；大役之礼，任众也；大封之礼，合众也。"对"大均之礼"孙诒让注云："此主王国而言，盖欲均地政地守地职之等，须属聚众庶，大平计事，故属军礼。"即"大均之礼"系指校正户口，调节赋征等，属于军礼。关于"大田之礼"，孙诒让注："古者因田习兵，阅其车徒之数。"贾疏云："此谓天子诸侯亲自四时田猎。"[2]所谓四时，即春蒐、夏苗、秋狝、冬狩，通谓之田礼。《周礼·夏官·大司马》中对此有具体的礼仪行为规则予以规范："中春，教振旅，司马以旗致民，平列陈，如

---

〔1〕　杨向奎：《宗周社会与礼乐文明》（修订本），人民出版社1997年版，第285页。

〔2〕　（清）孙诒让撰：《周礼正义》卷三十四"春官·大宗伯"，王文锦、陈玉霞点校，中华书局1987年版，第1358页。

战之陈，辨鼓铎镯铙之用，王执路鼓，诸侯执贲鼓，军将执晋鼓，师师执提，旅帅执鼓鼙，卒长执铙，两司马执铎，公司马执镯，以教坐作进退疾徐疏数之节，遂以搜田，有司表貉，誓民，鼓，遂围禁，火弊，献禽以祭社……"[1]而大役之礼，即"筑宫邑，所以事民力强弱"，也就是建筑王宫城邑等营造、修建土木工程，而大兴徒役。[2]《周礼·夏官·大司马》曰："大役，与虑事，属其植，受其要，以待考而赏诛"，大役者即国家建筑城邑的大工程，要和筹划工程的官员一道，分派每个单位应筑城墙的丈尺数，计算每个单位完成任务所需的人数，接受他们送来的工程进度统计表用以考核他们干活的数量和质量，并进行赏罚。[3]郑玄注："大役，筑城邑也。"《庄子·人间世》曰："上有大役，则支离以有常疾不受功"，成玄英疏："国家有重大徭役，为有痼疾，故不受其功程者也"，此指大型的徭役。《国语·晋语五》曰："国有大役，不镇抚民而备钟鼓，何也"，韦昭注："役，事也"，此指战争。因此，"大役之从登"指的是服徭役或服兵役所携带的铜器登。[4]而《大雅·灵台》中所

---

[1]《周礼·夏官·大司马》："中春，教振旅，司马以旗致民，平列陈，如战之陈，辨鼓铎镯铙之用，王执路鼓，诸侯执贲鼓，军将执晋鼓，师师执提，旅帅执鼓鼙，卒长执铙，两司马执铎，公司马执镯，以教坐作进退疾徐疏数之节，遂以搜田，有司表貉，誓民，鼓，遂围禁，火弊，献禽以祭社。中夏，教茇舍，如振旅之陈，群吏撰车徒，读书契，辨号名之用，帅以门名，县鄙各以其名，家以号名，乡以州名，野以邑名，官各象其事，以辨军之夜事，其他皆如振旅，遂以苗田，如搜之法，车弊，献禽以享礿。中秋，教治兵，如振旅之陈，辨旗物之用，王载大常，诸侯载旗，车吏载旗，师都载旃，乡遂载物，郊野载旐，百官载旟，各书其事是与其号焉，其他皆如振旅，遂以狝田，如搜田之法，罗弊，致禽以祀祊。中冬，教大阅，前期，群史戒众庶，修战法，虞人莱所田之野，为表；百步则一，为三表，又五十步为一表，田之日，司马建旗于后表之中，群史以旗物、鼓铎、镯铙，各帅其民而致，质明，弊旗，诛后至者，乃陈车徒，如战之陈，皆坐，群史听誓于陈前，斩牲以左右徇陈曰：不用命者斩之……"[（清）孙诒让撰：《周礼正义》卷五十五、五十六"夏官·大司马"，王文锦、陈玉霞点校，中华书局1987年版，第2299~2333页。]《通典·卷七十六·礼三十六·军礼一》亦有"军礼"之具体规定的记载："周制，天子诸侯无事，则岁行蒐苗狝狩之礼，仲春教振旅，司马以旗致民，平列阵，如战之阵。(以旗者，立期民于其下也。兵者凶事，不可空设，因蒐狩而习之。凡师，出曰治兵，入曰振旅，皆习战也。四时各教民以其一焉。春习振旅，兵入收众，专于农。平犹正也。)王执路鼓，诸侯执蕡鼓，军将执晋鼓，师帅执提，旅帅执鼓鼙，卒长执铙，两司马执铎，公司马执镯，(鼓人职曰：'以路鼓鼓鬼享，以蕡鼓鼓军事，以晋鼓鼓金奏，以金铙止鼓，以金铎通鼓，以金镯节鼓。'提谓马上鼓，有曲木提持鼓立马髦上者，故谓之提。)以教坐作进退疾徐疏数之节……"[（唐）杜佑：《通典》卷七十六"礼三十六·军礼一"，王文锦等点校，中华书局1988年版，第2064~2065页。]

[2] 吕友仁在其所著《周礼译注》中认为，"大役之礼"是国家为了完成大的工程建设项目而征调徒众之礼。被征调的徒众是按照军事编制部署的，所以也归军礼。(吕友仁：《周礼译注》之"春官宗伯第三·大宗伯"，中州古籍出版社2004年版，第245页。)

[3] 吕友仁：《周礼译注》之"夏官司马第四·大司马"，中州古籍出版社2004年版，第378页。

[4] 参见刘洪涛：《释上官登铭文的"役"字》，载复旦大学出土文献与古文字研究中心网，http://www.gwz.fudan.edu.cn/Web/Show/1409，最后访问时间：2020年10月17日。

言的："经始灵台，经之营之。庶民攻之，小日成之。"可以看出，建筑的主要劳力是庶民，也就是百姓。而灵台的主要作用是用于君主回见大臣，进行祭祀活动等。[1]但对与此礼相关的具体礼仪规则，尚缺少明确的记载和有针对性的研究。"大封之礼"，指勘定封疆，树立界标。郑注云："正封疆沟涂之固。按古者封国各有疆界，若有侵越，或错互不正，则以兵征治之也。故亦属军礼。"《司马法》佚文中记载的畿服制度与"大封之礼"有一定的关系。畿服制是指以国都为中心，将全国疆土向四周划分若干部分，每个部分都承担各自服事天子的义务，"畿"指国都周围的广大地区，"服"就是"服事天子也"。《司马法》佚文："王国百里为郊，五十里为近郊，百里为远郊。"（《一切经音义》十七引《司马法》文）《尔雅·释地》邢昺疏引作"王国百里为远郊"。《礼记·王制》孔颖达疏引作"百里郊，天子畿内方千里、百里为郊"。《仪礼·聘礼》贾公彦疏引作"远郊百里"。《周礼·士师》贾公彦疏引作："去国百里曰郊"。《书·洛诰》孔颖达疏引作"百里为郊"。"王国百里为郊，二百里为州，三百里为野，四百里为县，五百里为都。"（《周礼·载师》郑玄注、《孟子·梁惠王》孙奭疏引《司马法》文。《一切经音义》廿一引郑众曰："《司马法》云：王国百里为郊……三百里为野也。"）"二百里、三百里，其上大夫如州长；四百里、五百里，其下大夫如县正。"（《周礼·载师》郑玄注）"大国五百里为都。"（《一切经音义》引《司马法》文）[2]《周

---

[1] 刘雪瑶：《〈诗经〉中军礼的体现》，载《青年文学家》2014 年第 12 期。

[2] 郑慧生：《校勘杂志——附司马法校注》，河南大学出版社 2007 年版，第 322 页。郊，段玉裁注《说文》曰："郊之为言交也，谓乡与遂相交接处，此郊之本义也。"《周礼·地官·载师》中，王城以外百里的远郊之内为六乡，六乡之外距王城五百里疆界之内为六遂，六遂以外乃是诸侯邦国，故郊确是六乡与六遂的交接处。又据《载师》，近郊五十里"以宅田、士田、贾田任近郊之地"，"以官田、牛田、赏田、牧田任远郊之地"。二百里为州，《载师》称二百里以内为甸地，曰："以公邑之田任甸地。"孙诒让《周礼正义》曰："甸地自六遂七万五千家之外余地悉为公邑，犹六乡之余地为郊里。"郑玄注《载师》曰："二百里为州甸，三百里为野稍。"可见州与甸相通。郑玄又于《周礼·遂人》注引郑司农曰："遂在王国百里以外。"《管子·度地》："州者，谓之遂。"可见二百里之遂地有州甸之名，其上为公邑之田。三百里为野，《尔雅》："邑外曰郊，郊外曰牧，牧外曰野。"《载师》："以公邑之田任甸地，以家邑之田任稍地。"郑玄："三百里为野稍。"可知野与稍相通，野之上为家邑之田。四百里为县，《载师》："以小都之田任县地。"《周礼正义》："云以小都之田任县地，即大字所谓邦县也，四百里内，公邑采邑制井田，纯为县都之制，故谓之县。"县之上为小都之田。五百里为都，《载师》："以大都之田任昌地。"《正义》引金颚云："大字八赋，有家、稍、邦县、邦都，邦都即昌地，以其在五百里为昌界之地，故口昌。以其大都所在，为都之宗，故口都。"《司马法》五百里为都是也。"（田旭东：《从〈司马法〉看先秦古军礼》，载《滨州学院学报》2013 年第 5 期。）

礼·夏官·大司马》中对畿服制度也有说明。[1]相同的情况是，对于"大封之礼"的具体礼仪规则，同样缺少相关记载。现代有关研究者有将先秦军礼划分为战前出征之礼、战争中的军礼和还师之礼，[2]但做此划分，显然会丢失军礼中与战争关系较远（即与刑较远）的那部分礼仪规则，而这些规则，与世俗生活的关系则较为密切。

通过以上所述，可以认为诚信作为道德行为规范的原则，被儒家认为是礼之本，是礼的行为规则得以成为社会普遍行为规则的第一阶段演变过程的产物。因为诚信作为内在道德观念所决定的对事实的认知和对正当行为的指导，其本体性与礼所建立的联系，即表明其外在化的形成，也就是诚信为本，礼仪为表，礼仪行为规则体系（在一个方向上）是诚信原则的体现，因此，这一外在化使所谓对事实的正确认知和正当行为的判断标准，可以礼仪规则来表现。在此基础上，孟子的"四端"和"五伦"说，为上述第一阶段的概述式的理论，提供了诚信本体外在化的具体路径。因为"四端"说首先使诚信本体的存在得以通过具体行为的四个维度得以表现，而"五伦"说则以对客观社会关系的摹状，使其与"四端"所建立的具体行为方式（四种方式）形成对应，并因此构筑了诚信原则外在化理论体系。也正是这一理论体系，使诚信作为道德原则所涵盖的那个使其自身得以体现的道德行为规则体系，突破了其自身存在的范围，从而第一次表达了礼仪行为规则体系可以作为社会行为规则体系的思想。而荀子则在理论上初步完成了体现诚信原则的行为规则体系与先秦时期礼仪规则体系之间的对接，这体现在其在孟子"四端"和"五伦"说基础上，进一步将孟子所言的恻隐、羞恶、辞让、是非之"四端"，外在化为以不同的礼仪表现形式来使人们社会生活中的"欢""哀""敬""威"之"情"得到规范，其理论所突出的拓展之处是：荀子将人们通常存在的"欢""哀""敬""威"四种情绪感受，抽象化为对四种典型社会生活的概括，这四种典型的社会生活表现形态，被其认为即代表了人们社会

---

〔1〕《周礼·夏官·大司马》："方千里曰国畿，其外方五百里曰侯畿，又其外方五百里曰甸畿，又其外方五百里曰男畿，又其外方五百里曰采畿，又其外方五百里曰卫畿，又其外方五百里曰蛮畿，又其外方五百里曰夷畿，又其外方五百里曰镇畿，又其外方五百里曰蕃畿。"［李学勤主编：《十三经注疏（标点本）周礼注疏》卷三"夏官·大司马"，赵伯雄整理，王文锦审定，北京大学出版社1999年版，第763~764页。］

〔2〕任慧峰：《先秦军礼研究》，武汉大学2010年博士学位论文，第14页。

生活的全部。而这一理论上的拓展的核心之点是：以荀子所抽象出的人们"欢""哀""敬""威"四种社会生活表现形态，实则表达了在这四种社会生活中存在的人们之间所形成的社会关系本身。正是荀子的这一开拓性工作，使礼仪行为规则得以转化为人们应予普遍遵行的社会行为规则。

也就是因为上述转化过程的完成，致使古代中国契约法得通过礼仪规则的规范，以实现其以诚信为原则对契约行为的规范，虽然契约行为作为一种社会行为往往与道德行为并无直接的关联。

当然，将契约行为作为一种社会行为来认识，还是不够的，因为中国古代社会制度中宗族制度具重要的地位的，在这一社会体制中，陌生人之间的关系的存在和对其进行的认识，是不被突出的和有所忽视的。不被突出的主要原因之一，乃是在于陌生之间的关系在人们之间所形成的社会关系的作用力是弱小的，也正因为如此，其存在本身，是被忽视的。而契约关系主要体现为交易中的陌生人之间的关系，这种关系的作用力，往往也是较弱的。以此而论，虽然礼仪行为规则体系无疑包括了对人们契约行为规则的规范，但这种规范并非直接的，而仅具有间接的规范作用。

3. 体现契约诚信原则的礼仪及礼俗

礼仪规则体系所规范的是一般社会行为，对于诚信原则而言，孟子恻隐、羞恶、辞让、是非之"四端"说，以对道德本体存在的外在化表现形式所做的揭示，和以父子、君臣、夫妇、长幼、朋友之"五伦"对社会关系所做的拟制性概括，以及以亲、义、别、序、信之五种道德行为规则来对"五伦"关系进行调整，从而将"四端"之道德本体的外在化形式，转化为亲、义、别、序、信五种实现"诚信"原则的路径。而在此之后，荀子进一步以"欢""哀""敬""威"四种抽象化了的社会生活形态来概括社会生活的整体，并因此使实现"诚信"的路径被其明确表述为对"欢""哀""敬""威"四种社会生活形态进行规范的相应的礼仪规则，从而使因此得以系统化的礼仪行为规则，建立了与道德本体的具体联系。

然而，首先由于诚信原则的存在本身是相对抽象的，以具体的礼仪规对其存在的反映，往往是片面的和间接的；其次因为具体的礼仪规则所实现的仅是对社会一般性行为的规范，对于契约关系所起到的规范作用，也是间接的。正是由于上述这两个不同层次的间接作用的存在，难以在礼仪行为规则体系和契约行为规则体系之间寻找到具体的对应关系，因此，对于究竟那些具体的礼仪规则体现了契约法规则体系中的诚信原则所作的探寻，其结果当然表现为一般和具体之间只能被表述为相对抽象的关系——即以礼仪规则作为社会行为规则与契约行为规则之间的一般和具体之间的关系，诚信作为礼仪规则体系的原则与其作为契约法规则体系的原则之间，也只能被表述为的一般和具体之间的关系。而对这种关系的描述，则是一个以多侧面刻画所构成的整体。

以现代观点来看，关于道德规范和法律规范的关系，哈贝马斯以"私人自主"和"公共自主"之间的内在关系来予以表述，这是具体的，并且是具有一定的启示性的。哈贝马斯认为，"只有当我们重视权利的主体间结构和自我立法的交往结构，并对其作恰当分析的时候"，二者之间的这种内在关系才有可能揭示出来。与康德从基本概念出发，通过限定（Einschraenkung）而获得的法律规则不同，哈贝马斯的"假设"，是"在后形而上学的论证层次上"，并因此认为"法律规则和道德规则是同时从传统的伦理生活（Sittlichkeit）分化出来的，是作为两个虽然不同但相互补充的类型的行动规范而并列地出现的"。而康德对道德理论的普遍概念是：意志和自由选择，行动和刺激，义务和爱好，法则和立法，其对此所作的限定体现在三个方向上，即"法律概念所涉及的首先不是自由意志，而是法律的承受者的自由选择。它进一步延伸到一个人对于另一个人的外在关系。最后，它被赋予一个人在受到干涉时有理由对另一个人实施的那种强制力"。经过这样的限定，"道德立法反映在法律的立法之中，道德性反映在合法律性之中，善的义务反映在法律义务之中，如此等等。"〔1〕虽然哈贝马斯对道德规则和法律规则之间的关系并未加以更为明确的具体表述，但其与康德道德理论和法权理论的区别是明显的，即哈贝马斯认为道德规则和法律规则二者之间是不具有等级性关系的，而康德观点则表露出这种等级性是存在的。当然，在此对道德规则和法律规则的"一般"和"具体"之间关系进行认识，引入哈氏理论的目的，在于表明其认识在相当程度上接近于古代中国先秦社会道德规则和法律规则关系产生的实际情况。

----

〔1〕 ［德］哈贝马斯：《在事实与规范之间——关于法律和民主法治国的商谈理论》，童世骏译，生活·读书·新知三联书店 2003 年版，第 128~129 页。

因为现代语境中的法律规则，即为先秦时期的礼仪规则，而现代所谓的"法"的规则体系，在先秦时期则是专指刑（法），"法"与"刑"同，虽然"法"的规则，从广义上讲，是包括在"礼"的范围之内的。当然，哈氏对道德与法律的关系的表述是有些"是暧昧不清的"，[1]而表述不清的原因之一，是因为这二者之间的关系本身，就是复杂的和难以明确划清界限的，这从礼仪规则作为人为构造的规则自建立之始，就与道德规则紧密相联的实际情况就可以看出。先秦儒家们固然需要为其制定的礼仪规则寻找合法性依据，为此他们虽然往往以"天道"来直接表述社会的普遍规律，却同时认为"天道"是不可全知的，进而实际上是以人们对"天道"认识的所得，即"道德"，来描述这一普遍规律的（这种描述并不是仅针对宗法伦理关系，先秦哲学对这个问题认识的抽象化，是存在的），并且，是以有关对"道德"认知理论，作为礼仪规则的合法性依据的。然而，"法律规则和道德规则是同时从传统的伦理生活分化出来的"，二者因此而密切关联，只不过先秦哲学家们所选择的是以道德规则为主来建立社会秩序。这是因为先秦时期的儒家学说，依循的是思想自然发生的轨迹，由于礼仪规则最先作为礼俗的存在，是以其具有的伦理性特质来反映社会规律的实际存在的，并进而以此抽象出符合"道"的行为规则，即"道德规则"。

从礼仪规则体系中的诚信原则被引入契约法规则体系的情况来看，若干体现诚信原则的礼仪规则，作为社会行为规则，它们确实并非如康德所说的是通过上述"三个方面的限制"形成了法律规则，并进而形成契约法规则的，至少对先秦时期的契约法而言，是这样的。因为礼仪规则在此并非仅被确立为合乎宗法规范要求的伦理规则，而且还被明确为社会行为规则，即合乎于"道"的道德规则。正因为如此，以契约法所规范的个人之"自由意志"，是需要受到礼仪规则的约束的，虽然这种约束并不是直接发生的，但符合"礼"的规范的行为，即是符合国家制度的行为，也就是"合法"的行为，这乃是因为礼制即是国家的主要制度，也就是"法"。

个人的契约行为首先必须是"合法"的，这在中国古代社会即是指要合乎于"礼"的规范要求，以此而论，契约法规则必然需要得到国家政治制度

---

[1]　翟志勇：《哈贝马斯论域中的法律与道德》，载《比较法研究》2007年第5期。

的认可，如果这些规则能够具有相对而言的普适性的话，它们的实际存在及运行的有效性，必然是在礼制所框架的范围内的。

显然，如契约法规则体系的诚信原则一样，只有在礼仪规则体系的诚信原则的框架内，才是"合法"的，因此，只有具备这个特征的契约法规则体系的诚信原则，才是先秦时期契约法的诚信原则。

由此，关于究竟是哪些礼仪规则体现了或者说是被用于实现契约诚信原则这个问题，在此应当发生的转换是：究竟是哪些礼仪规则（主要是礼俗规则），既是国家制度认可，又是符合体现个人"自由意志"的具有契约行为特点的行为规则，被用于实现诚信原则？

可以对上述问题给予解答的实例，或者说是研究对象，即为"自然形成"的先秦时期的"商德"。首先，"商德"所提供的若干符合于礼仪的行为规则，显然不仅仅是为了单纯的人际交往，而是为了盈利，因此，符合"商德"的行为规则，不是仅为了实现道德上的要求，而是为了在实现盈利的行为中不逾越礼仪规则的限制。因此，符合"商德"的若干行为规则，往往就是国家认可的契约行为规则，虽然这种认可是间接的。其次，"商德"的适用对象并非只是"商人"，虽然也可以从狭义上认为"商德"是对以从事商品交易为职业的"商人"的行为规范，但事实上，对于平常百姓而言，商品交换是其日常生活中必不可少的社会活动，因此，他们的行为也应当在"商德"的规范范围内。虽然先秦礼制对于士以上阶层的人士进入市场与商人或贩夫贩妇们进行交易，是有所限制的，[1]但是，人们的物质生活的需要，是不可限制的。当然，这一时期的社会分工是在宗法封建制下出现的，并由此产生了国家所建立的官员社会生活的特殊供给制度，即"工商食官"制度。《国语·晋语四》曰："公食贡，大夫食邑，士食田，庶人食力，工商食官。"韦昭注

[1] 刘禹锡《观市》："由命士已上不入于市，周礼有焉。"［(唐) 刘禹锡：《刘禹锡集》卷二十"杂著·观市"，中华书局1990年版，第247页。]但现存《周礼》一书中并无记载。今见有《逸周书·程典》曰："士大夫不杂于工商。"《礼记·王制》曰：工商"出乡不与士齿"。又《逸周书·作雒》："农居鄙，得以庶士，士居国家，得以诸公大夫。凡工贾胥肯臣仆州里，俾无交为。"这里限制的是士以上阶层者与农工商者混杂居住和交往，而并非确指双方不得进行商品交易。后世有《唐会要》卷八六记载："贞观元年（627年）十月敕：五品以上，不得入市。"这样的规定目的之一在于限制官员经商，倒也并非禁止官员"入市"，故有关的一些观点，是有误的。

曰："工，百工。商，官贾也。"韦昭这里所言的"商"，是官商，[1]也就是为政府采购的人。先秦礼制以此解决因限制士以上阶层人士与通常意义上的非官方商人和贩夫贩妇们交易所带来的与礼制等级性秩序所形成的矛盾，并且，限制官员以国家职官的身份从商谋利，对于社会公平交易秩序而言，也是有益的，但这并不等于可以绝对禁止社会中身份等级不同的人之间必然会发生的交易行为的存在。如清代乾隆年间陕西长安地区出土的《曶鼎》铭文中所记载的，周懿王时期（公元前973年）曶及𣪘，或限和𤔲之间发生的以"马一匹，丝一束"，交换"五夫"的交易行为，[2]虽然双方作为贵族都有自己的代理人，但对于双方之间进行的个人交易行为，国家并非禁止（交易中有官员参加作为中介人或证人）。因此，诸如此类的国家以制度所做的限制，会因为难以实施而流于形式，虽然"入市"交易和在其他场合进行交易有一定的区别（前者主要目的在于防止官员经商和限制其与贩夫贩妇交易），但士以上人士个人物资生活不可能完全依赖其食邑的供给，这基本上是一个很显然的事实，西周国家私商的存在，既是必然的，同时也是事实。

西周后期"工商食官"制初步逐渐被打破，私商已成为一个独立的社会阶层，他们家有千金、"结驷连骑"甚至"与士者同乐"，成为"礼抗万乘"[3]的富贵阶层。人们看到"商贾可以富家，技艺足以糊口"，[4]而纷纷通财鬻货，"用贫求富，农小如工，工小如商，刺绣文小如倚市门"，自此"天下熙熙，皆为利来；天下攘攘，皆为利往"，由此可见社会谋利之风席卷，证明了人们的社会行为中与物质生活相关的部分，始终是主要内容。故太史公曰，"礼由人起。人生有欲，欲而不得则不能无忿，忿而无度量则争"，所以"制礼羲以养人之欲，给人之求，使欲不穷于物，物不屈于欲。二者相待而长，是礼之所起也"。[5]

正如司马迁所言，制礼的主要现实目的，应在于"使欲不穷于物，物不

---

〔1〕　朱红林：《周代"工商食官"制度再研究》，载《人文杂志》2004年第1期。

〔2〕　张经：《曶鼎新释》，载《故宫博物院院刊》2002年第4期。

〔3〕　（汉）司马迁撰、（宋）裴骃集解、（唐）司马卢索隐、（唐）张守节正义：《史记》卷一二九"货殖列传"，中华书局1959年版，第3258、3283、3260页。

〔4〕　高亨：《商君书注译》"农战第三"，中华书局1974年版，第74页。

〔5〕　（汉）司马迁撰，（宋）裴骃集解，（唐）司马卢索隐，（唐）张守节正义：《史记》卷一二九"货殖列传"，卷二十三"礼书第一"，中华书局1959年版，第3274、3256、463页。

屈于欲",需要"二者相待长",也就是说使二者处于一种平衡的发展中。而对于以礼的规范所需要形成的社会秩序而言,则必然需要以礼仪规则对追求"欲"的社会行为予以规范,因此,礼仪规则并不仅仅是对纯粹的道德行为的规范。而对商人及贩夫贩妇们交易行为进行规范的"商德",则是为实现这一目标而产生。"商德"所体现的若干符合于礼仪要求的行为规则,虽然并非直接来自纯粹的符合道德规范要求的礼仪规则,但却是在其直接影响下产生的。

不过,《周礼》作为国家制度典籍,虽然其中出于对建立进行交易的"市"的秩序需要制定了若干规则,包括契约法规则,并且,这些规则的强制性,是以"市刑"来予以保障的,而对以"商德"所体现的自由选择行为的规范,则基本上是没有直接涉及的。

在此,需要对儒家伦理理论,重新进行具体的了解和进一步的认知,因为事实上正是由孔子所创立的儒家伦理理论,将对"天道"认知所获得的"道德"要求,世俗化为可由人们据之以遵行的"礼"的规范。可以肯定的是,孔子以"仁"作为处理人与人之间关系的基本准则,通由仁、义、礼、智、孝、悌、忠、信等道德规范所建立起一个以"仁"为中心的伦理体系("仁"在此则为具体的道德规范),乃是先秦时期礼仪规则得以形成完整体系的主要理论依据,虽然在孔子以前"礼"就已经存在,但孔子以关于"礼"的损益之说(《论语·为政》:"子曰:殷因于夏礼,所损益,可知也;周因于殷礼,所损益,可知也"),表达出了渐进主义变革观,[1]并提出了因革变易之道,即为礼之文质俱变观,[2]此观点为后来的礼书所采纳,[3]这一改

〔1〕 侯外庐等:《中国思想通史》(第1卷:古代思想),人民出版社1957年版,第150页。

〔2〕 罗义俊:《关于孔子的损益观及时中观》,载《学术月刊》1985年第5期。

〔3〕《论语·雍也第六》:"质胜文则野,文胜质则史。文质彬彬,然后君子。"黄怀信《论语汇校集释》引《何晏集释》:"包曰:'野如野人,言鄙略也。史者,文多而质少。彬彬,文质相半之貌。'"又引《皇侃义疏》:"质,实也。胜,多也。文,华也。"[黄怀信主撰,周海生、孔立德参撰:《论语汇校集释》卷六"雍也第六",上海古籍出版社2008年版,第511页。]汉代董仲舒《白虎通义》引《礼三正记》:"质法天,文法地也。"并曰:"帝王始起,先质后文者,顺天下之道、本末之义、先后之序也。事莫不先有质性,乃后有文章也。"[(清)陈立撰:《白虎通疏证》卷八"三正",吴则虞点校,中华书局1994年版,第368页。]清代刘宝楠《论语正义》疏曰:"礼有质有文。质者,本也。"又曰:"周尚文,殷质不能胜文。夏尚忠,忠者,质之至也。文质均有所敝,然二者相较,则宁从其失小者取之,所谓权时为进退也。质有其礼,俭戚不足以当之,而要皆与礼之本相近,盖礼先由质起,故质为礼之本也。"[(清)刘宝楠:《论语正义》卷三"八佾第三"、卷七"雍也第六",高流水点校,中华书局1990年版,第82、233页。]

变将"礼"从属于"天"意的观点，变革为"礼"从属于"仁"〔1〕的认识，因此更加明确地使"天"意的内涵变更为"天道"，且以"仁"来代表"人道"。而礼仪规则的形成，则是对西周时期关于"德"的"道德"含义的抽象，如后人在《说文解字》中所解释的："德"就是"外得于人，内得于己"，实则由"外"为政治制度（即"惠民"政治：惠及鳏寡、教诲、慎罚），而从"内"则由加强统治阶层内部的自身道德修养和道德规范两方面所构成。"礼"被认为是以"守其国""定社稷"和"利后嗣"为目的，并具有"行其政令，无失其民"的作用（《左传·昭公五年》："礼，所以守其国，行其政令，无失其民者也。"《左传·隐公十一年》："礼，经国家，定社稷，序民人，利后嗣者也。"）。也就是说，以"礼"治国所推行的礼制，是以实现西周时期所说的"德政"（即"得其正道"之"政"，而并非仅体现怀柔一面的"仁政"。当然，孔子所谓的"仁政"，本身并非体现怀柔之政）为目的，和以"序人民"，以及以维护宗法制，使"周之宗盟，异姓为后"（即确立周的宗主地位与异姓诸侯的臣属地位）为内容的。这是因为礼制体现的"礼的本质"，被认为是可以通过礼仪的形式规范来体现的，且"礼"又以其被赋予的道德属性，作为辨别善恶、顺逆的准则，〔2〕为实现"德"加强对个人行为（由统治阶层内部成员扩展为社会普通成员）约束之目的的。因此，孔子"仁"学理论所带来的改变，体现为主张"入世"的进取精神。孔子在政治上主张取"取信于民"，如其主张要把"民"与牲畜明确地区分开来，对"民"要在"富之"的基础上"教之"等（如《论语·子路》中说："子适卫，冉有仆。子曰：'庶矣哉！'冉有曰：'既庶矣。又何加焉？'曰：'富之。'曰：'既富矣，又何加焉？'曰：'教之'"），使其"仁"学理论，较之于前人，有很大发展。孔子的仁者爱人之说，超出了血缘宗族的"亲亲"关系，这一思想包含有既要求统治者减轻对劳动者的剥削，又提倡爱民、养民、利民、富民、教民、安民、博施于民的内容："道千乘之国，敬事而信，节用而爱人，使民以时。"（《论语·学而》）而其所谓"忠恕"之道，以"忠"和"恕"两个方面的内容，使仁者的"爱人"得到引申和发展，以此

---

〔1〕　沈善洪、王凤贤：《中国伦理思想史》（上册），人民出版社 2005 年版，第 77 页。
〔2〕　沈善洪、王凤贤：《中国伦理思想史》（上册），人民出版社 2005 年版，第 62~69 页。

除了突出作为处理君臣关系的道德规范外，还有如："主忠信"（《论语·学而》）、"与人忠"（《论语·子路》）、"为人谋而不忠乎?"（《论语·学而》）、"忠焉，能勿诲乎?"（《论语·宪问》）等，所包含的以"忠信"对个人与他人行为进行规范的意思。而孔子把"忠"与"信"连在一起，显然是认为"与人忠"和"交友信"这两种品德是不可分割的。[1]

由此可见，孔子"仁"学理论实际已将礼仪规则的适用范围扩展至庶民阶层，其在一般意义上谈论的人和人与人之间的关系，是一种抽象性的提升。孔子所言的"克己复礼"，并非要恢复周礼，虽然孔子推崇周礼，主张"天下归仁"（《论语·颜渊》："颜渊问仁。子曰：'克己复礼为仁。一日克己复礼，天下归仁焉。为仁由己，而由人乎哉?'"）但孔子所说的"仁"与"礼"的关系，是内容与形式的关系，即"仁"为人之本质所在，而"礼"则是"仁"的外显。正因为如此，孔子对人之所欲，是以一种客观认知和遵从客观规律的态度来对待的，其以"义"和"利"这一对相互对立又相互关联的关系，说明他对此所持的观点：如孔子认为，利是可以去追求的："富而可求也，执鞭之士，吾亦为之。"（《论语·述而》）从国家推行的政策来看，经济发展是重要的："邦有道，贫且贱焉，耻也。"（《论语·泰伯》）国家政策的制定应当做到："因民之所利而利之，斯不亦惠而不费乎?"（《论语·尧曰》）等系统的义利观。[2]正是由于孔子以其义利观的引入，使"仁"和"礼"的抽象关系，可以转化为通过"义"来规范，使取利行为符合道德规范的要求。这一转化之所以说是具体的，是因为通过"义"与"利"之间关系的设置，使"义"作为道德规则行为，因为被规范对象（取利行为）的具体，而变得具体。

对于孔子所开创的这一重大的思想变革，先秦诸子及后世儒家，是有进一步发展的：为了使"义"这个抽象的道德行为规则，对如取"利"这样的

---

[1] 沈善洪、王凤贤：《中国伦理思想史》（上册），人民出版社2005年版，第102~106页。

[2] 孔子的义利观还有，其认为追求利不能违背义的规范要求，如《论语·述而》："不义而富且贵，于我如浮云。"二者的关系存在对立的一面，如《论语·里仁》："君子喻于义，小人喻于利。"以君子和小人之别，来区分义与利。而如《论语·阳货》："君子义以为上"，即言君子者是以"义"作为行动的指南。《论语·卫灵公》："君子义以为质"，即言君子把"义"化为个人存在的本质。因此，这里的"君子"并不局限于身份，而应该指那种在道德上完美的人；但"义"和"利"又有相互关联的一面，二者关系在政治上体现为："礼以行义，义以生利，利以平民。"（《左传·成公二年》），而在社会物质生活中，二者关系体现为见利思义："见利思义，见危授命，久要不忘平生之言，亦可以为成人矣"，以义取利："义然后取，人不厌其取。"

世俗行为的规范更具有针对性，"义"的含义，被分解为"宜""正""理""则"，也就是以它们作为行为法度、规范和义则。[1]但这些可以对"义"的含义从不同侧面予以表现的概念，它们既是对"义"的含义的不同表达，因此只能是"义"的下一层次的概念，是不可与"仁"对称的。仅以此而言，孔子的"义利"观思想所达到的高度在先秦时期是无人出其左右的。这主要表现在：是孔子首先明确了与"仁"处于同层次的概念"礼"，并因此使体现对"仁"的本体存在认识的"义"（相对而言为主观存在），与"礼"这个外在，可与"仁"对称的存在之间（相对而言为客观存在），建立起或可称之为内容与形式之间的对称关系。更进一步说，"义"作为"仁"这个概念所指向的，对人们外在的行为进行规范的，那个替代"仁"的道德本体的有形的存在，其在与"利"这个概念所概括的人们的物质欲求之具体相联系时，必然需要将人们追求物质利益所产生的若干具体行为纳入，并作为其规范的对象，"义"本身也就因此而完成了"仁"由精神世界的存在转化物质世界的存在这个过程，因此"义"是"仁"在物质世界的存在之镜像。正因为如此，"礼"以其作为"仁"在精神世界存在的外在表现形式，需要随之而转化为礼仪规则。以"义"来对取利行为进行规范，随之而同步产生的转化，

---

[1]　"义者，宜也"这是对"义"的最一般的定义。《中庸》曰："义者，宜也，尊贤为大。"东汉刘熙的辞书《释名·释言语》说："义者，宜也裁制事物，使合宜也。"这成为后世对"义"的标准界定。韩愈在《原道》中说："博爱之谓仁，行而宜之之谓义。"这个意义上的"义"代表的是一般性的善、正确或恰当，处理一切事物合宜，都被称"义"；除了"宜"，还有一个比"宜"出现得更早的"义"训，即"正"，正当。《墨子·天志下》曰："义者，正也。"《文子·道德》也说："正者，义也。"以"正"释"义"较之以"宜"释"义"，使"义"具有了明显道德意味的应然，孔子的"义"也明显是一种道德意义上的正当，所谓"君子喻于义，小人喻于利""见得思义""见义不为，无勇也"（《论语·为政》）等都是把"义"当作"当为之事"或"道德上的标准"。"正"是判断一切是非的准则，这种是非准则必定是公共接受的、能够说服人的。《尚书·洪范》有言："无偏无颇，遵王之义；无有作好，遵王之道；无有作恶，遵王之道。无偏无党，王道荡荡；无党无偏，王道平平；无反无侧，王道正直。"无偏颇、无好恶、不结党营私、不违犯法度，而使王道荡荡、平平、正直，是一种政治与社会的理想状态，这种理想状态是人人所期望的，如此才成为公共的准则。"义"还可以"理"和"则"来训。荀子说："义，理也，故行。"（《荀子·大略》）朱熹说："义者，天理之所宜。"（《论语集注》）"义"首先是一种人伦之理，同时亦被上升为一种天理，即天下之通义："天下有义则生，无义则死；有义则富，无义则贫；有义则治，无义则乱。"（《墨子·天志上》）义理不仅关系到个人的生存意义、价值取向，也关系到社会的治乱，这种"理"有时也不仅被看作是人心、民心，不仅是人道、王道，而且也是天道。由于"义"的作用在于裁制事务，使人们的行为"合宜""正当"，因此必然具有强烈的实践性。荀子说："仁，爱也，故亲；义，理也，故行；礼，节也，故成。"（《荀子·大略》）"义"的根本性质是"理"，"理"要落实为道德价值，必须依靠人们遵循道理而行动，因此，"义"就是人们的行为法度、规范和义则。（肖群忠：《传统"义"德析论》，载《中国人民大学学报》2008年第5期。）

即为由"义"以物质世界存在的外在表现形式,应为以礼仪规则,并应以之来对取利行为进行规范。当然,在此种可以在不同概念层次上指称的礼仪规则,并非完全可以具体化为如《仪礼》等礼书所制定的礼仪规则,并最终需要以"礼义"来形成对不同时期的礼仪规则的调整。当然,如我们在此言及的诚信,即是表述"礼义"的概念。

诚信可以具体的礼仪规则来体现"义"的存在,虽然诚信在礼仪规体系中是原则,但如前述,孟子"善"的"四端"说,已开通了以礼仪规则体现诚信原则的途径,而荀子则将实现诚信("忠厚")的具体路径细化为对"欢""哀""敬""威"之"情"予以表现的不同的礼仪规则,但是,在此处需要言及的是,在其他场合,或者说相对于其他的人与人之间关系发生的情形,礼仪规则之具体以当如何?

以本书对上述问题的仅限于礼仪规则体系中与古代契约法诚信原则相关的部分,也就是仅涉及"商德"对"义"作为一般社会行为道德规范转化为与古代契约法诚信原则相关的部分而论,可以认为"商德"应该是本书在上述条件界定的范围内,所欲揭示事实的主要考察对象,这是因为"商德"事实上是联结作为一般社会行为规则的礼仪规则和对契约行为具有特别规范作用的礼俗规则这二者的机枢:以"商德"对契约行为规范的有效,其既是以符合礼仪规则的规范来获得礼制的强制力作为保障的,但同时需要通过那些在礼制教化作用下生成的,以礼俗形式表现的交易习惯法的生成来实现。以此,对本书而言,需要完成的工作似乎是两方面的:其一,以"商德"与礼仪规则的联系,去寻找与那些与古代契约法诚信原则主要存在间接关联的礼仪规则,并具体描述它们之间的这种关系;其二,以"商德"与礼俗规则的联系,寻找与那些古代契约法诚信原则直接关联的礼俗规则,并具体描述它们之间的这种关系。

但是,以上两个方面的寻找,在具体的工作中,其实是难分彼此的,因为历史资料中所记载的多为第一种情况,至于第二种情况的存在,则往往只能从具体的事件(案例)中发现。

而对于上述工作,限于篇幅,本书仅能做例举式说明:

第一,就第一种情况的存在事实而言,在此选择秦礼书中对有关客礼、士相见礼和乡饮酒礼的相关礼仪规则,作为研究对象。

　　关于客礼。客礼的礼节，有相当部分，属于宾礼的范畴。其有"不臣"之仪节，作为国家典章制度中的规范，其包含有平等关系的寓意，也首先是来自礼制对宾礼仪节的规定。这种平等关系在宾礼中，只适用于天子所代表的国家与诸侯国之间在某种情况下，以及诸侯国之间在通常情况下的，具有外交性质的交际场合。但即使是在这样的场合，宾礼对天子与诸侯，诸侯之间，以及他们派出的使者之间行为的规范，同时是具有一定的个人行为属性的，并且，也是具有一定的陌生人之间关系属性的。而客礼并不等同于宾礼，如学者徐美莉所言，客礼的寓意表现在两个方面："其一，客礼寓意平等；其二，这种昭示平等的客礼往往被引入至同身份等级的社会成员之间，以表示尊崇或不屈的意思，在这种情形下，客礼与维系等秩序的君臣礼相对立而存在，表示'不臣'，表示抗礼。"[1]除去"不臣"之义的礼节，属于宾礼，适用于君主国之间的外交关系之外，其在"同身份等级的社会成员之间"的适用如果可以被肯定的话，那么其在"不同身份等级的社会成员之间"是否适用的问题，以《礼记》等礼书的记载，却也并不是十分明确的：如《礼记·曲礼上第一》中对于来到家中的客人所行的"埽除布席之仪"，具体规定到："若非饮食之客，则布席，席间函丈。"对于此处所言之客，郑玄注云："谓讲问之客也。"可知客人与主人之间以"讲问"发生的关系是平等的，系因双方之间大致平等，却也并非一定就是士以上人士，因此，客礼在适用于"同身份等级的社会成员之间"时，显然具备了以此可延伸至庶民阶层的条件，此其一。由于"若非饮食之客"，其实很难限定为就是"谓讲问之客"的，而在行"布席"之礼中，对于《礼记·曲礼上第一》中所说的，此时"主人跪正席"，即主人虽跪，但仍居为"正席"，郑玄于此处注曰："虽来讲问，犹以客礼待之，异于弟子。"因为"讲问"之人，此时或为师长，但主人于家中接待，其虽身份"异于弟子"，但来人如为师长，或可被尊为师长，那么，双方的身份，是有不平等的一面的，只不过由于作客来防主人家，在这一暂时存在的关系中，"将适合，求毋固"（《礼记·曲礼上》，孔颖达曰："凡往人家，不可责求于主人，瞵常旧有之物，故曰'求毋固'也"[2]），即"主人

---

　　〔1〕　徐美莉：《中国古代的客礼》，载《孔子研究》2008 年第 4 期。
　　〔2〕　李学勤主编：《十三经注疏（标点本）礼记正义》卷二"曲礼上"，龚抗云整理，王文锦审定，北京大学出版社 1999 年版，第 36 页。

跪正席",虽与"为人子者,坐不中席"(《礼记·曲礼上》)系之于明确的伦理关系中长者为尊的大的原则存在一定的冲突,但被探防者作为一家之主,其主人身份,弥补了双方身份上可能存在的差距,且一家之主的身份,除了对"父母"等尊长,其他来访者,"不可责求于主人",这段言说为可能暂时存在的不同等级身份者之间的"平等"关系,留下了空间,此其二。以孔颖达所作的疏是将"客礼"改为"宾客礼":"'主人跪正席'者,客虽来讲问,而主人宜敬,故跪而正席,示亲客之来也。虽来讲问,犹以客礼待之,异于弟子也。"[1]孔氏将客礼释为宾客礼,是因为二者确有交织重叠的部分,[2]从这个意义上说,孔氏的"宾客礼"说法,如果是用于专指宾礼中相同于客礼的部分和客礼所独有的部分之和的话,还是有一定道理的,但客礼之所以不同于宾礼,是因为其适用的对象除了"同身份等级的社会成员"(不是国家之间的主宾关系)外,还包括在一定的空间和时间范围内的"不同身份等级的社会成员",如前面所说的"讲问之客"与一家的主人之间"异于弟子"的平等关系之暂时性的存在,此其三。

《礼记》中具体提及"客礼"二字的地方很少,《礼记·曲礼下第二》中言:"凡贽,天子鬯,诸侯圭,卿羔,大夫雁,士雉,庶人之贽匹。"郑玄注曰:"天子无客礼,以鬯为贽者,所以唯用告神为至也。"孔颖达疏:"天子无客礼,必用鬯为贽者,天子吊临适诸侯,必舍其祖庙。既至诸侯祖庙,仍以鬯礼于庙神,以表天子之至,故郑注《鬯人》亦然也。"[3]此处"客礼"说法,均为郑、孔二人所言,《礼记》中其他几处也有,但《礼记》之正文却未涉及。郑、孔二人所言之"客礼",却也并非与孔氏所说"宾客礼"不同,可见客礼的相关礼节,是因后来情况改变而产生的。事实上,《礼记》中师生见面的仪

---

〔1〕 李学勤主编:《十三经注疏(标点本)礼记正义》卷二"曲礼上",龚抗云整理,王文锦审定,北京大学出版社 1999 年版,第 44 页。

〔2〕 将客礼与宾礼互称者,如吴丽娱所言:"宾礼是《周礼》五礼之一。宾即是客,……但是唐后期五代藩镇体制下,所谓客礼却有了对'内'宾而言的新含义。"(吴丽娱:《试论晚唐五代的客将、客司与客省》,载《中国史研究》2002 年第 4 期。)李云泉也有同样的看法,他认为,西汉甘露三年(公元前 51 年)以客礼待匈奴呼韩邪单于一事对汉代朝贡礼仪的确立和后世朝贡礼仪的发展具有重要意义,之后"所谓的'客礼',也就是宾礼"。[李云泉:《宾礼的演变与明清朝贡礼仪》,载《河北师范大学学报(哲学社会科学版)》2004 年第 1 期。]

〔3〕 李学勤主编:《十三经注疏(标点本)礼记正义》卷五"曲礼下",龚抗云整理,王文锦审定,北京大学出版社 1999 年版,第 164 页。

节，〔1〕到他人家访问的仪节，〔2〕家中主人迎接客人和客人行为的仪节，〔3〕以及具有概括性的关于与人相处的礼仪之仪节，〔4〕这些礼仪规则所规范的当事人双方，虽然也会有一定的身份等级，但显然只是社会身份有所不同，却并非在政治制度中的身份不同，在这种关系中，"主"与"客"的地位，是平等的。

关于士相见礼。士相见礼是体现了交往双方一定程度上的平等关系的，包括士初次与士大夫见面的仪节，〔5〕下大夫与上大夫相见之仪节，〔6〕以及于身份等级而言，并非可以明确界定的"君子"〔7〕见面仪

---

〔1〕《礼记·曲礼上》："从于先生，不越路而与人言。遭先生于道，趋而进，正立拱手。先生与之言，则对；不与之言，则趋而退。从长者而上丘陵，则必乡长者所视。登城不指，城上不呼。"［李学勤主编：《十三经注疏（标点本）礼记正义》卷二"曲礼上"，龚抗云整理，王文锦审定，北京大学出版社1999年版，第35~36页。］

〔2〕《礼记·曲礼上》："将适舍，求毋固。将上堂，声必扬。户外有二屦，言闻则入，言不闻则不入。将入户，视必下。入户奉扃，视瞻毋回。户开亦开，户阖亦阖。有后入者，阖而勿遂。毋践屦，毋踏席，抠衣趋隅。必慎唯诺。"［李学勤主编：《十三经注疏（标点本）礼记正义》卷二"曲礼上"，龚抗云整理，王文锦审定，北京大学出版社1999年版，第36页。］

〔3〕"凡与客人者，每门让于客。客至于寝门，则主人请入为席，然后出迎客；客固辞，主人肃客而入。主人入门而右，客入门而左。主人就东阶，客就西阶。客若降等，则就主人之阶；主人固辞，然后客复就西阶。主人与客让登，主人先登，客从之，拾级聚足，连步以上，上于东阶则先右足，上于西阶则先左足。"［李学勤主编：《十三经注疏（标点本）礼记正义》卷二"曲礼上"，龚抗云整理，王文锦审定，北京大学出版社1999年版，第38页。］

〔4〕《礼记·曲礼上》："博闻强识而让，敦善行而不怠，谓之君子。君子不尽人之欢，不竭人之忠，以全交也。"［李学勤主编：《十三经注疏（标点本）礼记正义》卷三"曲礼上"，龚抗云整理，王文锦审定，北京大学出版社1999年版，第74页。］

〔5〕《仪礼·士相见礼》："士相见之礼。贽，冬用雉，夏用腒。左头奉之，曰：'某也愿见，无由达。某子以命命某见。'主人对曰：'某子命某见，吾子有辱。请吾子之就家也，某将走见。'……"［李学勤主编：《十三经注疏（标点本）仪礼注疏》卷七"士相见礼"，彭林整理，王文锦审定，北京大学出版社1999年版，第110~111页。］

〔6〕《仪礼·士相见礼第三》："下大夫相见以雁，饰之以布，维之以索，如执雉。上大夫相见以羔，饰之以布，四维之，结于面，左头，麛执之。如士相见之礼。"［李学勤主编：《十三经注疏（标点本）仪礼注疏》卷七"士相见礼"，彭林整理，王文锦审定，北京大学出版社1999年版，第116~117页。］

〔7〕君子为"卿大夫以上的国中贤者"。（彭林：《仪礼全译》，贵州人民出版社1997年版，第85页。）然而，对"君子"一词的具体说明，始于孔子。在孔子之前，君子一语主要是从政治角度立论的，君子的主要意思是"君"。"君"，从尹，从口。"尹"，表示治事；"口"，表示发布命令。合起来的意思是：发号施令，治理国家。《诗经·谷风之什·大东》："君子所履，小人所视。"孔颖达《诗经正义》曰："此言君子、小人，在位与民庶相对。君子则引其道，小人则供其役。"《春秋左传·襄公九年》："君子劳心，小人劳力，先王之制也"，此处君子、小人，仍着眼于地位而非道德品质。到孔子时代，"君子"一词开始具有道德品质的属性。在儒家思想里，"君子"一词具有德性上的意义。"君子之道三，我无能焉。仁者不忧、知者不惑、勇者不惧。"（《论语·宪问》）此似为"君子"一词在德性上最具体的意义。《礼记·曲礼》说："博文强识而让，敦善行而不怠，谓之君子。"以此可见，"君子"一语在脱离《仪礼》并未具体界定其含义的语境后，是可以被引申为去掉其政治身份的道德高尚之人的。

节,〔1〕在这些双方地位并不平等的交往中,地位高的一方,并非可以不守礼节,如孔子所说:"君子周而不比,小人比而不周。"(《论语·为政》)而对于"周",孔安国注曰:"忠信为周,阿党为比",〔2〕可见忠信原则,是君子应遵守的核心礼仪规则。

关于乡饮酒礼。除了对于专门对士以上阶层人士见面交往的宾、客之礼外仪规则,以及这类规则因出于社会控制的需要,由先秦时期政治制度教化功能所干预形成的礼俗作为载体被扩展至庶民阶层外,同样出于社会控制的需要,《礼记》和《仪礼》在对特定的社交场合中礼仪规则的规定,也体现了"不同身份等级的社会成员之间"平等关系的存在。如乡饮酒礼,唐贾公彦在《仪礼注疏》中解释道:"凡乡饮酒之礼,其名有四:案此宾贤能谓之乡饮酒,一也;又案乡饮酒义云,六十者坐,五十者立侍,是党正饮酒,亦谓之乡饮酒,二也;乡射州长,春秋习射于州序,先行乡饮酒,亦谓之乡饮酒,三也;案乡饮酒义又有大夫士饮国中贤者,用乡饮酒,四也。"〔3〕乡饮酒礼与飨、燕之礼,同为饮酒礼仪,飨礼包含着祭祀天地鬼神的内容,是最为隆重的一种宴饮宾客之礼,适用于天子、诸侯和高级贵族阶层之间,一般在宗庙中举行,包括天子和诸侯,以及诸侯飨他国卿大夫之礼等,〔4〕属于一种国事行为,并兼具外交上的功能。而与之不同的燕礼,不具备享神的功能,贾公彦《仪礼注疏》引郑玄《三礼目录》云:"诸侯无事,若卿大夫有勤劳之功,与君臣燕饮以乐之。燕礼于五礼中属嘉。"〔5〕即燕礼是为了体现君臣之和,与侧重强化宗族之情的私饮酒礼相对应。〔6〕关于私饮酒礼,《周礼·春官·大宗伯》曰:"以饮食之礼,亲宗族兄弟。"郑玄注曰:"亲者,使之相亲。人

---

〔1〕《仪礼·士相见礼》:"凡侍坐于君子,君子欠伸,问日之早晏,以食具告,改居,则请退可也。夜侍坐,问夜,膳荤,请退可也。"[李学勤主编:《十三经注疏(标点本)仪礼注疏》卷七"士相见礼",彭林整理,王文锦审定,北京大学出版社1999年版,第121页。]

〔2〕李学勤主编:《十三经注疏(标点本)论语注疏》卷二"为政第二",朱汉民整理,张岂之审定,北京大学出版社1999年版,第21页。

〔3〕(汉)郑玄注,(唐)贾公彦疏:《仪礼注疏》卷八"乡饮酒礼第四",彭林整理,王文锦审定,北京大学出版社1999年版,第126页。

〔4〕景红艳:《论周代天子大飨礼及其历史功能》,载《孔子研究》2013年第1期。

〔5〕(汉)郑玄注,(唐)贾公彦疏:《仪礼注疏》卷八"乡饮酒礼第四",彭林整理,王文锦审定,北京大学出版社1999年版,第126页。

〔6〕马海敏:《周饮酒礼透视出的社会意识形态》,载《西北民族大学学报(哲学社会科学版)》2008年第4期。

君有食宗族饮酒之礼，所以亲之也。"贾公彦疏曰："此经云'饮食'，亦尊卑通有。下文别有飨燕，则经云饮者，非飨燕，是私饮酒法。其食可以通燕食。"〔1〕即言饮食之礼，是指私饮酒礼，主要适用于有血缘关系的宗族，是为了加强同姓宗族之亲和扩大异姓宗族之亲，但乡饮酒礼则并非属于"私饮酒法"，其中诸侯之乡大夫向其君举荐贤能之士，在乡学中与之会略的，如蜡祭时的党正〔2〕饮酒，庶民为主要参与者，《礼记·玉藻》饮，乡大夫以宾礼宴饮国中贤者和州长于春、秋会民习射，射前饮酒，虽然以乡大夫为主宾，但不能说与国事无关，倒是所谓"党正饮酒"，显属"私饮酒法"。"私饮酒法"者"其食可以礼"，"通燕食"是指二者礼仪规则大致相同。其实，除了与饮酒相关的社交场合外，冠、昏、丧等有众人聚会的场合，也是社交场合，同样涉及人与人之间交往的礼仪规则，而在这些与国事无关的场合中，众人的身份等级，是可被忽云："凡尊，必上玄酒，唯君面尊，唯飨野人皆酒。大夫侧尊用棜，士侧尊用禁。"郑玄注云："蜡饮，故不备礼。"孔颖达疏云："飨野人谓蜡祭时也。野人贱，不得比士，又无德，又可饱食，则宜贪味，故唯酒而无水也。"〔3〕此处所谓"蜡饮，故不备礼"是强调"野人"者，在蜡祭时饮酒，不必以士大夫那样礼仪规则来约束其行为，因为有"野人"参加的由党正举行的蜡饮，仍是需要按乡饮酒礼的礼仪规则进行的。〔4〕《仪礼》和《礼记》中均有对乡饮酒礼的具体规定，但现今留存的只是部分，而如党正饮酒，"野人"为主要成员，虽然《礼记·乡饮酒义》中把来宾分成宾、介、众宾三个等次，并按照规定完成一套从谋宾、迎宾、献宾、旅酬直至送宾的礼仪程序，但对来宾身份的这种等级划分，将其政治身份和社会身份相混同

〔1〕李学勤主编：《十三经注疏（标点本）周礼注疏》卷十八"春官·大宗伯"，周伯雄整理，王文锦审定，北京大学出版社1999年版，第468页。

〔2〕《周礼·地官·大司徒》："令五家为比，使之相保；五比为闾，使之相爱；四闾为族，使之相葬；五族为党，使之相救；五党为州，使之相赒；五州为乡，使之相宾。"［李学勤主编：《十三经注疏（标点本）周礼注疏》卷十八"地官·大司徒"，周伯雄整理，王文锦审定，北京大学出版社1999年版，第264页。］

〔3〕李学勤主编：《十三经注疏（标点本）礼记正义》卷二十九"玉藻第十三"，龚抗云整理，王文锦审定，北京大学出版社1999年版，第891页。

〔4〕《周礼·地官》："国索鬼神而祭祀，则以礼属民而饮酒于序，以正齿位，一命齿于乡里，再命齿于父族，三命而不齿。"郑玄注曰："国索鬼神而祭礼谓岁十二月大蜡之时建亥之月也正齿位者，乡饮酒义所谓六十者坐，五十者立侍，六十者三豆，七十者四豆，八十者五豆，九十者六豆是也。"［李学勤主编：《十三经注疏（标点本）周礼注疏》卷十二"地官·党正"，周伯雄整理，王文锦审定，北京大学出版社1999年版，第303页。］

而未加细分，是为了将礼仪适用的等级加以模糊化，且由此种划分，可见在这种场合中，身份不同的人是可以一起饮酒的，如《仪礼·乡饮酒礼》说："乡饮酒之礼。主人就先生而谋宾、介。主人戒宾，宾拜辱；主人答拜，乃请宾。宾礼辞，许。主人再拜，宾答拜。主人退，宾拜辱。介亦如之……"[1]如地方官员和士大夫与"乡"中的"国人"，和"党"中的"野人"[2]一起群饮共食，以体现《周礼》"以嘉礼亲万民"的精神，不同身份等级者在这种特定的场合中，因此而具有一定程度的平等关系，所以乡饮酒礼所体现的"教化"作用，本身即为将礼仪规则推行至庶民社会后的形成之物，且礼仪规则也因其"以礼致序"功能的实现而成为一般社会行为规则。

由以上礼仪规则对人们一般情况下和特定场合的交往行为所做规范，仅是对并不具有交往目的的交往行为提供了行为规则，而关于像以满足生活必需和以赢利为的交易行为，国家政治和法律制度所进行的规范，以往研究中得出的结论通常认为如《周礼》中所见的契约法，对于违反者，是处以市刑以上的刑罚的，虽然市刑并不等同于刑，但其以罚（经济上的惩罚属行政处罚）和身体刑而趋近于刑，并非明确划分出了契约法作为民事法的调整范围。但事实上，是存在刑的调整范围以外的民事法的范围的，只不过在这个刑的调整范

---

[1] 这段乡饮酒礼的仪节规定，用现在的语言来表述是乡饮酒之礼。主人前往就乡先生们商议选拔宾、介。接着主人到被选中的宾家去把选举的结果告诉他。宾向主人行拜礼，感谢他屈驾光临。主人回礼答拜，于是请宾参加为他举行的饮酒礼。宾推辞了一下，就答应了。主人行再拜礼，宾回礼答拜。主人退去，宾行拜礼相送并再次感谢主人的屈驾光临。告介的礼仪也和告宾一样……（杨天宇撰：《仪礼译注》"乡饮酒礼第四"，上海古籍出版社2004年版，第65页。）《礼记·乡饮酒义》："乡饮酒之礼：六十者坐，五十者立侍，以听政役，所以明尊长也。六十者三豆，七十者四豆，八十者五豆，九十者六豆，所以明养老也。民知尊长养老，而后乃能入孝弟。民入孝弟，出尊长养老，而后成教。成教而后国可安也。君子之所谓孝者，非家至而日见之也；合诸乡射，教之乡饮酒之礼，而孝弟之行立矣。孔子曰：'吾观于乡，而知王道之易易也……'"（乡饮酒之礼，在乡饮酒礼上，六十岁以上的人坐，五十岁以下的人站着侍候以听从差遣，这样来表明尊敬长者。六十岁的人席前设三豆，七十岁的设四豆，八十岁的设五豆，九十岁的设六豆，这样来表明奉养老人。民众知道尊敬长者和奉养老人，而后才能在家中孝顺父母和尊敬兄长。民众能在家中孝顺父母和尊敬兄长，出外又能尊敬长者和奉养老人，而后教化成功，教化成功而后国家才可以安定。君子所说的孝，并不是挨家挨户、天天见面加以教导，而是集合民众参加乡射礼，并通过乡饮酒礼进行教育，孝锑的德行就树立起来了。孔子说："我参观乡饮酒礼，从而知道王道的教化也是很容易推行的。"）（杨天宇撰：《礼记译注》"乡饮酒义第四十五"，上海古籍出版社2004年版，第826~827页。）

[2]《周礼》中的乡遂制度把周天子直接统治的王畿划为"国"和"野"两大区域，在这两个区域中，"郊"是分界线，郊以内是"国中及四郊"，郊以外是"野"。王城的城郭以内叫"国中"，城郭以外的周边地区就是"郊"，分设"六乡"，即是乡遂制度中的"乡"。郊再往外的地区就是"野"，分设有"六遂"，就是乡遂制度中的"遂"。在《周礼》中，乡和遂的居民都可称为"民"，但六遂的居民还被叫作"甿""氓"或"野民""野人"，六乡的居民则被称为"国人"。（杨宽：《西周史》，上海人民出版社2003年版，第395~396页。）

围之外的民事法范围内，民事行为包括契约行为应当是由礼仪规则来调整的。这是因为礼仪规则是被作为社会的一般行为规则来构建的，虽然这种构建是建立在伦理关系的基础之上的。当然，就以上认识而言，相关研究是有所论及的，只不过对于礼仪规则具体是如何调整民事法律关系这个问题的，很少有所涉及。

而仅就以上例举来说，对这个问题的解答，似乎仍然是不足的，因为关于商业行为是如何通过礼仪规则来得到规范的这个问题本身，其相关的儒家理论依据，似乎是欠缺的，这主要来自"子罕言利，与命，与仁"（《论语·子罕》），这实际上是语意复杂之说给我们留下的印象。事实上，可以对上述儒家理论依据的欠缺补足的简要说明是，以孔子的"仁爱"理论本身，对上述问题的解答即是充分的：孔子以"仁"作为"天道"在人类社会存在，是以"德"（"得"）来作为"天道"的承载物。显然，孔子之"仁"，是为人道（《周易·说卦外传》："立人之道，曰仁与义。"《孟子·尽心下》："仁也者，人也。合而言之，道也。"），"仁"的本体存在，通过人们精神世界的存在而得到反映，这种存在转化现实物质中的世界存在（即为人所认识的客观存在），其外在形式就是"义"。而"礼"作为"仁"在精神世界存在的外在表现形式，其在现实物质世界的外在形式，则为礼仪规则。以此，在义利之辨中，孔子理论便以"义"来规范取利行为，这种仅局限于概念阶段的论证，得到了向具体的方式方法上的转化和延伸。而"商德"则是"义"在人们取利行为中对其行为进行规范的符合于"道"之"德"的一种实在，所以"商德"即为"义"在特别的市场交易关系中的转化，而其外在性的存在，即为对以概括称谓的种类行为（商业行为）进行规范，并使之符合"义"的行为规范本身。当然，关于孔子的"仁爱"理论及其相关，以及儒家的"商德"论本身，即是需要不断拓展的认识领域，在此也只是予以点明而已。

接下来，我们将转入上述对第二个方面的内容，也就是对有关对体现"商德"的礼俗规则寻找，以了解它们作为习惯法[1]是怎样实现对契约行为的规范的。

这里，同样需要对以上认识本身的理论依据予以说明。从孔子的有关言

---

[1]　"习惯法"一语在此不尽妥帖，但在此仅有此语可做相应的替换性解说，因为礼俗本身并非自然生成，而是由作为国家制度的礼仪规则的强制性干预所形成的。其与一般意义上的风俗、习惯并不完全相同。

论中，我们可以看出以上这一认识是有依据的：首先，孔子是主张富民政策的，如《孔子家语》有："哀公问政于孔子，孔子对曰：'政之急者，莫大乎使民富且寿也。'公曰：'为之奈何？'孔子曰：'省力役，薄赋敛，则民富完敦礼教，远罪疾，则民寿矣。'公曰：'寡人欲行夫之了言，恐吾国贫矣。'孔子曰：'《诗》云：恺悌君子，民之父母。'未有子富而父母贫者也。"〔1〕其次，取利行为要符合"义"的要求。孔子主张"义以为上"（《论语·阳货》），"君子喻于义，小人喻于利"（《论语·里仁》）。其虽把求"义"与求"利"作为区分君子与小人的标准，但他对"利"并不加以否定，其言："足食足兵，民信矣。"（《论语·颜渊》）又说："百姓足，君孰与不足，百姓不足，君孰与足？"（《论语·颜渊》）并进而提出"因民之所利而利之"（《论语·尧曰》）的主张。当然，孔子主张富民政策和对取利行为的肯定，只是间接表达了利既然是可取的，那么以商事行为而取利，只要不违反"义"的要求，也就是要符合于礼仪规范，那么，"富而可求也，虽执鞭之士，吾亦为之"（《论语·述而》）。但由于"子罕言利"，〔2〕而对于取利之方法来说，商事行为是必然的正当途径，所以孔子的"仁"学理论，对此的顾及也是必然的，如《论语·先进》中曰："回也其庶乎，屡空。赐不受命，而货殖焉，亿则屡中。"将一贫如洗的颜回与对行情估算准确，经商发了大财的端木赐相提并论，其对后者的嘉许态度，溢于言表。而在子贡在谈及美玉的交易中，是否应当待价而沽时，孔子的态度是很肯定的："子贡问曰：'有美玉于斯，韫椟而藏诸？求善贾而沽诸？'子曰：'沽之哉，沽之哉，吾待贾者也。'"（《论语·子罕》）虽然此处《论语》所记载的只是孔子对待经商行为的态度，并未具体涉及其相关理论，但以"子罕言利，与命与仁"将"利""命""仁"三者并

---

〔1〕《孔子家语·贤君第十三》，载杨朝明、宋立林主编：《孔子家语通解》，齐鲁书社2009年版，第157页。《孔子家语》一书虽涉伪书案，但至少可以此认识后来选编者之思想。

〔2〕《论语·子罕》："子罕言利，与命与仁。"对于此句中所说孔子很少言及利与命与仁，何晏的《论语集解》注"子罕言"句曰："罕者，希也。利者，义之和也。命者，天之命也。仁者，行之盛也。寡能及之，故希言也。"即以"与"为连词，将"利""命""仁"三者并列而视为人所难及之事来解释孔子罕言的缘故。而皇侃对此作疏，却认为："利是元亨利贞之道也，百姓日用而不知其理玄也，故孔子希言也。"但"命是人禀天而生，其道难测……故孔子希说与人也"，且"仁是行盛，非中人所能，故亦希说许与人也"。邢昺《论语注疏》取何晏之说："以此三者，中知以下寡能及知，故孔子希言也。"［李学勤主编：《十三经注疏（标点本）论语注疏》卷九"子罕第九"，朱汉民整理，张岂之审定，北京大学出版社1999年版，第111页。］对由此引起的疑义，现代学者有多种解释，但于本书此处所论而言，认为何晏之说较为贴切。

列，并非偶然的，因为这三者之间在现实中是会必然发生关联的，只不过这种在层次上交错的复杂关系，确实以一两句话是说不清楚的，故孔子仅以其肯定商事行为的"态度"，表达了将应将其归于礼仪规则规则调整范围的认识。

显然，"义以为上"和"义然后取"即为孔子所主张的在商事行为中的符合于"仁"的精神之"德"，"商德"的理论主要来自孔子的主张，这是可以肯定的。正因为如此，孔子所言的"克己复礼为仁"的理论核心，所涉及的"仁"在人们精神世界的表现形式为"礼"，则因为上述这种由一般到特殊的理论上的层次递进，所及于的可以体现"商德"的礼俗规则，由此而被引入，则是必然的。其中体现"商德"的诚信原则，在对商事行为包括契约行为进行规范时，则必然需将随之而成立的礼俗规则予以体现。

然而，在《仪礼》和《礼记》中，直接对商事行为，包括契约行为进行规范的礼仪规则，却鲜有所见，造成这种情况的原因，一方面是因为上述礼书所记载礼仪规则之典章，乃是一般的社会行为规则；另一方面的原因，则是"子罕言利"，故虽有冠、昏、丧之礼，而缺经商之礼。

但是，我们仍然可以透过先秦礼书所记载的关于礼仪规则体现诚信原则之礼义，解读出在其强制性干预下所形成的"商德"的礼俗规则，是如何体现了契约的诚信原则的。

第二，以相关具体事例或"案例"作为说明体现契约诚信原则的礼俗规则的存在。有关先秦时期体现契约诚信的礼俗规则，其具体表现形式即为以"商德"为称谓的习惯法规则，但这方面的资料记载较少，其中原因之一，是由于如西周时期实行"工商食官"制度，商人中官商者占有相当的比例，民间商事习惯难以充分发育。易言之，西周时期的官商所遵守的契约行为规则，主要是以礼制所确立的礼仪规则为主要行为规则的。这方面，如《周礼·地官·司市》中对司市的职责的规定："掌市之治教政刑，量度禁令，以次叙分地而经市，以陈肆辨物而平市，以政令禁物靡而均市，以商贾阜货而行布，以量度成价而征续，以质剂结信而止讼，以贾民禁伪而除诈，以刑罚禁虣而去盗，以泉府同货而敛赊。"是以行政法和刑事法的强制性手段，来确保交易行为中对诚信原则的体现的，其中质人："质人掌成市之货贿、人民、牛马、兵器、车辇、珍异。凡卖儥者质剂焉，大市以质，小市以剂。掌稽市之书契，同其度量，壹其淳制，巡而考之。犯禁者，举而罚之。"（《周礼·地官·司市》）胥师："各掌其次之政令；而平其货贿，宪刑禁焉。察其诈伪、饰行、儥慝者，而诛罚之，听其小治小讼而断之。"（《周礼·地官·司市》）而掌节"掌守邦节而辨其用，以辅王命"，且"货贿用玺节"（《周礼·地官·司市》），即在商业贸易中用"玺"印作信用凭证，可见这种强制性规则对契约行为的干预，在一定程度上排斥了商事习惯法规则的形成。但是，西周时期的私商及贩夫贩妇们的交易行为的普遍存在，以及后来至春秋晚期"工商食官"制的崩溃，使商人阶层得以出现，国家以行政法和刑事法的强制性手段对市场交易的干预随之减弱，以礼制所确立的礼仪规则的社会作用上升，虽然周礼中所规定的礼仪规则因时代的发展而需要变革，但以礼仪规则来规范社会行为，包括契约行为的基本制度始终未变，且延续至近代，因此，先秦时期的商事习惯法规则的普遍存在，与它们实为受礼仪规则影响和制约形式的礼俗规则，是可以肯定的。但是，由于这方面的具体资料较少（以文字记载而留存的多为官方记录），对进行这方面的研究造成了困难，故只能从具体的事例或案例中得以窥探一、二。

如在司马迁的《史记·货殖列传》中被描述为商业奇才的范蠡、白圭二人，其中范蠡"十九年之中三致千金"，而当时"千金之家比一都之君"，而白圭的经营效益也是"积著率岁倍"，即年资金利润率为百分之百。这二人的"取予之道"中，"诚贾"的代表人物白圭以"仁"经商，如其本人所言"仁不能以取予"，即以"仁"是不能直接获利的，欲以"仁"为"取予之道"，需转化为"人弃我取，人取我与"的行为规则，其因此总结的如"欲长钱，取下谷"和"长石斗，取上种"是发现并重视长线效应，但似乎更像是一种经营策略，但这种"取予之道"，以使交易之对方获益为条件，确实可以认为体现了双方交易关系中平等性的存在。白圭先"予"后"取"的行为规则中，突出的是"辞让"的道德规范要求，"辞让"之所以能够体现"仁"的要求的，是因为"礼"是"仁"在精神世界存在的外在形式（《论语·颜渊》："克己复礼为仁，一日克己复礼，天下归仁焉。"）。"辞让之心"是"礼"之端，也就是孟子所言的"德"的"四端"之一（《孟子·公孙丑上》："辞让之心，礼之端也。"）。"辞让"通过"仁"的外在表现形式"礼"来体现"仁"的要求，所以有"卑让，德之基也"之说（《左传·文公元年》）。并且，有"忠信，礼之本也"（《礼记·礼器》）和"忠信，礼之主也"(《左传·襄公十三年》)之说,"辞让"以"礼"来体现"仁",其即符合"礼"于物质世界的外在表现形式的规范要求,其也就因此体现了作为"礼之本"和"礼之主"的"忠信"。

正因为存在以上逻辑上的递进关系,所以对于以取利为目的的交易行为而言,"辞让"所表现出的"自卑而尊人"的态度,可以使"富贵而知好礼,则不骄不淫;贫贱而知好礼,则志不慑"。因为"夫礼者自卑而尊人。虽负贩者必有尊也"(《礼记·曲礼上》),从而以"辞让"而表现出的"先礼而后财"之举,可以达到"民作敬让而不争矣"(《礼记·乡饮酒义》)的社会秩序包括市场秩序得到规范的要求。

由以上所述可见,如"诚贾"白圭以彰示其"商德"而进行自我行为约束的"人弃我取,人取我与"的行为规则,显然是一种世俗性的商业行为规则,却以其集中体现的"辞让"观念,再现了作为国家制度的礼仪规则,以及这一规则体系中的诚信原则,因此,这种似乎仅对其本人和与其商业行为有效的规则约束,作为习惯法,实为礼俗规则,在礼仪规则和礼俗规则这二者之间形成的关联,具有强制性,且受地域性等因素限制,使后者不同于前者,但与前者具有承续性关联。因此,我们发现,这类礼俗规则,对诚信原则的体现,是完全可以并实际使这一原则被引入契约法规则体系的。礼俗规则体系通常是以"商德"符号所代表的若干商人和贩夫贩妇们约定俗成的习惯法来表现的。而礼仪规则体系中的诚信原则,因此而被引入契约法规则体系,正是由于这种转化而导致的。

在这方面,考古发现的西周时期诸鼎铭文记载的交易案例,可以起到一定的弥补资料缺乏的作用。有学者认为,西周金文关于贝的记载中,以贝为币,称为"贝布",和以铜铸成的币,称为"金贝",或以铜块直接为币,平民可用于交易,证明民间商业和交易市场是很活跃的,[1]其中如偰匜铭文中,牧牛控诉其上司的诉讼,引发诉讼的原因,乃源于誓言:

> 伯扬父乃成劾曰:"牧牛! 虪乃苛勘。汝敢以乃师讼,汝上代先誓。今汝亦既又御誓,尃格啬睦儥,复亦兹五夫,亦既御乃誓,汝亦既从辞从誓。"

---

〔1〕 高明:《从金文资料谈西周商业》,载《传统文化与现代化》1999 年第 1 期。

而誓出现的场合，往往是为了确立新的法律关系，但"誓"又同时是属于礼制的，也就是通过严格的程序性礼仪形式确定双方的权利义务关系，起到对双方行为进行约束的作用。[1]当然，在实际发生的交易过程中，这种程序性礼仪形式主要体现为"名物度数的器物"和"揖让周旋"的礼仪。[2]如裘卫赠送礼物给新归附的颜氏，并以宗主身份自铸其事于礼器者，是因为与土地交易引起了宗主权变换有关。[3]而西周土地权属的调整，是由作为最高权威的天子完成的，如大簋铭文中，天子直接将趞嫚所属的"里"，转赐给大，趞嫚只能以完全服从的口吻说"我不敢贪恋这块土地"，于是有相应的礼仪及礼物颁赐：

> 豕以䝙履大易里，大儐介璋、马两，儐䝙介璋、帛束，大拜稽首，敢对扬天子丕显休，用作朕皇考剌伯尊簋，其子子孙孙永宝用。

在这个礼仪的场所中，赐物亦是必需的程序，其中"马两"，与裘卫赐给颜陈的礼物相同。赐物后对扬称颂，随之完成整个程序。对比这些礼制程序可看出，实际裘卫赐予颜氏首领、有司，也是一种礼仪的场合，属于礼制的内容。主张颜氏所获之物为交付颜林的对价而非礼物的观点，是出于对"舍"的理解。金文资料通常将交付价金、土地等物的行为称为"舍"，而将颁赐称为"赐（锡、易）"。如令鼎铭文中记载，天子在藉田礼、射礼后赏赐令，使用的是"舍"这个词汇，与令的"对扬"行为相应：[4]

> 王曰：令暨奋，乃克至，余其舍汝臣十家。王至于濂宫，戠。[5]

令的程序，属于礼仪规则范畴，且以"誓"所行礼仪本身，主要用于体

---

〔1〕 王沛：《裘卫器铭中的公社与礼制——西周时期法律关系设立的再思考》，载《上海师范大学学报（哲学社会科学版）》2011年第5期。

〔2〕 沈文倬：《略论礼典的实行和（仪礼）书本的撰作》，载氏著：《宗周礼乐文明考论》，浙江大学出版社1999年版，第5页。

〔3〕 中国社会科学院考古研究所编：《殷周金文集成》（修订增补本·第4册），中华书局2007年版，第2649页。

〔4〕 王沛：《裘卫器铭中的公社与礼制——西周时期法律关系设立的再思考》，载《上海师范大学学报（哲学社会科学版）》2011年第5期。

〔5〕 刘军社等：《陕西扶风五郡西村西周青铜器窖藏发掘简报》，载《文物》2007年第8期。

现忠实于己方之诺言。而诸侯之"盟约"或"邦国约"在《周礼》中被称为"大约剂"，事关重大，往往"书于宗彝"，而"万民约"，即"小约剂"，则是民间一切财产交往的契约，往往"书于丹图"，[1]二者之间在性质和形式上是相近的。如《诗·卫风·氓》中有"信誓旦旦，不思其反"之句，是"神之约"和"地之约"向"民之约"转化（社会化）的写照。《礼记·曲礼》中说："约信曰誓。"孔颖达疏："'约信曰誓'者，亦诸侯事也。约信，以其不能自和好，故用言辞共相约束以为信也。若用言相约束以相见，则用誓礼，故曰誓也。郑注《司寇》云：'约，言语之约束也。'"[2]可见"誓礼"作为一整套礼仪规则，除了"誓"的言辞内容所表达的对诺言的信守之意外，这套礼仪规则本身正是以外在化的形式，来体现礼仪规则体系中最重要的原则，即诚信原则的。当然，"誓"的言辞内容，同时可以认为是对契约中违约责任的规定，但"誓"的仪式和其言辞内容所表达的对违反约定的"惩罚"，往往表现为一种夸张的说法，实际上却是难以被执行的，正因为如此，"誓"的言辞内容本身，即更具有一种形式上的意义，也就是说，这种实际上是被虚化了的"誓"的言辞内容，使其作为一种礼俗而存在，虽然去掉了如《周礼》中记载的"盟誓"之若干程序性的礼仪规则，而仅以被虚化了的"誓"的言辞内容，[3]来体现其更多的是一种符合于作为国家制度的礼仪规则要求的世俗化了的契约行为规则，如：

> 攸比鼎铭文：……攸比邑（以）攸卫牧告于王，曰："女（汝）我田，牧弗能许攸比。"王令眚（省），史南邑（以）即虢旅。虢旅乃事（使）攸卫牧誓曰："敢弗弆（具）付比（比）其（其）且（祖）射分田邑，则杀。"攸卫牧则誓。[4]

---

[1] 张晋藩主编：《中国民法通史》，福建人民出版社 2003 年版，第 56 页。

[2] 李学勤主编：《十三经注疏（标点本）礼记正义》卷五"曲礼下"，龚抗云整理，王文锦审定，北京大学出版社 1999 年版，第 141 页。

[3] 盟礼的仪式细节，汉代以后已失传，《礼记·曲礼下》郑玄注："聘礼今存，遇、会、誓、盟礼亡。"但关于先秦的盟誓制度，有现代研究中认为包括：会而定盟；除地为坛；起草盟书；凿地为坎；杀牲取血；歃血；昭大神；宣读盟书；坎牲加书；藏于盟府；飨燕等过程。（徐杰令：《春秋会盟礼考》，载《求是学刊》2004 年第 2 期。）

[4] 郭沫若：《攸从鼎》，载氏著：《两周金文辞大系图录考释》，上海书店出版社 1999 年版，第 127 页。

攸卫牧以虢旅的要求重述其让他起誓的誓言：如果我"胆敢不全部交付鬲比的祖先射分到的田邑，就处我以死刑"[1]。关于"杀"，虽然有如《尚书·汤誓》所言："尔不从誓言，予则拿戮汝，罔有攸赦。"但《周礼·秋官·司约》中规定："凡大约剂书于宗彝，小约剂书于丹图。若有讼者，则珥而辟藏，其不信者服墨刑。若大乱，则六官辟藏，其不信者杀。"可见一般情况下的违约行为，仅处以"墨刑"，而攸卫牧"誓言"，显然将"不全部交付鬲比的祖先射分到的田邑"这件事的严重性夸大到"大乱"的程度，因此不属于针对实际履约行为的约定，而是为了显示其诚信，这种以言辞作为"形式"而不是"内容"的"誓言"，实则为以礼俗规则来表现契约诚信原则的行为规则。

类似的情况如散氏盘铭文（释文）：

> ……唯王九月，辰才（在）乙卯，矢卑（俾）鋚（鲜）、且、𤲬（罴）、旅誓（誓），曰："我既（既）付散氏田器，有爽，实余有散氏心賊（贼），則（则）鞭千罚千，传弃（弃）之，鋚（鲜）、且、𤲬（罴）、旅誓（誓）。"遒（乃）卑（俾）西宫襄、武父誓（誓），曰："我既（既）付散氏湿（湿）田、原田，余有爽變，鞭千罚千。"西宫襄、武父則（则）誓（誓）。厥（厥）为图，矢王子豆新宫东廷。厥左执史正中农。[2]

这段铭文中，有鲜、且、罴、旅四人的誓言："我们已交付散方农具，如有差错，就是我们对散方有欺瞒之心，就鞭打我们一千下处罚我们一千锾，并拘捕我们把我们流放。"西宫襄和武父的誓言："我们已交付散方湿田和原田，如果我们有错乱，就鞭打我们一千下处罚我们一千锾。"[3]事情的起因是矢国攻伐散国失败，于是用土地赔付散国，鲜、且、罴、旅、西宫襄、武父等人为

---

〔1〕 王晶：《鬲枚比鼎铭文集释及西周时期土地侵占案件审理程序初探》，载《农业考古》2013 年第 1 期。

〔2〕 中国社会科学院考古研究所编：《殷周金文集成》（修订增补本·第 2 册），中华书局 2007 年版，第 5486~5487 页。

〔3〕 王晶：《散氏盘铭文集释及西周时期土地赔偿案件审理程序窥探》，载《长春工业大学学报（社会科学版）》2012 年第 1 期。

参加勘定田界的矢国有司，矢国和散国各为订立赔地契约的甲、乙方，散方持有契约的左券，书写契约的人是史官名仲农的。酉宫襄和武父立下誓言并绘制了付与散方的上地的地图，矢侯在显邑的新宫东廷（将地图和契约交与散方）。由以上情形可见，以诸侯国之间的关系而论，此处参加勘定田界和绘制地图的矢国有司之誓言，其内容并非针对另一方散国的违约条款，因为即便是将参加勘定田界和绘制地图的矢国有司们"鞭打一千下处罚一千锾"，或者"拘捕、流放"，与如有不实国应承担的违约责任无关，当然也与散国实际利益无关，而此处国有司们的誓言主要是代表矢国表达诚信之意。这种情况，同样是以誓言的内容，来替代"誓"的礼仪规则（从铭文记载来看，双方并未按礼仪规则举行仪式），这应是一种对礼仪规则世俗化的礼俗规则，就连诸侯国之间本应举行的誓礼，也因此而被省略了。

由以上所引述可见，"赐物"和"誓言"作为先秦时期订立契约中的礼俗规则，是礼义规则的世俗化所致，其已实际成为契约法规则体系的重要组成部分，用以体现契约的诚信原则。

（二）公序良俗原则

公序良俗原则在中国古代契约法律制度中被遵行，与其规则体系构建中被突出的伦理性特质有关，而公序良俗的本质则是伦理化规则的延伸。[1]公序良俗原则作为现代民法的基本原则之一，同时也是我国现代合同法的基本原则，《中华人民共和国民法典》"总则"第8条对此有明确规定："民事主体从事民事活动，不得违反法律，不得违背公序良俗。"对于中国古代契约法律制度而言，公序良俗原则被引入具有突出的地位，乃是因为公序和公德、公益，是与先秦儒家正义观和公私观来自其"道德政治"所主张的政治的应然与正当性，即与政治权力的合法性理论有关，[2]而"天道无私"则是其公正观念的逻辑起点，"公"用为与"私"相对的政治哲学范畴，可以引申为具有公共意味的社会规范与律则由"公"可引申或扩展为"公法""公义""公理"等概念，[3]《古文尚书·周官》中所言的"以公灭私，民允其怀"（以公心灭私情，民众才会心悦诚服），被认为是"大公无私"的最早主张，

---

〔1〕 刘银良：《"公序良俗"概念解析》，载《内蒙古大学学报（人文社会科学版）》2004年第6期。
〔2〕 郭齐勇：《再论儒家的政治哲学及其正义论》，载《孔子研究》2010年第6期。
〔3〕 黄敦兵、雷海燕：《先秦儒家礼制中公正理念的建构逻辑》，载《理论月刊》2007年第4期。

而所谓大公无私者,是以公义、公理灭私心、私情之谓也,却并非主张以公利灭私。[1]《论语·尧曰》中说与此相类似:"宽则得众,信则民任焉,敏则有功,公则说。"这里的"公则说"(百姓就会高兴),所言的"公",即为政治措施或政策。《礼记·礼运》有言:"大道之行也,天下为公,选贤与能,讲信修睦。"郑玄注:"公犹共也。禅位授贤不家之。"陈黯《礼记集说》注:"天下为公,言不以天下之大,私其子孙,而与天下之贤圣公共之。"二氏皆以"共"或"公共"释"公"。而在历代注解中,"天下为公"主要是就天子传位(选拔官吏自不必之言)而言,选贤与能就是为公。[2]可见《礼记·礼运》理想中的"大同"社会,其所言之"公",也就是为天下人共遵行的"大道",是指与"私天下"(或"家天下")相对"天下为公"的观念,而这一观念源于"天道",是"天道"作为自然客观规律在人们头脑中的反映。如日本学者沟口雄三认为,中国古代"公"的概念,从语源上,经历了从共同体的"公"到政治领域的"公"的变化发展过程,"公"的概念中,形成了以"天"的无私性来比附道义之"公"的转化,而"天"在公的方面具有原理性、普遍性和自然性,也就意味着道义之"公"也具有这三性。[3]如孔子提出的"三无私"之说,实则进一步对为人们所认识的"天道"给出了其外在的形式上的表现:"子夏曰:'三王之德,参于天地,敢问:何如斯可谓参于天地矣?'孔子曰:'奉三无私以劳天下。'子夏曰:'敢问何谓三无私?'孔子曰:'天无私覆,地无私载,日月无私照。奉斯三者以劳天下,此之谓三无私。'"(《礼记·孔子闲居》)也就是说,"当公字具有了公众、集体、国家、社会、公共事务的含义之后,在处理社会问题时,如何从公众、国家和社会的整体利益出发,对社会公众平等对待的问题就自然产生了,这就是所谓社会公正。"[4]

---

[1] 钱广荣:《中国早期的公私观念》,载《甘肃社会科学》1996年第4期。注:古文《尚书》相传为鲁恭王在拆除孔子故宅一段墙壁时发现的,后经孔子后人孔安国整理,传至后世的古文《尚书》内容也包括古文《尚书》部分,但为伪书。传世的伪《尚书》共计58篇,其中属于《今文尚书》的有《尧典》(包括《舜典》,但无《舜典》篇首的28字)、《皋陶谟》(包括《益稷篇》)、《禹贡》、《甘誓》(以上为《虞夏书》)等。另有25篇为伪造:《大禹谟》《五子之歌》《胤正》等。

[2] 陈乔见:《先秦诸子公私之辨的本义及其政治哲学内涵》,载《中原文化研究》2013年第4期。

[3] [日]沟口雄三:《"公"的概念在中国和日本的区别》,冉毅译,载《船山学刊》1999年第2期。

[4] 李振宏:《先秦时期的"社会公正"思想研究》,载氏著:《历史与思想》,中华书局2006年版,第492页。

而这种体现了如亚里士多德所说的完全德性[1]之"天道"之公正，在先秦儒家那里，则是由"礼"来予以体现的，因为先秦儒家是将"礼"视为界定完全德性或公正的理由，因为"从个体自省性的对话到最宽泛的社会政治结构，'礼'在人类经验的各个层面都建构、决定且联结着种种关系"[2]。这种联系体现在符合于"礼"的要求，并不仅仅是要求对宗法等级制度的简单服从，而是表达了其对完全德性或公正的理解。而完全德性或公正也并非要取消个人对自我利益的欲求，而是应该在社会整体福利优先的前提下获取个体利益，这是因为"礼"所具有的辨别名分功能，是合理地分配权利和义务的理论依据。[3]《礼记·深衣》中有云："规矩取其无私，绳取其直，权衡取其平，故先王贵之。"这里谈到的制作深衣的五种要求（规、矩、绳、权、衡）及其所代表的礼义，显然表明了礼仪规则的要求本身，即是体现大公无私之义方式（深衣的说法来源于先秦经典《礼记》的《深衣》篇，狭义概念上是指一种特定服饰款式的名称，其上衣、下裳分开裁剪并缝合到一起，并有一定的制作规范。按《礼记·玉藻》记载为古代诸侯、大夫等阶层的家居便服，也是庶人百姓的礼服；而广义上的深衣概念指符合"被体深邃"特点的服饰[4]），规矩作为客观工具，没有私情、偏爱，故能达致公正无私的效

---

[1]　对于完全德性，亚里士多德明确地用"公正"来加以界定："公正自身是一种完全的德性，它不是未加划分的，而是对待他人的。……它之所以是完全的德性，是由于有了这种德性，就能以德性对待他人，而不只是对待自身。"[苗力田主编：《亚里士多德全集》（第8卷），中国人民大学出版社1992年版，第96页。]

[2]　[美]郝大维、安乐哲：《通过孔子而思》，何金俐译，北京大学出版社2005年版，第106页。

[3]　尚建飞：《先秦儒家公正理论的基本维度》，载《人文杂志》2011年第2期。

[4]　《礼记·深衣》中孔颖达疏："所以称深衣者，以余服则上衣下裳不相连，此深衣衣裳相连，被体深邃，故谓之深衣。"《礼记·深衣》："古者深衣，盖有制度，以应规、矩、绳、权、衡。短毋见肤，长毋被土……制十有二幅，以应十有二月。袂圜以应规，曲袷如矩以应方气负绳及踝以应直，下齐如权衡以应平。故规者，行举手以为容；负绳、抱方者，以直其政、方其义也。故《易》曰：坤六二之动，直以方也。下齐如权衡者，以安志而平心也。五法已施，故圣人服之。故规、矩取其无私，绳取其直，权、衡取其平，故先王贵之。故可以为文，可以为武，可以摈相，一可以治军旅，完且弗费，善衣之次也。"（古时的深衣，大概都有一定的制度，以与圆规、曲尺、墨线、称垂、衡杆相合应，短不至于露出体肤，长不至于覆住地面……裳制用十二幅布，以与一年的十二个月相应。衣袖作圆形以与圆规相应。衣领如同曲尺以与正方相应。衣背的中缝长到脚后跟以与垂直相应。下边齐平如称垂和称杆以与水平相应。因此袖似圆规，象征举手行揖让礼的容姿。背缝垂直而领子正方，用以使政教不偏，义理公正。因此《易》说："六二爻象的变动，正直而端方。"下边齐平如称垂和称杆，以使志向安定而心地公平。五种法度都施用到深衣上，因此圣人穿它。符合圆规和曲尺是取它象征公正无私之义，垂直如墨线是取它象征正直之义，齐平如称垂和称杆是取它象征公平之义，因此先王很看重深衣。深衣可以作文服穿，也可以作武服穿，可以在担任摈、相时穿，也可以在治理军队时穿，法度完善而又俭省，是仅次于朝服和祭服的好衣服。）（杨天宇撰：《礼记译注》"深衣第三十九"，上海古籍出版社2004年版，第781~783页。）

果。[1]正因为完全德性可以通过外在的礼仪行为规则的规范予以实现,这种具有普遍性的来自"天道"的道德规范所体现的"公德",应当是一种具有"契约性"的社会公共生活领域中的具有公共性之德性。[2]当然,对于古代先秦社会而言,从夏商时的氏族为社会主要组织形式的"氏族封建"制,至西周时期所形成的宗族为社会主要组织形式的"宗法封建"制,[3]其社会发展形态已越过在"农村公社"存在着专制政权的亚细亚生产方式[4]的原始公社时期,"公德"的社会契约性由宗法制度和国家制度所替代(被其以强制性所替代),从而仅在同等级的社会阶层中存在,其最为显著的存在形式即为民俗。由此即可引申出主要以宗法制和国家制度为表现形式的"公序"和以"良俗"为表现形式的"公德",而这样的"公德"被认为是对"天道"的认知和遵守并行的完全德性的体现,至于如何遵从"公德"的要求,先秦儒家所给出的方案,即为其创设的礼仪行为规则体系。

"公序良俗"的概念是外来的,[5]"公序"即"公共秩序","良俗"即"善良风俗"。史尚宽认为,"公共秩序,谓为社会存在及其发展所必要之一般的秩序","不独宪法之国家根本组织,而且个人言论、出版、信仰、营业自由以及私有财产、继承制度皆属于公共秩序",而"善良风俗谓为社会国家之存在及其发展所必要之一般道德"直者的不同之处在于不同之处在于"一者自外部的社会秩序方面言之,一者自内部的道德观念言之"。[6]黄茂荣认为,所谓公共秩序当指由现行法之具体规定及其基础原则、制度所构成之"规范秩序",强调的是某种起码秩序之规范性,而"善良风俗指某一特定社会所尊重之起码的伦理要求,他强调法律或社会秩序之起码的伦理性,从而应将这

---

〔1〕 陈乔见:《先秦诸子公私之辨的本义及其政治哲学内涵》,载《中原文化研究》2013年第4期。

〔2〕 崔大华:《儒学的一种缺弱:私德与公德》,载《文史哲》2006年第1期。

〔3〕 晁福林:《先秦社会形态研究》,北京师范大学出版社2003年版,第95页。

〔4〕 [法]S. 戴桑蒂斯:《美洲印加人、阿兹蒂克人和马雅人的农村公社——"亚细亚生产方式"研究》,载郝镇华编:《外国学者论亚细亚生产方式》(下册),中国社会科学出版社1981年版,第147~167页。

〔5〕 "公序良俗"的概念,自罗马法以来即已出现。其可细分为"公共秩序"([英] public policy,[法] offenttiche ordnugn)与"善良风俗"([拉丁] Bonusmores,[英] Good morals,[法] Bonnes moeurs,[德] Gute Bitten)。各国民法对此规定不一,有单用"善良风俗"的,如罗马法、德国民法(第138条第1项)、瑞士债务法(第20条第1项)。[刘银良:《"公序良俗"概念解析》,载《内蒙古大学学报(人文社会科学版)》2004年第6期。]

〔6〕 史尚宽:《民法总论》,中国政法大学出版社2000年版,第334~335页。

种伦理要求补充地予以规范化，禁止逾越"。[1]周枏在《罗马法原论》中则将罗马法中的"公序"解释为"国家的安全和市民的根本利益"，而"良俗即市民的一般道德准则"。[2]在大陆法系民法，法国司法实践中形成的以公序为中心设计的公序良俗制度，以对"公序"概念的强化和扩张形成了自己完整的"公序论"体系，可将公序分为传统政治公序（order public politique）和现代经济公序（order public economique）两种存在形态，[3]《法国民法典》第6条规定，个人不得以特别约定违反有关公共秩序与善良风俗的法律，第1133条规定，如原因（cause）为法律所禁止，或者原因违反善良风俗或公共利益时，此种原因为不法原因。而在德国民法中，则将善良风俗表述为"一切公平和正义的思想者之礼仪感"。[4]日本学者我妻荣将违反公序良俗的类型概括为七种：①违反人伦的行为；②违反正义观念之行为；③乘他人穷迫、无经验获取不正当利益的行为；④极度限制个人自由的行为；⑤限制营业自由的行为；⑥处分生存基础财产的行为；⑦显著的射幸行为。[5]学者梁慧星则对此作以下界定：①危害国家公序行为；②危害家庭关系行为；③违反性道德行为；④射幸行为；⑤违反人权和人格尊重的行为；⑥限制经济自由的行为；⑦违反公正竞争的行为；⑧违反消费者保护的行为；⑨违反劳动者保护的行为类型；⑩暴利行为。[6]不过，对于先秦时期的民法而言，"公序"和"良俗"均以伦理为核心，只不过"公序"是以国家制度来明确的若干行为规则所形成和社会公共秩序，而"良俗"则是以宗法制为基础的。

首先，对于公序而言，作为国家制度所欲建立的社会公共秩序，也就是作为政治制度所要构建的秩序，其合法性的体现对中国古代社会而言是以合乎"天道"为依据的。先秦哲学而对"天道"的认识，是以"天道"来称谓客观规律，而这种起始于受自然规律客观存在的启发，进而认为人类社会必

---

〔1〕　黄茂荣：《民法总则》，三民书局1982年版，第539页。

〔2〕　周枏：《罗马法原论》（下册），商务印书馆2001年版，第646页。

〔3〕　刘银良：《"公序良俗"概念解析》，载《内蒙古大学学报（人文社会科学版）》2004年第6期。

〔4〕　[德]迪特尔·梅迪库斯：《德国民法总论》，邵建东译，法律出版社2000年版，第512页。

〔5〕　梁慧星：《市场经济与公序良俗原则》，载《民商法论丛》（第1期），法律出版社1994年版，第46页。

〔6〕　梁慧星：《市场经济与公序良俗原则》，载《民商法论丛》（第1期），法律出版社1994年版，第57~58页。

然受到这种自然存在的客观规律的影响的观点，并非完全体现了"君权神授"说的宗教性。孔子以"仁"这个概念所衍生的一系列伦理性规则来调整人与人之间形成的社会关系，显然是对这种人类社会所特有的社会规律存在的一种抽象性认识，而和孔子同时期的和在其之后的先秦儒家们，对孔子学说予以进一步扩张，其中最重要的一点是对以"礼"为称谓的社会行为规则体系进行了系统化和具体化，能够充分反映这一成果先秦儒家典籍莫过于"三礼"之书，即《周礼》《礼记》和《仪礼》。因为先秦儒家们所完成的"礼"为称谓的社会行为规则体系的构建工作，事实上正是先秦国家政治制度以"天道"作为制度的合法性基础所试图构建的，为实现"公序"的政治制度本身。

"三礼"之书所记载的典章制度，是以"外在性"行为规则，对社会行为进行规范的制度。因此，礼仪行为规则体系，并非仅是"伦理性"的，虽然其依循的主要社会关系是伦理性的宗法关系，但其却被赋予对一切社会行为进行规范的"普适性"。先秦儒家认为礼仪规则是为了遵行"天道"而有的行为规则，由"天道"到"公德"的相关理论，只不过是为完成从自然的客观规律到社会的客观规律之转化而有的铺垫，当然，这一理论上的转化之所以是可能的，也在于先秦社会的伦理性宗法关系，被普遍认为是其主要社会关系，这其中固然遗漏了对社会生产关系这一社会根本关系的认识。

其次，良俗作为习俗或风俗中的"善良风俗"，在先秦社会，其并非没有被明确界定的社会的"一般道德"，因为良俗在法律制度中的存在，其必须具备的首要条件，就是应被国家政治制度所认可，而礼俗正是满足这一条件的社会行为规则体系之必要构成部分。钟敬文在《民俗学概论》中，对"风俗"一词所下的定义是："'风俗'（Loer）一词指人民群众在社会生活中世代传承、相沿成习的生活模式，它是一个社会群体在语言、行为和心理上的集体习惯。"其并将"民俗"的构成分为四个部分，即物质民俗、社会民俗、精神民俗和语言民俗。[1]这种划分方法显然只是针对"民俗"的客观表现形态而言的，并非从制度存在的角度对此予以认识。因为对于可以或需要为国家政治制度所认可的"善良风俗"，应该是一个系统的规则体系，其客观存在的形态，只是其适用于不同的社会生活领域中用以规范人们行为时的表现。

---

〔1〕 钟敬文主编：《民俗学概论》，上海文艺出版社 1998 年版，第 3~6 页。

因此，无论是"生产民俗、商贸民俗、饮食俗、服饰民俗、居住民俗"等"物质民俗"，还是"个人到家庭、家族、乡里、民族、国家乃至国际社会在结合、交往过程中使用并传承的集体行为方式"等"社会民俗"，其中的"善良风俗"经国家制度的认可即为良俗，其必然会因此而形成相应的体系，或者说系统化是良俗的另一特征，其因此而不同于那些散见的民间风俗，这种情况，乃是因为国家制度的干预所造成。而以上述标准，只有礼俗的存在能够满足这些条件。

《周礼》和《礼记》中对礼俗的收入并予以系统化，是显而易见的，而《仪礼》虽名为"士大夫"以上社会阶层之礼，但其作为先秦国家的政治制度，以其教化功能，礼俗作为"良俗"，受其影响衍生而成，也是可以肯定的。

1. 礼仪的公序良俗原则是如何成为对一般社会行为进行规范的原则的

从对一般社会行为进行规范的角度看，公序良俗原则的伦理性特质，是由其产生的渊源所导致的，其伦理性特质并非其作为社会行为规则体系中的原则所具有的本质特征，因为作为先秦时期礼仪规则体系既然被用于规范一般社会行为，其本身就已经脱离了伦理性规则的范围。事实上，先秦礼制中的冠礼、昏礼和丧服礼作为家族伦理行为规则，乡饮酒礼和射礼作为一般社会伦理行为规则，以及燕礼、聘礼和朝觐礼作为政治伦理行为规则，在体现其伦理性特质的同时，其所具备的（或必然需要具备的）对非伦理关系范围内行为（个人之间非人身关系范围内的行为、政治的和社会的于道德标准以外的行为）的规范作用的存在来自客观现实的强制性作用的必然存在，是这一作用促使其脱离其原生性特质而发生转化，虽然这种转化后所形成的制度其本身的实际功用与制度建立者的原有设想会多有不符，但是，进行这一制度设计的原有目的之合理性不可否认（即这一制度的伦理性特质突出了社会规律不同于自然规律的特征，但同时对社会关系中的根本关系即为生产关系未能触及，所以其所维持的社会秩序是缺少发展的动态而趋向于停滞的），且这一试图对社会关系的整体进行调整的制度建立之作为本身，表明了礼仪规则体系并非仅被适用于对一般道德行为进行规范。虽然这一转化本身表明，作为对一般性社会行为规范，其设立的基础，是具有一定的虚拟性的（这也是先秦礼制于春秋时即陷于崩溃的原因之一，后世国家的制度建立仍然坚持这一认识方向，根本原因在于宗法制度一直是中国古代社会制度的主要构成部分)，但这似乎并不妨碍其作为社会一般行为规范对社会秩序形成的有效（这当然是因为制度建立者所意欲维持的社会秩序，主要是宗法伦理秩序)，也正因为这种有效性的存在（维持这种有效性在的制度，在缺少对社会生产关系的调整状态下呈现的对既有宗法秩序维护的有效，并不能否认其对社会生产力发展的影响，从而对作为自然经济中必然存在的市场经济部分的影响，总体而言是消极的，但在社会生产关系未发生很大变化的某一历史阶段内，这一制度所带来的社会秩序稳定的效果，对该阶段内的经济增长而言仍然是有益的)，先秦儒家所言之"礼"，包括由此逐渐形成的礼仪规则（被不断扩充和更新)，被作为反映了"天道"，即作为体现了社会存在的客观规律的社会政治制度及一切制度的代名词来使用，是有一定的理据的，当然，在这个意义上所言之"礼"，已不是那个仅具有道德规范意义上的"礼"。

正因为如此，以礼仪规则体系的伦理性特质所确立的社会秩序，虽然主要依赖并决定于社会的等级性划分，但在宗法制度的等级性秩序建构中，平等性的存在是一种必然的补充。这是因为其本身就是社会政治制度及一切制度所必须具备的条件之一。如客礼中的"不臣"之义，意味着尊崇与甄别尊卑等级的臣礼，是相对立而存在的。[1]同样，宾礼中的士相见礼，如庄周《庄子·渔父》中说："万乘之主，千乘之君，见夫子未尝不分庭伉礼。"即是说对于身份相同者，是可以"分庭抗礼"的。"抗礼"即行平等的礼，"分庭"即分站在庭的两边相对行礼，以示平等。《礼记·曲礼》说："礼者，自卑而尊人。"即行礼通过自谦的方式所表示的对他人的敬意，这在世俗行为中，是以双方社会地位平等为条件的（敬的对等性要求)，或者说在这种情形中，所行之礼并不强调对身份等级不同的表达，以此，礼被认为是可适用于对一般性社会行为规则进行规范。当然，在先秦礼书中，对于身份相同者之间的礼仪规则是很少见的，这当然是因为礼制来建立社会秩序的主要方式，是通过对宗法制的等级性的维护来实现的，但社会规律的客观存在，必然会对其建立的制度形成影响。因为不仅是社会生产关系的决定性作用会破除等级性秩序的理想式存在，而且从不苛求于古人的立场（时代局限）出发，可

---

[1]　徐美莉：《中国古代的客礼》，载《孔子研究》2008 年第 4 期。

以认为：庶民社会的更大范围的存在，是社会存在的基础，而身份平等是其主要特征之一（以陌生人之间的关系为主要代表），对此，先秦儒家们制度建立时，不可能没有考虑到，虽然从制度建立者们的原有目的来看，礼制的建立是为了以其等级性秩序，来维系其统治者的社会地位，并以等级性存在具有的以国家强制力保障的约束力，来形成社会秩序，因此，先秦礼制的适用范围，是士以上阶层，很少有对庶民行为的规范，但这一国家制度被确立所形成的影响，必然延伸至庶民阶层，那些在礼制的成文法文本条款规范之外的庶民行为，因这一影响的存在，其所遵从的行为规范，除"法"的约束以外，即主要是刑律的约束以外，其民事行为所依循的风俗、习俗和习惯，则必然受国家礼制的影响和控制，并因此衍生出那些被礼制所认可的"良俗"，即为礼俗。事实上，在先秦"三礼"之书中，是有符合国家礼制要求而被引入的礼俗的，而那些被允许存在，为"法"（礼制）所不禁的礼俗的广泛存在，也是可以在相关历史资料的记载中找到的。

尽管礼仪规则体系被用于对一般社会行为进行规范，与其以等级性来构造社会秩序的目的之间，是有所冲突的，且最终只能以前者的胜出为结局，但是，以礼仪规则所（希望）建立的社会秩序，毕竟突出了社会规律不同于自然规律的基本特征，所以将其转化为对一般社会行为进行规范的制度，是有其值得肯定的合理之处的。也就是因为这一合理性的存在，公序良俗原则作为制度的基本原则之一，仅从其结构上就可以看出其是对礼仪规则体系的表现形式的基本概括。从狭义上讲，在礼制的语境中，"公序"主要是由若干典章制度来建立和维系的国家政治秩序，而"良俗"则是主要是礼俗。以礼俗来规范和维系的社会秩序，而这种社会秩序的形成，往往被称为世风良好的社会。"良俗"这个词，既是礼俗这一规则体系的代名词，也是指制度建立者所希望建立的那个社会秩序运行所呈现的标准样态。

因此，对公序良俗原则是如何成为对一般社会行为进行规范的原则的这个问题，在此则主要涉及对其是如何对契约行为进行原则性规范的认识，为此，似乎是需要将狭义上（原生性的）的礼仪规则体系（适用于士以上阶层的规则体系），和广义上的礼仪规则体系（即主要受狭义上的礼仪规则的影响和认可衍生而成的礼俗规则体系）二者分别作为研究对象，来进行认识。

狭义上的礼仪规则主要见于《周礼》等礼书的记载。作为国家制度，其对一般社会行为进行规范所形成的社会秩序，即为"公序"，而以形成"公序"为目的建立的礼仪规则体系本身，是以"公序"原则来对社会行为进行规范的，这一点正如前述。而这样的规则体系，自然也包括对契约行为的规范，只不过在此我们需要具体了解的是："公序"原则究竟是如何通过礼仪规则体系来对契约行为进行规范的？或者说，那些对契约行为进行规范的礼仪规则，是否体现了"公序"原则？对此，由于上述定义，因契约行为属于"世俗行为"，而未被归入狭义的礼仪规则体系调整范围，以此，礼仪规则体系对契约行为和对其他社会行为的调整，实际是通过其世俗化的产物——礼俗规则体系来完成的，因此，上述问题实际上可转化为：礼俗规则对契约行为的规范，是如何体现了"公序"原则的？当然，这个转化也同时表明了这个事实，即对狭义和广义上的礼仪规则体系的认识，其实是密不可分的，因为"公序"和"良俗"本为一体。而礼仪规则体系中的公序良俗原则，实际也正是通过"良俗"来使其完成世俗化过程，并因此而成为一般社会行为规范的原则的。

礼仪规则体系的世俗化过程，其实正是从儒家公私论思想的确立开始的。《礼记·礼运》中"大道之行，天下为公"的思想，与孔子"天无私覆，地无私载，日月无私照。奉斯三者，以劳天下，此之谓三无私"（《礼记·孔子闲居》）之"三无私"论密切相关，此论对个人之"私"（利）似乎有所忽视，却并非可以被理解为是社会本位论思想，而与其历史局限性（西周时期的宗法封建制[1]影响）有关。"天下为公"被推崇为"大道"，而以此并不能完全揭示整体和个别之间的辩证关系（孔子也并非完全否个人之私存在的合理性，如《论语·颜渊》有言："百姓足，君孰与不足，百姓不足，君孰与足？"）。

在公私关系问题上，有较为系统论述的荀子，其首先认为公与私在价值取向上是完全对立的，把"公正无私"作为价值目标，推崇"公利""公道""公义"，反对"私利""私欲"和"私见"。对如何实现"公正无私"，并把"公利""公道""公平"的道德规范推向社会，荀子提出了三个方法：一是

---

〔1〕 晁福林：《先秦社会形态研究》，北京师范大学出版社 2003 年版，第 95 页。

克制私欲，"志忍私然后能公"（《荀子·儒效》）；二是一切从公出发，"志安公，行安修，知道通类"（《荀子·儒效》），即在思想上、行动上要把公放在首位，其认为只有这样，才能站得高，看得远；三是在上者要成为"公"的表率，即"上者，下之仪也"，"上公正则下易直矣"（《荀子·正论》）。[1]

与儒家正统观念中所隐含的"上者"所行之"道"，即为国家至上论[2]，与之有所不同的墨子的公私观，则强调"万民之利"和"天下之利"，而后是"百姓之利""国家之利"，将荀子公与私的对立观点，转化为自利和利他的对立。在墨家看来，公利也就是"义"，行"义"也就是为公，具体也就是要做到"有力者疾以助人，有财者勉以分人，有道者劝以教人"（《墨子·尚贤下》）。墨子是把"义"说成是"天志"的表现，"天之志者，义之经也"（《墨子·天志下》）。

老庄之道家，以其思辨中抽象的"道"的品性来解释"公"的含义，将"公"说成是"道"的品性之一，因为道生万物，但不据为私有："生而弗有，为而弗恃，长而弗宰，此之谓玄德。"（《道德经·第五十一章》），庄子也说："道不私，故无名"（《庄子·则阳》），"道者，为之公。"（《庄子·则阳》）但道家并不否认私的存在，只是认为公与私是对立的，且是可以相互转化的。《道德经·第七章》云："天长地久。天地所以能长且久者，以其不自生，故能长生。是以圣人后其身而身先，外其身而身存。以其无私，故能成其私。"对于"以其无私，故能成其私"，王弼注："无私者，无为于身者。身先身存，故曰'能成其私'也。"[3]但对"能成其私"的"无私"，老子之说在将"身先身存"更进一步推向"没身不殆"之极致后，此种"无私"而达到的无所不"容"的"公"，其观点中的另一面则有可能倒向"立公废私"论："知常容，容乃公，公乃全，全乃天，天乃道，道乃久，没身不殆。"（《道德经·第七章》）

---

〔1〕马永庆等编著：《中国传统道德概论》，山东大学出版社 2000 年版，第 131 页。

〔2〕《管子·法法》说："明君公国一民以听于世"，"世无公国之君，则无直进之士。"而"公国"即以国为公，比"公国"更具普遍意义的是《礼记·礼运》篇的"大道之行也，天下为公"。[刘泽华：《春秋战国的"立公灭私"观念与社会整合（下）》，载《南开学报》2003 年第 5 期。]

〔3〕（魏）王弼注：《老子道德经注校释》，楼宇烈校释，中华书局 2008 年版，第 19 页。

而先秦诸子中的法家，正是以"立公废私"论来对社会政治法律制度进行构建的，使道家理论在某种意义上成为法家"法（刑）治"理论的哲学基础。《韩非子》曰："古者苍颉之作书也，自环者谓之私，背私谓之公，公私之相背也，乃苍顺固以知之矣。"（《韩非子·五蠹》）此段论述作为韩非对公、私两字语义上对立的经典诠释，展现出其理论中公、私对立的核心观点，即其认为君臣之间利害的绝对对立是公私对立的现实基础，韩非举出了楚人自躬的例子，断定"夫君之自臣，父之暴子也"（《韩非子·五蠹》）。接着又举了三战而逃的鲁人的例子，认为"夫父之孝子，君之背臣也"（《韩非子·五蠹》）。

在其"法治主义"的框架下，君和父、国和家的关系是绝对对立的。[1] 商鞅则将公、私的这种对立的观点扩展到君与民，国与民，因为"民之于利也，若水之于下也，四旁无择"（《商君书·君臣》），"民之性饥而求食，劳而求佚，苦则索乐，辱则求荣"（《商君书·算地》）。这种人所共有的、与生俱来的本性，是无法改变的："民之欲富贵也，其阖棺而后止。"（《商君书·赏刑》）因而应该研究的是怎样利用它，所以"好恶者，赏罚之本也"（《商君书·错法》）。

从上述情况来看，在公、私关系上，儒家的观点似乎是有些前后矛盾的，显露出了儒家理论中国家本位论的影子，这与儒家自居正统之立场有关。孔子的"三无私"论通常被解释为儒家也是主张立公废私的，但有一点是值得注意的，也就是儒家之"天下为公"的观点，在某种情况下，是为了消除"私（家）天下"的对立而产生的，因为古典儒家理论中"公"指天子三公、诸侯国君以及地方县宰（限于某些地域），即周王室、诸侯国和某些地方县邑的最高行政长官，《尔雅》所谓"公，君也"（不单指国君，而泛指一般的君长）即是对此的总结。君（公）实际上代表着国家及其各级行政机构，与此相对"私"指卿大夫及其以下的士庶阶层以及个体。[2]

---

〔1〕 张平：《先秦公私观的逻辑演变及启示》，载《经济研究导刊》2013 年第 32 期。

〔2〕 陈乔见：《论古典儒家的公私权益观——兼论对古典儒家公私观念的误解》，载《现代哲学》2011年第 6 期。

至战国时期国家至上观念的形成，否定了家天下的理论。[1]正因为公、私二字的含义有此前后的变化，儒家的观点通常会被误读，如孔子在《论语》中涉及"公"的一段语录：

> 子游为武城宰。子曰："女得人焉尔乎?"曰："有澹台灭明者，行不由径。非公事，未尝至于偃之室也。"（《论语·雍也》）

对于"公事"二字的解释，朱熹解释为"公事，如饮射读法之类"，而"非公事，未尝至于偃之室也"。这句话中，子游是说澹台灭明这个人"非公事不见邑宰"，[2]程树德对此也释为："盖谓未尝私谒也。"[3]台湾地区出版的毛子水注译的《论语今译今注》对此以白话译为子游说，澹台灭明这个人"如果不是为了公事，他不到我这里来"[4]。而对何晏《论语集解义疏》引包咸注曰："澹台，姓。灭明，名。字子羽。言其公且方。"邢昺疏："云'言其公且方'者，公，无私也；方，正直也。"通常引注仅限于对"公"字含义的解说，认为此处子游只是说澹台灭明这个人"无私"和"正直"，但其实何晏所注于后有言曰："公事，其家课税也。"即此句之意为："又言既方正，若非常公税之事，则不尝无事至偃住处也。""偃，子游名也。"[5]可见孔子此处所言之"公"，是与"国"相关的，"公事"即为国家行政事务（税

---

　　[1]　刘泽华：《春秋战国的"立公灭私"观念与社会整合（下）》，载《南开学报（哲学社会科学版）》2003年第5期。不过，该文此处同时认为，"国家至上的观念到战中中后期才逐渐形成，这就是'公国'与'天下为公'说的提出……从纯粹逻辑上说，它否定了君主独占统治权的专制体制"，这与其所评断的："立公灭私之所以会导向君主专制"所言之"公"，因含义不同而导致了"逻辑"上的矛盾，因为前者所言的"公"与"国"等同，并非"公"与"众"等同，"立公灭私"之"公"，乃专制"国"，因为"公，君也"，"君"等同于"国"，故"家天下"之"家"，在此指"巨室"之"私家"，而非君之"私家"。儒家观点中，确实也有认为"公"释为"共"的，"大道之行也，天下为公，选贤与能，讲信修睦。"[《礼记·礼运》："天下为公，言不以天下之大，私其子孙，而与天下之贤圣公共之。"郑玄注："公犹共也。禅位授贤不家之。"（陈澔《礼记集说》）]且根据历代注解，"天下为公"主要是就天子传位（选拔官言）而言，选贤与能就是为公。"天下为公"的含义，一是尚贤，即任免天子与官吏的根据在于贤能与否，而不在于世袭；二是天下非一家一姓之私有物，而是天下人所共有之物（陈乔见：《先秦诸子公私之辨的本义及其政治哲学内涵》，载《中原文化研究》2013年第4期）。但是，"古典儒家"的原意，在此是被忽略了的。
　　[2]　（宋）朱熹：《四书章句集注》之"论语集注"卷三"雍也第六"，中华书局1983年版，第88页。
　　[3]　程树德：《论语集释》卷十一"雍也上"，程俊英、蒋见元点校，中华书局1990年版，第393页。
　　[4]　王云五主编，毛子水注译：《论语今注今译》，台湾商务印书馆1979年版，第83~84页。
　　[5]　（魏）何晏集解，（梁）皇侃义疏：《论语集解义疏》卷三"公冶长第五"，商务印书馆1937年版，第75页。

务之事），因此"公"在这里并不具有抽象的含义，但《论语》中孔子的另一段语录则不同于此：

宽则得众，信则民任焉，敏则有功，公则说。（《论语·尧曰》）

对于"公则说"，何晏《论语集解义疏》引孔安国注："言政教公平，则民说矣。"[1]清人刘宝楠所著《论语正义》也将"公"释为"公平"："是言政教宜公平也。公平则举措刑赏皆得其宜，民服于上，故说也。"[2]杨伯峻《论语译注》也将此句译为："公平就会使百姓高兴。"[3]可见孔子言"公"，是相对抽象的"公平"，"公平"与"政教"相联系，不同于道家所言的"公"，是一种与"大道"相联系的绝对抽象的概念。儒家与社会政治主流保持趋同的立场，使其"公"的观点介于绝对抽象和世俗之间，如此处孔子所言"公平"之"公"，虽然不同于前段语录中的"公事"之"公"，因为"政教"与"课税"虽然都是世俗性事务，但前者具有一般性，"公平"较之"公事"则具有相对的抽象性。但儒家并不认同于法家将"公"或"无私"解说为唯有"法"（实为公法[4]，狭义的所指即为刑），以及"法"所建立的秩序，才能够使之得以体现的观点。[5]孔子"仁"学以"仁"为"天道"在人类社会中的反映和存在物（客观的社会规律），而"礼"则是"仁"以形而上之存在的外在形式，虽然荀子也说"莫不法度而公"（《荀子·君

---

〔1〕 （魏）何晏集解，（梁）皇侃义疏：《论语集解义疏》卷十"子张第十九"，商务印书馆1937年版，第276页。

〔2〕 （清）刘宝楠：《论语正义》卷二十三"尧曰"，高流水点校，中华书局1990年版，第776页。

〔3〕 杨伯峻：《论语译注》"尧曰篇第二十"，中华书局1980年版，第209页。

〔4〕 学界一般认为，《管子》中的一些篇章和《黄帝四经》乃是稷下道家（亦称"道法家"）的著作。（陈乔见：《先秦诸子公私之辨的本义及其政治哲学内涵》，载《中原文化研究》2013年第4期。）《管子》明确使用"公法"的概念，如《管子·明法解》："夫舍公法而行私惠，则是利奸邪而长暴乱也。"（黎翔凤：《管子校注》卷二十一"明法解第六十七"，梁运华整理，中华书局2004年版，第1211页。）

〔5〕 如《管子·明法解》："法者，天下之程式也，万事之仪表也。"《管子·七臣七主》："夫法者，所以兴功惧暴也；律者，所以定分止争也；令者，所以令人知事也。法律政令者，吏民规矩绳墨也。"《管子·任法》："故法者，天下之至道也。"（黎翔凤：《管子校注》卷二十一"明法解第六十七"、卷十七"七臣七主第五十二"、卷十五"任法第四十五"、梁运华整理，中华书局2004年版，第1213、998、906页。）《韩非子·饰邪》："明主之道，必明于公私之分，明法制，去私恩。夫令必行，禁必止，人主之公义也"〔（清）王先慎撰：《韩非子集解》卷五"饰邪第十九"，钟哲点校，中华书局1998年版，第128页。〕即以"明法制"为"明主之道"。商鞅也认为："是故先王知自议誉私之不可任也，故立法明分，中程者赏之，毁公者诛之。"（张觉：《商君书校疏》卷三"修权第十四"，知识产权出版社2012年版，第166页。）

道》），但荀子的主张却只限于是"隆礼至法"（《荀子·君道》："至道大行，隆礼至法则国常有"），而此种体现公平的"法度"，被其明确表述为："王者之法：等赋、政事、财万物，所以养万民也。"（《荀子·王制》）可见其所言之"法"，并不是要以"公"去"私"，而是要有利于"私"的存在（《荀子·君道》："故有社稷者而不能爱民、不能利民，而求民之亲爱己，不可得也"）。荀子认为"法"作为"治之端"，其"原"，是"君子"（"君子者，法之原也"）也就是"法"是君王之道，而"君者，民之原也"（《荀子·君道》），"法"作为"君之道"，其"道"乃为"善生养人者"之道[1]因而其所谓的"法度"之"公"，是包含有"公平"或合理地对待"私利"之意，因为以此而可以"养万民也"，只不过这种体现"公"的"法度"，是为了建立社会之"公序"（《荀子·君道》："次定而序不乱"），故"公"的含义前后不同，前者为"公共"之意，后者则为"公平"之意，因此荀子所言的体现"公"的"法度"，显然不同于法家所言的"法"，后者所言之"法"，被狭义地限制为"刑"，而去掉了"以养万民也"的其他"法度"，而荀子所言的"公"，除了"公利"以外，还包括"公平"（《荀子·君道》："请问为人君？曰：以礼分施，均遍而不偏"）。同样是"君之道"，在儒家中，荀子被认为是最趋向于法家的，但这种认识是有误解的成分的。而孔子有关"富与贵，是人之所欲也；不以其道得之，不处也。贫与贱，是人之所恶也；不以其道得之，不去也"（《论语·里仁》）的观点，与法家将"公利"替代"公"的其他含义，将"公"与"私"对立（显然，"私利"的实现也是需要"公正"和"公平"的政策才能得以保障的）的理论的区别是明显的："匹夫私便，人主有公利。不作而养足，不仕而名显，此私便也；息文学而明法度，塞私便而一功劳，此公利也。"（《韩非子·八说》）"私行立而公利灭也。"（《韩非子·五蠹》）韩非将公私相背理论，限制性地解说为公私利益的冲突，其"废私"之说，因而成为"废私利"之说，主张一切以公利为准，是其政治上主张以刑治国论的基础："为公者必利，不为公者必害"（《韩非子·外储说右上》），"私义行则乱，公义行则治"（《韩非子·饰邪》），

---

[1]《荀子·君道》："道者，何也？曰：君之所道也。君者何也？曰：能群也。能群也者。何也？曰：善生养人者也，善班治人者也，善显设人者也，善藩饰人者也。"

"吏无私利而正矣"(《韩非子·外储说右下》)。

由以上诸子之"公私之辨"引出的礼法之辨的核心之一,乃在于对作为国家法律制度的"法"(刑)和"礼",其是否包含了对个人私权利予以维护的相关制度,对此,儒家观点虽然不够鲜明,但其以礼治国的主张本身,显然表达了以"仁"来指称那个作为"天道"在人类社会所表现的客观规律的本体存在,并以"礼"作为"仁"形而上存在的外在形式。"仁"在实现与社会实际相联系的过程中,礼仪规则的形成是其世俗化的第一阶段,而礼俗的产生则是其世俗化的第二阶段,这个基本的理论建构,以此其与法家将"天道"世俗化为"法"(刑)和部分"公法"(行政法),却无"私法"(主要是民法)的理论不同。

虽然儒家并未直言"礼"包含有对私行为的调整规范,但从持对立立场的其他诸子的观点来看,是可以反映出这一点的,如老子《道德经·第三十八章》说:"失义而后礼","夫礼者,忠信之薄而乱之首。"清人宋翔凤注曰:"老子著书以明黄帝自然之治……黄、老之学与孔子之传,相为表里也。以言'夫礼者,忠信之薄而乱之首',按此言世风之日漓也,道德仁义递降,而以礼为治民。三千三百皆所以约束整齐其民,由忠信之既薄,而礼为治国之首。乱,治也。"朱谦之案:"老子知礼而反礼也,故曰:'处其厚,不处其薄。'"[1]

虽然老子此段言论与其辩证法逻辑的绝对化演绎有关,但并不表示其认为知"礼"而必然失"义",其认为"义"为本体,而"礼"为形式,所强调的是二者在相互对立中的相互转化。王弼注《老子道德经注校释》曰:"夫礼也,所始首于忠信不笃,通简不阳,责备于表,机微征制。"楼宇烈对此校释为:"礼乃起于朴实之忠信丧失之后。""通简不阳"疑为"易简不畅",而"责备于表,机微征制",其中所言的"表",为礼节等游饰,此句意为礼之"文饰",失之于(或会导致)"极微小的事,也要争执"。[2]而老子所言的"下德不失德",也似乎是针对"礼"之繁文缛节的。显然,儒家强调"礼",与老子所说的"上德不德"的主张有所不同,因为"上德不德"所要求的是

---

[1] 朱谦之:《老子校释》,中华书局2000年版,第152~153页。
[2] (魏)王弼注:《老子道德经注校释》,楼宇烈校释,中华书局2008年版,第102~103页。

一种与个人道德修为无关的"不为"之道，"上德"以"为之而莫之应"（并无具体行为规则可言）的"上礼"为其表现形式，而所谓"上礼"之有即为无，因此儒家所制定的"礼"之具体规则的"有为"，在老子看来，即为其并不赞成的"下礼"。有现代学者汪奠基认为，老子"不以智治国"，反对大伪有名的圣、智、仁、贤、礼、刑等正名的礼法观念，认为解决社会现实的矛盾，绝不应该靠讲"礼"颁"刑"的特权，来以"名实"的空谈，代替"救人""救物"的"袭明"（袭明，即庄子所谓因是以明的"因明"，因即袭也），所以老子是反对"学礼"和空立"形名"来验证事物和是非的。[1]而顾准对汪奠基此论，持一定的否认态度，其认为老子所言之"道"，"行道"的主体是王、侯和士等，老子对维护尊卑等级秩序的礼制，原则上并不反对，其主张既得利的统治者"无为"，是试图在一定程度上减轻百姓的负担。[2]不过，对于老子是不是反对礼或者是反对礼制，虽有争议，但老子的"道之无为"论，与"礼治"之"有为"论确实是有所对立的。而同为"有为"论的法家，越过稷下道家和儒家中如荀子者的礼法并用论的中立路线，是因为法家为推行其法治主张的需要，而否认是礼治造成的。

法家虽不否定礼的作用，但他们认为礼于治国无足轻重，甚至有害。如商鞅将儒家所宣扬的"仁义""孝悌""修善""诚信"以至"诗书""礼乐"等，斥之为"六虱"（《商君书·靳令》），认为"举先王言仁义"的人越多，"为政不免于乱"（《韩非子·五蠹》），因此其主张"不务德而务法"。以此可见，法家以法所维护的社会之"公序"，事实上只是以刑律和行政法等"公法"之赏罚所界定的那一部分社会秩序。法家在礼法关系上认为法本礼末，是去伦理关系化的，与孔子"为政以德"（《论语·为政》："为政以德，譬如北辰，居其所而众星共之"）的治世主张是直接对立的，虽然"礼治主义"会衍生出"德治主义"，又从"德治主义"而得出"人治主义"的结论，但法家"任法去私"的理论（《商君书·修权》："是故明主任法去私，而国无隙蠹矣"），是以"法"等同于"公"，而"公"则等同于"君"的，将"公"的概念局限于狭义范畴所作演绎而得出的结论，其以"法"体现的

---

〔1〕汪奠基：《老子朴素辩证观念的逻辑思想——无名论》，载《哲学研究》1957年第5期。

〔2〕顾准：《老子的"无名"是反对孔子的伦常礼教的有名论的吗？》，载《顾准文集》，贵州人民出版社1994年版，第386~392页。

"公序",乃是"君之所独制也"〔1〕。法家与儒家在此问题上的观点对立,是对儒家"礼治主义"的片面解读。因为儒家"礼治主义"的源头,即是"为政以德"的理论,在孔子"仁"学理论中"德"即为"仁",法家忽略了孔子之"三无私"理论,是主张以"天下为公"来体现"仁"的观点,而仅以伦理关系与"私"(私利、私欲)相联系,认为礼讲"亲亲",必有私,因为历史的初始阶段就是以"亲亲而爱私"为特点的,〔2〕所以"以知仁义之不足以治天下也"〔3〕。但事实上,儒家也是主张"立公废私"的,只不过儒家所废之"私",乃是与"义",以及与体现"义"的礼仪规则相悖之"私",而并不主张废除符合礼仪规则约束的私利,正是这一错位,或者说是法家理论的创立者们有意为之其理论前提之"错位",从相反的角度,使儒家关于"私"之观点中不同于道、法家的核心部分被突凸显出来,也就是说,由儒家理论所制定的礼仪规则,作为先秦时期的国家政治法律制度,是包含了对"私行为"的规范的,而这些规则,正是构成中国古代民法,包括契约法律制度的主要部分。

由此可见,"公私"之辨本身,正是为实现"义利"之辨在理论上的目的,而完成的由理论向现实社会制度转化而有的过渡,因为或"公"或"私"之行为本身,并非只是伦理性行为,还包括一般的非伦理性行为,对这样的行为进行规范,正是礼仪规则及礼俗规则以"教化"之手段所要完成的。而儒家对于这一需要完成的任务的主张,并非要"废私",因为其认为只有在"私利"与"公序"相冲突时,即"私利"与"立公"相冲突时,才需要"废私",因此,儒家对于出于"私利"的行为,不是禁止,而是规范。

由于中国古代并无明确地对"私行为"进行规范的法律制度,而这里所说的"私行为",不同于以刑律和行政法等"公法"对个人行为规范的规则。因此,可以说,由儒家所构建的礼仪规则体系作为先秦时期国家政治法律制度,其所希望建立的"天下为公"的社会之"公序",是包括了对个人出于

---

〔1〕《商君书·修权》:"国之所以治者三:一曰法,二曰信,三曰权。法者,君臣之所共操也;信者,君臣之所共立也;权者,君之所独制也。"

〔2〕《商君书·开塞》:"天地设,而民生之。当此之时也,民知其母而不知其父,其道亲亲而爱私。亲亲则别,爱私则险,民众而以别险为务,则民乱。""凡仁者以爱利为务,而贤者以相出为道。"

〔3〕《商君书·画策》:"仁者能仁于人,而不能使人仁;义者能爱于人,而不能使人爱。是以知仁义之不足以治天下也。"

"私利"之行为的规范的。当然，这类规范的完整建构，具体是通过礼仪规则的世俗化产物——礼俗来完成的。也就是说，礼仪规则及其礼俗正是围绕着"公序良俗"原则，形成了其自身的规范体系。这样的规范体系并非只是社会的伦理性规范，而是对一般的社会行为规范，只不过这种规范的强制性借用了伦理关系的约束力而已。而这一由儒家构建的制度目的之实现，正是由其所依循的"公序良俗"原则使然。

对于契约法律制度而言，由于其直接关乎对个人出于"私利"的行为的规范，则具体是由礼俗规则体系中的相关部分来实现这一规范目的。对此，儒家不仅通过"义利"之辨来强调逐利行为不得违反道义，而且以"公私"之辨来具体突出如交易行为中个人出于"私利"的行为，不得与社会行为普遍依循的"公序良俗"原则相违背。也正因为儒家所构建的礼仪规则体系包括对"私行为"的规范，所以儒家以"公私"之辨所意欲达到的目的，才是有可能实现的。因此可以说，先秦时期的契约法律制度，是以"公序良俗"作为其基本原则之一的。

2. 礼仪规则体系对个人出于"私利"的契约行为的规范

礼仪规则体系是以"教化"的强制手段来实现其规范目的的，其规则在逻辑上，是以肯定来表达对制度所认可的行为，并以此形成对不符礼仪规则的其他行为的否定的。而这一特点，是礼制所特有的。

"教化"者，教而化之也。孔子云："君子之德风，小人之德草，草上之风，必偃。"（《论语·颜渊》）《礼记·经解》曰："故礼之教化也微，其止邪也于未形。"《诗·周南·关雎序》："美教化，移风俗。"《说文》对"教"和"化"的解释分别是"教，上所施下所效也"，"化，教行也。"段注："教行于上，则化成天下。"《管子·七法》释"化"："渐也，顺也，靡也，久也，服也，习也，谓之化。"可见，"化"是一种由微而著的渐变渐化过程，强调的是一种潜移默化的"无为"状态。[1]《礼记·学记》曰："教也者，长善而救其失者也。"《荀子·修身》说："以善先人者谓之教。"孔子主张"富而后教"（《论语·子路》），反对"不教而诛"（《论语·尧曰》："不教而诛谓之虐"）。

---

〔1〕　贺更粹：《"礼乐教化"考》，载《现代大学教育》2010年第4期。

　　而关于"教化",孟子则提出"善教优于善政"的论断(《孟子·尽心上》:"善政,不如善教之得民也。")。《周礼》载有掌管教化民众的大司徒的"十二教"职责,以祀礼、阳礼、阴礼、乐礼、仪辨、俗、刑、誓、度、世事、以贤制爵、以庸制禄,来进行教化(《周礼·地官·大司徒》),《礼记·王制》指出司徒的职责,是对百姓施以"六礼"(冠、昏、丧、祭、乡、相见)、"七教"(父子、兄弟、夫妇、君臣、长幼、朋友、宾客)、"八政"(饮食、衣服、事为、异别、度、量、数、制)。而儒家中荀子则是首先使用教化一词的:"论礼乐,正身行,广教化,美风俗。"(《荀子·王制》)"尧舜者至天下善教化者也。"(《荀子·性恶》)现代学者对"教化"这一概念的研究认为,"教化就是运用各种政治的、道德的、礼仪的、教育的等手段,来影响人们道德心理的形成,起稳固的统治秩序"[1]。所谓"教化",就是古人所说的"以道教民""以教化民",即通过道德教育来感化人民,转移世间的人心风俗。[2]费孝通先生认为,中国传统社会是一个由"长老统治"的礼治社会,礼是社会公认的行为规范。礼并不靠外在的权力来推行,而是从教化中养成个人的敬畏感,使人服膺。[3]这就决定了在中国传统的乡土的权力结构中,除了"不民主"的"横暴权力"和"民主"的"意权力"外,还有第三种权力——教化权力。[4]也就是政权和教权其实是合二为一的,即"由教观政,政由教成,其国之政无非其国之教而已"[5]。如《礼记·经解》云:"孔子曰:'入其国,其教可知也。'"由此可见,教化是官方主导下,由上而下进行的,以一种示范性的引导,包括使用政教风化、教育感化、环境影响等有形和无形的综合手段来实现制度约束力。教权和来自礼俗的社会群体认同权力,可以使个人行为不能脱离既有规则之外,而并非只是依靠刑律针对人的生命或身体,以及人身自由等权利构成威胁所形成的强制力,"教化"所具有的这种非暴力性的强制力,是契约法律制度产生和存在的必要的社会制度基础。

---

〔1〕　朱克良:《"教化"含义初探》,载《华东师范大学学报(教育科学版)》1993年第4期。
〔2〕　张锡勤:《试论儒家的"教化"思想》,载《齐鲁学刊》1998年第2期。
〔3〕　费孝通:《礼治秩序》,载氏著:《乡土中国·生育制度》,北京大学出版社1998年版,第51页。
〔4〕　费孝通:《礼治秩序》,载氏著:《乡土中国·生育制度》,北京大学出版社1998年版,第60页。
〔5〕　贺更粹:《"礼乐教化"考》,载《现代大学教育》2010年第4期。

但是，礼仪规则和礼俗规则所形成的社会行为规范体系，毕竟是一个大的概念，其中是否确实存在对个人出于"私利"行为的规范，也就是是否存相应的对契约行为的规范，则是需要进一步挖掘的。

结合上述关于"礼"的社会行为规范体系特有的约束力的认识，契约行为除了可归属于个人出于"私利"行为的范围以外，其重要特征之一，即在于交易双方合意的存在。而合意性存在的基础，又在于平等性是最基本的条件之一。因此，如果仅从狭义上认识的礼仪规则体系的角度来看，其中体现交往双方社会地位平等或具有某种暂时性的地位平等的那一类礼仪规则，即为我们这里的研究对象。如前所述，这种平等性的存在对于庶民社会而言，是不言而喻的，但对于从狭义上认识的礼仪规则体系，即作为以国家典章制度形式存在的礼仪规则体系，其适用对象仅限于贵族官员。所谓交往双方社会地位平等，一方面，只是对同阶层人士而言的；而另一方面，社会地位的不平等，并非可以限制社会交往的存在，也正因为这类社会交往的存在，如诸侯国外交中"不臣之礼"的存在，证明了某种暂时性的地位平等的可能，因此，从以上两个方面讲，礼仪规则体系作为对社会行为进行规范的体系，其以等级性所构建设的社会秩序本身，就包含了平等性与不平等性这一矛盾的对立存在。现存先秦礼书中记载的若干礼仪规则，在一定程度上也是体现了这种矛盾的对立性和统一性特征共存的特点的。而这一事实，正是本书试图辨析出的，那些与契约法律制度相关的规则体系存在的前提，只不过在此还要再附加的一个条件是：这类礼仪规则是体现了契约公序良俗原则的，以这个条件，显然可以缩小我们的探寻范围。

不过，在此首先应该认识到的是：在某种意义上说，礼仪规则体系的建立，就是为了构建社会的公共秩序和形成社会的善良风俗，因此，所谓的公序良俗原则，应该是礼制的核心原则，同时也是外延最为宽泛的原则。因为事实上，任何一条以国家制度形式表现的礼仪规则，其希望达到的规范目的，无不是为了体现公序良俗原则的。当然，从狭义上讲，具体调整个人出于"私利"行为的礼仪规则，应当就是那些以"义在利先"为最基本界定的礼仪规则，因为这类礼仪规则所体现的对公序良俗原则的遵行，在理论上的依据可被解说为"公"是以行为体现"义"的要求，而"义"乃是"仁"作为人对社会客观规律主观认识的抽象存在，这一主观认识所转化的个人行为规则，即是礼仪和礼俗规则。因此，以"公"这个概念与国家和宗族相关时，礼仪和礼俗规则进一步转化为国家制度和族规、家规，以这样所建立和维系的社会秩序，即是"公序良俗"。而在这一转化过程中所发生的概念替换，则是礼制的构建者们有意为之。在这里，礼制规范个人行为的要求之一，即被强调为是应以"公"为行为的目的。当然，"公"在先秦儒家理论中同时包含有"公平"之意，而"公平"实际上正是契约法公序良俗原则的基础（至于先秦契约的公平原则，将在下一节讨论）。

对于以上所述，我们需要进一步推进的认识是，礼仪及礼俗规则究竟怎样对契约行为进行规范的呢？在这方面，我们只能以举例的方式，来予以说明——

如冠礼作为成人礼，在某种意义可以说是对个人作为社会行为则体系中的权利义务主体，包括契约行为主体资格进行正式的规则。当然，这样的规则，也就是举行冠礼的相关仪节——冠礼仪式中，受礼者及其行冠礼者，都要遵行一定的仪节规范，这些规则所要表达的意义，除了以年龄为标志对受冠礼者业已"成人"的社会认可（或宣告）外，规则所体现的"礼义"，可以被认为是对受礼者权利和义务的明确。[1]如《礼记·冠义》云："成人之者，将责成人礼焉也。责成人礼焉者，将责为人子，为人弟，为人臣，为人少者之礼行焉。将责四者之行于人，其礼可不重礼。故孝弟忠顺之行立，而后可以为人，可以为人，而后可以治人也。故圣王重礼。"冠礼作为"礼义之始"，其要达到的"正容体，齐颜色，顺辞令"（《礼记·冠义》）的形式意义，是为了实现"以正君臣，亲父子，和长幼"的社会公共秩序的构建目的。也就是说，冠礼作为"礼之始"，首先需要树立的观念即为"重礼"，而"重礼所以为国本也"（《礼记·冠义》）。杨宽先生认为西周、春秋时的冠礼在

---

[1] 如杨宽认为，西周时期贵族通过"冠礼"赋予其成员的特权和义务，主要的有六项：①开始享有贵族成员参与各种政治活动和各种礼仪的权利。按礼，国君与卿大夫行"冠礼"后，才可亲理政务。②开始享有贵族成员统治人民的特权。③经过"结发"和加冠算后，可以男婚女嫁，负起传宗接代的责任，但须遵守"同姓不婚"的古礼。成年妇女应服从夫权，并作夫家的成员，故其"字"应在许嫁时取定。④取得宗法制度所规定的继承权。嫡长子与庶子所取得的继承权利不同，嫡长子在东序举行加冠仪式，即表示具备了继承"宗子"的资格。⑤开始有服兵役的义务，负有保护本贵族特权的责任。⑥取得了参加本族共同祭祀的权利。这些权利和义务的给予，具体表现在成年名字和三种冠弃服饰的授予上。（杨宽：《西周史》，上海人民出版社1999年版，第788页。）

宗庙举行，其"目的是巩固贵族组织，维护宗法制度，保护贵族利益。所以，这种礼必须在宗庙中隆重举行"，[1]但事实上，冠礼在宗庙举行，作为群体性活动，成人者宣誓对礼仪规则的遵行，也是巩固社会公共秩序的需要。如冠礼中"庶子，则冠于房外南面"这一不同于嫡子的仪节所代表的含义，是为了保证贵族血缘的延续与政治联盟的需要。[2]而这种对贵族血缘的延续的承继和政治联盟加入，以这种成人礼表达，首次对其赋予完整的权利和义务，要求其必须在公共场合明确表示接受，这正是冠礼的意义之所在。

当然，仅以冠礼仪节和对它们所体现的"礼义"的先秦儒家们的诠释，我们还不能说获得了对有关礼仪和礼俗规则是如何实现对一般社会行为进行规范的这一事实的全貌的认识。显然，我们还需要从各种不同的与"事生""治生"有关的场合（《荀子·礼论》："凡礼，事生、饰欢也"，"礼者，谨于治生死者也"），对礼仪和礼俗规则的实际功用进行认识。在这方面，如在"乡饮酒礼"中的共聚饮食的社交场合，礼仪和礼俗规则对一般社会行为进行规范的作用，是有所显现的，如《礼记·乡饮酒义》对"乡饮酒礼"的作用解释说：

> 尊让，絜、敬也者，君子之所以相接也。君子尊让则不争，絜、敬则不慢，不慢不争，则远于斗、辨矣，不斗、辨，则无暴乱之祸矣，斯君子之所以免于人祸也。

具体来说，"乡饮酒礼"对一般社会行为的规范作用，首先是通过对个人在群体中（包括非亲属关系群体，即以"乡饮共食"而聚集的群体）应遵守公共秩序的要求来体现的，因为"乡饮酒礼"是以重在"尚齿"来构建等级秩序的：一是如以"老者重豆，少者立食"而"明尊长"的仪节，可见《礼记·乡饮酒义》的规定："六十者坐，五十者立侍以听政役，所以明尊长也。六十者三豆，七十者四豆，八十者五豆，九十者六豆，所以明养老也"；二是

---

〔1〕　杨宽：《西周史》，上海人民出版社 1999 年版，第 778 页。

〔2〕　对于嫡子，加冠的位子在祖庙的阼阶。阼阶就是东阶，又称"主阶"，《仪礼·士冠礼》云："士冠礼。筮于庙门。主人玄冠，朝服，缁带，素韠，即位于门东，西面。"［焦杰：《试论先秦冠礼和笄礼的象征意义》，载《南开学报（哲学社会科学版）》2011 年第 4 期。］

如"旅酬"的仪节按照年龄长幼为次，[1]《仪礼·乡饮酒礼》说的"乐正与立者皆荐以齿"，其目的在于分别贵贱、长幼的等次，以求维护当时贵族的统治秩序和特权。[2]而这样的仪节对众人饮酒中身份有差别者行为的规范，包含了平等关系的处理，年长者酬年幼者之"下为上"的仪节，[3]是以礼仪规则对常见的身份不同者社会行为的规范。由于饮食礼与个人之出于"私利"的行为有关[4]，故"乡饮酒礼"的礼仪规则要求参与者的行为体现礼义所要求的"尊让"和"絜（诚）"，正是基于这种群体活动中以"尚齿"所构建的等级秩序，包括对其中相对平等关系秩序的建立。对这样的包含了平等关系的社会秩序的建立，由此以相关的礼仪规则来维系这种社会秩序，所体

---

〔1〕《礼记·曾子问》："祭，如之何则不行旅酬之事矣。"孔颖达疏："三献之宾作，尸所止爵，尸饮卒爵酢宾，宾饮卒爵献祝，及佐食致爵于主人、主妇，毕，主人降阼阶，升西阶上，献宾及众宾讫，主人洗觯于西阶前北面酬宾，酬宾讫，主人洗爵于阼阶上献长兄弟，及众兄弟，及内兄弟于房中。献毕，宾乃坐，取主人所酬之觯于阼阶前酬长兄弟，长兄弟受觯于西阶前，酬众宾，众宾酬众兄弟，所谓旅酬也。"[李学勤主编：《十三经注疏（标点本）礼记正义》卷十八"曾子问第七"，龚抗云整理，王文锦审定，北京大学出版社1999年版，第578~579页。]《诗·小雅·小弁》："君子信谗，如或醻之。"汉郑玄笺："醻，旅醻也。"孔颖达疏："酬酢皆作'酬'，此作'醻'，古字得通用也。酬有二等：既酢而酬宾者，宾奠之不举，谓之奠酬；至三爵之后乃举者所奠之爵以行之；于后，交错相酬名曰旅酬，谓众相酬也。"[李学勤主编：《十三经注疏（标点本）毛诗正义》卷十二之三"小雅·小弁"，龚抗云等整理，刘家和审定，北京大学出版社1999年版，第572~573页。]《仪礼·燕礼》："小臣自阼阶下，请媵爵者，公命长。"胡培翚正义引李如圭云："媵爵者，献酬礼成，更举酒于公，以为旅酬之始。"[（清）胡培翚：《仪礼正义》卷十一"燕礼第一"，段熙仲点校，江苏古籍出版社1993年版，第699页。]

〔2〕《礼记·乡饮酒义》解释旅酬又说："宾酬主人，主人酬介，介酬众宾，少长以齿。"这礼的重点在于尚齿，所以《礼记·王制》说："习射上功，习乡上齿（注：'乡谓饮酒也'）"；《射义》和《经解》都说："乡饮酒之礼，所以明长幼之序也"；《仲尼燕居》又说："乡射之礼，所以仁乡党也。"《周礼·党正》说："国索鬼神而祭祀（注：'谓岁十二月大蜡之时'），则以礼属民而饮酒于序，以正齿位，一命齿于乡里，再命齿于父族，三命而不齿。"所谓"饮酒于序"，即指"乡饮酒礼"，也以"正齿位"为主。贵族推行这礼的作用共有五点：①行迎宾礼时，把宾、介、众宾分为三等，是为了分别"贵贱之义"；②行献宾礼时，对宾有"献""酢""酬"，对介有"献""酢"而无"酬"，对众宾有"献"而无"酢""酬"，是为了分别"隆杀之义"；③作乐歌唱是为了"和乐而不流"；④旅酬是为了使"能弟长而无遗"；⑤无算爵是为了使"能安燕而不乱"。很明显，其目的在于分别贵贱、长幼的等次，以求维护当时贵族的统治秩序和特权（杨宽：《西周史》，上海人民出版社1999年版，第752~753页。）

〔3〕如钱玄《三礼辞典》对"旅酬"的解释：燕礼之一项节目。由众宾按长幼以次相酬，谓之旅酬。《仪礼·乡钦酒礼》："司正升相旅。曰：某子受酬，受酬者降席。"郑玄注："旅，序也。于是介酬众宾，宾又以次序相酬。某者，众宾姓也。同姓，则以伯仲别之，又同，则以且字别之。"《礼记·中庸》："旅酬下为上，所以逮贱也。"按：由年长者酬年幼者，所以为"下为上"。旅酬近似今之接力竞走。甲酬乙饮，乙酬丙饮，丙酬丁饮。由司正按长幼之序，呼受酬者之姓及伯仲等排行。（钱玄、钱兴奇：《三礼辞典》，江苏古籍出版社1998年版，第642页。）

〔4〕《礼记·乡饮酒义第四十五》郑玄注曰："卒觯，致实于西阶上，言是席之上，非专为饮食也。此先礼而后财之义也。先礼而后财，则民作敬让而不争矣。非专为饮食，言主于相敬以礼也"。

现的"尊让"和"絜（诚）"之"礼义"的相关行为规则，其实并无对等级性的特别强调。可见礼仪规则正是因此而形成对一般社会行为规范之目的的。

不过，"尊让则不争"和"絜敬则不慢"仅是礼仪和礼俗规则的规范目的和预期效果，显然，社会交际中的各种情况，并不能仅以人们交际中"不争"和"不慢"的反面，即"争"和"不敬"来概括的。以此而论，虽然如"乡饮酒礼"有繁复的规则体系，但能否以此使行为者做到"不争"和"不慢"，似乎是值得怀疑的，因为如"乡饮酒"繁复的仪节，并非仅仅是针对各种特定的"乡饮酒"场合。

对于上述质疑，我们可以从以下观察角度进入，来对由此引出的相关问题予以认识，即如"乡饮酒礼"作为对社会行为中的某一类行为规范，"尊让"和"絜"的仪节，是对这类行为规范的规则，由于这些规则一般性的，所以它们本身可以被认为是符号化的，而"乡饮酒"的适用场合，因此也同时被符号化。"乡饮酒礼"则因这种符号化的发生，与一般社会行为，包括个人出于"私利"的行为中的契约行为，如契约订立过程中的"盟誓"礼仪及其简化形式，即以誓言的内容来替代仪式本身（如前所述）的行为，发生了直接关联——

如曶攸比鼎铭文中，"虢旅乃事（使）攸卫牧誓曰"，"虢旅"者是其身后的那个社会公共秩序的代表，其要求违背其原先誓言攸卫牧重新作出"誓言"，攸卫牧誓曰："敢弗（具）付匕（比）（其）且（祖）射分田邑，则杀。""杀"，在中国古代社会，被设定为是社会公共秩序赋予了权力者［如《尚书·召诰》说："有夏服（受）天命。"董仲舒《春秋繁露·深察名号》："受命之君，天意之所予也。"］可行使的强制手段。攸卫牧的誓言，表达了对遵守这一公共社会秩序的意思，而其原先因为如曶比己所言的，是因为"女（汝）我田，牧弗能许曶比"是违约（违背其誓言）的行为，而在对其行为的审判中，对其行为，则是以其不遵守"誓礼"来认定的，并且，上述记载中反映出的一个重要事实是："虢旅"要求攸卫牧重新作出"誓言"，实际上是以攸卫牧重述"誓言"的方式替代了行"誓礼"的其他仪式的。也就是说，口述"誓言"，虽然很可能是"誓礼"仪节中的主要规则，但并不就是其全部规则。"虢旅"（只是）要求攸卫牧重新作出"誓言"，而未要求（未记载?）攸卫牧作出其他的符合"誓礼"仪节要求的行为。这里所发生的事实是，重述"誓言"这个仪节所突出攸卫牧应忠于其（说出的）"承诺"的要求，使这个被说出"承诺"的言语本身，作为符合"誓礼"仪节要求的，有关"忠信"之"礼义"的重要性，是要大于与此有关的其他仪节的规范意义的。以此，这个在事实上很可能是内容重复的"承诺"，作为对个人的一般性社会行为予以规范的，具有对个人而言的具体行为所应遵守的原则和规则体系的代称，显然是由道德原则中的"忠信"原则衍生而来的个性化存在，并且，其实际已从"忠信"原则的主观性特征界限范围中脱离出来。也就是说，被说出来的"誓言"，即"承诺"，因其显示于众，而具有了外在性。因此，其已不再是仅对个人主观意识的具有约束力的规范，而是具有来自他人的，对作出"承诺"者要求按其"承诺"行事的客观外在的约束力。

当然，以上所说的作出"承诺"的行为，是符合"誓礼"仪节的规则，而不是符合古代契约法的规则。这里出现的情况似乎是，对违背"承诺"的契约行为而言，是没有相应的规则来明确其责任的。虽然如对于攸卫牧的"不忠"（不忠实于自己的诺言），是有相应的礼仪规则来约束的。"虢旅"要求攸卫牧重新作出"誓言"，而以这样的很可能是内容雷同的"誓言"，其形式往往是大于内容的。也就是说，像这样的"誓言"，其形式具有的意义往往比内容更重要。因此，"虢旅"要求攸卫牧重新作出"誓言"，虽然这个"誓言"的内容，也可能包括攸卫牧对自己违背在此之前"誓言"的"不忠"行为，重申不会再犯这样的意思表示，但"誓礼"仪节本身是具有一般性特征的，所以如攸卫牧重新作出"誓言"的行为，以其行为应当符合"誓礼"仪节而言，也应当是完成相关仪节的行为意义，大于其以语言表达的重申不会再犯这样的意思表示的意义。这从"虢旅"的要求攸卫牧说出其"誓言"，以完成这个由"誓礼"的仪节所规定的行为来看，这个行为的仪式的意义，在重要性上要大于其很可能是重复"誓言"的内容的意义的。以此，我们似乎可以隐见"承诺"的道德规则属性转化为古代（法）契约法规则属性，在此呈现出两个阶段的变化：第一个阶段的变化是"承诺"其具有的内在性规则属性，向外在性规则属性的转化。第二个阶段的转化则表现为"承诺"在的形式上的意义大于其内容。以"承诺"内容被忽略的趋向所表明的，以"承诺"具有的抽象性，使其向古代契约法"原则"的转化，具备了初始的条件。当然，这里所说的以"承诺"作为对契约行为规范的"原则"，是指其所指称的礼仪和礼俗规则体系中的"忠信"原则（在转化为古代契约法的原则后，更多的是被称为"诚信"原则），而不是指使每个具体的契约得以成立的"承诺"。

有关"誓礼"的仪节，从现存的历史资料来看，并无记载。有研究认为，"誓礼"与"盟礼"有一定的相同之处。如张二国认为，先秦时期的盟礼，与会礼关系密切，会礼即为人们聚会之礼。《仪礼》中"公食大夫礼"有"坐启墓会"，"士虞礼"有"佐食造会"，"士丧礼"有"敦启会"的记载。"会"最初本义为带盖供烹调、储藏用器物，即食物器盖相合，《说文》训"会"为"合"，后又引申为人之聚合，《礼记·乐记》中有"会守拊鼓"、《韩非子·八经》中有"一听而公会，不公会则犹豫而不断"、《周礼·天官·宫正》中有"会其什伍而教之道义"、《诗经·齐风·鸡鸣》中有"会且归矣"诸"会"，均只讲人之聚会。

《礼记·曲礼》云："（诸侯）相见于却地曰会。"《周礼·春官·大宗伯》云："时见曰会。"《秋官·大行人》云："时会，以发四方之禁。"这些礼仪规定都把周代诸侯之间（还应包括周王与诸侯之间）以礼相见称作"会"。这已是一种具有特定含义的"会"，是从一般人之聚合之"会"滋乳而生之意。而盟礼的创制是周人将盟这种祭祀（或用牲）法进行改造的结果。《礼记·曲礼》云："莅牲曰盟。"《尔雅·释名》曰："盟，明也，告其事于神明也。"《左传·昭公十三年》中有"盟以底信"之说，西周初年，血盟习俗仍对周人处理对内对外关系有较大影响，并部分地被利用、改造成盟礼为政治统治、军事征服服务。西周时期的大会同内容主要包括以下几个方面：①坛壝宫，四方齐会，六服皆来。相会地点通常在京师，也可以在别地，甚至在王国境外。②举行盟誓之仪，割牛耳取血，血为盟。③祭礼日、月、四续、山川丘陵等。④周天子飨燕各方诸侯，并有贵赐，有时行宾射之礼。而会同之制实集朝、聘、盟、会及巡视、田猎之制之大成。[1]

不过，对于"盟"和"誓"，李力认为，在春秋以前，"盟"和"誓"并非一回事，这一时期的"盟"是一种制度性的礼仪活动，其盟约由主持活动

---

[1] 张二国：《先秦时期的会盟问题》，载《史学集刊》1995年第1期。

的周天子所赐,由周天子主持垄断的"盟"所产生的"盟约"(即誓词),是周天子策勋赏赐有功之臣的一种形式。而"誓"是借助神权所立约束之言词,运用于西周审判之"誓"则是原始神判的遗迹。东周盟书则是一种特殊的法律形式,并具有一般法律形式的规范性,其在先秦社会从"礼治"至"法治"转变过程中起到了不可替代、承上启下的法律规范作用。"忠信"是"信"的维系和转换方式。[1]但"誓"同为礼仪活动而有"誓礼","盟"与"誓"的仪节,虽有区别,在许多时候二者却往往被联在一起使用。陈梦家认为,《礼记·曲礼下》曰:"约信曰誓,莅牲曰盟",是盟为用牲之誓,所以《左传》成十三、襄九、定四等皆称"盟誓"。盟誓亦称"誓命",《左传》文公十八年曰:"先君周公之作誓命曰。"《尚书·费誓》曰:"公曰:嗟,人无哗,听命。"《周礼·典命》曰:"凡诸侯之适子誓于天子。"注云"誓犹命也",《洹子孟姜壶》曰:"齐侯命大子乘遽即宗伯听命于天子。"《墨子·非命上》引述《大誓》,《天志中》引作《大明》,大明即大誓,明(盟)即誓。《周礼·诅祝》曰:"掌盟、诅……之祝号",《史记·周本记》引《太誓》"师尚父号曰",而《齐世家》引作"师尚文誓曰",号即誓。[2]雒有仓认为,西周中后期的立约多采用"盟誓"方式,其类型有:一种是家族或畿内诸侯国之间订立契约,而另一种则是贵族个人之间通过盟誓立。

通过盟誓订立契约是西周国家管理的一种重要方式。[3]"盟"和"誓"可被联起来使用,是因为"约信"也是"盟"的主要内容,二者都是一种礼仪活动,只不过具体的规则和适用对象有所不同。

关于"誓",《说文解字》段玉裁注曰:"誓,约束也,《周礼》五戒。一曰誓,用之于军旅。按凡自表不食一言之辞皆曰誓。亦约束之意也。"[4]《礼记·曲礼》中说:"约信曰誓,莅牲曰盟。"孔颖达疏:"约信曰誓者,亦诸侯事也。约信,以其不能自和好,故用言辞共相约束以为信也。若用言语相约束以相见,则用誓礼……莅,临也。临牲者,盟所用也。盟者,杀牲歃血

---

〔1〕 李力:《东周盟书与法制》,载杨一凡总主编、马小红主编:《中国法制史考证》(甲编第1卷),第274~290页。

〔2〕 陈梦家:《东周盟誓与出土载书》,载《考古》1966年第5期。

〔3〕 雒有仓:《论西周的盟誓制度》,载《考古与文物》2007年第2期。

〔4〕 (汉)许慎撰,(清)段玉裁注:《说文解字注》,上海古籍出版社2011年版,第92页。

誓于神也。若约束而临牲，则用盟礼。"〔1〕这里的"誓"与"盟"相似，不同之处在于"盟"有杀牲歃血的程序。桂馥所注的《说文解字义证》中对"誓"注解为："《释名》誓制也，以拘制之也。僖二十八年《左传》王子虎盟诸侯于王庭，要言云云，文十八年传作誓命，杜云誓要信也，襄九年传，诏大神要言焉，杜云要誓以告神，哀十四年传使季路要我吾无盟矣，杜云子路信诚故欲得与相要誓而不须盟……曲礼约信曰：誓正义用言词共相约束以为信也。"〔2〕桂馥引用《释名》中的解释，说明"誓"是"要信"。对于《左传·哀公十四年》中所说的"使季路要我吾无盟矣"，杜预的解释是：因为子路有诚信，所以与之"要誓而不须盟"。可见"誓"与"盟"确实有别，以"盟"立约要比"誓"更具神圣意义，且为"盟"者，意味着立约双方在诸多方面会受到对方行为的约束，而不同于"誓"只在某一方面对立约双方的行为有所约束。

"誓"除了用于军旅之中的誓师文之外，与"盟"一样在当时都可运用于立约，而"誓"是不用牲的，其"用言词共相约束以为信"的简化形式，具有普遍适用的灵活性。如晁福林在《先秦民俗史》中说："盟与誓，合而言之，可以为一；分别考察，则存在着某些细微差别。"〔3〕

"盟"不同于"誓"，除了以上情况外，其作为一种礼仪活动被用于社会政治生活中，具有特殊的功能，如诸侯国之间的结盟，但其与"誓"一样，都可以被用于订立民商事契约活动。如鬲从鼎铭文所记载鬲从与攸卫牧因租种田地发生争执，攸卫牧的立誓，是一种民事行为，而攸卫牧所立的誓言，"敢弗（具）付比（比）（其）且（祖）射分田邑，则杀"这样的内容，并非对违约责任的具体规定，而更是一种对自己的"诅"，因而更多地只具有形式上的意义，故这段记载中所说的"誓"，十分接近于"盟"，因为仅就盟而言，其"用言词共相约束以为信"的内容中，"诅"和"祝"是主要构成部分。如《谷梁传·隐公八年》有云："盟诅不及三王。"《尚书·吕刑》中云：

---

〔1〕　李学勤主编：《十三经注疏（标点本）礼记正义》卷五"曲礼下"，龚抗云整理，王文锦审定，上海古籍出版社 2011 年版，第 141 页。
〔2〕　（汉）许慎撰，（清）桂馥疏：《说文解字义证》，中华书局 1987 年版，第 198 页。
〔3〕　晁福林：《先秦民俗史》，上海人民出版社 2001 年版，第 451 页。

"民兴胥渐，泯泯棼棼，罔中于信，以覆诅盟。"[1]《周礼注疏》中贾公彦疏曰："凡言盟者盟将来，诅者诅往过。""诅"在此指结盟之后诅咒自己和他人（即所有参加盟誓的人）。《周礼·春官·诅祝》对"诅祝"之职责规定为："掌盟、诅、类、造、攻、说、禬、崇之祝号，作盟诅之载辞，以叙国之信用，以质邦国之剂信。"郑玄注曰："盟诅主于要誓，大事曰盟，小事曰诅。"贾公彦疏曰："大祝不掌祝号，故此诅祝与盟同为祝号。秋官自有司盟之官，此诅祝兼言之者，司盟直掌盟载之法，不掌祝号与载辞，故使诅祝掌之。云'大事曰盟，小事曰诅'者，盟者，盟将来。《春秋》诸侯会，有盟无诅。诅者，诅往过，不因会而为之。故云大事曰盟，小事曰诅也。"[2]所以诅祝的主要职责之制作盟书，也就是在形成"盟"后，制作双方盟约的载书。而与诅祝的职责有别的司盟，主要负责"盟"的礼仪程序，《周礼·司盟》载："司盟掌盟载之法。凡邦国有疑会同，则掌其盟约之载及其礼仪，北面诏明神。既盟，则贰之。盟万民之犯命者，诅其不信者亦如之。凡民之有约剂者，其贰在司盟。有狱讼者，则使之盟诅。凡盟诅，各以其地域之众庶共其牲而致焉。既盟，则为司盟共祈酒脯。"可见司盟是以司礼官的身份负责盟誓礼仪，且存留双方的载书一份，对于"各以其地域之众庶共其牲而致焉"和"既盟，则为司盟共祈酒脯"，郑玄注曰："使其邑闾出牲而来盟，已又使出酒脯，司盟为之祈神明，使不信者必凶。"[3]可见"盟"亦同时适用于民间的立约行为，对于"民有约剂者"，由司盟负责保管其"约剂"一份。而"约剂"者，有大、小约剂之别，《周礼·秋官·司约》曰："凡大约剂书于宗彝，小约剂书于丹图。"郑玄注曰："大约剂，邦国约也。书于宗庙之六彝，欲神监焉。"唐人贾公彦曰："使人畏敬，不敢违之。"但"大约剂"并非只适用于"邦国约"，《周官·秋官》中亦有："凡以财狱讼者，正之以傅别、约剂。"张传玺认为，西周中后期由于土地私有制的产生发展，土地转让关系之中的契约使用的应为"大约剂"，类似于"万民约"，如周恭王三年（公元

---

[1] 慕平译注：《尚书》，中华书局 2009 年版，第 299 页。
[2] 李学勤主编：《十三经注疏（标点本）周礼注疏》卷二十六"诅祝"，赵伯雄整理，王文锦审定，北京大学出版社 1999 年版，第 687 页。
[3] 李学勤主编：《十三经注疏（标点本）周礼注疏》卷三十六"司盟"，赵伯雄整理，王文锦审定，北京大学出版社 1999 年版，第 952 页。

前 916 年）的卫盉，五年（公元前 914 年）的五祀卫鼎，九年（公元前 910 年）的九年卫鼎，恭王时的格伯簋，孝王二年（公元前 883 年）的曶鼎，厉王二十五年（公元前 833 年）的鬲从盨，厉王时的矢人盘等。[1]但事实上，土地转让中的契约行为，主要由交易双方进行，所立契约为"私契"，而非"万民约"，虽然土地所有权可能涉及土地使用者们的多方利益，但此类契约并非与"万民约"相同，立契活动中有多方人士参加：或与其利益有一定的关系（如土地租赁者），或作为见证人，以及代表官方的官员，但他们并非立约人。立约时进行的"盟"礼活动中，以各土地所有者"地域之众庶共其牲"，杀牲歃血，土地所有者则以"酒脯"献之，供众人饮食，这种行为，并非只是出于酬谢来宾，重要的是突出其"誓"于神明的庄重，作为一种礼仪活动，"司盟为之祈明神，使不信者必凶"。[2]虽然契约内容中立契时间、缔约双方名字、标的、契价和交割、见证人等内容是详细的，但"誓"的部分，却是关于祈祷神明的，目的是"使不信者必凶"。这样的内容，千篇一律，其形式意义大于内容，是很明显的，所以说，这类契约中关于立约双方权利义务的规定，不具有明确的行为规则形式，而是由"誓"的礼仪规则来予以替代。

当然，"誓"的概念，由于其往往与"盟"联用，造成了对这一概念认识上的混乱。而"盟"往往与"会"是不可分的，均是一种礼仪活动。狭义上的"誓"，即我们所说的那种替代契约中对交易双方行为规则进行规定的"誓"的礼仪规则是否存在，与这里所谓的替代是否存在有直接的关联。这里首先涉及的是，"誓"是一种礼仪活动，而非我们通常所理解的只是立约活动。对此，从一般意义上对此予以认识并无价值。先秦时期确有"誓礼"，这是无争议的，但"誓礼"无存，致使我们对具体细节予以深入以证明上述关于"替代"问题的认识造成了困难。由于狭义上的"誓"，多与个人行为有关，与"会"和"盟"在先秦史书的记载中多与诸侯国或家族之间的立约活动有关不同，也许正因为其往往与个人行为有关而缺少众人在场的举行礼仪活动必要的场合，故"誓"原先作为与"会"和"盟"属性相同的礼仪活动被简化了，这正是我们现今诸多研究中对其属性难以进行明确辨识的原因。

---

〔1〕 张传玺：《中国古代契约资料概述》，载《法律文献信息与研究》2005 年第 2 期。

〔2〕 李学勤主编：《十三经注疏（标点本）周礼注疏》卷三十六"司盟"，赵伯雄整理，王文锦审定，北京大学出版社 1999 年版，第 952 页。

不过，"誓"与"会"和"盟"三种礼仪活动虽然有所区别，但它们均与人和人之间的交往行为有关。会同，在周代属宾礼。清人金鹗在《求古录礼说·会同考》认为举行会同礼有四种情况：一是王将有征讨，会一方之诸侯；二是王不巡守，四方诸侯皆会京师；三是王巡守诸侯，会于方岳；四是王不巡守，而殷国诸侯毕会于近郊，"时见、时巡，所会皆止一方诸侯，是会同之小者也。殷见、殷国，所会则四方六服诸侯毕至，故曰殷，是会同之大者也"。[1]关于会同的礼节，《仪礼·觐礼第十》云："诸侯觐于天子。为宫方三百步，四门，坛十有二寻，深四尺，加方明于其上……上介皆奉其君之旗，置于宫，尚左。公、侯、伯、子、男，皆就其旗而立。四传摈。天子乘龙，载大旗，像日月、升龙、降龙；出，拜日于东门之外，反祀方明。礼日于南门外，礼月与四渎于北门外，礼山川丘陵于西门外。"贾公彦疏："自此尽'四传摈'，论会同王为坛见诸侯之事。云'四时朝奴受之于庙'者，案《曲礼下》经言之春夏朝宗在朝不在庙，而言四时朝觐皆在庙者，朝宗虽在朝，受享则在庙，故并言之。云'此谓时会殷同也'者，以《司仪职》云'将合诸侯则令为坛三成'，与此为一事，则合者，合诸侯也，故知此为坛见诸侯谓时会殷同时也。案《大宗伯》云'时见曰会，殷见曰同'，郑注云'时见者，言无常期。诸侯有不顺服者，王将有征讨之事，则既朝觐，王为坛于国外，合诸侯而命事焉'。《春秋传》曰'有事而会，不协而盟'是也。殷犹众也。"[2]当然，觐礼并不同于会礼，二者虽同属于宾礼，但却是有区别的，只是由于后者无存，故只能从前者得窥其规则之一斑。事实上，以宾礼之属，并不能概括社会中与人际交往有关的礼仪，显然，除了诸侯朝觐天子的觐礼和诸侯多以结盟为目的的会礼，这种对双方或多方因"公事"的交往行为进行规范礼仪规则以外，对于西周、春秋贵族官员个人之间的交往，也是要符合礼仪规则的。《礼记·表记》曰："无辞不相接也，无礼不相见也。"对于双方怎样以"礼"相见，郑玄注说："礼谓赘也"，即贵族彼此初次相见，或者有要事而相见，来宾都要按照自己身份和特定任务，手执一定的见

---

[1] （清）金鹗撰：《求古录礼说》十六卷补遗一卷，华东师大图书馆藏清光绪二年（1876 年）孙熹刻本，载《续修四库全书》（第 110 册），上海古籍出版社 2013 年版。

[2] 李学勤主编：《十三经注疏（标点本）仪礼注疏》卷二十七"觐礼"，彭林整理，王文锦审定，北京大学出版社 1999 年版，第 526 页。

面礼物，举行规定的相见仪式。这种手执的见面礼物，叫作"贽"，"贽"也叫"质"，对于这种社会地位相同的个人之间见面礼仪，杨宽称为"贽"相见之礼，或称为"贽见礼"。如《仪礼·士相见礼》记述，宾客初次会见主人时，必须执"贽"，冬天执雉，夏天执䐕（干雉），要"左头奉之"。会见时，宾奉"贽"入门左，主人再拜受"贽"，宾再拜送"贽"。"下大夫相见以雁，饰之以布，维之以索，如执雉；上大夫相见以羔，饰之以布，四维之，结于面，左头，如麛执之。"要是士和大夫初次见君，就得严格地按照臣礼。另外，如昏礼等，其中都有行"贽见礼"的程序。〔1〕当然，这是一种具有爵位、官职者正式的见面礼，其中对适用主体和某种正式见面场合的设定，如冠礼、燕礼、乡饮酒礼、乡射礼的礼仪规则，形成了特定的礼仪规范秩序。但尽管如此，礼仪规则仍然需要对某些非正式的见面场合，如公共的社交场合中贵族官员的行为进行规范。事实上，这些不同的"有名（称）"的礼仪制度，基本覆盖了贵族阶层与不同身份的人在各种不同的正式见面场合交往的情况，因而由此形成了一般性的交往的礼仪规则，但其中也包含对贵族官员们在非正式的场合的行为规范。这其中对政治行为（"公事"）和非政治行为（"私事"）的划分，是主要的。其界线，是以是否有爵位和官职来确定的。对于"公事"，如朱熹解释为："公事如饮射读法之类"，或如何晏所注"其家课税也"，是较为准确的。澹台灭明"非公事不见邑宰"，并非说澹台灭明品行端正，不为个人私事而见官，而是说贵族们作为官员，因为不是"庶民"所以不能以"私谒"来脱离礼仪规则的约束。礼仪规则除了通过"名物度数"，将等级差别见之于举行礼典所使用的宫室、衣服、器皿及其装饰上之外，还以礼物之多寡、高下、华素，以及双方的"揖让周旋"（使用礼物时的仪容动作上）来体现他们之间的等级差别。〔2〕但是，在这种等级秩序中，却同时存在着贵族官员之间同等级和同亲等，以及年龄相同或相近的情况，秩序的平等性存在于不平等性之中。体现等级性的礼仪规则中，包含有对身份、地位相同者行为规范的部分，则是以"敬""让"为主题的一般性规则，来实现其拘束力的。而在此以外，立约行为具有重要意义，因为体现

---

〔1〕　杨宽：《西周史》，上海人民出版社1999年版，第790~793页。
〔2〕　沈文倬：《宗周礼乐文明考论》，浙江大学出版社1999年版，第5页。

平等性的契约，对于社会地位相同者以"会""盟"和"誓"之礼仪规则来规范，是礼仪规则体系的必要组成部分，先秦时期是有"会""盟"和"誓"，而后无存，或许正是为突出等级秩序的需要而使之被省略，但由以上大致情况可知，"会""盟"和"誓"之礼仪规则，实存于诸礼之中，因为这些礼仪规则不可脱离的主题之一即是对人与人之间的关系的调整，虽然多数是以强调不平等关系为主的。

正因为如此，与契约关系相关的礼仪规则，包括对出于个人"私利"的交易行为所立之契约的规范，在《周礼》中并没有被划归于"法"，即"刑"（律）的调整范围。西周国家对市场的管理，所使用的强制手段，除了"市刑"（应归属于行政法）外，更多地使用了让违约者立"誓"的做法，而这一调整手段，是明显属于礼仪规则体系的。像这样以"誓"所表现的对"神明"的敬畏，和以此而间接体现对契约相对方的"守信"之义的规则，实则是为了以表示对礼制遵守，来替代对契约责任的约定的，使体现平等性的契约关系归于礼仪规则体系的调整范围，并因此使与此有关的礼仪规则，也就是契约行为规则，体现了对"公序"的服从，这是因为所谓"公序"，正是礼制所要实现的目标。

3. 礼俗规则体系以"公序良俗"原则对契约行为的规范

先秦时期以"商德"为称谓的习惯法规则，对商人和贩夫贩妇们的交易行为所形成的规范，是礼仪规则世俗化以后，被适用于商事行为而形成的礼俗规则，这些规则由礼仪规则的影响和认可而成为"善良风俗"，这自然是因为这些规则贯彻了国家制度所倡导的"公序良俗"原则，才会被礼制所包容。

对于契约行为而言，除去那些可能触犯国家行政和刑律所定立的禁条以外（如《周礼》中的若干简约的契约法制度），兼有习惯法特征的礼俗规则，是以伦理法的特殊强制手段，而不是通过国家以处罚（罚款或市刑）的方式来进行调整的。当然，更不是由国家以刑罚的强制手段来实现其约束力的。因此，从某种意义上讲，以"商德"为称谓的礼俗规则，即是具有民事法特征的规则，其中包括契约法行为规则。而对那些可称之为契约法之重要组成部分的礼俗规则，是如何体现"公序良俗"原则的，只有通过对具体事（案）例的解析，才能得见一斑。这是因为这类规则的存在，并非文本形式的，而是散见于具体事（案）例之中。不过，在此限于篇幅，仅略举一二以说明之：

（1）例1：交易中的立约活动，一方赠予另一方"礼物"的行为，所体现的是"商德",而非对价,是一种对礼俗规则的遵从行为,并以此而体现了契约行为规则体系的"公序良俗"原则。

如九年卫鼎铭文中,矩伯购买裘卫的马车,胡留元、冯卓慧认为,裘卫"为了交换的顺利进行,给矩伯的妻子十二丈帛"。且矩伯由于是用一块在林䣄里的林地与裘卫交易,涉及颜陈的林木收益权,所以裘卫又给了颜陈两匹大马,给颜陈的妻子一件青黑色衣服,给颜家管事寿商一件貉皮袍子罩巾,"作为交换林木收益权的代价"。[1]赵光贤也认为裘卫的上述行为是贿赂,只不过其认为颜陈是林䣄里的里君,其管辖的林地叫"颜林":[2]

> ……矩取眚(省)车:軨桒(幀),鬲虎冟(幎)、希帏(帏),画
> 鞞、夆(鞭)帀(席)鞎,帛縪乘,金鹰(镳)鋚(鋞)。舍矩姜帛三
> 两。乃(迺)舍裘卫林䣄里。叔夆(厥)隹(唯)鄳(颜)林,我舍鄳
> (颜)陈大马两,舍鄳(颜)始(姒)襡𠫑(绞),舍鄳(颜)有鬲
> (司)寿商貎(貎、貉)裘、盏(猱)冟(幎)。矩乃(迺)眔(暨)澧
> (濂)彝(邻)令寿商眔兽(意)曰:"顐屦,付裘卫林䣄里。"则乃成
> 夆(封)四夆(封),鄳(颜)小子具隹(唯)夆(封),寿商虉(勤)。
> 舍鬲冟糸(悌)辿皮二,阤(獾)皮二,虉(业)𠂤甬(牏)皮二,肜
> 帛金一反(钣),夆(厥)吴喜(鼓)皮二。舍澧(濂)虏(獴)冟
> (幎)、爱桒(幀),鑲冏(靰),东臣羔裘、鄳(颜)下皮二。眔受。卫
> 小子𢼺(韎)逆、者其鈏,卫臣虩肶。[3]

对于裘卫在与矩伯的交易中,其送礼给颜陈、颜陈的妻子和颜家管事寿商,以"贿赂"或对颜陈的林木收益权进行"补偿"之说,是很牵强的,王沛也认为,在礼器上记录"家族行贿之事,于理难通"[4]。事实上,双方以土地换马车的交易,有地方官里君颜陈和官员澧彝、颜小子("小子"为自谦的说法,也

---

[1] 胡留元、冯卓慧:《夏商西周法制史》,商务印书馆2006年版,第499~500页。

[2] 赵光贤:《从裘卫诸器铭看西周的土地交易》,载《北京师范大学学报(社会科学版)》1979年第6期。

[3] 庞怀清等:《陕西省岐山县董家村西周铜器窖穴发掘简报》,载《文物》1976年第5期。

[4] 王沛:《裘卫器铭中的公社与礼制—西周时期法律关系设立的再思考》,载《上海师范大学学报(哲学社会科学版)》2011年第5期

是职官名，为有司〔1〕 颜有司寿商，卫小子卫臣虩肶，而颜氏和瀗粦作为官方的代表，对二人的交易代表政府予以认定而言："顡"，是公正认定的意思，〔2〕对此，有中国社会科学院考古研究所编《殷周金文集成》关于此段的释文断句为：

> 叔卑隹颜林，我舍颜陈大马两，舍颜始韋，舍颜有司寿商圝裘、盠豆。矩乃眔瀗粦令寿商眔官曰："顡。"履付裘卫林晢里。则乃成夆四夆，颜小子具舞叀旦夆，寿商閂。〔3〕

以此可见，矩伯与裘卫二人交易虽系个人行为，但由于土地交易需要得到官方的认可，且在此项交易中，地方官里君颜陔和官员瀗粦到场，认定了双方交易合法，也就不存在需要"贿赂"，以掩盖二人私下进行的土地交易的违法行为。或者可以说，由于西周时期土地交易并非完全合法化，但土地交易在西周中后期已相当普遍，政府对此类行为也只能予以认可，只不过在涉及具体的土地交易事件时，却需要对相关官员拉拢关系，所以会有一定的"贿赂"行为。然而，作此认识，在情理上并不能完全说得通，因为确如王沛所言，于礼器上铭文之事，显然不可能将这类现代称为"灰色"之事予以记录，事实可能正好相反，裘卫铸鼎铭文记录此事，除了可用来作为权属凭证外，其意在表明，这是一件可以公开和值得宣扬的事，因为其送礼给上述相关人物，与对价无关，只能与社会公认的礼俗规则有关。如前所述，《礼记·表记》所言的"无辞不相接也，无礼不相见也"，郑玄注说："礼谓贽也。"在此有明确的表现，即以裘卫所送礼物多为兽皮，符合春秋中叶以前低级贵族用"贽"的规范。〔4〕如给颜家管事者寿商一件貉皮袍子；给参加办理此事

---

〔1〕 张亚初、刘雨：《西周金文官制研究》，中华书局1986年版，第45~46页。
〔2〕 王沛：《裘卫器铭中的公社与礼制——西周时期法律关系设立的再思考》，载《上海师范大学学报（哲学社会科学版）》2011年第5期。
〔3〕 中国社会科学院考古研究所编：《殷周金文集成》（修订增补本·第2册），中华书局2007年版，第1352页。
〔4〕 杨宽认为："春秋中叶以前低级贵族用来作为'贽'的禽，原是野兽野禽。《管子·樱度》有一段话，谈到了尧舜时代用'贽'的情况，据说当时'令诸侯之子将委质者，皆以双虎之皮，卿大夫豹饰，列大夫豹幨'，于是'大夫散其邑粟与其财物，以市虎豹之皮，故山林之人刺其猛兽，若从亲戚之仇'。这个故事不一定是事实，但最初的'贽'是猎得的野兽，该是事实。我们认为，这也是起源于氏族制末期的传统习惯，所有鹿、雉等，都是他们打猎中经常得到的野兽和野禽，常被用作见面礼物的。"（杨宽：《西周史》，上海人民出版社1999年版，第803页。）

的卫小子两张公羊皮、两张上等毛皮；给业两块鞋筒子皮；给厥吴两张鼓皮；给中间人濂虎皮罩子，虎皮罩子以猱皮为装饰，有革带可缚于軚上；给东臣羔羊皮袍、颜地出产的次等毛皮两张。因为对于裘卫和矩伯来说，二人的身份虽可归属为贵族，但裘卫同时也是一个商人，而矩伯没有符合礼仪地面见恭王的马车，其当为贵族中的没落者，可以说他们的身份，属贵族中的下层人士，[1]二人在交易中见面，其礼仪自然不同礼仪规则中的规定，只能是一种对礼仪规则作相应变异的礼俗规则。以这类规则对官员送礼不但不是"贿赂"，反而是遵守国家公共秩序和善良风俗的表现，因而是值得铭文宣扬的。

　　上述情况，在出土的先秦时期的青铜器铭文中，多有所见，如裘卫盉铭文记录的，矩伯以田三百亩交换裘卫的玉璋、赤玉制的琥、两件鹿披肩、一件杂色的椭圆形围裙，裘卫向王室的执政大臣伯邑父、㣫伯、定伯、京伯等人报告，伯邑父、㣫伯、定伯、京伯等人就命令具体掌管事务的三个职官、司徒微邑、司马单旗、司空邑人服罙受田，"燹、趞、卫小子囗，逆者（诸）其飨"[2]，即在交易完成后宴请各位到场的官员和众人。相类似的情况可见五祀卫鼎铭文，卫把邦君厉告到邢伯、伯邑父、定伯、琼伯、伯俗父等执政大臣那里，控说邦君厉未按承诺将五百亩地补偿给他，邢伯、伯邑父、定伯、琼伯、伯俗父等就这一诉讼作了裁判，叫厉立了誓，并让三个职官，司徒邑人趞，司马颀人邦，司空隆（附）矩，内史友寺芻（刍），受田四百亩给卫，事后，"卫小子𠭯其卿（飨）、阕。"[3]双方交易完成后设飨宴，有庆贺和酬谢众人之意，但飨宴本身即为一种礼仪，杨宽认为，飨礼是高级的"乡饮酒礼"，其引刘师培《礼经旧说》卷四中的所论："飨与乡饮酒礼，其献数虽有多寡不同，至于献、酬、酢及奏乐，其礼仪节次，大概相符"。"飨礼舍天子飨诸侯别用房烝外，均设俎，与乡饮同"。"飨礼均以立成，其彻俎而后，则行燕礼……乡饮礼之末亦同燕礼。"又说："盖凡饮酒之礼，备有宾介，兼备献、酢、酬三节，献由主人躬亲，且其礼惟行于昼者，皆本于乡饮礼者也。"

---

　　〔1〕　周瑗认为，裘卫家族应该是嬴姓，嬴姓家族始祖有"为舜主畜"的传说，其本人任司裘，按《周礼》记载，不过中士一级。（周瑗：《矩伯、裘卫两家族的消长与周礼的崩坏——试论董家青铜器群》，载《文物》1976年第6期。）

　　〔2〕　庞怀清等：《陕西省岐山县董家村西周铜器窖穴发掘简报》，载《文物》1976年第5期。

　　〔3〕　庞怀清等：《陕西省岐山县董家村西周铜器窖穴发掘简报》，载《文物》1976年第5期。

并认为飨礼的程序分为：其一，戒宾、迎宾之礼；其二，献宾之礼；其三，作乐；其四，正式礼乐完毕后的宴会和习射。其中献宾礼有献、酢、酬三个步骤，飨礼中对宾客举行"酬"的礼节时，按礼要酬以礼品，称为"酬币"。《仪礼·聘礼》："致飨以酬报。"郑注："酬币，飨礼酬宾劝酒之币一也。"西周金文师遽方彝载周王"乡醴"后，"锡师遽瑯圭一、环章四"；效卣"公东宫内乡（飨）于王，王锡公贝十朋"；所有这些赏赐，都属于酬币性质。春秋时也还流行这种礼节，"虢公晋侯朝王，王飨醴，命之宥，皆赐玉五瑴、马四匹"（《左传·庄公十八年》）；"晋侯献俘于王……王享醴，命晋侯宥……赐之大辂之服、戎辂之服，彤弓一、彤矢百、玈弓矢千、秬鬯一卣"（《左传·僖公二十八年》）；鲁襄公"享晋六卿于蒲圃，赐之三命之服；军尉、司马、司空、舆尉、侯奄，皆受一命之服；贿荀偃束锦加璧乘马，先吴寿梦之鼎"（《左传·襄公十九年》）。鲁襄公飨范献子，"展庄叔执币"（《左传·襄公二十九年》）按礼，每一次"酬"都应有"币"，如果行九献之礼，要九次"酬"，就得酬给九次币。如秦"后子享晋侯，造舟于河，十里舍车，自雍及绛，归取酬币，终事八反。"（《左传·昭公元年》）杜注："备九献之义，始礼自贲其一，故续送其八酬酒币。"[1]可见交易后举行飨宴，并非只为了酬谢众人而举行的饮酒之宴，作为一种礼仪，其中也有送"币"或送"礼物"的程序，这并非一种"贿赂"。与交易之前双方初次见面时送"贽"不同，这种在交易后设飨宴，包括以"酬"而献来宾的礼仪，其与前者的区别或许在于各方并非初次见面。

由以上案例可见，先秦时期双方出于个人"私利"的交易活动，是与礼仪活动不可分离的，矩伯和裘卫二人之间的数次交易中，除了官方的参与外，双方家臣和其他中介人、见证人等均到场，以表明双方交易是公开进行并得到官方和众人认可的，而在这种公共场合举行礼仪活动，其目的显然在于以对相关礼仪规则的履行，来表明其对公共秩序和善良风俗的服膺。当然，由于矩伯和裘卫二人均为贵族中的中下层人士，其遵循的礼仪规则，不在礼仪制度的范围之内，如裘卫送给颜陙妻子、颜家管事者寿商、卫小子、业、厥

---

[1] 李学勤主编：《十三经注疏（标点本）春秋左传正义》卷四十一"昭公元年"，浦卫忠等整理，杨向奎审定，北京大学出版社1999年版，第1154页。

吴、中间人濂虎和东臣等人的礼物，不在礼制所按等级以成文法形式明确规定的礼单范围之内，只是一种变通性的做法，以此表明其行为符合于礼制，且这种做法是得到官方和众人认可的，因此这种"变通"式的做法所依循的规则，显然来自礼俗规则的规范。

（2）例2：以对"誓"之礼俗规则的履行，作为对审判结果的执行，使个人出于"私利"的交易行为服从于"公序良俗"原则的规范。

鬲比鼎铭文中记录的鬲比对攸卫牧的起诉，官方在下令调查此事后，其裁判结果是让攸卫牧起"誓"，而并非直接裁判将其侵占的鬲比邑的田地归还后者，这一情节似乎并不引人注意，但这样的裁判方式和裁判结果（让攸卫牧起"誓"），事实上正是在民事审判中依循礼制规则的表现：

> 隹（唯）卅又一年三月初吉壬辰，王才（在）周康宫徲大（太）室。鬲比邑（以）攸卫牧告于王，曰："女（汝）觅我田，牧弗能许鬲比。"王令眚（省），史南邑（以）即虢旅。虢旅乃叏（使）攸卫牧誓曰："敢弗帅（具）付匕（比）甘（其）且（租），射（谢）分田邑，则杀。"攸卫牧则誓。比乍（作）朕（朕）皇且（祖）丁公、皇考重（惠）障（尊）鼎，鬲攸比甘（其）万年子子孙孙永宝用。[1]

如前所述，"誓"作为一种礼仪，要求行为者按照相应的礼仪规则行事，以体现其约束力，而并非以誓言的内容来形成约束力。虢旅受王命接受收案，在调查后认为鬲比所诉属实，按现代的认识去理解，判决结果应当是让攸卫牧归还其所侵占的鬲比田地，但其裁判的结果却是以让攸卫牧按照虢旅所制定誓词内容起"誓"归还所侵占的鬲比田地，即是要求攸卫牧以"誓"的行为，来履行其应当履行的行为，而不是直接强制其归还鬲比的田地。对于攸卫牧来说，其起"誓"的行为，以周礼的要求，是必须符合相关礼仪规则的，因此，国家公共秩序的强制作用，在此是通过对礼仪规则的遵从而得以体现的，或者说，先秦时期对民事案件的裁判所依循的规则，是以礼仪规则来进行规范的。

---

〔1〕 郭沫若：《鬲攸从鼎》，载氏著：《两周金文辞大系图录考释》，上海书店出版社1999年版，第127页。

　　这就是说，誓言的内容，作为"誓"的组成部分，仅具有针对具体行为的描述功能，而其约束力的产生，只能凭借于"誓"。如攸卫牧誓言内容中，除去"付匕（比）丨（其）且（租），射（谢）分田邑"外，其他部分（如将违约责任明确为"杀"）是属于"誓"的约束力体现的部分，以"誓"面对的对象是"神"，失信可"杀"，体现的是"神明"裁判的效力来自神明的惩罚，并非一般意义上对违约责任的追究，而类似的契约纠纷，最后以行"誓"之礼，作为解决的最终结果，在稀见的先秦案例中，倒是常见的，如儌匜铭文记录师儌指控牧牛抢了他的五个奴隶，并且还犯有诬告之罪，西周王朝官员伯扬父审理了这个案件，并作出了判决：

> 信（唯）三月既死霸（魄）甲申，王才（在）菜二（上）宫。白（伯）𩵦（扬）父迺（乃）成鞶（裁）曰：牧牛！虘乃可（苛）湛（扰）。女（汝）敔（敢）㠯（以）乃师讼。女（汝）二（上）弋（代）先誓。今女（汝）亦既又尸（尸）誓，専迶（络）啬毾（睦）儌（儌），宵亦丝（兹）五夫，亦既尸（尸）乃誓，女（汝）亦既从辝（辞）从誓。弋（式）可（苛），我义（宜）俊（鞭）女（汝）千，𣪊（黥）𣪊（罳）女（汝）。今我赦（赦）女（汝），义（宜）俊（鞭）女（汝）千，黜（黜）𣪊（罳）女（汝）。今大赦（赦）[以上器铭]女（汝），俊（鞭）女（汝）五百，罚女（汝）三百爰（锾）。白（伯）𩵦（扬）父迺（乃）或（又）吏（使）牧牛誓曰："自今余敢覺（扰）乃小大史（事）。""乃师或㠯（以）女（汝）告，勛（则）致（致）乃俊（鞭）千，𣪊（黥）𣪊（罳）。"牧牛勛（则）誓。毕（厥）㠯（以）告事（史）敊、事（史）𣞣于会。牧牛𩎟（辞）誓成，罚金。儌（儌）用乍（作）旅盉。[以上盖铭]〔1〕

　　在这场诉讼中，由于牧牛诬告师儌，并违背了原先的誓言，官员伯扬父所作出的判决结果是让牧牛到啬去见师，给这（还他）五个奴隶，并且鞭其五百，罚三百锾。而在判决审讯过程中，伯扬父两次命令牧牛起誓，并规定了誓词的内容，这和《周礼·司盟》"有狱讼者，则使之盟诅"的记载是一

---

〔1〕 庞怀清等：《陕西省岐山县董家村西周铜器窖穴发掘简报》，载《文物》1976年第5期。

致的。对于一般盟誓的誓词，《周礼》称"载"，起誓后书写两份，其一藏于官府，就是《周礼·司盟》里说的"司盟掌盟载之法……既盟则贰之"。该案例中，官方把民事诉讼案件当作刑事诉讼案件而动之以刑，其狱讼里的盟辞当和其他盟辞一样，铭文"牧牛从辞、从誓""牧牛辞誓成"中的"辞"，就是盟誓之后形成的文字材料，它保存在狱讼机构，必要时则开藏验视，《周礼·司约》说："若有讼者，则洱而辟藏，其不信者服墨刑。"牧牛正是"上代（违背）先誓"，诬告师偰，罪属"不信"，所以判处墨刑。[1]在此，值得注意的是，铭文里的"牧牛从辞、从誓""牧牛辞誓成"，即将"辞"和"誓"分开的说法，"辞"作为"盟诅"的文本形式，被称为"载"，起誓后书写两份，其一藏于官府，由司盟掌管，"既盟则贰之。"但"辞"却不能等同或替代"誓"，故有牧牛在案件审理过程中的当场起"誓"："亦既卪（卩）乃誓，女（汝）亦既从讟（辞）从誓。"所以伯杨父两次为牧牛减轻处罚。尔后，伯扬父又让牧牛第二次起"誓"，不再会有诬告师偰的行为发生："白（伯）𩁹（扬）父迺（乃）或（又）吏（使）牧牛誓曰：'自今余敢爰（扰）乃小大史（事）。''乃师或𠮷（以）女（汝）告，鼤（则）致（致）乃俊（鞭）千，𣪘（戮）𣪘（墨）。'牧牛鼤（则）誓。"牧牛交还师偰五个奴隶和认缴罚金三百的履行行为，属于"从辞"，但以此并不能免除起"誓"的程序，虽然第二次起"誓"的"辞"，是约束将来的行为的，但第一次起"誓"，"誓"的礼仪和"辞"是必须需要同时履行的。以此，可以更为明显地看出"誓"作为礼仪规则所具有的约束作用，和作为对"辞"的内容的补充，赋予了其可被强制执行的效力，以此构成了判决结果的必要组成部分，即以"誓"在公共场合进行的［对该案而言，一次是在案件的审判场合，另一次应该是牧牛到啬，归还师偰五个奴隶后，当着理狱官伯扬父、讼事的双方以及司盟机构官员事（史）𤲞、事（史）㕛等人的面[2]起"誓"。"于会牧牛辞"，即前往会验对合牧牛之誓词[3]］，可以凭借礼仪规则所具有的伦理规则约束力，确保双方约定的契约内容得到履行。

事实上，西周涉法案件的青铜器铭文中，多数都有"誓"这一程序，如

---

〔1〕　于少特：《青铜法典偰匜铭文试析》，载《文博》1993 年第 6 期。
〔2〕　马承源：《偰匜》，载马承源主编：《商周青铜器铭文选》（第 3 卷），文物出版社 1998 年版，第 186 页。
〔3〕　张世超等：《金文形义通解》，中文出版社 1996 年版，第 1319 页。

倗生簋铭文，"氒（厥）书史戠武立盉成璺"，[1]杨树达释"盉"字为"盟"。"盟"字从盥省，矢声，疑当读为矢。《论语集解》："矢，誓也"。"立"当读为莅，莅矢与《春秋传》言莅盟同。[2]"莅誓就是往临盟誓现场。盟誓者应为格伯，即付田方"[3]散氏盘铭文：

唯王九月，辰才（在）乙卯，矢卑（俾）鲜（鲜）、且、䍙（曌）、旅誓（誓），曰：我既（既）付散氏田器，有爽，实余有散氏心贼（贼），剈（则）鞭千罚千，传弃（弃）之，鲜（鲜）、且、䍙（曌）、旅誓（誓）。迺（乃）卑（俾）西宫襄、武父誓（誓），曰："我既（既）付散氏溼（湿）田、牆田，余有爽癫，鞭千罚千。"西宫襄、武父剈（则）誓（誓）。[4]

此案例中矢人方的有司鲜（鲜）、且、䍙（曌）、旅，和西宫襄、武父分两组人两次起"誓"，由于矢国攻伐散国失败，从而割地赔偿，涉及邦国之间的关系，所以双方参加的官员和对土地的丈量过程都记载得比较详细，矢人方的有司两次由不同的人分别起"誓"，可能与这两组人分别负责的具体工作有所不同有关，本来散国的官员也在场，参与整个过程，但仍需矢人方的有司们起"誓"，可见"誓"在此的形式上的意义，即作为邦国之间立约中的"盟诅"之作用，在于体现双方对礼仪规则的遵循，而并非只凭矢人方绘制并交付的地图（"氒为图"）和契约（"氒左执缕"），就算完成了全部立约过程。"誓"作为一整套礼仪规则在此的作用就是对双方的行为（尤其是对起"誓"一方）进行约束。对这种约束力的认同和依循，是"誓"所规范的秩序，是得到双方和多方认可的社会公共秩序。

当然，上述案例中，如攸卫牧和鬲比的身份可能是诸侯，才有可能把状告到王那里，[5]故礼仪规则对三人是适用的，但在针对这种个人出于"私利"的行为中，"誓"的礼仪规则是被简化使用的，即攸卫牧只是重述誓词，

[1] 裘锡圭：《西周铜器铭文中的"履"》，载氏著：《古文字论集》，中华书局 1992 年版，第 368 页。
[2] 杨树达：《格伯簋跋》，载氏著：《积微居金文说》（增订本），中华书局 1997 年版，第 27 页。
[3] 王晶：《倗生簋铭文集释及西周时期土地转让程序窥探》，载《农业考古》2012 年第 1 期。
[4] 马承源：《商周青铜器铭文选》（第 3 卷），文物出版社 1998 年版，第 297~298 页。
[5] 刘桓：《鬲攸比鼎铭新释》，载《故宫博物院院刊》2001 年第 4 期。

这种"誓"的形式，与相应的礼仪规则的要求，是相距甚远的，因而是一种在针对此类事件的实用化变通，并因此形成与此有关的礼俗规则。另一案例中师偁和其下属牧牛的诉争，牧牛只将状告到了伯扬父那里，其身份比前一案例中的攸卫牧和㝬比要低，同样，牧牛的"誓"，也只是重述伯扬父让他说的誓词，并没有履行其他的礼仪规则，这种情况，也许与二人之争，涉及的是俗世事务，与礼仪规则对特定的场合的要求不符有关。

（3）例3：当事人双方交纳的"束矢"，并非先秦时期民事诉讼中的"诉讼费"，而是以"束矢"所具有的象征意义，来表明认同以礼俗规则作为"法律依据"，并以此形成对个人出于"私利"的交易行为的规范，体现的正是"公序良俗"原则。

曶鼎铭文中记载，贵族曶用"匹马束丝"买了另一个贵族限的五个奴隶，后来限单方面毁约。经司法官井叔判决，限把五个奴隶交付给曶，至该案例的最后，曶交"矢五秉"即五支箭：

> 曶廼（乃）誨（谋）于䣠曰："女（汝）其舍䣠矢五秉。"曰："必尚
> 卑（俾）处厥邑，田厥田。"䣠则卑（俾）复命曰："若（诺）。"[1]

李学勤先生认为："这涉及当时的礼俗——据此，矢是诉讼得直的象征。曶的矢五秉，很可能是表示五人赎回，讼事胜诉的意思。"[2]这一认识，在此是一个重要的提示。学界通常认为，"束矢"是先秦时期民事诉讼中的"诉讼费"。武树臣也认为，民事诉讼中由一方或双方向司法官交付"束矢"的制度，是西周对"明夷"的证据制度的继承，使"古老的风俗从一种抽象的仪式上升为国家司法制度"，[3]因为殷商是东夷民族的一支，"商人原出于东夷"，"原始的商族可能是山东地区东夷族之一支"。[4]傅斯年先生认为："商人虽非夷，然曾抚有夷方之人，并用其文化。"[5]"而周礼从殷礼中所继承

---

〔1〕　郭沫若：《曶鼎》，载氏著：《两周金文辞大系图录考释》，上海书店出版社 1999 年版，第 97 页。

〔2〕　李学勤：《论曶鼎及其反映的西周制度》，载《中国史研究》1985 年第 1 期。

〔3〕　武树臣：《寻找最初的"夷"——东夷风俗与远古的法》，载《中外法学》2013 年第 1 期。

〔4〕　张富祥：《东夷文化通考》，上海古籍出版社 2008 年版，第 321、431 页。

〔5〕　傅斯年：《夷夏东西说》，载欧阳哲生主编：《傅斯年全集》（第 3 卷），湖南教育出版社 2003 年版，第 213 页。

的，正是夷礼、殷礼所蕴含的古老的风俗习惯和礼仪。"[1]以《说文解字》"夷，从大从弓"之说，黎祥凤却认为，"夷"字乃"弓矢之合书"，是由"弓""矢"两个字重叠搭配而成的："卜辞雉从隹，或从弓矢之合书，即雉，省作夷。《说文》以夷为从大从弓，误矣。"[2]张富祥先生提出："把《说文》的从大从弓改释为从矢从弓，也就得到正确的解说。"[3]传说中东夷的皋陶善于断案，《帝王世纪》记载："皋陶生于曲阜。"[4]皋陶之所以善于裁断疑难案件，还因为他注重证据，即弓矢。远古人有这样的习俗，谁抓住了战俘，就把弓弦套在俘虏的脖颈上面，以示归属，这就是"臣"字的本义。在日常生活中，常常发生由猎获物的归属或者伤害赔偿引起的纠纷，最可靠的证据就是弓矢。诉讼中双方一在出庭时都要出示证据即"明夷"，其中"夷"即弓矢。《周易》有《明夷》一卦。皋陶的做法被商人继承并被箕子总结，即《尚书·洪范》所载箕子所言"洪范九畴"之七——"明用稽疑"。[5]

以"明夷"作为一种主要在民事诉讼中出示证据的制度，如《周礼·秋官·大司寇》中所说的："以两造禁民讼，入束矢于朝，然后听之。"郑玄注："讼，谓以财货相告者。"即是双方当事人到庭后，缴纳"束矢"，也就是100支箭[6]作为保证后才审理。而"不至，不入束矢，则是自服不直者也"，要判为败诉，束矢没官。《国语·齐语》韦昭注："讼者坐成，以束矢入于朝，乃听其讼。两人讼，一人入矢，一人不入则曲，曲则服，入两矢乃治之。矢取往而不反也。"说明西周时期民事诉讼要求当事人向法庭交纳一束矢作为保证，其含义是"必入矢者，取其直也"。[7]但是，这样的由当事人双方到庭缴纳束矢的规定，是一种所谓的民事诉讼中的证据开示制度，或者是一种诉讼程序制度，还是其他？对此，显见的是，当事人双方所缴束矢，并非证据，

---

[1] 武树臣：《寻找最初的"夷"——东夷风俗与远古的法》，载《中外法学》2013年第1期。

[2] 黎祥凤：《周易新释》，辽宁大学出版社1994年版，第185页。

[3] 张富祥：《说"夷"》，载《淄博师专学报》1997年第3期。

[4] (东汉)皇甫谧：《帝王世纪》第三，载刘晓东等点校：《二十五史别史》，齐鲁书社2000年版，第23页。

[5] 武树臣：《从"箕子明夷"到"听其有矢"——对〈周易〉明夷的法文化解读》，载《周易研究》2011年第5期。

[6] 也有50矢为一束的，如《诗·鲁颂·泮水》，毛传；还有12矢为一束的，如《国语·齐语》，韦昭注。

[7] 温慧辉：《"钧金"与"束矢"——先秦诉讼中的缴费问题》，载《寻根》2004年第3期。

因此关于民事诉讼中当事人双方要缴纳束矢的制度，并不是所谓的"证据出示制度"，如有学者所言，《周礼·秋官·大司寇》中所说的"以两造禁民讼，入束矢于朝，然后听之"，不过是用要双方交束矢的规定来限禁民事诉讼，也就是说，缴纳束矢的制度的象征意义是"给讼者一种心理压力，这是符合古代法制思想的。还有另一方面，束矢对于'民'来说也是一笔下算太轻的经济负担。理亏的一方，败诉了束矢即被没收。亏理又亏财，无理者必不敢贸然对讼，这就起到了禁讼的作用"〔1〕。如此所言，以缴纳束矢而禁讼，确实有一定的道理，这涉及贯穿于中国古代的"无讼"和"息讼"的民事法律思想。

《周易》作为儒家经典之一，其中以《讼》卦经传，集中反映了儒家的民事诉讼思想，其《讼》卦言，"讼"，"争辩也"，其卦象为坎下乾上，"乾刚坎险，上刚以制其下，下险以伺其上"，该卦卦辞说："讼，有孚窒惕中吉，终凶。利见大人，不利涉大川。"其中"'有孚'，意即信实笃诚；'窒'，窒碍，意即意有郁积，不得伸张；'惕'，心中惕惕，谨慎小心；'中'，心平气和；'大人'，居尊位之人，意即裁决争讼的有地位之人；'涉大川'，喻指渡过难关，化险为夷"〔2〕。也就是说："诉讼是坏事情，靠它来解决矛盾，不是一个好的办法，不能帮人渡过难关。此卦的爻辞中，初六言'不永所事'，意即最好不要引起争讼；九二、九四'不克讼'，意即遇事退让，不能以也。意即诉'讼'的方式解决问题。《讼》卦传中，《象》云：'终凶，讼不可成讼不是好事情，能止便止，若坚持到底，必获凶'；《大象》云：'天与水违行，讼。君子以作事谋始。'意即争讼双方，就像天和水一样互相对峙，所以君子做事一开始就要谨慎，避免引起争讼，以达'无讼'的目的。"〔3〕而"无讼"之说，首见于孔子，孔子所说的"听讼，吾犹人也，必也使无讼乎"（《论语·颜渊》），对后世的影响深远，对其中"吾犹人也"一语，有多种解释，有研究认为，"吾犹人也"作为解读孔子"无讼"思想的切入点，其含义包括：实现"无讼"是孔子时代司法官听讼时追求的一种目标和以"无

---

〔1〕 王玉堂：《"两造具备"及其他——关于古代法学文献若干注释的评述》，载《古汉语研究》1990年第1期。

〔2〕 于语和：《〈周易〉"无讼"思想及其历史影响》，载《政法论坛》1999年第3期。

〔3〕 于语和：《〈周易〉"无讼"思想及其历史影响》，载《政法论坛》1999年第3期。

讼"作为当时值得肯定的听讼结果,以及以"吾犹人也"来强调"无讼"的审判目的体现出一种言辞技巧。以此说,有朱熹在《论语集注》中引范氏(范祖禹)言:"听讼者,治其末,塞其流也;正其本,清其源,则无讼矣。"又引杨氏(杨时)言:"子路片言可以折狱,而不知以礼逊为国,则未能使民无讼者也。故又记孔子之言,以见圣人不以听讼为难,而以使民无讼为贵。"〔1〕确也可认为孔子的"无讼"思想并不是以禁止民间诉讼为目的的,而是与其"仁"治思想所推行的以伦理法密切相关的,即与其所主张的以礼制作为国家实行的政治法律制度,而不是以"法"作为国家实行的政治法律制度的观点相关。也就是说,孔子所言的"无讼",并非主张禁讼,"无讼"仅从字面上看,"义分两层,一是消除已有的纠纷,不使成讼;二是无争无讼,使任何纠纷都无以生发,这是比第一层更高的境界。这般'无讼'理想当然至善至美,但无疑也过于空幻,就连孔子本人亦视之为人们难以企及的理想境界"〔2〕。对此,张中秋认为:无讼的直接含义是没有或者说不需要争讼(诉讼),引申为一个社会因没有犯罪不需要法律或有法律而搁置不用,即实行是"刑措"之制。〔3〕而梁治平认为,周代"争财曰讼"的说法中,"讼"字用的是旧有含义,孔子"必也使无讼乎"一语中的"讼"是广义的,泛指狱讼之事,"至少,后人在把孔子这段语录当作指导原则引用的时候,用的是这层含义。"〔4〕并且,"无讼"作为一种目标和境界,无论是儒家、法家还是道家,在这一点上都是一致的。〔5〕这里出现理解层次上的区别是:其一,要达到"无讼"之理想境界,则需要先做到公正审判,如南怀瑾对孔子所说的"听讼,吾犹人也",其认为孔子提倡"无讼"的用意是告诫审判者在审案时,"不要有主观。听原告的话时,自己就站在原告的立场。听被告的话时,自己就站在被告的立场。以现在哲学的观点,这才是绝对的客观。然后再来判

〔1〕 (宋)朱熹:《四书章句集注》之"论语集注"卷六"颜渊第十二",中华书局1983年版,第137页。
〔2〕 胡旭晟:《无讼:"法"的失落——兼与西方比较》,载《比较法研究》1991年第1期。
〔3〕 张中秋:《中西法律文化比较研究》,南京大学出版社1991年版,第331~368页。
〔4〕 梁治平:《寻求自然秩序中的和谐——中国传统法律文化研究》,中国政法大学出版社1997年版,第188~250页。
〔5〕 李游:《从无讼到恢复性司法——以中西司法传统为视角》,中国政法大学2006年博士学位论文,第54~60页。

断是非……使大家没有纷争，都能心平气和，心安理得，合理得到解决"。[1]
史载："孔子为鲁司寇，听狱必师断，敦敦然皆立，然后君子进曰：'某子以
为何若？'某子以为云云。又曰：'某子以为何若？'某子曰云云。辩矣，然后
君子（曰）：'几当从某子云云乎？'以君子之知，岂必待某子之云云然后知
所以断狱哉？君子之敬让也"。[2]孔子在现实中的言行，体现的是对诉讼的重
视而非否认的必要。正如郑玄对实现"无讼"则先须公正"听讼"的解释：
"情犹实也。无实者，多虚诞之辞。圣人之听讼与人同耳，必使民无实者不敢
尽其辞，大畏其心志，使诚其意不敢讼。"[3]朱熹对此则释为："犹人，不异
于人也。情，实也。引夫子之言，而言圣人能使不实之人不敢尽其虚诞之辞。
盖我之明德既明，自然有以畏服民之心志，故讼不待听而自无也。观于此言，
可以知本末之先后矣。"[4]清代崔述作为"息讼"的反对者，对"无讼"的
阐释更为明白："然则圣人所谓'使无讼'者，乃曲者自知其曲而不敢与直者
讼，非直者以讼为耻而不敢与曲者讼也。"[5]其二，关于"刑措"，《汉书》
卷四《文帝纪赞》曰："断狱数百，几致刑措。"东汉应劭注："措，置也。
民不犯法，无所刑也。""刑措不用"与弃"法治"而行"礼治"之"无讼"
的区别在于，以伦理法为主的国家政治法律制度建构，是包括对"刑"法的
设置的，但"刑"的设置，是以尽可能地使其"不用"为目标的，尤其对民
事法律制度而言，"刑措不用"则更能体现"仁治"所推行的礼制的作用，孔
子的"无讼"思想中的层次之别，以此而显现。

由以上所论可见，先秦时期民事诉讼中当事人双方需交纳束矢的制度，
实为礼制，且为礼仪规则世俗化后形成的礼俗规则，而非现代意义上的"法
律制度"。对于民事诉讼而言，"刑措不用"应当适用于多数情况，在这种情
况下，国家制度的存在，则无疑是指礼仪规则的存在，否则司法官断案之
"法律依据"将失去，而国家对"公序良俗"的秩序需要，则是必然的。因
此，以"公序良俗"为原则的礼俗规则的存在，也是必然的。事实上，交纳

---

〔1〕 南怀瑾：《论语别裁》，复旦大学出版社 2003 年版，第 493~494 页。

〔2〕 （汉）刘向撰：《说苑校证》卷十四"至公"，向宗鲁校证，中华书局 1987 年版，第 362 页。

〔3〕 （清）刘宝楠：《论语正义》卷十五"颜渊第十二"，高流水点校，中华书局 1990 年版，第 503 页。

〔4〕 （宋）朱熹：《四书章句集注》之"大学章句"，中华书局 1983 年版，第 6 页。

〔5〕 （清）崔述：《无闻集》卷二"讼论"，载顾颉刚编：《崔东壁遗书》，上海古籍出版社 1983 年版，第 701、702 页。

束矢的象征意义符合伦理法规则的特征，如《管子·七法》所言及的以"教化"手段所形成的规则约束力，是为实现对社会行为的规范为目的，其所谓"化"的特殊方式："渐也，顺也，靡也，久也，服也，习也，谓之化"，体现的是正是伦理法规则的特征。并且，在民事诉讼中交纳束矢，这种以行为所具有的象征性仪式本身，表达出的含义，即为对礼俗所规范的程序进行的选择，与前述中民事诉讼中的司法裁判，以履行"誓"这种由礼俗规则所规范的仪式来替代对判决结果的执行的情况，都清楚地表明了礼俗规则被适用于民事案件的审判中的事实，而郑玄所说的"必入矢者，取其直也"，是以缴纳束矢者，自证其"正直"，《尚书·盘庚》有"出矢言"，《广雅·释诂》有"矢，正也"。韦昭注《国语·齐语》云："讼者坐成，以束矢入于朝，乃听其讼，两人讼，一人入矢，一人不入则曲，曲则服，入两矢乃治之。矢，取往而不反也。"即"入束矢"者，可以此表示自己理直、正确、一定成讼之意，反之，不"入束矢"者，则会被视之为"曲"，即视为败讼，事后还要命其交纳一束箭，以示惩处。既然如此，则有《周礼·大司寇》中所说的"以两造禁民讼。入束矢于朝，然后听之"，也就是用要求双方都要缴纳束矢的方式，作为审判开始的条件，即所谓"然后听之"，也就是说，以礼俗规则所规定的程序，作为审判的前置程序，如果有一方不缴纳束矢，那么其就先输掉了官司。至于以"以两造禁民讼"，"两造"可解释为要求双方均缴纳束矢，[1]但这种方式，何以能够"禁民讼"，以达到"无讼"的理想境界？对此所做的解释只能是，伦理法取代了"法"（刑），当然也就做到了"无讼"。而以上《周礼》中的记载，所反映的伦理法被应用于民事诉讼作为审判的"法律依据"的情况，表明礼俗规则在现实中被运用于对交易行为的规范，是有国家制度强制力作为保障的。

关于礼是否为古代中国民法，梅仲协说："民法一语、典籍无所本，清季变法，抄自东流……唯我国春秋之世，礼与刑相对立一，刑为镇服庶民之工具，礼所规定之人事与亲属二者，周详至极，粗陋之罗马十二表法所敢望其项背者……依吾人所信：礼为世界最古、最完备之民事法规也。""易言之，

---

[1] 王玉堂：《"两造具备"及其他——关于古代法学文献若干注释的评述》，载《古汉语研究》1990年第1期。

礼就是民法，礼就等于民法。"〔1〕但多数学者持否定观点，如詹学农认为"把礼等同于民法"，是"将道德规范与法律规范混为一谈。行为规则只有表现为法律规范时才具有国家强制的效力，所以，法律渊源又是区分行为规则是否具有强制力量的标志"。〔2〕骆伟雄也认为礼调整人身关系是不平等的主体之间的关系，而礼调整的财产关系依附于人身关系，且礼在形式上具有不确定性，因此其是道德规范而非法律规范。〔3〕当然，以现代形式法观点来看，伦理法的调整手段和强制力，确实与法律规范有所不同，但现代与古代中国先秦时期，以及贯穿于中国古代社会的历史条件也是有所不同的，不同之处在于礼是被作为国家政治法律制度来制定的，违反礼仪规则的行为，包括违反礼俗规则的行为，不仅要受到家规、宗规的惩罚，还要受到国家法律（刑法）的制裁，即所谓"出礼入刑"，因此，对于中国古代社会而言，礼已不是一般意义上的道德规范，而是作为有国家强制力做保障的伦理法。而关于礼的等级性，事实上是与其具有的在同阶层的人们之间，以及不同阶层人们之间在某种条件下暂时存在的平等关系作为补充有关，关于这一点前面已有论述。至于调所调整的财产关系对人身关系的依附性，也并非绝对的，这是因为如先秦时期商人阶层的出现，以及他们和贩夫贩妇们之间存在的交易关系是不可禁绝的，这种相对自由的交易关系的存在，是财产关系并非完全对人身关系具有依附性的表现。正因为如此，"两造具备"条件下的民事诉讼，才会发生，而礼俗规则作为诉讼中的"法律依据"，则必然产生对日常生产生活中交易行为的规范作用。以此可见，礼俗规则的强制作用，使个人出于"私利"的行为，纳入"公序良俗"原则规范之内，则是当然的了。并且，束矢所象征的直和正，与社会一般交往场合中以"贽"为见面之礼所象征的诚信之意，在以物表意这一点上，是相同的。《白虎通·人质》说："贽者，质也。质己之诚，致己之捆幅也。"《国语·鲁语》："质之以牺牲。"（质，意与贽同。）韦昭注："质，信也。"《礼记·郊特牲》说："大夫执圭而使，所以申信也。"而君以圭为贽，取其洁净而喻自正其身。《周礼·考工记·匠人》有"九

---

〔1〕　潘维和：《中国民事法史》，汉林出版社 1982 年版，第 47、54 页。
〔2〕　詹学农：《中国古代民法渊源的鉴别问题》，载《比较法研究》1987 年第 2 期。
〔3〕　骆伟雄：《略论民法与礼——中国古代民法文化不发达原因分析》，载《社会科学家》1991 年第 2 期。

夫为井",郑玄注:"圭之言珪洁也。"卿以羔为贽,"取其群而不党。卿职在尽忠,率而不党也。"(《白虎通·德论》卷九)"大夫以雁为贽,取其飞则行列也,大夫职在奉命适四方,动则以正道事君也。"(《白虎通·德论》卷九)士以雉为贽,"取其守介而死,不失其节也。"庶人以鹜为贽,取其笃守耕稼。贾疏云:"鹜不飞腾,如庶人但守耕稼而已。"工商以鸡为贽,《周礼正义》引《新序·杂事篇》云:"鸡守夜不失时,信也。"孙诒让注曰:"此谓工商执业通货,欲其不失时,故取鸡守时而动者以为贽也。"[1]可见"贽"作为人们交往时表达诚信的标志,与贡纳财物其意义是不同的。[2]在此,这种象征意义被作为国家政治法律制度所定义和规范,使这类礼仪规则或礼俗规则,已不同于一般意义上的具有不确定性的道德行为规则,且这样的规范是具有法律强制力的。

正因为司法审判中以"两造具备,师听五辞"(《尚书·吕刑》)作为诉讼制度,在民事诉讼中则以双方当事人缴纳束矢作为法定的程序,这种以物表意的行为规则,使交易行为中双方所依循的规则,除了"约定"的规则外,礼俗规则构成对双方行为必然的约束,也就是说,在简约化的契约法规则以外,礼俗规则需要双方遵守,是有国家制度的强制力作为保障的,这也就是为什么契约中的约定可以如此简约的原因。而如束矢所象征的直和正,则是对个人出于"私利"行为所划定的必要界限,虽然在双方交易中并无必要在契约中明确这样的界限,但界限的存在,对于交易中的双方而言,都是不可逾越的,正如同现代市场交易中,合同与合同法的关系。故以上述情况可见,"公序良俗"原则之所以会成为先秦时期契约法律制的原则,其原因乃是在于这一原则来自礼制。

(三)公平原则

古代中国契约法中的公平原则,是最为易见且延续数千年而存续于今的契约法原则,在这一点上,是与西方古典契约法制度相通的,由此可见契约法律制度自身所具有的客观规律,中外古今概莫能外。霍存福、刘晓林认为:先秦以后的北凉、高昌至唐、五代乃至宋元契约中,"两共对面平章"套语,

---

[1] (清)孙诒让撰:《周礼正义》卷三十五"春官·大宗伯",王文锦、陈玉霞点校,中华书局1987年版,第1387页。

[2] 李中生:《"贽""币"辨》,载《学术研究》1990年第2期。

是"平等的契约语言"。[1]这种平等性,"重在缔约人之间的平等","古代中国虽采取的是等级的社会与国家的结构方式,但政治社会中和家族、家庭内部的等级并未消灭经济生活中的契约平等,虽然政治社会和家庭伦理生活与经济生活不同,在朝、在家与在外不同,古代的中国也仍然是一个契约社会,契约本身也是人们的一种生活方式。""首先,契约是家庭之间或家庭外部签的。这意味着:家庭内部等级对契约的签订和履行,虽然可能有影响,但不会太大……其次,契约也可以在官与史、官与民之间签订。"[2]

对于契约之"约",寺田浩明在《明清时期法秩序中的"约"的性质》(1994年)一文中认为,我国明清时期乡村层次上"约"既不能与皇帝的官"法"相提并论,也不能把它们看成具有对等地位的庶民之间缔结的公平性契约,而是同时包含"对等者之间通过相互合意缔结的约"和"居于上位者作为规范单方面宣誓的约"这两种要素。其主要的骨架由中心人物(民间首领)"首唱"提出(也许是他个人的主意,也可能参考了某种范本),响应首倡者号召的人们集结在他的领导之下共同行为处事,因而"约"具有一种"首唱"和"唱和"的内在结构。也就是说,"约"作为"行为规范的共有状态",既不单纯是对等的参与者通过交涉谈判而达到的结果,也不仅仅是事前就享有权威的首长单方面发布或宣示命令就取得的效果,而只是在特定主体的"首唱"和众人的"唱和"这种相互作用中逐渐形成的,具有自发与强制的双重机制。在《权利与冤抑——清代听讼和民众的民事法秩序》一文中,寺田浩明进一步将此"首唱"与"唱和"模型用于解释清代官府的听讼机制和民众民事法秩序的形成。[3]这一认识对揭示构成在当事人双方订立的契约以外的,对契约形成约束力的民事法秩序,是具有意义的,但以此并不能否认由当事人双方订立的契约,自先秦时期就已在金文竹简中实际存在的事实。如在西周金文的记载中,契约的数量很少,但却是事实。而这些在金文中记载的契约,所记载的契约订立过程中,不仅有当事人双方,还有官员、中介

---

〔1〕 霍存福、刘晓林:《契约本性与古代中国的契约自由、平等——中国古代契约语言与社会史的考察》,载《甘肃社会科学》2010年第2期。

〔2〕 霍存福、刘晓林:《契约本性与古代中国的契约自由、平等(续)——中国古代契约语言与社会史的考察》,载《甘肃社会科学》2010年第3期。

〔3〕 [日]滋贺秀三、寺田浩明等:《明清时期的民事审判与民间契约》,王亚新、梁治平等编译,法律出版社1998年版,第140~169、238~247页。

人、见证人等多人参加。如九年卫鼎铭文中，当事人双方是矩伯和裘卫，但参加此项交易的人数众多，有里君颜陈、颜陈的妻子、颜家管事寿商、颜小子、官员濋粦和卫小子，卫臣虣朏等，不过，这些参加者似乎对契约的订立，并无决定权，契约的订立及交易的完成，主要还是取决于当事人矩伯和裘卫的意志，此处并不存在一个"领唱"的首长。而这些人前来参加订立契约的多人中，有官员的出席，这也许是因为土地交易需获得政府批准。而当事人双方的家臣等人在场，除了以现代观点解释，这些人是作为证人外，恐怕更多的是因为订立契约的过程，是一种仪式。也就是说，契约本身并非仅是一种书写的文本，如张晋藩主编的《中国民法通史》中所说，"就契约的订立而言，先秦时成立契约仍受仪式契约的习惯影响，双方说一定的套语，做出一定的动作，并应有见证人在场见证"，[1]这种表明在订立契约中的仪式，也是契约的必要组成部分。对此，如寺田浩明关于中国古代契约的订立过程中"唱和"结构，与上述中国学者称为"仪式契约的习惯影响"的这两种不同说法，实际上也还是存在趋同之处的：也就是在当事人双方订立的契约的约束之外，另有以"唱和"结构成立的众人认同之"约"，或者说以"仪式契约的习惯"中仪式的习惯法，对双方行为形成约束。对此，本书事实上已有言及，即认为这种存在于契约的约束以外的约束，主要是来自礼俗规则的约束，而这类与契约行为相关的礼俗规则，它们对订立契约，实现交易的当事人双方行为的约束，正如以上有关契约订立过程中的"唱和"结构或之为"仪式契约的习惯影响"的考察结论所说的那样，并非仅是个别现象，而是表现为礼俗的具有一定普适性的规则，它们应该被认为是中国古代契约法的必要组成部分。

以上述认识，实际涉及对礼俗规则体系中，具体有哪些规则与契约法相关这个问题的进一步探讨，在本部分论述中，则涉及这些礼俗规则的公平原则被引入契约法的具体情况。对此，首先需要对公平原则在礼制中的存在情况进行初步的认识：

关于"公平"问题，先秦儒家著作中很少直接提到。除了《荀子·王制》所说的"公平者，听之衡也，中和者，听之绳也"，王先谦释"听，听

---

〔1〕 张晋藩主编：《中国民法通史》，福建人民出版社 2003 年版，第 58 页。

政也；衡，所以知轻重"，[1]将"公平"作为听断政务时力求全面掌握情况，审时忖势应掌握的原则以外，另有如《管子·形势》所说的"天公平而无私，故美恶莫不覆；地公平而无私，故小大莫不载"，《战国策·秦策一》说的"法令至行，公平无私"，都是将"公平"与"无私"等同。翟学伟认为，虽然中国古代社会的公平观，"其影响力不但贯穿于整个中国历史的进程，而且还始终居于中国文化的最核心的地位"，但"中国人对公平观的概念性理解，首先应当从单字中来寻求原初的信息，即'公''平''正''义''均''齐''法''道''德'等，至于它们之间的不同组合，比如'公平''公正''公道''平均''均平''公义'等，则可以延伸出更为丰富的甚至同现代性连接起来的意涵。"以此"初步结论是公与正相联系，私与侧或偏相联系。"[2]的确，"公平"问题在先秦儒家理论中，涉及"公"即"天下为公"的政治理想，与"均"即"均平"的社会经济伦理观有关。对于"公"，《广韵·东韵》曰："公，共也。"《说文解字》曰："公，平分也，从八从厶，八犹背也。""八"即背，有背离之意，因而背"私"即为"公"。所谓"公"，就是平均分配之意。"公"除了代表"诸侯""公正"和"公利"之意外，即意为"公平"。[3]如《吕氏春秋·贵公》即取"公"之"公平"之意："昔先圣王之治天下也，必先公，公则天下平矣。平得于公。尝试观于上志，有得天下者众矣，其得之〔必〕以公，其失之必以偏（凡主之立也，生于公）。故《鸿范》曰：'无偏无党，王道荡荡；无偏无颇，遵王之义；无或作好，遵王之道；无或作恶，遵王之路。'"关于"公"，孔子并未将其与"私"绝对对立，但"公私之辨"中"以公灭私"论（《尚书·周官》："以公灭私，民其允怀"）在成为后世儒家中的一种主张后，正是将其作为"私"和对立面来认识的。而对于"均"，孔子所言"丘也闻有国家者，不患寡而患不均，不患贫而患不安。盖均无贫，和无寡，安无倾"（《论语·季氏》），通常是被作为儒家经济主张平均主义的依据，但事实上，孔子此言仅限于指"政教不

---

〔1〕　（清）王先谦撰：《荀子集解》卷五"王制第九"，沈啸寰、王星贤点校，中华书局 1988 年版，第151 页。

〔2〕　翟学伟：《中国人的"大公平观"及其社会运行模式》，载《开放时代》2010 年第 5 期。

〔3〕　李承贵、赖虹：《中国传统伦理思想中的"公""私"关系论》，载《江西师范大学学报》2007 年5 期。

均"。《论语集解义疏》中引孔安国和苞氏的解释曰:"不患寡而患不均,孔安国注曰:'国,诸侯也;家,卿大夫也。不患土地人民之寡少,患政治之不均平也。'不患贫而患不安,孔安国注曰:'忧不能安民耳,民安则国富。'盖均无贫,和无寡,安无倾,苞氏注曰:'政教均平,则不患民贫也;大小安宁,则不倾危矣。'"[1]朱熹在《四书章句集注·论语集注》中对孔子的这段话解释道:"寡谓民少,贫谓财乏,均谓各得其份,安谓上下相安。季氏据国,而鲁公无民,则不均矣。"朱熹认为,孔子批评季氏为政不均,是"季氏据国,而鲁公无民,则不均矣"[2],即作为鲁国大夫的季氏,僭越于鲁君之上,违反礼法名分,是无道而不均。也就是说,孔子及后世儒家,均认为"'寡'是土地和人民的寡少,而其不均,是君臣之间不能各安其分,违背了礼之大法"。[3]在儒家理论中,"均"与"平等"相关联,被认为是近代以后对儒学的解释所致。与"均"意义上更为接近的是"齐"。按照《说文解字》的解释,"齐"这个象形字自身似乎已经包含了平等与不平等的矛盾:[4]许慎曰:"(齐)禾麦吐穗上平也。象形。"段玉裁注:"(齐)从二者,象地有高下也。禾麦随地之高下而高下,似不齐而实齐。参差其上者,盖明其不齐而齐也。引申为凡齐等之义。"[5]而且在先秦,某种程度上可以说构成了关于"齐"与"非齐"的讨论。

譬如《庄子》的名篇《齐物论》,从"道"的普遍性讲"齐万物",其实是主张"不齐而齐";墨子讲兼爱、尚同,所以倾向于"齐不齐";荀子讲"明分使群",所以主张"惟齐非齐"。不过,似乎只有荀子才在最接近于社会政治地位平等这个意义上使用"齐"字,在先秦儒家内部,等级制度的合法性是不言而喻的,所以从"人的相同性"出发的讨论,更多的不是政治地位或社会、经济平等与否的争论,而是导向了人性理论的分化:孟子的性善

---

〔1〕 (魏)何晏集解,(梁)皇侃义疏:《论语集解义疏》卷八"卫灵公第十五",商务印书馆1937年版,第228页。

〔2〕 (宋)朱熹:《四书章句集注》之"论语集注"卷八"季氏第十六",中华书局1983年版,第170页。

〔3〕 李振宏:《"不患寡而患不均"的解说》,载香港中文大学中国文化研究所编:《二十一世纪》2005年6月号,总第89期,第111页。

〔4〕 高瑞泉:《平等观念在儒家系统中的四个解释向度》,载《江苏社会科学》2010年第6期。

〔5〕 (汉)许慎撰,(清)段玉裁注:《说文解字注》"第七篇上·齐部",上海古籍书店1981年版,第575页。

说，与荀子的性恶论。[1]

尽管如此，儒家虽然没有在经济向度上将平等概念上升为一个独立的概念来讨论，但是，社会等级制度相关的社会经济生活中个体之间的平等性存在，却是不可否认的，且这种平等性的存在，是会反映在社会政治法律制度中的。从"人的相同性"［子曰："性相近，习相也。"（《论语·阳货》）］上讲，所有人都生而具有相同的道德修养潜能，即是一种一对一平等的主张，如孟子主张，所有人类都拥有仁、义、礼、智的品德四端。由于每个人都拥有这些自然禀赋，所以"人人皆可为尧舜"。而比例性的平等，或称之为"在应得的基础上的平等"，如荀子所描述的理想社会："故仁人在上，大夫以上至于公侯。则农以力尽田，贾以察尽财，百工以巧尽械器，士莫不以仁厚知能尽官职。夫是之谓至平。"（《荀子·荣辱》）"分均则不偏，势齐则不壹，众齐则不使。有天有地而上下有差，明土始立而处国有制。夫两贵之不能相事，两贱之不能相使，是天数也。势位齐，而欲恶同，物不能澹则必争，争则必乱，乱则穷矣。先土恶其乱也，故制礼义以分之，使有贫富贵贱之等，足以相兼临者，是养天下之本也。《书》曰：'维齐非齐。'此之谓也。"（《荀子·王制》）社会等级在此可被理解为社会分层，荀子将这种社会称为"至平"。"至"意为"完全的"或"最大的"，"至平"即为"最大化的平等"，实际上即是一种比例性的平等。[2]

由以上所述可见，先秦儒家所论之"公平"，是以政治上的"无私"之"公"，作为经济伦理中实现"各得其分"的相对平等的保障，前者对后者的实现，提供的是制度上的强制性约束力，用以体现这种保障，从而使社会经济生活中的"比例性平等"之社会结构，在制度以规则所规范的轨道上，行成秩序，伦理规则包括经济伦理规则因此成为社会行为规则，而不再仅体现其一般意义上的伦理性，虽然如此之社会行为规则，其调整手段仍然是以"教化"为主，但由于国家强制力的介入（刑的强制性约束力），不仅使其调整社会行为的手段发生了变化，而且使其获得了作为社会行为规则应具有的普适性。以这样的社会行为规则所规范的社会，就是儒家理想中的"天下为

---

〔1〕　高瑞泉：《平等观念在儒家系统中的四个解释向度》，载《江苏社会科学》2010 年第 6 期。
〔2〕　李晨阳：《儒家思想传统中的平等与不平等观念》，载《原道》2013 年第 2 期。

公"的社会。而这里所谓的制度，即为礼制。礼制作为国家政治法律制度，将儒家"公平"之主张，作为其规则体系中的原则，是为了以均衡获得相对合理的结构，从而使以礼制所形成的社会秩序得以稳定。

对于公平概念，陈少峰提出的"新仁学"认为，"仁"在儒家伦理学中是一个非常重要的概念，这个概念的基本内涵是爱人。而在儒家那里，"仁"是通过"孝"来实行的，也就是说这是一种注重"等差之爱"的伦理学，公平作为正义的一种表现形式，是正义在具体领域如分配、竞争等领域的一种表现，"与正义相比，公平更多地涉及具体领域里的正义，它的主要内涵是要得到同等比例的应得的对待"[1]。陈氏这里所说的儒家主张社会公众在分配、竞争等领域应"得到同等比例的应得的对待"的"公平"，实现的是"比例性平等"，这基本上是现今学界的一种共识。事实上，早期儒家的"仁"学理论所贯彻的思想，在先秦时期是居于主导地位的，其他诸子的理论，均未能为社会统治集团所采纳。考古发现的西周铭文记载，证实了礼制作为国家政治法律制度的事实。这一事实表明，"公平"论作为儒家和谐社会思想的重要内容，是"历史的、具体的"，而礼制的推行，说明儒家理论与社会政治实践之具体，密切相关。"礼"作为社会公共生活的规范与秩序，其"功能是使社会财富与权力的分配与再分配有等级、有节度、有秩序，并导之以整体和谐"，"礼本于天"，"礼"的秩序源于宇宙的秩序。"秩序的价值有神圣性，同时就有抽象性、合理性、公共性、公义的内涵。这种人与人的差异性社会原则的'礼'不仅受制于'天'，而且其内在精神是'仁'。"[2]

对于礼制的规则体系，即由礼仪所形成的规则体系是如何体现公平原则的，或者说礼仪规则体系具体是如何贯彻公平原则这一儒家"仁"学理论的主要内容的，却需要进一步的认识。并且，以本书此段内容而论，对于礼仪规则体系是如何体现了公平原则这个问题的具体认识，应从经济伦理向度上来进行探讨，因为在这个方向上所界定的礼仪规则，如果被认为是可归属于与契约行为相关的民事法规则的话，那么，它们作为简约化的契约法制度中被忽视了的重要组成部分，是以"公平"作为其原则的。这里发生的并不是

---

〔1〕 陈少峰：《正义的公平》，人民出版社2009年版，第1页。

〔2〕 郭齐勇：《儒家的公平正义论》，载《光明日报》2006年2月28日，理论版。

一种借用或者移植，而是由这一认识方向所决定的对其原有存在的揭示。

1. 礼制作为上层建筑是以"公平原则"来维护交易秩序的

《周礼·地官·司市》中记载的国家对市场进行管理的行政法，对确保交易的公平，所做的强制性规定："市之群吏平肆、展成、奠贾。"郑玄注："平肆，平卖物者之行列，使之正也。展之言整也。成，平也，会平成市物者也。奠读为定。整救会者，使定物贾，防诳豫也。"江永认为："平肆者，平其肆之货贿，不使其名实相紊也。胥师、贾师、肆长三者皆言平，而肆长尤其专职。展成奠贾，则贾师之专职也。展成，即'《质人》掌成市之货贿'之'成'，谓以所买卖之物，书之质剂，成其交易；奠贾，亦以其物之贾，书之质剂，皆贾人省之定之也。"黄以周则认为："展，如《聘礼》'展币'之展，谓校录之。展成定贾，谓展视所成之物，以定其贾，所谓以量度成贾而征价，是也。"[1]"质人"将成交商品的名称书写在"质剂"上，称为"展成"；由"贾师"审定价格，书写在"质剂"上，被称为"奠贾"；之后，"质剂"由买卖双方各执一份。江永认为市之群吏"奠贾"是把成交商品的价格书写于"质剂"，这种解释不正确。但是，市场上商品成交后价格书于"质剂"，这本身并没有错。"质剂"指的是两种长短不同的商业契券，《周礼》中确实存在着这种制度。[2]也就是说，市场中交易双方在成交后，要将价格写在契约中，但这是一种由交易双方完成的并非完全自愿的行为，因为凡进行交易，均要将价格写进契约，说明契约的订立是具有一定的强制性的，因为如贩夫贩妇们所进行的即时交易是没有必要订立契约的，没有契约也就没有可能在交易完成后将价格写入"质剂"。

"质剂"就是买卖契约，《周礼·天官·小宰》"听买卖以质剂"，说明"质剂"是用于买卖的契约。郑玄注："谓两书一札，同而别之。"贾公彦《疏》讲得更详尽明白："两书一札同而别之者，谓前后作二券，中央破之，两家各得其一，皆无手书字，异于傅别。"如鬲从盨铭文较为完整地记载了鬲从和他人以田易邑的事情，铭文结尾有"乒（厥）右鬲从、善夫克"的语句，"善夫克"是证人，"厥右"是契约右侧，可知这则契约的形式应为"质剂"。

---

〔1〕（清）孙诒让撰：《周礼正义》卷十七"地官·司市"，王文锦、陈玉霞点校，中华书局 1987 年版，第 1062~1063 页。

〔2〕朱红林：《〈周礼〉中所见的商品价格管理问题研究》，载《中国社会经济史研究》2003 年第 2 期。

因为它分为左右两半后，右侧还完整地记载了契约的全内容，证明契约是在一札上书写两份相同的内容。另一铭文矢人盘结尾记有"厥左执缭（要），史正仲农"，这句话是说，契约的左侧在官府的史正官仲农手中，也就是由他来登录官府册籍。[1]可见考古所获知的情况，与历史记载基本上是吻合的，而对于交易双方进行监管的"质人"和"贾师"，是他们将双方交易的情况，包括交易的价格写入官府册籍的。而这种由政府官员来掌控交易价格和交易中其他事项的情况表明，交易中是否"公平"，是被当作一项基本原则来遵行的。由政府官员对交易进行监管，说明"公"的含义被突出，而不仅是双方交易是否符合对价的要求，即交易中即使是双方对价格没有异议，也不能称之为是符合公平原则的。因为公平原则在此是相对于其他不特定的买入者和出卖者的，体现的是政府对市场秩序的要求，在一定的标准下，使物价不至于构成对其他人的交易行为的"不公平"。

在早期西方伦理学中，柏拉图认为，"数量和尺度的平等"可以用"抽签的方法"，通过分配平等份额来实现，但这种相对的平等，不同于那种体现"纯粹正义"的"平等"。不过，"为了一个社会作为一个整体，为了避免它的各个组成部分之间的分裂"，"我们必须使用某些抽签的平等来避免民众的不满"，[2]这种在"相对正义"观支配下的"合乎比例的不平等"，就是其所认为的"公平"。而亚里士多德发展了柏拉图的"公平"观，认为"公正"的"真实意义"主要在于"平等"，而"公正"则有两类："一类为数量相等，另一类为比值相等。'数量相等'的意义是你所得到的相同事物在数量与容量上与他人相等；'比值相等'的意义是根据各人的真价值按比例分配与之相衡称的事物。"[3]因此，亚氏认为，正当的途径应是在某些方面坚持以"数量平等"为原则，在另一些方面以"比值平等"为原则；合理的政体应该是体现"比值平等"的混合政体—共和政体，即统治者和被统治者更番迭代的政体。[4]由此可见，东西方早期的伦理思想是十分相近的，先秦儒家所

---

〔1〕 温慧辉：《试论先秦时期两种主要的契约形式："傅别"与"质剂"》，载《史学月刊》2004年第12期。

〔2〕 ［古希腊］柏拉图：《柏拉图全集》（第3卷），王晓朝译，人民出版社2003年版，第513~514页。

〔3〕 ［古希腊］亚里士多德：《政治学》，吴寿彭译，商务印书馆1986年版，第9、234页。

〔4〕 李纪才：《"合乎比例的不平等"与"比值相等"——柏拉图、亚里士多德的公平思想》，载《上海行政学院学报》2009年第6期。

论之"公平",是政治上的"无私"之"公",与柏拉图和亚里士多德在政论中谈论的"公平"语境相同,在对"公"或"公正"的论域内论及"平等",使"平等"被置于"公"或"公正"的前提条件下,不同于那种舍"公"而言"私"的纯粹的经济学意义上的一对一之平等。亚氏所谓的"各人的价值","价值"体现的即为个人相对于社会整体存在而存在的意义,因为任何个人的价值,只能通过社会存在而体现。儒家所谓"义为利先",体现的是"公"的含义中所要求的个人利益的实现须以社会利益的实现为前提,实际上是一种关于个人之"价值"的标准,可见东西方早期伦理学在此问题上的观点,在关于个人物质利益追求的实现路径问题上的认识,是基本相同的。

但是,从国家政治法律制度可能提供的对个人出于"私利"行为的规范的角度看,东西方伦理学因扮演的角色不同,从而导致了不同的制度构建方式。中国古代社会以伦理制度作为国家主要的政治法律制度,不同于西方法治之制度,主要区别在于后者所制定的法律,虽然其调整的对象是人与人之间的社会关系,但其法律制度本身,却是以"物我"关系的"客观性"为凭据的,不同于中国古代社会是以"他我"关系(宗法关系或宗族关系)为凭据。事实证明,由先秦儒家们所寻求的这一社会建构,虽然舍弃或忽视了"他我"关系中的核心部分,即生产关系,从而使这种社会建构所体现的"人为拟制"与客观存在之间有较大距离,但这一导向并没有错,只不过将道德规范作为社会关系的主要调整手段,确实欠缺由必要的"客观性"可能提供的抽象,使制度以被抽象的概括性而具有普适性。

先秦儒家们在"义利之辨"中对"利"背后所隐藏的"他我"关系中的核心部分,即人与人之间因物质生产而形成的生产关系缺少认识,因而在涉及这一问题时,仅以一个"义"字来概括,但这一基于对伦理关系的抽象,并未触及社会关系的核心部分,且以此显然是不能概括社会关系的全部的。先秦儒家"按比例平等"观点所涉及的社会分配问题,对物质生产关系虽有所触及的,但其提供的伦理性社会规范受其渊源的影响,始终不能跳出道德规范属性的窠臼,这在因为对礼制依循公平原则的认识所引发的"公私之辨"和"义利之辨"中,体现得尤为明显。

公平原则因与"公"和"私"的关系相关,故与国家政治法律制度也相关。对"公"的"均平"要求,使"公"的实现,成为"政教"之事,但

"均平"的要求在及于社会中的个人利益时，则是一套实现"按比例平等"各得其分的社会分配制度，属于生产关系的范畴。作为社会上层建筑的国家政治法律制度与生产关系的总和，这个社会经济基础之间的对立统一关系，即构成对人们社会关系及其制度的整体性描述。礼制作为国家政治法律制度，似乎并未直接涉及经济问题，这与先秦儒家以伦理法直接转化为国家政治法律制度有关，因此我们在探寻礼制中若干体现公平原则的那些对个人出于"私利"行为的规则时，必然会遇到困难，最直观的表现就是，以礼制所设置的礼仪规则体系，并无对社会个人经济行为的规范。对这一现象，已有如《论语》中"子罕言利"等直接的表述，在某种意义上实际已有明确的揭示。

但值得进一步追问下去的是，社会制度与社会存在之间，只能是后者决定前者，而不是相反，也就是说，中国古代社会的经济生活，作为社会存在的核心部分，不可能因为国家政治法律制度的作用被意识和被强化而可以被忽略，恰恰相反，是社会的生产关系，决定了社会政治法律制度的建立，这个客观规律是不会改变的。以此而论，先秦礼制的形成，与其时的社会生产关系是有着必然联系的。对这一问题的进一步认识，如侯外庐在《中国古代社会史论》中的相关论述，为此提供了很有参考价值的观点，其认为：中国古代社会作为"亚细亚的古代"，与"古典的古代"是从"家族到私产再到国家，国家代替了家族"的"文明路径"不同，"'亚细亚的古代'是由家族到国家，国家混合在家族里面，叫作'社稷'"。二者的不同在于"亚细亚的古代"家族并未真正获得土地的私有，其"土地是国有形态（公室贵族的所得以及世室贵族的'书社'所有），生产者也是国有形态（和希腊略为不同的是，奴隶买卖不常见）"[1]，而这种"文明路径"所表现的生产方式是"奴隶主土地国有（即氏族所有）的生产资料和集体氏族奴的劳动力两者的结合"。属于这一生产方式的殷代社会，"是奴隶社会的初级阶段"，而在周代社会，"由族人的集体奴分散成家族单位奴"，他们不是直接的生产者，"而是通过家族间接参加生产"，虽然存在"大田"之外的"南亩、十亩"，作为"百姓、国人和士使用的田（即使有所谓授田制，恐怕也只限于国中）"，但"起支配作用"的还是"公田"制。以此可见，西周的生产资料所有是"'国

---

[1] 侯外庐：《中国古代社会史论》，河北教育出版社2000年版，第28~30页。

有'或'曾孙田之'的氏族贵族所有制"。虽然春秋时期已有"初税田",但《左传》说,"初税田,非礼也;谷出不过藉,以丰财也",所以"东周仍然是拿氏族做基本单位,还没有用地域做基本单位,没有生产资料的私有制",商鞅变法废除井田制,使"使土地不合法地私有,并进到小生产制",且"使生产者由奴隶逐变为隶农","设置郡县,意味着地域单位的成立"。[1]

正如侯外庐先生以上所说,先秦社会属于"奴隶制"社会形态,其生产关系与礼制作为国家制度之间的关系,应当是一种上层建筑与经济基础之间的决定与被决定的关系,虽然关于西周社会是否为奴隶制仍有较大的争议。如晁福林认为,中国上古时代的社会,自进入文明时代开始,其社会形态属于"氏族封建和宗法封建制",[2]依据是自殷代即有公田和私田之分,[3]而在此之前的夏,《尚书·禹贡》中记载:"庶土交正,底慎财赋,咸则三壤成赋;中邦锡土、姓,祗台德先"。至于"中邦锡土、姓",伪孔传曰:"'天子建德,因生以锡姓',谓有德之人,生此地,以此地名赐之姓以显之。"意指夏王朝依据不同的赋纳在中邦地域上锡土、"中邦锡土、姓"所表示的封建与"底慎财赋"所表示的税赋征收,正是一个事情的两个方面。商代有实行劳役地租的确证,孟子说"殷人七十而助",并谓"助者,藉也"(《孟子·滕文公上》)。关于藉法,《诗·大雅·韩奕》"实亩实藉",郑笺"籍,税也",《左传·宣公十六年》,"谷出不过藉",杜注"周法,民耕百亩,公田十亩,借民力而治之,税不过此"。而"周法"实源于殷。卜辞"舌伊侯藉"(合集9511片),意即通过伊侯之族前来藉田。孟子"夏后氏五十而贡,殷人七十而助,周人百亩而彻,其实皆什一也"(《孟子·滕文公上》),即认为夏商周三代皆实行什一税。[4]由卜辞"贞,呼雷藉于明"(合集14片),"雷妇又(有)子"(合集21 796片)所见可知:雷作为与商王室有婚姻关系的一个氏族,卜辞之意是问,是否命令雷族人到"明"这个地方来藉田。除此以外,卜辞中还有商王室命令众人前来"协田"(以耦耕的方式翻耕土地)、"哀田"(开垦荒地)的记载,这些都是商代实行劳役地租的证据。而卜辞中所言的

---

〔1〕　侯外庐:《中国古代社会史论》,河北教育出版社 2000 年版,第 50~94 页。
〔2〕　晁福林:《先秦社会形态研究》,北京师范大学出版社 2003 年版,第 33 页。
〔3〕　晁福林:《先秦社会形态研究》,北京师范大学出版社 2003 年版,第 38 页。
〔4〕　晁福林:《先秦社会形态研究》,北京师范大学出版社 2003 年版,第 93~94 页。

"众",即使不一定如孟子所说的有七十亩地,也是有一定数量的耕种土地。[1]
而关于西周时期宗族的基本特征,有研究认为,宗族有公共的财产包括土地
和共同的墓地,是这个时期宗族的特征。[2]周代的宗法制已成基本格局,君
统与宗统合二为一,宗族拥有一定范围的土地所有权,与周代分封制和井田
制所分映的土地所有制并存,而西周具有封建性质的等级土地所有制的构成
是复杂的,有研究认为:对诸侯"授田授土"的"天子所有,诸侯领有"的
等级土地所有制形式,"涵盖面仅仅是'分封区'",且"册命诸侯的土地所
有制不构成西周领主制封建等级土地所有制的组成部分"。[3]周代实行分封,
"周天子名义上是全国土地的最高所有者,他除留下直接控制的土地外,然后
把其余的土地分给一般的族众耕种。王侯卿大夫士的直属土地,实际上就是
文献中讲的'公田'或'大田'",而"私田"是从"首领那里定期分配使
用的"。西周春秋以前,"庶、众、小人"等,作为"农业生产的主体",他
们不是奴隶,"也不是封建制下的农奴或隶农","而是东方奴隶制社会中那种
介于奴隶和完全自由民之间的半自由民"。[4]关于诸家对于西周的井田制是否
存在,以及是否有"公田"和"私田"之分的争议,另有观点认为井田确有
"公田""私田"之分,但"土地公有,分配给各家使用,且需定期重新分
配,即所谓'三岁更耕之'(《汉书·食货志》)、三年一换主('主',本或
作'土')易居,(《公羊传·宣公十五年》何休《解诂》)"。西周社会,
除王室和分封的诸侯对土地拥有所有权,"采地主"也对其"采地"拥有所
有权,而且还"领有采地上的民人","并不像后来的学者们所以为的采地只
是赐与租税"。[5]

　　虽然关于夏商周及春秋战国的社会形态属性一直有所争议,但较为倾
向性的认识,还是认为至西周中期,所谓的带有中国古代社会特点的"封
建制"已形成,以土地所有制为核心的生产资料所有制与具有一定人身自
由的"自由民"主体的农业生产者相结合所形成的社会生产关系,是这一

---

　　〔1〕　晁福林:《先秦社会形态研究》,北京师范大学出版社2003年版,第130~135页。

　　〔2〕　田昌五、臧知非:《周秦社会结构研究》,天津人民出版社1980年版,第23~27页。

　　〔3〕　李朝远:《西周土地关系论》,上海人民出版社1997年版,第63页。

　　〔4〕　彭邦炯:《西周主体农业生产者试探》,载四川联合大学历史系主编:《徐中舒先生百年诞辰纪念
文集》,巴蜀书社1998年版,第238页。

　　〔5〕　张经:《西周土地关系研究》,中国大百科全书出版社2006年版,第172~174页。

时期社会经济结构的特征之一。西周社会的"自由民的社会经济组织有氏族色彩"，且"贵族经济中有奴隶制的成分"，而"这两方面的存在和发展受着劳役制农奴制经济的存在和发展的影响"。[1]有关西周社会形态的这些所独具的特点，被总结为"君统与宗统合一，政权与族权合一"等。[2]诸如此类的观点，在现代研究中是大致相同的。以此，有关礼制的产生的若干解释以这样的观点为依据，认为由"社会形态"所展现的社会生产关系所决定，礼制作为伦理法被设立为国家制度，与宗法关系作为社会关系的核心有很大关系。

但是，以宗法关系来描述西周以及先秦时期中国古代社会的社会关系，仅是政治的、历史的或社会学的概括，而非政治经济学的认识结论。有关社会生产关系作为社会关系的核心的事实，在上述认识的遮盖下，并未被揭示出来。也就是说，生产资料所有制所决定的人与人之间在劳动中的关系和产品的分配，这一核心部分对礼制的影响，往往并未被作为其社会制度的主要部分来予以描述。

礼制作为上层建筑，是由其社会经济基础所决定的，但二者之间的这种关系，仅以宗法关系来描述，是一种混淆。这种混淆遮盖了对这一事实的认识，即宗法关系所确立的等级性确实部分反映了生产资料所有制所决定的人与人之间在劳动中的关系，但其毕竟更多的是倾向于对此以其伦理性来加以探讨，而在这个方向上进行研究，多以血缘关系，而不是以生产关系作为人们之间的主要社会关系。虽然有关礼制作为伦理法，其调整社会伦理关系的手段是以社会关系的伦理性关系为凭依的。

当然，关于礼制的形成及维系与其时社会生产关系之间的联系，并非没有相关研究，如有观点认为，周代的"宗法制度本质上是土地私有财产的继承制度"，"周代的宗法制度正是典型的长子继承制，也就是封建土地所有制在礼制上的反映"，而其"宗法制度是一个历史概念"。[3]这样的认识，触及到了礼制的核心问题，即礼制对社会行为的规范，其主要目的和内容，都应当是维护其社会生产关系所形成的秩序。但是，诸如此类似的认识，往往仅

---

〔1〕　王德培：《西周封建制考实》，光明日报出版社1998年版，第116页。

〔2〕　赵伯雄：《周代国家形态研究》，湖南教育出版社1990年版，第79页。

〔3〕　赵光贤：《周代社会辨析》，人民出版社1980年版，第107~109页。

停留在认识层面，并没有深入下去。如有关对西周社会宗法制的专题研究认为，《周礼》中的官制反映了"国家宗法制度超血缘的强制"，"贵族层次的宗族及其宗法制度，已经完全成为官僚政治体制的附属物了"，西周宗法制度在不违背地域统治的基本前提下，成为"聚合人民，统治人民"的手段，其"极端地强调宗、政思想上的'合一'，将宗法伦理、宗法等级直接比附于封建政治伦理和封建政治等级"。[1]以此观点，对《周礼》中的政治体制与宗法制度的关系的揭示是准确的，尤其是对于统治者借用"宗法伦理、宗法等级"来形成其政治法律制度，即构建"封建政治伦理和封建政治等级"的认识，距离我们这里说的礼制所依据的"伦理"和构建的"等级"所依据的社会生产关系的事实，仅有一步之遥。而作者于此处则转向了另一方面的问题，即在强调了西周社会的宗、政"合一"后，转向于强调这二者关系在政治制度上所表现出的在"组织上的分离"，并以宗族和统治集团的相对独立性，以及在后世所表现出的"宗族逐渐脱离政治系统"现象，来说明宗法制度在整个封建时代逐步衰落的趋向。[2]固然，在西周社会后期及后世历代封建社会，所谓社会宗、政关系，在政治制度上所表现出的"组织上的分离"，确为宗法制逐步的衰落趋的原因之一，但并不能以此认为建立在宗法制度上的礼制，也存在与此同步的趋向，因为礼制虽经商鞅变法，除以"刑"去"礼"这一特殊的中断以外，自汉废黄老之学而独兴儒术，礼制延续千年，自近代而止，是明显的事实，并不因为"宗族逐渐脱离政治系统"而受到影响，究其原因，乃在于礼制在渊源上虽然借用了"宗法制度"，但其实质上，是国家政治法律制度，用于规范一般社会行为，并非仅仅是一种局限于贵族范围的道德规范。礼制自西周时被创建以来，其已不再是狭义上的道德规范，虽然其作为规则体系使用的强制手段，是以伦理性的"教化"为主。关于礼制所提供的规则体系，即礼仪规则体系，是用于规范社会行为的认识，是学界普遍认同的。既如此论，也就可以说，社会行为并非仅是道德行为，而应当包括如经济行为在内。

从古代文献以及考古发现的相关资料中，我们可以寻找到部分自先秦时

---

〔1〕 钱杭：《周代宗法制度史研究》，学林出版社1991年版，第252~253、262、289~290页。

〔2〕 钱杭：《周代宗法制度史研究》，学林出版社1991年版，第288~289页。

代起由国家所制定的典章制度，在这些典章制度中，"礼制"的存在是最为典型的"制度"。[1]相关研究已表明，就行为规则所需的"具体"而言，多见于礼书中所记载的礼仪规则体系，是被作为礼制的行为规则体系的，关于这一点，在学界基本上是无争议的。而自西周中期以后开始的中国古代社会整个封建时代以礼制对社会行为所起到的主要的规范作用，要远大于"刑"和行政法规，这个事实也是明显的。但是，接下来一个很具体的问题是，礼制以礼仪和礼俗所构成的规则体系，是如何做到对具体的社会行为进行规范的呢？尤其是对本书所涉及的契约法律制度而言，"子罕言利"的影响，使礼仪和礼俗规则体系看起来似乎并无对与"利"相关行为的规范。对此问题的探究是需要深入的，并且也是有必要在认识上加以累积的。只不过于本书而言，也只能仅限于对相关认识结论的阐述。故如前所述可知，礼制作为上层建筑，既决定于其经济基础，也就应对社会生产关系有所反映，这当然仅是从理论上说的，如果从具体的角度去看，礼制的渊源所提供的宗法制度与财产所有制的关系，则应当是一个入口，更进一步说，公平原则并不只是政治公平的一种理想式的口号，其实在这个原则的背后，真实的所在即是"按比例平等"社会经济结构设置对社会生产关系的架构。而这一基本的社会生产关系调整结构，在契约法律制度上的体现，也就是以公平原则的规范，来实现交易秩序的。

---

〔1〕夏、商两代除有名而无内容的《禹刑》和《汤刑》外，行政和民事立法的内容，并无具体的文字记载。周文王时期，据《左传·昭公七年》记载，颁布有"有亡荒阅"的单行民事法规，对逃亡奴隶进行大搜捕，并物归原主，而据《孟子·梁惠王下》所言，其时颁布的"罪人不孥"是针对殷朝"罪人以族"，而制定的一条刑事单行法规，"关市讥而不征，泽梁无禁"是周文王为放宽对商贾禁令而制定的一条经济法规。周武王时期制定有《九刑》，其是一部成文刑书，时间大约在周公制礼之前。据《左传·定公四年》记载，"启以商政，疆以周索""启以夏政，疆以戎索"是成王时期"周公相王室，以尹天下"之际颁布的土地法规。"分之土田陪敦"，指的是分封给各级奴隶主贵族的份地及其在份地上耕作的奴隶，"疆以周索"，是说在给奴隶主贵族分封土地（包括土地上的耕作奴隶）时，要按西周的法律划定疆界，以确认奴隶主贵族对所封土地和奴隶的占有权、使用权。《吕刑》是穆王时期制定的比较成熟的刑书。西周中晚期能被金文资料证实的民事方面的立法，见于史籍的主要有"八成"和"六约"之法，"八成"，指涉及民事、民讼、行政等方面的八种单行法规，其内容见于《周礼·天官·小宰》，"六约"包括"治神之约""治民之约""治地之约""治功之约""治器之约""治赞之约"等六种契约的管理规定和因违反契约誓言而酿成诉讼的审理和惩罚的法律规定。并且，只有单行法规法令或其他政令是以"象征"形式公布的。而"周礼的内容非常广泛、庞杂，大至国家的政治、经济、军事、文化制度，小到个人言行视听，以及社会风俗习惯、礼节仪式，无不包括其内。"（胡留元、冯卓慧：《西周法制史》，陕西人民出版社1988年版，第29~56页。）

2. 礼仪规则体系是如何以"公平"为原则来对交易行为进行规范的

由于礼仪规则具有的伦理性规则的特征，故先秦儒家主要是依据孔子的"仁"学理论，使其上升成为国家制度，并以此对社会行为进行规范的。然而，礼仪规则体系的本质属性，决定了其本身作为对一般社会规则体系具有不可克服的局限性，即其对一般社会行为的规范，包括对并非可归属为道德行为时使用的规范手段，是"伦理性"的，以"教化"为主，而非"法律的"强制手段。虽然礼制作为国家政治法律制度是以具有国有强制力特征的"刑"（"法"）作为保障，但"刑"的强制手段，即以对人的身体损害甚至是对生命的剥夺的"罚"形成的威慑，并非"法律的"（民法的）强制手段，这是自先秦时期即确立了的古代中国民法体系建构中的一个重要缺失，也许正因为这一缺失的存在，在某种意义上说，以"礼"为称谓的那部分具有间接地调整民事法律行为功能的礼仪规则，难以称为"民法"规则，此为其一。其二，礼仪规则不仅缺少必要的"法律的"手段，而且其规则对民事行为的规范，是间接的。并且，这种间接作用的产生，在很大程度上主要依赖于个人主观意识的控制，因此，这种具有伦理性的行为规则的规范性，缺少外在的、客观的确定性。就契约法律制度而言，礼仪规则作为对简约化的依附于"刑"的规则体系的契约法规则的必要补充，因缺少确定性，其对相关交易行为的规范，是间接的。也正因为如此，导致我们以现代的契约法视角对其进行观察，会发生困难。

不过，有一个被忽视的观点，似乎为这个问题的解决提供了一个入口：如现代研究者常金仓在相关论述中，援引的 1922 年英国人类学家马凌诺夫斯基关于美拉尼亚人"库拉贸易"的民族志著作《西太平洋的航海者》，[1]以及两年后法国社会学家马塞尔·莫斯在《社会学年鉴》上刊载的论文《论礼物：古代社会里交换的形式与根据》中的论述[2]，即认为包括弗兰兹·鲍阿斯等著名学者，从人类学角度，对美拉尼亚、新西兰、亚洲、非洲以及地中海沿岸古代城邦国家古代部落社会研究中发现礼品交换作为一种特殊交换经

---

〔1〕 ［英］马凌诺夫斯基：《西太平洋的航海者》，梁永佳、李绍明译，高丙中校，华夏出版社 2002 年版，第 172、444~445、242、158、89、321、87、235、305 页。

〔2〕 ［法］马塞尔·毛斯：《社会学与人类学》，佘碧平译，上海译文出版社 2003 年版，第 107~151 页。

济的形式，与民族的生活方式和文化类型密切相关，而不仅与商品经济是否发达相关。"库拉贸易是一种延时的等值交换"，就像文明社会的期货交易一样，而我国古代的"朝觐聘问"不仅是一种政治制度、外交制度，也涉及与"库拉贸易"中的"延时的等值交换"相类似的交易规则——

《周礼·大行人》中的诸侯见王之六礼：春朝、夏宗、秋觐、冬遇、时会、殷同，在行政上的内容是述职考绩，但同时伴随着财物上的朝贡和赏赐，诸侯命大臣访问时曰聘、殷眺，而天子命大臣回访诸侯时曰问、归脤、贺庆、致禬，库拉贸易与朝觐聘问都是团队性访问，且为男性垄断，都有正式礼物。在我国古代一种叫"贽"，另一种叫"庭实"，前者"不切实用"，而后者多是其本国特产或受礼者当地缺乏的产品，《管子·幼官》说齐桓公九合诸侯令诸侯"以尔封内之财物，国之所有为币"，《礼记·礼器》也说"故天不生地不养，君子不以为礼，鬼神弗飨也。居山以鱼鳖为礼，居泽以鹿豕为礼，君子谓之不知礼"。《仪礼·聘礼记》："凡庭实，随入，左先，皮马相间可也。"郑玄注云："间犹代也，土物有宜，君子不以所无为礼，畜兽同类，可以相代。"这与库拉贸易极为相似。"庭实"的数量极大，往往用成百辆车子装载，《左传·襄公三十一年》子产相郑伯朝于晋，晋侯遭丧未能接见，由于宾馆狭小，容不下装载货物的车辆，子产竟然命令从者拆毁馆墙以纳车马。访问国送出礼物后，被访问国就要有相应的回礼，如《左传·昭公五年》说："入有郊劳，出有赠贿，礼之至也"。礼物馈赠需要道德维系，所以道德既是礼物馈赠的保障又是它的产物，但朝觐中的礼物交换与库拉贸易一样，具有一定的经济功能，只不过由于其同时兼有其他功能，其具有的经济功能逐渐被淡化。[1]

事实上，先秦时期的夏商周文明的发展过程，由古代原始公社进化而来，而作为社会步入文明的标志的礼制的确立，其自身的产生和不断演进，也是同时发生的。礼品交换始于文明之初的经济功能，因为这种演进导致其兼具的功能增加，这是由于其最初作为一种延时交易依赖于建立在伦理关系上的道德规范的保障所致。随着社会构成和范围的扩大，原有的家族内部的伦理

---

〔1〕　常金仓：《中国古代的礼品交换与商品交换》，载氏著：《周代社会生活述论》，吉林人民出版社2008年版，第144~164页。

关系范围也随之变化，虽然因为氏族之间关系的存在，使礼物的馈赠"不仅仅是为了回报各种服务与物品，而且还要维持一种可获利益的结盟，这种结盟就像捕鱼者部落与耕作者部落或制陶者部落之间的联合一样，是不可拒绝的"，但这种促使结盟形成的"神秘力量"，即来自社会生产的扩大所形成的社会分工的决定作用。也正是由于社会分工，导致了原有的家族内部的伦理关系必然会被突破，并最终形成对全社而言的新伦理关系，即"通过这些礼物，在酋长与属下之间，在下属与追随者之间，就形成了等级制"。而"各个社会因为自己、次团体和个人懂得送礼、收礼和还礼的相互关系而不断进步"[1]，这种进步的标志，即为礼制的形成。"送礼、收礼和还礼"的权利义务的产生，并非只基于道德关系，以及基于对一般社会行为进行调整的伦理关系，而基于社会生产关系。伦理关系之所以会被以"道德规范"为标签的国家制度当作是主要社会关系，或被"借用"来对主要社会关系进行调整，乃是在于它的非功利性功能可以对"等级制"形成的社会基本矛盾进行调和。当然，这一论点并不是新的，不过，以此也不应将其称为完全的"阶级"分析之观点，因为道德规范确实具有这种调和功能，且在"等级制"下的"送礼、收礼和还礼"的权利义务所围绕的那个核心原则，即以实现"按比例平等"为目标的公平原则，虽然因此掩饰了社会的基本矛盾，但实现"按比例平等"的公平原则本身，以"公"益掩盖了个人之间"私"的关系的不平等，同时又以"公正"指引下的"均平"主张，表明了这一原则实际上是揭开礼制调整的主要社会关系是"伦理关系"面纱的一项核心原则，这是因为其与由社会分工形成以后的社会分配方式有关。

现代政治经济学认为，在分工出现之前，劳动主要是为满足劳动者自身的需要，而在分工出现之后，劳动不再是出于满足劳动者自身的需要，而是为了满足他人的需要，也就是说，人类一旦开始社会化劳动，人类的劳动产物就成了商品。[2]马克思认为，分配关系与生产关系具有同一性，在某种意

---

〔1〕 [法]马塞尔·毛斯：《论礼物：古代社会里交换的形式与根据》，载氏著：《社会学与人类学》，余碧平译，上海译文出版社 2003 年版，第 216、217、225 页。

〔2〕 朱富强：《如何理解马克思经济学中的社会异化观：从社会分工到收入分配再到社会制度的三层次剖析》，载《中国第四次人的发展经济学研讨会——理论构建、实践构建与人的发展经济学的大众化网络化论文集》，2012 年。

义上，分配关系不过是生产关系的一个方面："这些确定的分配形式，要把生产条件的一种确定的社会性质和生产当事人间的一种确定的社会生产关系假定作为前提。所以，确定的分配关系，只是历史上已经决定的各种生产关系的表现。"〔1〕因此，分配制度是社会权力结构的函数：一个社会权力结构极端不均衡的社会中，分工收益分配也是极端不公的，而社会权力结构不平衡与自然的不平等和社会或政治的不平等有关。〔2〕"分工与分配的矛盾"与"生产力与生产关系的矛盾"一起存在，在哲学上即表现为人的社会个性与社会共性的矛盾，是社会发展的动力。〔3〕固然马克思主义政治经济学着重于资本主义社会，但对于古代中国先秦时期至西周中期以后基本可以确认的封建社会而言是具有指引作用的。分工出现导致产品成为商品，且形成使分工与分配的矛盾成为社会的主要矛盾，但是，由分工所导致的生产社会化，促使了人与社会的相互关系的形成，由此体现了分工的另一作用，即分工导致社会团结，这一事实，被涂尔干所揭示。涂尔干认为，社会容量和社会密度达到一定的程度，就会产生社会分工，社会容量是指人口的数量，而社会密度指的是人们交往的频度和强度，即关系密度。而社会分工所产生的最重要的一个后果，就是导致了社会的机械团结和有机团结，"分工的作用不仅限于改变和完善现有的社会，而是使社会成为可能，也就是说，没有这些功能，社会就不可能存在"。分工"超出了纯粹经济利益的范围，构造了社会和道德秩序本身""分工即使不是社会团结的唯一根源，也是社会团结的主要根源"。"机械团结"的主要特征是：社会中人与人的差异很小，集体成员有相类似的特质和"共同具有某些同样的意识"，社会机械团结的一个明显的客观标志是社会实行的是"压制法"，"压制法在本质上展现了这种团结"，这种团结的形式对应的是原始社会，因为"社会越原始，构成它的个体越具有相似性"，从某种意义上说也是一种氏族社会，氏族中各个成员是可以相互替换的。"你见到了一个美洲土著，你就见到了所有的美洲土著。""有机团结"则是建立在

---

〔1〕　［德］马克思：《资本论》（第3卷），人民出版社1966年版，第1036页。

〔2〕　朱富强：《如何理解马克思经济学中的社会异化观：从社会分工到收入分配再到社会制度的三层次剖析》，载《中国第四次人的发展经济学研讨会——理论构建、实践构建与人的发展经济学的大众化网络化论文集》，2012年。

〔3〕　郝晓光：《研究马克思主义哲学人性范畴应廓清的几个关键问题——兼谈对分工与分配的否定之否定》，载《湖北社会科学》2006年第5期。

社会分工与个人异质性基础之上的一种社会联系，其主要特征表现在：社会上个人与群体之间存在显著差异，专门化分工发展的结果导致相互依赖性的增长，有机团结的客观标志是社会实行"协作法"，而"契约实际上是协作的最高法律"，馈赠"只不过是具有真正协作关系的一个变种"，其中"公正"是"任何一种团结必然的附带物"，但"公正"与"博爱"是不可分的，因为"人们要想相互承认和保证对方的权利，首先就必须相亲相爱"。[1]倡导"博爱"，确实是社会统治集团以国家权力实现"公正"，并以此协调和保障社会团结的主要手段，如同古代中国先秦时期孔子对其"仁"学主要内涵之一所作的阐述，即为"仁者爱人"一样，但在等级社会中，维系不同等级社会成员之间关系的是生产关系，而不是所谓的"博爱"。因此，"公正"对实现社会分配的"按比例平等"而言，所起的作用也是具有等级性差异的，然而，如涂尔干所说，分工导致商品的出现，也同时遗存有不是为了获取交易利润，而只是出于社会生活需要的纯粹的产品交换，即馈赠"礼物"的交换形式，它们虽有不同，但都源于社会分工，只不过对中国古代社会而言，礼物的交换形式演变成了一种体现"无私"的"按比例平等"的制度，即礼制。虽然作为国家政治法律制度的礼制，并非将社会应有的经济制度纳入，包括未能实际地解决"按比例平等"的核心问题，也就是社会分配问题，但礼制以"仁"学为理论基础所构建的体现"仁者爱人"的规则体系，即礼仪规则体系，倒是实际做到了或基本完成了以所谓"博爱"实现"公正"和以"公正"体现"博爱"的社会秩序的理想构造的。在此，狭义上的契约，即为实现商品交易而构建的"协作法"（虽然先秦社会不能被称为涂尔干所说的与有机团结相对应的"发达社会"，但社会协作关系的形成，也是要经历一个历史过程的），与原始的纯粹意义上的产品交换形式，即礼物交换，以"自然法"的发生轨迹，而并非有意政治欺骗，实现了概念上的替换，也就是礼物交换的制度，被当作契约法律制度，通过道德来对社会行为，包括商品的交易行为进行规范，是借用了前者得以完成的手段作为手段。

以此可见，契约法制度在中国古代社会一直未能被完整地以成文法形式

---

〔1〕 ［法］涂尔干：《社会分工论》，渠东译，生活·读书·新知三联书店2000年版，第24、26、72、83、85、94、219页。

制定出来，与纯粹意义上的产品交换形式对其的替代有关，不过，在此要强
调的却是这二者之间的关系，即社会分工所导致的产品交换，使二者同出于
一个源头，对这一源头的寻找，可以使我们发现礼制是如何实现穿透"利"
的包裹而对产品交换行为进行调整的。这种反向的寻找，是可以发现那些既
行之有效，而又被礼制的"道德规则"面目所遮盖的契约法规则，以及这
些契约法规则所依循的可以认为是属于契约法律制度的公平原则的。

　　当然，儒家关于"礼物"的馈赠，即"礼"与"物"的关系认识，并没
有言及和认识到商品交换与礼品交换二者之间联系。礼物作为完整的履行礼
仪规则的必要组成部分，即礼仪规则所包含的"名物度数的器物和揖让周旋"
的规则，其中礼之"器物"本身作为体现个人在主观对道理规范遵行的物质
载体，是礼的规范的外在形式。礼器与礼物的不同在于，二者的功能不同：
礼器是为体现身份和等级而使用的，并不用于交换，"有圭璧金璋，不粥于
市。命服服车，不粥于市。宗庙之器，不粥于市。牺牲不粥于市。戎器不粥
于市"（《礼记·王制》），就是将这些用作礼器之物，排斥在流通领域之外；
而礼物是用于交换的，以确立双方以礼的规范行为所形成的关系，礼物因此
而具有重要性。"统承先王，修其礼物"（《尚书·微子之命》），"无礼不相
见也"（《仪礼·士相见礼》），"不以贽，不敢见"（《礼记·表记》），说的
就是仅有礼物与履行礼仪规则的行为是不可分离的。当然，礼物是为了表达
礼义的，也就是为了体现双方是依礼而行为。孔子有曰："礼云礼云，玉帛云
乎哉？乐云乐云，钟鼓云乎哉？"（《论语·阳货》）意思是说，礼的物质形
式是次要的，精神内涵才是主要的，即礼物是"有礼之物"，礼物体现了"因
其财物而致其义焉"（《礼记·礼器》）的要旨。

　　诸侯国的外交行为中遵行的聘问礼，礼物成为交往的重要手段，用于交
往的礼物有圭、璋等贵重且数量庞大的物品，赠礼与回礼的程仪也非常讲究。
《礼记·聘义》曰："以圭璋聘，重礼也；已聘而还圭璋，此轻财而重礼之义
也。"而在个人交往中，遵行士相见礼，礼物也是必不可少的，《左传·庄公
二十四年》记载："男贽，大者玉帛，小者禽鸟，以章物也；女贽，不过榛栗
枣修，以告虔也。"《白虎通义·瑞贽》对此的道德化的解释是："私相见亦
有贽何？所以相尊敬，长和睦也。朋友之际，五常之处，通财之义，贩穷救
急之意，中心好之，欲饮食之，故财币者，所以副至意焉。"也就是说，为贩

穷救急而馈赠财币的行为，可以体现赠礼者崇高道德品质。可见在儒家的观念中，礼物本质内涵在于"礼"而不在于"物"。对此，有研究认为，"礼尚往来"和"亲亲尊尊"是儒家关于礼物交换的两个原则。"礼尚往来"通常是"表达性"和"均衡性"的礼物交换行为，而"亲亲尊尊"则可以对应于"工具性"和"非均衡性"的礼物交换行为，前者体现的是互惠和对等原则，而后者则体现了在差序格局中的非均衡性原则。儒家所认为的礼物经济行为是奉行特殊主义伦理的，有别于现代文明所催生的制度化规范、契约化关系、非人格化的商品交易模式，而儒家关于礼物交换的模式与之相比较，应是一种互补关系。[1] 以此可见，与前述认识类似的观点虽然一般性地强调了儒家礼物观的特殊性和在儒家观念中礼物与商品的不同，但仍然不能否认礼物交换的物质意义。

西方人类学家马塞尔·莫斯通过研究巴布亚新几内亚类型等的"为生计生产而不是为消费生产的自然经济"时发现，在礼物经济，或称之为氏族经济中，人们对用于交换的物品没有异化的权利，物体并非从未彻底与交换它们的人真正分开，"创造财富是为了送出财富"，与之相比较，"罗马法最古老的契约已经从各种集体契约的背景中分离出来了，也从古代礼物交换的体系中分离出来了"。礼物经济是其提出的"三阶段理论"中的第二阶段。第一阶段中的社会交换实行的是"完整性供应"系统，在这一阶段中，人们交换"礼节、娱乐、仪式、军事援助、妇女、儿童、舞蹈和宴会"，"从氏族到氏族的完全供应体系——其中个人与团体相互交换一切——构成了我们所能看到的和想象的最古老的经济与法律体系，它构成了其中呈现出礼物交换道德的基础"，而礼物经济则"超越了'完整供应'（从氏族到氏族、从家族到家族）阶段"，第三个阶段才是商品经济。[2] 在莫斯之后，列维–施特劳斯的《亲属制度的基本结构》提出在礼物经济中，妇女是"最高等级的礼物"，而婚姻制度则是以妇女为礼物的交换制度，"在原始社会……婚姻的重要性却迥然不同，这种重要性不是性欲方面的，而是经济方面的"在氏族社会里，婚姻中妇女的交换是在氏族之间交换劳力的形式之一。列维–施特劳斯将礼物交

---

〔1〕 孙邦金、陈安金：《论儒家的礼物观》，载《哲学研究》2013 年第 10 期。

〔2〕 ［法］马塞尔·毛斯：《论礼物：古代社会里交换的形式与根据》，载氏著：《社会学与人类学》，余碧平译，上海译文出版社 2003 年版，第 197、184、180、213 页。

换区分为"限制性交换"和"普遍性交换","限制性交换"是礼物交换的原形,"普遍性交换"是其更高的发展形式,最后,东西的礼物交换则是由"普遍性交换"的进一步发展所形成。而"聘礼"(brideprice)是后面两种形式的中间状态,"是作为对应物提供的妇女被象征性的对等物所替代的过程"。[1]而在此之后,经济人类学的中"实质"学派,自波拉尼在《早期帝国的贸易与市场》(1957 年)中对两种意义上的经济学进行了区分,即"实质"经济和"形式"经济,"后者(即新古典经济学)源于逻辑,而前者则源于事实",该学派中的代表人物萨林斯在《石器时代经济学》(1972 年)中认为是不应把礼物经济与商品经济的区别视为相互对立的两极,相反,应将其视为一个连续体的两个极点。从一个极点向另一个极点移动的关键变量是"亲属关系距离":礼物交换往往是在亲属之间进行的,随着亲属关系距离的延长,交换者变成了陌生人,商品交换也就出现了。该论点建立在大量人类学证据的基础上,重新深刻地阐述了马克思对商品经济与非商品经济的划分。[2]另外,萨林斯还对列维-施特劳斯对以妇女作为"礼物"交换以"聘礼"体现"互补关系",有进一步的解释:"这种不同物品间不对称的交换,使得联姻保持了互补关系。联姻群体之间的联系并不总是门当户对的群体之间半对半的伙伴关系,这种联系或许连经常都说不上。一个群体给出了一个女人,另一个群体得到了她;在妻族提供妇女的基础上,父系制群体的宗桃至少暂时得以延续。妇女的转换过程存在差别:两个群体的社会关系互补而不对称。同样,在世系等级体系中,妇女的提供或许就是服从统治关系的具体表现。在这些个案中,妇女转换过程的不同特点,标志着联姻中权利与义务的互补。不对称的补偿金,确保了互补性的结盟关系再次获得完美的平衡,而对称或一次还清的补偿则不足敷用。"[3]

　　而对以上人类经济学观点有着完整总结的格雷戈里认为,礼物经济作为非商品经济,与商品经济的区别是明显的,"东西——礼物的生产方式受到消

---

　　〔1〕　［英］C. A. 格雷戈里:《礼物与商品》,杜杉杉等译,姚继德审校,云南大学出版社 2001 年版,第 18~19 页。

　　〔2〕　［英］C. A. 格雷戈里:《礼物与商品》,杜杉杉等译,姚继德审校,云南大学出版社 2001 年版,第 19 页。

　　〔3〕　［美］马歇尔·萨林斯:《石器时代经济学》,张经纬等译,生活·读书·新知三联书店 2009 年版,第 260 页。

费意识的制约——土地、劳动力以及土地产品是根据从消费范畴抽取的隐喻加以人化,而不是物化为'工资''利润'和'价格'的。"但是,其同时也指出了二者之间的联系:"商品交换是一种在拥有互相独立性地位的人们之间进行可异化物品的交换,所交换的物品间建立了一种定量的关系。这种关系来源于生产与生产性消费的方法,支配着生产与作为商品的东西的交换的原则,可解释为对生产性劳动的支配。"而"礼物交换是一种在拥有互相依赖性地位的人们之间进行的不可异化物品的交换,交易者之间建立了一种定性的关系。这种关系来源于消费与消费性生产的方法,支配着生产与作为礼物的东西的交换的原则,可解释为对出生、婚姻与死亡的支配","礼物再生产可以是限制性的,也可以是延迟性的或普遍性的。限制性再生产产生限制性的妇女-礼物交换,这种交换与老人统治相关联。延迟性再生产(在巴布亚新几内亚的)产生延迟性的妇女礼物交换,这种交换可能与东西的延迟性增值交换及大人物统治相关联"。[1]

在此,现代人类经济学的理论的深入,以大量的实证资料证明了与"礼"相伴随的"物"的交换制度,并非只是出自道德上的需要而产生的,其实际上是氏族制社会经济基础的必然反映。而以先秦时期自西周社会开始的封建制,已非原始的氏族社会,但宗法制的存在以及后来宗族制强有力地延续,导致宗族关系一直是社会伦理关系的核心,礼制作为以礼物经济为基础的上层建筑,随着社会生产力的提高,商品经济的出现,使礼制至战国中晚期已近崩溃,但值得进一步认识的地方是:汉代以后,礼制又重新得以改造和再建,这应与封建制的长期存在,社会生产一直处于低速缓慢的增长过程中,商品经济始终未能居于主导地位有关。尽管有中国古代社会中后期唐宋时期的繁荣,礼制仍以国家主要的政治法律制度的面目出现,这其中是否与礼制的构建之缜密有关,是否与处于相同发展阶段的西方和世界其他地区社会不能与之相提并论有关?这当然并非本书的工作方向,之所以要在此提及,只是想先予说明,先秦礼制在战国中晚期的崩溃,并非这一制度之核心部分与社会生产关系相脱离所致,而只是制度所提供的相关规则,即作为礼的外在

---

〔1〕 〔英〕C. A. 格雷戈里:《礼物与商品》,杜杉杉等译,姚继德审校,云南大学出版社2001年版,第116页。

形式的礼仪规则体系，与社会生产力的发展所导致的生产关系不相适应有关，但这种不相适应并非根本性的。也正因为如此，礼制在汉代以后重新被确立作为国家主要的政治法律制度，并延续至近代，这一事实本身就是最好的证明，对此，将在以后的论述中部分涉及，在此只是对本书的主题选择进行说明，即礼制所提供的礼仪规则体系，包括礼俗规则体系，作为中国古代社会契约法律制度的重要组成部分，事实上是一直表现如一的。

"先秦文化是中国文化的源头活水，先秦的精神是中华文明高贵的头颅"[1]，这当然只是一种有些形象的说法，不过，仅就先秦礼制而言，确实因其核心部分的构建基础，即封建制的礼物经济长期存在有关。而与古代中国民法，包括契约法事实上的存在有关的，正是礼制的存在。虽然礼制并非可以从字面上讲，是对礼物交换的制度，因为礼制本身重在"礼"，而不在"物"。礼仪规则强调的是不同身份者之间的等级关系，以及相同身份者之间的对等关系，这种关系由若干与表面上看起来与"利"无关，而只体现为种种为完成仪式而有的"仁"爱的"大公无私"行为，其中如为规范诸侯朝觐周天子和诸侯国之间交往的聘问礼。

《仪礼·聘礼》经文依行礼时序可划分为五个部分，三十三个小节。《仪礼·聘礼》中礼仪的制定遵循尊卑、谦敬、平等等原则，反映了《仪礼·聘礼》的编纂受到儒家"亲亲尊尊"伦理思想的影响。将《左传》所记聘礼仪节与《仪礼·聘礼》相比较，可以发现有些仪节二书的记载相同，仅有详略之异，此类仪节可从经传互证的角度互相发明，可见春秋时期聘问之礼的基本步骤与《仪礼·聘礼》相符。有些仪节二书记载不尽相同，甚至有互相抵牾处，此类仪节可作为反证以明其确实存在，其不同主要由春秋时期诸侯卿大夫违礼僭越所造成。[2]关于聘礼，杨天宇解曰："聘礼有大聘和小聘之分。大聘的规格高，要派卿做使者，带的礼物多，主国（即被聘国）接待使者也极隆重。小聘叫作问，规格较低，礼轻，只派大夫做使者。"[3]从现存文字资料来看，《仪礼·聘礼》主要记载的是侯伯之国遣卿大聘之礼；《左传》中的聘

---

〔1〕 黄摩崖：《头颅中国——另一个角度看先秦》（最新修订本），长江出版传媒、湖北人民出版社2016年版，"再版序"第2页。

〔2〕 张亮：《周代聘礼研究》，吉林大学2013年博士学位论文，第11页。

〔3〕 杨天宇撰：《礼记译注》"聘义第四十八"，上海古籍出版社2004年版，第846页。

礼,主要是春秋时期天子与诸侯,以及诸侯之间主要的交往的礼仪;而《周礼》中的聘礼,则包括天子使臣于诸侯者,诸侯遣臣聘天子和诸侯交相聘问之礼。

《仪礼·聘礼》中聘礼的仪节包括:命使、授币和入竟展币、宾返国而主国馈赠等。杨天宇在《仪礼译注》中将《仪礼·聘礼》中聘礼的程序分为五个部分,三十三仪节:命使;授币;使者将行,释币告称与行;受命遂行;过邦假道;预习威仪;至竟迎入;入竟展币;郊劳;致馆设飧;聘享;主君礼宾;私规;宾礼毕出,公送宾;宾请有事,卿先往劳,归饔饩于宾介;宾问卿面卿;介面卿;问下大夫;大夫代受币;夫人归礼宾介;大夫饩宾介;主国君臣飨食宾介;还玉及贿礼;公馆宾,宾请命;宾返国而主国馈赠;使者反命;出使而还,礼门莫称;出聘后本国君薨;出聘之宾、介死;小聘。[1] 聘礼施行过程中,"贯穿'揖让'和'酬报'的双向模式结构,似乎模糊了君与臣的界限,以相亲厚为要,充分突出了'礼尚往来'的意旨。"双方交往中礼物之必需,以体现"有赠的报,有往有来",是"贵族交往的基本准则"。[2]聘礼允许"私觌",即"①受聘国君礼宾。主宾捧奉束锦以私人名义拜见(私觌),受聘国君则按礼招待主宾。②宾私觌。主-宾奉束锦,乘马以私人名义拜见受聘国君。《周礼·秋官·司仪》:'及礼,私面,私献,皆言拜稽首,君答拜。'郑玄注曰:'私面,私觌也,既觌则或有私献者。'③上介、士介私

---

〔1〕 杨天宇撰:《仪礼译注》"聘礼第八",上海古籍出版社 2004 年版,第 218~269 页。聘礼的具体礼节中,如"授币":"宰书币,命宰夫官具。及期,夕币。使者朝服帅众介夕。管人布幕于寝门外。官陈币:皮北首,西上,加其奉于左皮上;马则北面,奠币于其前。使者北面,众介立于其左,东上。卿大夫在幕东,西面,北上。宰人告具于君。君朝服出门左,南乡。史读书展币。宰执书告备具于君,授使者。使者受书,授上介。公揖入。官载其币舍于朝。上介视载者,所受书以行。"(《仪礼·聘礼》)译文:"宰把聘礼所用的礼物记录下来,命令宰夫让下属官吏把礼物和所需各种物资都准备好。到了出发的前一天,黄昏时候把所备的礼物都陈列出来。使者穿着朝服,率领着众介去见君,请君视察礼物。管人在寝门外地上铺设幕布。宰夫的属官们把礼物陈列在幕布上:虎豹皮头朝北放,以西边为上位,准备向主君和夫人致辞用的玄纁束帛加放在虎豹皮的左半边上。马在幕的南边,马头朝北,其他礼物放在马的前边。使者在幕的南面面朝北而立,众介站在使者的左边,以东边为上位。卿大夫站在幕的东边,面朝西,以北边为上位。宰进入路寝向君报告礼物已经陈列完毕。于是君穿着朝服从路门的左侧出来,在幕的北面面朝南而立。史宣读礼物清单以清点核查礼物。核查毕,由宰拿着清单向君报告礼物已齐备,然后把清单交给使者,使者接过清单来交给上介。公揖请群臣入路寝。使者的随行官员把礼物装上车,安置在治朝。上介监督他们装车,又把礼物清单放进车中,使之随车而行。"以车载礼物的充分准备,可见礼物交换是聘礼的主要内容。

〔2〕 李无未:《周代朝聘制度研究》,吉林人民出版社 2005 年版,第 138~139 页。

觐"。这与朝觐礼不允许大夫私觌有所不同。[1]

在"错综复杂的等级性的交聘关系中，实际上贯穿着一条等级性的对等关系的主线"，[2]这条主线就是对等性原则。《礼记·乐记》道出了"礼"的本质："乐也者，施也。礼也者，报也。言乐出而不反，而礼有往来也。"孔颖达疏曰："此明礼乐之别，报、施不同。""'乐也者，施也'者，言作乐之时，众庶皆听之，而无反报之意，但有恩施而已，故云'乐也者，施也'。'礼也者，报也'者，礼尚往来，受人礼事，必当报之也。故《曲礼》云'往而不来非礼'，故云'礼也者，报也'。"[3]可见"礼"就是通过主客双方的"来往"互动关系而产生的，缺少一方即不称其为"礼"。而"礼尚往来"就是对等性原则在礼仪关系中的体现和运用。[4]对等性体现的是同等对待和差别对待的统一，这种统一即为平等。[5]因此，礼制作为国家政治法律制度中的对等性原则，实际上体现的是"公平原则"，而不仅仅是对等性原则本身。

对诸侯国之间在聘礼等礼仪中进行的礼物交换，是不能完全用前述由莫斯等人建立的礼物理论来解释的。由于社会分工的形成，在人与物尚未被分离，未被物所异化的氏族社会，礼物交换是出于完成社会分配的需要而进行的，但就先秦时期的社会形态而言，封建制的宗法社会商品交换与礼物交换是同时存在的，这从《周礼》中对"工商食官"制度以及贩夫贩妇们日常生活中交易活动的规范，以及西周铭文所记录的土地交易的情况，可以得到证明。不仅如此，虽然以"周公制礼"之说，不能确证礼制自西周时期才得以正式确立，以及往前也许可以推至夏商礼制就已经存在的事实，[6]但西周以

---

〔1〕 李无未：《周代朝聘制度研究》，吉林人民出版社2005年版，第136页。

〔2〕 黎虎：《周代交聘礼中的对等性原则》，载《史学集刊》2010年第2期。

〔3〕 李学勤主编：《十三经注疏（标点本）礼记正义》卷三十八"乐记"，龚抗云整理，王文锦审定，北京大学出版社1999年版，第1114~1115页。

〔4〕 黎虎：《周代交聘礼中的对等性原则》，载《史学集刊》2010年第2期。

〔5〕 仅从经济学角度认识，说"对等是实现平等和差等的桥梁"，与认为"平等相对应的分配结果是差等"（易小明：《对等：正义的内在生成原则》，载《社会科学》2006年第11期）还是存在将同等对待与差等对待割裂开来的问题。亚里士多德说："既然公正是平等，基于比例的平等就应是公正的"（［古希腊］亚里士多德：《尼各马科伦理学》，苗力田译，中国社会科学出版社1990年版，第93页）。此处亚氏所说的"基于差异的对等"，同样可以适用于"基于同等的对等"。

〔6〕 如孔子所说，"殷因于夏礼，所损益，可知也；周因于殷礼，所损益，可知也。"（《论语·为政》）即周承殷制，只是"有损益"，但夏商之礼制之详尽，已难以考证。

国家成文法的形式，将礼制确立为国家政治法律制度，是已经得到充分证实的。因此，在这个意义上说，礼制始于西周，是没有错的。但是，礼制在西周社会商品交易中已司空见惯的现象下，被确立为国家政治法律制度，包括被确立为对商品交易进行规范的制度，显然不完全是依循礼物理论中所描绘的"自然"发展之轨道而形成的。封建制和宗法制的并存，与氏族社会并不相同。

氏族社会的特征，如摩尔根所言，是以"外婚法则"（禁止族内通婚）和土地共有为基本特征的，但以此并不能完全反映西周社会形态的特征。然而，西周封建制社会，却又不能称为"阶级"社会，西周宗法制与封建制的并存，这种具有一定氏族社会特征的社会，并非阶级社会，二者的区别，可以生产者与生产资料的关系作为划分标准，在氏族社会中，生产者与生产资料的关系"往往是统一的"，而在阶级社会中，这二者"却是分离的"，"分离暗示着土地在不同群体之间分配的不平等性，而统一则暗示着这种分配的平等性"。但这种严格意义上的划分，如 C. A. 格雷戈里所说，在"经验性的现实"中，是"绝不会如此界线分明的"，〔1〕西周社会的封建宗法制，恰好可以说明格雷戈里这一观点是正确的，只不过对于宗法制自夏商周以后，为宗族制所替代，并一直伴随古代中国封建制社会，其中原因，倒是至今尚无完整解释的。也正因为这一特征的存在，先秦时期的礼制，将礼物交换作为礼仪制度中次要部分的内容，而将行为中对礼义的体现作为首要任务，在血缘关系基础上，增加这一社会交往关系作为纽带，事实上即包括了与陌生人交往的规则，而不仅仅是以熟人关系来维系个人与人之间，以及个人与社会之间的关系。

除了上述或可称之为主要是氏族之间（诸侯国近乎于宗族）的交往礼仪中，礼物交换虽然仅作为次要内容，但互惠对等却是必不可少的，以其作为社会分工所产生的社会分配原则，即为"公平原则"。如《仪礼》中的士相见礼，以"贽"为"礼物"，但"贽"主要是为体现诚信，具有象征意义，不以物质的价值为主要是内容，而"一般的币"，如"庭实"，主要是为了进

---

〔1〕 ［英］C. A. 格雷戈里:《礼物与商品》，杜杉杉等译，姚继德审校，云南大学出版社 2001 年版，第 37 页。

行礼物交换而呈送的。

"币"是物的统称，包括"贽"和其他礼物。"贽"专用于"贽见礼"。用作贽的物品根据送礼和收礼人的身份的不同等级而不同，并有着严格的规定。《礼记·曲礼》说："凡贽，天子鬯，诸侯圭，卿羔，大夫雁，士雉，庶人之贽匹；童子委贽而退。野外军中无贽，以缨，拾，矢，可也。妇人之贽，椇、榛、脯、脩、枣、栗。"使者受君命出国聘问或朝觐君主，既有"贽礼"，也有"享礼"（献其他礼物之礼）。而贽礼先行于享礼（参见凌廷堪《仪礼释例》卷六"凡宾主受贽毕礼盛则行享礼"），享礼所用的币则是享国君用束帛加璧，享夫人用束帛加琮，同时还在庭中设有皮或马以及各种贡物（此在《仪礼》称为"庭实"）。"私觌"只有享礼而无"贽礼"。[1]《论语·乡党》："享礼，有容色。"何晏《论语集解》引郑玄曰："享，献也。聘礼，既聘而享，用圭璧，有庭实。"《仪礼·聘礼第八》有："习享，士执庭实。"贾公彦释曰："享时庭实旅百，献国所有，非止于皮，知所执是皮者，以其金龟竹箭之等，皆列之于地，不执之。所执者，唯有皮而已，是以下聘时，宾升致命授玉之时，执皮者张之以见文，是以特言'执'也，是以云'皮有摄张之节'。"[2]

关于"庭实旅百"，杨伯峻有注："诸侯朝于天子，或互相聘问，必将礼物陈列庭内，谓之庭实……旅，陈也。百举成数言之，以见其多耳。"[3]

至于与聘问礼等具有集体性质的诸侯国（近乎于氏族）间的礼物交换情形有所不同的是，个人之间的交往，或代表某一自给自足的生产单元，如家庭或由家庭所扩展而形成的家族、宗族间的交往，是否也同样按照礼仪的规范，进行以体现礼义为"首要目的"的，为实现必要的社会分配而进行的礼物交换？虽然如《仪礼·士相见礼》中并无对除以"贽"为士相见礼中必备的礼物的规定外，并无对具有实用价值的"庭实"作为礼物的记录，这里值得研究的是，如聘问礼中允许"私觌"，且主宾以个人名义会见受聘国国君或该国朝臣，除了以"贽"为礼物外，还备有"庭实"，而在这种情形中，施行的是享礼，但《礼记·郊特牲第十一》中却言，在朝觐礼中，是不允许私

〔1〕李中生：《"贽""币"辨》，载《学术研究》1990年第2期。
〔2〕李学勤主编：《十三经注疏（标点本）仪礼注疏》卷十九"聘礼第八"，彭林整理，王文锦审定，北京大学出版社1999年版，第368页。
〔3〕杨伯峻编著：《春秋左传注》"庄公二十二年"，中华书局1981年版，第223~224页。

觐的:"朝觐,大夫之私觐,非礼也。大夫执圭而使,所以申信也。不敢私觐,所以致敬也。而庭实私觐,何为乎诸侯之庭?"郑玄注曰:"其君亲来,其臣不敢私觐于主国君也,以君命聘,则有私觐。"孔颖达疏曰:"覆明从君而行,不敢行私觐,所以致敬于己君也。"对于"以庭实私觐"者,孔疏解释道:"当周衰之后,有臣从君而行,设庭实私觐于主国之庭,作记者讥之。庭实私觐,何得为乎诸侯之庭?讥其与君无别也。"〔1〕可见朝觐之礼中同样备有物质性的"庭实",只不过不允许使臣以个人名义"私觐",是因为其随君同行之故。以此而论,虽然如在聘问礼中使臣"私觐"的"庭实",是"公家之币",但如黄以周认为:"聘礼之私觐,其币出于公家,但不失申信,不贰君之义。"〔2〕以公币而行私觐,虽实则为外交行为,但个人之行为由此而有所体现,如以此之逻辑延伸,贵族间的个人交往,也应同样体现出礼物交换中的物质性追求的存在。《礼记·曲礼上》有云:"犬马不上于堂",郑玄注曰:"非贽币也。"孔颖达疏曰:"'犬马不上于堂'者,宾主相见之礼也。犬马将为礼而贱,不牵上堂也。犬则执绁,马则执勒,以呈之耳,非贽币故也。贽谓羔雁锦玉之属,乃上堂也。犬马用充庭实而已,非物聘之贽币,故不上堂也。"〔3〕以此似可见证一般性的"宾主相见之礼",并非国家间的外交行为,也是需要有"庭实"的,且对此是有明确的规范的。而《礼记·礼运》则认为,礼是"行之以货力、辞让、饮食、冠、昏、丧、祭、射、御、朝、聘"的,对于首要的"货力",郑玄注:"货,贽币庭实也。力,筋骸强者也,不则偃罢。"孔颖达疏:"此皆居人身曰义之礼也,谓诸礼皆须义行,故云'行'也。货,庭实也。力,筋力,拜伏也。"〔4〕对于体现诸礼以"义"先行之"货力",孙诒让言:"货力、饮食者,行礼之具。"杨天宇将其分释为"货"为"财物","力"为体力,〔5〕王梦鸥译为"财货"与"劳力",〔6〕但

---

〔1〕 李学勤主编:《十三经注疏(标点本)礼记正义》卷二十五"郊特牲第十一",龚抗云整理,王文锦审定,北京大学出版社1999年版,第780页。

〔2〕 (清)黄以周:《礼书通故》"聘礼通故第二十八",王文锦点校,中华书局2007年版,第1213页。

〔3〕 李学勤主编:《十三经注疏(标点本)礼记正义》卷二十二"礼运",龚抗云整理,王文锦审定,北京大学出版社1999年版,第707页。

〔4〕 (清)孙希旦:《礼记集解》卷二十二"礼运九之二",沈啸寰、王星贤点校,中华书局1989年版,第616~617页。

〔5〕 杨天宇撰:《礼记译注》"礼运第九",上海古籍出版社2004年版,第280页。

〔6〕 王梦鸥:《礼记今注今译》第九"礼运",台湾商务印书馆1979年版,第307页。

"货力"实为一词，分开来译释不是很贴切，"货力"即为"庭实"充足之意，恐更接近于原文之意，也就是说，礼应当体现为人的行为规范，而首先要做到的即是以"货力"之充足，来体现其与人交往的诚意。由此可见，《礼记·礼运》所说的"先王患礼之不达于下也"，已明确肯定了适用于聘礼中诸侯国外交中的礼物交换，不仅需要以"贽"为礼的象征性来体现行礼之义，且以"庭实"的物质性作为体现礼义的必要补充，并非只通行于外交场合。其实"礼之达于下"制度构建的目的，决定了个人之间的交往中，并非只以象征性的"贽"为礼，礼物的物质属性的那一部分，是必不可少的。也就是说，出于社会分配需要的礼物交换，这一出于"利"的行为，是一直隐藏在那个"义"字之后的。正因为如此，"礼尚往来"的互惠对等的原则同样是"公平原则"，故必然是个人出于私"利"的行为。符合于礼制要求，也就是符合于礼仪规则的主要原则之一，因为以"往而不来，非礼也；来而不往，亦非礼也"（《礼记·曲礼上》）的规范性要求来看，正是体现"公"的礼义所左右或所希望达到的目的，包括对出于社会分配需要的礼物交换，要给予同等对待和差别对待，且是以这二者的统一来体现"公平原则"的。

3. 礼俗规则体系中的"公平原则"对契约行为的规范

在礼制作为国家政治法律制度被确立后，礼俗作为"礼之达于下"的产物，其并不等同于"自然"生成的习惯法。因为礼俗是在礼制的干预和影响下生成的，虽然其并非只是"自然"生成的习惯法中符合于礼制要求的那一部分。不过，在礼制干预前提下生成的礼俗，其所受干预不仅贯穿于其生成的整个过程，而且贯穿于其实行的过程中。从这个意义上说，礼俗规则体系是礼仪规则体系的延伸。以此可以认为，所谓"礼不下庶人"之说，应该是指以国家典章制度所明文规范的礼仪规则，主要适用于士以上阶层，而适用于庶民阶层的社会行为规则，正是礼俗。礼俗既然与礼仪共同构成了礼制，那么，"公平原则"也因此是其规则体系的主要原则之一。

对礼俗规则体系中的"公平原则"进行研究，首先遇到的问题就是所谓礼俗规则体系，由于其存在的主要形式与习俗、风俗类似，是以口口相传和行为的特定模式而被因袭和效仿的，这样的形式只存在于特定的时期区间和特定的文化区域内，其载体并非以书面文字为主，故难以在相关史料中寻找具体的文字描述。

对与礼俗适用的案例进行研究（与本书主题相关，特指对契约行为所形成的案例进行研究），或许是解决上述难题可选择的有效路径之一。因为案例作为在社会生活中发生的具体事件，其最终会被以何种评判方式进行裁判，以及与此有关的裁判依据，必然会有所显现。不过，对于先秦时期而言，契约行为多归属于"庶民"阶层，解决纠纷的裁判依据，国家法律很少有明文规定。实际用于解决契约纠纷，并得到国家制度认可的古代契约法依据，只能是礼俗。而对相关案例进行研究，有可能获得这一时期的契约法，是如何通过礼俗规则体系的"公平原则"对交易行为进行规范的相关情况的。

（1）例1：九年卫鼎铭文中，矩伯购买裘卫的马车，用一块在林晋里的林地与裘卫交易，裘卫却给了不是交易相对方的颜㽙、颜㽙的妻子、颜家管事寿商，以及办理此事的业、厥吴、中间人濂虎、东臣等人"礼物"：马、衣服、公羊皮和袍子等。送礼给颜㽙，意义不明，业和东臣是见证人，濂虎是中间人。"礼物"类似交易费用，这项费用由裘卫承担，或许是出于对价的需要，但仅以此不能认定是合理解释。这里有以下两方面事实值得注意：

第一，由于裘卫和矩伯身份不对等，[1]"礼物"作为交易费用，由裘卫承担，而不是双方分担，适用的差别对待的交易费用分配规则，显然这样的规则只能来自礼俗。

----

〔1〕 关于裘卫家族，由西周青铜器成伯孙父鬲铭文"成伯孙父作浸嬴樽鬲"中可知浸嬴是嫁于成氏的裘卫家族女子，而在《公臣簋》中，可以发现裘卫家族的第二代人物公臣是大贵族虢仲的家臣，在旅伯鼎铭文里，可以看到裘卫家族又成为毛公一支的亲戚（庞怀清等：《陕西省岐山县董家村西周铜器窖穴发掘简报》，载《文物》1976年第5期）。按照西周奴隶主阶级的礼制，姬、姜以外的"庶姓"是受歧视的，特别是嬴姓，地位尤为卑微。庶姓的始祖有"为舜主畜"的传说，周穆王时的造父替穆王驾车，非只为孝王养马。卫所任的司寇，照《周礼》记载，不过是中士一级，和畜牧也有密切关系（周瑗：《矩伯、裘卫两家族的消长与周礼的崩坏——试论董家青铜器群》，载《文物》1976年第6期）。虽然很可能是周王室负责皮革制造的官员兼商人（李学勤：《西周金文中的土地转让》，载《光明日报》1983年11月30日），而矩伯者虽然也很有可能是后来沦落庶人的旧贵族〔赵光贤：《从裘卫诸器铭看西周的土地交易》，载《北京师范大学学报（社会科学版）》1979年第6期〕，但其贵族身份是存在的，与裘卫相比，二人身份悬殊："矩伯应即渠伯，《左传》桓公四年有周王室大臣宰渠伯纠，应是他的后裔。五祀卫鼎称'邦君厉'，'邦君'见于《尚书·大诰》等篇，意为诸侯，鼎铭（注：五祀卫鼎）下提到'矩内史友'，可见'邦君厉'是矩君，也就是矩伯。周王室的政权始终是由几家大奴隶主贵族轮流掌管的，矩（渠）伯是其中之一。"（周瑗：《矩伯、裘卫两家族的消长与周礼的崩坏——试论董家青铜器群》，载《文物》1976年第6期）当然，《卫盉》中有"矩伯庶人"的说法，但矩伯需参加周王在丰京的"禼旗"，要行朝觐礼，故以田十亩的代价，"取堇章于裘卫"，且又以三亩，抵价廿朋，换取裘卫的赤虎两、麂贲两、贲韐一，可见其很可能是失去爵禄的贵族。

　　在这项交易中，裘卫送出的"礼物"是给交易的相对方的，如果与对价无关，那么就只能解释为在这次"商品"交易中，实际上还伴随着另一种社会分配方式，即礼物交换。如前所述，先秦时期自西周开始礼制由国家典章制度确立后，礼物交换作为一种社会分配方式，与商品交易并存，且前者依循于礼俗规则，是在实现"礼之达于下"的过程中形成的。礼物交换作为现实生活中的社会行为规则，与商品交易规则并存，这种关系的成立，只能是来自礼制。也就是说，裘卫送礼，并非可有可无，其送礼既不是出于对价的需要，显然也不是仅出于答谢之意，而是对中介人、担保人和见证人的必要费用支出，这样的交易费用支出分配方式，应当是来自礼俗规则的制约：一方面，是裘卫作为西周王室负责皮裘买卖的小官，虽然家产殷实，但与曾经身为朝廷大臣的矩伯相比，身份等级有别。虽然对双方而言，裘卫以马车换取矩伯位于林𦣞里的一块林地是对等的，但这种"商品"交易不仅需要官方的参与（因为与土地交易有关），而且要有众人的见证。虽然是矩伯提出交易邀约的，但裘卫因身份较低，其需承担对各位参加人员的礼物奉送之责任，由此可见礼制的等级秩序在此是以礼俗规则的约束得到表现。另一方面，裘卫送礼以换取官方和众人的认同，并非现代意义上的"贿赂"，而是因为其作为所获得土地的主人，需要表达其作为这块地的主人之"慷慨"，用以换取各方人员对完成交易所负有的义务的承担（如前述礼物理论中所说的交换的规则）。虽然在九年卫鼎铭文中，并无其他附属于这块地的"庶、众、小人"等土地使用者的身影，但地方官颜𪊨、颜家管事寿商，以及卫小子、业、厥吴等人，是与此有关的管理人员，他们对此项义务的代为接受（代表"庶、众、小人"等土地使用者）的行为，也应该是来自国家制度（宗法制）的规定。

　　第二，裘卫与矩伯身份的差别与双方交易中存在价值的差等（由交易费用承担的不对等分配造成）之间的对应，和交易部分是对等（对价）的（马车与土地交易）的"统一"关系表明，在这次价值不对等的交易中，并没有完全依循商品交易规则。对这个问题的解释，会涉及本书前述的基于氏族关系的（以亲属间关系为主的）"礼物交换"经济延续，以及现有相关研究所揭示的西周时期就已出现的"自然经济"条件下存在的"交换经济"及其表现，虽然是处于实物交换形态，[1]但已有为生产交换价值为目的商品生产，且从事商业贸易的商人除"食官"之贾人为官府经营商业外，还有为数不少的私商存在，"而且他们在当时的商业活动中扮演着主要角色。这里所说的私商，其等级、阶级地位不同或不完全相同，其中包括专业商人、小商贩及兼营商业者"，[2]正因为像这样的商品交易，在这一时期社会生活中的普遍存

─────────────────

　　[1]　何兹全在《中国古代社会》一书中，较早使用了"交换经济"一词，虽然其也谈到西周初年的商贾活动，如《尚书·酒诰》的记载："妹土，嗣尔股肱，纯其艺黍稷，奔走事厥考厥长，肇牵车牛，远服贾，用孝养厥父母。"《酒诰》是周武王对妹土居民的书诰，鼓励妹土居民搞好农业，也搞好贸易，牵着牛车到远处去经商。妹土，原是商的都邑；妹土的居民，大约是殷人为多。我们知道殷人是早有交易活动的。《诗·大雅·瞻卬》："如贾三倍，君子是识。"《瞻卬》是幽王时诗，诗反映西周后期民间的交易活动。《瞻卬》说到交易的中间人，在买卖中居间的贸易活动，利润是很高的，到了"如贾三倍"的程度。但其认为，"春秋以前的商业交换活动，基本上还是些长距离的各地土特产和装饰品的交换，在整个社会经济生产和生活中还没有地位。应当说，春秋以前的社会还是十足的自足自给的社会。"（何兹全：《中国古代社会》，北京师范大学出版社2001年版，第115~116页。）李剑农《中国古代经济史稿》认为，金属货币者，由实物交换时代，于各种实用物品中，以市场上之习惯经验选择而出，作为交换媒介与物价标准。金属器物演成之货币，以通行之先后言，铜贝为最先，而瑗钱最后出。铜贝之兴，当远在宗周时期，由《诗》言"锡我百朋"语可知之。"爰"有贝爰与璧爰之爰的区别。璧爰之爰通行始于何时，已不可知。唯爰属使用之时间为最久，上当溯至宗周，近且至于战国时期。曶鼎铭文中有"赎兹五夫用百爰"之语，曶鼎为宗周时代之作品，即可知爰之使用，上当溯之宗周时期也。钱刀二字，用为货币之名称，至晚周诸子书中始见。（李剑农：《中国古代经济史稿》，武汉大学出版社2006年版，第61~62页。）

　　[2]　《酒诰》中所说"妹土"为卫地居民，他们本是商时的"小人""自由民"，商亡后基本上仍保持原来的地位，并未沦为奴隶。从《酒诰》诰辞中可见，西周王朝对此"妹土"之民的政策精神是：首先要求他们"纯其艺黍稷"，把勤种黍稷作为本业，待农功既毕，才能"肇牵车牛远服贾用"，即到远方从事货物的买卖。这些人最初还不是专业商人。到远方从事货物的买卖，表明他们从事的商品交易不属于本地区小市场上农民群众间以物易物的余缺调剂、品种调剂，而是一种长距离的商业贸易活动。这类"商人"，"牵车牛"到远方用来交换的货物，除自己劳动生产的农副产品外，当包括从本地区收购的土特产品。而他们"远服贾用"以"孝养厥父母"者，或为本地缺乏的物品，或是可以同其他一切物品相交的特殊商品——货币。随着时间的推移，他们之中的那些善于经商并因此而积累了一笔可观的资本者，亦有可能完全脱离生产而成为只从事买卖的专业商人。《易·旅》六二："旅即次，怀其资，得童仆贞。"唐李鼎祚《周易集解》引虞翻曰："即，就；次，舍也。"《广雅·释诂》："次，舍也。"《礼记·檀弓上》："反哭于尔次"，郑玄注："次，舍也。""旅即次"，谓旅人就客舍也（高亨：《周易古经今注》重订本，中华书局1984年版，第326页）。"'怀其资'，本或作'怀其资斧'，非。"［（唐）陆德明撰，黄焯汇校，黄延祖重辑：《经典释文汇校》卷二"周易释文"，中华书局2006年版，第56页。］九四云："得其资斧"，可证。"资斧即资金，资金称资斧，可见斧曾取得货币的职能。"［朱活：《西周币制论》，载人文杂志编辑部编：《西周史研究》（人文杂志丛刊第2辑）1984年8月，第47页。］"童仆"，奴隶；"得童仆"，谓旅人买到奴隶。由此可见，这里所谓"旅"为商旅，"是行商"，"童仆是商品之一种"［郭沫若：《中国古代社会研究》，载氏著：《郭沫若全集》（历史编·第1卷），人民出版社1982年版，第41页］。《逸周书·大聚篇》有"商贾趣市，以合其用"的记载。这里与"工匠""农民"分言的"商贾"，当是民间专业商人。当时自由农民所在的各"邑""乡"社会基层组织内，大概一般都有这类"趣市"买卖的商贾。《周礼·天官·大宰》："以九职任万民：……六曰商贾，阜通货贿。"郑玄注："行曰商，处曰贾。阜，盛也。金玉曰货，布帛曰贿。"又《司市》注："通物曰商，居卖货曰贾。"《说文·商部》："商，从外知内也。"《贝部》："商，行贾也。贾，市也，一曰坐卖售也。"《白虎通义·商贾篇》："商之为言商也。商其远近，度其有无，通四方之物，故谓之商。贾之为言固也。固其有用之物，

在，即使是表现为是以实物交换为主的"交换经济"的发展，也是可以让我们从中发现礼制通过礼俗规则对社会经济法律关系和民事法律关系的某些细微之处的影响，这其中当然包括对契约法关系的具体影响。

　　事实上，在西周礼制确立后的一个历史的自然周期结束后，即西周晚期至春秋初期以后，确实出现了以"工商食官"制度的没落为代表的，由礼制所规范的市场经济模式的崩溃，这其中的主要原因之一，当然是由社会生产力的发展所促进的商品经济的发展使然。然而，"礼崩乐坏"政治局面的出现，并没有使礼制被放弃，中国古代社会自汉代以后，仍然以重新改造后的礼制作为国家政治法律制度，且这一重新选择后的道路一直延续至近代。封建宗族制社会的自然经济作为社会存在和发展的核心部分，保持着持续而缓慢的增长，虽然这种增长速度是缓慢的，但另一个事实却不容否认，中国古代社会在同一社会历史发展阶段上，与世界各国相比较，一直处于经济发展的领先地位。[1]以这一现象而论，礼制所决定的被适用于实现社会分配和对市场交易秩序进行规范的礼俗规则，显然并不是只存在于或只适用于某一个特殊历史时期政治法律制度的组成部分，从这一角度对历史事实予以审视，继续下去的追问则是：如上述案例中交易双方身份的差等与交易中存在的价值差等相对应，是符合"按比例平等"原则的吗？若非如此，礼俗规则的"公平原则"就会与礼义发生冲突，而不仅仅是与社会现实发生冲突。事实上，礼制并不仅仅是以"别贵贱"来确立等级社会的秩序，对因身份而形成的差等，其是以礼物交换这一方式，来形成"社会团结"（这个概念由涂尔干引入，见本书前述）的，因为礼物交换是社会分工形成的"社会团结"的具

以待民来，以求利者也。"孙诒让《周礼正义》"大宰"疏："商贾对文则异，散文则通，故《尚书》以行为贾。"以上所说的"商贾"或"商"，均来源于都城近郊"六乡"，所谓"万民"即指"国人"中的自由农民。这与《逸周书·大聚篇》所说的"商贾"相类似。［周自强主编：《中国经济通史·先秦卷》（上），经济日报出版社 2000 年版，第 940~941 页。］

　　〔1〕　有现代研究表明，中国古代经济长期处于世界领先地位，根据经济历史学家安格斯·麦迪森的计算，在公元元年时中国的 GDP 占世界 GDP 总量的 26%，在公元 1000 年时占 22.7%，除低于印度的 32.9% 和 28.9% 以外，随后一直在 20% 以上，于 1820 年达到 32.9%。然后降到 1870 年的 17.2%，1913 年的 8.9%，公元 1500 年到 1870 年期间，中国的经济总量名列世界第一。（［英］安格斯·麦迪森所著《世界经济千年史》一书附录 B"1820 年以前世界人口、GDP 和人均 GDP 的增长"，其中表 B-20"20 个国家和地区的 GDP 占世界 GDP 的份额，0-1998"。［英］安格斯·麦迪森：《世界经济千年史》，伍晓鹰等译，北京大学出版社 2003 年版，"附录 B"第 261 页。）

体方式。礼物交换不仅体现了个人身份的等级，而且以延时性等值交换，使身份等级所形成的交易价值的差等，通过交易双方的价值追求得以平衡。虽然如该案例中，裘卫送礼的对象并不是矩伯，而是颜和颜的妻子、颜家管事寿商，以及办理此事的业、厥吴、中间人濂虎、东臣等人，裘卫因此获得了或者说替代了矩伯作为原土地所有者的送礼的权利，与库拉贸易中的"夸富宴"类似，这种因身份的差等而形成的对裘卫与矩伯的交易中价值的差等，其实并没有让裘卫失去那个因为交易物的差等的价值，其是通过礼物交换而存在于裘卫与受礼者之间，礼俗规则以裘卫可获得的受礼者的延时履行义务而弥补了差价，这一转换的必要性则是在于"社会团结"的需要。

在此，我们可以看到，礼制的存在，以隐蔽的方式缓和并在一定的程度上有效控制了等级制社会的基本矛盾冲突：在商品交易的对等体现同等对待的同时，另以礼物交换的不对等体现的差等对待，这二者的统一，来体现"公平原则"。在这里，差等对待之所以是"公平"的，是在于这一规则具有的普适性所体现的"公平"。而礼物交换的不对等，则受礼者通过延时性义务履行的差价回报，来最终实现双方的利益均衡。在此值得关注的特别之处是，裘卫送礼的对象并非交易的相对方，而是为礼物交换必需的仪式所提供的支出。送礼者裘卫的这项支出，则会由交易相对方矩伯以延时性义务履行而获得差价回报，但对后来会给予回报的矩伯一方，其给出回报，并不是确定的，只是一种可能。回报支出对于矩伯而言，是为完成交易而举行的仪式所承担的费用，他并不一定给裘卫以这样的回报，其获得的差等价值是否需要返还给对方，取决于其社会地位优势的维持与否，这是由礼制，具体是以礼俗规则所决定的。以此可以看出，礼制和原始的"礼物交换"规则相结合，对商品交易的对等性规则的干预，这样的机制，也并非完善的。因为礼俗规则给出双方交易符合"公平原则"的解释，会因为礼制的变化，使具体的礼俗规则发生变化，如矩伯者们的社会优势地位的合理性和正当性，会受到非议的挑战，这种情况当然一直存在于礼制存续的整个封建社会历史时期。

送礼者的送礼义务（同时也是获得延时回报的权利），来自受礼者的优势社会地位，这一由礼制所决定的社会分配制度使然。"公平原则"在此表现为，礼制对公权力的规范和以这种具有规范性的公权力，对交易最终实现的价值平衡进行干预和控制。这其中受礼者交易因个人身份等级的差等而产生的差等价值，被转移给了受礼者，送礼者和受礼者虽然因礼物交换的对等互惠而有形式上的对双方而言的"公平"，但实质上，送礼者所获得的延时性回报，在送礼者和受礼者之间实质上是不对等的。礼物作为"资本"（包括作为"社会资本"[1]）的流动所产生的"利润"，不仅仅是礼物的送出，往往会要求回报价值更高的礼物（如莫斯对西北美洲"夸富宴"的研究：通常而言，"夸富宴"总是应该要求高息回报的，甚至所有的礼物都要高息回报[2]），而且在于送礼者因此获得了操纵地位关系的权利。[3]

当然，礼制这一特殊作用尚需要深入分析，而礼物理论是一个可凭借的工具。事实上，先秦时期的儒家，对礼制所具有缓和社会基本矛盾冲突的作用，是有所阐述的，如以"礼"为"国之干"（《左传·僖公二十一年》："礼，国之干也"）和孔子所说的"为政先礼。礼，其政之本与"（《礼记·哀公问第二十七》），在这里，孔子明确了"礼"的作用主要是为了"和"。孔子的重要弟子有若对孔子的这一思想的总结是："礼之用，和为贵"，"知和而和，不以礼节之，亦不可行也。"（《论语·学而》）《礼记·儒行》中也说："礼之以和为贵。"对于先秦儒家的"致中和"思想，仅从哲学的抽象角度认识"中"与"和"，有脱离当时社会历史条件下的理论场域而将这一理论的"放大"之嫌，历史上后世儒家们在这一方向上的众多添附证明了这一点。事实上，先秦儒家的"致中和"思想，是与"礼"的功用理论有密切关联的，《礼记·中庸》曰："中也者，天下之大本也。和也者，天下之达道也"，"致中和，天地位焉，万物育焉。"这里的"中"与"和"，是礼制所要达到的治世目标。如《礼记·中庸》对"中"与"和"的定义："喜怒哀乐之未

---

〔1〕　布迪厄给社会资本下的定义是："实际或潜在资源的集合，这些资源与由相互默认或承认的关系所组成的持久网络有关，而且这些关系或多或少是制度化的"，而"关系网络是投资策略的产物，这些策略可以是个人的，也可以是集体的，它们有意识或无意识地针对某些社会关系的确立或再生产"。（［法］皮埃尔·布尔迪厄：《布尔迪厄访谈录：文化资本与社会炼金术》，包亚明译，上海人民出版社1997年版，第202、203页。）

〔2〕　［法］马塞尔·莫斯：《礼物》，载王铭铭主编：《西方人类学名著提要》，江西人民出版社2004年版，第133页。

〔3〕　马聪敏：《礼物》，载《国外理论动态》2006年第11期。

发谓之中，发而皆中节谓之和。"显然，这种人与人之间尽可能消除矛盾冲突后的"不争"，是不受个人感性认识左右，众人皆依循于"理"行为（《礼记·仲尼燕居》："礼也者，理也。……君子无理不动。"）的社会秩序的理想状态。先秦礼治思想的集大成者荀子以"隆礼"之说，基本上确立了礼制作为国家最基本的政治法律制度的地位，如其言："礼之于正国家也，如权衡之于轻重也，如绳墨之于曲直也。故人无礼不生，事无礼不成，国家无礼不宁。"（《荀子·大略》）且荀子以"维齐非齐"论，用以说明社会上仁的有序、和谐，其实是包含在不平等的次序中的，只有通过合理的差别，即维持不平等的等级制度（礼制），才能达成合理的社会关系，进而做到井然有序。[1]

以西方现代礼物理论中所揭示的礼物交换的社会功用来看，先秦时期中国古代社会虽然并非氏族社会，但仍保留了氏族社会的某些特征，宗法制与封建制的并存是这种情况的证明。固然我们不能将礼物理论的适用范围放大，如对布迪厄的社会资本理论的批判认为，资本概念意义的扩展可能使它沦为"与其说是一种有效的精确严密的分析性工具，不如说是一种无力的演说"，也就是"把截然相异类型的资源或能量全部概括到资本的范畴中来，可能误导分析者，使他们比正况下更容易把这些不同种类的资本看成是相似的"。而在资本主义社会，礼物只是"作为一种交换形式的提出是通过维持与其他交换形式——具体地说，包括市场交换和贿赂，其中后者以往经常被人类学界所忽视——的界线来实现的，通过对这个过程的关注，礼物交换的特征可以得到更好的理解"。[2]但先秦时期中国古代社会的礼物交换，"贿赂"是被排除在以礼义所界定符合于礼制要求的范围之外的，与莫斯等人所考察的近代或现代尚存的氏族社会有所不同的是，在制定有可考的礼制的西周社会，礼物交换是与商品交换并存的，或称之为是以"维持"与"市场交换"的"界线"来实现这种并存的。这种特殊的经济形态所反映的生产关系，曾经作为礼

---

[1] 杨志刚：《中国礼仪制度研究》，华东师范大学出版社 2001 年版，"导论"第 17 页。

[2] [美] 司马雅伦：《礼物、贿赂与关系：布迪厄的社会资本再思考》，郭慧玲译，载《中国农业大学学报（社会科学版）》2007 年第 4 期。

制产生的经济基础，与中国古代社会先秦时期的经济的稳定增长[1]有很大关系：在这方面，可依据现代经济增长理论（这当然只是一种工具的借用）对这一时期出现的经济繁荣作出某种分析：现代经济增长理论认为，一个经济的储蓄水平决定其均衡产出，而储蓄水平又取决于储蓄的收益率，"然而，在生产力相对低下的自然经济时代，人们生产的产品除了满足自身消费之外，把未来消费'储蓄'在子女身上便成为家庭储蓄的最优选择，所谓的'养儿防老'，实际上也是在一定程度上克服代际契约中的证实和承诺问题，从而以一种增加储蓄的方式有效促进古代社会的经济增长。种代际财产交换。""孝道作为一个独特的代际契约履约机制……然而，实施和维持孝道却不完全是自发的，需要来自统治者的干预。而对于统治者来说，他需要将资源在配置给生产和配置给战争之间权衡。"[2]孝道作为中国古代社会传统伦理观的核心，在先秦时期，也是儒家构建的礼制的核心，从家庭到家族、宗族，以伦理关系所构造礼制，一个"孝"字，可贯穿其整体。"孝"不仅是维系"亲亲"关系的纽带，放大了的"孝"即是"忠"和"诚信"，同样是维系"尊尊"关系的根本。而"孝道伦理的经济价值是秩序理性和代际转移支付一方面，孝道伦理环境下，秩序和纪律性受到重视，而秩序和高度纪律性是成功的经济组织的重要特点。另一方面，孝道伦理在家庭层面，更注重代际私人物品的提供；在国家层面更容易做出代际公共物品如环境、教育、基础设施

---

〔1〕　西周社会中的农民是大量存在的。西周时期的主要耕具是耒耜，普遍实行耦耕。然而，耒耜只是当时的农具之一，而耜又有石制、木制和铜制等几种，其中铜制占有相当的比重。农民以一家一户为单位，同样可以实行"耦耕"。《周礼》所述"六乡"农民，无疑也是以一家一户为单位独立耕种其所受的小块土地，而非集体耕作，农业生产发展水平是较高的。西周时期的青铜器铸造业仍像商代一样，是那个时代支柱性的产业，为其他手工业和农业生产提供相应的设备和生产工具，其本身又以丰富多彩的青铜器体现出当时科学技术和文化艺术的最高水准。纺织、制陶、琢玉、木器、漆器、建筑等手工业产品，也有技术水平高超的杰作，甚至居世界领先地位，如丝织产品和古陶瓷等。诸种手工业产品，在呈现出西周时代手工业生产多样性的同时，也在很大程度上反映出社会生产发展的总体水平。〔周自强主编：《中国经济通史·先秦卷》（上），经济日报出版社2000年版，第739~832页。〕而至战国秦汉时期，城市和城市交换经济是十分发达和繁荣的。城市交换经济在整个社会经济中占有主导的地位。整个社会的走向、发展规律，是在城市交换经济的主导和支配下向前走动的。农村、农业、农民的发展、变化，是被动的、被支配的。农民失丢土地，破产流亡或流落山泽，或流落城市为无业游民，或卖为奴隶，都是交换经济迫使之然的。战国秦汉时代，是城市支配农村的时代，是农村受城市支配的时代。（何兹全：《战国秦汉时代的交换经济和自然经济，自由民小农和依附性佃农》，载《史学理论研究》2001年第3期。）

〔2〕　李金波、聂辉华：《儒家孝道、经济增长与文明分岔》，载《中国社会科学》2011年第6期。

等的供给"〔1〕。

先秦儒家所构造的伦理法，就是礼制。《礼记·经解》云："礼之于正国也，犹衡之于轻重也，绳墨之于曲直也，规矩之于方圆也。""礼"是极具普遍性和强制性的社会规范，以国家制度而颁行和礼仪规则和以国有权力的干预所形成的礼俗规则，共同构成礼制，其以孝道伦理客观上对代际私人物品的提供和代际公共物品的供给，通过具有储蓄性质的代际转移支付，客观上具有促进经济增长的作用，因此而表明礼仪和礼俗规则不仅仅是为形成等级制社会秩序而建立的政治制度，也不仅仅是为了体现礼义而确立的具有普适性的道德规范，其事实上还是法律制度，这一法律制度中重要的组成部分，即为契约法。因为对延时性礼物交换的规范，虽然在直观上表现为礼制的建立与这种原始经济形态的残留有很大关系，但客观上礼制建立的这一渊源，使其与当时的社会生产关系保持了一定的相适应关系。而礼制在此以后的延续，故然不能再以这样的理由来解释（这是一个很重要的问题，本书将在以下部分讨论），但至少是在这一时期礼制作为上层建筑与其经济基础的相适应，所表明的，以其对商品交易秩序的规范和社会分配方式的明确，是具有正当性的，并因此使其所贯彻的公平原则在与其相联结的时代语境中得以体现，也就同时使其契约法规则体系（由礼俗规则的补入而完整）的公平原则得以体现。

（2）例2：五祀卫鼎铭文。卫把邦君厉告到邢伯、伯邑父、定伯、琼伯、伯俗父等执政大臣那里，控说邦君厉未按承诺将五百亩地补偿给他，邢伯、伯邑父、定伯、琼伯、伯俗父等的裁判是，叫厉立了誓，并让三个职官，司徒邑人趞，司马颃人邦，司空隆（附）矩，内史友寺芻（刍），受田四百亩给卫，事后，"卫小子𢆶其卿（飨）、倗"。〔2〕

这个铭文主要记录的是卫的讼词，其陈述邦君厉当初的承诺，说明当初双方曾就邦君厉占用了卫的田土，而承诺将自己的五百亩地用于对卫的补偿达成了契约，由于邦君厉未按其承诺履行，所以卫才将其告到邢伯、伯邑父、定伯、琼伯、伯俗父等执政大臣那里。对于邦君厉之"𣏟（营）二川"，多解

---

〔1〕 段炳德：《孝道伦理、代际支付与中国经济增长》，载《理论学刊》2013年第7期。

〔2〕 庞怀清等：《陕西省岐山县董家村西周铜器窖穴发掘简报》，载《文物》1976年第5期。

释为治理河道，兴修水利，与其言"余执龚（恭）王卹（恤）工（功）"相联系，认为其是为恭王办理勤政之事，也就是从事的是行政事务，但说不通的地方是，邦君厉为何要以自己的五百亩土地来补偿卫？卫告邦君厉所得到的判决结果，与双方原订契约中的约定，并不相同，卫原来要求邦君厉按其承诺给他五百亩地，只得到了四百亩，在此，有关邦君厉所谓的为恭王办理勤政之事的解释，成为一个疑点，因为对于邦君厉所谓的"余执龚（恭）王卹（恤）工（功）"，对于"卹（恤）工（功）"，唐兰认为"卹工"即"卹功"，是忧勤政事的意思，[1]马承源和王辉从之。[2]戚桂宴认为，"卹工"即意同"卹厥死事"（"死"读为"尸"，主也），意即勤勉从事于所主持的工作。[3]但是，黄盛璋却认为，"卹"故书或作"洫"，"卹工"可能是某种沟洫工程，或用沟洫围绕起来的工程，[4]李零也认为"卹功"指治沟洫。[5]而关于"𤇾（营）二川"之"𤇾"，黄盛璋认为"𤇾"字为"𤎫"，读为"萦"，"萦二川"的意思是围绕二川之地，"川"是肥沃的田地。[6]唐兰认为五祀卫鼎铭文中"𤇾"通"禜"，音咏，祭山川。[7]马承源认为，"𤇾"假为"营"，在此上引铭文中的意思是指营治二川须动用卫之田地，厉愿出五田交换，[8]王辉从之。[9]戚桂宴读"𤇾"为"𤄷"，《说文》："𤄷，深池也。"此字在铭文中是掘导和疏浚之意。[10]从上述各家对铭文中的此句的解释情况以及上下文的联系上看，虽然"余执龚（恭）王卹（恤）工（功）"的前半段"余执龚（恭）王"确有为"恭王"而勤政事之意，但不排除此说是假借"恭王"之名，而行其施行沟洫工程之私事，否则邦君厉者，愿以个人之五百

〔1〕　唐兰：《陕西省岐山县董家村新出西周重要铜器铭辞的译文和注释》，载《文物》1976年第5期。

〔2〕　马承源：《商周青铜器铭文选》（第3卷），文物出版社1988年版，第132页。王辉：《商周金文》，文物出版社2006年版，第140页。

〔3〕　戚桂宴：《董家村西周卫器断代》，载《山西大学学报（哲学社会科学版）》1980年第3期。

〔4〕　黄盛璋：《卫盉、鼎中"贮"与"贮田"及其牵涉的西周田制问题》，载《文物》1981年第9期。

〔5〕　李零：《西周金文中的土地制度》，载氏著：《李零自选集》，广西师范大学出版社1998年版，第97页。

〔6〕　李零：《西周金文中的土地制度》，载氏著：《李零自选集》，广西师范大学出版社1998年版，第80页。

〔7〕　唐兰：《陕西省岐山县董家村新出西周重要铜器铭辞的译文和注释》，载《文物》1976年第5期。

〔8〕　马承源主编：《商周青铜器铭文选》（第3卷），文物出版社1988年版，第132页。

〔9〕　王辉：《商周金文》，文物出版社2006年版，第141页。

〔10〕　戚桂宴：《董家村西周卫器断代》，载《山西大学学报（哲学社会科学版）》1980年第3期。

亩土地与卫交换（先占用了卫的田地，后予补偿，实为一种交换）的行为动机，是很难理解的。对此，赵光贤虽然也认为，"妫"当是"营"的借字，但对于"营二川"之译读，其也认为"大概是在二川上做了什么水利工程，这个工程大概是在邦君厉的境内，厉可能是这个工程的受益者，为了答谢裘卫，厉答应卖给他五田。由于铭文简略，只能进行这样的推测，否则无法解释为什么厉会凭空给裘卫五田"。而对邦君厉与卫之间发生的这场讼事，其认为"有的同志说，这是厉与裘卫以土田相交换，可是铭文并没有这话，也做不出这样的推测"。但他又说："厉虽答应卖田给裘卫，但未照办，于是裘卫把这事告到井伯等人那里去。"[1]类似的自相矛盾的说法，通见于各家，大都认为在邦君厉和卫之间进行的是一种土地交易，而非其为勤勉政务（行政行为），不惜以个人的田地，给被占用田地的卫以补偿。事实上，从西周的土地所有制情况来看，邦君厉虽为小的诸侯国之君，[2]但其田地在名义上乃为周王所有，[3]故其假以恭王之名，是可以理解的。

就以上情况，值得研究的是邦君厉和卫之间进行的不对等的土地交易（五百亩换四百亩），与二人身份的不对等（卫即裘卫，乃掌管周王室裘皮贸易的小官）之间的对应关系，反映在诉讼中邢伯、伯邑父、定伯、琼伯、伯俗父等执政大臣们适用的审判规则，即是维护这种交易的不对等的。卫起诉邦君厉说，"余舍女（汝）田五田"，即厉曾经承诺给卫五百亩田地作为占了卫的田地的补偿，而当上述执政大臣们问邦君厉时，他是承认自己是有这样的承诺的："正廼（乃）嗌（讯）厉曰：'女（汝）賔（贾）田不（否）？'厉廼（乃）许，曰：'余審（审）賔（贾）田五田。'"但奇怪的是，虽然厉当庭表示其愿意给收五百亩田地，执政大臣们的判决结果却是只给卫四百亩田地，"廼（乃）令参（三）有嗣（司）"等带领众人踏勘给卫的只有四百亩田地，"帅履（履）裘卫厉田三（四）田"。当然，有可能存在二人田地的

〔1〕 赵光贤：《从裘卫诸器铭看西周的土地交易》，载《北京师范大学学报（社会科学版）》1979年第6期。

〔2〕 唐兰：《〈五祀卫鼎〉："邦君当是国畿里面的小国国君"》，载氏著：《西周青铜器铭文分代史征》，中华书局1986年版，第462~463页。

〔3〕 西周时期，"天子土地所有制和天子最高土地所有权是如此普遍，以致天子直接行使自己的所有权，只得以王室和诸侯两级土地的领有制作为自己所有权的实现形式，使之成为土地折有制的等级阶梯。"（李朝远：《西周土地关系论》，上海人民出版社1997年版，第109页。）

好坏之别，仅以田地的亩数，不足以说明二人经审判后实际完成的交易是不对等的，但以厉当初就承诺给卫五百亩田地进行交换的情况来看，二人田地的好坏之别的情况是不存在的。因此，之所以出现这种情况，应该是因为卫起诉了厉的缘故，所以审判的结果是卫比原先应得的补偿要少。对此可以有所映证的是，僳匜铭文中，牧牛控诉其上司的诉讼，因其"汝敢以乃师讼"，即以下犯上竟敢起诉其上司，首先就因为违反了礼制所规定的等级制，不仅需要两次起誓，亲自到啬去见僳，送还五夫，还要受到处罚，最初的责罚，鞭打一千下，处以黥刑，后经两次宽赦，最后只鞭打五百下，罚铜三百锾。[1]从身份上看，师僳作为"牧师"，而牧牛为"牛人"，[2]是管放牛奴隶的官，师僳是其上司。[3]当然，牧牛被处以鞭打五百下，罚铜三百锾，不仅是因为其违背其先前的誓言，竟敢告其上司，还因为其被谴责为诬告：对于审判此案的官员伯扬父所说的"叔乃可（苟）湛（扰）"，"叔"为"徂"，意思为过去，"乃"为"汝"，是主格代名词，[4]而苟，"可"为"苟"，意为谴责。[5]不过，刘翔等著的《商周古文字读本》中认为"可"通"荷"，意为"承担"。[6]对于湛（扰），唐兰读"湛"为"扰"，《说文》："扰，读若告言不正曰扰。""告言不正"就是诬告。[7]对此，另有庞怀清等人的《简报》读"湛"为"勘"，[8]李学勤认为"湛"是"堪"，有"负担"的意思，[9]《商周青铜器铭文选》读"湛"为"甚"。[10]王晶从唐兰说，对"叔乃可（苟）湛（扰）"整句译读为"你被谴责为诬告"。[11]尽管如此，牧牛因起诉他人反而受到处

---

〔1〕 马承源主编：《商周青铜器铭文选》（第 3 卷），文物出版社 1988 年版，第 185 页。

〔2〕 刘海年：《僳匜铭文及其所反映的西周刑制》，载《法学研究》1984 年第 1 期。

〔3〕 程武：《一篇重要的法律史文献——读僳匜铭文札记》，载《文物》1976 年第 5 期。

〔4〕 李学勤：《岐山董家村训匜考释》，载吉林大学古文学研究室编：《古文字研究》（第 1 辑），中华书局 1979 年版，第 112 页。

〔5〕 庞怀清等：《陕西省岐山县董家村西周铜器窖穴发掘简报》，载《文物》1976 年第 5 期。

〔6〕 刘翔等：《商周古文字读本》，语文出版社 2002 年版，第 144 页。

〔7〕 唐兰：《陕西省岐山县董家村新出西周重要铜器铭辞的译文和注释》，载《文物》1976 年第 5 期。

〔8〕 庞怀清等：《陕西省岐山县董家村西周铜器窖穴发掘简报》，载《文物》1976 年第 5 期。

〔9〕 李学勤：《岐山董家村训匜考释》，载吉林大学古文学研究室编：《古文字研究》（第 1 辑），中华书局 1979 年版，第 112 页。

〔10〕 马承源主编：《商周青铜器铭文选》（第 3 卷），文物出版社 1988 年版，第 185 页。

〔11〕 王晶：《僳匜铭文集释及西周诬告案件的审理程序窥探》，载《重庆师范大学学报（哲学社会科学版）》2011 年第 5 期。

罚，其违反礼制而控告其上司师㲚，是其罪名之一。这与卫告邦厉君的情况相似，以此似乎可以解释为什么尽管邦厉君法庭上承认自己承诺过给卫五百亩田地作为交换，但审判官员们的裁判结果却是只给了卫四百亩田地。

邦厉君和卫之间的土地交换，仅从商品交换的角度来看，是不对等的，这一不对等的结果，是审判造成的，而审判依循的并非只是一般性的对等原则，而是因为卫的诉讼，对地位比他高的邦厉君来说，是一种冒犯，虽然铭文中并没有直接表达出这一点，这是因为卫本人也是官员，只不过其官职与作为王畿里的小国国君邦君厉相比，要低许多。前述情况与㲚匜铭文中记载的牧牛和师㲚之间出现的情况有所不同的是，牧牛有诬告的行为，所以卫并没有受到刑事处罚，只是在财产上被减损，这里体现出的礼制的公平原则干预了商品交易的公平原则的事实，以此应该可以解析出前者的构成，以"义"大于"利"的指导思想所形成的具体的适用规则，似乎是对客观经济规律的一种逾越，以此而论，如果仅从商品交换的角度去看，礼制的公平原则是难以维系其客观存在的，如果卫因为商品交换而导致了财产上的减损不能得到弥补的话，那么他是不会愿意进行这样的交易的，而商品交易如果不是出于自愿的话，那么这种交易是不会发生的。事实也似乎是：卫与邦厉君的这次土地交易似乎是被迫的，是因为邦厉君要兴修沟洫而占用了卫的田地，但是，双方事先是谈好了条件的，邦厉君承诺给卫五百亩地，以此而论，双方的交易是建立在自愿的基础之上，只是后来邦厉君不愿意按其承诺履行，卫才不得不进行诉讼。

在此存在的问题是，礼制的公平原则的具体适用规则如果是该案例所呈现出的这种情况的话，卫应该事先就有所预测，其对裁判结果之所以没有异议或者说不能有所异议，是因为这样的裁判结果是被众人普遍认同是"公平"的。而像这类并没有直接在礼制中明确规定的裁判所依据的规则，也就是在礼仪规则中不可能写入的规则，只能归入礼俗规则的范畴。五祀卫鼎铭文只是记录了判决被立即执行的情况：邢伯等执政大臣就此事作了仲裁，叫厉立了誓，于是命令三位职官䵼（司）土（徒）邑人䵼、䵼（司）马颂人邦、䵼（司）工（空）隆（附）矩、内史友寺䍃（刍），到现场进行踏勘，划割厉田四百亩给裘卫，并给这个邑里定下了四界，北界到厉的田，东界到散的田，南界到厉的田和政父的田，西界到厉的田。邦君厉到现场付给裘卫田，厉叔子夙，厉家的管家季申、庆癸、燹表、荆人敢、邢人倡辅佐他们的君主厉，卫小子还举行宴会并送礼。卫因此做了父亲的鼎，卫家子孙一万年永宝用。这是王五年（发生的事）。[1] 而卫铸鼎将以上经过记录下来，固然主要目的是证明其对从邦厉君那里获得的田地的所有权的永续存在，但鼎作为礼器，《礼记·曲礼下》曰："无田禄者不设祭器。"孔颖达疏："此明不得造（祭器）者，下民也，若大夫及士有田禄者，乃得造（祭器）"。所谓"祭器"就是鼎、簋之类的铜礼器，只有拥有"田禄"者才能自备青铜礼器。[2] 可见裘卫铸鼎，与其拥有从邦厉君那里获得的田地有关，其铸鼎行为符合礼制。而鼎作为重要的礼器，与祭祀有关，估计正因为鼎是祭祀所用盛牲之器，被赋上了神圣的意义，于是便从日用器皿中分化出来而成为重器。周代的用鼎制度，据何休注《公羊·桓公二年传》所云"礼祭：天子九鼎，诸侯七，卿大夫五，元士三也"，是西周古制，而《仪礼》等战国书籍所记，正是东周制度。随宗法奴隶制走上衰亡阶段后，原有的等级制度及其从属的礼乐制度也就一步一步地受到破坏。《仪礼》等书中所见的制度，便已变化为：诸侯用大牢九鼎；卿、上大夫用大牢七鼎；下大夫用少牢五鼎；士用牲三鼎或特一鼎。[3] 据庞怀清等人的《简报》，陕西省岐山县董家村出土的西周铜器发现于窖穴，而并非墓藏，所发现的裘卫四器中，鼎为二件，[4] 却并不能因此确认裘卫者仅有二鼎。对于鼎作为礼器的意义，《左传·成公二年》中说："名以出信，信以守器，器以藏礼，礼以行义，义以生利，利以平民，政之在节也。"杨伯峻注："制定各种器物，以示尊卑贵贱，体现当时之礼。"[5]《孔子家语·正论解第四十一》也说："有器，然后得行其礼，故曰器以藏礼。"[6]《礼记·记器》则云："礼器，是故大备。大备，盛德也。"《礼记正义》引郑玄《目录》云："名为《礼器》者，以其记礼，使人成器之义也。故孔子谓子贡：'汝，器也。'曰'何器也'？曰'瑚琏也'。此于《别录》属《制度》。"[7]

〔1〕　唐兰：《陕西省岐山县董家村新出西周重要铜器铭辞的译文和注释》，载《文物》1976 年第 5 期。

〔2〕　俞伟超、高明：《周代用鼎制度研究》（中），载《北京大学学报（哲学社会科学版）》1978 年第 2 期。

〔3〕　俞伟超、高明：《周代用鼎制度研究》（中），载《北京大学学报（哲学社会科学版）》1978 年第 2 期。

〔4〕　庞怀清等：《陕西省岐山县董家村西周铜器窖穴发掘简报》，载《文物》1976 年第 5 期。

〔5〕　杨伯峻编著：《春秋左传注》"成公二年"，中华书局 1981 年版，第 788 页。

〔6〕　杨朝明、宋立林主编：《孔子家语通解》"正论解第四十一"，齐鲁书社 2009 年版，第 479 页。

〔7〕　李学勤主编：《十三经注疏（标点本）礼记正义》卷二十二"礼运"，龚抗云整理，王文锦审定，北京大学出版社 1999 年版，第 716 页。

郑氏在此所说的有两层意思，一是《礼器》篇在《别录》中，归属于《制度》；二是《礼器》篇之所以取名为"礼器"，其目的在于"以其记礼，使人成器"，其所引孔子之说，见之于《论语·公冶长》。孔子把子贡比喻为瑚琏（祭祀时盛黍稷的尊贵器皿），是以器作为礼之形而下之物来借以喻人的，因此，卫铸鼎并以铭文记录其与邦厉君之间的土地交换，是在很清楚地说明，二人之行为是完全依循于礼制的规范进行的，换言之，礼制的规范，即由礼制的干预所形成的礼俗的规则，是被作为二人土地交换所遵循的规则的，而并非只是按商品交换的规则来交易的。卫的这一行为本身，即表明了礼制对双方土地交换行为进行规范的礼俗规则，是被当作进行这类交易的契约法规则来遵守的。在此，礼制以制度对主体地位的差序结构的体现，被当作实现社会分配所决定的社会需要，是对社会"按比例平等"原则的一种强制性倒置所发生的制度效应，即是说礼制将主体身份的不平等以产品交换中的不平等的形式体现出来，是为了将社会分配所决定的产品交换中自然存在的不平等，以制度的形式固定下来，并强制性地推行于对主体之间产品交换行为的规范之中，这是上层建筑对生产关系的反作用的体现。

然而，这种以制度所规范的主体间的差等关系，是"公平"的，易言之，以国家权力所规范的无差别地在主体间适用产品交换的差等原则，即为"公平原则"。卫铸鼎，以礼器作为物的社会公示性作用，以及固定的符号意义，使作为礼的外在形式得以显现，因此使作为行为规则的礼俗和"器物的规范化"[1]二者之间的相互借于对方来体现自身存在的互通关系得以显现。《礼记·乐记》说："簠簋俎豆制度文章，礼器也。""制度"一词，最早见于《易经·节》："天地节而四时成，节以制度，不伤财，不害民"，"君子以制数度，仪德行。"孔颖达疏："数度，谓尊卑、礼命之多少，……君子以象节以制其礼数等差，皆使有度。"[2]而"簠簋俎豆"之礼器，既用外在形式来表现不同"威仪"所表征的不同等级的政治权威，又以其自身存在的外在性来表现其所代表的那一部分礼制。礼器制度也可以认为是一种分配制度，在《周礼》中，掌管礼器的职官"典命"，其职责是"掌诸侯之五仪诸臣之五等

〔1〕 高玉琢、王宏：《〈礼记〉的法理思考》，载《理论探索》2007年第2期。
〔2〕 李学勤主编：《十三经注疏（标点本）周易正义》卷六"节"，李申、卢光明整理，吕绍纲审定，北京大学出版社1999年版，第240页。

之命"：

> 上公九命为伯，其国家、宫室、车旗、衣服、礼仪，皆以九为节。
>
> 侯伯七命，其国家、宫室、车旗、衣服、礼仪，皆以七为节。
>
> 子男五命，其国家、宫室、车旗、衣服、礼仪，皆以五为节。
>
> 王之三公八命，其卿六命，其大夫四命。及其出封，皆加一等。其国家、宫室、车旗、衣服、礼仪亦如之。
>
> 公之孤四命，以皮帛，视小国之君。其卿三命，其大夫再命，其士壹命。以皮帛视小国之君，其卿三命，其大夫再命，其士一命，其宫室、车旗、衣服、礼仪，各视其命之数。侯伯之卿大夫士亦如之。
>
> 子男之卿再命，其大夫一命，其士不命。其宫室、车旗、衣服、礼仪，各视其命之数。[1]

所谓"命"，当指周王按字爵等级赐予臣下仪物，如玉圭和官服等。《国语·周语上》："襄王使邵公过及内使过赐晋惠公命。"韦注曰："命，瑞命也，诸侯即位，天子赐之命圭，以为瑞节也。"又"襄王使太宰文公及内史兴赐晋文公命"，韦注曰："命，命服也。"[2]因此，"（其）×某'命'，应是一层分配等级，或一个分配单位，因命不同而宫室车旗衣服礼仪不同"[3]。当然，这种以政治性为中心的制度所规定的接受周王赐予"礼物"的等级，所"分配"的主要是对他人进行控制的政治权力，而并非可等同于一般意义上的礼物交换中的交换规则，但正因为以政治制度的强制性规范对世俗社会行为规则干预作用的存在，以礼俗规则作为交换规则的日常生活中的礼物交换和商品交易行为，必然会受到这一作用的影响（这里似乎可以美国人类学家罗伯特·芮德菲尔德在 1956 年出版的《农民社会与文化：人类学对文明的一种诠释》一书中提出的"大传统"和"小传统"理论，来对"政治制度的强制性规范"和

---

〔1〕 李学勤主编：《十三经注疏（标点本）周礼注疏》卷二十一"春官宗伯第三·典命"，赵伯雄整理，王文锦审定，北京大学出版社 1999 年版，第 544~547 页。

〔2〕 徐元诰撰：《国语集解》"周语上第一·襄王使邵公过及内使过赐晋惠公命"，王树民、沈长云点校，中华书局 2002 年版，第 31、32 页。

〔3〕 吴十洲：《两周礼器制度研究》，五南图书出版公司 2004 年版，第 36 页。

"礼俗规则"之间的关系，做出某种解释[1]），使主体身份的等级性，体现为礼物交换和商品交易中的"差等"关系的存在，正如上述所引案例中的情况。

不过，对上述认识仍可进一步深入的是，在该案例中，裘卫受到的差别对待，与前面在案例1中所引入的礼物理论中对"夸富宴"意义所做揭示表明，举行"夸富宴"一方，总是会得到超值回报的，"卫小子"者（卫的自我谦称或卫家的管家）在具有强制性的裁判结果执行完成后，"甘（乡）飨餗（賸）"，即宴请众人并送了礼，其行为的性质与举行"夸富宴"行为的性质有类似之处："卫小子"宴请众人并送礼，除了具有酬谢众人的一般性意义和是一种依礼俗规则而行为以外，确实因此获得了让受宴请和受礼一方产生的回报义务，在此，则主要是除了履行执行裁判结果的三位职官嗣（司）土（徒）邑人趞、嗣（司）马颀人邦、嗣（司）工（空）隆（附）矩和内史友寺匒（刍），以及其他随同的官方人员以外的"众人"，如所谓那些依附于土地的"庶、众、小人"等土地使用者，如所谓"土田附庸"，是附属在土地上作为仆庸的耕作者，[2]

---

〔1〕　美国人类学家罗伯特·芮德菲尔德在 1956 年出版的《农民社会与文化：人类学对文明的一种诠释》一书中提出的"大传统"和"小传统"理论认为，除原始社会外，任何一个社会的文化都有"大传统"（或称"精英文化""上层文化"）和"小传统"（或称"民间文化""下层文化"）之分，"在一个文明中，存在着一个具有思性的少数人的大传统和一般而言小属思考型的多娄人的小传统。大传统存在于学校或教堂的有教养人中，而小传统是处于其外的，存在于不用书写文字的乡村社区生活中。哲学家、神学家、文学家的传统是一个在意识上的培养的传统，并输送下去。大部分人民所属的小传统被认为是被赋予的，不用仔细推敲的或被认为要提炼和润色的文化。""两个传统是相互依赖的，大传统和小传统之间有持续而长久的影响过程"（［美］罗伯特·芮德菲尔德：《农民社会与文化：人类学对文明的一种诠释》，王莹译，中国社会科学出版社 2013 年版，第 70~71 页。）就周代礼制制度而言，以文化传统为载体，亦有"大传统""小传统"两重层面。作为"大传统"应体现在国家和贵族的形式中；而作为"小传统"，则体现在世俗化的民间形式中。（吴十洲：《两周礼器制度研究》，五南图书出版公司 2004 年版，第 25 页。）

〔2〕　对此，从西周金文的考古研究来看，孙诒让、王国维最早指出裘生簋中的"仆墉土田"，就是《诗·鲁颂·閟宫》中的"土田附庸"及《左传·定公四年》祝鮀所述的"土田陪敦"。［（清）孙诒让：《召伯虎簋第二器》，载孙诒让撰：《古籀余论》，华东师范大学出版社 1988 年版，第 120~121 页。王国维：《毛公鼎铭考释》，载氏著：《古史新证——王国维最后的讲义》，清华大学出版 1994 年版，第 131 页。］郭沫若在 1928 年将"附庸"解为"附属于土地的农夫"。［郭沫若：《中国古代社会研究》，载氏著：《郭沫若全集》（历史编·第 1 卷），人民出版社 1882 年版，第 150 页。］后学界多从郭氏之说。但有如陈汉平说"附庸"本义是小城邦附于大国者。（陈汉平：《仆章非仆庸辨》，载《考古与文物》编辑部编：《古文字论集》，《考古与文物》编辑部 1983 年版，第 51 页。）王人聪解"仆墉"为"附属小国"。（王人聪：《琱生簋铭"仆墉土田"辨析》，载《考古》1994 年第 5 期。）沈长云认为"附墉"是"土田"的修饰语，"附墉土田"是靠近城垣的土田。（沈云长：《琱生铭"仆墉土田"新释》，载《古文字研究》2000 年第 22 期。）王晶认为，陈汉平之说是正确的，在西周晚期的逆钟和询簋铭文中的"仆庸"和"庸"是指人的身份。（王晶：《五年琱生簋铭文集释》，载《嘉应学院学报》2012 年第 3 期。）

他们到场所表明的是随着土地所有者的改变而"转让"给了卫的事实,是这种"回报"的体现。虽然五祀卫鼎铭文中并未记录有这些人到场,但铭文中所说的"乃舍寓于厍(厥)邑",对于"寓",庞怀清等人的《简报》认为"寓"即"宇",即"指田地的四边疆界";[1]但《商周青铜器铭文选》中认为"寓"指邑中的屋宇,[2]王辉从之;[3]李学勤解"寓"为"居住之地";[4]王长丰认为,在西周时,"宇"不与"寓"通,《说文》及后来多从此说者,是错误的,"寓"与"圄"在西周时为一字之异形或通,故"乃舍寓于厍(厥)邑"之句可解为"施予卫寓居此邑"。[5]如《眉能王鼎》有:"只人师眉能王为周客",说明西周社会确实存寓居、客居的现象。[6]而关于采邑,存在三种形式,即京城为邑,卿大夫的居住地称邑,以及公社为邑,在公社中的"众人",为土地上的直接耕作者——公社社员。[7]故卫得到"此邑",且以土地所有者的身份"寓居"于此,与"众人"的关系即由邦君厉那里转换而来,这对于小官卫来说,其因此而有的身份,有着不同于其作为已被邦君厉占有的那部分土地的所有者身份的意义,即卫可因此而领有"此邑"中的"众人",他们因土地所有者的改变而被转让给了卫,卫因此获得了举行宴会并送礼的权利,也就是说,其因此可获得与"众人"们建立"附庸"关系的权利的回报。之所以这样说,是因为在这一变故中,"众人"们应当是要到场的,因为卫被施予"寓居"于"此邑",其获得的不仅是田地,而且是领有"此邑",而"田"与"邑"的不同在于"邑"是居民点,其必然包含土地、房屋等内容,其核心内容是居住于其中的人,而田必定与一定的"邑"相联系,正因为二者之间具有这种关系,散氏盘散双方交割"田"时,交付方有十五人参预,除官员"有司"外,还有"豆人""小门人""原人""虩人"之类有关"邑"的代表。五祀卫鼎记厉与裘卫交割"田"时,交付方除了邦

---

[1] 庞怀清等:《陕西省岐山县董家村西周铜器窖穴发掘简报》,载《文物》1976年第5期。
[2] 马承源主编:《商周青铜器铭文选》(第3卷),文物出版社1988年版,第132页。
[3] 王辉:《商周金文》,文物出版社2006年版,第142页。
[4] 李学勤:《论史墙盘及其意义》,载氏著:《新出青铜器研究》,文物出版社1990年版,第78页。
[5] 王长丰:《五祀卫鼎新释》,载《殷都学刊》2004年第4期。
[6] 王长丰:《西周微氏家族青铜器群及其世系研究中的一个误区》,载安徽省文物考古研究所:《文物研究》(第11辑),黄山书社1998年版。
[7] 李朝远:《西周土地关系论》,上海人民出版社1997年版,第181页。

君厉的代表"厉叔子夙、厉有司申季"等人外，也有"荆人"夕、"丼（邢）人"之类有关"邑"的代表。《左传·僖公二十五年》上记载：晋文公定周襄王有功，被赐予"阳樊、温、原、横茅之田"，但"阳樊不服"，晋军围之。阳樊人"苍葛呼曰：'德以柔中国，刑以威四夷，宜吾不敢服也。此，谁非王之亲姻，其俘之也？'"，晋文公为体现其德政，"乃出其民"，而上述这些人，即与阳樊人相似。[1]因为邦君厉与卫的土地交换，对卫来说，铭文中已清楚地说明其获得的不仅是邦君厉的四百亩田，而且是"寓居"于"此邑"中，也就是由其土地所有者的身份所决定，其同时获得了对"此邑"中的土地使用者的控制权，这一改变对双方来说，不仅需要建立新的等级关系，而且需要订立新的土地使用契约。邦君厉的叔子夙（夙）和管家齄季，很可能是厉家负责"此邑"经营管理的人，他们到场，与办理土地移交手续，包括与"众人"们订立新的土地使用权契约有关，否则没有必要在铭文中记录他们的名字。

据杨宽的研究，西周时期井田制的最小村社为"里"，《尔雅·释言》有："里，邑也。""里"应该就是小邑，也就是"十室之邑"，"十室之邑"有一井之田，"里"和"邑"也称为"社"，村社大小不一，最普遍的是十家，三老和啬夫等是村社的领袖，《公羊传·宣公十五年》何休注记述井田制度时说："选其耆老有高德者名曰父老，其有辩护伉健者为里正。"秦汉时代的乡官，有三老"掌教化"，啬夫"职听讼，收赋税"，游徼"缴巡禁贼盗"。所有这些乡官，究其原始，该是由村社中选举出来的，后来才变为由国君和贵族选派的。[2]五祀卫鼎中厉有阖（司）齄季后的庆癸、燹裛（表），多数释文均将此二人也归为"厉有阖（司）"，其实这二人的身份不明，因为这种断句，仅为一种推测。至于㓝（荆）人㪫（敢）、丼（邢）人偈屖二人，王辉将"㓝"读为"荆"，认为是西周畿内地名，"丼人"即为"邢人"，"邢"即邢国，[3]也就是说，此二人可能并非本地人，他们的身份同样不明，通常来说，这四位身份不明者很可能是"众人"的代表，是这个"邑"中居住的"众人"们的领袖，而并非可以解释为是邦厉君的管家之类的人物。而他们到

---

〔1〕 袁林：《两周土地制度新论》，东北师范大学出版社2000年版，第79~80页。

〔2〕 杨宽：《西周史》，上海人民出版社2003年版，第197~198页。

〔3〕 王辉：《商周金文》，文物出版社2006年版，第143页。

场并接受了卫送的礼，是代表"众人"们受礼的，以此确立了卫与"众人"们的契约关系和受礼后的回报义务。重点应该是"众人"们的契约义务和作为礼物交换中受礼一方的回报义务的并存，使卫在与邦君厉完成了土地交换后，由于获得了"此邑"中以土地所有者地位所决定的对"众人"们的控制权以后，会获得"众人"们的超值回报，对其与邦君厉交易中的因差等原则所造成的"损失"，获得了弥补，与其损失的土地价值相比较，卫获得的与"众人"们建立新的"附庸"关系的权利的回报，是具有持续性的，卫因此而在这场交易中，其实是被平等对待的。由此可见，以作为"小传统"的礼俗规则对双方行为的规范所体现的礼物交换，对以契约关系所规范的土地作为商品交换的补充作用，二者之间并非割裂的，因为卫与"众人"们礼物交换关系的形成，是由于邦君厉的土地所有权转让而获得的，且获得其他回报的权利与土地作为商品交换是相伴随的，礼俗规则不仅是对这场交易中礼物交换行为的规范，而且更重要的是，其对土地交换必须以礼俗规则行事进行了强制性的规范。在这个案例中有关上述事实的反映是清楚的。

（3）例3：佣生簋铭文。"隹（唯）正月初吉癸子（巳），王才（在）成周。格白（伯）取良马乘于甸（佣）生，氒（厥）寅（贮）卅田，剔（则）析。格白（伯）履，殴妊彶佤氒（厥）从格白（伯）反（按）彶甸，殴氒（厥）纫，雫谷杜木，遑（原）谷旅桑，涉东门。氒（厥）书史戬武，立盅成璺，保（宝）（簋），用典格白（伯）田。其迈（万）年子子孙孙永宝用。"

对于格伯以三十田，换取佣生之"良马乘"，即为良马四匹（或为一辆配有四匹良马，车具精美的马车[1]），以此而认为马四匹的价格为三十田，或者说三十田的价格相当于马四匹，已成为一种普遍认识，但是，与裘卫盉铭文中所记录的"矩伯庶人取瑾璋于裘卫，财八十朋，厥贾（价）共舍田十田。矩或取赤琥两、麀鞁两、韐鞁一、财廿朋，其舍田三田"情况相比较，瑾璋价值八十朋，大于可通过换算得来的一匹马的价值（一匹马价值五十朋[2]），而这种换算是以伯格和佣生的交易是对等（对价）的和对上述铭文的解读是

---

〔1〕 刘宗汉：《金文贮字研究中的三个问题》，载《古文字研究》（第15辑），中华书局1986年版，第221页。

〔2〕 蔡运章：《西周货币购买力浅论——兼谈西周物价的若干问题》，载《中国钱币》1989年第1期。

无误的为假设前提。但事实上，各家对上述铭文的解读，是有分歧的：

第一，是对"贮"字的识读，杨树达疑"寅"为"贾"："贮，疑为贾，即今之价值之价。"〔1〕赵光贤认为，"贮"字与赈、居、酤、沽、贾诸字古音皆可通假，裘卫盉铭文中的"女寅田不"应读作"汝贾（卖）田不"，"余审寅田五田"应读作"余审贾（卖）田五田"，"贾"字由买卖之义引申为价钱之价。〔2〕但郭沫若在释读佣生簋时说："贮读为租，言格伯付良马四匹于佣生，其租为三十田。"〔3〕唐兰从此说："贮与租音近通用……佣生簋与此铭的贮是租田，颂鼎与兮甲盘等是都市、关卡的租赋。"〔4〕王玉哲认为，"'贮'就是受田的下级向赐田的上级履行的封建纳贡义务……比如有人根据《伯格簋》认为西周时已有马和田的等值交换，或根据《卫盉》认为当时每亩的田值为八朋到七朋等，这些说法是否合适，由于对'贮'的理解不正确，都值得重新考虑了。"〔5〕戚桂宴以"贮"字为"引此物为彼物之值"，并认为佣生簋等铭文中的"贮"字当作如是解。〔6〕张传玺认为"贮"为赎，"赎有交换、抵偿之义，……格伯簋等三器所记，是耕地的抵押、典当关系"〔7〕。刘宗汉认为，在裘卫盉铭文中，"'贮'字所表示的是邦厉君付出田五亩与裘卫交换，以抵偿因'执恭王卹（恤）工于邵大室东逆，燃二川'对裘卫造成的损失。它有交换、抵偿之义。"〔8〕张经认为，"贮"字在铭文中不能适用一字贯通原则，其"在整体上有两层含义，一是假借为纻麻的纻（杨树达持有此说，'余谓贮当读为纻'，《说文·糸部》：'纻，麻属，细者为絟，粗者为纻'，即以贮为一种货物〔9〕），一是假借为予"〔10〕。的确，从读通"垦（厥）寅（贮）

〔1〕 杨树达：《格伯簋跋》，载氏著：《积微居金文说》（增订本），中华书局 1997 年版，第 11 页。
〔2〕 赵光贤：《从裘卫诸器铭看西周的土地交易》，载《北京师范大学学报（哲学社会科学版）》1979 年第 6 期。
〔3〕 郭沫若：《格伯毁》，载氏著：《两周金文辞大系图录考释》，上海书店出版社 1999 年版，第 82 页。
〔4〕 唐兰：《陕西省岐山县董家村新出西周重要铜器铭文的译文和注释》，载《文物》1976 年第 5 期。
〔5〕 王玉哲：《西周金文中的"贮"和土地关系》，载《南开学报（哲学社会科学版）》1983 年第 3 期。
〔6〕 戚桂宴：《释贮》，载《考古》1980 年第 4 期。
〔7〕 张传玺：《论中国古代土地私有制形成的三个阶段》，载《北京大学学报（哲学社会科学版）》1978 年第 2 期。
〔8〕 刘宗汉：《金文贮字研究中的三个问题》，载《古文字研究》（第 15 辑），中华书局 1986 年版，第 221~227 页。
〔9〕 杨树达：《颂鼎跋》，载氏著：《积微居金文说》（增订本），科学出版社 1959 年版，第 5 页。
〔10〕 张经：《两周土地关系研究》，中国大百科全书出版社 2006 年版，第 216 页。

卅田"之句的角度来说，释"贮"为"予"较为妥帖，且"予"本身在此句中与上文相联系，兼有交换、抵偿之义。也就是说，如果硬性地说"贮"为贾，即为价值之义，则基本是在确认伯格与佣生之间发生的以土地交换良马（或配有四匹良马的马车）是一种等价的商品交易，但从上下文中所言的情形来看，是格伯"先"在佣生那里"取"了良马乘，尔后佣生"要求补偿"，格伯同意了。[1]这里发生的并不是具有同时性的买卖关系，而是一种对格伯来说的后履行义务，"补偿"一词倒也并不太适用于此处，因为佣生要求的是与其被格伯行取走的良马乘价值相当的交换物，因此佣生是要求格伯给付，而伯格是以田三十，向佣生履行了给付义务的。但这种解释也并不完整，因为格伯的"先取"佣生良马乘的行为，所具有的要求佣生先予给付的权力，表明双方在这场交易中的地位，并非完全对等的，格伯给付的田三十这个对于佣生的良马乘的"价格"，是在事后由佣生提出给付要求后，以格伯同意给付的含混表达，来说明双方因此完成了交易的，但对于这个交易价是否公平，却不得而知，以格伯"先取"佣生良马乘的优势地位来判断，佣生讨价还价的权利应是有限。由此可见，将"毕（厥）宾（贮）卅田"之句中的"贮"字释读为"予"，以上下文中格伯在双方交易中主体的优势地位而论，是较为恰当的。

第二，如前述第一点所言，由于格伯在双方交易中涉及价格确定时，具有主导地位，而佣生处于被动地位，以此似乎可以认为，这场以田土换良马乘的交易并非公平的，也正因为双方的交易并非建立在对价基础上的完全的商品交易，因此，关于佣生的良马乘价值三十田，或直接推断当时一亩田的价格在七朋到八朋之间的说法，是不牢靠的。

通过上述内容，可引入该案例解析中的一个重要问题即礼制中的公平原则是如何体现的？这个问题之所以会从这个角度提出，是因为这场交易是合乎于礼制规范要求的，佣生铸此簋，"用典格白（伯）田"，也就是以在此簋上的铭文作为其获得格伯田土的"法律凭证"，[2]即是证明。当然，首先对于这个问题的前半部分的回答，是存在困难的，因为仅以佣生簋

---

〔1〕 王晶：《佣生簋铭文集释及西周时期土地转让程序窥探》，载《农业考古》2012 年第 1 期。

〔2〕 连劭名：《〈佣生簋〉铭文新释》，载《人文杂志》1986 年第 3 期。

（又名"格伯簋"）铭文所记录的内容，难以判明，并且如上述对西周时期田土和马的价格的推定并不牢靠，所以要回答格伯以其田土换取倗生良马乘的交易是否公平，是有些勉为其难的。不过对此问题，以现有研究来看，有些事实还是可以得到证明的，如西周金文中玉璋的价值是有体现的：

> 史颂簋铭："鱻宾璋、马四匹、吉金"。
> 大簋铭："大宾燕皞璋、马两"。
> 卨蔓铭："师黄宾卨璋一、马两"。

　　这三件西周中晚期铜器铭文中馈赠的璋，分别列在"马四匹"和"马两"之前，说明这些玉璋分别高于四匹马和两匹马的价值。[1]虽然这种比较难以用单价来做对比，但毕竟可以有一个大致的轮廓。而在裘卫簋铭文中："矩伯庶人取瑾璋于裘卫，财八十朋，厥贾（价）共舍田十田。矩或取赤琥两、麂鞞两、䩞鞞一，财廿朋，其舍田三田。"裘卫的瑾璋价值八十朋，赤琥两、麂鞞两、䩞鞞一、价值廿朋，与矩伯的十田和三田交换，一田价值为8朋或6.7朋，而一田被认为相当是百亩，[2]"周代六尺为步，步百为亩"，一亩为3600平方尺，合今0.6亩，[3]以现今的亩制计算，一亩田的价值在当时为0.08朋或0.67朋，或者说，一朋可以购买田地12.5亩或15亩，田地的单价不同或因地的好坏而有所不同。而以倗生簋铭文中记录的格伯以三十田换取裘卫良马四匹来计算，一匹好马可换取750亩田地，合今近650亩，一匹好马价值50朋。由此可见，田地与马匹的单价，相差近650倍。《管子·揆度第七十八》云："金之平贾万，马之平贾万也。"然马非白注，"古无平马价之说，自汉武帝时始有之"，而"金之平价万，则始于王莽时"。[4]因《管子》成书年代存在争议，"金之平贾万"并不能说就是先秦官方所定价格，但以此

---

　　〔1〕　蔡运章：《西周货币购买力浅论——兼谈西周物价的若干问题》，载《中国钱币》1989年第1期。
　　〔2〕　郭沫若：《十批判书》，人民出版社1976年版，第27页。
　　〔3〕　陈梦家：《亩制与里制》，载《考古》1966年第1期。
　　〔4〕　马非白：《管子轻重篇新诠》，中华书局1979年版，第462页。

可认为马与金的单价相同。而汉代的马价，从现存历史资料中来看，〔1〕汉初一匹马值百金，汉武帝时期一匹牡马值 20 万钱、一匹马值 15 万钱，东汉建武二十年（44 年）一匹马约值 5 万钱，灵帝时期一匹马值 200 万钱。〔2〕一般认为，汉代的马价一匹在 15 万钱至 20 万钱之间。〔3〕

西周时期以金和白金为货币，金是青铜而白金是银，锊与钧都是铜的计量单位，〔4〕一锊的重量有三说，一为六两，〔5〕二为六两大半两（160 铢），〔6〕三为十二铢二十五分之三。〔7〕西周的金（铜）作为称量货币，计量单位从小到大有铢、两、锊、斤、锾、钧等，常见者主要是锊、锾、钧。对于锊、斤、锾、钧等计量单位之间的换算关系，据唐兰考证："锾是重量名，锾盖一千二百五十克，即今市斤二斤半，合古五斤，一钧六锾。"〔8〕

白金就是银，《史记集解》："白金，银也。"〔9〕而管子所说的"金之平贾万"，"金"并无计量单位，《史记·平准书》中有"一黄金一斤"，司马贞《史记索隐》按："如淳云'时以钱为货，黄金一斤值万钱'。非也，又臣瓒

---

〔1〕《史记·平准书》载："汉兴，接秦之弊，……齐民无藏盖。于是为秦钱重难用，更令民铸钱，一黄金一斤，约法省禁。而不轨逐利之民，蓄积余业以稽市物，物踊腾粜，米至石万钱，马一匹则百金。"《汉书·武帝纪》记元狩五年（公元前 118 年）春三月："天下马少，平牡马匹二十万。"《汉书·景武昭宣元成功臣表》载太始四年（公元前 93 年）："（梁期侯任当千）座卖马一匹贾钱十五万，过平，减五百以上，免。"《后汉书·杜林传》注引《东观记》曰："（杜）林与马援同乡里，素相亲厚。援从南方还，时林马适死，援令子持马一匹遗林，曰'朋友有车马之馈，可且以备乏'。林受之。居数月，林遣子奉书曰：'将军内施九族，外有宾客，望恩者多。林父子两人食列卿禄，常有盈，今送钱五万。'援受之，谓子曰：'人当以此为法，是杜伯山所以胜我也。'"《后汉书·灵帝纪》载光和四年（181 年）正月，"初置骓骥厩丞，领受郡国调马。豪右辜榷，马一匹至二白一万"。
〔2〕丁邦友、魏晓明：《从出土简牍看汉代马价》，载《鲁东大学学报（哲学社会科学版）》2008 年第 6 期。
〔3〕陈啸江：《西汉社会经济研究》，新生命书局 1936 年版，第 357 页。
〔4〕姚政：《论西周的货币》，载《四川师范学院学报（哲学社会科学版）》1994 年第 1 期。
〔5〕《尚书·吕刑第二十九》："其罚百锾"，孔安国传："六两曰锾。锾，黄铁也。"［李学勤主编：《十三经注疏（标点本）尚书正义》卷十九"吕刑第二十九"，廖名春、陈明整理，吕绍纲审定，北京大学出版社 1999 年版，第 545 页。］
〔6〕《周礼·冬官考工记·冶氏》郑玄注："今东莱称或以大半两为钧，十钧为环，重六两大半两。锾、锊似同矣，则三锊为一斤四两。"［（清）孙诒让撰：《周礼正义》卷七十八"冬官·冶民"，王文锦、陈玉霞点校，中华书局 1987 年版，第 3249 页。］
〔7〕《说文》："锊，十二铢二十五分之十三也。"则一锊比半两十二铢略小。［姚政：《论西周的货币》，载《四川师范学院学报（哲学社会科学版）》1994 年第 1 期。］
〔8〕唐兰：《西周青铜器铭文分代史征》卷一下"周公"，中华书局 1986 年版，第 39 页。
〔9〕（汉）司马迁撰，（宋）裴骃集解，（唐）司马卢索隐，（唐）张守节正义：《史记》卷三十"平准书第八"，中华书局 2009 年版，第 655 页。

下注云'秦以一溢为一斤,汉以一斤为一金',是其义也。"〔1〕以"斤"为计量单位,出于汉代的币制,但此"黄金一斤值万钱"之语,与管子所言"金之平贾万"有相通之处,只不过多了"一斤"这个计量单位。如果金与马同价,而1匹马=50朋的话,那么,1斤黄金=50朋,且50朋=1万钱,但以3斤与朋之间的换算关系,1钧<8朋,而1钧=30斤,〔2〕也就是0斤<8朋→1斤<0.26朋,这与1斤=50朋,不仅是矛盾的,而且可以说二者是南辕北辙,如果管子所言有一定的依据的话,那么与上述推算有很大偏差。

然而,对于西周时期的朋与汉代的钱,二者之间的换算关系,有《汉书·食货志》载:"元龟岠冉长尺二寸,直二千一百六十,为大贝十朋。"这是王莽"宝货制"中长一尺二寸的大龟,值铜钱2160枚或"大贝十朋"的记载。王莽事事法古,所谓"元龟"值"大贝十朋",当即来自《易经·损》"十朋之龟"的经训。《易经》是西周初年的著作,这是古文献中关于贝币购买力的珍贵史料。〔3〕以此可以换算汉代的钱与西周初年的朋之间的等值关系:2160钱=10朋,1钱=0.0046朋,因此有10 000钱=46朋,而"马之平贾万",1匹马=46朋,这倒是与前面所说的西周时期1匹马=50朋的推算十分接近。

汉代马价有在15万钱至20万钱之间的情况,最高时可达200万钱,《九章算术》中所载马价为一匹5454钱,〔4〕这是文献中有关汉代马价的较低记录之一。〔5〕以此而论,汉代马价有很大的波动,这是可以理解的。这种情况在西周时应该也是一样的,且马的好坏之别,也会使马价有很大的不同。就㐱生簋铭文记录的情况看,㐱生的"良马乘",以上述对西周时马价推算,也就是依据此簋铭文内容得出的,应为良马之价。而1匹马=46朋的结论,来自记录较为清楚的历史资料,且有管子所言的"马之平贾万",因此所谓1匹马

---

〔1〕 (唐)司马贞撰:《史记索隐》,载(汉)司马迁撰,(宋)裴骃集解,(唐)司马卢索隐,(唐)张守节正义:《史记》卷三十"平淮书第八",中华书局2009年版,第647页。

〔2〕 黄锡全:《西周货币史料的重要发现——亢鼎铭文的再研究》,载中国钱币学会编:《中国钱币论文集》(第4辑),中国金融出版社2002年版,第58页。

〔3〕 蔡运章:《西周货币购买力浅论——兼谈西周物价的若干问题》,载《中国钱币》1989年第1期。

〔4〕《九章算术·方程章》云:"今有二马、一牛价过一万,如半马之价。一马、二牛价不满一万,如半牛之价。问牛、马价各几何。答曰:马价五千四百五十四钱一十一分钱之六,牛价一千八百一十八钱一十一分钱之二。"(白尚恕:《九章算术注释》,科学出版社1983年版,第280页。)

〔5〕 丁邦友、魏晓明:《从出土简牍看汉代马价》,载《鲁东大学学报(哲学社会科学版)》2008年第6期。

=46 朋的结论，只是一般的马价，而非"良马"之价。如果说上述汉代的马价的差距，在西周时也是一样的，那么就不能以上述存在前后矛盾的推算来肯定格伯与倗生的这场交易，是以对价完成的（上述推算却先入为主地肯定双方交易是以对价完成的），格伯以卅田换取倗生的良马乘，实际上只是以一般的马价来交易的，而这种压价，仅从汉代马价悬殊的情况来看，是存在很大空间的。

由于上引述，以现今的亩制计算，一亩田的价值在当时为 0.08 朋或 0.67 朋，此结论的得出，存在循环论证的情况，故不能以此作为定论。但关于汉代的土地价格，如《汉书·贡禹传》云："臣禹年老贫穷，家訾不满万钱，妻子糠豆不赡，短褐不完，有田百三十亩，陛下过意征臣，臣卖田百亩，以供车马。"[1] "有田百三十亩，而谓家訾不满万钱，所谓家訾如系连田产一并计算，每亩田价不过数十钱。"但此段记载"文义究嫌不明，不能据以立论"[2]。不过，《汉书·李蔡传》中有"李蔡以丞相，坐诏赐冢阳陵，当得二十亩，蔡盗取三顷，颇卖得四十余万"[3]的记载。《九章算术》云"今有善田一亩，价三百；恶田七亩，价五百"，[4]但长安和中州地价为每亩万钱，"丰镐之间号为土膏，其贾亩一金"（《汉书·东方朔传》[5]），"中州内郡，规地柘境，不能生边，而户口百万，田亩一金"（《潜夫论·实边》[6]），"祖业良田，亩值一金"（汉《堂邑令费凤碑》[7]）。出土的居延汉简中，也有关当时土地价格的记载："田五十亩，直五千"[8]，"田五顷，五万。"[9] "五顷"即五百亩。四川郫县出土的东汉残碑也有关于当时田价的记录，分别云："田八亩，质四千"；"张工田卅□亩，质三万"；"元始田八□□，质八万"（缺文疑为

〔1〕　（汉）班固撰，（唐）颜师古注：《汉书》卷七十二"贡禹传"，中华书局 1962 年版，第 3073 页。

〔2〕　王恒：《汉代土地制度》，中正书局 1945 年版，第 28~29 页。

〔3〕　（汉）班固撰，（唐）颜师古注：《汉书》卷五十四"李广苏建传·李蔡传"，中华书局 1962 年版，第 2449 页。

〔4〕　白尚恕：《九章算术注释》，科学出版社 1983 年版，第 245 页。

〔5〕　（汉）班固撰，（唐）颜师古注：《汉书》卷六十六"东方朔传"，中华书局 1962 年版，第 2849 页。

〔6〕　（汉）王符著，（清）汪继培笺：《潜夫论笺校正》"实边第二十四"，彭铎校正，中华书局 1985 年版，第 285 页。

〔7〕　（宋）洪适：《隶释》卷九，载（宋）洪适撰：《隶释·隶续》，中华书局 1985 年版，第 107 页。

〔8〕　谢桂华等：《居延汉简释文合校》，文物出版社 1987 年版，24.1B。

〔9〕　谢桂华等：《居延汉简释文合校》，文物出版社 1987 年版，37.35B。

"十亩"二字);"故王汶田,顷九十亩,贾卅一万";"田卅亩,质六万";"田顷五十亩,直卅万。"[1]每亩田地的价格为五百、约一千、一千、一千六百、二千钱。[2]以上可见,汉代的土地价格因地的好坏不同,有很大的差别,可据此推定汉代的土地平均价格在一千钱到三千钱。[3]

随着社会经济因时代的改变而有所发展,土地的价格一般应当是有所增长的,因此,格伯的卅田与佣生的良马乘并不等值,因为以汉代货币计算,一田的价格应在三千钱以下,卅田则应在九万钱以下,佣生的良马乘,以普通的一匹马在两万钱以上计算,[4]四匹马则应在八万钱以上,以此而论,二者交易中的田价与马价似乎基本等值。然而,佣生簋铭文中称佣生的马乘为良马乘,即其卖给格伯的四匹马均为良马,但对格伯的卅田,则没有好坏之表达,例如并没有说其田是"良田"或"好田"之类的,因此,对马价和土地价之间差距的估算,应增加一层因素,同样以汉代马价作为参考,汉代所谓良马的价格,并无具体记载,仅从现有历史资料来看,如《汉书·食货志》卷二十四下记载,汉初物价高涨,有"马至匹百金"的惊人记录,[5]即一匹马价值 100 万钱;《汉书·武帝纪》云:元狩五年春三月"天下马少,平牡马匹二十万"[6]。《汉书·景武昭宣元成功臣表》又记:"梁期侯任破胡,候当千嗣,太始四年坐卖马一匹贾钱十五万,过平,减五百以上,免。"[7]此处所载的马价,与武帝时期因长期对匈奴的战争而导致马匹大量消耗,社会上马匹缺乏的情况有关。[8]有学者认为汉代一般较好的耕马、车马的匹价,在一万钱上下;至于战马的价格,则一匹可能值十万。[9]以此可见,汉代的马高低不同,而良马的价格往往会高出一般马匹许多,而西周也当如此,因此,佣生的良马乘与格伯出卖的卅田并不等值。

对于格伯在与佣生交易中的优势地位,从佣生簋铭文的用语中,也可见

---

〔1〕 谢雁翔:《四川郫县犀浦出土东汉残碑》,载《文物》1974 年第 4 期。

〔2〕 刘金华:《汉代物价考(二)——以汉简为中心》,载《文博》2008 年第 2 期。

〔3〕 王恒:《汉代土地制度》,中正书局 1945 年版,第 29 页。

〔4〕 丁邦友:《汉代物价新探》,中国社会科学出版社 2009 年版,第 336 页。

〔5〕 许嘉璐主编:《汉书》卷二十四"食货志下",汉语大词典出版社 2004 年版,第 502 页。

〔6〕 许嘉璐主编:《汉书》卷六"武帝纪",汉语大词典出版社 2004 年版,第 72 页。

〔7〕 许嘉璐主编:《汉书》卷十七"景武昭宣元成功臣表",汉语大词典出版社 2004 年版,第 276 页。

〔8〕 刘金华:《汉代物价考(二)——以汉简为中心》,载《文博》2008 年第 2 期。

〔9〕 徐扬杰:《汉简中所见物价考释》,载《中华文史论丛》1981 年第 3 期。

端倪："格白（伯）取良马乘于倗（倗）生，毕（厥）寅（贮）卅田，删（则）析。"这里是以"取……舍……"和"取……觅……"之动作的句式来反映双方在这场交易中的关系的。"取……舍……"和"取……觅……"之句式，确实与畀、舍、付、出、宾表示移交动产的句式不同，有反映不动产的所有权获得情况的一面，[1] 具体除见之于倗生簋外，裘卫盉"矩伯庶人取瑾璋于裘卫，财八十朋，厥贾（价）共舍田十田""矩或取赤琥两、麀韘两、鞁韘一，财廿朋，其舍田三田"，九年卫鼎"矩取眚车……舍矩姜帛三两"，融比簋盖"汝觅我田，牧弗能许融比"，曶鼎第三段"曶觅匿卅秭"中也可见到。但并不是说这种句式仅反映不动产的所有权获得情况，如鬲从盨铭释文：

佳王二十又五年七月既□□，□才
永师田宫。令小臣成友逆□□
内史无鬶大史旟。曰：章（赏）厥牢鬻（曶）
夫𝑓融从田，其邑𣱙、纮、羀，复
友（贿）融从其田，其邑复鰲、言二邑。
㖶融从复牢小宫𝑓融从田，其弌
邑徆𣊼句商儿𣊼雒弌。复
限余（予）融从田，其邑兢、榫、甲
三邑，州、泸二邑。凡复友（贿）复友（贿）融
从田十又三邑。右融从膳夫干，融
从乍朕皇且丁公，文考虫公。
盨。其子子孙孙永宝用。𝐲[2]

这段铭文中，"章厥牢鬻（曶）"即为"章厥绘夫"，还有"复""复厥小宫""复限"四语后的"𝐲"（"𝑓"）、"友""余"三字同用同义，都是表示买卖和交换的交易辞例，都可用"易……以……"来替代，这一语句结构，类似于现今的"以……易……"，是表达融从以田易章氏（"章"并非为

---

〔1〕 李幡：《西周金文所见动作系及货币系贝类交易辞例》，载《北方文物》2008 年第 3 期。
〔2〕 马承源主编：《商周青铜器铭文选》（第 3 卷），文物出版社 1988 年版，第 294 页。

"赏")十邑和复氏三邑的意思。[1]对此，另有他解认为此段铭文记载的是两份交换契约和一份租赁契约，其中两份交换契约是：章氏派遣自己的经济代理人矞夫用五名奴隶疽、丝、羁和睯、言交换了鄙从的田地，叠也派遣了自己的经济代理人小宫，用五名奴隶竞、槑、才和州、泸支付交换的鄙从田价。其中"乇"字，金文作"𠂔"，郭沫若识作"钓"之象形文，引申为交换之意；"复友"中"复"为"又"的意思，"友"为"贿赂"，引申为给付的之义，"复贿"就是又付给别人价钱；"兜"字在铭文中作"𢎛"，郭沫若释为"鬼"，与"归"通；"邑"，本指国土，此处引申为邑人。[2]

除上面所说的可引申为买卖或交换的"友""余"等字外，西周铭文中也有直接言明买卖关系的动作词，如贝和买，见于殷代《小子𥯤卣》："子光商（赏）𥯤贝二朋，子曰：'贝，售（唯）蔑女（汝）厤（歴）。'"[3]"贝售"犹买卖。[4]"买"字用于买卖交易之义，在新发现的西周早期的兗鼎铭文中已有所见："乙未，公大保买大琏于𦏲亚，才（财）五十朋。……"[5]另有中甗铭文：

　　　　白买𡊅□□𡊅人
　　　　汉中州（洲）曰段、曰旎。𡊅人□
　　　　廿夫，𡊅賓誊言曰，宾贝。[6]

"𡊅賓"就是"厥贾"，意为进行估价的意思。[7]而对于这一段与交易有关的铭文，李幡所写的释文则为：

　　　　白买厥□𦉢（洲）、厥人𣎳（隐）—汉中州（洲）曰段、曰旎。厥人月廿夫。厥贾（价），𤔲言曰："宾𤔲（七百朋）贝。"

———————————

〔1〕 李幡：《西周金文所见动作系及货币系贝类交易辞例》，载《北方文物》2008年第3期。
〔2〕 冯卓慧：《离从盨所反映的西周契约关系》，载《考古与文物》1985年第6期。
〔3〕 马承源主编：《商周青铜器铭文选》（第3卷），文物出版社1988年版，第3页。
〔4〕 李幡：《西周金文所见动作系及货币系贝类交易辞例》，载《北方文物》2008年第3期。
〔5〕 马承源：《兗鼎铭文——西周早期用贝币交换玉器的记录》，载《上海博物馆集刊》（第8期），上海书画出版社2000年版，第120页。
〔6〕 马承源主编：《商周青铜器铭文选》（第3卷），文物出版社1988年版，第76页。
〔7〕 李幡：《睯为贾证》，载《考古》2007年第11期。

"中"和"白"为人名，进行估价的⬚为价师，"⬚"乃七百朋的合文，白为卖方，中为买方，而"厥⬚（洲）、厥人⬚（隐）—汉中州（洲）曰段、曰旎。厥人⬚廿夫"为标的物。交易标的物分为两类，一类是洲，一类是人夫，故"汉中州（洲）曰段、曰旎"为"厥⬚（洲）"的同位语，"厥人⬚廿夫"为"厥人⬚（隐）"的同位语，而"人隐""人⬚"为医生。[1]当然，对于"白买"一语，多释为人名，即伯买父，[2]但此器铭文自"白买⬚□□⬚人汉中州（洲）曰段、曰旎"以下摹写失形过甚，多数学者都认为难以通读，而李文的解释，是有新意的。

仅就以上情况而言，西周金文中以"买卖"直接言明双方平等交易的案例是存在的。如上所言，倗生簋铭文中，以"取……舍……"和"取……觅……"之动作的句式来反映双方在这场交易中的关系，如果说只是语法问题，是难以完全解释清楚的。"取……舍……"和"取……觅……"之动作句式，所表现出的格伯一方行为的主动性是不言而喻的，显然与交易双方的"买卖"行为的平等关系有所不同，以此可见格伯作为这场交易中的一方，是具有优势地位的。

上述情况表明，格伯与倗生之间，因身份地位的不同，使格伯在交易中占有定价的优势地位，这场交易并非以对价完成的，倗生铸簋，并铭文于其上记载这场交易的全过程，表明这种发生于双方之间的"不公平"交易依礼制规则（铸簋并铭文以记）被认为是"公平"的（以铜簋上的铭文所具有的公开的宣告性来表明国家制度和社会的普遍认可），是礼制所决定的分配规则，在此表现为作为"小传统"存在的礼俗规则，使双方身份上的差距，体现在双方交易中各自所获得的价值的差距上，是个人身份未与用于交易的物相分离的表现（这种情况符合礼物经济的特征），或者说礼制的公平原则在双方的交易关系中强行植入了由身份不对待等所决定的分配规则，导致了双方交易中各自所获得的价值的差距。

当然，这种价值不对等的交易，部分具有礼物经济的特征，因此必然会发生以礼物经济的固有规律，来平衡这种差距的现象出现：倗生获得格伯的

---

［1］　李惛：《西周金文所见动作系及货币系贝类交易辞例》，载《北方文物》2008 年第 3 期。
［2］　王辉：《商周金文》，文物出版社 2006 年版，第 93 页。

卅田，即会因此而获得对田地有人身依附关系的自耕农们以劳动的剩余价值所给予的"回报"，虽然该案例中并没有出现这些人的身影（如案例2中的"荆人""邢人"等邑人），然而，这仅是其一；其二，格伯簋中的铭文"氒（厥）书史戠武立盉成塱"，其中"书史"为史官官名，而"戠武"则为这位史官的姓名，杨树达将"盉"释为"盟"，"盟"字从盟省，矢声，疑当读为矢。《论语集解》："矢，誓也"。"立"当读为莅，莅矢与《春秋传》言莅盟同。[1]郭沫若释"盉"为"盉"，"此用为垠限义"。[2]《商周青铜器铭文选》释"盉"为"舌"，认为"立舌"，谓起土。[3]而关于"塱"，郭沫若认为"塱"当是"罡"，《说文》："罡，邻道也。"音与巷近。[4]《商周青铜器铭文选》认为"塱"指田的边道。[5]连劭名认为"罡"为作器者名"罡"，字佣生。"佣"当读为朋，朋字有邻意。[6]"氒（厥）书史戠武立盉成塱"其意为经管这次土地转让的书史戠武莅临盟誓现场。[7]"盟誓"有官职为书史的官员戠武参加，可见双方交易必须以遵行礼仪程序，按照礼仪或礼俗规则的规定行为才能得以完成。到场的其他人员虽然没有列举，但以"盟誓"礼的举行，即表明在格伯的卅田的所有权转移给佣生的过程中，田地不仅仅是被当作交易中的标的物，而是与"礼"有关的"物"，即"礼物"。因此，这场交易的完成并不因为那些可能与这卅田具有人身依附关系的邑人们，即所谓的"众人"存在或者不存在，而受到影响。也就是说，该案例与前述案例2，五祀卫鼎铭文中所记录的有荆人、邢人等到场并接受裘卫礼物的情况有所不同，也可能格伯用于交易的这卅田，并没有固定的自耕农为其耕种，然而在这种情况下，卅田被当作礼物"送给"而不是"卖给"佣生（在铭文中释读为"补偿"），这一"包装"过程，使佣生在这场交易中因非对价所形成的差价损失，被作为其应当给予格伯的"回报"而被抹掉了。礼仪或礼俗规则"平衡"交易双方不对等交易关系的作用，因此而凸现出来。而礼仪或

〔1〕 杨树达：《格伯跋》，载氏著：《积微居金文说》（增订版），中华书局1997年版，第11页。
〔2〕 郭沫若：《格伯毁》，载氏著：《两周金文辞大系图录考释》，上海书店出版社1999年版，第82页。
〔3〕 马承源主编：《商周青铜器铭文选》（第3卷），文物出版社1988年版，第144页。
〔4〕 郭沫若：《格伯毁》，载氏著：《两周金文辞大系图录考释》，上海书店出版社1999年版，第82页。
〔5〕 马承源主编：《商周青铜器铭文选》（第3卷），文物出版社1988年版，第144页。
〔6〕 连劭名：《〈佣生簋〉新释》，载《人文杂志》1986年第3期。
〔7〕 王晶：《佣生簋铭文集释及西周时期土地转让程序窥探》，载《农业考古》2012年第1期。

礼俗规则的这一"平衡"双方利益的作用，即为礼仪和礼俗规则体系的公平原则是如何得以实现的具体表现。

相关研究表明，先秦时期仍有原始公社制度的遗存，礼物经济在一定范围内是客观存在的，礼制的形成与此有一定的关系。也就是说，礼制的建立是沿用并利用了那部分由遗存的礼物经济所决定的社会制度的，虽然西周的社会形态主要表现为封建宗法制。

正因为如此，当社会生产力的发展导致原有的社会生产关系被改变时，这种依赖于制度强制力保障的，遗留有原始公社制度痕迹的分配规则，就会被打破。自西周晚期开始的"工商食官"制和井田制的崩溃，其现象背后是涌动的商品交易浪潮。春秋战国时期商品经济的发展，使礼制以及由礼制所决定的非对价交易规则遭到破坏，这基本上是一个得到普遍认同的历史现象，只不过另一个普遍存在的历史现象，其背后的原因却是被忽视的，即礼制在汉代以后的重建，以及这一国家制度所推行的礼仪和礼俗规则体系对契约行为的规范，是如何做到的？以至于其伴随中国古代社会特有的社会形态而长期存在直至近代，这其中的原因，将是本书以下章节所要涉及的。当然，这种涉及也只是从对古代契约法律制度实际存在状态进行研究的角度展开的。

第一节　秦汉时期的法治和礼治思想

一、秦代商鞅、韩非的法治思想

秦汉时期，国家制度的"法"和礼仪及礼俗规则之间的关系，从相互排斥到相容并存，这一前后变化，与法家变革之得"势"，以及因其"抱法处势"之片面而失"势"的过程密切相关。就儒法两家前后各为其治国之"道"所提供的方案而言，法家所言之"法"，实为以"法"之名制定的制度及其为制度的执行而施以"赏罚"的尺度，并以此作为适用于各事物的客观标准，与儒家所言之"礼"的外在表现形式，即礼仪及礼俗规则体系中的"法"，相同之处在于"法"皆为"罚"的适用规则，不同的地方是法家所言之"法"，被认为是与"道"关涉的"道法"之"法"（《韩非子·诡使》："道法者治"），而儒家则认为"法"是归属于礼仪及礼俗规则体系范畴的，只不过是礼仪及礼俗规则的强制手段之一（另一强制手段为教化），故有孟子所说的"徒善不足以为政，徒法不能以自行"（《孟子·离娄上》），荀子也说"故法不能独立，类不能自行"（《荀子·君道具篇第十二》）。

秦代法家之"法"，是"治法"之"法"。法家以"治法"之"法"为"法"，即以实现"法治"的手段"法"，等同于法家理论中作为对"道"的存在反映的"法"。这一被错误导入的现实政治路径的始点是，"法"的客观的抽象存在被直接等同于反映主观目的的制定之"法"。以此，"法"可"自行"论的失误被遮盖，后果是使"赏罚"的规范失去了评判尺度。并且，在这一歧途上，进一步被混淆的是以"罚"为"法"，使为实现制定"法"规范及其目的之强制手段"罚",被直接等同于制定"法"本身,以致为"刑"而"刑"的重刑主义泛滥而失去节制。

　　事实上,法家始终未能突破儒家"礼"的理论框架。韩非子"道—理—法"之法治理论,[1]与儒家"道—礼—仪"之礼治理论,在哲学基础设置上表现为"法"与"礼"("礼仪"),二者皆由"道"出。不同的是,儒家所言之"礼",虽然也就是"理"(《礼记·仲尼燕居》:"礼也者,理也")[2]但在"道"与"理"之间,儒家以"德"为"得"的主观性引入,在法家那里是被忽略的。对于天地之"道"在人类社会所表现的客观规律,孔子以"仁"作为主观认识与社会客观规律相符合的那个最高境界的本体存在,将"礼"作为"仁"的外在表现的抽象形式,这与"仁"的抽象存在是形质相符的,而法家却在省略了对客观规律的主观认识——这一人类社会形成自我约束规则的主要构成因素后,以存在于人的主观认识之外的"理"为本,以"法"为其表,[3]但如此之"法",实为治法之"法",[4]也就是纯粹的因适"时"和度"势"后被借来的以满足利用之需的工具。然而,法家所言的这个"法",与儒家所言

_____

　　〔1〕　老子提出"道—德"关系,管子提出"道—德—义—理"关系,都并未将"理"与"法"相联系,韩非则在"道"与具体事物之间,以"理"相联系,认为物受"理"的规矩制约,而"法"就是规矩方圆。(郭春莲:《韩非法律思想研究》,上海人民出版社 2012 年版,第 114 页。)以此可见,韩非所谓的"法",实为抽象存在的"理"的外在形式。

　　〔2〕　在儒家的观点中,"礼"是客观不变的"道"在人类社会生活中的反映,而"理"虽然是"道"作为客观不变的普遍规律转为在具体存在之物中的特殊规律,但"理"却并不为人类社会所独有,而"义"作为"礼"的本体存在之外的第二形态,是本体之"礼"在"天子"们头脑中反映的产物,"礼"的物质形态的复杂多样的存在,是"礼"存在的第三种形态,即为具体的仪式形态,也就是"仪"。(勾承益:《先秦礼学》,巴蜀书社 2002 年版,第 277~286 页。)

　　〔3〕　《韩非子·解老》说:"凡理者,方圆、短长、粗靡、坚脆之分也,故理定而后可得道也。"即以"理"而分,以分而成就万物,"方圆、短长、粗靡、坚脆"则为实现分的规矩,故所分之物也就被限制在一规矩之内,"有形,则有短长;有短长,则有小大;有小大,则有方圆;有方圆,则有坚脆;有坚脆,则有轻重;有轻重,则有白黑。短长、大小、方圆、坚脆、轻重、白黑之谓理。理定而物易割也。"〔(清)王先慎撰:《韩非子集解》卷六"解老第二十",钟哲点校,中华书局 1998 年版,第 148 页。〕因此,这样的规矩是客观存在的,是与人的主观认识无关的形式,即其所谓"故欲成方圆而随其规矩,则万事之功形矣"。以此则似乎可见其所言之"规矩",与西方形式法学所借用的那个"科学理性"之"形式",仅有的一步之遥的距离是,后者所谓的"形式"的存在并没有脱离人的主观认识,而是一种建立在"物我"关系之上"理性"的"形式",前者因为完全排斥了人的主观认识的参与,从而在建立这种客观存在的"理"之"形式"与人类社会特有的"理"(规律)及其"形式"的联系上,失去了人的主观认识的作用这个纽带。

　　〔4〕　商鞅的法治首先是一种治法,一种必须适应"时""势"的演进和人情的"巧""朴"而改变的治法,这种治法的特点就是以法为工具。(徐进:《商鞅法治理论的缺失——再论法家思想与秦亡的关系》,载《法学研究》1997 年第 6 期。)

之"仪",是同一层次的概念,二者同源于"道",却出自不同的"理",看似就此而生分歧,但事实上,儒家所说的"理"是指主观认识对客观规律的反映所形成的由人与人之关系构成的社会客观规律,在这个意义上所说的"理",并不否认那个外在于人类社会的,表现为由"道"转化而来的具体事物所具有的客观规律的存在之"理",因此,儒家是在两个不同意义上使用"理"这个概念的,[1]故儒家之"理",包含了法家所说的"理",因此,法家所言之"法",作为那个独立于人类社会的客观规律之"理"的外在表现形式,完全替代了"礼",也就是完全替代了儒家之"理",具体表现为"法"以"自行"的过度扩张,致其成为失去"合法性"(合道德性的"合法性")[2]的难以"自为"的存在,[3]可见法家之"法"其实只不过是失去了挥动它的那只手的一个"工具"而已,但这个工具却被当作是可以"自为"之"理"的现实存在本身。

二、汉代叔孙通、陆贾、贾谊的礼治思想

(一) 汉初叔孙通制礼和陆贾的礼治主张

秦亡汉兴。汉初与民休息的国家政策以黄老之学的"无为而治"为哲学基础,在礼制的初建方面,有叔孙通采用古礼并参照秦的仪法而制礼,其所制定的大朝礼、宗庙仪法和汉诸仪法,除大朝礼有片段的记载以外,[4]

---

[1] 后世儒家发展出"理欲"论,《礼记·乐记》曰:"人生而静,天之性也;感于物而动,性之欲也。物至知知,然后好恶形焉。好恶无节于内,知诱于外,不能反躬,天理灭矣。夫物之感人无穷,而人之好恶无节,则是物至而人化物也。人化物也者,灭天理而穷人欲者也。"这个说法后来成为朱熹"天理"论的依据,表明儒家之"理"所强调的是与人的主观认识的相关性。儒家认为"理"虽不为人类社会所独有,但在伦理法的范畴内谈论"理",是不能离开人的主观认识这一主要因素的作用。孟子以人心为"理"即是如此。

[2] 在以下两个向度上法律的"合法化"的含义是指:"经验合法性表征的是人们对一般意义上的法律或法律规范的事实上的接受,而规范合法性则表征法律或法律规范的可接受性(acceptability)。"而对法律与道德关系(即著名的"分离命题")的论说在一定意义上构成了法律合法化论说的背景——甚至可以直接视为对法律合法化问题的论说。(孙国东:《基于合道德性的合法性——从康德到哈贝马斯》,载《法学评论》2010年第4期。)

[3] 黑格尔关于"自为之有"的定义是:"假如某物把他有,把它与他物的关系和共同点扬弃了,排除了它们,将它们抽象掉了,那么,我们就说某物是自为的。"可参见[德]黑格尔:《逻辑学》(上卷),杨一之译,商务印书馆1966年版,第159页。

[4] 《史记·刘敬叔孙通列传第三十九》:"仪:先平明,谒者治礼,引以次入殿门,廷中陈车骑步卒卫宫,设兵张旗志。传言'趋'。殿下郎中侠陛,陛数百人。功臣列侯诸将军军吏以次陈西方,东乡;文官丞相以下陈东方,西乡。大行设九宾,胪传。于是皇帝辇出房,百官执职传警,引诸侯王以下至吏六百石以次奉贺。自诸侯王以下莫不振恐肃敬。至礼毕,复置法酒。诸侍坐殿上皆伏抑首,以尊卑次起上寿。觞九行,谒者言'罢酒'。御史执法举不如仪者辄引去。竟朝置酒,无敢欢哗失礼者。"[(汉)司马迁撰,(宋)裴骃集解,(唐)司马贞索隐,(唐)张守节正义:《史记》卷二十三"礼书第一",中华书局2009年版,第1637页。]

其他的皆无从考据。据沈文倬研究："朝礼和飨礼都已亡佚。十七篇有觐礼而无朝礼。诸侯臣属于天子有朝觐之礼，春秋时周天子微弱，诸侯不去朝王，朝觐礼近乎废弃。可是诸侯之间，小国臣服于大国，也有不用会礼而用朝礼的。"[1]秦蕙田也认为古礼本无秦汉朝贺之礼，"古者有朝觐之礼，无朝贺之文。秦改封建为郡县始有朝十月之礼，汉叔孙通起朝仪其制始详大朝会实始于此。……"[2]叔孙通制礼是有所创新的，其目的在于巩固皇权，司马迁将其誉为"汉家儒宗"。叔孙通所制《汉仪》十二章等，今已无存。[3]

继叔孙通之后，陆贾作《新语》，其与先秦儒家一样，认为"道"虽有天道、地道和人道的区别，但"道"实为人的认识与客观规律相符合的产物，其在《新语·道基第一》的开篇中对"道"阐述为："传曰：'天生万物，以地养之，圣人成之。'功德参和，而道术生焉。"王利器注："荀子富国篇：'天地生之，圣人成之'此之谓也。"[4]并且，陆贾在《新语·怀虑第九》中更进一步明确了其所言之"道"的客观存在，是与人的主观认识不可分离的观点，从而明确划清了与法家所言之"道"有所不同的界限："事不生于法度，道不本于天地，可言而不可行也，可听而不可传也，可□（尊）玩而不可大用也。"王利器引宋翔凤注曰："□"为"尊"，"本缺一字，依别本补。"[5]这是对儒家关于"道"的哲学观点的重要阐释，由此可见，陆贾所言之"道"，是人对客观规律进行认识后的产物，其本体性的存在，以外在性的"法度"即行为规范，是难以对其予以体现的。陆贾"事不生于法度"的结

---

〔1〕 沈文倬：《略论礼典的实行和〈仪礼〉书本的撰作》，载氏著：《宗周礼乐文明考论》，浙江大学出版社 1999 年版，第 17 页。

〔2〕（清）秦蕙田：《五礼通考》卷一三六"嘉礼九·朝礼"，载《钦定四库全书》"经部四"，文渊阁四库全书本。

〔3〕 班固撰《汉书》时，对叔孙通的礼制文本流传情况作了述释："今叔孙通所撰礼仪，与律令同录，藏于理官，法家又复不传。汉典寝而不著，民臣莫有言者。"〔（汉）班固撰：《汉书·礼乐志》，载许嘉璐主编：《汉书》（第 1 册），汉语大词典出版社 2004 年版，第 451 页。〕又据《后汉书》载："章和元年（公元 87 年）乃召褒诣嘉德门，令小黄门持班固所上叔孙通《汉仪》十二篇，敕褒曰：'此制散略，多不合经。今宜依礼条正，使可施行。'"〔（南朝宋）范晔撰，（唐）李贤等注：《后汉书》卷三十五"曹褒传"，中华书局 1965 年版，第 1203 页。〕王充在《论衡》中说："高祖诏叔孙通制作《仪品》，十六篇何在，而复定《仪礼》？"（黄晖撰：《论衡校释》卷十二"谢短第三十六"，中华书局 1990 年版，第 561 页。）

〔4〕 王利器撰：《新语校注》卷上"道基第一"，中华书局 1986 年版，第 1 页。

〔5〕 王利器撰：《新语校注》卷下"怀虑第九"，中华书局 1986 年版，第 137 页。

论，是"道不本于天地"观点的演绎和推进，因为依前述儒家关于"道"的理论，"法度"其实应为"人事"所依循之"理"的外在形式表现，"事"应生于"理"，而非生于"法度"。"道"是人类社会所依循的普遍规律，"道"转化为存在于具体事物中的特殊规律，即为"理"，虽然陆贾在此并未引入"理"的概念，但其表述的"事不生于法度"结论，对划清与法家理论的界限，提供了重要的理论基础，并因此在荀子"明于天人之分"（《荀子·天论》）的基础上提出了"天道调四时，人道治五常"（《新语·术事》）的"人道"论观点：人道本于天道，是先圣对天道的昭示加以体认而得到的，人道是人类社会生产、生活所必然遵循的最高法则，"于是先圣乃仰观天文，俯察地理，图画乾坤，以定人道。民始开悟，知有父子之亲，君臣之义，夫妇之别，长幼之序。于是百官立，王道乃生。"[1]而其所谓"王道"并不只是以"法"而治民，因为"民知畏法，而无礼仪"则不能称之为符合"王道"。"礼仪不行，纲纪不立，后世衰废，于是后圣乃定五经，明六艺，承天统地，穷事察微，原情立本，以绪人伦，宗诸天地，纂修篇章，垂诸来世，被诸鸟兽，以匡衰乱，天人合策，原道悉备……"[2]这其中并未对"法"和"礼仪"及二者之间的关系予以阐明，但在对仅以"法治"而无"礼仪"的情况下，如何会因"纲纪不立"导致"后世衰废"的问题的解释中，其对于"刑"的产生是因为"民知轻重，好利恶难，避劳就逸"，于是"皋陶乃立狱治罪，悬赏设罚，异是非，明好恶，检奸邪，消佚乱"；[3]以及对于"礼仪"的作用："以正上下之仪，明父子之礼，君臣之义，使强不凌弱，众不暴寡，弃贪鄙之心，兴清洁之行"所给出的具体说明，[4]并非只是对先秦儒家的既有理论的简单重复，其意义在于因此给"刑"，也就是"法"划定了存在界限，同时也就给"礼仪"的重新推行，留下了足够的空间。虽然其于此处所言的"礼仪"的作用，主要是用于规范等级性社会秩序和实现"公平"，以及规范个人之"善行"，但"礼仪"的这种对社会秩序所起到的普遍规范作用，被认定为是"法"所不能做到的，这是具有重要意义的。当然，陆贾的

---

〔1〕 王利器撰：《新语校注》卷上"道基第一"，中华书局1986年版，第9页。
〔2〕 王利器撰：《新语校注》卷上"道基第一"，中华书局1986年版，第18页。
〔3〕 王利器撰：《新语校注》卷上"道基第一"，中华书局1986年版，第16页。
〔4〕 王利器撰：《新语校注》卷上"道基第一"，中华书局1986年版，第17页。

上述"人道"论观点，还包含一个重要论点，其不是笼统地与将"刑"与"礼"相并列对称，这两个概念在此被置于相同的层次，以其所论潜在地表明，"刑"与"礼仪"或"法"与"礼仪"，仅是"人道"的一种外在表现形式，因为以其所言"事不生于法度"，是可以证明以上推论的。

正是基于以上"人道"论观点，陆贾提出了"天人合策"（《新语·道基》）的政治论观点。东汉王充在谈到陆贾对董仲舒的影响时也曾说："《新语》陆贾所造，盖董仲舒相被服焉。"（《论衡·案书》）对于陆贾在儒林中的地位，清代王谟在《汉魏丛书·识语》中认为，"汉世儒家者流，固未能或之先也"，近人唐晏曾指出："汉代重儒，开自陆生也。"（《陆子新语校注》序）之所以会有这样的评判，除其"人道"论观点对儒家理论有所创新以外，还在于其有关"仁"和"礼"的本体论对儒家理论的继承："故仁无隐而不著，无幽而不彰者"（《新语·道基第一》）而"礼以仁尽节"（《新语·道基第一》），陆贾以此说表明了"仁"和"礼"二者作为抽象的本体存在互为里表的关系。陆贾认为，"仁"和"礼"是"天道"，即宇宙万物的法则，经由"圣人成之"的对"人道"概括，即"人道"的存在，是由抽象存在的"仁"和其外在的表现形式"礼"来体现的。其所言"仁者道之化"之"仁"（《新语·道基第一》），和"隐之则为道，布之则为文"的"礼"（《新语·道基第一》），被其认为是贯通天地，周遭过去和未来，无时不在，无处不在，"无废而不兴"（《新语·慎微第六》）的，而"义"则是圣人对"仁"的阐释，即"义则圣之学"（《新语·道基第一》）。对"人道"的遵行，乃为治世之"必由"，而这一遵行的具体表现就是要以礼之"仪"来规范社会行为，只有这样才符合圣人对"仁"的阐释之"义"，可见陆贾的观点继承了儒家理论最核心的部分，所以称其为"秦后第一儒"，实不为过。

（二）贾谊以"道德"为根本的礼治思想

贾谊《新书》以"道德"为根本。对于"道"，其言："道者所道接物也，其本者谓之虚，其末者谓之术。"（《新书·道术》）[1]对于"接物"，《淮南子·原道训》："物至而神应。"何注云："物，事也"；"知物接而好憎

---

[1]　（汉）贾谊撰：《新书校注》卷八"道术"，阎振益、钟夏校注，中华书局2000年版，第302页。

生也",何注:"接,交也,情欲也。"〔1〕其所谓之"道",是指人类社会的客观规律,"道"为虚为本,说明"道"的本体存在是抽象的,"虚"是贾谊引入的描述"道"抽象存在的一个新概念。《淮南子·诠言训》:"去载则虚,虚则平,平者道之素也,虚者道之舍也。"〔2〕《吕氏春秋·上德》:"虚素以公。"高诱注:"素,质也。"〔3〕而贾谊对于"虚",则进一步解说为:"虚者,言其精微也,平素而无设诸也。"(《新书·道术》)〔4〕其以"虚"为"道"之本,意在对"道"作进一步解释说明,"虚者,言其精微也",不是说"道"是空无一物的绝对虚无,而是为了强调"道"的"精微",是以"精微"为"道"的特性。〔5〕其对"道"的这种"精微"特性的强调,意在说明这种虚无的本体存在的表现形式是精细的,且以此可以刻画万物,正因为如此,"道"的表现形式是"无设诸"的。"诸",《释名·释饮食》曰:"桃诸,藏桃也。诸,储也。""诸"即"储",用《淮南子·诠言》的解释就是"去载",即"道"以"虚"为本就是指"道"不事先设定任何准则,也不藏储任何东西。〔6〕贾谊之论,承继了《老子》第十二章中关于"道"是"其精甚真,其中有信"的观点,如此所论,是出于以"道"而无所不包,事无巨细,其存在所依循的规律均在其中的,出于抽象之概括目的之需要而做出的先验性假设。也正是出于这种试图对事物所遵循的客观规律,主要是对社会存在的客观规律进行刻画的需要,贾谊所论的"道"还被描述为"其末谓之术","术也者,所从制物也,动静之数也。凡此皆道也。"(《新书·道术》)"术"是"道"与"物"相接的人所认识的方式,"术"具有规范事物、使事物动静各宜的作用。〔7〕"道"由"本"向"末"的转化,即为一般性规律向特殊规律转化,"术"即是这种特殊的用来治理、裁度事

---

〔1〕 何宁:《淮南子集解》卷一"原道训",中华书局1998年版,第24页。

〔2〕 何宁:《淮南子集解》卷十四"诠言训",中华书局1998年版,第998页。

〔3〕 许维遹撰:《吕氏春秋集释》"离俗览第七·上德",梁运华整理,中华书局2016年版,第518页。

〔4〕 (汉)贾谊撰:《新书校注》卷八"道术",阎振益、钟夏校注,中华书局2000年版,第302页。

〔5〕 闫利春:《贾谊"道"论研究》,武汉大学2012年博士学位论文,第16页。罗光说:"贾谊称他自己所讲的'道'在本体上称为虚,可是他马上加以解释,以为自己所讲的虚,也指着'道'的精微,也指着'道'的平朴诚实。因此,他讲的虚,是说接物之道很精微,很诚朴。"(罗光:《中国哲学思想史》,学生书局1979年版,第155页。)

〔6〕 见闫利春:《贾谊"道"论研究》,武汉大学2012年博士学位论文,第16页。

〔7〕 徐复观:《贾谊思想的再发现》,载氏著:《两汉思想史》(卷二),学生书局1987年版,第154页。

物的道理，〔1〕因此，贾谊"本虚术末"的思想是"从实用上立论，将精微莫测之道，形诸乎虚，动静有常之数，名之于术，内外兼备，体用合一"〔2〕。对于贾谊此说，徐复观认为："法家则以虚为术之所藏的深渊，为运用术的枢纽。而所谓术，指的是以赏罚为骨干，由申不害所发挥发展出来的法术之术。贾谊接受了道家之所谓道，所谓虚；接受了法家以虚为人君运用统治之术的枢纽；但在术的具体化中，却在儒家思想上落脚。但其中包含了若干法家的思想。"〔3〕也就是说，贾谊的"本虚术末"论，体现了对各家学说之兼容并蓄，与其试图在政治上改变汉初以黄老无为思想为指导，实行无为而治所带来的乱局有关，〔4〕故在哲学思想上体现为在一定程度上仍借用了法家之说，对老子道论和儒家礼治之说进行了修正和改进，但其仍主要继承了儒家思想。对如何以术接物，贾谊说：

> 人主仁而境内和矣，故其士民莫弗亲也；人主义而境内理矣，故其士民莫弗顺也；人主有礼而境内肃矣，故其士民莫弗敬也；人主有信而境内贞矣，故其士民莫弗信也；人主公而境内服矣，故其士民莫弗戴也；人主法而境内轨矣，故其士民莫弗辅也。举贤则民化善，使能则官职治；英俊在位则主尊，羽翼胜任则民显；操德而固则威立，教顺而必则令行；周听则不蔽，稽验则不惶，明好恶则民心化，密事端则人主神。术者，接物之队（隧）。凡权重者必谨于事，令行者必谨于言，则过鲜败矣。此

〔1〕 "制"有裁度、治理之义，《说文》："制，裁也"；《新书·过秦论》中的"制其兵"即"治其兵"之义；"数"乃理之义。［（汉）贾谊撰：《新书校注》，阎振益、钟夏校注，中华书局 2000 年版，第 306 页注 8。］

〔2〕 祁玉章撰：《贾子探微》，三民书局 1970 年版，第 51 页。

〔3〕 徐复观：《贾谊思想的再发现》，载氏著：《两汉思想史》（卷二），学生书局 1987 年版，第 154 页。

〔4〕 《汉书·贾谊传》载："是时，匈奴疆，侵边。天下初定，制度疏阔，诸侯王僭拟，地过古制，淮南、济北王皆为逆诛。谊数上疏陈政事，多俗臣建，其大略曰：'臣窃惟事势，可为痛哭者一，可为流涕者二，可为长太息者六，若其它背理而伤道者，难遍以疏举。进言者皆曰天下已安已治矣，臣独以为未也。曰安且治者，非愚则谀，皆非事实知治乱之体者也。夫抱火厝之积薪之下而寝其上，火未及燃，因谓之安，方今之势，何以异此。本末舛逆，首尾衡决，国制抢攘，非甚有纪，胡可谓治。'"王先谦补注曰："其一谓匈奴有可制之策而不用也。其二论足食劝农，班氏不载于传而载于食货志。"王先谦又引王应麟注云："新书言庶人上僭，班氏取为太息之一。秦俗经制二篇，不以为太息，而班氏取为太息之二。论教太子，是为太息之三。体貌大臣，是为太息之四。又'等齐篇'论名正不分，又'铜布篇'论收铜铸钱，此二者皆为太息之说，班氏削'等齐篇'不取，而载'铜布篇'于食货志。故六太息，止载三篇。"［（汉）班固撰，（清）王先谦补注：《汉书补注》卷十八"贾谊"，上海师范大学古籍整理研究所整理，上海世纪出版股份有限公司、上海古籍出版社 2008 年版，第 3651~3652 页。］

术之接物之道也者。其为原无屈，其应变无极，故圣人尊之。夫道之详，不可胜术（述）也。[1]

通过其上述所论可见：贾谊是以仁、义、礼、信、公、法六者，作为"道"在政治行为中的体现，其在儒家所说的仁、义、礼、信基础上，增加了"公"与"法"。"公"强调的是对人主行为的内在要求，而"法"则倾向于从外在限制上对人主行为进行约束。人主除了要内修德性，外行公义之外，还要举贤使能，使英俊在位，羽翼胜任。这也是"虚之接物"在"术"上的表现，即人主只有"虚"才能做到不固守己见，广开言路，汲取民智。[2]不仅如此，人主还要掌握一定的权术，如立威、周听、稽验、密事、谨于事言等。人主应通过"操德"而获"威严"，以教化使命令得到执行，而不主张单纯地凭借人主之势而获得威严，也不主张"势不足以化则除"（《韩非子·外储说右上·经一》）的严酷做法。

以上贾谊"道以虚为本，以术为末"的"道"论，解决的是应然范畴内"道"的存在问题，对于实然范畴内的"道"的存在，以"道"之"虚"说是不能彻底回答的，贾谊因此引进"德"的概念，其对于"德"的定义是："物所道始谓之道，所得以生谓之德"（《新书·道德说》），即万物都是由道所创生，得之于己谓之德，其以此将人的主观认识与客观存在相关系，这是与先秦儒家理论相通的。对于"德"具体如何由"道"而生，贾谊认为是通过"泽"来实现的：

泽者，鉴也，谓之道。……鉴生空窍，而通之以道。
道者无形，平和而神。道有载物者，毕以顺理适行，故物有清而泽。泽者，鉴也。鉴以道（导）之神。絫贯物形，通达空窍，奉一出入为先，故谓之鉴，鉴者，所以能（态）也。见者，目也。道德施物，精微而为目。是故物之始形也，分先而为目，目成也形乃从。是以人及有因之在气，莫精于目。目清而润泽若濡，无兔秽杂焉，故能见也。由此观

[1]（汉）贾谊撰：《新书校注》卷八"道术"，阎振益、钟夏校注，中华书局2000年版，第302~303页。
[2] 见闫利春：《贾谊"道"论研究》，武汉大学2012年博士学位论文，第22~23页。

之，目足以明道德之润泽矣，故曰："泽者，鉴也"，"生空窍，通之以道"。[1]

徐复观认为以"泽者，鉴也"来比拟于道，是就玉泽之清而言的。贾谊在此"要把落实于人生命中之虚，说得较为具体，于是以'泽''鉴'来形容。他所说的泽，与庄子所说的'清'同义。清、鉴，都是形容'唯道集虚'的虚"[2]。贾谊所言之"泽"，应与以玉象征其所主要强调的"人道"有关："而能象人德者，独玉也。写德体六理，尽见于玉也，各有状，是故以玉效德之六理。"（《新书·道德说》）《礼记·聘义》引孔子曰："夫昔者比德于玉焉：温润而泽，仁也。"孙希旦疏曰："玉气粹精之所发，则温润而泽，如君子之仁，温厚深淳之气形诸于外也。"[3]即以"泽"的形于外之具象，来描述仁于人的认识中存在的内在性，有所不同的是，孔子以"泽"作为抽象的"仁"的本体存在的外在表现形式存在的象征（这种外在形式的存在本身也是形而上的），而贾谊所比喻的则是更为宽泛的"德"的外在表现形式，事实上，其是在"道"与"仁"之间，引入"德"作为前者转化为后者之中介，且以"鉴"作为人对"道"的主观认识的方式，即"鉴生空窍，而通之以道"。《新书校注》引朱骏声注曰："鉴，假借为镜。"且引《释名·首饰》"镜，景也。言有光景也。"[4]故此处之"鉴"，即以对"道"的"光景"之所见（认识），从而使这种认识之所"得"之"德"，呈现出其存于内心后才会有的外在之"泽"。正因为如此，贾谊将"仁"归为"德"所具有的"六美"之一，而"六美"之所以可以存在（即"道"转化为人的认识之所"得"的表现形式），是因为"德有六理"："何谓六理？曰：道、德、性、神、明、命。此六者德之理也。"（《新书·道德说》）[5]而贾谊对这"六理"的阐释分别是：作为"德"之理的"道"，即主观认识所"得"，其因循

---

〔1〕（汉）贾谊撰：《新书校注》卷八"道术"，阎振益、钟夏校注，中华书局 2000 年版，第 324～325 页。

〔2〕徐复观：《贾谊思想的再发现》，载氏著：《两汉思想史》（卷二），学生书局 1987 年版，第 154 页。

〔3〕（清）孙希旦撰：《礼记集解》卷六十一"聘义第四十八"，沈啸寰、王星贤点校，中华书局 1989 年版，第 1467 页。

〔4〕（汉）贾谊撰：《新书校注》卷八"道德说"，阎振益、钟夏校注，中华书局 2000 年版，第 329 页。

〔5〕（汉）贾谊撰：《新书校注》卷八"道德说"，阎振益、钟夏校注，中华书局 2000 年版，第 325～327 页。

之理中的"道",与那个客观存在的以"虚"为本的"道"区别是,"道有载物者,毕以顺理适行,故物有清而泽。"对这个"道"的认识,是通过"鉴"来实现的:"模贯物形,道达空窍,奉一出入为先,故谓之鉴。"且"道德施物,精微而为目。是故物之始形也,分先而为目,目成也形乃从";而为"得"之"德",其作为"理",是"离无而之有"的,"物得润以生,故谓润德。德者变及物理之所出也。"来自对"道"认识后所"得"之"德",其具有的"理",体现为"变及诸生之理",是"道之化也",这样的"理","各有条理以载于德。德受道之化,而发之各不同状。"

"性",其即为"道德造物"之"理":"性者,道德造物。"

"道德造物"而使过程那个以"虚"为本的"道","神气晓晓然发而通行于外矣,与外物之感相应"。

"神"则是"道"所以会"变化无所不为"之"理","变化无所不为,物理及诸变之起,皆神之所化也"。

"明"者,是"神气"会显露于外之"理","神气在内则无光而为知,明则有辉于外矣。外内通一,则为得失,事理是非,皆职于知,故曰'光辉谓之明',明生识,通之以知";而"命",是"物皆得道德之施以生"后,其体现的"泽、润、性、气、神、明"之"理",是有"形体之位分、数度",且都是有所局限的,即为"各有极量指奏矣"之"理"。

贾谊既言"道""德",又言"德"之"六理"之"道""德",概念的称谓上易生混乱,其《新书校注》引何孟春说:"谊未长于治礼,而识未足以究理学",钟夏对何氏此说虽有否认,但也认为贾生确有"有生硬牵强之处","故未能尽通其训诂。"[1]不过,其关于"德"之"理"的所论,较之于先秦儒、道两家"道"论所言"道"之"理"的观点,是有所发展的。这一发展体现在其对于"理"既强调了"德"之"理"的主观性,又同时试图以这一主要来自道、法家的概念,来体现"理"虽然是主观认识对客观存在的反映而呈现的规律,但其是独立于个人的主观认识的相对抽象的客观存在。这既与先秦儒家关于"德"之"理"存于人心的主观唯心论倾向保持了一定的距离,也不同

---

〔1〕 (汉)贾谊撰:《新书校注》卷八"道德说",阎振益、钟夏校注,中华书局 2000 年版,第 328 页。

于道、法两家直接以"道"之"理"的结构，[1]来阐释"理"（即使是在"人道"论范畴中，其也是一种绝对的客观存在）的客观唯心论以贾谊对"德"之"六理"对"理"的解析和分层，其是意欲以独立于个人认识的"理"，来强调其客观性的：如"理"之"道"可以"模贯物形，道达空窍"；"理"之"德"能够"各有条理以载于德"；"理"之"性"的作用在于"发而通行于外"；"理"之"神"是"诸变之起"；"理"之"明"则"有辉于外矣"，可以"明"生"识"，"通之以知"；而"理"之"命"为"各有极量指奏矣"。

对于这"六理"之间的关系，有研究认为，在生存论的意义上，"道"必须下贯，"德"是使"道"由无到有的存在，"德之六理"是"道"逐渐凝结、形成生化之效的必然环节。"性"是"道德神气"的集聚，道德造物必须要经过"性立"的环节。"神"是"道""德""神""气"发于性的结果，"明"是"道德神气"外显的结果，也是"性"的功用之一；"命生形"，"道"的创生历程的最终完成，必须要有确定的形体来承载"性""气""神""明"之理，"命"就是万物得"生"成"形"的最后环节。[2]以此可见，贾谊"德之六理"之说是系统的，除了对概念的使用易生混乱，且对"六理"的阐释确有不够严整和通达外，其对"德"这个概念递进了一个层次进行的解析，以其所做的创设，不仅表现了其对先秦儒家之"德"理论有所发展，

〔1〕　道家和法家强调"德"的存在，决定于"道"，且"德"在"道"生万物的过程中，是与之相伴随客观规律："孔德之容，惟道是从"（《道德经》第二十一章），"道生之，德畜之，物形之，势成之。是以万物莫不尊道而贵德。"（《道德经》第五十一章）这是因为"道"包含有万物之"理"，"道尽稽万物之理，故不得不化，不得不化，故无常操"（《韩非子·解老》），因此"德"即为"理"。对此，冯友兰的解释是："道为天地万物所生之总原理，德为一物所生之原理，即《韩非子》所谓'万物各异理'之理也。"〔冯友兰：《中国哲学史》（上），华东师范大学出版社 2011 年版，第 137 页。〕这是有误差的，因为以"孔德"之"德"〔王弼释"孔"为"空"，（魏）王弼注：《老子道德经注校释》，楼宇烈校释，中华书局 2008 年版，第 52 页〕，显然是与"道"相对，即为"形而上"的存在之物"道"的表现形式。道、法两家，与儒家所言的"道"，是有所不同的：孔子所言"道之以政，齐之以刑，民免而无耻；道之以德，齐之以礼，有耻且格"（《论语·为政第二》），以"道"直接施之于政和以"德"进行教化的后果的不同，很明确地表达了"德"来自人的主观认识的观点。孟子以其心性理论，进一步充实了孔子"德治"理论的哲学基础，其认为人性本于"天道"，且人性中存有仁义之德性，即"仁，人心也；义，人路也"（《孟子·告子上》）。而"心之所同然者何也，谓理也，义也。圣人先得我心之所同然耳，故理义之悦我心，犹刍豢之悦我口"（《孟子·告子上》），即以人心为"理"，是指人心中所存的仁义之德性为"理"，可见儒家在"人道"的范围内所谈论的德，即为"理"。荀子也说"义，理也"（《荀子·大略》）。《礼记·丧服四制》中同样有"理者，义也"的说法。显然，儒家与道家及法家所说的"理"，经"德"而与"道"相关，路径相同，但各自所说的"德"和"理"，是有区别的。

〔2〕　见闫利春：《贾谊"道"论研究》，武汉大学 2012 年博士学位论文，第 27~50 页。

而且因此表现出其政治上的"德治"倾向。

　　贾谊对于"德"这个概念，除了以"六理"来对其所具有的形式意义上的特质进行刻画外，还以"德"有"六美"，来说明"德"的内涵之道、仁、义、忠、信、密六种特性。[1]贾谊"德"之"六美"之说，对于"道"这个概念，仍在不同意义上重复使用：作为"德"之"美"的"道"，与前面所说的作为"德"之"理"的"道"之不同，是在于前者强调的是"德"以对"道"的体现而承接其由"虚"而创生万物后的涵养，并因此而为"美"，是对"德"内涵中多种特性之基本的特性之一，即"道者，德之本也"。此不同于后者是以"模贯物形，道达空窍"之"理"，来对"德"进行刻画。在此，"德"因为以"道"为本，而表现出的"美"，倾向于对"德"承接于"道"的主观性的一面的强调，并因此而为"人道"的引入，设定了转承之处。以"仁"这个概念所具有的"私意"，[2]实为对主观性的强调，而使创

────────────────

　　〔1〕《新书·道德说》："德有六美，何谓六美？有道、有仁、有义、有忠、有信、有密，此六者德之美也。道者，德之本也；仁者，德之出也；义者，德之理也；忠者，德之厚也；信者，德之固也；密者，德之高也。物所道始谓之道，所得以生谓之德。德之有也，以道为本。故曰：'道者，德之本也。'德生物又养物，则物安利矣。安利物者，仁行也。仁行出于德，故曰：'仁者，德之出也。'德生理，理立则有宜，适之谓义。义者，理也。故曰：'义者，德之理也。'德生物，又养长之而弗离也，得以安利。德之于物也忠厚，故曰：'忠者，德之厚也。'德之忠厚，信固而不易，此德之常也。故曰：'信者，德之固也。'德生于道而有理，守理则合于道，与道理密而弗离也，故能畜物养物。物莫不仰恃德，此德之高，故曰：'密者，德之高也。'"〔（汉）贾谊撰：《新书校注》卷八"道德说"，阎振益、钟夏校注，中华书局2000年版，第325页。〕
　　〔2〕对于《道德经》第三十八章曰："故失道而后德。失德而后仁。失仁而后义。失义而后礼。夫礼者忠信之薄而乱之首"，"上德不德，是以有德，下德不失德，是以无德。"《庄子·外篇·天道》中记载的一段孔子上门问道于老子的事迹，似乎是对此做了注解："孔子西藏书于周室。子路谋曰：'由闻周之征藏史有老聃者，免而归居，夫子欲藏书，则试往因焉。'孔子往见老聃，而老聃不许，于是翻十二经以说。老聃中其说，曰：'大谩，愿闻其要。'孔子曰：'要在仁义。'老聃曰：'请问，仁义，人之性邪？'孔子曰：'然。君子不仁则不成，不义则不生。仁义，真人之性也，又将奚为矣？'老聃曰：'请问，何谓仁义？'孔子曰：'中心物恺，兼爱无私，此仁义之情也。'老聃曰：'意，几乎后言！夫兼爱，不亦迂乎！无私焉，乃私也。夫子若欲使天下无失其牧乎？则天地固有常矣，日月固有明矣，星辰固有列矣，禽兽固有群矣，树木固有立矣。夫子亦放德而行，循道而趋，已至矣；又何偈偈乎揭仁义意，夫子乱人之性也！'"〔（清）王先谦撰：《庄子集解》，中华书局1987年版，第117~118页。〕即老子只肯定了"道"可以"上德"作为其客观存在的承接之物，其以孔子所言的"仁"为"下德"，是因为"道"作为绝对的客观存在，是不可能为人的认识而转承的。道家因此认为儒家关于"仁"的理论是建立在宗法制血缘关系之上的，此种"仁义"观即为"私"义。而"至仁无亲"，《庄子·内篇·天运》："商大宰荡问仁于庄子。庄子曰：'虎狼，仁也。'曰：'何谓也？'庄子曰：'父子相亲，何为不仁！'曰：'请问至仁。'庄子曰：'至仁无亲。'"〔（清）王先谦撰：《庄子集解》，中华书局1987年版，第123页。〕《庄子·内篇·大宗师》即有言"有亲，非仁也"，《庄子·杂篇·则阳》中也说"道不私，故无名"。〔（清）王先谦撰：《庄子集解》，中华书局1987年版，第56、233页。〕而法家商鞅言："亲亲者以私为道也，而中正者使私无行也。"（《商君书·更法》）韩非也说："若天若地，孰谁孰亲？"（《韩非子·扬权》）"礼为情貌者也，文为质饰者也。夫君子取情而去貌，好质而恶饰。

生万物之"道"被引入而成为人类社会存在的客观规律的代名词，故"仁者，德之出也"之说正是表明了这种转承关系。也正因为这一转承关系，使道、法家指责儒家之"仁"具有私亲之意，以此新的诠释得以澄清。

　　至于"德"之"六美"中的"义"，贾谊释之为对"德"之"理"的顺应和适行，使之合宜即为"义"。"义者，德之理也"的定义，并不表明"义"和"理"这两个概念可以互相替代，前者意在表达主体行为对后者的遵行，虽然后者的存在与主观认识有密切关系，但其乃是一种个人认识所不能左右和改变的客观存在，"义"是在"理"的前提下的行为合宜，因此，"义"着重于对个性及其行为的强调，这与其前面对"德"之"道"和"仁"的解释所表明的倾向是一致的，其因此而对"德"的内涵的解析，分立为两个体系，即用"理"和"美"标名这两个以相对的客观存在和主观行为来划分的体系，至"义"以下，"忠""信""密"皆与强调个性行为体现为"德"的不同维度的要求有关，虽然在贾谊的表达中，是"德"之行为，而不是明确地说是认识主体的行为，这种省略是其出于抽象叙事之需，[1]因为其所谓的"德"之仁行的展开，实则可以反过来说是认识主体符合"德"的要求的个性行为，而这种个性行为之所以可以被称为是符合"德"的要求，是因为其行为体现了对"物之生长之弗离"（符合"德"对"道"所承接的规律，即是指对于那个由主观认识与客观存在相符合而产生的客观规律）的遵行，并因此而使物得以"安利"，即因此体现了"德"之"忠厚"（这种行为是符合于"德"之"忠厚"要求的）。同样，贾谊更进一步以"信"来表达个性行为符合于"德"的另一个要求，即对"德"从"道"那里所承接的规律遵行不离不弃、持之以恒。"信"相对于"忠厚"所指的程度而言（"忠

夫恃貌而论情者，其情恶也；须饰而论质者，其质衰也。"（《韩非子·解老》）

　　[1]　"六理、六美，德之所以生阴阳、天地、人与万物也，固为所生者法也。故曰：道此之谓道，德此之谓德，行此之谓行，所谓行此者，德也。"[（汉）贾谊撰：《新书校注》卷八"道德说"，阎振益、钟夏校注，中华书局2000年版，第325页。]徐复观言："德的六理，皆为创生所必须之条件与性格，而'德'之'六美'便与人的行为、价值，有不可分的关系。人成形以后，具备了德的六理，也便具备了德的六美，以成就人的行为。"[徐复观《贾谊思想的再发现》，载氏著：《两汉思想史》（卷二），学生书局1987年版，第168页。]唐雄山认为，"由于'六理''六美'是其创生者效法的对象，所以凡是取法于'六理''六美'就是道、就是德、就是行（仁）。"（唐雄山：《贾谊礼治思想研究》，中山大学出版社2005年版，第67页。）上述囿于古典文本表达的解说，对于依循原文本意是必须的，但对此的解读应不排除现代文体表达方式，故有本书于此的说法。

是不偏离，而"厚"为完整之意），"信"体现的是行为的持续性，故有"信者，德之固也"的说法。而"密"所表现的"德之高"，更明显地突出了"德"所相对的认识主体行为的存在，虽然贾谊以"密"来表征"德"的权威地位，[1]道、仁、义、忠、信五者最后归于"德"之"密"，与其一尊的大统一政治主张有关，而这一表征背后，则是对认识主体行为主动性的强调。不过，"密"在此还有另一层意思，即紧密，是就其与"德"和"道"的关系而言的，与《系辞》所说的"利用安身，所以崇高也"有关。[2]

而贾谊以上述关于"德"之"六理""六美"之说，是为"德"之"六行"奠定基础，即因此而归于对人的行为规范的认识：

> 德有六理，何谓六理？道、德、性、神、明、命，此六者德之理也。六理无不生也，已生而六理存乎所生之内。是以阴阳、天地、人尽以六理为内度，内度成业，故谓之六法。六法藏内，变流而外遂，外遂六术，故谓之六行。是以阴阳各有六月之节，而天地有六合之事，人有仁、义、礼、智、信之行，行和则乐与，乐与则六，此之谓六行。阴阳、天地之动也，不失六律，故能合六法；人谨修六行，则亦可以合六法矣。[3]

贾谊以人的仁、义、礼、智、信之行，谓之"六行"，是因为"阴阳、天地、人尽以六理为内度"，关于"内度"，钟夏疏："内度为始形之界度"，"内度成业，故谓之六法。六法藏内，变流而外遂，外遂六术，故谓之六行。""内度成业"，"意即将度铨次乃成法"。[4]"六法"为由"六理"所生成的符合于"德"的要求的对认识主体的行为"限度"，其"内藏"于"六理"之中，因"道"的流变而外显，并成为人的行为符合于"德"的要求的行为"限度"，而"德"的要求就是仁、义、礼、智、信，贾谊表述为"六行"，所强调的是人的符合于"德"之要求的行为主动性。"六法"在此并非指具

---

[1] 《说文·山部》曰："密，山如堂者。"段注："土部曰：'堂，殿也。'释山曰：'山如堂者，密。'郭引尸子：'松柏之鼠，不知堂密之有美枞。'按：密主谓山，假为精密字而本义废矣。"［(清)段玉裁：《说文解字注》，上海古籍出版社1988年版，第439~440页。]

[2] 见闫利春：《贾谊"道"论研究》，武汉大学2012年博士学位论文，第54页。

[3] (汉)贾谊撰：《新书校注》卷八"六术"，阎振益、钟夏校注，中华书局2000年版，第316页。

[4] (汉)贾谊撰：《新书校注》卷八"六术"，阎振益、钟夏校注，中华书局2000年版，第319页。

体规则，因为其为抽象的"六理"的外在表现形式，其本身也是抽象的。当然，贾谊在此以相对抽象的"六法"和"六行"，从客观存在和主观行为两个方面来描述"德"行，即仁、义、礼、智、信之行，是出于概括的需要，并因此将人之"德"行，称为"六艺"，使先秦儒家的礼治思想及其实现方式，包括礼仪规则作为行"人道"所应当遵行的行为规则的引入，得以证成：

> 书者，着德之理于竹帛而陈之，令人观焉，以着所从事，故曰："书者，此之著者也。"诗者，志德之理，而明其指，令人缘之以自成也，故曰"诗者，此之志者也。"易者，察人之精德之理与弗循，而占其吉凶，故曰"易者，此之占者也。"春秋者，守往事之合德之理与不合，而纪其成败，以为来事师法，故曰："春秋者，此之纪者也。"礼者，体德理而为之节文，成人事，故曰："礼者，此之体者也。"乐者，书、诗、易、春秋、礼五者之道备，则合于德矣，合则欢然大乐矣，故曰："乐者，此之乐者也。"[1]

贾谊《书》《诗》《易》《春秋》《礼》《乐》是"六理""六美"的载体，它们是"六理""六美"的"著者""志者""占者""乐者""纪者"。一方面，其以此而将先秦儒家礼治的经典，纳入其构建的理论体系之中，也可以说其构建的思想体系，为先秦儒家礼治理论的经典，找到了本源上的依据；[2]另一方面，礼治在其层层递进的、试图构建严谨哲学理论体系的创设过程中，证明了先秦儒家礼治思想及其实现方式，[3]是"合道德性"的，且是应当被推行的，也就同时昭示了其本人主张礼治的立场和观点："《书》《诗》《易》《春秋》《礼》《乐》六者之术以为大义，谓之六艺。令人缘之以自修，修成则得六行矣。"[4]即先秦儒家有关礼治的六部经典所提供的礼治的实现方式，即为"六艺"，以此则可以实现行"人道"的"六行"，而如此结论，是符合其关

---

〔1〕（汉）贾谊撰：《新书校注》卷八"道德说"，阎振益、钟夏校注，中华书局 2000 年版，第 327～328 页。

〔2〕唐雄山：《贾谊礼治思想研究》，中山大学出版社 2005 年版，第 69～70 页。

〔3〕《书》《诗》《易》《春秋》《礼》《乐》为实现礼治提供了不同方式，如庄子对此所做的概括："《诗》以道志，《书》以道事，《礼》以道行，《乐》以道和，《易》以道阴阳，《春秋》以道名分。"（《庄子·天下》）

〔4〕（汉）贾谊撰：《新书校注》卷八"道德说"，阎振益、钟夏校注，中华书局 2000 年版，第 316 页。

于"道以虚为本，以术为末"的本体论观点的。[1]依贾谊的本体论观点，"本""末"皆为"道"，"道"在生化"礼"的同时，内在于"礼"，成为"礼"的本体。这样"道"与"礼"就成了一体两面的存在，一面为"本"，一面为"末"；一面为抽象，一面为具体。[2]贾谊因此明确表达了自己的礼治思想：

> 昔周文王使太公望傅太子发。太子嗜鲍鱼，而太公弗与，曰："礼，鲍鱼不登于俎，岂有非礼而可以养太子哉?"……寻常之室，无奥剽之位，则父子不别；六尺之舆，无左右之义，则君臣不明。寻常之室，六尺之舆，处无礼即上下纆逆，父子悖乱，而况其大者乎！故道德仁义，非礼不成；教训正俗，非礼不备；分争辨讼，非礼不决；君臣上下父子兄弟，非礼不定；宦学事师，非礼不亲；班朝治军，莅官行法，非礼威严不行；祷祠祭祀，供给鬼神，非礼不诚不庄。是以君子恭敬撙节退让以明礼。
>
> 礼者，所以固国家，定社稷，使君无失其民者也。[3]

以"礼"为国家制度和社会行为规则，其延伸至国家政治和社会生活的各个层面，是因为"礼"是"道"的外在表现形式，而"礼"作为抽象的表现形式本身，包括可为其"用"的具体的行为规则，也就是由"礼"即"道"，推演至"礼"即为"治道"，这是对先秦儒家礼治思想的重述。而"礼者，所以固国家，定社稷，使君无失其民者也"的礼治目标的树立，则导引出了贾谊的"民本"思想："闻之于政也，民无不为本也。国以为本，君以为本，吏以为本。故国以民为安危，君以民为威侮，吏以民为贵贱，此之谓民无不为本也。"[4]并因此得出"礼"的本质即为"爱民"："礼，天子爱天

---

〔1〕 唐雄山认为，贾谊关于"道"是"无"、是"虚"，即所谓的"无物无象"，而"术"（包括礼制）是"有"，持有"所从制物也，动静之数"的观点。他吸收并改造了如冯达文所说的道家本体论三种取向上的第一种，不仅为儒家思想找到了本体，而且承认礼治的本真与终极意义（唐雄山：《贾谊礼治思想研究》，中山大学出版社2005年版，第81页）。而冯达文所说的道家本体论的三种取向之第一种取向认为，"道"不可为经验知识所把握，故本体"道"亦可被称为"无"。这种本体论取向的特点，是并不否认经验知识对应于经验事物的有效性。如果经验事物与经验知识包括现存社会的运作体制（礼制）的话，那么这种本体论也给这种体制一个位置。但是，在其把本体设置于经验事物与经验知识之外后，则否认这种体制之本真的与终极的意义（冯达文：《中国哲学的本源——本体论》，广东人民出版社2001年版，第118~119页）。
〔2〕 唐雄山：《贾谊礼治思想研究》，中山大学出版社2005年版，第92页。
〔3〕 （汉）贾谊撰：《新书校注》卷六"礼"，阎振益、钟夏校注，中华书局2000年版，第214页。
〔4〕 见（汉）贾谊撰：《新书校注》卷九"大政上"，阎振益、钟夏校注，中华书局2000年版，第338页。

下，诸侯爱境内，大夫爱官属，士庶各爱其家。"[1]而"爱民"即是"仁政"，贾谊的"爱民"政策主要有"养民"和"安民"两个方面的内容，并且，其在论及这两个方面的内容时，都将其归结为是需要以"礼"作为国家制度来推行的，如其在《新语·礼》中对发展农业生产以增加积蓄的"养民"政策的论述中，主张"三十岁相通而余十年之积"这一政策，作为"王者之法"，是来自"礼"的要求：

> 国无九年之蓄，谓之不足；无六年之蓄，谓之急；无三年之蓄，国非其国也。民三年耕，必余一年之食，九年而余三年之食，三十岁相通。而有十年之积，虽有凶旱水溢，民无饥馑。然后天子备味而食，日举以乐。诸侯食珍，不失，钟鼓之县可使乐也。乐也者，上下同之。故礼，国有饥人，人主不飨；国有冻人，人主不裘。报囚之日，人主不举乐。岁凶，谷不登，台扉不涂，榭彻干侯，马不食谷，驰道不除，食减膳，飨祭有阙。故礼者自行之义，养民之道也。[2]

这与荀子所说的相同，荀子曰："礼起于何也？曰：人生而有欲，欲而不得，则不能无求。求而无度量分界，则不能不争；争则乱，乱则穷。先王恶其乱也，故制礼义以分之，以养人之欲，给人之求。使欲必不穷于物，物必不屈于欲。两者相持而长，是礼之所起也。故礼者养也。"(《荀子·礼论》)

贾谊的"安民"之政论，继承了儒家的"安民"思想，并将之视为"礼"的本质，即为"爱民"的有机组成部分。其在《新书·修政语下》中，将"安民"具体化为"使民富且寿"，并将"富且寿"进一步化为具体的行动措施：

> 周成王曰："寡人闻之：圣王在上位，使民富且寿云。若夫富则可为也，若夫寿则不在天乎？"粥子曰："唯。疑。请以上世之政诏于君王。政曰：圣王在上位，则天下不死军兵之事。故诸侯不私相攻，而民不私相斗阋，不私相杀也，故圣王在上位，则民免于一死而得一生矣。圣王

---

[1] (汉)贾谊撰：《新书校注》卷六"礼"，阎振益、钟夏校注，中华书局2000年版，第214页。

[2] (汉)贾谊撰：《新书校注》卷六"礼"，阎振益、钟夏校注，中华书局2000年版，第315~316页。

在上，则君积于道，而吏积于德，而民积于用力。故妇人为其所衣，丈夫为其所食，则民无冻馁矣。故圣王在上，则民免于二死而得二生矣。圣王在上，则君积于仁，而吏积于爱，而民积于顺，则刑罚废矣，而民无夭遏之诛。故圣王在上，则民免于三死而得三生矣。圣王在上，则使民有时，而用之有节，则民无厉疾。故圣王在上，则民免于四死而得四生矣。故圣王在上，则使盈境内兴贤良，以禁邪恶。故贤人必用而不肖人不作，则已得其命矣。故夫富且寿者，圣王之功也。"周成王曰："受命矣。"〔1〕

以上述贾谊所论可见其"安民"主张的政治措施主要是不兴"军兵之事"、让人民丰衣足食、废除严刑峻法、"使民有时，而用之有节"、"兴贤良，以禁邪恶"。〔2〕

除了以"爱民"政策来实现礼治的"仁政"外，贾谊的君臣观以尊君为基石，臣可为师、为友，则是其提出的新观点："王者官人有六等：一曰师，二曰友，三曰大臣，四曰左右，五曰侍御，六曰厮役。"而对此新界定的君臣之间的等级关系，贾谊所明确的相关礼仪行为规则，也是一种在先秦儒家制定的礼典基础上的创新："取师之礼，黜位而朝之；取友之礼，以身先焉；取大臣之礼，以皮币先焉；取左右之礼，使使者先焉；取侍御之礼，以令至焉；取厮役之礼，以令召矣。"〔3〕而贾谊进一步提出的"体貌大臣"的观点，来自儒家礼治思想的传统，〔4〕但其有具体的发挥："鄙谚曰：'欲投鼠而忌器'，此善喻也。鼠近于器，尚惮而弗投，恐伤器也，况乎贵大臣之近于主上乎。廉丑礼节，以治君子，故有赐死而无戮辱，是以系、缚、榜、笞、髡、刖、黥、劓之罪，不及士大夫，以其离主上不远也……君之宠臣，虽或有过，刑戮不加其身，尊君之势也，此则所以为主上豫远不敬也，所以体貌群臣而厉其节也。"〔5〕其以"投鼠而忌器"的比喻，来表明礼敬大臣实际上就是礼敬

〔1〕 （汉）贾谊撰：《新书校注》卷九"修正语下"，阎振益、钟夏校注，中华书局2000年版，第372～373页。

〔2〕 唐雄山：《贾谊礼治思想研究》，中山大学出版社2005年版，第309～310页。

〔3〕 （汉）贾谊撰：《新书校注》卷八"官人"，阎振益、钟夏校注，中华书局2000年版，第292～293页。

〔4〕 《论语·八佾》："定公问：'君使臣，臣事君，如之何？'孔子对曰：'君使臣以礼，臣事君以忠。'"孟子说："君之视臣如手足，则臣视君如腹心；君之视臣如犬马，则臣视君如国人；君之视臣如土芥，则臣视君如寇仇。"（《孟子·离娄下》）

〔5〕 （汉）贾谊撰：《新书校注》卷二"阶级"，阎振益、钟夏校注，中华书局2000年版，第80页。

君主自已；侮辱大臣实际上就是侮辱君主自已的道理，以此强调以礼仪规则来规范君臣关系的意义，而“体貌大臣”实际上还有另一层意义，就是“厉臣之节”，君对臣施以仁、惠的过程，实际上就是培养臣对君忠、义、廉、耻的过程，即所谓“厉臣之节”的过程：

> 故化成俗定，则为人臣者，主尔忘身，国尔忘家，公尔忘私。利不苟就，害不苟去，唯义所在，主上之化也。故父兄之臣，诚死宗庙；法度之臣，诚死社稷；辅翼之臣，诚死君上；守卫捍敌之臣，诚死城廓封境。故曰圣人有金城者，比物此志也。彼且为我死，故吾得与之俱生；彼且为我亡，故吾得与之俱存。夫将为我危，故吾得与之皆安。顾行而忘利，守节而服义，故可以托不御之权，可以托五尺之孤，此厉廉耻行礼义之所致也。〔1〕

贾谊的上述君臣观，尊君与“体貌大臣”既有对立的一面，又是相互补充的，构成一个有机互动系统，而能够使这两方关系以保持平衡的，正是礼仪规则。其以“礼”为“道”的外在表现形式，而礼仪规则却是“礼”作为抽象形式存在的具体化存在，贾谊关于尊君与“体貌大臣”的主张，也正是归结于此的。贾谊对礼仪规则作用的重视，可见于《新书·容经》，其对容礼的论述，详细说明了志、容、视、言、坐乘等相关礼节。〔2〕贾谊认为，这些

---

〔1〕（汉）贾谊撰：《新书校注》卷二“阶级”，阎振益、钟夏校注，中华书局 2000 年版，第 82 页。

〔2〕钟夏对《容经篇》的题解是：“《后汉书·儒林传·刘昆》：‘少习容礼。’注：‘容，仪也。’集解：‘古者有容礼。’陈仁锡曰：‘贾生妙处似从《仪礼》得来。’《四库全书总目》亦曰‘《保傅篇》《容经篇》并敷陈古典，具有源本。’夏案：‘是则此文源自古容礼，《大戴礼记》仅录其后半篇，盖如《傅职》前半篇出自《楚语》，《大戴》不录也。’”[（汉）贾谊撰：《新书校注》卷六“礼”，阎振益、钟夏校注，中华书局 2000 年版，第 231 页注 1。] 而《容经篇》中志、容、视、言、坐乘等相关礼节，具体如下：“容有四起：朝廷之容，师师然翼翼然整以敬；祭祀之容，遂遂然粥粥然敬以婉；军旅之容，湢然肃然固以猛；丧纪之容，怮然慑然若不还。视有四则：朝廷之视，端流平衡；祭祀之视，视如有将；军旅之视，固植虎张；丧纪之视，下流垂纲。言有四术：言敬以和，朝廷之言也；文言有序，祭祀之言也；屏气折声，军旅之言也；言若不足，丧纪之言也。立容：固颐正视，平肩正背，臂如抱鼓。足闲二寸，端面摄缨。端股整足，体不摇肘，曰经立；因以微磬曰共立；因以磬折曰肃立；因以垂佩曰卑立。坐容：坐以经立之容，胻不差而足不跌，视平衡曰经坐，微俯视尊者之膝曰共坐，仰首视不出寻常之内曰肃坐，废首低肘曰卑坐。行容：行以微磬之容，臂不摇掉，肩不下上，身似不则，从容而任。趋容：趋以微磬之容，飘然翼然，肩状若流，足如射箭。跘旋之容：旋以微磬之容，其始动也，穆如惊倏，其固复也，旄如濯丝。跪容：跪以微磬之容，揄右而下，进左而起，手有抑扬，各尊其纪。拜容：拜以磬折之容，吉事上左，凶事上右，随前以举，项衡以下，宁速无迟，背项之状，如屋之丘。坐车之容：坐乘以经坐之容，手抚式，视五旅，欲无顾，顾不过毂。小礼动，中礼式，大礼下。……”[（汉）贾谊撰：《新书校注》卷二“阶级”，阎振益、钟夏校注，中华书局 2000 年版，第 227~229 页。]

礼仪规则之所以重要，是因为"居有法则，动有文章"是古圣先王体道、行道的表现。贾谊强调容礼，是因为礼治必须通过践行具体的礼数、礼容来实现，而"礼的意义就在于通过对礼容的践履而达到礼之由外向内的强制作用。所谓'言动以纪度'，正是就容仪的得体、合道而言的"[1]。

除了以体现礼数、礼容的礼仪规则来调整统治阶层的行为外，贾谊关于"道"与"士"之间的关系理论，也是值得重视的，其在《新书·先醒》有论：

> 怀王问于贾君曰："人之谓知道者先生，何也?"贾君对曰："此博号也。大者在人主，中者在卿大夫，下者在布衣之士。乃其正名，非为先生也，为先醒也。"彼世主不学道理，则嘿然惛于得失，不知治乱存亡之所由，怃怃然犹醉也。而贤主者，学问不倦，好道不厌，惠然独先乃学道理矣。[2]

贾谊以上所论认为，人主、卿大夫、布衣之士都可以是"道"的体现者、掌握者和运用者。这里所谓的"大""中""下"是官职的分别，而不是"道"的高低。[3]贾谊说："官有假，而德无假，位有卑，而义无卑，故位下而义高者，虽卑贵也，位高而义下者，虽贵必穷。"[4]贾谊此论，虽然仅有片断存于"礼以道为本"的理论体系之中，但以"道"之创生万物而由无到有的过程中，"礼"作为其外在表现形式，内藏有"道"，则必然于赋予万物合乎于"道"的外在表现形式，而无高下尊卑之分，皆应有礼数、礼容，这一结论，是由贾谊礼治理论体系所决定的。

三、董仲舒的"天"论哲学和礼治思想

董仲舒在儒学史上的地位，与汉武帝"罢黜百家，独尊儒术"有很大关系。汉元光元年（公元前134年），董仲舒应荐举而射策，据《汉书·董仲

---

〔1〕 闫利春：《贾谊"道"论研究》，武汉大学2012年博士学位论文，第121页。
〔2〕 （汉）贾谊撰：《新书校注》卷七"先醒"，阎振益、钟夏校注，中华书局2000年版，第261页。
〔3〕 唐雄山：《贾谊礼治思想研究》，中山大学出版社2005年版，第163页。
〔4〕 （汉）贾谊撰：《新书校注》卷九"大政上"，阎振益、钟夏校注，中华书局2000年版，第340页。

舒》的记载看，董仲舒的对策主要围绕"大一统"和行"仁政"议论发挥，从"改制""更化"谈起，最后讲到"大一统"，并提出统一学术、思想的建议。[1]周桂钿认为，董仲舒是与孔子、朱熹并列为中国历史上对全社会影响最大的三大思想家。[2]虽然"董仲舒专精于述古，年至60余，不窥园中菜"[3]之事的真假和其所著的《春秋繁露》的真伪，一直为后世所争议，但儒家礼治思想自董氏起而成为中国古代社会的主流思想，且成为后世历代统治者所遵从的政治思想，却是不争的事实。学者徐复观认为，董氏的学术渊源，来自他的《春秋》公羊学。[4]《汉书·五行志上》载："汉兴，承秦灭学之后，景、武之世，董仲舒治《春秋公羊》，始推阴阳，为儒者宗。"而董仲舒在《春秋繁露》中通过对《春秋公羊传》大义的引申和发挥所建立的哲学体系，是以"天"为核心概念的。现代对董仲舒的研究一般认为，董氏哲学是以"奉天、法古"为基本原则的。[5]"法古"是儒家所有学派的传统主张，而董仲舒则为其增加了"奉天"的新原则，董氏这一原则的提出，与其试图克服儒家理论的核心原则，即"反求诸己"（《孟子·公孙丑上》《孟子·离娄上》）及"敬其在己者"（《荀子·天论》）的人本主义原则"迂远而阔于事情"（《史记·孟子荀卿列传》）和固化人性的缺陷有关。[6]对于"天"，董仲舒认为由天、地、阴、阳、火、金、木、水、土、人十种元素所构成：

> 何谓天之端？曰：天有十端，十端而止已。天为一端，地为一端，阴为一端，阳为一端，火为一端，金为一端，木为一端，水为一端，土为一端，人为一端，凡十端而毕，天之数也。[7]

---

〔1〕 李景明：《中国儒学史》（秦汉卷），广东教育出版社1998年版，第106页。

〔2〕 周桂钿：《董仲舒研究》，人民出版社2012年版，"自序"第5页。

〔3〕 （汉）桓谭：《新论》卷一"本造篇"，朱谦之校辑，中华书局2009年版，第2页。

〔4〕 徐复观：《两汉思想史》（卷二），学生书局1987年版，第195页。

〔5〕 董仲舒所著《春秋繁露》全文中仅有一处将"奉天"和"法古"连用："《春秋》之道，奉天而法古。"〔（清）苏舆撰：《春秋繁露义证》"楚庄王第一"，钟哲点校，中华书局1992年版，第14页。〕韦政通说："仲舒的春秋学不但有一个共同的原则，而且他是自觉地在建立这个原则，这个原则就是：奉天、法古。"（韦政通：《董仲舒》，东大图书有限责任公司1986年版，第38页。）

〔6〕 林苏闽：《西汉儒学的自然主义转型董仲舒哲学研究》，复旦大学2011年博士学位论文，第54页。

〔7〕 （清）苏舆撰：《春秋繁露义证》"官制天象第二十四"，钟哲点校，中华书局1992年版，第217页。

　　此十种元素，是将阴阳五行说之中的阴、阳和金、木、水、火、土七种元素引入后扩展而成，即以天、地为抽象的皆具物质性和精神性的存在各为一极，以同样是在抽象意义上谈论的人为另一极，而在这三极之间，引入了阴、阳、金、木、水、火、土七种元素，作为沟通天、地与人的关系的中介，这七种元素同样是物质性和精神性皆具的抽象存在。董仲舒言"天"的构成，又以天为其构成元素之一，与贾谊"德"之"六理"说（"德"以道、德、性、神、明、命为"六理"）在两个不同的意义上重复使用"德"的概念的情况相类似，除了会因此带来不易辨别的混乱外，这也许是一种特殊的概念表达方式，即因为在两个不同的意义上使用"天"这个概念，更能表现其内涵的不同：前一个"天"，是整体的存在，而后一个天，则是指那个与地相对立的存在，倒也并非仅是物质性的，[1]因为无论其所说的是整体性的"天"还是其构成元素之一的天，都实际上包括了与人的主观认识相关联的客观规律，以及由董氏所添附的"天"和天自身的精神、感情和人格。董氏也认为，天是常人所不能见到的，只有圣人才能与之沟通，"天地神明之心，与人事成败之真，固莫之能见之也，唯圣人能见之。"[2]可见其对天这一本体性假设，是先验性的。这从其将整体性存在的"天"称之为"神"就可以看出："天者，百神之君也，王者之所尊也。"[3]"天者，百神之大君也，事天不备，虽百神犹无益也，何也言其然也，祭地神者，《春秋》讥之，孔子曰：'得罪于天，无所祷也。'是其法也。故未见秦国致天福如周国也。"[4]对于"祭地神者，《春秋》讥之"，清凌曙注云："僖三十一年传'何以书？讥，不郊而望祭也。'"又清俞樾注："当作不祭天神而祭地神者，《春秋》讥之。"（"地"或作"他"，苏舆注引明天启时朱养和所刊孙鑛评本注。）[5]

　　为何《春秋》对不祭"天神"而祭"地神"讥之？《春秋繁露》于他处另引孔子语并加以发挥："孔子曰：'吾不与祭，如不祭。祭神如神在。'重祭

---

〔1〕　有研究认为，董氏所说的"天""是指实际存在的'物质之天'"。（林苏闽：《西汉儒学的自然主义转型董仲舒哲学研究》，复旦大学 2011 年博士学位论文，第 102 页。）

〔2〕　（清）苏舆撰：《春秋繁露义证》"郊语第六十五"，钟哲点校，中华书局 1992 年版，第 397 页。

〔3〕　（清）苏舆撰：《春秋繁露义证》"郊语第六十五"，钟哲点校，中华书局 1992 年版，第 402 页。

〔4〕　（清）苏舆撰：《春秋繁露义证》"郊语第六十五"，钟哲点校，中华书局 1992 年版，第 398 页。

〔5〕　（清）苏舆撰：《春秋繁露义证》"郊语第六十五"，钟哲点校，中华书局 1992 年版，第 398 页。

事，如事生。故圣人于鬼神也，畏之而不敢欺也，信之而不独任，事之而不专恃。"[1]也就是说，董氏认为儒家对"地神"或泛指的"他神"敬而远之的态度，是重视祭鬼神的表现，"事之而不专恃"，是指要"恃其公，报有德也，幸其不私，与人福也"[2]。然而，董氏于此处的发挥，与孔子之说还是有距离的，因为孔子对鬼神持敬而远之的态度，虽然并非主张不祭鬼神，但确实是主张以"敬"为先，而不是以"事奉"为要，其态度表明，对鬼神之"敬"与对"人"的态度相近："季路问事鬼神，子曰：'未能事人，焉能事鬼？'曰：'敢问死'，曰：'未知生，焉知死？'"（《论语·先进》）当然，此处子曰之鬼神，与生死相联系，是指祖先，而非"地神"，[3]以此不同于其对于"天"的"敬"且对"天神"和"地神"待之有别的原因在于，祭天之礼，有别于祭祀鬼神的礼，这二者虽同属于吉礼，但二者的礼仪规范和意义是有很大的区别的。[4]由是观之，昊天上帝和日、月、星、辰，以及司中、司命、风师、雨师（天神），[5]与社稷、五祀、五岳和山林、川泽，以及四方百物等地神们有别，其中昊天上帝作为玄天，又与天神们的区别在于玄天是不可见的，其与天神们以日、月、星、辰有"物质"性化身是不同的，因此"天"的存在，很难被证明为具有物质属性，而董氏所言之"天"与先秦道家所言之"道"同为先验性的存在，却并非同一之物，这是因为董氏在

---

〔1〕 （清）苏舆撰：《春秋繁露义证》"祭义第七十六"，钟哲点校，中华书局1992年版，第442页。

〔2〕 （清）苏舆撰：《春秋繁露义证》"祭义第七十六"，钟哲点校，中华书局1992年版，第442页。

〔3〕 《礼记·祭法》："山林、川谷、丘陵，能出云为风雨，见怪物，皆曰神"，"大凡生于天地间者皆曰命，其万物死皆曰折，人死曰鬼，此五代之所不变也。"［李学勤主编：《十三经注疏（标点本）礼记正义》卷四十六"祭法第二十三"，龚抗云整理，王文锦审定，北京大学出版社1999年版，第1296、1298~1299页。］

〔4〕 凡祀天神，地祇、人鬼之礼属吉礼。《周礼·春官·大宗伯》："以吉礼事邦国之鬼、神、祇，以禋祀祀昊天上帝，以实柴祀日、月、星、辰，以槱燎祀司中、司命、风师、雨师，以血祭祭社稷、五祀、五岳，以狸沈祭山林、川泽，以疈辜祭四方百物。"郑玄注曰："事谓祀之、祭之、享之，故书祀或告。吉礼之别十有二。"杜子春注曰："吉为告礼者，非是。当为吉礼，书亦多为吉礼。"［（清）孙诒让撰：《周礼正义》卷三十三"春官·大宗伯"，王文锦、陈玉霞点校，中华书局1987年版，第1296~1297页。］"十有二者，指下文述祀天三：禋祀、实柴、槱燎；祀地三：血祭、狸沈、疈辜；人鬼六：祫、禘、祠、禴、尝、烝。"（钱玄、钱兴奇：《三礼词典》"吉礼"，江苏古籍出版社1998年版，第338页。）

〔5〕 孙诒让注引《北堂书钞·设官部》、《开元占经·石氏中官占》引《春秋元命苞》云："魁下六星，两两而比，曰三能，主阖德宣符德立题。西近文昌二星，曰上台，为司命，主寿；次二星为中台，曰司中，主宗室；东二星曰下台，为司禄，主兵。"又引《风俗通义·祀典篇》云："《周礼》风师者，箕星也。""周礼雨师者，毕星也。"［（清）孙诒让撰：《周礼正义》卷三十三"春官·大宗伯"，王文锦、陈玉霞点校，中华书局1987年版，第1306页。］

"天"之前,加了一个"元"和"一","谓一元者,大始也","故元者为万物之本","是故《春秋》之道,以元之深正天之端"。[1]而道家之"道"生于"无","无名天地之始,有名万物之母",而道"先天地而生"。[2]并且,董氏所言之"天",与先秦儒家所言之"天"的异同,是需要仔细辨析的:

一是孔子及先秦儒家以"天"为物质和精神存在的最高范畴,在"天"之外,并未再假设其他存在。子贡说:"夫子之文章,可得而闻也;夫子之言性与天道,不可得而闻也。"(《论语·公冶长第二十六》)虽然可以对此解释为孔子对"天道"并非没有论及,只是很少直接言及,孔子很少言及的还有"利"和"鬼神":"罕言利与命与仁"(《论语·子罕第九》),"樊迟问知,子曰:'务民之义,敬鬼神而远之,可谓知矣。'"(《论语·雍也》第六)对于"鬼神"敬而远之,是为"知矣","知敬"是第一,但也仅止于此,是因为"鬼神"之事,本不可知。同样,孔子认为"天道"也是不可知的,所以也是以"知敬"即为"知矣"。

孔子曰:其"五十而知天命"(《论语·为政篇第二》),可以说其认为"天命"是可知的,即"天"虽不可知,但可以"知天命"而知其所谓"天"。《礼记·祭法第二十三》曰:"大凡生于天地间者曰命",《说文》:"使也。从口从令。"段注:"故曰命者,天之令也。"朱骏声按:"在事为令,在言为命,散文则通,对文则别。令当训使也,命当训发号也。"《康熙字典》:"《疏》:'命者,人所禀受。'《说卦》:'穷理尽性,以至于命。'"[3]《左传·成公十三年》:"民受天地之中以生,所谓命也,是以有动作礼义威仪之则,以定命也。"[4]《礼记·中庸》:"天命之谓性,率性之谓道,修道之谓教。"可见"命"有二义:或为令,或为理和性的规制。且以后者而言,则与"天"相联系,即"天"以理和体现在人性上的规则而对人的行为产生支配作用,由人从"天"那里得到,故言"禀受"是为确切。由此可知,孔子所

────────────

〔1〕 (清)苏舆撰:《春秋繁露义证》"玉英第四",钟哲点校,中华书局1992年版,第67~70页。

〔2〕《道德经·第二十五章》:"有物混成,先天地生。寂兮寥兮,独立而不改,周行而不殆,可以为天地母。吾不知其名,字之曰道,强为之字,名曰大。"[(魏)王弼注:《老子道德经校释》"第二十五章",楼宇烈校释,中华书局2008年版,第62~63页。]

〔3〕 汉语大词典编纂整理处:《康熙字典》丑部上"命",汉语大词典出版社2005年版,第111页。

〔4〕 李学勤主编:《十三经注疏(标点本)春秋左传正义》"成公十三年",浦卫忠等整理,杨向奎审定,北京大学出版社1999年版,第755页。

说的"知天命"，也就包含着只有通过知"命"才能知"天"的意思，所以说孔子并非很少说"天"，并不等于其认为"天"是不可知的，但其对"天"的说道，也就仅止于此。而这样的认识论，其所说的"天"显然是限于人的主观认识范围内的"天"，与道家所说的那个由"道"所生之"天"的客观性存在，是不同的。

上述孔子的"天"论，其并未在"天"之外而言其他存在，这也就回避了对那个人认知以外的客观世界存在与否的回答。在此问题上，董仲舒是含混和犹豫的，其言"一和元"为"天"的开始，或由"一"和"元"而生"天"，与老子所说的"道"由"虚"生（"虚"为抽去了一切"有"的绝对存在，即为"无"），是类同或相近的，之所以说相近，是因为有现代研究认为，董氏所说的"一"和"元"，仅是时间概念，表明"天"创生的时间（"元"为始），[1]而非纯粹的绝对理念，因此在这一点上，董仲舒与道家相异而近儒家（儒家认为"天外无物"），[2]当然，也有不少现代学者研究认为，"元"是董氏哲学的最高本体，[3]以此，似乎应认为其更接

---

[1]　周桂钿结合《王道》中的"元者，始也，言正本也"，《玉英》中的"谓一元者，大始也"，《重政》中的"元，犹原也"，以及《天人三策·第一策》中的"《春秋》谓一元之意，一者，万物之所以始也；元者，辞之所谓大也。谓一为元者，视大始而欲正本也。《春秋》深探其本，而反自贵者始"等说法，认为"从以上说明来看，董仲舒用之作为宇宙本原的'元'就是开始的意思，它只是纯时间的概念，不包含任何物质性的内容，似乎也不包含人的意识，只是纯粹的概念"。但周说却对此归结为："由此，我们以为，在宇宙本原的问题上，董仲舒的观点属于客观唯心主义。宇宙的终极本原是'元'，因此，董仲舒的宇宙本原论，可以称为'元一元论。'"（周桂钿：《董学探微》，北京师范大学出版社2008年版，第39页。）此结论的矛盾显而易见：既然"元"只是"时间概念"，那么应无本体之意。

[2]　刘国民力辩董学中万物之本原是"天"而不是"元"。对于《玉英》《重政》中有关"故元者为万物之本，而人之元在焉。安在乎？乃在乎天地之前"的说法，刘国民引俞樾说："'乃在乎'三字衍。安在乎天地之前，言不必在天地之前也。《易》曰：'有天地然后有万物。'圣人之言，未有言及天地之前者"，认为俞樾的解释才真正符合董仲舒的原意："首先，'人之元'即人之本原，有不同层级：人君为人之元，天为人之元，即'人之为人者天也'。这说明元只是抽象概念，是泛指本原。其次，'天元本、天元命'，天在元之前；'承天地之所为也，继天之所为'，以天为最后的根据。"（刘国民：《董仲舒的经学诠释及天的哲学》，中国社会科学出版社2007年版，第270页。）

[3]　冯友兰认为，在董氏哲学中，"元不仅是事物的开始，而且是事物所据以开始的东西"。[冯友兰：《中国哲学史新编》（中卷），人民出版社1998年版，第73页。]金春峰认为"元"就是"元气"，是"万物或者宇宙的本原"。（金春峰：《汉代思想史》，中国社会科学出版社2006年版，第124页。）曾振宇、范学辉把董氏哲学定义为"气本体论"，把董氏称为"继《管子》作者之后……气本体论的主要代表"。（曾振宇、范学辉：《天人衡中——〈春秋繁露〉与中国文化》，河南大学出版社1998年版，第35～51页。）韦政通认为："其实天就是元，在宇宙论上说元，在政治学上说天，一个是万物之本，一个是万物之祖，并不是一个系统有两个原则。"（韦政通：《董仲舒》，东大图书有限责任公司1986年版，第46页。）

近于道家"道以虚为本""道生天"的理论,与儒家"天"论有明显的区别。董氏哲学的本体论在"元"为本体和"天"为本体的问题上之所以会引起争议,从表面现象上看,似乎是因为认为董氏是以"元"或"元气"为本体者,有其明确的说法为据;而认为其哲学体系是以"天"为本体者,其依据是董氏在《春秋繁露》及其相关著述中,仅有两处提及"元"和"一"为"天"之前的存在("元为万物之本"和"以元之端正天之端"),而在其后所论中均未再提及过"一"和"元"。两种观点各有依据又各自依据不足,看来并非只是后来者们难解董氏之本意,这种现象背后可能的原因是,董氏哲学本体论的立场本身就是摇摆不定的,故为难解。并且,董氏哲学继承儒家理论提倡"入世"的传统,其理论为政治服务的目的性似乎更明显,其中尤以董氏著名的"天人三策"为代表,[1]其向汉武帝所献的贤良对策,所秉承的儒家礼治路线,皆取决于其时的政治需要,这是导致其哲学本体论儒家立场的主要原因。但是,为克服儒家礼治"迂远而阔于事情"的弱点,其又不得不借助于"天"和"天道",这个作为不以人的意志为转移的客观存在的"权威",故其所论之"天",需有与道家"天道"论中先验性的客观存在的"无"或"虚"相类似的东西,来充当其"天"论哲学的本体,这个东西就是"一"和"元"。也正因为董氏哲学中目的论居于主导地位,这一借助在完成其原初使命后,便被弃之一边,"天"的权威的哲学解释变得不再重要,故董氏对道家"天道"论及儒、道掺和的阴阳五行说本体论意义上的借用至此而止,转而步入儒家"德"论所铺垫的礼治路线。不过,为防止"天"的权威被阻隔,其以阴阳五行说担负"天"的权威的客观性延伸,并以阴阳五行的相互滋生、相互制约,不断运动变化来使这种延伸得以形成的外在性制约以适应万事万物的变化。同时,董氏又以其"天人合一"的道德观和人性论对儒家"德"论的承受,来形成对由其所拟制的天与人关系的内在性制约,而这种内在性

---

〔1〕 汉元光元年(公元前134年),汉武帝令郡国举孝廉,策贤良,而董仲舒以贤良对策。其以"天人感应"说为其对策要旨,以"王者承天意以从事"之君权神授论为政治上的指导思想,"大一统"为总纲,通过"崇儒家"(弘扬儒学),推明孔氏,抑黜百家,"诸不在六艺之科、孔子之术者,皆绝其道,勿使并进",以及"兴太学",建立太学,"重选举",擢拔英才,反对任子訾选制,来实现国家中兴。所对凡三,世称"天人三策",全文被班固收录在《汉书·董仲舒传》中。[(汉)班固撰,(唐)颜师古注:《汉书》卷五十六"董仲舒传",中华书局1962年版,第2495~2526页。]

的制约又是通过礼仪的外在性行为规范与外在性制约形成对应和关联的。因此，以前者即为法治的引入（或称之为并未被偏废）来看，其在遵行由其所主张的独尊儒术的路线上，与先秦儒家的主张，是有出入的，也可以称之为是其创新。

以上为董仲舒与先秦儒家"天"论异同之一。

二是董仲舒以阴阳五行为"天"的构成元素，与儒家以"德"对"天道"的承受，在转至与"人性"相关联上，前者因为对"天"及其构成元素独立于人的意志的客观存在的强调，而同时与"法"相关联，这与后者以礼治为伦理之治是有所不同的。董氏主张"法"的体系具有独立于"礼"的规范体系之特征，虽然从形式上看，其"引礼入法"仍然是继承了先秦儒家伦理之治的理论，但事实上，其在礼治的实行内容上已有所创新，这应该是现代意义上形式法思想的萌芽，而这是董仲舒"天"论哲学导向所涉及的第一个方面的问题。而其"天"论哲学导向所涉及的第二个方面的问题是，其所论之"天"，省却了"德"的承受这一过程，直接由阴阳五行以相互关联的运动变化，来沟通"天"与人的关系，但由于无法回避人的主观认识的参与这一问题，其部分借用了同样是儒、道参半的荀子之"天道与礼同构"的思想，并因此推演出人性与天同构的"天人合一"道德观和人性论，从而至此再重新导入儒家礼治路线。董仲舒理论的这一发展过程，以省略掉先秦儒家的"德"论为主要特征，其目的在于为"礼"的规范体系引入不同于先秦儒家理论的"公"的概念，以去掉为道家、法家所指责的"仁"的概念中"私"的成分。

董仲舒"天"论哲学具有的目的论特征，[1]远较先秦儒家和道家明显，其对先秦儒家"德"论有所省损，而以"天"（《春秋繁露·阴阳义》："天亦有喜怒之气、哀乐之心，与人相副"）所本生的"道德"，来掩饰这一省却。其以阴阳中的"阳"来描述"天"之"德"（即道德）的属性，并以此替代

---

[1] 如金春峰指出："董仲舒的思想首先是神学目的论和外在上的论，它把一个有意识行动的第三者纳入自然界"，"在董仲舒目的论思想中，天人关系不再是自然物之间的关系，而是人与人化了的自然之间的关系。"（金春峰：《汉代思想史》，中国社会科学出版社 1987 年版，第 164~165 页。）

"德"的本原之意，[1]使其仅具有道德的含义。这一转换的结果，以其所说的"天道之常，一阴一阳，阳者天之德也，阴者，天之刑也"（《春秋繁露·阴阳义》）而有明确的表达。[2]

董仲舒"天"论哲学事实上是政治哲学，而并非其"求真哲学是关于宇宙观的学问"，[3]所以对其关于"天"与"人"关系理论的认识，不能仅局限于哲学意义上的探讨。董氏的"天"论哲学作为一种政治哲学，在继承儒家入世哲学传统[4]的同时，以"天人感应"说，使先秦儒家思孟学派的

---

〔1〕 先秦儒、道两家皆以"德"为对"天道"或"道"的承接，作为"德"之本义。有所不同的是，前者所言之"德"，来自对以"天道"为称谓的外在的客观规律的认知，而道家则在更为抽象的认识层次上，以"德"作为对先天存在的"道"的承接。先秦儒家的"道德"说，是指认识主体对"德"的遵循，董仲舒将"德"直接配属于"天"，"天"之"德"来自"天"之"道"的阳气所化，与主观认识无关，"天有德"由天人同构而转化为人之"德"，以其来自"道"而称"道德"，省却了"德"的本体存在，即省却主体认识作用。如余英时对于皆有儒、道思想的《管子·心术上》所论的"德者，道之舍。……故德者，得也；得也者，其谓所得以然也。以无为谓之道，舍之谓德。故道之与德无间"的认识是："'道之舍'的'德'其实便是'形于内'的'天道'。……这里的'舍'字只能读为一种隐喻（'metaphor'）。"而所谓"故道之与德无间"，是指"道德同体，而无外内先后之异，故曰无间"（余英时：《论天人之际：中国古代思想起源试探》，中华书局2014年版，第199~200页）。余氏对《管子》"德论"的解说是很贴切的，然《管子》以人"心"之"得"来说"德"，较之于儒、道以"德"为对"道"的承接之形上，相对而言是形而下的。

〔2〕 侯外庐等著的《中国思想通史》认为董仲舒所言的"'天'是一个仁慈的造物主，宇宙万物的创造者，一切神的君长"［侯外庐等：《中国思想通史》（第2卷"两汉思想史"），人民出版社1957年版，第101页］。任继愈主编的《中国哲学史》同样认为"董仲舒认为天的根本特征就是德，以德为本，而德的根本观念就是作为封建道德最高概念的'仁'"［任继愈主编：《中国哲学史》（第2册），人民出版社2003年版，第77页］。

〔3〕 周桂钿：《秦汉思想史》，河北人民出版社1999年版，第196页。

〔4〕 在中国哲学史上，《郭店楚简·语丛一》中所说的"易，所以会天道、人道也"是最早明确的"天人合一"思想的表述（参见汤一介：《论"天人合一"》，载《中国哲学史》2005年第2期）。关于儒家思孟学派之"天人合一"思想，《孟子·尽心上》："尽其心者，知其性也；知其性则知天矣"，即"'知天'不是从客观自然界来探讨其规律，而是以内在的'心'和'诚'的作为宇宙本体"（李锦全：《中国思想史上的"天人关系"问题——兼与刘节先生商榷》，载《学术研究》1963年第3期），形成了儒家体用不分的哲学。而对儒家的体用不分，后来的儒家思想承续者多有明确阐述，如程颐在《周易程氏传》中对理学的体用之辨的经典的表述："至微者理也，至著者象也。体用一源，显微无间。"［（宋）程颢、程颐：《二程集》，王孝鱼点校，中华书局1981年版，第689页。］对于"礼"的即体即用，朱熹在注释《论语》之"礼之用，和为贵"时说："礼者，天理之节文，人事之仪则也。和者，从容不迫之意。盖礼之为体虽严，而皆出于自然之理，故其为用，必从容而不迫，乃为可贵。"［（宋）朱熹：《四书章句集注》之"论语集注"卷一"学而第一"，中华书局1983年版，第51页。］又如对于"仁"的体用不分，朱熹诠释在"克己复礼为仁"时说："为仁者，所以全其心之德也。盖心之全德，莫非天理，而亦不能不坏于人欲。故为仁者必有以胜私欲而复于礼，则事皆天理，而本心之德复全于我矣。"［（宋）朱熹：《四书章句集注》之"论语集注"卷六"颜回第十二"，中华书局1983年版，第131页。］即"仁"的心理情感之用来自"天理"，"仁"既是体又是用。

"天人合一"论中的"天"与"人"的关系，通过"天"降"灾异"而"人"有"感应"，建立起一种具体的联系，并以这种联系实现其借助于"天"的权威来对"人"的行为进行规范的目的。对董氏所建立的所谓的"天"与"人"之间的这种具体联系进行分析，不难发现，其对"天"的权威的借助，意在省损与"道"相对应的"德"的作用，虽然董仲舒将"天"的权威对"人"的行为的规范作用，表达为"天"之"德"的"教化"与"惩戒"（由此而生的董氏"德主刑辅"论对先秦儒家礼治理论的回归，在理论的证成上，两者路径是有很大不同的），但"天"之"德"论在将"道德之天"与"自然之天"的联系中，将"德"置于"天"之后，且将"德"归属于"天"的自然属性，与先秦儒家将"以德配天"的西周神学政治论作为其"德"论之渊源所言及的，即那个同样是在"天"之后用以"配天"的"德"，是不同的。因为后者所说的"德"，是"人道"之"德"。[1]不过，董仲舒所说的归属于"天"的自然属性之"德"，也与道家"德"论中那个在"天"之前，对"道"进行承接的"德"是不同的，[2]因为道家所言的"德"具有不同层次上的含义：首先那个与道家所假设的，绝对存在的"道"

---

〔1〕 儒家并未涉及"天"的德性问题。"以德配天"论旨在论证以周代殷的合理性与合法性，因为"德是先王能配上帝或昊天的理由，因而也是受命以'义我受民'的理由"〔侯外庐等：《中国思想通史》（第1卷"古代思想史"），人民出版社1957年版，第92页〕。"在很大程度上，周人所谓的配天之'德'就是指'文王之德'"，而"天德"一词最早出现在成书于穆王时期的《尚书·吕刑》："惟克天德，自作元命，配享在下。"孙星衍《尚书今古文注疏》曰："天德，谓五常之德。"〔（清）孙星衍撰：《尚书今古文注疏》卷二十七"吕刑第廿七下"，陈抗、盛冬铃点校，中华书局1986年版，第527页。〕孔疏："天德言能效天为德，当为天德平均。"〔李学勤主编：《十三经注疏（标点本）尚书正义》卷二十九"君牙第二十七"，廖名春、陈明整理，吕绍纲审定，北京大学出版社1999年版，第542页。〕现代学者郑开说："'天德'语词融摄了自然秩序和社会秩序的思想：既说明自然过程和现象之中的规律性（自然法），阐明万物本质属性，又说明社会过程中的政治准则，以及关于人的本质。"（郑开：《德礼之间——前诸子时代的思想史》，生活·读书·新知三联书店2009年版，第431页。）孙熙国也认为："'天德'既体现着自然法则，也体现着社会法则；既彰显着宇宙之理，也呈现着人生之理。"（孙熙国、肖雁：《论〈尚书〉"德"范畴的形上义蕴——兼论中国哲学认识和把握世界的三个基本环节》，载《哲学研究》2006年第12期。）而孔子以针对"人道"而言的"仁"，作为"德"的体现，其"通过对'仁'的学说的建构，完成了对'仁'的抽象，'仁'是'德'的参和与超越。"（刘文英：《"仁"的抽象与"仁"的秘密》，载《孔子研究》1990年第2期。）

〔2〕《老子·第五十一章》："道生之，德畜之，物形之，势成之。是以万物莫不尊道而贵德。"王弼注："道者，物之所由也；德者，物之所得也。由之乃得，故不得不尊；失之则害，故不得不贵。"〔（魏）王弼注：《老子道德经注校释》，楼宇烈校释，中华书局2008年版，第137页。〕"'道'是万物产生的源泉（道生之），'德'是万物得'道'之一体并成为物之所以为物的内在依据（德畜之）。《庄子·天地》篇中'故形非道不生，生非德不明'的说法即是此意。"（李德龙：《先秦时期"德"观念源流考》，吉林大学2013年博士学位论文，第222页。）

相关联的"德",也是先于"天"而存在的。虽然道家认为,"天"为物,是由那个"以虚为本"的"道"所生,是以"德"作为存在的内在依据的,并且,"德"为"天"之用,[1]但在这个层次上的"德",是不同于那个先"天"而存在的"德"的。董仲舒显然深刻领悟并部分接受了老子的道德哲学,但其所言的作为"天"之自然属性的"德",与"天"的最高存在一样,是以"天"生万物之本性作为本原依据的,而不是以那个先验的"德"为依据。其论去掉了道家作为"无"存在的"道"及"德"。不仅如此,董氏"天"论在及于"天"与"人"的关系时,并没有采纳道家"德"论关于对"道"的遵行应当清静无为的观点,而是认为人的本性之"德",应当顺应"天"之"德",且这种顺应是一种以"应"而有为的主动行为,如其所主张的在政治上取法于"天"的"有为"措施,包括施仁政、以天象匹配官制、推行教化、任德远刑,[2]从而使其理论重回儒家立场。

董仲舒在政治上为汉武帝提出的"大一统"建议,是以《春秋》为理论依据,并借以《春秋》之名:"《春秋》大一统者,天地之常经。古今之通谊也。今师异道,异论,百家殊方,指意不同,是以上亡以持一统;法制数变,不知所守。臣愚以为诸不在六艺之科、孔子之术者,皆绝其道,勿使并进。邪辟之说灭息,然后统纪可一而法度可明,民知所从矣。"(《汉书·董仲舒传》)以"邪辟之说灭息"而使"民知所从矣",与"大一统"的中央集权体制相适应,是"罢黜百家,独尊儒术"的理由,但董仲舒在《天人三策》中提出的这一最重要的建议,被认为不过是重新肯定了武帝所推行的"罢黜

---

〔1〕 如高亨所言,老子所说的"道"与"德"之间,表现为一种体用关系:"道者宇宙母力之本体。德者宇宙母力之本性。本性之发,是为作用。故切实言之,德者宇宙母力之作用,亦可云德者道之用也。"(高亨:《老子正诂》,中国书店1988年版,第9页。)

〔2〕 对于施仁政,董仲舒在《天人三策》中的所论认为,天是"群物之祖",君王要"法大而立道,亦博爱而亡私,布德施仁以厚之"〔(汉)班固撰,(唐)颜师古注:《汉书》,中华书局1962年版,第2515页〕;对于以天象来匹配官制,董仲舒认为"圣王所取仪,全天之大经,三起而成,四转而终",即君王以天的标准来制定礼义,天以三个月为一季度,四个季度为一年。所以"官制亦然"〔(清)苏舆撰:《春秋繁露义证》"官制天象第二十四",钟哲点校,中华书局1992年版,第214页〕;对于推行教化,董仲舒言:"教,政之本也。狱,政之末也"〔(清)苏舆撰:《春秋繁露义证》"官制天象第二十四",钟哲点校,中华书局1992年版,第216页〕;对于实行任德远刑政策,董仲舒认为:"天出阳,为暖以生;地出阴,为清以成之","然而计其多少之分,则暖暑居百而清寒居一",所以"圣人多其爱而少其严,厚其德而简其刑",只有这样才能"配天"〔(清)苏舆撰:《春秋繁露义证》"基义第五十三",钟哲点校,中华书局1992年版,第351~352页〕。

百家"的政策和再一次强调其重要性而已。董仲舒的重要作用不在于制定了这个政策，而在于给"六艺之科、孔子之术"以新的内容。[1]

《春秋》本为鲁国史，孔子修《春秋》以"笔、削"之法，被认为是以"微言大义"而行创制国家政治制度之事。《史记·孔子世家》曰："《春秋》之义行，则天下乱臣贼子惧焉。"[2]如对孔子《春秋》进行研究并因此而成书的《春秋公羊传》，[3]对《春秋》记史的第一句："元年，春，王正月"，实际本为鲁国史官于隐公元年（公元前722年）的照例记载，《春秋公羊传》则认为这条记载有很深的意义："元年者何？君之始年也。春者何？岁之始也。王者孰谓？谓文王也。曷为先言王而后言正月？王正月也。何言乎王正月？大一统也。"（《春秋公羊传·隐公元年》）也就是说，一切事情都应该统一于王，这就叫"一统"。冯友兰说："《春秋》开章明义首先提出这个原则，这就是大一统。'大'在这里是一个动词，大一统就是以一统为大。"[4]以此"大一统"原则，是对推行"罢黜百家，独尊儒术"政策必要性的证明。

司马迁在《史记·儒林列传》中说，董仲舒"以《春秋》灾异之变推阴阳所以错行"，"故汉兴至于五世之间，唯董仲舒名为明于《春秋》，其传公羊氏也。"[5]即言董氏之灾异说是以阴阳推行来解释天灾所表达的天意的，且

---

〔1〕　在董仲舒提出"（灭）邪辟之说，然后统纪可一而法度可明"时，实际上汉武帝已经实行了这一政策，汉武帝在第一次命令举"贤良"的时候，当时丞相卫绾就奏曰："所举贤良，或治申、韩、苏、张之言，乱国政。皆罢。"（《汉书·武帝纪》）汉武帝表示同意（"奏可"）。可见在以后所举的"贤良"之中，非儒家的人都已被淘汰了。[冯友兰：《中国哲学史新编》（中卷），人民出版社2001年版，第50~51页。]

〔2〕　（汉）司马迁：《史记》卷一百二十九"货殖列传"，中华书局1959年版，第1943页。

〔3〕　《春秋公羊传》记事年代上起鲁隐公元年（公元前722年），止于鲁哀公十四年（公元前481年），与《春秋》起讫时间相同。相传其作者为子夏的弟子，战国时齐人公羊高。《春秋公羊传》起初只是口说流传，西汉景帝时，传至玄孙公羊寿，由公羊寿与胡毋生（子都）一起将《春秋公羊传》记于竹帛。作为今文经学的代表性典籍，公羊学者认为，《春秋》是孔子借春秋242年史事以表示自己的政治观点，处处包含"微言大义"，这与古文学派认为《春秋》是一部历史著作不同。

〔4〕　冯友兰：《中国哲学史新编》（中卷），人民出版社2001年版，第55页。

〔5〕　《史记》三家注引徐广《集解》曰："建元六年（公元前135年）。"《索隐》案："汉书以为辽东高庙及长陵园殿灾也。仲舒为灾异记，草而未奏，主父偃窃而奏之。"《考证》梁玉绳曰："高庙灾，何以主父偃疾仲舒，其事欠明。《汉书》董仲舒传以为辽东高庙、长陵高园殿灾，仲舒居家推说其意草藁未上，主父偃候仲舒，私见嫉之，窃其书奏焉。而《五行志》直以为仲舒对，误已。汉志载其奏，不免阿闪曲说，起天子诛残骨肉之心，何以为醇儒，其弟子斥以下愚，宜也。余疑主父偃窃易奏之，不然，何以与削地分封之议、徙豪茂陵之言如出一口乎。"[（汉）司马迁撰，（宋）裴骃集解，（唐）司马贞索隐，（唐）张守节正义：《史记》卷一百二十一"儒林列传"，中华书局1959年版，第1943页。]

其"名讳论"也是来自《春秋》正名说。班固《汉书·五行志第七上》中对此表达得更为明确:"董仲舒治《公羊春秋》,始推阴阳,为儒者宗。"[1]对于董仲舒以《春秋公羊传》为其"天人感应"说的渊源,在"天"论哲学中,以阴阳五行沟通"天"与"人"之间的所谓感应关系,韦政通说,董仲舒"是一位讲阴阳的儒家,这一特色在孔、孟、荀三位大师的思想中是绝对没有的,这中间,只有《易传》的作者群,才可以算是他思想的先驱,而《易传》的一部分,也正是因为受了阴阳家的影响,才使儒学导向新的发展"[2]。董仲舒因对《春秋》倾力研究而终成公羊学一代大师,其据之于此的政治理论为统治阶层所采纳,正是这一得到"实践"检验的成果,促成了其"天"论哲学的形成,而这一形成过程本身,正是其政治哲学中被充分突出的目的论观点造成的,虽然我们对其思想体系的认识是以对其"天"论哲学的认识为出发点的,但是,这却是与其思想体系的构造过程是逆向的。正因为如此,我们欲对其"天"论哲学进行清楚的认识,就不得不回过头来先探究其政治理论得以形成的渊源——

在董仲舒得以形成如"大一统"政治理论主要依据的《春秋》一书中,并无阴阳五行之论。董仲舒以阴阳五行的运行,作为"天"主宰万物作用的体现,[3]是其政治哲学的创设。不过,正如其倾力研究《春秋》所得出的结论:"《春秋》之道,奉天而法古"(《春秋繁露·楚庄王》),其所行的创设之道,确实是其"法古"并"更化"后得出的:"仲舒对曰:……为政而不行,甚者必变而更化之,乃可理也。当更张而不更张,虽有良工不能善调也;当更化而不更化,虽有大贤不能善治也。故汉得天下以来,常欲善治而至今不可善治者,失之于当更化而不更化也。"(《汉书·董仲舒传第二十六》)先秦儒家之集大成者荀子的"天",确有以"天"为"神"的所论:

列星随旋,日月递照,四时代御,阴阳大化,风雨博施,万物各得其和以生,各得其养以成,不见其事而见其功,夫是之谓神。皆知其所

---

〔1〕 (汉)班固撰,(唐)颜师古注:《汉书》卷二十七"五行志第七上",中华书局1962年版,第1317页。

〔2〕 韦政通:《中国思想史》,水牛出版社1980年版,第461~462页。

〔3〕 冯友兰:《中国哲学史新编》(中卷),人民出版社2001年版,第63页。

以成，莫知其无形，夫是之谓天。唯圣人为不求知天。（《荀子·天论》）

但是，荀子对"天"作为"不见其事而见其功"的"神"，其所表达的观点体现的是先秦儒家传统的"敬天"态度，"唯圣人为不求知天"，在这种态度背后是先秦儒家对"天"这个非宗教意义上的人格化神的存在认识，这仅局限于对其作为这个可见之"功"的认知的主张，而这一不可知的先验性存在的假设，是符合先秦儒家不涉及宇宙观的政治哲学需要的。

事实上，先秦儒家传统的"敬天"态度，在孔子那里已有明确的表达：《论语·阳货》说，"子曰：天何言哉？四时行焉，百物生焉，天何言哉？"这里后一个"天何言哉"是对前一个"天何言哉"提问的回答，即以此对表现了"天"所作为的"四时行焉，百物生焉"的可见之"功"的认知为限，而无须就那个实际上只是一个先验性假设的"天"，再去追问"天何言哉"。

在先秦儒家中，孟子"心性"理论中所论之"天"，同样是以"天"之不可知和不必知为前提的，但其以"知人心"和"知人性"而界定"知天"的界限，因此而有的天人合一思想构成了董仲舒"天"论哲学的另一部分（"天人同构"）："尽其心者，知其性也。知其性，则知天矣。存其心，养其性，所以事天也。夭寿不贰，修身以俟之，所以立命也。"（《孟子·尽心上》）"人性"与"天（道）"的关系，在此表现为由后者向前者的转化，是董氏"天人同构"说的雏形。但孟子之说与董氏理论还是有区别的，即孟子所说的"知其性，则知天矣"的可能前提，并非就是说"天人同构"，而是保留地局限于"人性"与"天道"之间的对应关系，并不等同于"人"与"天"之间的对应关系，且"人性"与"天道"之间的关系，也仅表现为前者是对后者的局部反映，因为这种反映是对"知天（道）"的途径而言的，却并非对"天"是可以被认知而言的。对此，《中庸》中对孟子的这种建立在唯我论基础上对不同类物的比附之说的注解说得很明白："唯天下致诚为能尽其性。能尽其性，则能尽人之性；能尽人之性，则能尽物之性；能尽物之性，则可以赞天地之化育；可以赞天地之化育，则可以与天地参矣。"（《中庸·第二十二章》）对这种比附方式，现代研究认为"从类概念来说，自己、他人、事物、宇宙，完全不属于同类。不同类而可以比附推论，正是'僻讳而无类'的标准形态"。并因此而得出结论:"在这一态意的比附中内心的意识状态,已成为万物的尺度,成为宇宙的本体",[1]这与孟子所言以及先秦儒家的观点,还是存在一定的误差的,即先秦儒家是以对"天"的存在本身,"不求知"为基本立场的,孟子理论并未脱离此基本立场,或者说,先秦儒家哲学乃政治哲学,而并不涉及宇宙观:"夫君子所过者化,所存者神,上下与天地同流。"(《孟子·尽心下》)但是,"充实之谓美,充实而有光辉谓之大,大而化之之谓圣,圣而不可知之之谓神"(《孟子·尽心下》),即"天"作为"神"虽然可以为圣人所知,但这种"知",是"不可知之"之"知",那么,所谓人的"内心的意识状态",即为所表现的对"天"的"无知"状态,这个状态只能是对"知"的对象"天道"而言的,却并非对"天"的存在状态的再现。后世陆象山之"宇宙即是吾心",也是就"知"的可能性而言的,却并非属于"神秘主义宇宙观",[2]因为儒家思想之一脉延续,其基本立场是确定不变的,那就是并不涉及人对自身及社会的认知范围以外客观物质世界的认识问题,其哲学是政治哲学而非自然哲学或科学哲学。

但是,董仲舒的创设在于,其对先秦儒家源自周公"敬天保民"的"敬天畏天"的态度,和对"天"坚持的不可知论立场有所改变的是,"天道"被作为使"天"的可见之"功"得以展现的客观规律,被其以阴阳五行的流转变化来进行具体的描述。当然,董氏的这一创设,也是有依据的,即对于"天道"的可知,孔子是以"知天命"而在"天"的不可知论和其人本主义观点之间进行过渡的。

对于阴阳,从其客观存在的角度来看,董仲舒说,"天地之气,合而为一,分为阴阳,判为四时,列为五行。"(《春秋繁露·五行相生第五十八》)

---

〔1〕 侯外庐等:《中国思想通史》(第1卷"古代思想史"),人民出版社1957年版,第399~400页。

〔2〕 侯外庐等:《中国思想通史》(第1卷"古代思想史"),人民出版社1957年版,第400页。对于陆九渊提出的"吾心即是宇宙,宇宙即是吾心"论断表明其以心为生发宇宙万物之源泉的认识,有观点类同于本书以上认识,即陆九渊此说是"发挥主体心之认识功能体认天理,实现理本体与主体的结合,从认识论入手把握理一分殊,是继承孟子的有本之学"(苏洁:《陆九渊"吾心即是宇宙"的认识论意义》,载《中华文化论坛》2003年第3期)。"陆九渊从来把心作为世界本原,也从未把心与世界相等。……陆九渊所说的'心即理''道不外索'"所要表达的思想是"所谓明道,非如增加之于人,而是由人本身抽象的精神活动完成的"(焦克明:《陆九渊哲学本体论的性质》,载《江西社会科学》1982年第2期)。

"阳，天气也；阴，地气也。……天地之符，阴阳之副。"（《春秋繁露·人副天数第五十六》）而对于阴阳运行于人类社会的表现，董仲舒说，"天道之常，一阴一阳，阳者天之德也，阴者天之刑也。"（《春秋繁露·阴阳义第四十九》）"君为阳，臣为明；父为阳，子为阴；夫为阳，妻为阴。"（《春秋繁露·基义第五十三》）

而对于五行之客观存在，董仲舒说："天有五行，一曰木，二曰火，三曰土，四曰金，五曰水。木，五行之始也；水，五行之终也；土，五行之中也；此其天次之序也。"（《春秋繁露·五行之义第四十二》）"天有五行，木火土金水是也。木生火，火生土，土生金，金生水，水为冬，金为秋，土为季夏、火为夏、木为春。春主生，夏主长，季夏主养，秋主收，冬主藏，藏，冬之所成也。"（《春秋繁露·五行对第三十八》）在此，董仲舒将五行的次序改正确定为木、火、土、金、水，并首次提出五行中以土为贵的观点，"土者，五行最贵者也，其义不可以加矣。五声莫贵于宫，五味莫美于甘，五色莫盛于黄。"（《春秋繁露·五行对第三十八》）"土居中央，谓之天润"，土是"天之股肱"（《春秋繁露·五行之义第四十二》）。对于五行运行于人类社会的表现，董仲舒把五行相生相克的关系应用于构建五种官职之间的关系，"官职之事，五行之义也"（《春秋繁露·天地阴阳第八十一》），"五行者，五官也。比相生而间相胜也。故为治，逆之则乱，顺之则治。"（《春秋繁露·五行相生第五十八》）

而对于阴阳与五行合流，董仲舒的贡献主要体现在对阴阳与五行相结合点的选择上，其以四时作为结合点，并对此做了理论上的明确和证明："天地之气，合而为一，分为阴阳，判为四时，列为五行。"（《春秋繁露·五行相生第五十八》）并且，董仲舒以阴阳五行为"天"的构成要素，认为在"天"的十端中，天、地、人为万物之本，而阴阳五行是沟通天、地、人之间关系的中介："天地人，万物之本也；天生之，地养之，人成之。天生之以孝悌，地养之以衣食，人成之以礼乐。"（《春秋繁露·立元神第十九》）在天、地、人这三者之间的关系中，天生万物，而天生万物的方式，与老子所言的道生万物的方式相类似，即"天"以阴阳五行之气向下流动，阴阳参和流转于天地之间而生万物，"天者，万物之祖，万物非天不生，独阴不生，独阳不生，阴阳与天地参然后生。"（《春秋繁露·顺命第七十》）"成于和，生必和也，始于中，止必中也。……和者，天地之所生成也，夫德大莫于和。"（《春秋繁露·循天之道第七十七》）而五行则是外在于"物"的体现"天道"的气化流行的五种形态，"天"以五行为中介而形成"天"与"人"之间相互感应的关系，[1]"天道难见也，其道难理，是故明阴阳入出实虚之处，所以观天之志。辨五行之本末顺逆、小大广狭，所以观天道也。"（《春秋繁露·天地阴阳第八十一》）

"天有五行，一曰木，二曰火，三曰土，四曰金，五曰水。木五行之始也，土五行之中也。此其天次之序也。"（《春秋繁露·五行之义第八十一》）此即由董仲舒所设立的"五行相生之序"，与关于五行之间的关系之"比相生，间相胜"和"五行土为贵"说一起，为其所创立。所谓"比相生"者，即"木生火，火生土，土生金，金生水，水生木，此其父子也。木居左，金居右，火居前，水居后，土居中央。此其父子之序，相受而布……诸授之者，皆其父也；受之者，皆其子也。常因其父以使其子，天之道也。"（《春秋繁露·五行之义第八十一》）而"间相胜"者，是指："金胜木，中间相隔水；水胜火，中间隔木；木胜土，中间隔火；火胜金，中间隔土；土胜水，中间隔金。"（《春秋繁露·五行相胜第五十九》）

董仲舒将阴阳通过四时而与五行合流，且承继了《吕氏春秋》《淮南子》，以及骈衍阴阳五行说，将五行置配于东、南、西、北、中五个地理方位，以及与上、下、左、右等空间概念相结合，"凡物必有合。合，必有上，必有下，必有左，必有右，必有前，必有后，必有表，必有里。……有寒必有暑，有昼必有夜，此皆其合也。"（《春秋繁露·基义第五十三》）并因此而推演形成繁复的结合关系，以此而附会于社会伦理关系，从而得出像"三纲五常"这样相对固定的模式，"君臣、父子、夫妇之义，皆取诸阴阳之道。君为阳，臣为阴，父为阳，子为阴，夫为阳，妻为阴……王道之三纲，可求于天。"（《春秋繁露·基义第五十三》）"夫仁、谊（义）、礼、知（智）、信五常之道，王者所当修饬也。"（《汉书·董仲舒传》）虽然与"三纲五常"相类似的观点在董仲舒以前就有，但这个说法却是他首先提出的，只不过其

---

〔1〕 徐麟：《试论董仲舒的五行观》，载《河北学刊》1998 年第 4 期。

并未将这二者并称。[1]

　　与先秦儒家"天"论哲学以"德"来联结天人关系有所不同，董仲舒将阴阳五行引入天人关系中，并因此而创设的"天人感应"说，省却了"德"的中介作用，而代之以阴阳五行，这一"更化"体现出的以"人事"为核心的思想，较之于先秦以来的儒家哲学传统，董氏突出的目的论思想驱使下的"天"论哲学，虽涉及"天"和阴阳五行的本体论问题，但其论说的立场和观点，是为其言及政事国策和社会伦理而服务的，故董氏的阴阳五行论，并非本体论，在这一点上，其理论的基本面目，体现的是对先秦儒家哲学传统的继承。不同之处是在于其对"德"的省却，从表面现象上看，似乎是一种唯物观新立场的确立，但事实上，"德"和更近于"人事"的"命"的概念，在先秦儒家那里，表达为与主体认识相关并以主体认知为界的以主要反映人类社会客观规律潜存于其中的抽象存在，这样的认识本身就是唯物的，董仲舒对此并无出新，其以阴阳五行来替代"德"和"命"在天人关系中的中介作用（或者说其将"德"的出现推后，使"天"与"人"的关系变为阴阳五行与"人"的关系，而这一关系以"德"为中介[2]）。由于阴阳五行被表述

---

　　[1]《孟子·滕文公上》将君臣、父子、夫妇的关系并列在"五伦"中，"圣人有忧之，使契为司徒，教以人伦：父子有亲，君臣有义，夫妇有别，长幼有序，朋友有信。"至《吕氏春秋》才明确地将这独立的三者并列在一起，《吕氏春秋·处方》说："凡为治必先定分：君臣、父子、夫妇。君臣、父子、夫妇六者一当位，则下不逾节而上不苟为矣，少不悍辟而长不简慢矣。"明确提出"三纲"思想的是汉儒董仲舒，他把君臣、父子、夫妇等伦理关系与《易传》中关于"阳尊阴卑""乾坤定位"的天道观联系起来，在天人系统中确立了"三纲"的基本内容。记录东汉章帝召开白虎观会议的重要文献《白虎通义》一书中的《三纲六纪》篇说："三纲者，何谓也？谓君臣、父子、夫妇也。六纪者，谓诸父、兄弟、族人、诸舅、师长、朋友也。故《含文嘉》曰：'君为臣纲，父为子纲，夫为妻纲。'"这是把"三纲"与君臣、父子、夫妇关系相联系的最早文献。而"五常"这个概念早期常与"五品""五性""五德""五行""五气""五伦"等混用，所指各有不同。可能为子思学派所作的郭店楚简《五行》篇，列举了仁、义、礼、智、圣五种德目，称之为"五行"。孟子明确讲"四德"，即仁、义、礼、智，《孟子·告子上》："仁义礼智，非由外铄我也，我固有之也。"同时孟子又将信与孝、悌、忠并列，称"孝悌忠信"，此见《孟子·尽心上》："君子居是国也，其君用之，则安富尊荣；其子弟从之，则孝悌忠信。"董仲舒则从孟子所说仁义礼智、孝悌忠信八德中，拈出"五常"，说："夫仁、谊（义）、礼、知（智）、信五常之道，王者所当修饬也。"（《汉书·董仲舒传》）这是至今能看到的关于"五常"界定的最早表述。（刘学智：《"三纲五常"的历史地位及其作用重估》，载《孔子研究》2011年第2期。）

　　[2] 董仲舒以"阳"为"德"："天道之常，一阴一阳。阳者天之德，阴者天之刑也。"（《春秋繁露·阴阳位第四十七》）《文选·魏都赋》李善注引《七略》曰："驺子有终始五德，从所不胜，木德继之，金德次之，火德次之，水德次之。"董仲舒对驺衍以木、火、土、金、水"五行"代表的五种德性的"五德终始说"进行了继承和发展，将"德"与"五行"相联系，以"三纲""五常"观念，以及"五德终始说"为蓝本构建起了"天人感应说"和"三统说"。（藏明：《五德终始说的形成与演变》，西北大学2012年博士学位论文，"摘要"第ⅱ页。）

为"气",其存在与人的主观认识无关,董仲舒将其归属于天、地之所有,这种与新的不可知论相联系的唯物观,与先秦儒家关于"天"的不可知论相比较,是一种倒退,因为后者虽然认为"天"是不可知的,但"天道"是可知的,因其可知,故为"德"(得)和"命"(知天命),而董仲舒所言及的阴阳五行,是一种与主体认知无关的纯粹的客观存在,且其所论的这种"人"外之"物"的存在,最终表现为对人的社会行为的支配作用,这种僵化的社会唯物论,而非宇宙观,其目的在于强调"天"之超然独立的权威地位,以及"天"所具有的阴阳五行之"气",也因此而表现出超然独立性。董氏"天"论哲学在此一环节上所表现出的僵化,与其引入阴阳五行论之另一目的,是在于借此推演出的天地创生万物之规律来具体刻画人事伦理时所表现出的辩证思想,而不可混为一谈。董仲舒在论哲学"谈天说人"之进路中引入阴阳五行所形成的思想,与其之前有关"天"的阴阳五行说不同,董氏以四时作为阴阳与五行合流的结合点,从而完成了由"谈天"而及"人事"的推演过程,使其所设计的"天人感应"关系得以形成相对完整的基础。也就是说,董仲舒所说的"天地之气,合而为一,分为阴阳,判为四时,列为五行"(《春秋繁露·五行相生第五十八》),以"判为四时"作为阴阳与五行合流的结合点,不仅使"合流"得以贯通,而且使其因此所描绘的"天"生万物图,成为其"天人感应"论的理论凭据。春夏秋冬四时在一年中按照顺序变动运行是可为人所感知的,这种变化是天地阴阳之气推动的结果,四时变化中木、火、土、金、水五种基本功能或五种基本元素得以形成,并因此成为宇宙万物得以生成具体事物的基质,然而,这样的宇宙生成模式其运行的最终目的,是作为"天"之十端中一端的"人"。因此,"人"是集天地之阴阳之精气,由五行之基质构造,且为五行之相生相克规律所控制,这是"天"与"人"可以相互"感应"的原因或基础。以此可见,董仲舒理论得以证成的关键是将"四时"置配于阴阳和五行关系中。[1]

---

〔1〕《黄帝四经》中曰:"凡论必以阴阳(明)大义。天阳地阴。春阳秋阴。夏阳冬阴。"(陈鼓应注译:《黄帝四经今注今译——马王堆汉墓出土帛书》,商务印书馆2007年版,第394页。)"把阴阳思想引入社会领域,提出四时教令的思想,是《四经》对阴阳思想的重要发展"。(白奚:《稷下学研究——中国古代的思想自由与百家争鸣》,生活·读书·新知三联书店1998年版,第108页。)而阴阳与五行通过四时这个结合点合流,最早见于《管子·四时》,在此篇中,管子将阴阳时令作为全篇的纲领,是通过五行方位的形式或途径贯彻到每一个季节中去的:"南方曰日,其时曰夏,其气曰阳,阳生火与气……夏行春政则风,行秋政

　　董仲舒以阴阳五行作为沟通天人关系的中介，可以通过这五种归属于"天"的气的客观外在性的强调，使先秦儒家"以德配天"理论对认识主体的主观性参与的依赖得以消解，但所谓"道之大原出于天，天不变，道亦不变"（《汉书·董仲舒传》），其对"道"这个概念的使用，亦非道家所说的那个"道生万物"，包括"道生天"之"道"，而是将"道"归属于"天"，用于对阴阳五行流转运行规律的概括，因此可以通过阴阳五行流转运行之"道"的客观外在性，使"天"的权威被神圣化，这当然也与阴阳五行作为"公共思想资源"[1]所具有的社会普及性的可被利用有关。阴阳五行说的形成来自对日常生活所作的观察，对这五种气化元素的抽象，带来可比附意义上的表述模糊，因而具有神秘性，又因为其起自对日常生活中常见现象和对最常见物质属性的印象式认知，具有天然的普遍性，正是董仲舒"天"论哲学可借用的承载工具。当然，因为对阴阳五行概念的借用，董仲舒"天"论哲学因对天人关系认识层次的具体化递进，从而体现了对先秦儒家"天"论理论的"更化"，故其阴阳五行说，并非仅具有工具上的意义。由此可见董氏"天"论哲学是对各家观点的兼容并蓄所形成的理论体系，在结构上使被其采纳的各家观点形成了一个各部分相互关联的整体，这样的一个整体所表达出的意义是多方面而且多层次的。仅就其以"天不变，道亦不变"为对法家观点的部分采用留下了空间的做法而言，可以发现，这种对阴阳五行流转运行之"道"的客观外在性进行特别强调的做法，事实上也同时给其所主张的礼治观点戴上了绝对真理的神秘光环。因此，其"天"论哲学将物质世界客观规律引入用以替代人类社会的客观规律，与西方理性主义的起源，以对"物我"关系被物质世界客观规律所左右的"事实"的认识，主张以可抽象的物质世界客观规律的"形式"来把握社会客观规律的主张，具有一定的相似性，所不同的乃是在于前者对儒家立场的坚持，最终仍回归地以伦理关系来实现对社会关系的把握，这中间转折关系的发生，于董氏"天"论哲学而论，并

则水，行冬政则落。""北方曰月，其时曰冬，其气曰寒，寒生水与血。……冬行春政则泄，行夏政则雷，行秋政则旱。"（黎翔凤：《管子校注》卷十四"四时第四十"，梁运华整理，中华书局 2004 年版，第 846～855 页。）

　　〔1〕彭华：《阴阳五行研究（先秦篇）》，华东师范大学 2004 年博士学位论文，第 4～5 页。庞朴言："五行思想的一个很大特色，是普遍性……整个先秦时期，几乎很少有哪个思想家不谈五行；所差别的，只是分量的多寡和方面的不同而已。两汉时期，这种情况更加突出，不过问题的性质已有了变化"，五行思想"和各家思想曾是并行不悖的。"（庞朴：《沉思集》，上海人民出版社 1982 年版，第 219～225 页。）

非是一种生硬的立场转换，或者认为其前后的立场转换，只是为其目的论所驱使下的机会主义式的表现，其中关键之处在于"天"与"人"的关系中，对"人"的认识，使其观点回归到儒家伦理的立场。

因此，在"天"与"人"之间，阴阳五行的客观外在性，在董仲舒那里以对存在和认识的区分，使其"天"论哲学具有逻辑的连贯性和思想的完整性，从实质上讲，并不存在立场的转换问题。因为"天"借助于阴阳五行而流转运行之"道"，是可被"感应"的，"感应"即为认识，"人"因"感应"而与"天"相关，因此董仲舒"天"论哲学中将"天"的意志神圣化，其实所隐含的前提是人可以主动做到对"天"的意志的遵从，"感应"因此而具有两方面的意义：一是人因"感应"而与"天"相联系，这里突出的是"人"与"天"的关系；二是"天意不可违"所隐含的人对"天"借助阴阳五行流转运行之"道"的"感应"，即为对"天道"的可感知和因可感知而在行为上应当选择对"天道"的不可背离，突出的是"人"的可为和应为问题。不仅如此，董仲舒的"天人感应"论对"天道"的只可"感应"而并非可以"全知"的认识论上所选择的中间道路，与其对阴阳五行推演的神秘化做法是相匹配的，其以此借助阴阳五行不可"全知"的神秘力量，是对"天"的权威的一种塑造方式。以此可见董仲舒理论体系的精密，虽然其结论即使是在当时，也显得荒唐：其弟子吕步舒因不识老师文章，对其以"天"的意志来解释辽东地方的汉祖庙和汉高祖陵墓中的便殿先后失火这一"灾异"时，所得出的结论认为，"天"意表明在外地的不法诸侯和在朝的不法大臣该杀，"以为下愚"，董仲舒本人也差点因此引来杀身之祸，以至于其以后不敢再以"天人感应"说比附于当时的政治。[1]

---

〔1〕《汉书·五行志中》：武帝建元六年（公元前135年）六月丁酉，辽东高庙灾。四月壬子，高园便殿火。董仲舒对曰："《春秋》之道举往以明来，是故天下有物，视《春秋》所举与同比者，精微眇以存其意，通伦类以贯其理，天地之变，国家之事，粲然皆见，亡（无）所疑矣。……故定公二年（公元前508年）五月两观灾，两观，僭礼之物，天灾之者，若曰，僭礼之臣可以去。……今高庙不当居辽东，高园殿不当居陵旁，于礼亦不当立，与鲁所灾同。……故天灾若语陛下：'视亲戚贵属在诸侯远正最甚者，忍而诛之，如吾燔辽东高庙可也；视近臣在国中处旁仄（侧）信谗而不正者，忍而诛之，如吾燔高园殿乃可'云尔。"〔（汉）班固撰，（唐）颜师古注：《汉书》卷二十七"五行志第七上"，中华书局1962年版，第1331～1332页。〕又《史记·儒林列传》："是时辽东高庙灾，主父偃疾之，取其书奏之天子。天子召诸生示其书，有刺讥。董仲舒弟子吕步舒不知其师书，以为下愚。于是下董仲舒吏，当死，诏赦之。于是董仲舒竟不敢复言灾异。"〔（汉）司马迁撰，（宋）裴骃集解，（唐）司马贞索隐，（唐）张守节正义：《史记》卷一百二十一"儒林列传"，中华书局1959年版，第1943页。〕

董仲舒对阴阳五行的借用，从功用上看，通过阴阳五行推演所形成的类似于二进制的八卦演绎出的无穷结果，可适用于对社会人事问题的解说，这样的解说相对于空泛的"礼"的教化，无疑是一种重大的改进。虽然先秦儒家对"礼"的外在表现形式"仪礼"的构建已成体系，但"礼"与"仪礼"之间的体用关系证成问题，一直都没有得到具体解决，董仲舒对阴阳五行的推演，实际上即是以这一套符号系统，来证成二者之间的体用关系，是通过"天人同构"这一前提的设定作为逻辑起点来实现的，"天人同构"的论断来自为先秦诸子普遍认同的"物"与"人"同为自然所生（"道生万物"或"天生万物"）的观点，这一前提因此具有"公设"性质，阳尊阴卑互融和冲突的次序表现为五行的"比相生而间相胜"变化，这种变化所形成的规律对"人"的行为的制约，即为"礼"，"礼者，继天地，体阴阳，而慎主客，序尊卑、贵贱，大小之位，而差内外、远近，新故之级者也，以德多为象。"（《春秋繁露·奉本》）即"礼"是从天地、阴阳中得出的区别主体、尊卑、贵贱、大小及远近、内外、新旧不同事物及其不同等级次序的规则。因此，"礼"应当是一种普遍的社会行为规则，可被用来对人们日常社会行为的规范，"故君子非礼而不言，非礼而不动。好色而无礼则流，饮食而无礼则争，流争则乱。夫礼，体情而防乱者也。"（《春秋繁露·天道施》）"礼"之"体情而防乱"的功用，是社会秩序得以建立的依据。其所谓"君子非礼而不言，非礼而不动"，并非仅是对士以上阶层人士的要求，而应当包含有以"君子"的行为为楷模的行为导向之意，董仲舒对先秦儒家要求严格依"礼"而行为主张的继承，则表明了其对"礼"作为社会行为规则所具有的普遍性的认同。

董仲舒通过有名的"天人三策"中的"大一统"主张使汉代官方意识形态"大一统"于儒学，并因此使经学成为儒学在这一时期的表现形态。李振纲说："从百家殊方走向儒家思想的'大一统'，是中国文化史上'经学时代'的根本标志。"而儒学的经学化则具体表现为："一是儒学独尊，立于百家之上，成为封建时代之'正统'，其他思想则成为'异学'；二是以儒家价值体系（三纲五常）为万古不变的基本准则，成为'古今之通义'；三是圣人之言只可信守，不可怀疑，儒家经典，只能注疏，不可离经。"〔1〕董仲舒"独尊儒术"之说，为汉武帝所采纳，实现了"道统"与"君统"的结合，从而把礼治思想由学术思想变为学术与政治的结合体，礼治不但有学术意义，更体现出其政治意义和功能。〔2〕

　　董仲舒礼治理论是建立在其德治主张的前提之上的，前者是实现后者的方式，且对"礼"根植于"德"的强调，在于使"礼"不至于因无人性的根据而内外分裂，流于仅具有压迫性和强制性的形式，因为"这种无内质的形式化的礼与法家之法已相近"，如荀子之礼。〔3〕但这仅是对其礼治理论认识的一面，因为董仲舒所说的"德"仅局限于伦理范畴的德性之意义，也就是由于这一限制，使其以"德"为基础的礼治理论，仍然不能脱离压迫性和强制性：首先，董仲舒将"天"之德性，与人之德性归为相同的意指，"天德施，地德化，人德义。"（《春秋繁露·人副天数》）苏舆以为此句与《春秋繁露·天道施》中所说的"天道施，地道化，人道义"相同，故注曰："语又见《天道施》篇，德作道。"〔4〕然董氏此处所言的"德"并非为"道"，虽然天德与天道转化为人德和人道的方式相同，但天德乃为"天"的德性，而天道则是"天"的运行规律。〔5〕董仲舒以天德为天所具有的道德属性的观点，将人德形成限制为完全取自于天德，这一有意所为的局限性诠释，是以其"天人同构"论为基础的，而其"天人同构"论所形成的这一导向，则来自其"天"论哲学对"德"的另一重要含义，即认识主体即对天道承接之"德"的舍弃，以此可见董氏"德"论的理论建构具有的严谨性，是服务其政治哲学"入世"的需要，其实是另有深意的。其次，董仲舒"德"论中对"德"的局限性诠释，虽然使"礼"作为"德"的外在表现形式，不至于脱离其存在

---

〔1〕　李振纲：《中国古代哲学史论》，中国社会科学出版社2004年版，第114~115页。

　　〔2〕　胥仕元：《秦汉之际的礼治思想研究》，河北大学2009年博士学位论文，第182页。

　　〔3〕　"荀子之礼，因在人性中没有根据，故具有较大的强制性和压迫性。荀子的两位高足韩非和李斯，片而深刻地发展了荀子的礼治主张而走向法家的刑罚之治。"（刘国民：《论董仲舒的德治思想》，载《中国青年政治学院学报》2006年第2期。）

　　〔4〕　（清）苏舆撰：《春秋繁露义证》"天副人数五十六"，钟哲点校，中华书局1992年版，第354页。

　　〔5〕　董仲舒说："天意难见也，其道难理。是故明阳阴入出实虚之处，所以观天之志。辨五行之本末顺逆，小大广狭，所以观天道也。"（《春秋繁露·天地阴阳》）故其所言的"天道"，乃为以阴阳五行的流转运行所表现的自然规律，故其所言的"道"，归属于其"自然之天"的语境范围，而在其所言的"道德之天"的语境范围内，天德是"天"的德性或品性。

的依据而成为固化僵硬的教条,[1]但其是将人德完全置于天德的限制中,如韦政通指出,董仲舒的"天启的伦理"说,是"把道德的根基还原到宗教的天上去",使"先秦儒家的人本主义的伦理精神,几乎全部遭到扼杀",核心之点在于对人的"自主性和独立性",这一"儒家对人类文化的最大贡献之一"的否认,[2]此说是深刻的,然而韦氏的这一所论,同时也是片面的,因为董仲舒正是为了在理论上"更化"先秦儒家礼治理论为道、法两家所诟病的儒家之"仁"所存"私意",而在对待其政治哲学的"用"的问题上,是为了使仅以"礼"难以治乱的困结得到解决,其本意并非否认人的"自主性和独立性"。一是董仲舒政治哲学的核心内容仍主要是人,[3]二是其在将"天道"的绝对客观性引入"道德之天"范畴的同时,其以"自然之天"与"道德之天",甚至是非宗教意义的"神灵之天"的重合所显露的目的,在于将人的"自主性和独立性"置于"天"的权威所界定的范围之内。这种界定从其政治哲学立场上看,本身并不具有压迫性,而是倡导在规则范围内行为的主动性,[4]诚如任何对"自由"的主张均为其相对性所限制一样,对于强制性来

---

[1] 董仲舒说:"志为质,物为文,文着于质,质不居文,文安施质;质文两备,然后其礼成。……《春秋》之序道也,先质而后文。"(《春秋繁露·玉杯》)然而如《礼记·表记》中引孔子之言,"虞夏之质,殷周之文,至矣!虞夏之文,不胜其质;殷周之质,不胜其文。"而对于有周一代以及随后非常短命的秦王朝,礼乐盛行,典制繁琐,以至于使天下人们只关注于事情的形式而逐渐抛弃了其实质、要害,于是便难免变得虚而不实、伪而不诚、假而空,对此,如董仲舒说,"师申商之法,行韩非之说,憎帝王之道,以贪狼为俗,非有文德以教训于下也","是以百官皆饰虚辞而不顾实,外有事君之礼,内有背上之心。造伪饰诈,趣利无耻;又好用憯酷之吏,赋敛亡度。竭民财力,百姓散亡,不得从耕织之业,群盗并起。"(《汉书·卷五十六·董仲舒传》)故应"以诚断礼""以质救文"。(余治平:《董仲舒〈春秋〉质文法统考论》,载《社会科学》2012年第12期。)

[2] 韦政通:《中国思想史》,水牛出版社1980年版,第472~473页。

[3] 董仲舒"《春秋繁露》中一个极为常见的现象是,表面上董仲舒是在论说天道、阴阳之序或五行大义,而实质上所关注和指涉的却一定是人世的法则和伦常的规范"。(余治平:《董仲舒仁义之学的特殊性》,载《北京青年政治学院学报》2006年第3期。)

[4] 虽然与先秦儒家强调的对"天"的敬畏态度,将"知"局限于主体对认知之"德"(得)的范围内有所不同的是,董仲舒对认知主体的"自生性和独立性"的肯定,是以对绝对存在的自然规律的服从为前提的,在这一前提下,符合"春秋仁义法的"行为,仍然是一种以人的自主性为中心的行为,即"仁之法在爱人,不在爱我;义之法在正我,不在正人;我不自正,虽能正人,弗予为义;人不被其爱,虽厚自爱,不予为仁"。而只有做到"惛怛爱人,谨翕不争,好恶敦伦,无伤恶之心,无隐忌之志,无嫉妒之气,无感愁之欲,无险诐之事,无辟违之行",在处世原则和道德修养方面达到"故其心舒,其志平,其气和,其欲节,其事易,其行道,故能平易和理而无争也"的境界,才可称之为是符合于"仁"的行为,"如此者,谓之仁。"〔(清)苏舆撰:《春秋繁露义证》"仁义法第二十九""必仁且智第三十",钟哲点校,中华书局1992年版,第250、258页。〕

说，正是其意在"促使道德伦理走向制度化"〔1〕的一种必然需要，至于其理论因此而延伸出的具体，即"三纲五常"演化成新的"教条"，倒也并非出于其本意或能为其所左右的。

董仲舒礼治主张对德治基础的强调，以"德"为德性，与其阴阳五行论相结合，是合乎其理论所遵循的逻辑的。在董仲舒"天"论哲学中，阴阳五行被当作"自然之天"之气，以其流转运行所表现的客观规律，对于"道德之天"的德性而言，也正是通过这样的客观规律而得以显现。阴阳五行是"天"的德性的载体，董氏因此以"阳尊阴卑"的次序建立的"三纲"和以对五行"比相生间相胜"之流转变化规律予以掌控之名而概况出的"五常"，作为"礼"的规则体系的核心规则，确实是顺理成章的："君、臣、父、子、夫妇之义，皆取诸阴阳之道。君为阳，臣为阴；父为阳，子为阴；夫为阳，妻为阴。……王道之三纲，可求于天。"（《春秋繁露·基义》）"丈夫虽贱，皆为阳；妇人虽贵，皆为阴。……诸在上者皆为其下阳，诸在下者各为其上阴。"（《春秋繁露·阳尊阴卑》）此为董仲舒"君为臣纲、父为子纲、夫为妻纲"之"三纲"论的经典言论。〔2〕而对于先秦儒家的"五伦"之说，其以"五行"进行比附，认为"五行"就是五种不同的德行，这五种德行与政治密切相关，这种相关性具体表现为"五行"可具体用于对"五官"的行为道德进行规范，且"五行"之"比相生间相胜"之关系可适用于对官制的建构："五行之为言也，犹五行欤？是故以得辞也。"（《春秋繁露·五行之义》）"行者，行也，其行不同，故谓之五行。五行者，五官也，比相生而间相胜也，故为治，逆之者则乱，顺之则治。"以此可见这种比附之说首先突出的是其作为政治伦理的鲜明目的性，"东方者木，……司农尚仁"，"南方者火也，……司马尚智"，"中央者土，……司营尚信"，"西方者金，大理，司徒也，司徒尚义"，"北方者水，执法，司寇也，司寇尚礼"（《春秋繁露·五行相生》），将"五官"的职责特性，分别与其职责相关的"五行"相关联，

---

〔1〕 韦政通：《中国思想史》，水牛出版社1980年版，第472页。

〔2〕 一般认为，董仲舒并未明确表述"三纲"的具体内容。记录东汉章帝召开的白虎观会议的重要文献《白虎通义》一书中有《三纲六纪》一篇，其中说："三纲者，何谓也？谓君臣、父子、夫妇也。……故《含文嘉》曰：'君为臣纲，父为子纲，夫为妻纲'。"〔（清）陈立撰：《白虎通疏证》卷八"三纲六纪"，吴则虞点校，中华书局1994年版，第373~374页。〕这是最早记录"三纲"的古代文献。

试图以"五行"之符号系统，来解说和构建现实之政治体制，并试图以这一符号系统，适用于对现实之社会伦理关系的解说和构建。对此，董氏以"五行"即为"忠臣孝子之行"来予以概括，"木，五行之始也，水，五行之终也，土，五行之中也，此其天次之序也。木生火，火生土，土生金，金生水，水生木，此其父子也。木居左，金居右，火居前，水居后，土居中央，此其父子之序，相受而布。是故木受水而火受木，土受火，金受土，水受金也。诸授之者，皆其父也；受之者，皆其子也；常因其父，以使其子，天之道也。是故木已生而火养之，金已死而水藏之，火乐木而养以阳，水克金而丧以阴，土之事火竭其忠。故五行者，乃孝子忠臣之行也。"（《春秋繁露·五行之义》）在此，董仲舒是以忠（政治伦理之德行）和孝（社会伦理之德行）作为"五常"（仁、义、礼、智、信）的核心内容，而上述"五官"与"五行"的配置关系：木与仁，火与智，土与信，金与义，水与礼，以及"木已生而火养之"，"金已死而水藏之"，"火乐木而养以阳"，"水克金而丧以阴"，"土之事火竭其忠"中金、木、水、火、土之间关系，来比附仁、义、礼、智、信之间的关系，并以这种关系所呈现阴阳属性，来表现"天"的德性对人之德行的支配作用。而仁、义、礼、智、信作为人之德行应当遵守的道德原则，被董仲舒称为"五常"，[1]"夫仁、谊（义）、礼、知（智）、信五常之道，王者所当修饬也。"（《汉书·董仲舒传》）集两汉今文经学大成的《白虎通义》，对董氏此说作了进一步的明确和系统的概括："五常"作为人之德行应当遵守的道德原则，是人性所决定的，而所谓人性，即人之德性，人之德性表现为"五性"，"五性者何？谓仁、义、礼、智、信也。仁者，不忍也，施生爱人也；义者，宜也，断决得中也；礼者，

---

[1]　"五常"这个概念并非由董仲舒最早提出。先秦时期"五常"常与"五品""五性""五德""五行""五气""五伦"等混用，所指各有不同。如《史记》载，"舜曰：'契，百姓不亲，五品不驯'。""集解"引郑玄曰："五品，父、母、兄、弟、子也。"王肃注："五品，五常也。"［（汉）司马迁撰，（宋）裴骃集解，（唐）司马贞索隐，（唐）张守节正义：《史记》卷一"五帝本纪第一"，中华书局1959年版，第36页。］孔子虽然分别讲到这些德目，但未将其并提。从老子对儒家关于"失仁而后义，失义而后礼"的批评来看，仁、义、礼这三者在春秋末战国初已经并列。可能为子思学派所作的郭店楚简《五行》篇，就列举了仁、义、礼、智、圣五种德目，称之为"五行"。孟子则明确讲"四德"，即仁、义、礼、圣。《孟子·告子上》："仁义礼智，非由外铄我也，我固有之也。"同时孟子又将信与孝、悌、忠并列，称"孝悌忠信"，此见《孟子·尽心上》："君子居是国也，其君用之，则安富尊荣；其子弟从之，则孝悌忠信。"但自董仲舒始明确将"五常"确定为仁、义、礼、智、信"五德"。

履也，履道成文也；智者，知也，独见前闻，不惑于事，见微者也；信者，诚也，专一不移也。故人生而应八卦之体，得五气以为常，仁、义、礼、智、信是也。"(《白虎通义·性情》) 这段阐述将"德性"作为人道与天道沟通的桥梁，从而将人之"五性"与天之"五常"联系起来，认为"天"以"五行"之气流转运行所体现的规律，即为"五常"，而"五常"是由天之德性所决定的，因此人之德性驱使下的德行即应守"五常"之道，人之德性和天之德性的倾同，是因为"天人同构"。

和董仲舒对"五常"的论述一样，《白虎通义》并未具体将"五行"配置于"五常"，至西汉后期，《易纬·乾凿度》在"四正四维"的卦气图式中配入"五行"，并将"五行"与"五常"相配。[1]其云：

> 八卦之序成立，则五气变形。故人生而应八卦之体，得五气以为五常，仁、义、礼、智、信是也。夫万物始出乎震，震东方之卦也，阳气始生，受形之道也，故东方为仁。成于离，离南方之卦也，阳得正于上，阴得正于下，尊卑之象定，礼之序也，故南方为礼。入于兑，兑西方之卦也，阴用事，而万物得其宜，义之理也，故西方为义。渐于坎，坎北方之卦也，阴气形盛，阳气含闭，信之类也，故北方为信。夫四方之义，皆统于中央，故乾、坤、艮、巽，位在四维，中央所以绳四方行也，智之决也，故中央为智。故道兴于仁，立于礼，理于义，定于信，成于智。五者道德之分，天人之际也。[2]

《易纬·乾凿度》把"五行"配四正卦，木配震在东、为春；火配离在南、为夏；金配兑在西、为秋；水配坎在北、为冬；中央不配卦则为土，进而将"五常"配入这一系统：震、木为仁；离、火为礼；兑、金为义；坎、水为信；中央之土为智。"五常"出自"五行"，此为"道德之分，天人之际"的根本原理。与董仲舒不同的是，《易纬·乾凿度》以火、南为礼，而董仲舒以火、南为智；《易纬·乾凿度》以水、北为信，而董仲舒以水、北为礼；《易纬·乾凿度》以土、中为智，而董仲舒以土、中为信。二

---

〔1〕 李存山:《"五行"与"五常"的配法》，载《燕京学报》2010 年第 1 期。
〔2〕 [日]安居香山、中村璋八辑:《纬书集成》，河北人民出版社 1994 年版，第 10 页。

者相同的是都以木、东为仁，金、西为义。[1]

　　从现有文献看，将"三纲"与"五常"连言，首见于东汉经学家马融对《论语》的注释。何晏《论语集解》在解释"殷因于夏礼，所损益可知也……"一段话时引马融曰："所'因'，谓三纲五常也；所'损益'，谓文质三统也。"[2]虽然并非董仲舒给出了"三纲五常"这个说法，但后世所公认的是，以"三纲五常"对自先秦后儒家德治思想的核心内容进行的概括，确实源自董氏思想。"三纲"作为德治所凭依的三种最基本的伦理关系，其本身并非德行之原则或规则，在这三种最基本的伦理关系基础上具体完成国家和社会秩序的构建，是通过"五常"之道德行为原则和规则的规范作用来实现的。也就是说，以对仁、义、礼、智、信这五项道德行为原则和规则的遵守，就可以建立"三纲"所明确的国家和社会的核心秩序。董仲舒对"五常"分别有具体的论说："仁"者不争，"何谓仁？仁者，憯怛爱人，谨翕不争，好恶敦伦，无伤恶之心，无隐忌之志，无嫉妒之气，无感愁之欲，无险诐之事，无辟违之行，故其心舒，其志平，其气和，其欲节，其事易，其行道，故能平易和理而无争也，如此者，谓之仁。"（《春秋繁露·必仁且智》）"义"在"正我"，"仁之法，在爱人，不在爱我；义之法在正我，不在正人。我不自正，虽能正人，弗与为义；人不被其爱，虽厚自爱，不子为仁……故仁之为言人也，义之为言我也。"（《春秋繁露·仁义法》）"礼"在"成事"，[3]何谓"礼"？"礼者，继天地、体阴阳，而慎主客、序尊卑、贵贱、大小之位，而差外内、远近、故之级者也，以德多为象，万物以广博众多历年久者为象。"（《春秋繁露·奉本》）而以"礼"而"成事"，首先要做到的是"礼成"，如何做到"礼成"？董仲舒说："质文两备，然后礼成。"（《春秋繁露·玉杯》）以"礼"又如何"成事"？孔子说："质胜文则野，文胜质则史。文质彬彬，然后君子。"（《论语·雍也》）依孔子之文质论，礼乐是"文"，仁义是"质"，外在的"礼乐"是内在的"仁义"的表现形式，其所强调的礼乐之"文"对仁义之"质"的表现，即是"成事"的方式，而董仲舒说，

　　[1]　李存山：《"五行"与"五常"的配法》，载《燕京学报》2010年第1期。
　　[2]　（魏）何晏集解，（梁）皇侃义疏：《论语集解义疏》卷二"八佾第三"，商务印书馆1937年版，第24页。
　　[3]　邹顺康：《董仲舒"三纲五常"思想评析》，载《道德与文明》2014年第6期。

"春秋之序道也，先质而后文"，是"右志而左物"，这是因为"礼之所重者，在其志，志敬而节具，则君子予之知礼；志和而音雅，则君子予之知乐；志哀而居约，则君子予之知丧。故曰非虚加之，重志之谓也"。所以其认为，"志为质，物为文，文着于质，质不居文，文安施质；质文两备，然后其礼成；文质偏行，不得有我尔之名；俱不能备，而偏行之，宁有质而无文，虽弗予能礼，尚少善之，介葛卢来是也；有文无质，非直不予，乃少恶之，谓州公实来是也。"(《春秋繁露·玉杯》) 其在孔子"以仁义为质，以礼乐为文"之间，分别加进了"志"和"物"，且以质为要，即是以"成事"为目的，并因此通过对道德主体主观能动性的强调，使"礼"的实用性需要被突出出来。董仲舒在对"有质而无文"和"有文而无质"两种"文质"不相备情况的比较中，以《春秋公羊传》中以"介葛卢来"和"州公实来"二者为例，[1]认为对"志"在"仁义"与否的评判，应为礼多礼少的依据，董氏这一认识，其意在于通过对"礼"之有名无实存在的否定，阐明应当以"礼"存在的实际意义，来决定对施礼行为的取舍，这显然是对自先秦以来儒家礼治主张的经世致用之不足在理论上的重要改进。

董仲舒将"礼"置于仁、义、礼、智、信五个德目之中，是将依礼而行为本身作为德行来看待的，与其将"礼乐"与"仁义"并称，以"礼乐"为"仁义"的外在表现形式，并认为"礼乐"本身不具有独立存在的意义的认识，是在不同层次上来谈论"礼"的。其以"志"在"仁义"，作为"礼"的存在或多少的依据，而不是以在抽象意义上谈论的"仁义"作为礼多礼少或存在与否的检验尺度，为其更进一步将"礼"与"法"并用，并引"礼入法"，埋下了伏笔。

西汉以"阳德阴刑"为制定国家法律制度的架构模式，并非与"汉承秦制"的制度延续有很大关系，这一架构模式与董仲舒"天道之大者在阴阳，阳为德，阴为刑，刑主杀而德主生，……以此见天之任德而不任刑也"(《汉

---

〔1〕《春秋公羊传》："僖公二十九年（公元前631年）春，介葛卢来。介葛卢者何？夷狄之君也。何以不言朝也？不能乎朝也。"又，"［桓公六年（公元前706年）］春正月，实来。实来者何？犹曰是人来也。孰谓？谓州公也。曷为谓之实来？慢之也。曷为慢之？化我也。"(李宗桐注译：《春秋公羊传今注今译》，台湾商务印书馆1976年版，第54~55、247页。) 介葛卢国君不知礼，但其有来朝之"志"，此种"有质无文"，胜过知礼而不朝的"州公"（对"州公"者省去姓名，且仅记其"实来"，是为了不以礼待之）。

书·董仲舒传》）的阴阳五行理论所蕴含的"礼法并用"主张，不谋而合，故董仲舒之说，为汉武帝所采纳，并因此为汉武帝政治上的谋划提供了理论支撑。

以董仲舒理论为肇端的"春秋决狱""引经决狱"为后世所诘责，其主要原因在于这一适用法律的方式，确实是建立在或然性基础之上的。汉儒们引《春秋》而比附，在实用中，必然会导致以主观臆测的方式来断案的情况出现，且正是因为这种断案方式的盛行，使法律丧失了其作为强制性规则体系必须具有的确定性和准确性，也就因此破坏了法律存在的基础。不过，现代法律史研究者中有观点认为，汉代的引经决狱和决事比，和秦代廷行事一样，属于判例法，[1]《后汉书·应劭传》记载："胶东相董仲舒老病致仕，朝廷每有政议，数遣廷尉张汤亲至陋巷，问其得失。于是作《春秋决狱》二百三十二事，动以经对，言之详矣。"[2]除董仲舒所作《春秋决狱》外，汉代决事比，亦为判例法的样本，《汉书·刑法志》载：汉武帝即位后，"外事四夷功，内盛耳目之好"，"招进张汤、赵禹之属，条定法令，作见知故纵、监临部主之法，……律令凡三百五十九章，大辟四百九条，千八百八十二事，死罪决事比万三千四百七十二事。"且汉代对决事比进行了汇编，至东汉出现了根据司法实践经验对决事比进行编纂删定的判例集《辞讼比》，"决事比的内容，主要是在法律阙如的情况下，依据以往的旧例、成事，或者儒家的经义来处理一些疑难案件，这一点从《太平御览》所引《风俗通》记载的《辞讼比》三则佚文中可以得到证明。"[3]不过，对上述观点持不同意见者认为，

---

〔1〕何勤华：《秦汉时的判例法研究及其特点》，载《法商研究》1998 年第 5 期。另有武树臣的《中国古代法律样式的理论诠释》（载《中国社会科学》1997 年第 1 期）一文认为：中国古代社会的法律样式走过了西周、春秋的判例法时代和战国、秦代的成文法阶段，自西汉至清末，形成了成文法与判例法相结合的混合法样式。这是被认为是持此种观点中影响甚为广泛的文章。汪世荣的《判例在中国传统法中的功能》（载《法学研究》2006 年第 1 期）、《中国古代的判例研究：一个学术史的考察》（载《中国法学》2006 年第 1 期）两篇文章均认为春秋战国以后，形成了以法典为主、判例为辅、多种形式并存的法律体系并长期保持。而秦汉时期对判例进行了系统整理，并确立了"集类为篇，结事为章"的判例编撰体例。

〔2〕董仲舒曾作《〈春秋决狱〉二百三十二事》，该书在隋、唐之后失传，仅有零星案例散见于《太平御览》《通典》等古籍中。《春秋决狱》中的基本内容是把《春秋》等儒家经典中的伦理道德观念运用于司法审判当中，作为定罪量刑的指导思想和依据。

〔3〕《魏书·刑罚志》记载：汉宣帝时"于定国为廷尉，集诸法律，凡九百六十卷，大辟四百九十条，千八百八十二事，死罪决比，凡三千四百七十二条，诸断罪当用者，合二万六千二百七十二条。"东汉时，有根据司法实践的经验对决事比进行编纂删定的判例集《辞讼比》，《东观汉记·鲍昱传》称：东汉章帝时，"司徒辞讼，久者数十年，比例轻重，非其事类，错杂难知，昱奏定《辞讼比》七卷，《决事都目》八卷，以齐同法令，息遏人讼也。"《后汉书·陈宠传》谓："（陈宠）少为州郡吏，辟司徒鲍昱府。数为（鲍）昱

从西方引进的"判例"一词，与古代中国的例、条例、案例和判例，存在着概念对接上的错位，有的论者混淆了判例和一般案例的界限，秦代的廷行事并非就是现在所说的成例或案例，汉代的决事比是判例还是类推，难以确认，"决事比和判例之间并不存在完全对应的关系"，"中国进入成文法时代之后，成文法始终占据统治地位"，判例和成文法制度存在原则冲突，但成文法体系对判例既有拒斥的一面，又有吸纳的一面，吸纳的方式是编例。"律例一体化可以说是中国古代法律发展的最高形态。而从判例的角度看，融入成文法的过程也是其异化消亡的过程。"[1]

事实上，引《春秋》而比附，与董仲舒天人理论所突出的对制度的客观性寻求的原有设计是有所冲突的，这种冲突的形成，不仅在于如公羊学对《春秋》之"微言大义"的附会性诠释的难以证伪，而且还在于《春秋》之"微言大义"的存在与制度的规范性需求之间存在的距离，表现为汉代以董仲舒为代表的汉儒们谋求儒家理论之经世致用的作为，其实并未完成以"文"来再现"质"转化。虽然自先秦时期儒家理论已基本完成以"礼乐"作为"仁义"的外在表现形式的创设，并因此形成为其时之儒家们所认可的"质文两备"，但在汉代进入与之相比较为具体的层次时，《春秋》之"大义"向以"法"作为其外在表现形式转化过程中，虽有汉儒们的附会性诠释，"法"作为规则体系本身却并未因此而有显著增设。因此，仅以旧有之"礼"和"汉承秦制"所沿用的"法"二者之并用，作为法律制度仍然是不完善的。以此种"礼法之治"，对《春秋》之"大义"其实并不具有确定性的外在表现形式予以承接，故董仲舒未直接使用"礼治"为主、刑罚为辅的说法，而是说"德治"为主、刑罚为辅，"阳为德，阴为刑，刑主杀而德主生"是这一思想的典型表达。之所以如此，乃是因为与汉开始的新时代相适应的体现《春秋》之"大义"之"礼"尚未能形成，而其和汉儒们以附会性诠释所言及的《春秋》之"大义"，只不过是在进行一种借古喻今式的表达。

陈当世便宜，昱高其能，转为辞曹，掌天下狱讼。宠为昱撰《辞讼比》七卷，决事科条，皆以事类相从，昱奏上之，其后公府奉以为法。"《晋书·刑法志》也称："汉时决事，集为令甲以下三百余篇，及司徒鲍公撰嫁娶辞讼决为《法比都目》，凡九百六卷。世有增损，率皆集类为篇，结事为章。一章之中或事过数十，事类虽同，轻重乖异。"（何勤华：《秦汉时的判例法研究及其特点》，载《法商研究——中南政法大学学报》1998 年第 5 期。）

　　[1] 刘笃才：《中国古代判例考论》，载《中国社会科学》2007 年第 4 期。

正因为如此，上述董仲舒及汉儒们所言及的汉之新时代所需的"质文两备"目标，并未实现，这是因为对"质"的外在表现形式"文"的创设，并未完成。其实，汉儒们对"质"向"文"转化的需要并没有充分的意识，或者说汉儒们"引礼入法""引经决狱"的附会性诠释在某种意义上虽然是在谋求这种转化，但并非一种有意识的主动行为，况乎这种所谓的谋求在方向上，存在着一个重要盲区，即以"法"为"刑"的传统思维牢固，在此基础上所形成的忽视民事法律制度建立的司法传统，使这种对《春秋》之"大义"的外在表现形式的寻求，仅局限于刑事法律的范围之内。

虽然董仲舒提出，后为《白虎通》等所概括和系统化的"三纲五常"作为"文"的创设，体现了汉儒们为实现"质文两备"而作的努力，但"引礼入法""引经决狱"与"法"的确定性所存在的冲突，在很大程度上使"文"的创设意义被抵消掉了。且"引礼入法""引经决狱"作为新的"文"的创设方式本身，使"礼"因为过于强调"法"的强制力，而忽视了其自身所具有的强制力（从法律制度上讲，应主要体现为对民事行为的强制力）。滥用刑罚本为专制体制所特有的现象，而"春秋决狱"则为打破防止这一现象过度出现的制度禁锢（专制体制同样具有维护其自身存续的防御功能，防止过度专制的制度必然与专制同时存在）提供了理论依据，"春秋决狱"的这一副作用给后世留下了难以根除的后遗症。

当然，"礼"作为伦理性原则和规则所形成的体系，与现代意义上的形式法原则和规则的区别本身，也是导致"春秋决狱"始终未能实现《春秋》之"大义"向"法"的外在表现形式转化的客观原因，倒是汉儒们在这一开创未来的法律制度创设过程中的努力，其目的和动机被后来者们更多的附会性诠释所掩盖了，使因此而有的司法制度，成为一种仅凭主观臆测就可擅断的司法模式。不过，对后来者众多的附会性诠释的谴责，其实也存在过分之处，因为这些附会性诠释的目的主要是对"引经决狱"这一过程，试图以"简约化"来形成具有实用性和规范性的司法程序，虽然这类尝试终归是失败的（因为古代中国的"礼"作为伦理性原则和规则体系，始终未能从其伦理属性中解脱出来，演变为具有客观性的以抽象形式存在的"法"，虽然这一旨归并非现代意义上的西方形式法），但其目的和动机，除去政治因素，仅从技术层面来认识，也同样是被误解了的。

第二节　秦汉法制、礼制规则体系与契约法

一、《秦律》、秦礼与契约法

(一)《秦律》与契约法

秦自商鞅变法始而行法治，但其所谓法治，实为刑法之治。不过，这并不等于说秦无其他的法律。商鞅根据李悝的《法经》，"改法为律"，制定成文律令，秦始皇对商鞅以来的律令加以补充、修订，形成了统一的内容更为缜密的《秦律》，如李斯云："明法度，定律令，皆以始皇起。"（《史记·李斯列传》）由于《秦律》早已佚失，对于其具体内容，史书上只有零星记载。1975 年 12 月，湖北云梦睡虎地出土秦墓竹简一千余支，其中大部分内容是秦代的法律和文书。[1]这批出土秦简中的《秦律十八种》，系对战国以后，商鞅"改法为律"，而后延续至秦始皇时还通用的《秦律》条文的摘录。[2]虽然出土《秦律》中的许多条文属于刑法条文，但有些条文也涉及其他方面，[3]

---

[1]　1978 年 12 月，湖北云梦睡虎地秦墓出土了《编年记》《语书》《秦律十八种》《效律》《秦律杂抄》《法律答问》《封诊式》《为吏之道》和《日书》（甲种、乙种）等 10 种文献。其中《编年记》逐年记述了从秦昭王元年（公元前 306 年）到秦始皇三十年（公元前 217 年）秦之军政大事和墓主喜的生平及其家事；《语书》乃公元前 227 年，南郡郡守颁发给下属各县、道的文告；《秦律十八种》《秦律杂抄》等是对秦律条文有选择的摘录；《为吏之道》是关于如何做官吏的行为准则；《日书》则是占卜筮之书。[高敏：《云梦秦简初探》（增订本），河南人民出版社 1981 年版，第 3~6 页。]

[2]　《秦律十八种》包括：《田律》《厩苑律》《仓律》《金布律》《关市律》《工律》《工人程》《均工》《徭律》《司空》《军爵律》《置吏律》《效律》《传食律》《行书》《内史杂》《尉杂》《属邦》。（傅荣珂：《睡地虎秦简刑律研究》，商鼎文化出版社 1992 年版，第 5~6 页。）

[3]　出土的秦简中内容涉及秦的官制、土地制度、徭役制度、赐爵制度、租税制度等 [高敏：《云梦秦简初探》（增订本），河南人民出版社 1981 年版，第 187~237 页]。高恒关于《秦律十八种》各篇的研究认为，《田律》是关于农村社会秩序、农田管理以及收缴的，是田税的法律，而非"田猎"之法（高恒：《汉律篇名新笺》，载《吉林大学社会科学学报》1980 年第 3 期）；李均明亦指出（秦汉简牍文献中出现的）"田律"是关于垦田、缴纳刍稿以及保护山林等农业、林业、畜牧业相关的法律（李均明：《秦汉简牍文书分类辑解》，文物出版社 2009 年版，第 170 页）；徐世虹等人的研究认为，《田律》内容包括报告雨水对庄稼生长的影响及自然灾害造成的损害情况，季节性的渔猎禁令，纳刍稿的规定，刍稿的管理规定，马牛饲料的领取规定，对特定人群的卖酒禁令 [中国政法大学中国法制史基础史料研读会：《睡虎地秦简法律文书集释（二）：〈秦律十八种〉（〈田律〉〈厩苑律〉）》，载中国政法大学法律古籍整理研究所编：《中国古代法律文献研究》（第 7 辑），社会科学文献出版社 2013 年版，第 83 页]。而对《厩苑律》，孔庆明认为主要是为国家厩苑主管官吏设定的经济管理规则（孔庆明：《秦汉法律史》，陕西人民出版社 1992 年版，第 35 页）；曹旅宁认为，《厩苑律》涉及按籍检验官马牛的数目、官牛的考课、铁犁等工具的假借等内容（曹旅宁：《秦〈厩苑律〉考》，载《中国经济史研究》2003 年第 3 期）。可见部分反映秦国刑法典真实内容的《秦律十八

所谓其他方面，是说这些条文反映出《秦律》几乎是将日常社会行为的方方面面，都不加区分地统归于刑法的调控范围，这种以刑法的强制力对社会生活进行的全覆盖，所突出的只不过是对刑罚强制手段的利用，并因此放弃了对其他性质的社会行为规则所具有的强制力的注重。云梦秦简《秦律》所反映的这一事实，确实体现了韩非主张"一轨于法"，将"社会的所有规则包括礼在内都统一于法中"[1]的"不务德而务法"（《韩非子·显学》）的"法治"思想。韩非以对"道"的客观性和普遍性的强调，省却了先秦儒家哲学强调体现人作为认识主体的主观能动性作用的"德"，将"法"与"道"直接关联，在对社会关系的解构中，重"尊尊"而废"亲亲"，其"一断于法"的法律思想，并非现代意义上的"法治"。其对管子"法者，天下之程式也，万世之仪表也……故明法说：以法治国，则举措而已"之说（《管子·明法》）进一步发挥——"绳直而枉木斩，准夷而高科削，权衡悬而重益轻，斗石设而多益少，故以法治国，举措而已矣。"（《韩非子·有度》）其间所表现的法律工具主义倾向，与商鞅适应"时""势"（《商君书·更法》）之"缘法而治"（《商君书·君臣》）、"任法而治"（《商君书·慎法》）或"以刑治"（《商君书·靳令》）和"效于今者前刑而法"（《商君书·开塞》）的主张一脉相承。秦以法家"法治"理论而做到"治道运行，诸产得宜，皆有法式"（《史记·秦始皇本纪》），实则为事事皆以刑罚为强制手段，"一任于法"其实是"一任于刑"，对此，班固说得十分明白："法家者流，盖出于理官。信赏必罚，以辅礼制。《易》曰'先王以明罚饬法'，此其所长也。及刻者为之，则无教化，去仁爱，专任刑法而欲以致治，至于残害至亲，伤恩薄厚。"（《汉书·艺文志》）不过，班固上述看似对法家理论所做的评判，实为对秦代法律制度的看法，其中有一句关于法家"信赏必罚，以辅礼制"，却是为后人所忽视的：秦行"法治"，有法制，却也并非无礼制，其"信赏必罚"，是为了"以辅礼制"。虽然这句评论并不完全适用于秦，但至少可以表

种》，将日常生活统摄于"律"的强制性规范之中，其特点在于以刑罚的威慑力来实现社会秩序的效率，而并非现代意义上对危害其社会秩序的行为区别对待的"正刑定罪"，因此，其所建立的"刑法"（"律"），实际上只不过是以刑罚来替代其他性质的行为规则效力的一种做法而已。

　　[1] 郭春莲：《韩非法律思想研究》，上海人民出版社2012年版，第204页。

明秦自商鞅变法，"改法为律"后，至秦始皇统一六国建立秦朝并在《秦律》颁行的同时，并没有废除礼制。事实上，古代中国自先秦时期，是以"礼"来规定人们的日常行为规范的，而"刑"则用来规定违反礼制者的惩罚措施。"刑"是从另一个方面对"礼"所作的规定，这类规定最早都存在于"礼"的规范之中。[1]云梦秦简《秦律》中的刑法条文和其他文书，反映出秦"专任刑法"的无所不包、无处不在，这也恰好表明《秦律》虽然从形式上看，其为以"刑"代"礼"，但更确切地说，其是以"刑"代"法"，此处所谓的"法"，即为包括刑法在内的民法、行政法、经济法等各种法的总称，而并非法家称谓意义上的"法"。不过，如果认为秦将各类属性不同的法，不加区分地统归于刑法的范畴是一种有意的作为，则未免有些言过其实，因为自商鞅变法至秦始皇颁行我们至今仍未能得以窥探其真面目的《秦律》，法家称谓意义上的"法"，虽有各篇之分，却未有民刑之别，更不用说区分出行政法、经济法和其他种类的法了，这是历史的局限性所致。法家为将"法"从"礼"的体系中解脱出来，将其助长成为替代"礼"的社会行为规则体系，但从实质上看，法家之"法"与儒家之"礼"，二者的调控范围是一致的。

对于上述认识，有在云梦秦简之后出土的里耶秦简[2]得以印证：里耶秦简虽多数是地方行政文书，但"可看出法律的贯彻执行，睡虎地秦简与里耶秦简的互证，可以为我们呈现出秦法律制度的真实面貌"。如里耶秦简11⑧134 正面和 J1⑨981 正面所说的借公物不还，官府因此依法进行调查的经过，而"秦时百姓可向官府借贷各种生产及生活资料"，是有法律依据的，"秦简《厩苑律》有：'段（假）铁器，销敝不胜而毁者，为用书，受毋责。'秦简《仓律》：'妾未使而衣食公，百姓有段（假）者。段（假）之，令就衣食焉。吏辄被事之。'并规定了应负的法律责任。如秦简《法律答问》：'坐藏（赃）为盗；盗罪轻于亡，以亡论。'意思是携带借用的官有物品逃亡，自首，以逃

---

〔1〕 于振波：《秦汉法律与社会》，湖南人民出版社 2000 年版，第 1 页。

〔2〕 2002 年 6 月，湘西里耶古城出土了大批秦代简牍，按通行惯例，考古、简帛学界称之为"里耶秦简"。里耶秦简共计 36 000 余枚，10 多万字，几乎相当于此前所出土的秦简总量的 10 倍。里耶秦简的纪年从嬴政二十五年（公元前 222 年）至二世二年（公元前 208 年），竟一年不少，其内容涉及秦代政治、军事、农桑、百工、货殖、赋税、徭役、法律、财政、邮政、地理、交通、民族、文化、职官、历法等方面。（王焕林：《里耶秦简校诂》，中国文联出版社 2007 年版，第 3~8 页。）

亡论罪；如系捕获，按赃数作为盗窃，如以盗窃处罪轻于以逃亡处罪，则仍以逃亡论罪。"[1]从上面案例来看，凡事皆有刑法调控，是事实，且借公物不还的"犯罪"行为，与秦实行的政社合一制度有关。政社合一制"即以国家行政为统绪，以农为本，实行行政、农、军乃至社会精神文化生活的同步一体化"，"睡虎地秦简《厩律》'以四月'条所示田啬夫管辖下的农牧组织亦有明显的官社性质"。[2]且不论对秦的社会政治和经济体制所下的这一结论是否可靠，仅以公物可以出借所体现的个人对公共财产拥有一定限度内的使用权这一情况，就可以说明秦时刑法对公共财产所有权的维护，是与对官员行政行为的管理，以及对借用的民事行为的规范，交织在一起的，因此，如云梦秦简之《厩律》中，以刑法包括了行政法以及民事法中的契约法（借用合同）内容，体现了国家政治、经济体制对法律制度的主导作用，而不是相反。因为仅以法家之"法"，是不可能强行改变对国家政治、经济体制具有核心支配作用的社会生产关系的（至少是原始公社制的遗存和社会生产力的发展情况，对其时社会生产关系的形成所起的作用，是主要的），从这个意义上说，云梦秦简和里耶秦简中的行政文书反映出其时秦以刑法替代其他所有法律的情况，是有一定的社会原因的。

关于儒、法两家各自主张的"礼治"和"法治"，史学和法史学界的多数观点倾向于认为"礼治"和"法治"主张是对立的，其中以瞿同祖之说为代表："儒家着重于贵贱、尊卑、长幼、亲疏之'异'，故不能不以富于差异性，内容繁杂的，因人而异的，个别行为规范——礼——为维持社会秩序的工具，而反对归于一的法。法家欲以同一的，单纯的法律，约束全国人民，着重于'同'，故主张法治，反对因贵贱、尊卑、长幼、亲疏而异其施的礼。两家出发点不同，结论自异。"[3]然而，这种认识因出土秦简所反映出的《秦律》的真实情况，而面临应当重新调整观点和立场的境地。如高敏在《秦简〈为吏之道〉中所反映的儒法合流倾向》一文中认为，儒家思想中的某些

---

〔1〕　曹旅宁：《从里耶秦简看秦的法律制度——读里耶秦简札记》，载秦始皇兵马俑博物馆《论丛》编委会编：《秦文化论丛》（第11辑），三秦出版社2004年版，第275页。

〔2〕　张金光：《秦制研究》，上海古籍出版社2004年版，第276、319页。

〔3〕　瞿同祖：《中国法律与中国社会》，中华书局1981年版，第285~286页。

主张,为秦代之"法"所包含。[1]而于振波认为,云梦秦简《法律问答》对"公室告"和"非公室告"的定义,以及对"家罪"的解释,"源自法家之君权高于父权"的法家伦理观念和法律思想,虽然法家同样提倡"孝行",但其主张并不符合先秦儒家的家国观与忠孝观。[2]然而,与上述看起来相互对立的观点类似的争议,至少在对待争议所涉及的事物上,目标是一致的,也就是说儒、法两家仅是在对其思想所关涉的对象的认识上和因此而有的治世主张上有所不同,对于应该选择哪些事物作为他们思想所注重的对象,表现是基本一致的,如对于忠孝问题所反映出的社会伦理关系的重要性,儒、法两家对此的看法实际上是一致的。正因为如此,法家之"法"与儒家之"礼",实际上除了都试图以将对方包含于己以外,均将其他法律规范,概括在他们各自所设计的那个或"法"或"礼"的社会统一的行为规则体系之内。

因此,如张晋藩总主编、徐世虹主编的《中国法制通史》(第 2 卷·战国、秦汉)中所论:"秦律中不乏各种民事问题的法律规定,只是在处罚的时候往往以刑罚的形式科断,甚至有的民事法规夹杂在刑事律令之中。"[3]出土秦简也确实反映了这方面的情况,如关于契约之债,《法律问答》中是有所涉及的:"何谓'亡券而害'亡校券右为害"。此处所言"校券",即表明官方对民间所立契约是有管理制度的,"左券"为官方保存,故丢失"右券"是"有害"的,即"债权人所掌握的'右券'丢失,会造成契约失效的危害"。这同《史记·平原君列传》所载"事成,操右券以责"及同条《索隐》所注,

---

[1] 《为吏之道》简文中的"宽容忠信,和平毋怨"和"慈下勿陵,敬上勿犯","明显地是儒家所宣扬的一些道德规范和行为准则。"《为吏之道》的简文还认为只要官吏做到了不贪财、不泄谋、不失言、不偿食等,且时怀"怵惕之心",就可以"为人君则鬼(读若怀),为人臣则忠,为人父则慈,为人子则孝",便是儒家所宣扬的君君、臣臣、父父、子子的纲常伦理。并且在法家理论中,事实上也包含有儒家思想,如《韩非子·忠孝》中即包含有儒家"亲亲"论的核心观点"忠孝"说:"臣事君,子事父,妻事夫,三者顺则天下治,三者逆则天下乱,此天下之常道也。"[高敏:《秦简〈为吏之道〉中所反映的儒法融合倾向——兼论儒法诸家思想融合的历史传统》,载氏著:《云梦秦简初探》(增订本),河南人民出版社 1981 年版,第 338~352 页。]

[2] 于振波:《从"公室告"与"家罪"看秦律的立法精神》,载《湖南大学学报(社会科学版)》2005 年第 9 期。

[3] 张晋藩总主编,徐世虹主编:《中国法制通史》(第 2 卷·战国、秦汉),法律出版社 1999 年版,第 92 页。

反映的都是同一性质的问题。[1]当然，丢失"右券"，失去的是债权凭证，与契约是否有效无关，只不过因此而反映出的实际情况是，刑法中对契约法律制度的涉及和管控，并不能以刑法的管控方式，来替代契约法律制度自身的效力："右券"如丢失，只能由持有者自行承担责任，而不可能因此以刑罚手段，来挽回债权人的损失，即为此处所言"有害"的含义。"券"即契约，古时的契约，中剖为左右两半，"右券"为验证之用。《商君书·定份》篇有云："即以左券予吏之问法令者，主法令之吏谨茂其右券木柙，以室藏之，封以法令之长印，即后有物故，以券书从事。"此处商鞅所说的"券"，并非契约，而是内容为相关法条的"符券"，是为贯彻"以法为教"的宗旨，管理法条和进行高效普法的一种方式中使用的凭信之物，由"问法令者"持"左券"，而"主法令之吏"持有"右券"，并小心将右片装入木匣，藏在一个屋子中，用法令长官的印封上，待以后若有"事故"，则"以券书从事"。由此可见，秦代"券"的含义广泛，除了前面所说的记录债权债务关系的"校券"外，沿袭自西周时期为民众所熟悉的契约债券的形式，也被用来进行一对一的法制宣传，且这种宣传是将政府的法令视为与民众之间的一种"约定"，其在一定程度上体现法令是社会契约的意旨，而将这种情况反过来看，可以证明秦代的民间契约是普遍存在的。

有学者认为秦轻商，因而契约法制度也不可能完备，[2]秦朝民事法律关系消沉，契约关系在秦律中为空白。[3]但人们之间发生的交往关系是社会存在的基本前提，而交易行为是社会脱离原始状态后，人们交往中的主要内容。秦代推行重农抑末的政策，但就其经济的发展而言，商业活动必不可少。出土秦简中对商品交易和市场管理的情况是有所记载的，如云梦秦简《法律问答》载："有稟菽、麦，当出未出，即出禾以当菽、麦，菽、麦贾（价）贱禾贵……"既言"菽、麦贾（价）贱禾贵"，可见菽、麦和禾是市场上的交易之物，有交易当然就有契约。另外，《仓律》载："猪、鸡之息子不用者，卖之"，即将多余的小猪、小鸡出卖。可见牲畜、家禽也是商品交换内容。又

---

〔1〕 张晋藩总主编，徐世虹主编：《中国法制通史》（第2卷·战国、秦汉），法律出版社1999年版，第92页。

〔2〕 李志敏：《中国古代民法》，法律出版社1988年版，第116页。

〔3〕 孔庆明等编著：《中国民法史》，吉林人民出版社1996年版，第75、78页。

《法律问答》记：有甲、乙合谋偷盗主人的牛，把牛卖掉后，带着卖牛的钱一同逃越出境之案件。律文还提到，猪，羊之类的"小畜"，每头的价格为二百五十钱左右。这都表明其时有牛、羊、猪、鸡进入交易领域。《史记·货殖列传》说：秦时"乌氏倮畜牧，及众，斥卖……"这是文献记载对秦简的一个佐证。当时进入市场交换的物品还有肉类等，据《厩苑律》载，当时国家拥有的牛马如果死亡，可以出卖其肉："其大厩、中厩、宫厩马牛也，以其筋、革、角及其贾（价）钱效，其人诣其官。其乘服公马牛亡马者而死县，县诊而杂买（卖）其肉，即人其筋、革、角及索入其贾（价）钱。"手工业产品中，秦简记载中多处说到有关丝、帛、布匹和衣服方面的买卖，如《法律问答》载："甲盗钱以买丝……""今盗盗甲衣，卖，以买布而得……"又《金布律》："为布一，用枲三斤。为褐以稟衣：大褐一，用枲十八斤，直（值）六十钱；中褐一，用枲十四斤直（值）四十六钱；小褐一，用枲十一斤，直（值）卅六十钱。"对此云梦睡虎地4号秦墓木牍记载得更为明确，当时有一个士兵在家信中说："遗黑夫钱毋操夏衣来，今书节（即）到，母视安陆丝布贱，可以为襌裙襦者，母必为之，令与钱偕来，其丝布贵，徒□钱来，黑夫自以布此。"另一个士兵在家信中称："……钱衣，愿母境遗钱五六百，布谨善者毋下二丈五尺，用桓柏钱矣，室弗遗即死矣。"除衣着之外，一些日常器物，如铁器、铜器、瓦器、车辆等也在商品交易之列。据《金布律》："其金及铁器人以为铜。都官输大内，内受买（卖）之……"该律文中的"金"即为铜，而"人以为铜"的"铜"，则泛指金属原料。当时大内对这些器物，允许变卖。《司空律》规定："城旦舂毁折瓦器、铁器、木器、为大车折輮，辄笞之。值一钱，笞十；值廿钱以上，熟笞之。"可见这类器物也都是有市价的商品。《司空律》还提到："官有金钱者自为买脂、胶，毋（无）金钱者乃月为言脂、胶"。"脂"是指车辆润滑用的油脂，"胶"是指黏接车辆木制部件用的胶。再者，各地的方物、特产，包括奢侈品等也有进入商品交换的情况。《法律问答》中有禁止"盗出珠玉邦关及买（卖）于客者"的律文，这说明秦的市场商品之中已有奢侈品出售。[1]

---

〔1〕 黄今言：《云梦竹简所见秦的商品交换与市场管理》，载秦文化研究会编：《秦都咸阳与秦文化研究——秦文化学术研讨会论文集》，2001年，第689页。

从出土秦简《秦律》的内容来看，秦代的契约主要有以下几种：

第一，买卖契约。《金布律》："用枲十一斤，值份六钱。"《封诊式》："丙中人，贾（价）若干钱。"这是以货币作为支付手段的买卖契约存在的反映。《关市律》中载"为作务及官府市"，"就是府为手工业者之流专设商贸市场的意思"。[1]《法律答问》："今盗盗甲衣，卖，以买布而得"，这类记载都反映出秦代买卖契约应该是存在的。《法律答问》中记载了一个假设的盗牛贩卖案例，以说明《秦律》对此种行为应当如何定罪处罚："人臣甲谋遣人姜乙盗主牛，卖，把钱偕邦亡，出徼，得，论各何也？当城旦黥之，各畀主。"由此处记载可以看出，牛在秦代是可以买卖的。据《史记·秦始皇本纪》记载，秦国乌氏族人乌氏倮为养牛并进行贩卖的富商，他的牛羊多到"用谷量牛马"，其曾将牛羊换成珍奇异宝，献给戎王，戎王以十倍的价格赏赐了他，秦始皇闻讯后，给他"封君"一样的待遇，可以和朝臣一起朝觐皇帝。[2]云梦秦简《厩苑律》中载，驾用公有的马牛，如果死于某县，就由"县诊而杂卖其肉"，"及索入其价钱"；在《金布律》中规定，都官使用过的废旧物件需要处理，就必须"输大内，内受卖之"，只有边远县份"县受卖之"；在《告臣·爰书》中记述的县少内某、佐某与士伍甲成交的一桩奴隶买卖，是以官府为一方，百姓为另一方的买卖关系。由于"从目前所能见到的资料来看，秦国及统一后的秦朝大量发生的是官私之间的债务"[3]。买卖必须明码标价，分别系木签标明价格；小件物品每件值不到一钱的，不必系签，《金布律》："有买（卖）及买　（也），各婴其贾（价）；小物不能各一钱者，勿婴。"且买卖契约中双方只能"以市正价"成交，不能自由议定价格。而"正价"则是官府用行政命令规定的，[4]但这并不能否认双方交易属于契约行为。

《汉书·食货志》记载："（秦）用商鞅之法，改帝王之制，除井田，民得买卖，富者田连阡陌，贫者亡（无）立锥之地。"这是班固对商鞅变法的一个负面的评论，但从中却可看出，秦代的土地是可以买卖的，也就是说，关

---

〔1〕　陈松长：《睡虎地秦简"关市律"辨正》，载《史学集刊》2010 年第 4 期。

〔2〕　《史记·货殖列传》："乌氏倮畜牧，及众，斥卖，求奇绘物，闲献遗戎王。戎王什倍其偿，与之畜，畜至用谷量马牛。秦始皇帝令倮比封君，以时与列臣朝请。"［（汉）司马迁撰，（宋）裴骃集解，（唐）司马贞索隐，（唐）张守节正义：《史记》卷一百二十九"货殖列传"，中华书局 1959 年版，第 2042 页。］

〔3〕　张晋藩主编：《中国民法通史》，福建人民出版社 2003 年版，第 116 页。

〔4〕　孔庆明等编著：《中国民法史》，吉林人民出版社 1998 年版，第 75、78 页。

于土地买卖的契约应当存在。[1]由于现有秦代土地买卖的资料仍是难寻,仅有两处关于田宅买卖的材料:赵括之母上书于王,请求不用括为将,其上书中有"日视便利田宅可买者买之"之语(《资治通鉴·周纪·长平之战》),可证明赵国有土地买卖现象,但这已是后于商鞅变法很久的事情。另外,韩非曾说春秋末"中牟之人,弃其田耘,卖宅圃"(《韩非子·外储说左上》)。[2]

第二,借用契约和借贷契约。借用契约,主要是借用官物的契约,《厩苑律》:"(假)铁器,销敝不胜而毁者,为用书,受勿责。"其意为:借用铁制家具,因破旧不堪使用而损坏的,以文书上报损耗,收下原物而不令赔偿。这是典型的借用契约。此段文字中提及的"为用书",即对于官府出借的铁器的损坏情况以文书上报,说明出借是有记载的,这些记载资料是借用契约的有效组成部分。事实上,秦代官府借给百姓的"公器",即借用契约的标的物包括公车、武器、农具以及其他官器物。借用"公器"由官府加上标记,不能刻记的,用漆书标记。有借用官方所有的器物的,归还时,标记相符才能收还。器物破旧需要加以处理的,应磨去上面的标记。官府应告知借用器物的人:器物用旧而恐标记磨减的,要趁标记尚未磨减,报请重新标记。器物的标记已经磨减或无法辨识的,令以钱财赔偿。借用器物的,其事务已完和免除时,官府应立即收回所借器物,不及时收回的有罪。如借用者死去或犯罪而未将器物追还,由吏代为赔偿。不得擅自借用官有器物,凡擅借官有器物的有罪,毁损官有器物的令之赔偿。《效律》:"公器不久刻者,官啬夫赀一盾",即官有器物未加标记,该官府啬夫应罚一盾。《工律》:"公器官□久,

---

〔1〕 对于秦代土地是否可以买卖,朱绍侯等主编的《中国古代史(上册)》(福建人民出版社 2000 年版)中指出,商鞅"用法令的形式规定土地可以买卖";尚钺主编的《中国历史纲要》(河北教育出版社 2000 年版)中指出,商鞅"提出土地听民买卖的政策";杨宽著《战国史》(上海人民出版社 1956 年版)中也指出,商鞅"在法律上公开允许土地买卖"等。但是,有观点认为,《汉书》和董仲舒均认为在商鞅变法后,秦代的土地可以买卖,"与商鞅强本抑末,奖励军功的政策相抵牾"〔杨善群:《商鞅允许"土地买卖"说质疑》,载《陕西师范大学学报(哲学社会科学版)》1983 年第 1 期〕。"商鞅实行田制改革,实质就是土地国有化",授田制是"以户为准""定量份地制"和"制辕田",土地占有者拥有"并非完整的土地私有权",土地所有权具有"普遍国有和私人占有的二重性",故"土地似乎不能作典质、抵押品",且"土地似乎不能买卖","至少可以说,土地买卖不甚合法,不盛行"〔张金光:《论秦自商鞅变法后的普遍土地国有制》,载《山东大学学报(哲学社会科学版)》1990 年第 4 期〕。也有观点认为:"以爵位划分占有田宅的标准,以户为单位名有田宅,田宅可以有条件地继承、转让和买卖。"(杨振红:《秦汉"名田宅制"说——从张家山汉简看战国秦汉的土地制度》,载《中国史研究》2003 年第 3 期。)

〔2〕 张金光:《试论秦自商鞅变法后的土地制度》,载《中国史研究》1983 年第 2 期。

久之。不可久者，以口久之。其或（假）公器，归之，久必乃受之。敝而粪者，靡口其久。官辄告（假）器者曰：器敝久恐靡者，遝其未靡，谒更其久。其久靡不可智（知）者、令赀赏（偿）。（假）器者，其事已及免，官辄收其（假），弗亟收者有罪。其（假）者死亡、有罪毋（无）责也，吏代赏（偿）。毋擅（假）公器，者（诸）擅（假）公器者有罪，毁伤公器及口者令赏（偿）。"官府在借出的器物上加上标记，以代替书面的借用契约，只不过是一种便利的做法。值得注意的是，秦契约法已有借用官物免责条件的规定。《厩苑律》："假铁器，销敝不胜而毁者，为用书，受勿责"，即是说借用铁制农具，因破旧不堪使用而损坏的，以文书上报损耗，收下原物而不令赔偿。

借贷契约。有民间借贷和官民借贷，民间借贷主要是贵族、商人放债。官民借贷主要是官府借贷，其中包括官府给贫民贷粮贷钱和官府向私人借债。借贷要按法律规定办理，否则要承担法律责任。《法律答问》："'贷人赢律及介人'。何谓'介人'？不当贷，贷之，是谓'介人'。""贷"指借予钱财，"赢律"即超出法律规定。《秦律》对债务责任区分不同情况作了具体规定：其一，民间借贷关系中，债权人与债务人之间不准以人质作押。《法律答问》："百姓有债，勿敢擅强质，擅强质及和受质者，皆赀二甲。迁行事强质人者论，予者不论；和受质者，予者口论。"其二，私人向官府借贷，如到时无力偿还，可以以役抵偿。每劳作一天抵偿八钱；由官府给予饭食的，每天抵偿六钱。《司空律》规定："有罪以赀赎及有责于公，以其令日问之，其弗能入及偿，以令日居之，日居八钱；公食者，日居六钱。"债务人也可以由他人或以牛马的劳役抵偿债务，商人和手工业作坊欠债的，则不允许以劳役抵偿债务。《司空律》："居赀赎责（债）欲代者，耆弱相当，许之。作务及贾而负责（债）者，不得代。"对于私人向官府借债，如果官府有足够时间收回，而未加收回，而债务人又死亡，则由该官府啬夫和主管其事的官吏代为偿还。《金布律》："百姓（假）公器及有责（债）未赏（偿），其日（足）以收责之，而弗收责，其人死亡……令其官啬夫及吏主者代赏（偿）之。"其三，官府向私人借贷，如该官府未偿还，则由百姓所在地官府代偿。即所谓"公有债百姓未偿"，则"移其县，县偿"。《金布律》："公有责（债）百姓未赏（偿），亦移其县，县赏（偿）。"

第三，雇佣契约。秦简《封诊式》中载有"市庸"二字，"市庸"即市场庸役，亦即市场中所雇佣的人："爰书：男子甲缚诣男子丙，辞曰：'……

白昼甲见丙阴市庸中，而捕以来自出。甲毋（无）它坐。'"（爰书：男子甲捆送男子丙，供称："……昨日白昼甲发现丙隐藏在市庸里面，于是将他捕获，前来自首，甲没有其他过犯。"）云梦秦简《秦律》中规定了官府雇佣隶臣妾或居作者折算工日的制度，《工人程》："隶臣、下吏、城旦与工从事者冬作，为矢程，赋之三日而当夏二日。冗隶妾二人当工一人，更隶妾四人当工一人，小隶臣妾〔1〕可使者五人当工一人。隶妾及女子用箴（针）为缗□它物，女子一人当男子一人。"《均工》："新工初工事，一岁半红（功），其后岁赋红（功）与故等。工师善教之，故工一岁而成，新工二岁而成。能先期成学者谒上，上且有以赏之。盈期不成学者，籍书而上内史。隶臣有巧可以为工者，勿以为人仆、养。"（新工匠开始工作，第一年要达到规定产额的一半，第二年产品数额应与过去作过工的人相等。工师好好教导，过去作过工的一年学成，新工匠两年学成。能提前学成的，向上级报告，上级将有所奖励。满期仍不能学成的，应记名上报内史。隶臣有技艺可作工匠的，不要叫他给人做杂役。）《史记·刺客列传》记载，高渐离曾"变名姓为庸保，匿作于宋"。司马贞索隐注："栾布传'卖庸于泲，为酒家'，汉书作'酒家保'。案：谓庸作于酒家，奋可保信，故云'庸保'"〔2〕，"庸保"即雇佣。又《史记·陈涉世家》有："陈涉少时，尝与人佣耕"，这说明秦统一后也有雇佣契约，佣金可用钱粮支付。《效律》："上节（即）发委输，百姓或之县就（僦）及移输者，以律论之。"又《商君书·垦令》："令送粮无取僦，无得返庸、车牛舆重，设必当名，则往速来急，业不败农。"这后面两处记载是关于禁止民间在服役时，当役者不亲身应役而雇佣他人及牛车代行的规定。《韩非子·外储说左上》言："夫卖庸而播耕者，主人费家而美食，调布而求易钱者，非爱庸客也，曰：如是，耕者且深，耨者熟耘也。庸客致力而疾耘耕者，尽巧而正畦陌畦畔者，非爱主人也，曰：如是，羹且美，钱布且易云也。"说明了当时雇佣关系的存在。关于雇工的工价，据《司空律》载："或

---

〔1〕 云梦秦简《仓律》中有"小高五尺以下"的隶臣、妾，即今市尺三尺四寸以下的儿童，按秦律规定，小高六尺以下的儿童犯法，一般不负法律责任。（高恒：《秦汉简牍中法制文书辑考》，社会科学文献出版社 2008 年版，第 65 页。）

〔2〕 （汉）司马迁撰，（宋）裴骃集解，（唐）司马贞索隐，（唐）张守节正义：《史记》卷八十六"刺客列传"，中华书局 1959 年版，第 1494 页。

赎迁，欲人钱者，日八钱。"又云："有罪以货赎及有责（债）于公，以其令日问之，其弗能入其赏（偿），以令日居之，日居八钱。"因"赎迁"罪者，或"居作"以劳役抵债者，每日工价为八钱，这间接反映了当时的雇佣工价。

第四，租赁和租佃契约。租赁契约：云梦秦简《秦律》中主要是对官府"假公器"于百姓的规定，以"公器"或"物"归还的，应属借用契约关系，但这类记载往往又以"责（债）"来明确这种义务，并非言"收其假"〔即归还原物，如《工律》："（假）器者，其事已及免，官辄收其（假），弗亟收者有罪"〕，表明其中有租赁关系的存在，如《金布律》："百姓叚（假）公器及有责（债）未赏（偿），其日（足）以收责之，而弗收责，其人死亡，……令其官啬夫及吏主者代赏（偿）之。"因借"公器"而向其收的"责（债）"，即为租金。

土地租赁契约。1989 年云梦龙岗六号墓出土的秦代简牍，内容包括《禁苑》《弛道》《马牛羊》《田赢》《其他》等五类，〔1〕这批秦简所记载的部分《秦律》的内容，被认为是秦统一后的法律，〔2〕其中《田赢》的内容是云梦睡虎地秦简所没有的，并因此使秦代土地私有制开始时间的争议所涉及的秦代是否存在土地租赁和租佃问题，得以解决。〔3〕云梦龙岗秦简中的记载表明，秦统一后，除了实行授田制以外，可以通过"假田"的方式使用土地。第 166号简文云："黔首钱假其田已……"第 168 号简文云："诸以钱财它物假田……"对此，有研究认为："简文'假田'，应是以钱、财、或其他可折价之物向国家、地方政府租借土地。当然仅从简文看，尚不能排除以实物作抵押向地主租借土地的可能。这种租借又有以下两种可能出现的方式：①预付钱财以待

---

〔1〕　刘信芳、梁柱编：《云梦龙岗秦简》，科学出版社 1997 年版，第 27 页。

〔2〕　湖北省文物考古研究所等：《云梦龙岗六号秦墓及出土简牍》，载中国社会科学院考古研究所编：《考古学集刊》（第 8 辑），科学出版社 1994 年版。

〔3〕　关于秦代土地国有制与私有制问题的争论中心，焦点是私有制确立的时间，第一种观点认为，"商鞅变法，废井田，开阡陌，私有土地合法化"（赵冈、陈钟毅：《中国土地制度史》，新星出版社 2006 年版，第 151 页），"即把标志着国有土地的阡陌封疆去掉，彻底废除了奴隶社会的土地国有制"（林剑鸣：《秦史稿》，上海人民出版社 1981 年版，第 187~188 页）。第二种观点认为，"秦始皇统一六国后于公元前 216 年颁布的'使黔首自实田'，是在全国范围内确立封建土地私有制，使地主阶级也包括自耕农在内的土地私有制得以合法化和法典化。"（黄今言：《汉代自耕农经济的初步探析》，载《江西师范学院学报》1981 年第 3期。）第三种观点认为，"秦自商鞅变法至统一前后，是土地国有制的确立与强化时期，同时也是土地私有制的胚育时期，至'使黔首自实田'，土地私有权第一次取得了国家立法的承认。"（张金光：《试论秦自商鞅变法后的土地制度》，载《中国史研究》1983 年第 2 期。）

收获后结算，充抵租赋，是一种租赋的变通方式；②支付钱财以取得相当期限，相当数额的土地使用权，是一种变相的土地买卖。"[1]《汉书·宣帝纪》云，地节三年（公元前67年）诏"前下诏假民公田，贷种、食。其加赐鳏寡孤独高年帛"[2]。而"假民公田"，就是国家把田租赁给无田的农民，以收取田赋，这种形式应为租佃。但与此同时，也存在私人出租土地的情况，如《汉书·食货志》载王莽批评汉家土地制度时说，汉家田租虽然很轻，但土地兼并严重，"豪民侵陵，分田劫假"。颜师古注曰："分田，谓贫者无田而取富人田耕种，共分其所收也。假，亦谓贫人赁富人之田也。劫者，富人劫夺其税，侵欺之也。"[3]"地主豪强和地方官吏沆瀣一气，把应该假给贫民的土地据为己有，再转租给农民，从中获取高额地租，这就是王莽所说的'分田劫假'。"[4]不过，除了地主豪强和地方官吏将国家"假给贫民的土地"据为己有后再转租这种情况以外，拥有私人土地者，将土地租赁给农民耕种，收取租金的也为事实，以简文"黔首钱假其田已……"和"诸以钱财它物假田……"，"不能排除以实物作抵押向地主租借土地的可能"[5]。而简文"没入其贩假也，钱财它物□县道□☑"（简246）和"之亦与买者，敢贩假□赢□"（简169）中"贩假"意为"租赁"，[6]虽然也只是印证了"分田劫假"确为当时出现的一种为刑法所禁止的现象。地主豪强和地方官吏所出租的土地，有些其实是国家土地，表明了农民除耕种"授田"并向国家交纳田赋以外，[7]从地主豪强和地方官吏手中承租土地并形成租赁契约关系的事实

---

〔1〕 刘信芳、梁柱：《云梦龙岗秦简综述》，载《江汉考古》1990年第3期。

〔2〕 （汉）班固撰，（唐）颜师古注：《汉书》卷八"宣帝纪第八"，中华书局1962年版，第248页。

〔3〕 （汉）班固撰，（唐）颜师古注：《汉书》卷二十四"食货志上"，中华书局1962年版，第1143～1144页。

〔4〕 臧知非：《龙岗秦简"行田"解——兼谈龙岗秦简所反映的田制问题》，载中国秦汉史研究、咸阳师范学院编：《秦汉研究》，三秦出版社2007年版，第75页。

〔5〕 刘信芳、梁柱：《云梦龙岗秦简综述》，载《江汉考古》1990年第3期。

〔6〕 赵平安：《云梦龙岗秦简释文注释订补》，载《江汉考古》1999年第3期。

〔7〕 虽然农民作为土地的耕种者，其"假田"按"授田"制为租佃公田，在个人与国家之间也构成一种契约关系，但这种契约关系带有一定的强制性（田赋为国家单方确定），故不能称之为现代意义上所说的土地租赁契约，对此，张晋藩主编的《中国民法通史》认为租赁"公田"［以其所引的云梦龙岗秦简的简文，简132："☑贳租者☑"，简144"租者监者谐受匿（？）租所□□□□□□□然☑"，简150号："租者且出以律，告典、典、田典令黔首皆智（知）之，及☑"的内容而论（张晋藩主编：《中国民法通史》，福建人民出版社2003年版，第117页）］未与租赁"私田"的情况加以区分，而概括为"租赁关系"（即为租赁契约关系）是有不当的。

是存在的。不过，对于上述简文中以有相应数量的钱物为前提而"假田"，与田租一般是在耕种后交纳的土地租赁契约习惯性规则不同，所以"这些'假田'者不一定是农民，更不一定是无地农民"，但"假田"之说应包括租赁公田和私田两种情况，[1]则基本上是可以确定的，且以存在私田的租赁关系而论，出租方与承租方以土地使用权与租金形成的交易关系，是通过土地租赁契约的形成而得以建立的，并非依据秦律的规定（也没有这样的规定）来完成交易的，故土地租赁契约的存在是使这类交易得以完成的基本保证，因此，虽然这类契约难有所见，或为避免违背国家法律，进行这类交易时双方没有书面契约，但土地租赁契约的具体表现形式，并不是决定其是否存在的主要条件。

第五，担保契约。在秦简中所规定的债务担保，主要是由经手人或第三人作为保证人的保证担保，官方经手人作为保证人的担保，如《金布律》中有："百姓叚（假）公器及有责（债）未赏（偿），其日（足）以收责之，而弗收责，其人死亡，……令其官啬夫及吏主者代赏（偿）之"，即以官方经手人"官啬夫及吏主者"作为保证人，保证人在办理出借公器或以个人财产出借的同时，自己成为向官府提供保证担保的担保人，并因此与官府、借用（或租用）人之间形成担保契约关系。《工律》："公器官□久，久之。不可久者，以□久之。其或（假）公器，归之，久必乃受之。……其（假）者死亡、有罪毋（无）责也，吏代赏（偿）。毋擅（假）公器，者（诸）擅（假）公器者有罪，毁伤公器及□者令赏（偿）。"虽然官府在出借或出租"公器"时，仅是在器物上作出标记，并未见有订立书面担保契约的文字记载，但《工律》中规定了"擅（假）公器者有罪"，说明出借或出租"公器"是要经过一定的批准程序的，而能够反映这一批准程序的相关资料，即为构成担保契约的有效凭证。

私方经手人担保。《工律》有："邦中之（傜）及公事官（馆）舍，其（假）公，（假）而有死亡者，亦令其徒、舍人任其（假），如从兴戍然。"即在都邑服摇役和因有官府事务居于官舍，如借用公物，因为借者死亡而不能履行其还借用或承租之义务，则由服摇役的众人或其舍人代为履行，如此一来，私方经手人就成为借贷者的保证人。而对于"（假）而有死亡者"，由

[1]　臧知非：《龙岗秦简"行田"解——兼谈龙岗秦简所反映的田制问题》，载中国秦汉史研究、咸阳师范学院编：《秦汉研究》，三秦出版社 2007 年版，第 75~76 页。

"舍人任其（假）"，即由"舍人"承担"假公器者"的归还或偿付的保证责任，以现代担保法观点来认识，这属于一般保证的担保契约，而非连带责任担保的担保契约。[1]

第六，保管契约。《法律答问》载："甲盗钱以买丝，寄乙，乙受，弗知盗，乙论何也？毋论。"其意为：甲盗钱用以买丝，把丝寄存乙处，乙收受了，但不了解盗窃的事，乙应如何论处？答：不应论罪。此假设的案例中，甲寄存丝于乙处，乙承诺保管，受寄人乙对寄存的丝并无使用权，仅有保管并最后归还原物给寄存人甲的义务，因此而成立的契约为保管契约。

另外，值得注意的是，秦时出现了一种新的契约形式——"参辨券"，云梦秦简《金布律》载："县、都官坐效、计以负赏（偿）者，已论，啬夫即以其直（值）钱分负其官长及冗吏，而人与参辨券，以效少内，少内以收责之。其入赢者，亦官与辨券，入之。其责（债）毋敢隃（逾）岁，隃（逾）岁而弗入及不如令者，皆以律论之。"此简之意为：县、都官在核验或统计中有错而应罚款的，经判处后，啬夫即将其应缴纳的钱数在官长和群吏之间分摊，发给每人"参辨券"，以此为凭向少内缴纳。如有盈余应上缴的，也由官府发给"参辨券"，凭券书记载的数量上缴，缴款期限不得超过当年，过期不缴或不按法缴纳的，也要依法论处。《金布律》是关于货币、财物方面的"律"，是刑法中包含的经济法，云梦秦简《金布律》载："钱十一当一布。其出入钱以当金、布，以律。""钱""金""布"即为其时的货币，由此可见在这段律文中，"参辨券"是一种既具有行政文书属性，又以契约形式出现的文书，与现代"行政合同"很相似。由"汉承秦制"的制度延续，张家山汉简《二年律令·户律》中的类似规定，对上述情况有更清楚的说明："民欲先令相分田宅、奴婢、财物，乡部啬夫身听其令，皆参辨券书之，辄上如户籍。

---

[1] 一般保证的保证人只是在主债务人不履行时，才有代为履行的义务，即补充性；而连带责任保证中的保证人与主债务人为连带责任人，债权人在保证范围内，既可以向债务人求偿，也可以向保证人求偿。但如孔庆明等编著的《中国民法史》中，对于云梦秦简《工律》中的规定——"邦中之（繇）及公事官（馆）舍，其（假）公，（假）而有死亡者，亦令其徒、舍人任其（假），如从兴戍然"——认为"在都邑中出繇役而借到公家的器物，如果其中有人死亡而不能履行偿还的义务，则由一同出摇役的徒众共同偿还。这样，他们就成为共同的担保人。担保即负连带责任"（孔庆明等编著：《中国民法史》，吉林人民出版社1998年版，第100页）。因《工律》中要求"一同出摇役的徒众共同偿还"，是在"（假）而有死亡者"后，故认为属连带责任担保是错误的。

有争者，以券书从事；毋券书，勿听。所分田宅，不为户，得有之，至八月书户，留难先令，弗为券书，罚金一两。"以此段律文的内容，可见所谓"参辨券"，可能是一式三份，双方当事人各执其一，官府存其一，这与周代当事人之一方执其一，"其二在司盟"有所不同。并且，此种"参辨券"与"民欲先令相分田宅、奴婢、财物"之事相关，并不具有行政文书的性质，而是一种体现官府监管行为的契约，这类涉及田宅处分的契约，与国家实行的土地制度等经济法律制度相关，故官府需要监管。但是，如《汉律》规定的"市买为券书以别之，各得其一，讼则案券以正之"[1]，体现的却是官府对市场交易中订立契约进行管理的一种常规行为，与西周时期官府对市场的监管，包括对市场交易中订立的契约的监管制度，是相类似的。（《周礼·秋官司约》："凡大约剂书于宗彝，小约剂书于丹图。若有讼者，则珥而辟藏，其不信者服墨刑。若大乱，则六官辟藏，其不信者杀。"）虽然因秦代契约的具体样式和内容的相关资料几乎是空白的，[2]上述秦代所使用的"参辨券"的记载，与汉代的情况并不能说是完全相同，但至少可以说明，秦代法律试图以一种有针对性的、适用个别情况的、与其所监管的对象之间形成类似于契约关系的方式，来实现其效力，而并非仅依赖于刑罚的威慑力，法家所谓"以法为教化"之具体，由此而得见一斑。通过这一事实的存在，实际上可以窥见法家所言之"法"，包含有"法"为社会契约的认识倾向和借用"礼"的效力实现方式的尝试在内，以《法律问答》"以法教化"的做法，对此有明白的表现，本书因论题所限，在此不作深入。

关于《秦律》所见契约的履行、变更、权利义务终止以及违约责任等：

第一，契约的履行。履行期限：根据朱红林对里耶秦简十二份债务文书的研究，里耶秦简中欠债戍卒在履行屯戍迁陵正常的徭戍义务时，"阳陵司空向迁陵方面索要这些戍卒的服役时日记录，是为了从戍卒的生活费用中扣除欠款，或者把握其服役返乡的时间，以强迫其居货抵债。"[3]这一事实印证了睡虎地秦简《司空律》的规定："有罪以赀赎及有责（债）于公，以其令日

---

〔1〕　程树德：《九朝律考·汉律考·令律杂考下》，中华书局 1963 年版，第 123 页。

〔2〕　如张传玺主编的《中国历代契约会编考释》中关于秦朝契约的情况便是空白。（张传玺主编：《中国历代契约会编考释》，北京大学出版社 1995 年版。）

〔3〕　朱红林：《里耶秦简债务文书研究》，载《古代文明》2012 年第 3 期。

问之，其弗能入及赏（偿），以令日居之。"对于欠公债不还，和有罪而处以财产刑"赀赎"，要在规定日期"令日"缴纳罚款，但是，如果没到"令日"，官府就不能对债务人采取强制措施。可见"令日"作为契约法律制度特有的履约期限经事先规定的效力，被《秦律》所肯定。

强制履行契约之债的措施：对于在职官吏，其无力履行其因代偿契约之债的义务时，要从其俸禄中逐月按一定比例扣除，直到偿清为止，但不得强制以劳作抵偿，《金布律》规定："稍减其秩、月食以偿之，弗得居"，即可以对在职官吏应得的财产和收入实施强制，而不得对官吏的人身实行强制。对于百姓，其"有债于公"而无力履行其债务义务的，就要强制"居作"，即以强制劳作偿还债务。《司空律》规定："欲代者，省弱相当，许之"，即要求他人代替劳作，只要年龄、身体强弱相当，可以允许。《司空律》："有一臣若一妾，有一马若一牛，而欲居者，许"，即男奴或女奴、用马或牛都可以代替。《司空律》："一室二人以，仕居赀赎债而莫见其室者，出其一人，令相为兼居之。"一家有两个以上以劳作抵债的，请求留一人照顾家，轮流"居作"也可以。《司空律》："居赀赎债者，或欲借人与并居之，许之。毋除徭戍。"想要请别人与自己一同"居作"也可以，只是另请的人不能以此抵偿徭役和戍边。《司空律》："其日未备而粗人钱者，许之。"劳动日数未满，其余的交纳金钱，也可以。对于被免职的官吏，无力履行其债务义务的，《金布律》规定："令以律居之"，即按上述有关百姓"居作"的法律规定执行。对于作务和商人，其以"居作"偿还债务，只许本人劳动，不能变通执行。对于隶臣妾，其无力履行其债务义务时，《金布律》规定："以其日月减其衣食，毋过三分之一"，就是按月从衣食供应中强制扣除，但为维持其最低生活水准，这项扣除不能超过供应标准的三分之一。如果需要偿还的数额比较大，该律还规定："其所亡众，计之，终岁衣食不足以稍偿，令居之"，即在一年之间仍然扣不完，就需要强制以"居作"抵偿。[1]

第二，契约的变更。主要涉及契约主体的变更。如《金布律》规定："有债于公者居它县，辄移居县责之"，即契约一方为百姓的，其与官府之间形成

---

〔1〕《司空律》和《金布律》中关于对履行债的义务的强制措施，其"债"的范围包括契约之债（孔庆明等编著：《中国民法史》，吉林人民出版社1998年版，第100~101页）。

的契约权利义务关系因其移居而发生主体变更，官府作为契约的另一方，其因契约所产生权利将移交给另一方新的居住地官府，由该新的居住地官府主张权利。这种发生在地方官府之间的契约主体变更的原因，是由作为契约一方的移居引起的，并因此使各地官府之间产生契约权利的转移，其依据是契约本身，而并非仅指移居者受刑法处罚所生之债，虽然上述《金布律》的规定对此并未具体说明，但正因为如此，其适用的范围应当包括因契约所生之债发生主体变更的情况在内，对此，从《金布律》的另一条规定中可以得到证明："公有债百姓未偿，亦移其县，县偿。"该条规定与前条相反，也就是说，百姓作为契约一方如果是债权人的，其移居到另一县，官府作为债务人应履行的义务也随之转移给移居者所居住的新居住地官府，由于民者对官府拥有的债权，一般来说，其依据只能是契约，《秦律》并没有也不可能会规定官府作为执法主体对刑法的调整对象负有债的义务，因此，官府对百姓所负债务的依据，只能是契约，故此条规定表明，债务的转移如果是因为官府作为义务主体发生变更而引起的话，那么百姓作为权利主体，其权利的保障是为刑法所确认的，但其权利的产生和主张权利的依据，却并非来自刑法。并且，以此条的规定与前条规定所形成的对等性，也清楚地表明《秦律》为双方债的权利义务的对等性提供保障，因此体现出双方的平等地位，只能存在于契约关系中，或者说这种双方之间的地位平等之所以在此会得到刑法的确认和保障，是因为存在契约关系。

第三，契约的权利义务终止。《秦律》虽然并未就契约的权利义务的终止作出任何明确的规定，但其对与此相关的债的消灭，是有所规定的。因为契约所生之债是债的关系之一种，所以可以认为《秦律》中关于契约的权利义务终止条件，是有所规定的：一是契约履行完毕。《厩苑律》规定，借用官府铁制农具者，在归还时，如因破旧不堪使用而损坏的，只要用书面报告提出请求，可以免除赔偿损坏的义务："（假）铁器，销敝不胜而毁者，为用书，受勿责。"这一免责条款，是为借用契约履行完毕，终端双方权利义务关系而设置的。以这条规定和《工律》中对于一般的"假公器"的规定——"（假）公器，归之，……其久靡不可智（知）者、令赍赏（偿）。（假）器者，其事已及免，官辄收其（假），弗亟收者有罪。其（假）者死亡、有罪毋（无）责也，吏代赏（偿）"——相比较可以发现虽然同为涉及借用契约权利义务终止的条件，后者的条件要严格得多：借用官府器物，归还时若器物破旧而需要加以处理的，要趁标记尚未磨减，报请重新标记。器物的标记已经磨减或无法辨识的，令以钱财赔偿。借用器物在事务已完和免除时，官府应即收回所借器物，不及时收回的有罪。如借用者死去或犯罪而未将器物追还，由吏代为赔偿，这种情况，大概与秦重农抑末的政策有关。二是契约一方死亡。如《金布律》规定："牧将公畜生而杀、亡之，未赏（偿）及居之未备而死，皆出之，毋责妻、同居"，即放牧官有牲畜而将牲畜杀死、丢失，尚未偿还及居作未完而死去，都可免除责任，不必责令其妻和同居者赔偿。这一免责条款的规定，在一定意义上可归因于契约权利义务终止条件的设置：个人代为饲养"公畜"的义务，并非全部来自《秦律》的强制性规定，因为个人"放牧官有牲畜"虽然是基于一种或有的强制性义务（虽然《秦律》对"公畜"交由个人代为饲养的行为有所规范，但并无对由什么人必须承担这一责任有具体的规定，至少从现有的出土秦简记载的内容上看，是没有这样的规定的），但这类义务的履行，尚需具体的规定来补充。如《厩苑律》规定，一年四次评比"田牛"，对于养、用不善者给予处罚，作为一种鼓励和惩罚相结合的措施，虽有《秦律》所明确，但具体的评比标准则应在事先有所约定，并且由于这种评比具有社群活动的特点（官社制度的存在[1]），而来自规范这类行为的习惯法规则，应当是这种强制性规定得以实际履行的必要补充（此条款是《秦律》"观俗立法"[2]的标本之一），又因为这种具体标准难以入法，所以，仅就将"公畜"由个人饲养所生权利义务关系需事先约定而言，上述关于饲养者死亡后其义务终止的规定，可以被视为契约权利义务终止的条件。

（二）秦礼与契约法

秦行法治，却并非无礼制，只不过是将礼治包括于法治之内。陈戍国著

---

〔1〕 张金光：《秦制研究》，上海古籍出版社 2004 年版，第 276、319 页。

〔2〕《商君书·算地》曰："圣人之为国也，观俗立法则治，察国事本则宜。不观时俗，不察国本，则其法立而民乱，事剧而功寡。"《商君书·壹言》曰："故圣人之为国也，不法古，不修今，因世而为之治，度俗而为之法。"云梦睡虎地秦简《语书》："古者，民各有乡俗，其所利及好恶不同，或不便于民，害于邦。是以圣王作为法度，以矫端民心，去其邪避（僻），除其恶俗。法律未足，民多诈巧，故后有闲令下者。凡法律令者，以教道（导）民，去其淫避（僻），除其恶俗，而使之之于为善（也）。"此段简文意为：在过去，百姓各有不同的习俗，他们所爱好和厌恶的都不一样，有的不利于百姓、有害于国家。因此圣上制定了法律用以纠正百姓的思想，去掉邪恶的行为，清除坏的习俗。由于法律不够完备，百姓中多诡诈取巧，所以后来有干扰法令的。所有法律令都是教导百姓去掉淫恶的行为，清除坏的习俗，使他们能够行善。

《中国礼制史（秦汉卷）》将秦"礼"纳入，是恰当的。秦并非无礼，其实行以法治国，以吏为师，却并非与礼绝缘。[1]如司马迁所言："法家严而少恩，然其正君臣上下之分，不可改矣。""若夫列君臣父子之礼，序夫妇长幼之别，虽百家弗能易也。"（《史记·太史公自序》）人类社会离不开礼，是因为伦理关系是人类社会特有的社会关系。礼是以调整社会伦理关系为主要内容的，西周国家君权至上的国家政治体系和社会宗法体制并存的社会形态的长期延续，且秦文化受周文化也就是礼文化的影响，与其对西周王畿故地的统治有关，秦礼渊源于周礼[2]的存在，正是由社会体制所决定的，其行法治，并没有也不能改变这一事实的客观存在。

不过，秦礼与西周之礼有所不同。秦在政治体制上实行郡县制，《史记·秦始皇本纪》载："（秦）分天下以为三十六郡，郡置守、尉、监，更名曰：'黔首'。"郡县制与封土建侯的分封制的最大区别在于国家行政机构及其权力具有相对的独立性，但在王者之家天下的专制体制下，这种独立性受制于宗族制度的同时并存。王者以家天下而集权专制，必然需要借助于宗庙制度的存在，秦始皇一统天下之初有言："寡人以眇眇之身，兴兵诛暴乱，赖宗庙之灵，六王咸伏其辜。"（《史记·秦始皇本纪》）"宗庙之灵"是其必然需要借助的宗族制的力量。云梦秦简《法律答问》："擅杀、刑、髡其后子，谳之。可（何）谓后子？官其男为爵后，及臣邦君长所置为后大子，皆为后子。"意即"臣邦君长"（附属小国君主和蛮夷部落头领）的后嗣犯了罪，处罚要慎重，这也证明了其时宗法（族）制的普遍性。[3]

秦始皇登泰山而首创封禅之礼，和其因奉行宗庙制度而行祭礼，祭礼礼仪的具体情况，却未可知晓。[4]敬天地神灵和祖先，是封禅礼和祭礼所要体现的宗旨，虽然相关礼仪之具体，并不清楚，但由此而形成的有关此二礼的

---

[1]　陈戍国：《中国礼制史（秦汉卷）》，湖南教育出版社1993年版，第1~2页。

[2]　胥仕元：《秦国——秦朝统治上的礼治因素》，载《学习与探索》2009年第3期。

[3]　陈戍国：《中国礼制史（秦汉卷）》，湖南教育出版社1993年版，第11页。

[4]　《史记·封禅书》："即帝位三年，东巡郡县，祠驺峄山，颂秦功业。于是征从齐鲁之儒生博士七十人，至乎泰山下。诸儒生或议曰：'古者封禅为蒲车，恶伤山之土石草木；埽地而祭，席用菹秸，言其易遵也。'始皇闻此议各乖异，难施用，由此绌儒生。而遂除车道，上自泰山阳至巅，立石颂秦始皇帝德，明其得封也。从阴道下，禅于梁父。其礼颇采太祝之祀雍上帝所用，而封藏皆秘之，世不得而记也。"[（汉）司马迁撰，（宋）裴骃集解，（唐）司马贞索隐，（唐）张守节正义：《史记》卷二十八"封禅书"，中华书局1959年版，第610页。]

相关礼仪制度，则是可以通过其他历史资料得以证明的，如云梦秦简《法律问答》在涉及《秦律》的相关律文说："'擅兴奇祠，赀二甲。'可（何）如为'奇'？王室所当祠固有矣，擅有鬼立（位）殹为'奇'，它不为。"其意为："擅自兴造奇祠，赀二甲。"怎样算作"奇祠"？王室规定的祭祀已经有了，在此之外擅自设立神位，就是"奇祠"，其他的不是。可见对于祭祀之礼仪，有刑法对这种制度加以固定，不得违反。类似规定在《法律问答》中还有多处，如"'公祠未阕，盗其具，当赀以下耐为隶臣。'今或益（盗）一肾，益（盗）一肾臧（赃）不盈一钱，可（何）论？祠固用心肾及它支（肢）物，皆各为一具，一具之臧（赃）不盈一钱，盗之当耐。或直（值）廿钱，而被盗之不尽一具，及盗不直（值）者，以律论"；"可（何）谓祠未阕？置豆俎鬼前未彻，乃为未阕。及置不直者不为具，必已置乃为具。"此段文字说的是《秦律》关于盗窃公祠祭品（动物的肾和肢体，以及豆俎）构成犯罪的相关规定，以此可证明公祠供奉祭品是一种礼仪，是有相应制度的，所谓"定祠"即是。

关于秦朝的葬礼，从出土秦简《日书》中记载的民间礼仪，以及有史可考的秦始皇为自己掘墓所遵行的相关礼仪，使后来的帝王们"盖昉于秦始皇"，[1]可知秦朝葬礼与先秦葬礼在程序上表现为葬礼的开始时间有所不同（"豫凶事"事先为自己掘墓，与《左传·隐公元年》所说的"豫凶事，非礼也"不符），但秦朝基本程序并无特别之处。周代葬礼也包括选择墓地、准备墓室以及棺撑、随葬器物等，只不过天子葬礼准备时间长，秦始皇"九月葬始皇郦山"（《史记·秦始皇本纪》），其间大概两个月，周天子丧，照礼是"七月而葬"，但实际上也有不到七个月的，这是与秦始皇之葬礼有所不同的地方。[2]不过，除了天子葬礼在准备时间长短有所不同外，秦始皇葬礼与周天子葬礼最大的不同之处在于秦始皇是事先就开始为自己掘墓，而周天子是死后才开始的。然而，以上区别其实也仅是形式上的，秦始皇葬礼礼仪

---

〔1〕 关于是否是秦始皇发明了陵寝制度，有蔡邕《独断》言："古不墓祭，至秦始皇出寝，起居于墓侧。"［(汉)蔡邕撰：《独断》，载王云五主编：《丛书集成初编》（第811册），商务印书馆1935年版，第21页。］范晔《续汉书·祭祀志下》也说："古不墓祭，汉诸陵皆有园寝、承秦所为也……秦始出寝，起于墓侧，汉因而弗改，故陵上称寝殿。"［(南朝宋)范晔撰，(唐)李贤等注：《后汉书》"志第九·祭祀下"，中华书局1965年版，第3199～3200页。］
〔2〕 陈成国：《中国礼制史（秦汉卷）》，湖南教育出版社1993年版，第37～38页。

与周天子葬礼礼仪的基本程序大致相同，这从《史记·封禅书》的记载可以看出。

事实上，秦灭周（公元前 256 年）后，自商鞅变法至秦统一天下前（公元前 356 年—公元前 221 年），其在颁行法制以实现其刑法之治的同时，未曾对周礼的既有存在有所触动，是因为其行法治是以直接宣扬与礼治的对立，而得以冲破礼制的樊篱的。以秦之法治，之所以能够使秦国迅速崛起，是因为秦以刑法的确定性所形成的效率，对奖励耕战等政策的推行起到了积极的作用，而效率的形成在一定时间区间内，"一断于法"尚未蜕变为"一人专断之法"，除君王之外，"法律面前，人人平等"在相对的条件下的成立，在一定意义上符合社会经济发展对解放生产力的要求。不过，秦代以变法而实现的社会政治经济制度变革，却是以"刑法"的建构来概括行政法、经济法和民法的构建，实质上是以刑法的强制力，来替代其他法律各自应有的强制力，当然，这种替代本身也说明《秦律》在内容上是将其他法律包括在内的。与法家之"法"不同，先秦时代儒家之"礼"作为社会行为规则，则是将刑法和这里所说的"其他法律"包括在内的"法"，法家"一断于法"的"刑法万能"论，使秦代至始皇帝一统天下之前"礼"的功能被"法"所替代，实则让包含于"礼"的规则体系内的民法和契约法，被刑法所篡位，既有法家得"势"之因，也有周礼未能随时顺势而变之故，所以秦代置周礼于一旁而不顾，并非废"礼"而不用，是与其行法治而有意偏重于"刑"有关，也与其尚未来得及对"礼"予损益而重树有关。如《史记·礼书》云："至秦有天下，悉内六国礼仪，采择其善，虽不合圣制，其尊君抑臣，朝廷济济，依古以来。"秦虽然偏废旧有的周礼，但其仍需要借于尊天地祖先之礼，来实现其"尊君抑臣"之策，而所谓"尊君抑臣"之策，虽为其巩固政权的核心之策，却不能说除此而无需其他，只不过秦朝之短暂，其他之策尚未顾及，新礼制因此未能建立，这是后世误以为秦"无礼"的主要原因。

其实，秦统一后首推宗庙制，对祭祀之礼以刑法加以保障，可见其治国之策仍是以伦理纲常之"法"为核心的。《通典·礼一》也说："秦平天下，收其仪礼归之咸阳，但采其尊君抑臣以为时用。"[1]秦始皇要实现"尊君抑

---

〔1〕（唐）杜佑撰：《通典》卷四十一"礼一"，王文锦等点校，中华书局 1982 年版，第 1120 页。

臣"之策，实难做到不与儒家所说的"君君臣臣"之礼倾同，其行祭祀之礼，敬天地神灵和祖先，目的无非是因袭"君权天授"的思想传承，祭祀之礼的重要，其实早已被儒家所点破，如《礼记·祭统》之总结："凡治人之道，莫急于礼；礼有五经，莫重于祭。"秦取天下，而急于"法"，但"治人之道"，则不能无"礼"，故秦始皇初临天下时就已明示，其"以眇眇之身，兴兵诛暴乱"，并非借助了"法"的力量，而是"赖宗庙之灵"（《史记·秦始皇本纪》），其登帝位而祭祖庙，泰山祭天地而创封禅之礼，巡游天下而祭"八神"（《史记·封禅书》），人未死而先掘墓行葬礼，可见秦之礼制建立由此而始。清代孙楷撰《秦会要》对于秦代的礼乐制度，以历史文献中的记载选择辑要，自卷四至卷九例举了秦代遵行吉、嘉、宾、军、凶五礼和乐的事例，[1]即为秦代实际上也是奉礼而行事的证明。虽然秦代的礼仪程序与周礼的规定多有出入，且在一定程度上简化了许多周礼原有的繁复礼仪规则（这从史料中极为简约的记载，以及并无对若干礼仪程序的具体描述，就可以看出秦代之礼确为对旧有礼仪"采择其善"而从之），却并无对礼制改进和创设的建树。

秦因推行法治而对陈旧的周礼中许多不合时宜，且难以体现制度效率的繁复程序和规则的偏废，其对周礼"采择其善"而从之，当然是以履行"礼"的规则不至于妨碍"法"实行为主要标准的，但是法家以法治为中心、以礼治为辅的思想，在秦的实践中，并没有实现这一理想的目标。"一断于法"的专制性不可避免地具有不可抗拒的强制力，因无与其相对的礼制效力的制约，导致其强势地不断扩张，故只有对其予以彻底否定，才能将这种扩张终结，虽然所谓"暴秦无礼"彻底否定论本身也是有失偏颇的。

秦没有实现法家"信赏必罚，辅以礼制"（《汉书·艺文志》）的制度构建要求，"辅以礼制"而礼制本身却未能得到完整建立，除了尚未来得及顾及以外，法家的法治理论中的礼制与"法"并未有效地相互关系，这与其理论存在的二难矛盾有关：韩非以"法"而去"礼"之私（实为"礼"所具有的宗法性）的同时，以"礼"作为在政治上划分君臣、父子、贵贱、贤不肖的

---

〔1〕 （清）孙楷撰，徐復订补：《秦会要订补》，中华书局1959年版，第38~136页。

标准[1]（"礼"为"君臣父子之交也，贵贱贤不肖之所以别也"《韩非子·解老》），是在政治上为君主专制政治替代贵族政治[2]提供理论支撑。但是，以"法"而去"礼"之私，在剔除"礼"的宗法性的同时，因其时宗法制度的存在所具有的社会基础，致使这种剔除不得不损毁与其一直纠缠的"礼"的伦理性，而对"礼"的伦理性特征的否定，则从根本上否定了"礼"作为伦理性规则的存在，故法治以其强势进而演变为"一断于法"的"法治万能"论，新礼制的构建需要被忽视，与这一法家法治理论所陷入的内在逻辑困境有很大关系。

不过，在社会生活层面，韩非并未否认"礼"对社会行为所具有的规范作用，但这一认识并未为"礼"与"法"的有效结合创造机缘。韩非给"礼"下的定义是："礼者，所以貌情也，群义之文章也。"（《韩非子·解老》）这与先秦儒家礼论，"礼者，因人之情而为之节文，以为民坊者也"（《礼记·坊记》）并无区别，且部分来自道家观点，"礼者，因人之情、缘义之理，而为之节文者也。"（《管子·心术上》）韩非以"文饰"来表述"礼"具有外在的形式特征，认为"礼"是对人之内心情感外在化表现的规范，"礼者，外节之所以谕内也"（《韩非子·解老》），且其所谓"礼"为"群义之文章也"，"群义"即是对人处于社会关系控制之状态的表述，[3]而其所言之"节文"，即为对人处于社会等级关系之中的行为进行规范。[4]然而，这一认识却因其欲以"法"而去"礼"之私，即在去掉"礼"的宗法性的同时去掉了"礼"的伦理性，也就因此去掉了"礼"的存在本身，既然如此，"法"为独行，"以礼制为辅"也就成为一句空话。

但是，尽管秦并未按法家所给出的蓝图要求完成新礼制的构建，从其时的社会现实来看，"一断于法"虽为统治者以制度的强制性而推行，但社会存

---

[1]　江贻隆、陆建华：《韩非之礼学》，载《江汉论坛》2006 年第 1 期。

[2]　冯友兰认为："当时现实政治之种趋势，为由贵族政治趋于君主专制政治，由人治礼治趋于法治。"[冯友兰：《中国哲学史》（上卷），神州国光社 1931 年版，第 357 页。]

[3]　张觉认为"群义"是"各种合理的人际关系"。（张觉：《韩非子校疏》，上海古籍出版社 2010 年版，第 357 页。）

[4]　《礼记·坊记》云："礼者，因人之情而为之节文，以为民坊者也。"郑玄注云："此'节文'者，谓农有田里之差，士有爵命之级也。"[李学勤主编：《十三经注疏（标点本）礼记正义》卷五十一"坊记第三十"，龚抗云整理，王文锦审定，北京大学出版社 1999 年版，第 1400 页。]

在本身却对此是有所否认的，包括秦代国家政权机构实行的制度，与停留理论和完全依据理论所转化的"法"，并不一致，这例在某种意义上"实现"了法家"以礼制为辅"的主张：成书在秦昭襄王二十八年（公元前279年）以后不久[1]的云梦秦简《日书》甲、乙种，"主要内容都是选吉凶日"，[2]且有许多行祭祀之礼的内容记载，如《日书·除室》："正月、五月、九月之丑，二月、六月、十月之戌，三月、七月之未，四月、八月、十二月之辰，勿以作事。大祠，以大生（牲），凶；小生，凶；以昔（腊）肉，吉。"（简1015）"大祠"就是举行大的祭祀，此简的文意为：凡举行大的祭祀，用大牲畜作祭品，凶；用小牲畜作祭品，凶。用切成块的腊肉作祭品，吉。[3]虽然并无过多的祭祀时的礼仪程序记载，但以牲畜或腊肉为祭品来进行祭祀，是一种遵循礼仪的行为，只不过这种民间的"礼仪"，与统治阶层所行的礼仪，尤其是先秦时期儒家礼典中的礼仪，有所不同，其实际应为受礼制影响而形成的礼俗。不仅如此，从《日书》记载的内容来看，人们日常行为，包括娶妻嫁女、生子、建房、凿井、乘车、播种、田猎、治病，都要选择吉日按照一定的礼仪进行祭祀，按照《日书》研读班的归纳，其内容可分为两组，第一组的内容主要是历法、天象与人事的关系，第二组的内容主要是土木建筑、出门归家、娶嫁生育、六畜饲养、日常生活、疾病灾异及其他具体行事的吉凶。[4]其中与交易行为有关的记载多处可见，如《日书》甲种中，《日书·除》："交日，利以实事。（四正贰）"（交日，有利于财货交易。）《日书·秦除》："定日，可以臧（藏），为官府，室祠。（八正贰）"（定日，可以收藏粮食、财货，可以在官衙府中、家中举行祭祀。）"收日，可以入人民、马牛、禾粟，入室取妻及它物。（二三正贰）"（收日，可以买进奴隶、马牛牲口、粮食，可以吸纳女子物，娶妻，以及获取其他东西。）《日书·稷辰》："阴，是胃（谓）乍阴乍阳，先辱而后又（有）庆。利居室、入货及生（牲）。可取（娶）妇、家（嫁）女、葬狸（埋）。以祠祀、饮食、哥（歌）乐，吉。（四二正）"（阴日，这一天叫作"乍阴乍阳，先辱而后有庆"。有利于居家

---

[1] 《日书》研读班：《日书：秦国社会的一面镜子》，载《文博》1986年第5期。
[2] 《云梦睡虎地秦墓》编写组：《云梦睡虎地秦墓》，文物出版社1981年版，第21页。
[3] 《云梦睡虎地秦墓》编写组：《云梦睡虎地秦墓》，文物出版社1981年版，第21页。
[4] 《日书》研读班：《日书：秦国社会的一面镜子》，载《文博》1986年第5期。

生活、买进货物及牲畜。可以娶媳妇、嫁女儿、埋葬死者。这一天去祠堂祭祀、饮食吃饭、唱歌奏乐，都吉利。）《日书·星》："牴（氐），祠及行、出入货，吉。（七〇正壹）"（氐宿，祭祀、出行、买卖货物都吉利。）"斗，利市及行贾、贾市，吉。（七五正壹）"（斗宿，有利于祭祀神灵以及跑买卖、集市交易，都吉利。）"须女，祠、贾市、取（娶）妻，吉。（七七正壹）"（须女宿，祭祀神灵、集市买卖、迎娶媳妇，都吉利。）"卯（昴），邋（猎）、贾市，吉。（八五正壹）"（昴宿，狩猎、市场买卖都吉利。）《日书·病》简文："金钱良日，甲申、乙巳。申不可出货。午不可入货，货必后绝。（九三正贰）"（黄金、钱币的好日子，是甲申日、乙巳日。申日不能够卖出货。午日不能够买进货物，否则以后必定货源断绝。）《日书·直（置）室、门》："货门，所利贾市，入货吉，十一岁更。（一二〇正叁）"（货门，它有利于市场交易，买进货物吉利，十一年改建门。）《日书·梦》："宇南方高，北方下，利贾市。（二〇背壹）"（住宅南边位置高，北边位置低，有利于做生意。）《日书》乙种中，《日书·除》："作阴之日，利以入（纳）室，必入资货。（一八壹）"（在"作阴"的日子里，有利于吸纳财富，必定会收入财宝货物。）《日书·秦》："阴，先辱后庆。利居室，入货、人民、畜生。（六一）"（先受欺辱，后得喜庆。有利于在家中居住，有利于购进货物、奴隶、牲畜。）《日书·三月》："卯（昴），邋（猎）、贾市，吉。（八五壹）"（昴宿，打猎、做生意都吉利。）《日书·九月》："氐，祠及行、出入（贷），吉。（九九壹）"（氐宿，祭祀神灵以及外出旅行、买卖货物，都很吉利。）放马滩秦简《日书》甲种："定日，可以臧（藏）、为府，可以祝祠。"（定日，可收藏财物、收藏官府文书财物，可在此日祭祀神灵。）"收（日），可以民、马牛、畜生，尽可，及人、禾稼。可以居处。"（收日，可买进奴隶、马牛、牲畜，都可以，以及买进谷物等。）[1]

　　虽然难以从秦代尚未完整构建的新礼制中寻找到与本书探寻有关的契约法规则，但从上引《日书》所记载的民俗中，以祭祀之礼为核心的礼仪规则，与契约法规则间接相关的部分有多处所见，对此，有以下认识：

---

　　〔1〕 吴小强：《秦简日书集释》，岳麓书社 2000 年版，第 25、31、39~40、65~66、75、92、124、182、193、205、265 页。

第一，以"数"的限制所形成的行为规则，往往是符合礼仪和礼俗所规范的行为。

《日书》的主要内容是"选择时日"，而以占卜来预测吉凶日来自数术学。"数术"一词，及数术学被认为一种学派的表述，最早见之于《汉书·艺文志》。[1] "术"是方法，而"数"于中国文化，并非只是自然科学（数学）中的一个抽象的形而上的概念，其所负载的文化内涵，来自中国古代哲学和神学对这个概念的使用。"自伏羲画八卦，由数起，自黄帝、尧、舜而大备。"（《汉书·历律志》）此处所言的"数"，即为与占卜有密切关系的一个概念，数术中的"数"被用来演绎八卦之术中的计算，从而试图以经"计算"八卦演绎的结果，与用"命"这个说法来表达的、影响和支配人的行为的自然规律和社会规律变化的结果之间，建立起一种神秘的，其实是虚设的联系，这种联系之所以会被认为是存在，一方面是因为无法预测的，八卦以具象方式所演绎的规律，与难以预测的自然规律和社会规律之间的联系，因为表面的"相似性"使这种联系得以建立，而神秘主义在这一过程中掩盖了这种虚拟的联系，以"数术"方式对不可预测八卦演绎结果的"计算"，是因为以"数"对这一结果进行描述所具有的"准确性"，被当作对自然规律和社会规律变化结果预测可靠性的标志；另一方面则是由于"数"本身作为符号，其意旨即为万物及其变化规律，不同的"数"，分别代表了不同的事物及其变化规律，"数者，一、十、百、千、万也，所以算数事物，顺性命之理也。"八卦之术有关的"数"，之所以可用来对未来的人事及其变化进行预测，是因为以"数"所表现出的八卦变化规律及其结果，符合于那个被称之为人之"性"和人之"命"的客观规律。也就是说，"数"首先被认为"是一个'先天地而己存，后天地而己立'的自在之物，所以它具有自然法则的涵义"，"古人'万物莫逃乎数也'的观念，就是说世界上的一切事物都难逃数的限定。像自然界的阴、阳现象是一种二元对应，所以它受到数字'二'的限定；木、火、

---

[1] 《汉书·艺文志》作为我国最早的目录学著作，引刘向、刘歆父子《七略》叙录中"数术略"，将西汉时期皇家所藏典籍分为六个大类：六艺、诸子、诗赋、兵书、数术、方技。《数术略》分天文、历谱、五行、蓍龟、杂占、形法六种，"凡数术百九十家，二千五百八十二卷"，"数术者，皆明堂羲和史卜之职。"[（汉）班固撰，（清）王先谦补注：《汉书补注》，上海师范大学古籍研究所整理，上海世纪出版股份有限公司、上海古籍出版社 2008 年版，第 3068 页。] 明堂乃天子所居，羲和为日神，史卜是兼管卜筮的史官。故数术所关乎天子、上苍和史卜之事。

土、金、水五种物质的存在与扩展是一种五元对应，所以它受到数字'五'的限定，等等。当然，这还仅仅是在自然观的意义上对于宇宙运行规律的探索，它的深层表述则是一种神秘化的'定数'观念。"[1]

"数"除了上述涵义以外，其与"礼"之间的联系，是因为"礼"在先秦儒家那里，被认为是"仁"的外在表现形式，而"仁"则是"天道"存在于人类社会的那个本体，其存在是通过认识之"德"（得），而得以内在于人的内心的。也就是说，先秦儒家所说的那个在人们道德意识中存在的"仁"，即为（以伦理关系来体现的）社会规律在人们头脑中的反映，对人们之间形成的社会关系的认识，虽然与个人的主观认识有关，但"仁"所代表的社会规律却是客观的，"礼"则是对内在于人内心的"仁"的外在表现形式。以此可以认为，"礼"同样作为一个符号，意指即为对一般社会行为进行规范，而不仅仅是对道德行为进行规范的规则体系。因此，"礼"作为社会行为规则体系，与"数"以"定数"对社会行为进行规范的规则体系，都是以对社会规律的反映为宗旨的社会行为规则体系，不同之处仅在于后者是通过对社会规律变化及其结果进行"计算"的方式，来得到相关的行为规则，并因此形成其规则体系的，正因为如此，"数"与"礼"是可通约的，所以"礼数"的概念由此而生："礼数"一词，最早见于《左传》，"王命诸侯，各位不同，礼亦异数。"（《左传·庄公十八年》）"数"以计量的限制，为礼仪所规范等级秩序，划定了具体的标准，如周代的八佾之舞的礼仪规定，一佾 8 人，八佾为 64 人，"天子八佾，诸侯六，大夫四，士二。"（《左传·隐公五年》）孔子曾对鲁卿季氏僭越礼制，在家中以"八佾舞于庭"表达了愤怒（"八佾舞于庭，是可忍也，孰不可忍也？"《论语·八佾第三》）。在此，"数"以计量所形成的限制，被纳入礼仪规则，并成为礼仪规则的重要内容，这样的数量限制背后的依据，是"数"的限制本身具有其自成体系的理论（即八卦理论等），"数"的限制所形成的规则体系，因为与"礼"以等级性所形成的规则体系，二者之间具有通约性：在占卜等行为中，以"数"对占卜过程和结果进行计算，即可得出吉凶日等这一事件的发生过程，看似与"礼"所规范

---

[1] 俞晓群：《数术探秘——数在中国古代的神秘意义》，生活·读书·新知三联书店 1994 年版，第 4 页。

的秩序无关,但选择吉凶日,事实上等于选择了由"数"的限制所形成的未来行为所应遵行的规则,并因此而表现出对此一行为规则体系所规范的秩序的服从,以通约性而论,选择遵守"数"的限制所形成的规则,即接近或等同于对"礼"的规则所确定的秩序的遵守。

对于"数术"所形成的行为规则秩序与礼制秩序的相互影响并发生融合的现象,俞晓群认为,礼数吉凶性是其最重要的属性,礼制范畴和功能都与吉凶的预测有关,正所谓"吉凶生大业"(《礼记·乡饮酒义》),五礼吉、凶、宾、军、嘉,说明了吉凶概念在礼制中的重要性。对于礼数的吉凶性,以"内部属性"而产生的行为规则,因"数字本身就有吉凶的涵义",其"限定着礼数的建立。像婚礼是一项十分重要的礼仪活动,正如《礼记》所说'昏礼者,礼之本也'(《礼记·昏义》),结婚预示着男女二人结合,'二'是偶数之始,所以在婚姻的礼数中,偶数占有绝对的统治地位"。而"礼数吉凶性的外部感应,主要是礼数与数术观念发生互渗的结果"。如周礼中"三宾象征三光,四面而坐象征四季等,这种观念通过'数'将礼制与自然界结合了起来;从而当自然现象发生变异时,术士们就以礼数作为媒介,将他们对于自然变异的解说渗入礼制之中"[1]。这段论述虽然在概念和语句逻辑上有混乱之处,但其基本观点是明确的,尤其对"术士们"以"数术"预测吉凶所进行的"阐释性"解说的意义,虽未进一步深入,但对这一问题的言及,触及了针对每一个求卦者通过预测吉凶而对未来行为规则进行选择时,"数"与"礼"结合的具体方式这一核心问题:"术士们"不仅为求卦者预测吉凶日,更重要的是,他们还为求卦者提供其行为应当遵行的规则。这类在未来行为中遇有吉凶日时应遵行的若干行为规则,往往被视为由以"命"来称谓的,那个代表"天道"运行的客观规律(自然规律和社会规律)所决定的。而礼制以礼仪作为遵守"礼"所规范的社会秩序的外在性行为规则,被先秦儒家认为正是对客观规律的反映,"数"与"礼"因此而结合,结合的具体实现方式,就是"术士们"的"阐释性"解说。而占卦行为以"数"的限制所形成的行为规则,之所以会选择融入"礼"的秩序,一方面是因为礼制作为

---

〔1〕 俞晓群:《数术探秘——数在中国古代的神秘意义》,生活·读书·新知三联书店1994年版,第93~94页。

先秦时期国家政治法律制度所具有的强制性，对行为选择以正当性所形成的制约；另一方面则因为"数"与"礼"作为符号它们各自所意指的行为规则体系之间，具有的可通约性，使"术士们"对"定数"所确定的吉凶日来到时，为求卦者给出的行为规则，往往是符合礼仪行为和为礼俗所规范的行为。

第二，《日书》对各种吉凶日的选择中，与契约法规则相关的部分。

与契约的订立有关。云梦秦简《日书》中，与交易行为相关的"交日""定日""收日"等，与契约订立中确定日期的规则有关，是显而易见的，但其意义并不仅限于此：从先秦时期主要在《周礼》中有所记载的以"法"的形式所确立契约法（此种"契约法"实际上被归属于行政法而非民法），并无契约订立的规则，《日书》中对利于交易的吉日选择，是通过占卦形式得出的，而占卦本身具有仪式性，并且这一仪式以"数"的限制所形成的规则，所附的占卦者的解说中，往往透露出与祠堂祭祀的礼俗行为有关。如《日书·秦除》："定日，可以臧（藏），为官府，室祠。（八正贰）""可以臧（藏）"与"为官府，室祠"是这一天应当做的事，虽然这两件事并非要同时做，但这两件事要在同一个吉日去做，二者之间具有相关性是不言而喻的。类似的情况如《日书·稷辰》："阴，是胃（谓）乍阴乍阳，先辱而后又（有）庆。利居室、入货及生（牲）。可取（娶）妇、家（嫁）女、葬狸（埋）。以祠祀、饮食、哥（歌）乐，吉。（四二正）"简文在此记录的可在"阴日"购买货物和"祠祀"，属于"术士们"的解说，求卦者在同一天做这两件事都有利的话，以"祠祀"应遵行的礼俗规则，对于收货一方进行交易的行为是具有约束性的。并且，与前述情况同时发生的事情是，交易的另一方也应按相同规则行事，因为交易的形成，是以"合意"为基础的，即出货一方必须与收货一方处于同一语境中，"合意"才能形成。以对自我的约束来形成对交易行为的相对方的约束，这是礼仪和礼俗作为契约法重要补充部分的特征之一。而以礼俗对订立契约双方行为进行约束，填补了契约法律制度中关于订立契约的行为规则的空缺部分。

与契约的要约和承诺规则有关。《日书》中对利于交易的吉日的选择，并非仅对即时性交易而言的，以所谓吉日出现的间隔期间，往往会形成出货和收货在日期上的不对应，如《日书·病》简文："金钱良日，甲申、乙巳。申不可出货。午不可入货，货必后绝。（九三正贰）""申日"不可出货与"午日"不可入货，对于交易双方而言的出货日与入货日的不对应，必然要通过要约和承诺，使交易以约定在先，而完成交易在后的方式进行，才能解决这种不对应出现的问题。

与口头契约成立的规则有关。出货或收货吉日的确定，具有仪式性，如《尚书·金滕》中的龟卜程序，由叙其时其事、为位诏号、祝祷命龟、卜龟旅占、占卜、应验六节构成，其中"诏号"是卜筮之前告神、礼神的举措，是为了求得神的佑助、获得吉利卜兆的重要仪节。[1] 而包山楚简中对卜筮过程记录的竹简有 54 枚，年代为公元前 250 年至公元前 197 年，其中"祷辞"作为卜筮中的一个必经程序，说明卜筮与向鬼神祭祷的礼仪行为是不可分的。[2]《仪礼·士冠礼第一》云："筮于庙外"，郑玄注曰："筮者，以蓍问日吉凶于《易》也。冠必筮日于庙门者，重以成人之礼成子孙也。庙，谓祢庙。不于堂者，嫌蓍之灵由庙神。"[3] 而对于占筮者，如"占筮九卦"作为商末正式场合占筮的固定模式，"要由三位占筮者，每人各占筮三次，合则为九卦。"《礼记·曲礼上》也有"卜筮不过三，求吉不过三。鲁四卜郊，《春秋》讥之"的说法，说明"古代卜、筮皆当有三人共同占卜或占筮"[4]。以此可见，占卦对选择出货吉日和收货吉日进行交易，可以起到一种证明双方口头契约成立的作用，且占卦行为本身，是被当作口头契约成立条件的。《日书·三月》："卯（昴），邋（猎）、贾市，吉。（八五壹）"如果交易双方约定在"昴宿"日出货和收货，这一日期的约定是经过占卦来确定的话，占卦的人即为口头契约成立的证明人，而占卦行为本身，是被当作口头契约成立条件来看待的。

与契约的履行方式有关。其一，履行期限的事先确立。如前所言，出货吉日与收货吉日如果不在同一天，如《日书·病》简文："金钱良日，甲申、乙巳。申不可出货。午不可入货，货必后绝。（九三正贰）"由于申日不可出

---

〔1〕 朴载福：《〈龟策列传〉与先秦龟卜卜法》，载北京大学考古文博学院主编：《考古学研究》（六），科学出版社 2006 年版，第 331 页。

〔2〕 湖北省荆沙铁路考古队：《包山楚简》，文物出版社 1991 年版，第 12 页。

〔3〕 李学勤主编：《十三经注疏（标点本）仪礼注疏》卷一"士冠礼第一"，彭林整理，王文锦审定，北京大学出版社 1999 年版，第 5 页。

〔4〕 晁福林：《商代易卦筮法初探》，载《考古与文物》1997 年第 5 期。

货，和午日不可收货，交易双方遇有这种情况，可以事先约定交货日期，由于出货方需要等待对方的收货日交货，因此会形成履行期限的约定规则。其二，契约履行中涉及的付款方式，履行地点等因延时交易所产生的契约履行规则，会因此而产生。而这样的规则，应当是以符合于礼俗规则为基本要求的。究其原因，除了前面所说的利于交易的吉日，往往与祠祀在同一天外，以"数术"选择吉日，就必然会受到由"数"的限制所形成的规则的约束，而这种约束，往往是以符合礼仪规则来要求的，因为前者其实只是衡量是否符合后者的一种标准。

与买卖契约种类增加和履行方式多样化的产生有关。如果出货或收货的吉日不在同一天，且出货一方或收货一方在对方为收货吉日或交货吉日，难以确定己方出货或收货的吉日，会导致定购契约和预售契约的出现，即双方可签订定购契约，出货方可以先收定金，待收货方选择好收货的吉日，再交货；双方也可以先签订预售契约，由收货方先支付预付款，待出货方选择好出货的吉日，再来收货。而定购契约和预售契约的出现，则会导致买卖契约中定金和预付款作为买卖契约履行方式的出现。

二、汉代礼制、礼仪与契约法

（一）汉代礼制

汉代的礼制建设，始于汉初叔孙通"愿颇采古礼，与秦仪杂就之"（《史记·叔孙通传》），但其制定的《汉仪》十二篇，今无所见。《汉书·礼乐志》认为叔孙通制礼仪，而"未尽备而通终"，至叔孙通亡故而未能建立完备的礼制。（《汉书·礼乐志》云：高祖"以通为奉常，遂定仪法，未尽备而通终"。）《后汉书·曹褒传》记载有汉章帝对叔孙通所撰《汉仪》的批评："此制散略，多不合经、今宜依礼条正，使可施行。"而有现代研究认为，"从西汉之初到东汉和帝在位这个长时期内，叔孙通所定汉礼十二篇外多无定制。"[1]近代章太炎先生认为："汉律非专刑书，盖与《周官》《礼经》相邻。自叔孙通定朝仪，而张苍为章程，通因作傍章十八篇，……其后应劭删定律令以为汉

---

〔1〕　陈戍国：《中国礼制史（秦汉卷）》，湖南教育出版社1993年版，第87页。

仪，表称国之大事莫尚载籍……亦以见汉律之所包络，国典官令无所不具。"[1]
依太炎先生所言，除了《汉律》中包含有汉代礼制的内容外，其提到的"张
苍为章程"，见之于《史记·太史公自序》"张苍为章程"裴骃集解引如淳曰：
"章，历数之章术也；程者，权衡丈尺斛斗之平法也。"且《史记·太史公自
序》对"张苍为章程"有进一步的解释："汉既初定，文理未明，苍为主计，
整齐度量，序律历。作张丞相列传第三十六。"[2]度量和律历制度（乐律和
历法）应归属于经济法范畴，汉代将其置于"法"（刑法）之外而称"章
程"，故"章程"归为礼制的范围，倒也是正确的（以此可见汉代关于"法"
的概念，已回归于先秦儒家礼治理论中给出的定义）。《汉书·律历志》叙述
音律、度量衡、汉代历法（主要是依据和介绍刘歆的《三统历》）及其与农业
和日常生活的关系等内容，《汉书》十志（律历、礼乐、刑法、食货、郊祀、天
文、五行、地理、沟洫、艺文）从《史记》八书（礼、乐、律、历、天官、封
禅、河渠、平准）发展而来，以《汉书·律历志》可以得见汉代礼制的许多内
容，这是当然的，但作为汉代国家正式颁布的"章程"，却未有所见。只不过
东汉应劭"删定律令以为汉仪"，确有其撰写的成书于东汉末年的《汉官仪》
留存于今，[3]更为难得的是，应劭撰《风俗通义》[4]对礼俗内容的辑录，可
为实存于汉代礼俗中的契约法考证提供原始资料。

　　然而，汉代在中国历史上是开创新制并对后世产生重要影响的朝代，董
仲舒作为今文经学的代表，其"罢黜百家，独尊儒术"的主张为汉武帝所采
纳，经其创新后的先秦儒家礼治思想得以全新的面貌成为社会主流思想，其
对法家思想并未完全摈弃，目的在于以"法"在形式上的相对公正和确定性，
来缓和等级制所造成的事实上的不平等所带来的社会矛盾，并借助"法"的
强制力以克服"礼"的教化手段于制度构建而言的效率欠缺问题。其"三纲

---

〔1〕 章太炎：《检论·汉律考》，朱维铮点校，载《章太炎全集》（第3卷"检论卷三"），上海人民出
版社1984年版，第438页。

〔2〕 （汉）司马迁撰，（宋）裴骃集解，（唐）司马贞索隐，（唐）张守节正义：《史记》卷一百三十
"太史公自序第七十"，中华书局1973年版，第2092、2097页。

〔3〕 《汉官仪》今本两卷，内容大体包括：汉官源流、职掌、爵秩、官佚、郊祀、封禅、上陵、藉田礼
仪，以及舆服、玺绶、刑制、军事等。《汉官仪》撰集于《续汉志》之前，但此书原著于宋后大部亡佚，今
本为后人所辑。[（东汉）应劭：《汉官仪》，载（清）孙星衍等辑：《汉官六种》"汉官仪二卷"，周天游点
校，中华书局1990年版，第119~199页。]

〔4〕 （汉）应劭撰：《风俗通义校注》，王利器校注，中华书局1981年版。

五常"论实为汉代礼制构建的纲要，而其"引礼入法"对"法"的改造和"引经决狱"将"礼"外在形式规则转化为"法"的强制性规则，以"法"固"礼"，以"法"的强制力来推行礼治，致使西汉的礼制迟缓且始终未能完成，这与董仲舒礼治理论实为以法制代行礼制之功能，未能将"礼"的规则与"法"的规则在属性上加以区别有关。不过，从历史背景上看，汉初兴黄老之学，奉行"无为而治"、与民休息的政策，简化礼仪而对礼制的建立未予重视，这是一方面的原因。另一方面的原因，与先秦礼乐典章缺失有关，如刘歆在《移书让太常博士》中所说："陵夷至于暴秦，焚经书，杀儒士，设挟书之法，行是古之罪，道术由此遂灭。……汉兴，去圣帝明王遐远，仲尼之道又绝，法度无所因袭。……离于全经，固已远矣。……至于国家将有大事，若立辟雍、封禅、巡狩之仪，则幽冥而莫知其原。"（《汉书·楚元王传》）而在武宣之世时，实行开边兴利的扩张政策，仍然无暇顾及礼乐，《汉书·礼乐志》对此有比较清楚的说明："至武帝即位，进用英隽，议立明堂，制礼服，以兴太平。会窦太后好黄老言，不说儒术，其事又废。后董仲舒对策言：'……今临政而愿治七十余岁矣，不如退而更化。更化则可善治，而灾害日去，福禄日来矣。'是时，上方征讨四夷，锐志武功，不暇留意礼文之事。至宣帝时，琅邪王吉为谏大夫，又上疏言：'……愿与大臣延及儒生，述旧礼，明王制，驱一世之民，济之仁寿之域，则俗何以不若成康？寿何以不若高宗？'上不纳其言，吉以病去。至成帝时，……刘向因是说上：'宜兴辟雍，设庠序，陈礼乐，隆雅颂之声，盛揖让之容，以风化天下。……'成帝以向言下公卿议，会向病卒，丞相大司空奏请立辟雍。案行长安城南，营表未作，遭成帝崩，群臣引以定谥。及王莽为宰衡，欲耀众庶，遂兴辟雍，因以篡位，海内叛之。"可见董仲舒虽为汉代开创新制提出了纲要，汉武帝在位期间也对"礼乐制度"作了一些议定和修改，班固因此说："汉承百王之弊，高祖拨乱反正，文景务在养民，至于稽古礼文之事，犹多阙焉。孝武初立，卓然罢黜百家，表章《六经》。遂畴咨海内，举其俊茂，与之立功。兴太学，修郊祀，改正朔，定历数，协音律，作诗乐，建封禅，礼百神，绍周后，号令文章，焕焉可述。后嗣得遵洪业，而有三代之风。"（《汉书·武帝纪第六》）但汉武帝"锐志武功，不暇留意礼文之事"。董仲舒为礼制建立提出纲要，但并未使礼制依此而得以完整构建。成帝时刘向建言制礼作乐，因其本人后来病卒，未能成事。至西汉后期，哀帝时刘歆领校秘书发现古文经文字与当时立于学官的博士本有异，并且，博士本今文经与古文经相比较，经文不全，刘歆因此认为，当时太学中博士们所传习的经典是在秦焚书之后由汉初经师凭记忆口耳相传下来的，这些用汉初文字记载下来的今文经不是真经，请立古文经《左氏春秋》《毛诗》《逸礼》及《古文尚书》于学官，并因此引发今古文经学之争。然而，今古文经学两派之争在尊孔奉经上，并没有原则上的分歧，以此而产生的对汉代礼制建立的导向作用，却并不当然表现为对新礼制建立的肯定或否定态度，因为二者之争主要体现在对"六经"的阐释上，古文经学以《左传春秋》为依凭，而今文经学以《公羊春秋》为原本，[1]看似是学术之争，背后却涌动着社会舆论自西汉末期开始的对今文经学否定的倾向，这是因为汉武帝采纳董仲舒对先秦古礼应予"更化"的主张，所立五经博士皆为今文经学，但今文经学后来渐与谶纬结合，流于妄诞，尤其是至西汉中期，《公羊春秋》"受天命而为新王"思想已经不适应当时统治者的需要，汉宣帝时期为了削弱《公羊传》的影响，汉宣帝在甘露三年（公元前 51 年）召开了著名的石渠会议，"诏诸儒讲五经同异。太子太傅萧望之等平奏其议。上亲称制临决焉。乃立梁邱易，大小夏侯尚书，谷梁春秋博士。"（《汉书·宣帝纪》）谷梁春秋博士的设置，是为了与公羊春秋博士的

---

〔1〕 先秦儒家的典籍，原本多佚，只在民间通过师徒父子口授相传。如田何传《易经》，伏生传《书经》，申培传《诗经》，高堂生传《礼经》，公羊、谷梁两家传《春秋》。这些儒家经典皆是用当时流行的文字——隶书记录整理而成，故称为"今文经"，当时盛行一时的经学也称为"今文经学"，而在西汉中期的今文诸经中，最能反映今文经学所谓学统的则是公羊学。但在始皇焚书期间，民间儒生将一些古文经书埋藏起来，至汉代前期相继发现，如景帝时，河间献王以重金在民间征集所得古文经书，以及武帝时鲁恭王从孔子故宅壁间所发现的古文经籍。诸王等先后献给朝廷，藏于秘府。具体如刘歆所说："及鲁恭王坏孔子宅欲以为宫，而得古文于坏壁之中。《逸礼》有三十九，《书》十六篇。天汉之后，孔安国献之。遭巫蛊仓卒之难，未及施行。及春秋左氏所修，皆古文旧书，多者二十余通，藏于秘府，伏而未发。孝成皇帝闵学残文缺，稍离其真，乃陈发秘藏，校理旧文，得此三事，以考学官所传，经或脱简，传或间编。传向民间，则有鲁国柏公、赵国贯公、胶东庸生之遗学与此同，抑而未施。此乃有识者之所惜闵，士君子之所嗟痛也。"〔刘歆：《移书让太常博士》，载（汉）班固撰，（唐）颜师古注：《汉书》卷三十六"楚元王传"，中华书局 1962 年版，第 1969～1970 页。〕而关于今古文经学之争，主要体现在：今文经学认为六经皆孔子所作，视孔子为托古改制的"素王"；注重阐发经文的"微言大义"，主张通经致用；今文经学以董仲舒、何休等为代表，最重《春秋公羊传》。而古文经学崇奉周公，视孔子为"述而不作，信而好古"的先师；偏重训诂，与现实政治问题联系较弱；以刘歆、贾逵等为代表，最重《周礼》。对于今古文经学之争，著名经学史家周予同在《经今古文学》中归纳："今文学：崇奉孔子，尊孔子是'受命'的'素王'；认为孔子是哲学家、政治家、教育家；以六经为孔子作；为经学派。古文学：崇奉周公；尊孔子为先师；认为孔子是史学家；以六经为古代史料；为史学派。"（周予同：《经今古文学》，商务印书馆 1955 年版，第 10～11 页）

地位形成制衡，谷梁春秋学因此而兴盛。至西汉末期，王莽篡汉而借用古文经学进行"托古改制"，更改官制与官名，改变币制，以王田制为名恢复"井田制"，把盐、铁、酒、币制、山林川泽收归国有，耕地重新分配，规定奴隶不得买卖，建立五均赊贷（贷款制度）、六莞政策，用公权力平衡物价以防止商人剥削并增加国库收入。刑罚、礼仪、田宅车服等仪式，回复到西周时代的周礼模式。然而，王莽"承天当古，制礼以治民"（《汉书·王莽传》），其"自从国家的宗庙、社稷、封国、车服、刑罚等制度，以及人民的养生、送死、嫁娶、奴婢、田宅、器械等品级，他没有不改的"。其全盘依据先秦儒家理论"通经致用"，但从其制礼的内容来看，一般认为是王莽"发现了《周礼》"，并完全按照《周礼》的规定来建立其时的礼制，[1]但除了《汉书·王莽传》等史书中对其所建立的礼制有概述性的记载以外，并无其他能够反映其制礼具体内容的历史资料。如王莽推行的"五均""赊贷"经济政策，对"六莞"（即民生六大事情：盐、铁、酒、钱币、名山大泽、五均赊贷）以政府力量进行管制，其颁布的"六莞令"中，对"五均"和"赊贷"之策的实行引经据义："五均"旨在平抑物价，在《周礼》中《司市》《贾师》篇均主张政府应主导市场价格；"赊贷"之举，则明显来自《周礼·泉府》："凡赊者，祭祀无过旬日，丧纪无过三月。凡民之贷者，与其有司辨而授之，以国服为之息。凡国事之财用，取具焉。岁终，则会其出入而纳其余。"《汉书·食货志》载：

> 莽乃下诏曰："夫《周礼》有赊贷，《乐语》有五均，传记各有斡焉。今开赊贷，张五均，设诸斡者，所以齐众庶，抑并兼也。"遂于长安及五都立五均官，更名长安东西市令及洛阳、邯郸、临淄、宛、成都市长皆为五均司市师。东市称京，西市称畿，洛阳称中，余四都各用东西南北为称，皆置交易丞五人，钱府丞一人。工商能采金银铜连锡登龟取贝者，皆自占司市钱府，顺时气而取之。

以《周礼》的成书年代历来都有争议的情况来看，古文经学者们以假名

---

〔1〕 顾颉刚：《秦汉的方士与儒生》，上海古籍出版社 2005 年版，第 61~62、79 页。

而撰伪作可能性的存在，[1]倒也可以从《周礼》《仪礼》等礼书中的窥探王莽时礼制之具体。

与西汉处于礼制初创期相比较，东汉的礼制建立是比较完善的。《后汉书·光武帝纪》中记载，刘秀称帝，设鄗之郊坛，"燔燎告天，禋于六宗，望于群神"，在定都洛阳后，建武二年（26年）刘秀设南郊祭坛，恢复实行西汉中后期的"天子七庙"制度，以对祖先祭祀而配天。东汉建武十九年（43年），张纯与太仆朱浮联合提出"整顿庙制"的建议，为刘秀采纳，其初步确定了有关皇室宗庙的礼制。中元元年（56年），刘秀进一步调整了郊祀制度的格局，建立了以地祇为主神的北郊兆域。中元二年（57年）正月辛未，正式开始在北郊祭祀后土地祇，《后汉书·礼仪志上》载："正月上丁，祠南郊。礼毕，祠北郊，明堂，高庙，世祖庙，谓之五供。"五郊祭祀礼仪得以成为定制。建武三十五年（54年），张纯、赵憙和梁松等人奏请制定"封禅"礼仪，建武三十二年（56年），"乃诏松等复案索《河》《雒》谶文言九世封禅事者。松等列奏，乃许焉。"（《后汉书·祭祀上》）还有就是，刘秀要求对"禘祫之祭"进行整顿，并按张纯奏议，确定了"禘祫之祭"的礼制，"禘、祫之祭，不行已久矣。'三年不为礼，礼必坏；三年不为乐，乐必崩。'宜据经典，详为其制"（《后汉书·张纯传》）；依伏湛奏请，确立了乡饮酒的礼仪制度，"湛虽在仓卒，造次必于文德，以为礼乐政化之首，颠沛犹不可违。是岁奏行乡饮酒礼，遂施行之。"（《后汉书·伏湛传》）

东汉诸帝，自刘秀以后，对礼制的建立也是积极的。汉明帝即位后，自永平二年（59年）开始，将刘秀在位时虽已有草就但未及颁行的三雍之礼（明堂礼、灵台之礼和辟雍之礼）付诸实施，《后汉书·儒林传上》载："中

---

［1］ 对《周礼》成书年代的研究和争议自汉代以来一直长期存在，关于《周礼》的成书年代，大致有西周说、春秋说、战国说和秦汉说四种。现代有学者以分析《周礼》思想的时代特征来判断其成书年代，如杨向奎的《周礼的内容分析及其制作时代》一文，剖析了《周礼》的学术思想、宗教思想以及社会经济制度、政治制度等，判定其"出于齐国有儒家气息的法家"（杨向奎：《周礼的内容分析及其制作时代》，载《山东大学学报》1954年第4期）。徐复观的《周官成立之时代及其思想性格》一书，较全面地分析《周礼》的思想线索及其背景，认为此书受到《管子》《大戴礼记》《淮南子》以及董仲舒、桑弘羊等人的思想影响，由王莽草创于前，刘歆整理于后（徐复观：《周官成立之时代及其思想性格》，载氏著：《徐复观论经学史二种》，上海书店出版社2002年版，第210~238页）。侯家驹《〈周礼〉研究》认为："《周礼》是集体编著，刘歆为其总基调，其所用底稿乃是战国时代人士所撰，为河间献王于武帝时所献而藏于秘府之《周官》原文或残本，再予以损益。"（侯家驹：《周礼研究》，联经出版事业公司1987年版，第375页。）

元元年（56 年），初建三雍。明帝即位，亲行其礼。天子始冠通天，衣日月，备法物之驾，盛清道之仪，坐明堂而朝群后，登灵台以望云物，袒割辟雍之上，尊养三老五更。"另外还有五郊礼和上陵礼，也都在明帝时得以实行和创设。[1]汉章帝时曹褒依家学庆氏之礼立论，制定了涵盖"天子至于庶人"社会各个等级，包括"昏冠凶吉终始"与社会生活各方面相关的一整套礼仪制度，规模宏大，集两汉时期礼制建之大，如《后汉书·曹褒传》所说："褒既受命，及次序礼事，依准旧典，杂以《五经》谶记之文，撰次天子至于庶人冠婚吉凶终始制度，以为百五十篇，写以二尺四寸简。其年十二月奏上。"也正因为新礼制体系庞大，引来众儒非议，"太常巢堪以为一世大典，非褒所定，不可许。"以至于章帝"但纳之，不复令有司平奏"（《后汉书·曹褒传》），将其搁置于一边而不议，新礼制在章帝时始终没有得以实行。不过，和帝即位后，采曹褒新礼举行冠礼，算是曹褒的新汉礼终有一用。后来有太尉张酺、尚书张敏等弹奏曹褒"擅制汉礼，破乱圣术，宜加刑诛"，和帝虽"寝其奏"，但"《汉礼》遂不行"（《后汉书·曹褒传》）。而东汉至曹褒以后，再无值得提及的礼制建设举措。虽然"东汉一代的礼仪，集秦汉礼仪之大成，臻于完备"，[2]因之倍受后儒的褒扬，如司马彪说："大礼虽简，鸿仪则容。天尊地卑，君壮臣恭。质文通变，哀敬交从。元序斯立，家邦乃隆。"（《续汉书·礼仪志》）范晔赞曰："济济乎，洋洋乎，盛于永平矣。"（《后汉书·儒林传序》）但仅能从《史记》《汉书》《后汉书》关于汉代礼制的记载中得以了解其基本情况：《史记》有《礼书》一卷，论述了汉代礼治思想，

---

　　[1]　关于明堂礼，《后汉书·祭祀中》载："明帝即位，永平二年（59 年）正月辛未，初祀五帝于明堂，光武帝配。五帝坐位堂上，各处其方。黄帝在未，皆如南郊之位。光武帝位在青帝之南少退，西面。牲各一犊，奏乐如南郊。卒事，遂升灵台，以望云物。"《汉书·明帝纪》也载："（永平）二年（59 年）春正月辛未，宗祀光武皇帝于明堂，帝及公卿、列侯始服冠冕、衣裳、玉佩、胸履以行事。礼毕，登灵台。使尚书令持节诏骠骑将军、三公曰：'今令月吉日，宗祀光武皇帝于明堂，以配五帝。'"可见明堂礼的核心有二：一方面是对天帝、祖先的祭祀，祀五帝以光武帝配；另一方面是君臣排位序礼。灵台之礼，是在明堂礼毕后举行，其行礼方式是"以望云物"。《后汉书·班固传》载班固《东都赋》说："登灵台，考休微。俯仰乎乾坤，参象乎圣躬，目中夏而布德，瞰四裔而抗棱。"如见灵台礼是通过观象望气的形式，查验与大礼圣治相应的天象吉兆。《后汉书·礼仪志上》载：明帝永平二年（59 年）三月，"上始帅群臣躬养三老、五更于辟雍，行大射大礼。"可见辟雍之礼，主要的内容是养三老、五更和行大射礼。此外，据《后汉书·明帝纪》，汉明帝初行辟雍大射礼在永平二年（59 年）三月，行养老礼是在同年十月。明帝所选的三老、五更分别为李躬、桓荣，皇帝对之要用"尊事三老、兄事五更"之礼，行躬亲进养之仪。（禹平、严俊：《论东汉的礼制建设》，载《吉林大学社会科学学报》2009 年第 5 期。）

　　[2]　顾向明：《试论汉代礼制的形成与演变》，载《民俗研究》1998 年第 4 期。

对礼制内容只有片断记录;《汉书》有《礼乐志》一卷,只是概述西汉礼制历史,对礼制内容同样也只是摘其要而录之,另有《郊祀志》二卷,并无郊祀礼规则的具体内容;《后汉书》有《礼仪志》三卷,另有《祭祀志》三卷、《舆服志》二卷,有部分礼仪规则的记录,如《后汉书·礼仪下》对大丧之礼的规定。[1]而这种方式记录的礼仪制度,并非完整的典章制度,而是一种摘要,如《后汉书·舆服志》记录有明帝时制定的冕服制度。[2]

以两汉前后延续四百余年的历史来看,礼制的建立过程似乎过于缓慢,东汉章帝时曹褒集在此之前各朝礼制建立之大成的一百五十篇"至于庶人冠婚吉凶终始制度"的礼制作品,最后仅停留于纸上,并没有颁行,看起来整个汉代像是没有形成完整的礼仪制度,这与以《史记》《汉书》和《后汉书》为主的史书记载中"大礼虽简,鸿仪则容"的汉代礼制之盛况不符,究其背后的原因,与今古文经学均以尊孔奉经为宗旨而左右着两汉礼制构建的事实有关,所谓两汉儒生群体中未出现足以服众的权威人物(董仲舒在其时也并未被公认是这样的权威,虽然公羊学在武帝时享有独尊的地位),以担当制定一套全面、完整的礼仪制度之重任的说法,只是一种就表面现象而有的言说,事实上,有关"三礼"之书(《周礼》《仪礼》《礼记》)的成书年代自汉代时就有质疑,且争议一直延续至今,倒是这一现象,曲折地反映了汉代礼制

---

〔1〕 大丧之礼:"登遐,皇后诏三公典丧事。百官皆衣白单衣,白帻不冠。闭城门,宫门。近臣中黄门持兵,虎贲、习、羽林、郎中署皆严宿卫,宫府各警,北军五校绕宫屯失,黄门令尚书、御史、谒者昼夜行阵。三公启手足色肤如礼。皇后、皇太子、皇子哭踊如礼。沐浴如礼。守宫令兼东园匠将女执事,黄绵、缇缯、金缕玉柙如故事。……饭唅珠玉如礼。……槃冰如礼。……百官哭临殿下。是日夜,下竹使符告郡国二千石、诸侯王。……竹使符到,皆伏哭尽。……大敛于两楹之间。五官、左右虎贲、羽林五将,各将所部,执虎贲戟,屯殿端左右厢,中黄门持兵陛殿上。夜漏、群臣入。昼漏上水,大鸿胪设九宾,随立殿下。谒者引诸侯王立殿下,西面北上;宗室诸侯、四姓小侯在后,西面北上。治礼引三公就位,殿下北面;特进次中二千石;列侯次二千石;博士在后;群臣陪位者皆重行,西上。位定,大鸿胪言具,谒者以闻。皇后东向,贵人、公主、宗室妇女以次立;皇太子、太子在东,西向;皇子少退在南,北面;皆伏哭。大鸿胪傅哭,群臣皆哭。三公升自阼阶,安梓宫内圭璋诸物,近臣佐如故事。嗣子哭如礼。……东园匠、武士下钉衽,截去牙。……太常上太牢奠,太官釁监、中黄门、尚次奠,执事者如礼。太常、大鸿胪傅哭仪。"〔(南朝宋)范晔撰,(唐)李贤等注:《后汉书》"志第六·礼仪下",中华书局1965年版,第3141~3142页。〕

〔2〕《后汉书·舆服志》:"孝明皇帝永平二年(59年),初诏有司采《周官》《礼记》《尚书·皋陶》,乘舆服从欧阳氏说,公卿以下从大小夏侯氏说。冕皆广七寸,长尺二寸,前圆后方,朱绿里,玄上,前垂四寸,后垂三寸,系白玉珠为十二旒,以其绶采色为组缨。三公诸侯七旒,青玉为珠;卿大夫五旒,黑玉为珠。皆有前无后,各以其绶采色为组缨,旁垂黈纩。郊天地,宗祀,明堂,则冠之。衣裳玉佩备章采,乘舆刺绣,公侯九卿以下皆织成,陈留襄邑献之云。……"〔(南朝宋)范晔撰,(唐)李贤等注:《后汉书》"志第三十·舆服下",中华书局1965年版,第3663~3664页。〕

何以未见真容的那个隐蔽的原因，即对"三礼"之书内容可能存在的部分添附和改动。更为主要的是，对古礼的阐释，对于礼制的建立而言，即为对"三礼"之书中的礼制，予以阐释，由此形成了可以称为"全面的"和"完整的"汉代礼制，具体分散地反映在两汉历朝的相关典章制度中，以这样的三位一体结合方式所形成的体制，就是那个被范晔所赞叹的"济济乎，洋洋乎，盛于永平矣"的汉代礼制。虽然"终汉之世，尚未以'五礼'为框架来规划或撰述礼仪"，以"五礼"形式撰制礼仪，"借以条分繁复的礼制系统的观念的作为，发生于汉之后的西晋"，[1]并因此奠定了在此以后的古代中国礼制体系结构的基础，其肇端是东汉时期对"三礼"之书的"整理"（今古文经学其实同样都是"述中有作"），[2]这一事实，是对汉代具有全面、完整礼制的一种印证。

（二）汉代礼仪与契约法

1. 《汉律》中的礼仪与契约法相关的部分

汉代法律对礼仪规则内容以"法"的形式加以规范，是以"法"的形式

---

〔1〕　杨志刚：《中国礼仪制度研究》，华东师范大学出版社 2001 年版，第 157 页。"五礼"之名最早见于《尚书》和《周礼》。《尚书·尧典》："舜修五礼。"孔安国传："修吉、凶、宾、军、嘉之礼。"《周礼·春官·小宗伯》："掌五礼之禁令与其用等。"《周礼·地官·保氏》："乃教之六艺，一曰五……"郑玄注："五礼，吉、凶、宾、军、嘉也。"

〔2〕　为"三礼"之书作注的郑玄，曾受业于古文经学家马融、张祖恭所传授的《古文尚书》，但其早年入太学，师从京兆第五元先，"始通《京氏易》《公羊春秋》"（《后汉书·郑玄传》）。然《古文尚书》系经孔安国整理而出世，"孔氏有古文《尚书》，孔安国以今文字读之，因以起其家逸《书》，得十余篇，盖《尚书》兹多于是矣。"（《汉书·儒林传》）但汉代今文《尚书》却由伏生传授，虽说孔安国师从伏生学习今文《尚书》之说（《孔子家语·后序》："子国少学《诗》于申公，受《尚书》于伏生。……天汉后，鲁恭王坏夫子故宅，得壁中《诗》《书》，悉以归子国，乃考论古今文字……以病免，年六十，卒于家"），是有可疑之处。[唐司马贞《史记索隐》云："迁及事伏生，是学诵《古文尚书》。"清周寿昌辩之曰："此说非也。史公生于景帝后元年（公元前 143 年），距晁错之死已十一年。错于文帝时受《书》伏生，生已九十余。孝文在位二十三年，计伏生当迁生时应一百三十余岁。迁十岁诵古文，尚及事伏生耶？伏生不闻有此大年，揆之情事亦不合。不知《索隐》何所本。"〕王先谦《汉书补注》引周寿昌说，并断之曰："史公从安国问故，《索隐》盖误以孔为伏。"[王长民、方升：《孔安国师承伏生说考辨》，载王志民主编：《齐鲁文化研究》（总辑第 12 辑），泰山出版社 2012 年版，第 154 页。]但《尚书》今文文本，是整理古文文本的重要参照，如马宗霍所说，"无伏生，则无今文《尚书》……孔安国凭借经伏生传授的今文《尚书》才能读懂古文《尚书》中与今文《尚书》一一对应的篇章。"（马宗霍、马巨：《经学通论》，中华书局 2011 年版，第 212 页。）沈文倬也说，曾为秦博士的伏生持有《尚书》的"六国文字本"，但如"王国维氏在《汉时古文体诸经传考》云：'其传授弟子则转写为今文'，是完全正确的，故《尚书》今文学事实上完成于伏胜（生）"（沈文倬：《宗周礼乐文明考论》，浙江大学出版社 1999 年版，第 210 页）。可见以《尚书》今古文文本之间的关系而论，"三礼"之书的"整理"，亦应如此。

及其强制力的保障来形成的礼仪制度，其作为汉代礼制的重要组成部分，包含有对礼仪制度的规范，这一现象是现代研究者所普遍认同的。而对汉代法律的这一现象进行研究的主要资料，主要是出土汉简所载的《二年律令》和《奏谳书》。《二年律令》是吕雉于吕后二年（公元前 186 年）颁布的惩罚各种犯罪的律令合集，《奏谳书》则是春秋到西汉 22 个议罪案例的汇编，这两部重要文献均出土于 1983 年的湖北省荆州张家山 247 号墓。《二年律令》共有竹简 526 枚，简文分别含有 27 种律和 1 种令，它是吕后二年（公元前 186 年）之前施行的法律，简文是汉律的主要部分。《奏谳书》共有竹简 228 枚，它是议罪案例的汇编。[1]西汉建立后，刘邦令萧何"攈摭秦法，取其宜于时者，作律九章"（《汉书·刑法志》）制定了《汉律九章》，亦称《九章律》，但《九章律》已佚失，从《汉书》的记载中可以得知其基本内容是在秦律六篇（盗、贼、囚、捕、杂、具）的基础上，增加三篇户（关于户籍、赋税、婚姻等方面的内容）、厩（关于牛马畜牧和驿传等方面的内容）、兴（关于徭役征发、城防守备等方面的内容）而成。《汉书·刑法志》对此说得较为笼统，而《晋书·刑法志》曰："萧何定律，除三夷连坐之罪，增部主见知之条，益事律擅兴、厩、户三篇合为九篇。"增加的三篇兴、厩、户为"事律"，系民事和经济法。《唐律疏议·名例》："魏文侯师于里悝，集诸国刑典，造《法经》六篇：一、盗法；二、贼法；三、囚法；四、捕法；五、杂法；六、具法，商鞅传授，改法为律、汉相萧何，更加悝所造户、兴、厩三篇，谓九章之律。"但是，"增加不等于创新，《睡虎地秦墓竹简·为吏之道》末尾附抄有两条魏国律文，其一即为《魏户律》，年代为魏安釐王二十五年（公元前 252 年）；《秦律十八种》出有《厩苑律》律名，《内史杂》律文中则称'《厩律》'。""因此所谓《九章律》，实际应是继承、'攈摭'秦律的产物，在律名与结构上均无重大改变。"[2]

　　律作为两汉立法的主要形式，系由国家制定的成文法，在种类上归属于刑法。虽然其户、兴、厩三篇为"事律"，调整的主要是民事和经济法律关

---

[1] 张家山二四七号汉墓竹简整理小组编著：《张家山汉墓竹简（二四七号墓）》，文物出版社 2001 年版，第 213 页。

[2] 张晋藩总主编，徐世虹主编：《中国法制通史》（第 2 卷·战国、秦汉），法律出版社 1999 年版，第 241 页。

系，但其是以刑法的强制手段，来对民事法律行为和经济法涉及的相关内容进行强制性规范的。除了律之外，汉代刑法的载体，还包括令、科、品、比。令，即以天子诏书为形式具有与律同等效力的刑法规定。《汉书·宣帝纪第八》："令甲，死者不可生，刑者不可息。"文颖曰："天子诏所增损，不在律上者为令。令甲者，前帝第一令也。如淳曰：'令有先后，故有令甲、令乙、令丙。'"〔1〕科，是具体规范、禁约某种对象行为的刑法规定，是对律令的具体诠释和补充。《释名·释典艺》言："科，课也，课其不如法者罪责之也"，〔2〕《后汉书·桓谭冯衍列传》中记载桓谭言："今可令通义理明习法律者，校定科比，一其法度，班下郡国，蠲除故条。"李贤注曰："科谓事条，比谓类例。"〔3〕由于科是以具体条例补充律令，且具有较强的可操作性，因此它的产生较律令而言更为繁多，《后汉书·陈宠传》言，"汉兴以来，三百二年，宪令稍增，科条无限"，可见其一端。〔4〕品，《尔雅·释话》："品，式也。"《广韵》："品，式也，法也。"品与科属性相近，科品在汉代法律文书中连用的情形比较常见，如《后汉书·舆服志》："诸车之文……二千石以下各从科品。"《后汉书·济南王康传》："国傅何敞谏曰：'……舆马台隶，应为科品。'"《后汉书·刘祐右传》："时中常侍苏康、管霸用事于内，遂固天下良田美业、山林湖泽，民庶穷困，州郡累气。刘祐移书所在，依科品没人之。"对于叔孙通定宗庙仪礼，论著仪法，成帝时梅福上疏称"叔孙通遁秦归汉，制作仪品"，可见品与法可互训。科品虽连用，但二者并不相同，品有差等、价格、标准的含义。〔5〕如《汉书·扬雄传下》中记载："仲尼之后，讫于汉道，……爰及名将尊卑之条，称述品藻。"师古注曰："品藻定其差品及

〔1〕（汉）班固撰，（清）王先谦补注：《汉书补注》帝纪第八卷"宣帝"，上海师范大学古籍整理研究所整理，上海世纪股份出版有限公司、上海古籍出版社2008年版，第354~355页。

〔2〕（汉）刘熙撰：《释名》卷六"释典艺"，"丛书集成初编"影印版，中华书局1985年版，第101页。

〔3〕（南朝宋）范晔撰，（唐）李贤等注：《后汉书》卷二十八上"桓谭冯衍列传"，中华书局1965年版，第959页。

〔4〕张晋藩总主编，徐世虹主编：《中国法制通史》（第2卷·战国、秦汉），法律出版社1999年版，第279页。

〔5〕张晋藩总主编，徐世虹主编：《中国法制通史》（第2卷·战国、秦汉），法律出版社1999年版，第283页。

文质。"〔1〕又《后汉书·匈奴传上》："单于曰：'非故约。故约，汉常遣翁主，给缯絮食物有品，以和亲，而匈奴亦不复扰边'。"师古曰："品谓等差也。"〔2〕比，其义一为则例、故事，二为决事比，是一种比附律令、援引判例断罪量刑的司法类推行为。〔3〕《礼记·王制》："众疑，赦之，必察小大之比以成之。"郑玄注："小大犹轻重，已行故事曰比。"〔4〕法律意义上的比，即指既定律令、判例成案，是法律载体之一。由此义项，又延伸出与此密切相关的另一义项，即决事比，《周礼·秋官·大司寇》："凡庶民之狱讼，以邦成弊之。"郑玄注："郑司农云：'……邦成，谓若今时决事比也。'弊之，断其狱讼也。"贾公彦疏："先郑云邦成，谓若今时决事比也。此八者，皆是旧法成事品式，若今律，其有断事，皆依旧事断之，其无条，取比类以决之。"〔5〕

对于汉代刑法体系的构成情况，《晋书·刑法志》有概要性的说明，即除《九章律》外，尚有"叔孙通益律所不及，傍章十八篇。张汤《越宫律》二十七篇。赵禹《朝律》六篇。合六十篇"，史称"汉律六十篇"，另有"汉时决事，集为《令甲》以下三百余篇，及司徒鲍公撰嫁娶辞讼决为《法比都目》，凡九百六卷"〔6〕。对于"叔孙通益律所不及，傍章十八篇"，系以礼仪制度为内容，清代沈家本《历代刑法考》对此是肯定的。沈家本引清代学者杜贵墀在《汉律辑证》中通过对散见于汉代史料中的有关记载的收集和分析，认为叔孙通所作《汉仪》，即为"傍章十八篇"，因为《汉书·礼乐志》中说："今叔孙通所撰礼仪与律令同录，藏于理官，法家又复不传"，《汉书·应劭传》中说应劭"删定律令为汉仪"，与《周礼·夏官·大司马》中"遂以蒐田"，即在天子春天举行的大田礼除与军法有关外，其中"誓民"部分的礼

---

〔1〕 （南朝宋）范晔撰，（唐）李贤等注：《后汉书》卷五十七"杨雄传下"，中华书局 1965 年版，第5407 页。

〔2〕 （南朝宋）范晔撰，（唐）李贤等注：《后汉书》卷六十四"匈奴传上"，中华书局 1965 年版，第5647 页。

〔3〕 张晋藩总主编，徐世虹主编：《中国法制通史》（第 2 卷·战国、秦汉），法律出版社 1999 年版，第 283 页。

〔4〕 李学勤主编：《十三经注疏（标点本）礼记正义》卷十三"王制"，龚抗云整理，王文锦审定，北京大学出版社 1999 年版，第 412 页。

〔5〕 （清）孙诒让撰：《周礼正义》卷六十六"秋官·大司寇"，王文锦、陈玉霞点校，中华书局 1987年版，第 2757 页。

〔6〕 （唐）房玄龄等撰：《晋书》第三十九卷"刑法志"，中华书局 1974 年版，第 922～923 页。

仪则来自田法的情况，[1]可以说是很相似，故其认为叔孙通所作《汉仪》，即为"傍章十八篇"。沈家本对此认为，"杜氏据《礼乐志》和《应劭传》以为说，颇有据。"[2]程树德的《汉律考·律名考》中，对于《汉律》之"傍章十八篇"，也认为就是《汉仪》："通之傍章，即《汉仪》也。"[3]但现代研究者对此有不同观点者，如张建国认为，"傍章也是汉律"，但"叔孙通所制定的汉仪，绝对不是汉律"，《汉书·应劭传》中提到应劭"删定律令为汉仪"，但此处所言"汉仪"，"是律令一类的规范，'仪'在这里指的是汉代的法律"，"但却不是礼仪"。张家山汉简中所见的律篇名，"凡其中不属于正律即九章律篇名的，依类别而论，应当就是旁章中的篇名。"[4]李学勤、彭浩以张家山汉简为据，对叔孙通定"傍章"说也提出质疑，[5]但1986年湖北省江陵县张家山336号墓出土的竹简中有《朝律》一种，据胡平生《中国湖北江陵张家山汉墓出土竹简概述》一文的释文，对朝觐礼礼仪的规定如下：

(1) 王使者进至来＝宾＝出；

(2) 趋下就立（位）（钩）少府中郎进；

(3) 并走+危（跪）大行左大行进走+危（跪）曰

---

〔1〕 大田之礼即应四时而举行的天子田猎之礼，分别称为"春蒐""夏苗""秋狝""冬狩"，如孙诒让疏云："'遂以蒐田'者，春大田之法也"，即所谓大田之礼。大田之礼除借田猎而演习军队以外，还包括有"誓民"的仪式在内，《周礼·春官·肆师》中对此郑玄注解为：在大田之礼中对违反田法的人在众人面前先进行处罚，然后让众人"誓言"，贾疏认为这一解释是以汉代的《田律》来比照而得出的结论。《周礼·夏官·大司马》："遂以蒐田，有司表貉，鼓，遂围禁，火弊，献禽以祭社。"郑玄注曰："表貉，立表而貉祭也。誓民，誓以犯田法之罚也。誓曰：'无干车，无自后射，立旌遂围禁，旌弊争禽而不审者，罚以假马。'"江永疏曰："田誓有二，前誓在列阵之后，戒其作进退之不用命也；后誓在表貉之后，戒其从禽之不如法也。"孙诒让疏云："江说是也。前誓，习战之誓，誓以军法……后誓，田猎之誓，誓以田法。"对于"誓民"，肆师注云："将田，先以犯田法之罚与民誓之，使民不犯，即士师'田役之禁是也'。"贾疏："此据汉《田律》而言。无干车，谓无干犯他车，无后射，象战阵不逐奔走也。"对此，孙诒让疏云："士师注引此首二语作军礼，黄以周以为《司马法》逸文，近是。贾疏谓出汉《田律》，疑不足据。"〔（清）孙诒让撰：《周礼正义》卷五十五"夏官·大司马"，王文锦、陈玉霞点校，中华书局1987年版，第2307~2309页。〕

〔2〕 （清）沈家本撰：《历代刑法考》"汉律遮遗卷一·目录"，邓经元、骈宇骞点校，中华书局1985年版，第1377页。

〔3〕 程树德：《九朝律考》，中华书局1983年版，第16页。

〔4〕 张建国：《叔孙通定〈傍章〉质疑——兼析张家山汉简所载律篇名》，载《北京大学学报（哲学社会科学版）》1887年第6期。

〔5〕 李学勤：《江陵张家山汉简概述》《论张家山247号汉墓竹简》，载氏著：《简帛佚籍与学术史》，江西教育出版社2001年版，第179~192、193~199页；彭浩：《湖北江陵出土西汉简牍概述》，载［日］大庭修编：《汉律研究的现状与展望》，日本关西大学出版部1993年版，第166~173页。

　　(4) 后五步、北上、谒者一人立东陛者南面、立定、典客言具谒者
以闻, 皇帝出房、宾九宾、及朝者。

　　上述释文中第一行中的"="为重文号,"来=宾="等于"来宾来宾",
第二行中的"钩"为标识号, 相当今天的顿号。[1]上述释文与《史记·叔孙
通传》记载的叔孙通所制定的《汉仪》中部分朝觐礼仪规定相比较,"内容
非常接近", 以此可见,"叔孙通确实参与了有关礼仪法律的规定", 而上述关
于《傍章》并非由叔孙通制定的结论, 部分正确(《九章律》由萧何主持制
定,《傍章》也在其中)却部分不正确的原因是,《汉律》很可能并无"正
律"和"傍章"之分。[2]

　　由于出土汉简中记载的《汉律》内容而导致以往观点发生改变, 这是必
然的, 但是就上述情况而言,"汉仪多在律令中"(杜贵墀语[3])的推断,
确非虚言。但仅就典籍而言, 因《汉律》早已佚失, 其部分内容散见于汉代
及后来的历史资料中, 完整的篇目难以得见, 沈家本撰《历代刑法考》辑录
《汉律摭遗》二十二卷, 通过对所引汉人说法的征稽探隐发微, 使《汉律》
面目大致可观, 代表了这个方向上研究的最高水平, 只不过有关《汉律》中
汉仪的内容仍然少见。沈家本承汉代通说, 认为汉仪主要存于《傍章》中,
杜贵墀《汉律辑证》中认为,"以叔孙通益律所不及, 即以所撰礼仪益之, 其
说详前目录中。今据此说, 凡关于礼仪者, 汇列于此。"[4]并因此考证,《汉
律》"引礼入律", 见于《傍章》中的礼仪规则有: 祠宗庙丹书告、祠祀司
命、秘祝、祝福厘、祭功臣于庙庭、见衃变不得侍祠、乏祠、侍祠、侍祠醉
歌、山陵未成置酒歌舞、临丧后、予宁、告归、吏二千石以上有予告有赐告、
吏二千石以上告归归宁不过行在所者便道之官无辞、被害者与告、吏五日得
一下沐, 共计十六条, 涉及祀天、宗庙、陵墓、守丧、省亲、休假、沐浴、

〔1〕 胡平生:《中国湖北江陵张家山汉墓出土竹简概述》, 载〔日〕大庭修编:《汉律研究的现状与展望》, 日本关西大学出版部 1993 年版, 第 271~273 页。
〔2〕 曹旅宁:《张家山 336 号汉墓〈朝律〉的几个问题》, 载《贵州师范大学学报(社会科学版)》2008 年第 1 期。
〔3〕 (清)沈家本撰:《历代刑法考》"汉律遮遗卷一·目录", 邓经元、骈宇骞点校, 中华书局 1985 年版, 第 1377 页。
〔4〕 (清)沈家本撰:《历代刑法考》"汉律摭遗卷十六·傍章", 邓经元、骈宇骞点校, 中华书局 1985 年版, 第 1659 页。

祝福、祭祠、消灾等礼仪规则，并有免职、废国、遣归、夺爵、谴责、警告、治罪、论杀等处罚，[1]以此律文所规定的礼仪规则，主要涉及王侯、大臣、官吏，"见姅变不得侍祠"是否涉及普通百姓中的妇女，还要与"侍祠"涉及的等级性礼仪规则相联系：以汉仪，"侍祠"者，主要是指"诸侯王列侯使者"和其他官员，且所侍的对象一般是天子和王侯，并非此礼仪规则的禁止性规定，其效力可直接及于普通百姓家的妇女。[2]这种情况对于本书而言，似乎难以从中寻找到所谓的"与契约法相关的部分"，因为这些存于《汉律》中的礼仪规则，主要涉及的是五礼中的吉礼。然而，吉礼之祭，如《周礼·春官·大宗伯》所言："以吉礼祀邦国之鬼、神、示"，其作为建立自然与人类社会关联的表现形式，以仪式所昭示的，人们对借以"天道"来表述的那个存在于人类社会的客观规律的遵循是一种主动行为时，它就不再仅是强调对神、鬼信仰的宗教仪式，而是演变为强调对天子（代表国家）和圣人（代表社会）奉天承运的权威的信仰。这一起源于原始宗教的仪式所发生的质的变化，以孔子将"敬鬼神而远之"与"务民之义"相联系所表现的鲜明态度（《论语·雍也》："樊迟问知，子曰：'务民之义，敬鬼神而远之，可谓知矣。'"）为标志，与中国古代哲学的早熟有关。

孔子以"知"而祛魅的现实主义观点，在阶级社会的条件下，仅能成为权力信仰的导向，而其时的祭礼以礼仪规则所展现的"人"与"天"的关联，其意义的指向由对天子和圣人权威的信仰，自然演绎为对天子和圣人的

---

〔1〕 华友根：《沈家本辑叔孙通为汉立法与汉武帝时长安官狱二十六所及其意义述略》，载"沈家本与中国法律文化国际学术研讨会"组委会编：《沈家本与中国法律文化国际学术研讨会论文集（下册）》（2003年），中国法制出版社 2005 年版，第 735 页。

〔2〕 对于"侍祠"，汉代史料记载所见如《史记·孝文本纪》："诸侯王列侯使者侍祠天子，岁献祖宗之庙。"裴骃集解引张晏曰："王及列侯，岁时遣使诣京师，侍祠助祭也。"如淳曰："若光武庙在章帝陵，南阳太守称使者往祭是也。不使侯王祭者，诸侯不得祖天子。凡临祭祀宗庙，皆为侍祭。"《史记·孝武本纪》："而泰山下祠五帝，各如其方，黄帝并赤帝，而有司侍祠焉。""入寿宫侍祠神语，究观方士祠官之言，于是退而论次，自古以来用事于鬼神者，具见其表里。"《后汉书·祭祀志下》："东庙京兆尹侍祠，冠衣车服如太常祠陵庙之礼。"《后汉书·百官志》："旧列侯奉朝请在长安者，位次三公。中兴以来，惟以功德赐位特进者，次车骑将军。赐位朝侯，次五校尉。赐位侍祠侯，次大夫。""见姅变不得侍祠"，系沈家本根据《说文》段注而定，《说文·女部》："姅，妇人污也。《汉律》曰，见姅不得侍祠。"华友根对此解释为："段注认为，这是月经、怀孕、生养时期的妇女，不可行侍祭礼。《礼记·内则》曰：'夫斋则不入侧室之门'正合此意，这是《汉律》与《周礼》相为表里。所以，又是礼律相兼，互为表里。"〔华友根：《沈家本辑叔孙通为汉立法与汉武帝时长安官狱二十六所及其意义述略》，载"沈家本与中国法律文化国际学术研讨会"组委会编：《沈家本与中国法律文化国际学术研讨会论文集（下册）》（2003 年），中国法制出版社 2005 年版，第 733 页。〕

行为，以及他们循"天道"而为的行为后果，即制度权威的信仰（孔子其实是有意或被假以有意于倡导这种信仰的，有《公羊传》对《春秋》所载："十有四年，春，西狩获麟"的"微言大义"所作解诂，得出天以麟命孔子，孔子是不王之圣之说，其中所引孔子自认为确实如此的语录："西狩获麟，有以告者曰：'有麇而角者。'孔子曰：'孰为来哉！孰为来哉！'反袂拭面涕沾袍。颜渊死，子曰：'噫！天丧予。'子路死，子曰：'噫！天祝予。'西狩获麟，孔子曰：'吾道穷矣。'"是确有此事还是后人杜撰？其实事实究竟如何并不重要，重要的世人皆以为如此，即为以"圣人"来代表社会整体的意志[1]），而这一所谓的自然演绎之所以会发生，乃是因为对信仰的"现实意义"的追问，在以"知"为标志的现实主义导向下，使对个人行为与信仰之间关系的认知，最终是以体现这种关联性载体的关联，即与制度的关联为答案的。正因为如此，礼制包括五礼中首要的吉礼之核心部分——祭礼，并非仅属于统治阶层之礼，庶民的祭礼与之相近似，也并非仅是以受其"影响"可以概括的，因为制度虽然体现了其建立者的"目的"，但同时也是出于受制度约束者的需要——个人对遵循社会行为规则的需要才得以形成的，这正如法国社会学年鉴学派代表马塞尔·莫斯所说："某些人从事巫术活动是社会对待其态度的结果"，[2]虽然中国古代社会以"明礼"为标志进入文明社会的起点始自于西周，其祭礼的礼仪与巫术的仪式已有本质的不同，但事实上，二者同为具有整体性的社会（或群体）行为，因此，所谓"礼不下庶人"的界限，仅是指国家制定的礼仪规则，只适用于对士以上阶层人士的行为进行规范，至

---

〔1〕《春秋公羊传》："十有四年，春，西狩获麟。何以书？记异也。何异尔？非中国之兽也。然则孰狩之？薪采者也。薪采者则微者也，曷为以狩言之？大之也。曷为大之？为获麟大之也。曷为为获麟大之？麟者，仁兽也。有王者则至，无王者则不至。有以告者曰：'有麇而角者。'孔子曰：'孰为来哉！孰为来哉！'反袂拭面涕沾袍。颜渊死，子曰：'噫！天丧予。'子路死，子曰：'噫！天祝予。'西狩获麟，孔子曰：'吾道穷矣。'春秋何以始乎隐，祖之所逮闻也。所见异辞，所闻异辞，所传闻异辞。何以终乎哀十四年？曰：'备矣。'君子曷为为春秋？拨乱世，反诸正，莫近诸春秋，则未知其为是与？其诸君子乐道尧、舜之道与？末不亦乐乎尧、舜之知君子也？制春秋之义以俟后圣，以君子之为，亦有乐乎此也。"〔李学勤主编：《十三经注疏（标点本）春秋公羊传注疏》卷二十八"哀公十一年至十四年"，浦卫忠整理，杨向奎审定，北京大学出版社1999年版，第618~628页。〕《论衡·指瑞篇》："《春秋》曰：'狩获死麟。'人以示孔子。孔子曰：'孰为来哉？孰为来哉！'反袂拭面，泣涕沾襟。儒者说之，以为天以麟命孔子，孔子不王之圣也。"（黄晖撰：《论衡校释》第十七卷"指瑞第五十一"，中华书局1990年版，第744~745页。）

〔2〕[法]马塞尔·莫斯、昂利·于贝尔：《巫术的一般理论：献祭的性质与功能》，杨渝东、梁永佳、赵丙祥译，广西师范大学出版社2007年版，第42页。

于规范庶民行为的礼仪规则，国家并不负责制定，以此而体现社会的等级性，这是上述界限划定的意义之一。而上述界限划定的意义之二，仅在于以此表明其士以上阶层人士的行为所具有的代表性，如祭礼中王侯、大臣、官员们侍祠天子或诸侯，以其礼仪行为所做展示，并非一种单边行为，而是与其非同时性受众一起，构成与天、地、鬼、神沟通的具有整体性的社会行为而不可割裂，所以从这个意义上说，以国家礼制所规范的祭礼礼仪，对庶民行为所起到的并非示范作用而是规范作用，并且，由此发生的与礼俗的关系，也并非影响了礼俗中类似行为规则的形成，而是起到了以一种直接的禁止性和指引为庶民行为划定边界的作用，正是这种作用主导了礼俗的形成。

以现代研究对《周礼》成书年代的考证，《周礼》成书时间晚于孔子生活的春秋之时（孔子卒于哀公"西狩获麟"后的第二年，即公元前479年，故有其知天命之"吾道穷矣"的感叹），《周礼》是将对天神、地祇、人鬼的信仰转化为对制度，即对周礼的信仰的标本。《汉律》引汉仪入律而有《傍章》，其意义也并非仅限于以刑法的强制力来确立礼制的权威，《傍章》中的汉仪以祭礼为主，而"凡治人之道，莫急于礼。礼有五经，莫重于祭"（《礼记·祭统》）。祭礼作为"人"与"天"联系的表现形式，为礼制得以形成之始，也是包含于礼的规则体系内的"法"的根据，故上述关于《汉律》无"正律"和"傍章"之说，是很有道理的，《汉律》引汉仪入律，其更为重要的意义，也正在于此。

而汉之礼法在强调礼法并用的同时，也确实做到了将二者明确区分开来，故《汉律》中除《傍章》以外，其他律文中虽然是以对社会伦理等级关系的维护为重要内容，在这一点上，"汉承秦制"有清晰的表现，且这样的内容，在礼所调整的范围内，但却不能因此将此类律文视为"引礼入法"，因为"出礼则入法"的原则在强调礼法同一的同时，也明示了二者的不同。如关于《汉律》以"不孝入律"，从其渊源上考查，最早将"不孝"定为罪的是《尚书·康诰》："王曰：'封，元恶大憝，矧惟不孝不友。子弗祇服厥父事，大伤厥考心。'"孔安国传曰："言人之罪恶，莫大于不孝。"[1]《周礼·地官·大司徒》也有"以乡八刑纠万民，一曰不孝之刑"的说法，沈家本《汉律摭

---

〔1〕　李学勤主编：《十三经注疏（标点本）尚书正义》卷十四"康诰第十一"，北京大学出版社1999年版，第366页。

遗》所考证的《汉律》中的罪名有：恶逆（"指子孙于祖父母父母有犯者"）、殴父母、坐使人杀兄、杀继母、杀杀父之继母、殴兄姊、杀妻、杀子、妇告威姑（威姑，君姑也）、假子以母为妻、与父御婢奸等。[1]出土汉简中也体现了这方面的情况，如《张家山汉简·贼律》中对不孝罪的规定：

> 子贼杀伤父母，奴婢贼杀伤主、主父母妻子，皆枭其首市。（三四）；
> 子牧杀父母，殴詈泰父母、父母假大母、主母、后母，及父母告子不孝，皆弃市。其子有罪当城旦舂、鬼薪白粲以上（三五）；
> （及）为人奴婢者，父母告不孝，（勿）（听）。（年）（七）（十）（以）（上）（告）子不孝，必三环之。三环之各不同日而尚告，乃听之。教人不孝（三六），黥为城旦舂（三七）；
> 贼杀伤父母，牧杀父母，欧（殴）晋父母，父母告子不孝，其妻子为收者，皆锢，令毋得以爵偿、免除及赎（三八）；
> 妇贼伤、殴詈夫之泰父母、父母、主母、后母，皆弃市（四十）；
> 殴父偏妻父母、男子同产之妻、泰父母之同产、及夫父母同产、夫之同产，若殴妻之父母，皆赎耐。其口拘置之，罚金（四二）四两（四三）。[2]

《张家山汉简·告律》中的规定：

> 杀伤大父母、父母及奴脾杀伤主、主父母妻子，自告者皆不得减（一三二）；
> 子告父母，妻告威公，奴脾告主、主父母妻子，勿听而弃告者市（一三三）。[3]

以上关于汉代不孝罪典籍中的情况，与出土汉简的记载，在内容上是基本相同的，显然这些构成不孝罪的行为，所触犯的是社会伦理纲常，而以伦理关系所形成的社会秩序，并非仅由礼制确立，法家之"法"，同样对此也是

---

〔1〕（清）沈家本撰：《历代刑法考》"汉律摭遗"，邓经元、骈宇骞点校，中华书局1985年版，第1422、1457~1460、1476、1520~1521页。

〔2〕 朱红林：《张家山汉简（二年律令）集释》，社会科学文献出版社2005年版，第38~46页。

〔3〕 朱红林：《张家山汉简（二年律令）集释》，社会科学文献出版社2005年版，第99~100页。

维护的，《韩非子·忠孝》曰："天下皆以孝悌忠顺之道为是也，而莫知察孝悌忠顺之道而审行之，是以天下乱……孝子不非其亲。"从实际情况看，秦代刑法对不孝行为也是以构成犯罪来追究的，《法律答问》中有："免老告人以为不孝，谒杀，当三环之不？不当环，亟执勿失。"〔1〕即对于超过六十岁（有爵者为五十六岁）的"免老"（老人），以不孝罪告发而请求制裁犯罪者时，官府可以不经过三环的手续直接捕捉犯罪嫌疑人。

当然，如《汉律》中"车服嫁娶藏埋过制""诸名田畜奴婢过品""列侯坟高四丈关内侯以下至庶人各有差"等对犯罪构成的规定，〔2〕则显属"引礼入律"的例子，只不过这样的罪名在《汉律摭遗》中其实并不多见，但仅从这些律文中难以寻找到它们与契约法的直接关系，虽然从某种意义上说，如《傍章》中的祭礼礼仪规则，不仅为《汉律》的建立提供了"合法性"依据，而且为作为契约法重要补充的礼俗规则的形成，发挥了主导作用。

2.《汉旧仪》等典章中的礼仪与契约法规则

除尚存争议的叔孙通参与制定《傍章》，并将礼仪制度纳入其中外，汉代卫宏所撰写的《汉旧仪》，却仅是礼仪制度而并非律令。《汉旧仪》的点校者周天游说，《汉旧仪》作为西汉时期的汉代礼仪制度的典章，其"内容不仅涉及官制，而且有很大的篇幅叙及诸礼之制，如藉田、春簪、酎、祭天等"〔3〕。但事实上，《汉旧仪》及《汉字六种》中其他各篇，均非汉代礼制的典章，而是对汉代礼仪制度的一种介绍性文章。《汉旧仪》上卷以皇帝起居、下卷以皇后仪礼为主要内容进行叙说，并未对汉代官制进行正面的论述，更多的是叙说皇帝和皇后以及朝臣们日常的礼仪行为规制，对于官制，也只是在说明相关礼仪规则时因需要而引申论述，后世正史多把其归为仪礼类书籍，这也就是其书名为被定为《汉旧仪》的缘由。《汉旧仪》叙及的主要是宫廷礼仪，这种叙述本身并不能构成一部系统性的礼仪典章，以此可见，汉代的礼制似乎并无统一的典章，这也许与"三礼"之书在汉代被发现和以郑玄为代表的

---

〔1〕　睡虎地秦墓竹简整理小组编：《睡虎地秦墓竹简》，文物出版社1978年版，第195页。
〔2〕　（清）沈家本撰：《历代刑法考》"汉律摭遗卷八·轻狡"，邓经元、骈宇骞点校，中华书局1985年版，第1524~1525页。
〔3〕　周天游：《点校说明》，载（清）孙星衍等辑：《汉官六种》，周天游点校，中华书局1990年版，第2页。

礼经注释学派的工作，有很大关系。因为自汉代以后，中国古代社会各朝代都没有再制定结构完整的礼典，而只是对以"三礼"之书为代表的先秦礼典和前朝礼仪制度以有所"损益"而进行修订，这也就可以说明汉代的制礼运动，事实上是以郑玄为代表的经学注释学派们的工作为最重要成果的。也就是说，对于"三礼"之书所确立的礼制的体系结构、基本原则和规则，汉代的整理和注释，在汉代礼制占有相当大的部分，再加上对礼仪规则的具体实施细则的"损益"，一起共同构成了汉代礼制。而《汉旧仪》则属于对后一部分的介绍性记载，如其对皇帝起居以及出行的礼仪的叙及是介绍性的，并非对礼仪典章的记载，因为对于皇帝起居和出行涉及的礼仪规则，并未被归类，而是以对皇帝起居和出行的前后次序为叙述主线，从而对因此涉及的各种礼仪规则进行了介绍，且从这种介绍的简约中也多少反映出汉代礼仪确实是简约的，[1]这与郑玄等对周礼的注释工作的宗旨，似有矛盾之处，但应该注意到，对周礼的注释和古文经学的兴起，是在西汉末期及东汉一代，《汉旧仪》介绍的情形，应发生于西汉时期。汉代礼制前后有所变化，由简到繁，与时代的变化包括礼文化在东汉的兴盛，是同步的，所谓"汉旧仪"之说本身（作者卫宏本人也是生活在东汉时期的），清楚地说明了这一点。

《汉旧仪》中，有"事天地鬼神，以天子信玺"的记载。对于这一祭祀天地鬼神的礼仪规则，有《汉书·霍光传》载霍光等联名奏劾昌邑王："……（昌邑王）始至谒见，立为皇太子，常私买鸡豚以食。受皇帝信玺、行玺大行前，就次发玺不封"，颜师古注引孟康曰："汉初有三玺，天子之玺自佩，行玺、信玺在符节台。"[2]以及《后汉书·光武帝纪上》有言："奉高皇帝玺绶"，李贤注引汉蔡邕《独断》："皇帝六玺，皆玉螭虎纽，文曰'皇帝行玺''皇帝之玺''皇帝信玺''天子行玺''天子之玺''天子信玺'，皆以武都紫泥封之。"[3]作为印证。《汉官旧仪》中记载了天子六玺的用法："以皇帝行

---

〔1〕《汉旧仪》："皇帝起居仪宫司马内，百官按籍出入，营卫周庐，昼夜谁何。殿外门属卫尉，殿内郎属光禄勋，黄门、钩盾属少府。辇动则左右帷幄者称警，车驾则卫官填街，骑士塞路。殿则传跸，止人清道，建王旗，丞相、九卿执兵奉引。乘舆冠高山冠，飞羽之缨，带七尺斩蛇剑，履虎尾绚履，诸王归国称从。……"〔[清] 孙星衍等辑：《汉官六种》"汉旧仪"，周天游点校，中华书局1990年版，第61~62页。〕

〔2〕（汉）班固撰，（清）王先谦补注：《汉书补注》卷三十八"霍光传"，上海师范大学古籍整理研究所整理，上海世纪股份出版有限公司、上海古籍出版社2008年版，第4623页。

〔3〕（南朝宋）范晔撰，（唐）李贤等注：《后汉书》卷一"光武帝纪上"，中华书局1965年版，第33页。

玺，为凡杂；以皇帝之玺，赐诸侯王书；以皇帝信玺发兵；其征大臣，以天子行玺；策拜外国事，以天子之玺；事天地鬼神，以天子信玺。"又言："秦以前民皆佩绶，以金、银、铜、犀、象为方寸玺"，但"汉以来，天子独称玺，又以玉，群臣莫敢用也"〔1〕。以此可见，用玺在先秦时曾经是一种具有普及性的礼仪行为，只不过在汉代，玉玺为皇帝专用。只是有关以"信玺"而"事天地鬼神"之祭祀礼仪，于此处并无所见，只是其中所言"秦以前民皆佩绶"，却透露出民间礼仪行为的某些情况：汉代之玺，群臣不敢用，百姓自然不能用。不过，对于官员所"佩"，不称"玺"而为"印"，《后汉书·舆服志》记："佩双印，长寸二分，方六分。乘舆、诸侯王、公、列侯以白玉，中二千石以下至四百石皆以黑犀，二百石以至私学弟子皆以象牙。"〔2〕这是对天子以下诸侯王、大臣、列侯和其他大小官员们佩"印"礼制的介绍、至于"佩绶"礼仪的意义，《后汉书·舆服志》说："古者君臣佩玉，尊卑有度；上有韨，贵贱有殊。佩，所以章德，服之衷也。韨，所以执事，礼之共也……韨佩既废，秦乃以采组连结于璲，光明章表，转相结受，故谓之绶。"〔3〕也就是说，皇帝"佩玺"而官员"佩印"的意义在于标识身份以"序尊卑、别贵贱"，并以此而彰显其"德"，只不过这个所谓的"德"，其实并非仅指个人之道德品行，以"佩"所彰显的天子和君子之"德"，从其本质意义上看，是指天子和君子们在不同层次上对"天道"的承接之"德"（得），并以"德"来表明他们获得大小不等的国家权力，是来自不同程度地代表了社会的整体意志。在祭祀中以"玺"和"印"为其身份的标识，其意义也就在于可以因此体现他们是在代表社会群体而行为，虽然这种"代表"因其本质意义的异化，由对个人权力的崇拜而转化为对专制的服从，而这一演变过程在很大程度上与隐藏在祭礼礼仪背后的"意义"对个人意识作用有关。至于"绶"，是用来系带佩玺、官印的丝织带子，以颜色区分尊卑贵贱，《后汉书·舆服志》记载了这方面的礼制：天子"乘舆（君王）黄赤绶，四采，黄赤缥绀，淳黄圭，长二丈九尺九寸，五百首"。而诸侯王、诸国贵人和相国、公侯及将军等，分

---

〔1〕　（清）孙星衍等辑：《汉官六种》"汉旧仪"，周天游点校，中华书局 1990 年版，第 62 页。
〔2〕　（南朝宋）范晔撰，（唐）李贤等注：《后汉书》志第三十 "舆服下"，中华书局 1965 年版，第 3673 页。
〔3〕　（南朝宋）范晔撰，（唐）李贤等注：《后汉书》志第三十 "舆服下"，中华书局 1965 年版，第 3671 页。

别系赤、绿、紫绶，并且，绶的长短和数量，均有所不同，[1]以"光明章表，转相结受"，其意义即在于以具有更为明显标识作用的不同颜色绶带，使身份的等级性得到充分的强调，并因此使隐于其后的专制崇拜得以表达。

虽然《汉旧仪》并没有进一步叙述皇帝以"信玺"而"事天地鬼神"的祭礼礼仪，且西汉时期的祭礼礼仪也多散见于《汉书》中，如《汉书·韦贤传》对于汉初实行日、月、时祭的相关礼制的记载，每月于朔、望日在宗庙中举行祭祀祖先礼，一年十二个月，应举行二十四次祭祀，腊月加祭一次，共计二十五次。并且，除每月定期举行一次祭祀外，每逢特定节日，还要举行诸如"尝麦""伏祭""貙娄""酹祭""腊"等祭祀活动，每年总计举行十二次，如有闰月之年则加祭一次，与每年一月一次的十二次定期祭祀相加，总计二十五祠。[2]东汉光武帝刘秀开始推行"四时之祭"的周制，《后汉书·祭祀志》：光武帝建武二年（26年）正月，"立高庙于雒阳，四时祫祀，……余帝四时春以正月，夏以四月，秋以七月，冬以十月及腊，一岁五祀。"[3]倒是关于祫祭礼仪，《汉旧仪·补遗卷下》有记载。[4]关于禘、祫之祭，《白虎通疏证》

---

[1]（南朝宋）范晔撰，（唐）李贤等注：《后汉书》志第三十"舆服下"，中华书局1965年版，第3673～3675页。

[2]《汉书·韦贤传》："初，高祖时，令诸侯王都皆立太上皇庙。至惠帝尊高帝庙为太祖庙，景帝尊孝文庙为太宗庙，行所尝幸郡国各立太祖、太宗庙。至宣帝本始二年（公元前72年），复尊孝武庙为世宗庙，行所巡狩亦立焉。凡祖宗庙在郡国六十八，合百六十七所。而京师自高祖至宣帝，与太上皇、悼皇考各自居陵旁立庙，并为百七十六。又园中各有寝、便殿。日祭于寝，月祭于庙，时祭于便殿。寝，日四上食；庙，岁二十五祠；便殿，岁四祠。"颜师古注引如淳曰：岁二十五祠，"月祭注朔望，加腊月二十五"。又引晋灼曰："《汉仪注》宗庙一岁十二祠。五月尝麦。六月、七月三伏、立秋貙娄，又尝粢。八月先夕馈飨，皆一太牢，酹祭用九太牢。十月尝稻，又饮蒸，二太牢。十一月尝，十二月腊，二太牢。又每月一太牢，如闰加一祀，与此上十二为二十五祠。"[（汉）班固撰，（唐）颜师古注：《汉书》卷二十七上"五行志第七"上，中华书局1962年版，第3115～3116页。]

[3]（南朝宋）范晔撰，（唐）李贤等注：《后汉书》志第三十"舆服下"，中华书局1965年版，第3193页。

[4]《汉旧仪·补遗卷下》："宗庙三年大祫祭，子孙诸帝以昭穆坐于高庙，诸臣庙神皆合食，设左右坐。高祖南面，幄绣帐，望堂上西北隅。帐中坐长一丈，广六尺，绣裀厚一尺，着之以絮四百斤。曲几，黄金扣器。高后右坐，亦幄帐，却六寸。白银扣器。每牢中分之，左辨上帝，右辨上后。俎余委肉积于前殿千斤，名曰堆俎。子为昭，孙为穆。昭西面，曲屏风，穆东面，皆曲几，如高祖。馔陈其右，各配其左，坐如祖妣之法。太常导皇帝入北门。群臣陪者，皆举手班辟抑首伏。"大鸿胪、大行令、九傧传曰：'起。'复位。而皇帝上堂盥，侍中以巾奉鲜觯从。帝进拜谒。赞飨曰：'嗣曾孙皇帝敬再拜。'前上酒。却行，至昭穆之坐次上酒。子为昭，孙为穆，各父子相对也。毕，却西面坐，坐如乘舆坐。赞飨奉高祖赐寿，皇帝起再拜，即席以大牢之左辨赐皇帝，如祠。其夜半入行礼，平明上九卮，毕，群臣皆拜，因赐胙。皇帝出，即更衣巾，诏罢，当从者奉承。"孙氏注曰：以上补遗见之于"续汉志补注、初学记礼部、艺文类聚礼部、太平御览礼仪部"[（清）孙星衍等辑：《汉官六种》"汉旧仪·补遗卷下"，周天游点校，中华书局1990年版，第100页]。

释为："禘，序昭穆、谛父子。袷，毁庙之主，皆合祭于太祖。"[1]"袷"就是"合"的意思，袷祭即集合远近祖先的神主，在太祖庙大合祭。"禘"即"谛"，谓"谛审尊卑昭穆之义"。禘祭的基本含义很多，汉代庙祭之禘礼主要当指宗庙五年一次的禘祭，其与"袷"并称为"殷祭"。[2]禘祭最早见于商代卜辞中记载的"帝"（禘）祭，是殷王在一年中任何一个季节都可举行的一种祭典，以祭祀先公、先王、先臣以及除上天之外的其他神祇。[3]周代金文记载的"啻"祭，则是王、诸侯于五月、六月、八月、九月祭祀近世祖先的礼仪，这与儒家典籍中的不王不禘、禘祭始祖、禘分专祭合祭等记载完全不同。[4]而迄今为止，考古资料中尚未发现商、周实行袷祭的确切记载。[5]不过，汉代实行禘、袷之祭，与西汉末年在学术领域内，主流由侧重郊祭的今文经学，转而为专重宗庙祖先祭祀的古文经学[6]有关，如汉平帝"（元始）五年（5年）春正月，袷祭明堂"。[7]《后汉书·张纯传》载，建武二十六年（50年），光武帝有意实行禘、袷之祭，诏张纯曰："禘、袷之祭，不行已久矣。'三年不为礼，礼必坏；三年不为乐，乐必崩'。宜据经典，详为其制。"张纯策应表示赞成，"《礼》，三年一袷，五年一禘。《春秋传》曰：'大袷者何？合祭也。'毁庙及未毁庙之主皆登，合食乎太祖，五年而再殷。汉旧制三年一袷，毁庙主合良高庙，存庙主未尝合祭。"其所奏言及："元始五年（5年），诸王公列侯庙会，始为禘祭。又前十八年亲幸长安，亦行此礼。"对《汉书》中班固的记载汉代自汉平帝时，即实行禘、袷之祭的情况有所印证，后光武帝因此而决定采纳张纯建议，"定从之，自是禘、袷遂定"。[8]从以上情况来看，《汉旧仪》中对汉代礼仪规则的记载，还是以汉代实行的礼制为依据，而并非只是一种停留在纸上的制度设计。

〔1〕（清）陈立撰：《白虎通疏证》，吴则虞点校，中华书局 1994 年版，第 567 页。

〔2〕黄留珠：《秦汉祭祀综义》，载《西北大学学报（哲学社会科学版）》1984 年第 4 期。

〔3〕董莲池：《殷周禘祭探真》，载《人文杂志》1994 年第 5 期。

〔4〕刘雨：《西周金文中的祭祖礼》，载《考古学报》1989 年第 4 期。

〔5〕郭善兵：《汉代皇帝宗庙祭祖制度考论》，载《史学月刊》2007 年第 1 期。

〔6〕王葆玹：《今古文学之争及其意义》，载中国哲学编辑部编：《经学今诠初编》，辽宁教育出版社 2000 年版，第 324 页。

〔7〕（汉）班固撰，（唐）颜师古注：《汉书》卷二十七上"五行志第七"，中华书局 1962 年版，第 358 页。

〔8〕（南朝宋）范晔撰，（唐）李贤等注：《后汉书》卷三十五"张曹郑列传第二十五"，中华书局 1965 年版，第 1195~1196 页。

禘、袷之祭作为一种官方举行的盛大的祭祖之礼，其在汉代实行的情况反映了汉代礼制较先秦时期已有所改变，而这种似乎是仅发生于社会上层的新礼制推行，其实是与社会基层相应的礼俗规则的普遍存在相适应的。东汉崔寔的《四民月令》中有关民间祭祀祖先的四时之祭的记载曰："正月之朔，是谓正旦，躬率妻孥，洁祀祖祢。及祀日，进酒降神毕，乃室家尊卑，无大无小，以次列于先祖之前。子妇曾孙，各上椒柏酒于家长，称觞举寿，欣欣如也。"也就是说正月初一全家人要依次祭祀祖先。"二月祠大社之日，荐韭卵于祖祢"[1]，即在二月的社日要祭祖。此外还要在八月、腊月和父母的忌日举行祭祀活动。董仲舒在《春秋繁露·四祭第六十八》中所言及的"四祭"之礼仪规则，也应该是一种先古通行于民间祭祀祖先的祭礼礼仪："古者岁四祭，四祭者，因四时之生庸而祭其先祖父母也。故春日祠，夏日礿，秋日尝，冬曰蒸，此言不失其时以奉祭先祖也，过时不祭，则失为人子之道也。祠者，以正月始食韭也，礿者，以四月食麦也，尝者，以七月尝黍稷也，蒸者，以十月进初稻也，此天之经也，地之义也，孝子孝妇缘天之时，因地之利，地之菜茹瓜果，艺之稻麦黍稷，菜生谷熟，永思吉日，供具祭物，斋戒沐浴，洁清致敬，祀其先祖父母，孝子孝妇不使时过已，处之以爱敬，行之以恭让，亦殆免于罪矣。"[2]此处董仲舒所谓先古时祭祀祖先的"四祭"之礼俗规则，作为其论及王者郊祀的重要性，与王者"已受命而王，必先祭天，乃行王事"[3]之间的关系，也并非合乎于先秦旧礼的礼义，因为祭天和祭祖之礼仪规则，是有区别的，从该处与下文的逻辑关系上看，董仲舒于此，似乎是有意混淆祭天之礼与祭祀人鬼及先人之礼的不同，而统归于今文经学以孔子为"受命素王"而立论的天命观，[4]但以此可见，汉代礼制的建立，不仅关乎

---

〔1〕（东汉）崔寔：《四民月令辑释》，缪启愉辑释，万国鼎审订，农业出版社1981年版，第1、25页。

〔2〕（清）苏舆撰：《春秋繁露义证》"四祭第六十八"，钟哲点校，中华书局1992年版，第406~407页。

〔3〕（清）苏舆撰：《春秋繁露义证》"四祭第六十八"，钟哲点校，中华书局1992年版，第407页。

〔4〕《礼记·郊特牲》云："郊之祭，迎长日之至也。大报天而主日。"［李学勤主编：《十三经注疏（标点本）礼记正义》卷二十六"郊特牲"，龚抗云整理，王文锦属定，北京大学出版社1999年版，第795页。］汉初无定制，汉文帝十五年云："朕几郊祀上帝诸神，礼官议，毋讳以朕劳。""于是，夏四月文帝始幸雍郊见五畤，祠衣皆上赤。"文帝十六年，作渭阳五帝庙，"帝一殿，面各五门，各如其帝色，祠所用及仪亦如雍五畤"，文帝"以郊见渭阳五帝"，"权火举而祠，若光辉然属天焉。"［（汉）班固撰，（唐）颜师古注：《汉书》卷二十五上"郊祀志第五上"，中华书局1962年版，第1213~1214页。］可见汉代郊祀始于汉文帝。西汉初期，依据举行时间、地点不同，皇家祭祖礼大致可以分为在陵寝中举行的"日祭"、在陵庙中举行的

于礼俗，而且在制度构建者们的认识中，被认为主要适用于划分身份等级的礼仪与礼俗相互影响，实乃同一规则体系中不可分割的两个部分。

事实上，在先秦及汉代礼制构建者们的认识中，作为典章的礼仪，其与礼俗也是同为一体的，因为后者虽未被纳入礼制典章范围，但其同样是对社会行为的规范。如《礼记·王制》言及宗庙制度中"天子七庙""大夫三庙""士一庙"，而庶人无庙，其"祭于寝"，即庶人在其日常起居睡觉的地方祭祀，[1]且对于祭祀远祖，应到本宗之家庙参加共同祭祀，[2]但至汉代，祭祀之礼的内容与形式都发生了重大变化，庶人对本宗祖先或自己直系先人不仅拥有祭祀权，而且其祭祀地点与祭祀方式移至陵墓前，墓祀在"西汉以后才正式开始并逐渐推进和展开的"，[3]从官方来看，西汉开国之后，便将祭祖的地点定在墓侧。自高祖以下诸帝，"各自居陵旁立庙……又园中各有寝、便殿。日祭于寝，月祭于庙，时祭于便殿"，[4]至东汉时期，统治者又将原来在朝廷和宗庙中举行的郡国"上计"礼和诸侯王的"饮酎"礼（"东都之仪，百官、四姓亲家妇女、公主、诸王大夫、外国朝祭"）都移至陵寝中进行，统称为"上陵礼"。《后汉书·礼仪志上》："外国朝者侍子、郡国计吏会陵。……群臣受赐食毕，郡国上计吏以次前，当神轩占其郡国谷价，民所疾苦，欲神知其动静。……八月饮酎，上陵，礼亦如之。"[5]至于民间的情况，王充在《论

"月祭"、在陵园便殿中举行的"时祭"三种类型："日祭于寝，月祭于庙，时祭于便殿。寝，日四上食；庙，岁二十五祠；便殿，岁四祠。又月一游衣冠。"〔（汉）班固撰，（唐）颜师古注：《汉书》卷七十三"韦贤传第四十三"，中华书局 1962 年版，第 3115~3116 页。〕

〔1〕《礼记·王制》："天子七庙，三昭三穆，与大祖之庙而七；诸侯五庙，二昭二穆，与大祖之庙而五；大夫三庙，一昭一穆，与大祖之庙而三；士一庙，庶人祭于寝。"且庶人祭祀祖先的礼仪是："庶人春荐韭，夏荐麦，秋荐黍，冬荐稻。韭以卵，麦以鱼，黍以豚，稻以雁。"〔李学勤主编：《十三经注疏（标点本）礼记正义》卷十二"王制"，龚抗云整理，王文锦审定，北京大学出版社 1999 年版，第 382、391 页。〕

〔2〕《国语·楚语下》："国于是乎烝尝，家于是乎尝祀，百姓夫妇，择其令辰，奉其牺牲，敬其粢盛，洁其粪除，慎其采服，禋其酒醴，帅其子姓，从其时享，虔其宗祝，道其顺辞，以昭祀其祖先。"此处的"国"为诸侯之国，"家"为宗子之家。他们要率诸子姓共同祭祖。子姓即便身为卿大夫，也要在宗子之家庙从祀。（徐元诰撰：《国语集解》"楚语下第二十八·子期祀平王"，王树民、沈长云点校，中华书局 2002 年版，第 519 页。）

〔3〕 黄晓芬：《汉墓的考古学研究》，岳麓书社 2003 年版，第 269 页。

〔4〕（汉）班固撰，（唐）颜师古注：《汉书》卷七十三"韦贤传第四十三"，中华书局 1962 年版，第 3115 页。

〔5〕（南朝宋）范晔撰，（唐）李贤等注：《后汉书》志第四"礼仪上"，中华书局 1965 年，第 3103 页。

衡·四讳》中言："古礼庙祭，今俗墓祀。……墓者，鬼神所在，祭祀之处。"[1]官方对于民间墓祀并不禁止，《盐铁论·散不足》云："古者不封不树，反虞祭于寝，无坛宇之居，庙堂之位。及其后，则封之，庶人之坟半仞，其高可隐。今富者积土成山，列树成林，台榭连阁，集观增楼。中者祠堂屏阁，垣阙罘罳。"[2]而汉代墓葬从椁墓向室墓转化所形成的祭祀空间，[3]似乎在形式上更接近于民间的"家庙"（是介乎于庙与墓之间的一种祭祖之礼的场所）。

《汉官六种》中《汉旧仪》等记录的汉代礼仪，与本书所言及的契约法之间的相关性程度来看，祭礼之礼仪的重要性以现代法律语言来说，其实际上是礼仪规则体系"合法性"的基础，也就是其时社会行为规则"合法性"的基础，这当然也包括为契约法的确立，提供了其自身不能自证的其规则得以建立并为有效的基本依据。然而，契约法规则体系的形成有赖于具体的相关行为规则的确立，并以它们之间相互关系的形成而得以构建为一个整体，契约行为是以利益交换为中心的行为，这一行为的最基本形式乃是人与人之间的交往行为，在先秦儒家礼治理论中，这一使人与人之间关系得以形成的交往行为，首先被设定为抽象的道德行为，较之于先秦道家"无为"而论万物"有为"之"为"的形而上的纯粹抽象来说（老子《道德经·第三十七章》："道常无为而无不为。候王若能守之，万物将自化。化而欲作，吾将镇之以无名之朴，镇之以无名之朴，夫将不欲。不欲以静，天下将自定"），以道德内容为负载的伦理性行为，在先秦儒家那里被认为是社会行为最基本的抽象形式，因此，如《汉旧仪》中以皇帝和皇后起居及政治活动和日常生活为中心，涉及围绕他们的行为而行为的朝内朝外官员们职责和行为规范，并因此而叙及相互关联的礼仪行为规则，较之于我们希望有所发现的早已佚失的汉代礼仪典章，其确有独特之处。当然，从这类介乎于记叙和注释之间的文字中，要寻找到我们这里所说的礼仪规则中与契约法相关的部分，是较为困难的，主要原因在于这种所谓的相关性，是以曲折的方式来体现的，且与因此而有的某种解释形成印证的历史资料是短缺的。限于篇幅，下文举例予

---

[1] 王利器校注：《盐铁论校注》卷六"散不足第二十九"，中华书局1992年版，第353页。
[2] 黄晖撰：《论衡校释》卷二十三"四讳第六十八"，中华书局1990年版，第971~972页。
[3] 黄晓芬：《汉墓的考古学研究》，岳麓书社2003年版，第92页。

以说明。

例1：皇帝与诸侯王、列侯、丞相和大夫们相见的礼仪，构成社会交往行为规则体系的等级性模式，但这种以各自"意思"交换为另一中心的君臣相见礼仪规则中，那些约束各自行为使之能够让双方地位处于暂时对等状态，以确保"意思"交换实现了互利目的礼仪规则，即为与契约法相关的部分。

下面是《汉旧仪》中的一段记叙（为方便说明，特作标记）：

> 皇帝见诸侯王、列侯起，侍中称曰："皇帝为诸侯王、列侯起！"起立，乃坐。太常赞曰："谨谢行礼。" 　　　　　　　　　　　（A）
>
> 皇帝在道，丞相迎谒，谒者赞称曰："皇帝为丞相下舆"。立乃升车。 　　　　　　　　　　　　　　　　　　　　　　　　　（B）
>
> 皇帝见丞相起，谒者赞称曰："皇帝为丞相起。"立乃坐。太常赞称："敬谢行礼。" 　　　　　　　　　　　　　　　　　　　　　　　（C）
>
> 宴见，侍中、常侍赞，御史大夫见皇帝称"谨谢"，将军见皇帝称"谢"，中二千石见皇帝称"谢"，二千石见皇帝称"制曰可"，太守见皇帝称"谢"。 　　　　　　　　　　　　　　　　　　　　　　　　（D）
>
> 拜御史大夫为丞相，左、右、前、后将军赞，五官中郎将授印绶；拜左、右、前、后将军为御史大夫，中二千石赞，左、右中郎将授印绶；拜中二千石，中郎将赞，御史中丞授印绶。印绶盛以箧，箧以绿绨。尚书令史捧，西向，侍御史东向，取箧中印绶，授者却退，受印绶者手握持出，至尚书下，乃席之。丞相、列侯、将军金印紫绨绶，中二千石、二千石银印青绨绶，皆□纽。其断狱者，印为章也。[1] 　　　　　（E）

以上A至C属汉代朝会和一般情况下的君臣相见礼仪，与E作为拜官礼仪一起，可统称为"施政礼仪"。君臣相见礼，是对君臣之间关系的外在表现形式，按先秦旧礼的分类，朝觐之礼仪则应包括在其范围之内。沈文倬在其所写的《略论礼典的实行和仪礼书本的操作》一文中指出：《仪礼》是在实行的礼典基础上撰写的。《仪礼》残存十七篇中，朝礼已佚失，这与"春秋时

---

〔1〕（清）孙星衍等辑：《汉官六种》"汉旧仪"，周天游点校，中华书局1990年版，第35页。

周天子微弱，诸侯不去朝王"的情况有关。[1]此论涉及较深层次的问题，即以汉承秦制而论，叔孙通参考秦代礼仪所制定的汉代朝仪（《史记·叔孙通列传》：叔孙通自谓"……臣愿颇采古礼，与秦仪杂就之"，《史记·礼书》也谓叔孙通"大抵皆袭秦故"），是国家政治活动中实行的礼仪，这样的施政礼仪未完全依古礼而定，部分原因确实是如朝礼于《仪礼》等礼书中并未作为一套完整的礼仪而被记录，但朝礼并非完全无据可考，其往往散见于《仪礼》等礼书对其他种类的礼仪的叙及中。[2]因此，叔孙通"颇采古礼"并非虚拟之辞，而在《仪礼》等礼书出现对礼仪类型种属划分中交错混杂情况，并不能仅以先秦时期各种礼仪的构建尚未完善来解释，因为以"礼典的实行"而论，在实际发生的礼仪行为中，是需要各种礼仪规则同时存在的，故《仪礼》等礼书的叙述方式表现为在言及某一类礼仪时，需要言及其他。正因为如此，前引《汉旧仪》在叙及皇帝的施政礼仪时，是对"礼典的实际"情况的介绍，而并不是对某一种类的礼仪，如朝礼的叙及，故以施政礼这一较大的类属概念来表述，是较为恰当的。[3]

　　以礼制为国纪（《国语·晋语》："夫礼，国之纪也，国无纪不可以终"）是先秦礼制构建者们所主张的（《左传·僖公十一年》："礼，国之干也。敬，礼之舆也。不敬则礼不行，礼不行则上下昏，何以长世"；《左传·桓公二年》："礼以体政，政以正民，是以政成而民听，易则生乱"），"礼"除了被认为是"周礼所以本也"（《左传·闵帝公元年》），即被当作政刑法度以外，

---

〔1〕　沈文倬：《略论礼典的实行和仪礼的书本撰作》，载氏著：《宗周礼乐文明考论》，浙江大学出版社1999年版，第17页。

〔2〕　如《仪礼·觐礼》即为记述秋天诸侯晋见天子的礼仪，而"春、夏、冬三礼已亡"。篇中首先对诸侯前来，天子派人慰劳，赐诸侯馆舍的礼节仪式作了介绍，接着记天子派人通知诸侯觐期，诸侯在庙门外接受次所的礼节。然后详细记述诸侯如何行觐礼、如何行三享、如何请罪诸礼节仪式，而后对天子赐诸侯车服，天子对诸侯的称谓，天子待诸侯的礼节，天子会同、巡守的礼节做了详细介绍。关于篇名，张尔岐《仪礼郑注句读》："秋见曰觐。"引郑玄《目录》："觐，见也。诸侯秋见天子曰觐。"《周礼》："春见曰朝，夏见曰宗，秋见曰觐，冬见曰遇。"春朝是图谋天下事，秋觐是比邦国之功，夏宗是陈天下之谟，冬遇是协诸侯之虑。春、夏、冬三礼已亡。《觐礼》中言有诸侯向天子请罪之节，当是秋觐比功之意。所以，觐礼即是诸侯秋天进见天子的礼仪（李景林等注译：《仪礼译注》，吉林文史出版社1995年版，第138页）。

〔3〕　"施政礼"的概念，由李俊方等人提出（李俊方：《汉代皇帝施政礼仪研究》，吉林大学2006年博士学位论文，"前言"第8~12页）。

绝大部分指奴隶主贵族经常举行的各种礼典。[1]"礼"的仪式典礼是《仪礼》等书得以成就礼仪规则体系的基础，而礼仪除了包含法（刑法）的内容外，如汉代诸侯百官朝会的礼仪就被纳入刑法，而有《朝律》，[2]但如《尚书·典》中舜帝所言："咨！四岳，有能典朕三礼？"郑康成（郑玄）注曰："天事、地事、人事之礼也。"[3]礼仪为"人事"所定立的行为规则，除了对统治阶层而言的政治内容外，对民众而言则为对其日常社会生活中的行为进行规范的内容。并且，从实质上讲，政治最终是以有效地实现对民众社会行为进行规范为目的的。正是从这个意义上讲，汉代皇帝的施政礼是对君臣间关系的形式化表达，这一形式所蕴含的目的，正是为了更好地实现对民众的社会行为进行规范，以这类礼仪规则所进行的具有表演性的一系列仪式（君臣相见礼中还包括要依循所谓"容礼"规则而行[4]），与那些对民众社会行为进行规范的礼俗规则之间的关系，因二者属性相同，而应被归属于同一规则体系，即有所谓"礼法"之称的礼仪规则体系。

前引《汉旧仪》中关于君臣相见和拜官之礼仪，可归属为皇帝的施政礼，却并不表明如此之法是为调整参与这一仪式中各方的道德行为，而是对具体的政治行为规范，当然，以此之所以可以实现对政治行为的规范，是在于其具有的伦理法属性（以此而行为者即被认为是符合于道德规范的）并因此

---

[1] 沈文倬：《宗周礼乐文明考论》，浙江大学出版社1999年版，第1页。

[2] 据沈家本考证，《朝律》中涉及的以律文规定的礼仪制度有：朝请、十月献、不朝、不请长信、月朔大朝等，沈氏按："赵禹《朝律》亦曰《朝会正见律》，则朝会之仪必具于律中"[（清）沈家本撰：《历代刑法考》"汉律摭遗卷十六·朝律"，邓经元、骈宇骞点校，中华书局1985年版，第1682页]，故引《续礼仪志》（即《后汉书·礼仪志》）中关于"月朔大朝"中的相关礼仪规定："每岁首正月，为大朝受贺。其仪：夜漏未尽七刻，钟鸣，受贺。及赞，公、侯璧，中二千石、二千石羔，千石、六百石雁，四百石以下雉。百官贺正月。二千石以上上殿称万岁。举觞御坐前。司空奉羹，大司农奉饭，奏食举之乐。百官受赐宴飨，大作乐。其每朔，唯十月旦从故事者，高祖定秦之月，元年岁首也。"并引用刘昭补注所引晋代挚虞《决疑要注》对朝会礼仪的说明："古者朝会皆执贽，侯、伯执圭，子、男执璧，孤执皮帛，卿执羔，大夫执雁，士执雉。汉、魏粗依其制，正旦大会，诸侯执玉璧，荐以鹿皮，公卿已下所执如古礼。古者衣皮，故用皮帛为币。玉以象德，璧以称事。不以货没礼，庶羞不逾牲，宴衣不喻祭服，轻重之宜也。"[（南朝宋）范晔撰，（唐）李贤等注：《后汉书》志第四"礼仪上"，中华书局1965年版，第3130页。]

[3] （清）孙星衍撰：《尚书今古文注疏》卷一"尧典下"，陈抗、盛冬铃点校，中华书局1986年版，第68页。

[4] 关于"容礼"的礼仪规则，"集中记载在《论语·乡党》篇内。所谓容礼，就是在参加礼典中，依据自己的等级身份在每个仪节上表演最恰当动作，例如在朝礼中：'朝，與下大夫言，侃侃如也；與上大夫言，闇闇如也。君在，踧踖如也，與與如也。'"（沈文倬：《宗周礼乐文明考论》，浙江大学出版社1999年版，第21页。）

而受伦理法约束。所以，施政礼的目的和功能属性分别归属于政治和道德范畴，表明了这二者是有所分离的。同样，以"礼法"作为其重要补充的契约法（指明确调整契约关系在刑法、行政法等国家典章制度中散见的成文法条文的汇集），也是具有这种目的和功能属性是分离的特征的。正因为如此，不能以其属性来解释其目的和功能，这一结论不仅对于我们认识施政礼有所帮助，而且对于我们认识施政礼作为礼法，其与契约法之间的关系，也是有所帮助的。

先来看 A 段文字的记载内容：皇帝以起立来对诸侯、列侯所行的"天子礼"，而太常在一边对皇帝行礼予以称谢，以此所行之"礼"，其礼法可与《仪礼》中觐礼比照（《仪礼》十七篇中朝礼已佚失），这种比照之所以有一定的可能性，是在于《仪礼》的整理和注释，在一定程度上体现了东汉时期古文经学注释学派（郑玄等人）的主张。

君主所行的"天子礼"，此礼之礼法已佚失。在 A 的这段叙述中，对汉代"天子礼"的礼法有一定的反映：皇帝对诸侯行"天子礼"，由太常称谢，这样的称谢带有赞颂性质，由太常曰"谨谢行礼"。太常的称谢除带有赞颂性质，并以此表明皇帝行"天子礼"的重要性外，还具有代表诸侯对皇帝行礼予以回应的含义，且对觐见的诸侯和在场人而言，太常的称谢，是对朝礼程序开始的宣告。并且，由于皇帝和诸侯各自依循不同之礼（"天子礼"和"朝礼"）的礼法而行为，由此而发生的两种礼法之间的对接关系，是对皇帝与诸侯、列侯之间政治关系的反映。

关于诸侯所行之"朝礼"，由于已佚失，无据可考。《周礼·秋官·小行人》将"朝"分为："朝、觐、宗、遇、会、同"，这应该是从广义上来定义"朝"的。《周礼·春官·大宗伯》曰："春见曰朝，夏见曰宗，秋见曰觐，冬见曰遇，时见曰会，殷见曰同"，这一说法将"朝"与"觐"等在同一层次上界定，只是以不同时日来区分，与经汉代整理和注释的《仪礼》以"觐礼"为单独篇目，是有所不同的。许慎也认为"朝觐宗遇"之礼，"名殊礼异"。[1]但皇帝与诸侯相见，并非常朝之制，"朝礼"与现存"觐礼"和"聘

---

[1] （汉）许慎撰，（清）段玉裁注：《说文解字注》（标点整理本），上海古籍出版社 1981 年版，第734 页。

礼"有很大关系，"觐礼"应接近于"朝礼"，[1]而"聘礼"中"天子聘诸侯"的部分，也应与"朝礼"接近，[2]我们似乎可以从《仪礼·觐礼》得以窥见在《汉旧仪》中皇帝与诸侯各自行礼后，却断无下文的"部分"——对于与契约法具有的曲折关联性而言，以"觐礼"的礼法，皇帝和诸侯、列侯之间的交往关系，除以王国和诸侯国之间的外交关系为主要内容以外，就皇帝与诸侯、列侯们个人之间的关系而言，这种交往关系是有物质内容的：王在诸侯到达王城近郊，首先要派使者持璧去迎接，璧送给诸侯后，再由诸侯交还使者，并由使者转交，送给王一束帛和四匹马；王收到使者的回报后，派使者传达，赐给诸侯馆舍，而诸侯要再送一束帛和四匹马；天子于是派担任谒者的大夫前去告述诸侯，某日，按照惯例觐见；诸侯在觐见时要持圭，并亲手送给王；诸侯在觐见王之后，还要向王行三次享礼，每次都是用束帛加璧以向王致辞，庭实则尽本国所有的贵重土特产献上。行享礼时，侯氏捧着束帛加璧，庭实则用一匹白马领头，后面随着九匹马，这十匹马牵到中庭，自西向东排成一排，以西边为上位。诸侯把束帛加璧放在马西边地上，行再行稽首礼。摈者传达王的话说："我将亲自接受享礼。"于是诸侯升堂，向王致辞。然后在西阶前行再行稽首礼，接着便牵了最西边的一匹马出去，授给王的下属人员，其他九马也随着被牵出授给王的属吏。每次享礼都这样进行，一直到三享结束；在诸侯与王一同祭祀后，诸侯离开时，天子派使者去赐给诸侯车和服，天子加赐的礼物没有定数，放在车的南边。使者离开时，诸侯

---

〔1〕 郑玄《目录》云："觐，见也，诸侯秋见天子之礼。春见曰朝，夏见曰宗，秋见曰觐，冬见曰遇。……三时礼亡，唯此存尔。"贾释曰："觐礼今存，朝、宗、遇礼今亡。"［李学勤主编：《十三经注疏（标点本）仪礼注疏》卷二十六下"觐礼第十"，彭林整理，王文锦审定，北京大学出版社 1999 年版，第 506 页。］可见狭义上觐礼与朝礼同属"诸侯见天子之礼"，而朝礼已佚失。《礼记·曲礼下》谈到了"觐"与"朝"的区别："天子当扆而立，诸侯北面而见天子，曰觐。天子当宁而立，诸公东面，诸侯西面，曰朝。"［李学勤主编：《十三经注疏（标点本）礼记正义》卷五"曲礼下"，龚抗云整理，王文锦审定，北京大学出版社 1999 年版，第 137 页。］可见这二者的区别似乎只是行礼中天子、诸公和诸侯的站位不同。

〔2〕 一般认为，聘礼是周代天子与诸侯以及诸侯之间遣使往来的外交礼仪（钱玄：《三礼辞典》，江苏古籍出版社 1998 年版，第 939 页）。孙希旦认为："聘礼有三种类型，即天子聘诸侯、诸侯聘天子与诸侯交相聘。"［（清）孙希旦撰：《礼记集解》卷六十一"聘义第四十八"，沈啸寰、王星贤点校，中华书局 1989 年版，第 1456 页。］不过，如张亮认为："《仪礼·聘礼》所记主要是侯伯之国遣使大聘之礼。"（张亮：《周代聘礼研究》，吉林大学 2013 年博士学位论文，第 13 页。）从现存《仪礼·聘礼》所记，确实主要是侯伯之国遣卿大聘之礼，至于为什么《仪礼》中只有诸侯聘诸侯之礼，却没有诸侯聘天子及天子聘诸侯之礼，胡培翚认为是"盖皆阙而不存耳"［（清）胡培翚：《仪礼正义》卷十六"聘礼第八"，载《续修四库全书本》（第 92 册），上海古籍出版社 2002 年版，第 229 页］。

要向使者行傧礼，赠给前来赐车服的公一束帛和四匹马。[1]

从上述诸侯觐见皇帝所行觐礼的过程来看，以"贽"为通称的礼物交换，是这一活动中的重要内容，由此产生通行的规则，对"庶人"行为规则的形成是有影响的。如《礼记·曲礼下》中透露的"庶人之贽匹"："凡贽，天子鬯，诸侯圭，卿羔，大夫雁，士雉，庶人之贽匹。童子委贽而退。野外军中无贽，以缨，拾，矢，可也。妇人之贽，椇，榛，脯，修，枣，栗。"[2]庶人"贽匹"，[3]军人以"以缨，拾，矢"为贽，妇人则以"椇，榛，脯，修，枣，栗"为贽，这显然等同于为庶人阶层订立行为规则，[4]类似"观俗立法"或以"教化"形成的礼俗，是这两方面的相互作用形成了相关的社会行为规则。

从汉代的情况看，天子与诸侯相见，诸侯执"璧"以为"贽"，《后汉书·仪礼志》有所记载："每岁首正月，为大朝受贺。其仪：夜漏未尽七刻，钟鸣，受贺。及贽，公、侯璧，中二千石、二千石羔，千石、六百石雁，四百石以下雉。"只是对于诸侯来朝大贺，是否带有"庭实"？《史记·梁孝王世家》说："又诸侯王朝见天子，汉法凡当四见耳。始到，入小见；到正月朔旦，奉皮荐璧玉贺正月，法见；后三日，为王置酒，赐金钱财物；后二日，复入小见，辞去。"可见如《汉旧仪》中所叙及的皇帝和诸侯、列侯相见，诸侯"奉皮荐璧"的不可少，而天子赐诸侯王"金钱财物"也不可少。《白虎通义·德论·瑞贽》对于汉代朝仪中"贽"的交换，并没有直接的记录，只是对"贽"有所解释："臣见君所以有贽何？贽者，质也，质己之诚，致己之悃愊也。"且对《尚书》"辑五瑞"而"觐四岳"之说中的"五瑞"（珪、璧、琮、璜、璋）解释为："《礼》曰：'天子珪尺有二寸。'又曰：'博三寸，

---

〔1〕 杨天宇撰：《仪礼译注》"觐礼第十"，上海古籍出版社 2004 年版，第 287~293 页。

〔2〕 李学勤主编：《十三经注疏（标点本）礼记正义》卷五"曲礼下"，龚抗云整理，王文锦审定，北京大学出版社 1999 年版，第 164 页。

〔3〕 《礼记·曲礼下》："庶人之贽匹。"郑玄注："说者以匹为鹜。"[李学勤主编：《十三经注疏（标点本）礼记正义》卷五"曲礼下"，龚抗云整理，王文锦审定，北京大学出版社 1999 年版，第 164 页。]

〔4〕 《白虎通义·瑞质》："匹为鹜也。"陈立注曰："《御览》引《异义》：'谨按，《周礼》说，五玉贽，自孤卿以下执禽，尊卑有差也。礼不下庶人，工商以无朝仪，《五经》无说庶人工商有贽。'……然《孟子·万章》亦云：'庶人不传贽为臣，不敢见于诸侯。'而此有庶人工商贽者，或自为相见之礼欤？"[（清）陈立撰：《白虎通疏证》卷八"瑞贽"，吴则虞点校，中华书局 1994 年版，第 357 页。]可见所谓"庶人之贽匹"至少可以说民间之规则。

剡上寸半，厚半寸。半珪为璋。方中圆外曰璧。半璧曰璜。圆中牙身玄外曰琮。'"而对于"天子礼"，则引用《尚书·大传》："天子执瑁以朝诸侯"，至于"臣见君"之礼，则言："公侯以玉为贽"。[1]由是观之，汉代天子与诸侯相见，"五瑞"之物仅具有象征意义，除此以外，双方的礼物交换，仍然不可缺少，但经济上的实用意义已有所淡化。

对于上述"觐礼"之礼法中以"贽"作为见面礼，无论皇帝、公侯、大臣、士子，包括庶人和工商业者，概莫能外，这一通行的社会行为规则，除本书前面有所论及的与先秦时期所保留的原始礼物经济形态有关，且由于宗法制的存在，这种经济形态得以通过特殊的路径被强化，使这种在亲属和熟人之间发生的礼物交换行为，成为一种以"回报"作为延时性支付手段的契约行为，可以找到其与契约法规则的相关之处以外，仅从表面上看，礼物交换所具有的象征意义，是以实现礼义要求为目的的，或者说符合礼法的行为，其意义仅是对个人而言的，是以己之行为体现对仁、义、礼、忠、信、智、勇等德目要求的遵行；而对于国家和社会而言，则以此可以使尊卑有序、贵贱有别的社会等级秩序得以建立，这些与契约法规则之间的关联，因为距离尚远，似乎很难得出具体的结论。但是，若对礼法与其相涉的礼物交换内容做反向观之，即庶人和工商业者如果进行交易，应当新遵行的契约行为规则，可为依循的自然是礼法而首当其要。虽然这种联系因曲折关系而有牵强之嫌，但本书在此之前就已有论及，符合道德要求的行为并非社会的基本行为，社会的基本行为乃经济行为，道德行为规则是实现经济行为有序化的主要方式。在这方面，儒家以泛伦理化方向而将伦理中的宗法因素淡化（这也是董仲舒在先秦儒家礼论中注入道家思想所试图实现的目标，虽然其不得不以"三纲五常"作为实现这一目标的手段），从而使道德行为规则成为社会唯一需要遵行的具有普遍性的行为规则。既然如此，契约行为需要遵行道德行为规则，也就是需要遵行礼法，这自然不用多说。问题是，对礼法的遵守，是否可以使交易目的得以实现？或者说，礼法对契约法规则的补充（就古代契约法而论），与以现代眼光来看的契约法规则之间的功能替代是怎样实现的呢？

---

[1]（清）陈立撰：《白虎通疏证》卷八"瑞贽"，吴则虞点校，中华书局1994年版，第353~356页。

上述的求解，仅以如《旧汉仪》所提供的资料，是难有所获的。不过，从反向的角度来看，现实中庶人和工商业者进行交易的行为必须符合礼俗，则是必然的。而礼俗行为规则在功能上，与契约法规则仅依赖外在性的强制作用有所不同，礼法的不可逾越性对礼俗规则所具有的主导作用，使其功能不仅表现为外在性的强制作用，还同时具有以礼义的教化所实现的道德观念对交易双方"意思"表示的控制，是内外合一的，也就是所谓"诚信"作为最基本原则所具有的约束力是直接的，并且会自然衍生出礼俗中相应的若干行为规则，这类规则所形成的体系，并不需要像契约法那样以法律条文或相关案例来予以明确，契约法基本原则一般并无直接的约束力，其约束力是通过其他对其宗旨予以贯彻的相关规则来实现的。正因如此，中国古代契约法只有简约的在刑法和行政法中存在的条文，这些条文的存在，也只是因为条文的假设部分，与国家或社会公共利益有关（如市场秩序）。

汉代礼仪由简到繁的变化，是与其存续历史的诸多因素相关的，但汉仪并没有完全依照"三礼"之书中的规定，其作为实用的社会行为规则因有若干史料的记载让我们得以窥见，而《礼记》和《仪礼》等礼书所构建的只是一种理想化社会秩序，因此汉仪的这一特征，在本书相关问题的探讨中，是应当被注重的。

现在再来看前引例1中B、C两段文字，其中B段文字叙述的是皇帝探望丞相在道，丞相先行迎谒时各自所行之礼，这种相见礼属于施政礼，因为这样的礼仪所反映的皇帝与丞相之间的个人关系是次要的，主要的还是政治关系。B段文字叙述同样很简单，皇帝在道，而丞相迎谒，皇帝下车站立回礼，有负责赞礼的官员谒者赞称曰："皇帝为丞相下舆"，丞相行稽首礼，待皇帝请其起立后，皇帝升车。而C段文字则叙述了丞相觐见皇帝时，双方所行之礼，皇帝见丞相到时来，以起身站立作为仪节，谒者在一边赞称曰："皇帝为丞相起。"丞相行稽首礼，皇帝请其起立后，皇帝坐下。B、C两段文字分别对皇帝和丞相相见时各自所行之礼，分道途之中和朝廷之上两种情况，对"天子礼"的仪节有所介绍，其中B、C两段文字将丞相迎谒和入朝觐见时，皇帝要下车站立和起身站立，接受丞相所行的稽首礼单独列出，而未言及其他，似乎皇帝道途中遇迎谒和入朝觐见的大臣时，并不行此仪节，这在下面D段文字中有所反映。

　　皇帝与丞相谒见，不一定是在常朝中，[1]丞相除其朝臣身份外，乃为群臣之首，为朝廷众臣中的核心人物，因而皇帝对其所行之礼，有别于其他大臣，以此可见礼仪规则等级性之具体。B、C 两段文字叙述丞相迎谒和入朝觐见皇帝时，依循周礼，行稽首礼，[2]而皇帝下车和起立，然后待丞相起立后再上车和再坐下（"立乃升车"和"立乃坐"），这一仪节中皇帝与丞相各依其礼，礼节不同但有所对应，这种由"礼法"固定的皇帝和丞相之间的关系，是通过对双方身份差等关系的对等化表现来实现的，即以表现皇帝与丞相身份的差等关系（双方所行之礼的礼节有别）和对等关系（皇帝和丞相均需依确定的礼节而行为）的细致礼节，来再现二者之间政治上的隶属关系，当这种关系被礼法所固定后，将不会因人而异，并因此可以说是以对等方式来完成差等关系的体现。对皇帝和丞相基于政治关系而发生的交往行为，礼法以去宗法之"私"后的伦理法规则（即以"礼"作为一般意义上的社会行为规则）来加以表述，这实际上正是礼仪规则体系所遵循的基本规则之一。由于《汉旧仪》是实用的朝仪，B、C 两段文字所记载的这方面内容，可视为自西汉时起开创的新制。因为先秦儒家试图以礼仪纲常来为国家和社会建立行为规则体系的"理想化"设计（如《周礼》），并无具体的历史资料证明这种设计得到了实际的应用。西汉初年开创的新制，确立了以礼仪来表现皇帝和丞相政治关系的方式，因循的是儒家礼治思想，但汉代礼制被证明为是具体应用于为大统一的国家创设政治制度和社会制度，这是不同于以往的，《汉旧

---

　　〔1〕　常朝是汉代皇帝召见臣僚处理国家政务的制度，它虽非大朝却具有明确的典礼性。《汉书·宣帝纪》：地节二年（公元前 68 年），"上始亲政事……五日一听事，自丞相以下各奉职奏事，以傅奏其言。"于此所记载的五日一听朝制度为后代沿用。谒见与常朝制度有所区别，臣下谒见，皇帝召见，可以表明皇帝勤政，但并不表明皇帝打破常朝制度，谒见与常朝的区别非常明显，谒见者身份不限，而常朝参加者必须是朝臣［李俊：《汉代常朝制度考析》，载《信阳师范学院学报（哲学社会科学版）》2008 年第 2 期］。

　　〔2〕　《周礼·春官·大祝》："辨九拜：一曰稽首，二曰顿首，三曰空首，四曰振动，五曰吉拜，六曰凶拜，七曰奇拜，八曰褒拜，九曰肃拜。"郑玄注："稽首，拜头至地也。"贾公彦疏："稽首，其稽，稽留之字。头至地多时则为稽首也。……稽首，拜中最重，臣拜君之拜。"古时诸侯对天子、大夫对诸侯，均行稽首之礼。关于稽首时的具体施礼方法，姚彝说："《周礼》曰：稽首其仪，右手至地，左手加诸右手，首加诸左手，是为拜手稽首。《礼》曰：稽首，据掌致诸地，以稽留其首于手之上，故曰稽首。"［（清）顾炎武，黄汝成集释：《日知录集释》（全校本）卷二十八"稽首顿首"注引，栾保群、吕宗力校点，上海古籍出版社2006 年版，第 1576 页。］叔孙通所制的西汉朝仪，据《史记》载，其中有："于是皇帝辇出房，百官执职传警，引诸侯王以下至吏六百石以次奉贺。……诸侍坐殿上皆伏抑首，以尊卑次起上寿。"［（汉）司马迁撰，（宋）裴骃集解，（唐）司马贞索隐，（唐）张守节正义：《史记》卷九十九"刘敬叔孙通列传第三十九"，中华书局1973 年版，第 1637 页。］以此可见汉代也是实行稽首之礼的。

仪》作为对西汉时期实行的朝仪的记载，也正是在这一意义上不同于先秦时期的儒家典籍。更进一步说，对西汉时期实行的朝仪制度，如果从其与契约法的关系上来认识，可以说这种以对身份的差等关系的调整为内容的礼仪规则，为作为伦理法的中国古代契约法的规则体系，确立了基本的结构形式，即以对身份的差等关系的调整为内容，和与对商品交易中物的对价为调整内容相结合，作为古代契约法规则体系的基本结构。

当然，以上这种认识所给出的延伸性解读，似有牵强附会之嫌，因为当初的制度创设者也许对此并无预设，但基于伦理法必然的发展轨迹，这种认识只不过是将其后有关的明确表现提前说出罢了，对此，将由本书以下部分的论及来予以说明，在这里仍然要回到前面的所说的内容上来——《汉旧仪》中的君臣之礼仪较之于《仪礼》等礼书中所叙及的先秦礼仪，似乎并无创新，但《史记》和《汉书》都说叔孙通自言其所制朝仪是"采古礼与秦仪杂就之"，可见并非仅是对先秦旧仪的照搬（一方面的原因是自秦始皇焚书后其时留存下来的旧礼典章无存），但以《汉旧仪》中所记载的内容的简约，要说创新，应该从当时的情况来看，如前引 D 段文字，系皇帝与丞相以下御史大夫等大臣们宴见中的礼仪，宴见是朝觐礼中的一个环节，也可以说是皇帝为联络与大臣的感情而单独举行宴饮，以《旧汉仪》中的记载，可见不同于皇帝与丞相相见中的礼仪：皇帝宴见大臣，并无具体的礼仪，这与皇帝宴请大臣们的行为在先有关，对此，由"侍中、常侍赞"，但大臣见皇帝，要口中称谢，且言辞不同，御史大夫称"谨谢"，将军称"谢"，中二千石"谢"，二千石称"制曰可"，太守称"谢"。《仪礼》对宴见中礼仪的规定，集中见于《燕礼》。彭林译注的《仪礼全译》中《仪礼·燕礼第六》一篇为"诸侯宴请臣下之礼"，而"天子、诸侯、族人各有燕礼，但多已佚亡"[1]。李景林等译注的《仪礼译注》也认为此篇是"记述诸侯宴饮的礼节仪式"。[2]李学勤主编的《十三经注疏》，郑玄注、贾公彦疏的《仪礼注疏》中贾疏引郑玄《目录》亦云："诸侯无事，若卿大夫有勤劳之功，与群臣燕饮以乐之。

---

〔1〕 彭林：《仪礼全译》，贵州人民出版社 1997 年版，第 190 页。
〔2〕 李景林等：《仪礼译注》，吉林文史出版社 1995 年版，第 76 页。

燕礼于五礼属嘉。《大戴》第十二，《小戴》及《别录》皆第六。"〔1〕虽然如此，以诸侯与卿大夫宴见之礼，似可窥见皇帝与大臣宴见礼之一斑：国君（即诸侯）与卿大夫宴见中，"公降立于阼阶之东南，南乡尔卿，卿西面北上；尔大夫，大夫皆少进"。贾释曰："《曲礼》云'揖人必违其位'，是以公将揖卿大夫，降立于阼阶之东南，南面揖之。变揖言尔者，尔训近也，移也，卿大夫得揖，移近中庭也，是以郑云'揖而移之，近之也'。"〔2〕即言诸侯在宴见卿大夫时要从其坐席上走下来，对尔等行揖礼。因此，皇帝宴见大臣也应有一定的礼节，《汉旧仪》中对皇帝宴见大臣所行之礼未有记录，以《仪礼》等先秦礼书的整理出自汉代郑玄等兼采今古文经学的注释学派们之手的情况来看，两汉所行礼治，在许多方面均表现出复古的倾向，即使汉初朝仪未能对皇帝宴见大臣时所行之礼作出规定，但这一空缺亦应在后来补上，而汉朝一代的天子之礼却未见留存，也许与汉的大一统局面一直处于各地诸侯王势力始终未能得到有效控制、僭越之事不断的情况有关。

　　至于 E 段文字记录的国家任命职官所举行的仪式，除了体现在对官职大小不同的官员施以不同的礼仪外，值得注意的是，行赞礼的官员并非专职谒者。"拜御史大夫为丞相，左、右、前、后将军赞"，"拜左、右、前、后将军为御史大夫，中二千石赞"，"拜中二千石，中郎将赞"。虽然在汉代丞相是职官中地位最高者，但其爵位却并不一定很高，西汉初设丞相一人（《汉书·百官公卿表》："高帝即位，置一丞相，十一年更名为相国绿绶。孝惠，高后置左右丞相，文帝二年复置一丞相"），但西汉末和东汉，三公均为丞相，〔3〕皇帝任命卿大夫为丞相，由"左、右、前、后将军"主持赞礼，而并非治礼的谒者或摈相，做此设置，更多地体现了政治需要的因素，而舍弃了礼仪在仪式上的形式意义，因为由"左、右、前、后将军赞"，并且由"五官中郎将授印绶"，除了以此显示与国事相关礼仪的正式性和郑重以外，还在于借此表示主持赞礼者和授印绶者对皇帝作任命的服从和对担任丞相者的肯定，而这样

---

〔1〕　李学勤主编：《十三经注疏（标点本）仪礼注疏》卷十四"燕礼第六"，彭林整理，王文锦审定，北京大学出版社 1999 年版，第 248 页。

〔2〕　李学勤主编：《十三经注疏（标点本）仪礼注疏》卷十四"燕礼第六"，彭林整理，王文锦审定，北京大学出版社 1999 年版，第 254 页。

〔3〕　安作璋、熊铁基：《秦汉官制史稿》，齐鲁书社 1984 年版，第 25 页。

的礼仪规则更多地体现了主体间性,[1]并非仅体现了主体性,作为外在的形式规则被用于确立丞相与各官员之间政治关系,其不再只是一种拘泥于对行为主体的道德行为进行约束的规则,在此有明显的表露。

以上这种情况,与前述 D 段文字中皇帝与大臣宴见,由"侍中、常侍赞"的仪式相比较有类似之处,但从表面上看,又似乎过于郑重其事,因为宴见看起来好像仅是君与臣"燕饮以乐",不过,以《仪礼》等礼典所记载的周礼,关于诸侯与卿大夫宴见之燕礼,贾释曰:"案上下经注,燕有四等。《目录》云诸侯无事而燕,一也;卿大夫有王事之劳,二也;卿大夫又有聘而来,还与之燕,三也;四方聘客与之燕,四也。若然,《目录》云卿大夫有勤劳之功,聘使之劳兼王事之劳二者也。知臣子规聘还与之燕者,《四牡》劳使臣是也。知有王事之劳燕者,下记云'若以乐纳宾,则宾及庭,奏《肆夏》'。郑注云'卿大夫有王事之劳,则赛此乐焉'是也。"可见诸侯与卿大夫之间的燕礼分四等,并非都是为了交流双方的感情而寻欢,如"卿大夫又有聘而来,还与之燕"和"四方聘客与之燕"都表明燕礼在前述两种情形下属于聘礼进行中的一个环节,并非都是"无事"而"燕饮以乐"。就即便是诸侯"无事"而与卿大夫"燕饮以乐",也不可视为真的"无事",《礼记·燕义》说:"燕礼者,所以明君臣之义也。"而所谓"君臣之义",就是"臣下竭力尽能以立功于国,君必报之以爵禄,故臣下皆务竭力尽能以立功,是以国安而君宁"

---

[1] 一般来说,主体间的关系是指:"如果某物的存在既非独立于人类心灵(纯客观的),也非取决于单个心灵或主体(纯主观的),而是有赖于不同心灵的共同特征,那么,它就是主体间的……"([英]尼古拉斯·布宁、余纪元编著:《西方哲学英汉对照辞典》,王柯平等译,人民出版社 2001 年版,第 58 页。)胡塞尔首先提出了主体间性的概念,其认为"内在的第一存在,先于并且包含世界上的每一种客观性的存在,就是先验的主体间性,即以各种形式进行交流的单子的宇宙"([德]胡塞尔:《笛卡尔式的沉思》,张国亭译,中国城市出版社 2001 年版,第 156 页)。拉康认为"人的存在属于承认的法则",所以,人总是"在他人的话语中参证自己",言语只存在于主体之间的交流中,"主体只有在其言语的主体间性的连续中才得到满足,而主体的历史正是构成在这言语中",或者说"一种语言所具有的言语的价值是其含有的'我们'的主体间性中测度出的",并得出了其对颠覆主体论的著名结论:"我在我不思之处"([法]拉康:《拉康选集》,褚孝泉译,上海三联书店 2001 年版,第 311~312、380、499 页)。哈贝马斯认为"交往范式奠定了互动参与者的完.成行为式立场,互动参与者通过就世界中的事物达成沟通而把他们的行为协调起来。一旦自我做出行为,而他者采取了相应的立场,他们就进入了一种人际关系"。而"人际关系是由言语者、听众和当时在场的其他人所具有的视角系统构成的"([德]于尔根·哈贝马斯:《现代性的哲学话语》,曹卫东译,译林出版社 2011 年版,第 347~348 页)且哈贝马斯认为,主体间性是形成人们在对于在交往关系中的行为规则意识和规则的正当性依据[童世骏:《没有"主体间性"就没有"规则"——论哈贝马斯的规则观》,载《复旦学报(社会科学版)》2002 年第 2 期]。

（《礼记·燕义》）。燕礼中君臣之间"不辨尊卑"[1]，从该交往行为中具有一定的对等性来看，诸侯王"无事"而于散朝之后留言下群臣燕饮，与朝上尊卑分明的身份差等关系，形成了相互关联的统一，由此而表征君臣之间的政治关系，是以差等之中的对等关系为其特点的，对此，《礼记·燕义》也是直言以陈的。

例2：官员相见礼以身份的差等关系对权力的结构，和以与其身份的相对独立性的对等关系对权力效能的传递，这二者相统一形成了国家的政治秩序。而在国家政治秩序中官员们权利义务关系得以确立，则成为社会成员权利义务关系的基本模式，契约法权利义务规则体系也是以这一模式而构造的。

国家政治秩序的形成和维系，是建立在对社会基本关系，即生产关系以有效调整的基础之上的。从现象上看，如亨廷顿所说："一个社会所达到的政治共同体水平反映着其政治体制和构成这种政治体制的社会势力之间的关系。"且从某种角度上看，"政治体制和社会势力之间是没有明确分界线的。许多社会集团会兼有这两者的重要特征"，而"所有参与政治活动的人都可以被认为是形形色色社会集团的成员"[2]。因此，使国家政治秩序得以形成和维系的方式，实际上就是使社会行为按照政治目的的要求进行有效控制的方式。分属于不同社会阶层的人员，既是社会成员也是政治秩序中的监管者和被管控的对象，社会中的个人所拥有的权利和应承担的义务，并不一定在政治秩序有所体现，但在政治秩序中被确立的权利义务，则是由国家强制力来确保其在社会秩序中被认可的，或者说这种由国家强制力所确立的个人的权利义务，使社会秩序因政治秩序的形成而得以形成其基本形态。因此，以礼仪规则所规范的汉代官制体系，其实现这一规范的具体方式，即以等差关系和对等关系的统一来调整的官员之间以其政治身份所表达的政治关系，被适用于对社会成员之间一般社会行为的规范，这是为国家强制力所确认的。

---

[1]《仪礼·燕礼第六》："燕礼。小臣戒与者。"郑玄注曰："小臣相君燕饮之法。与者，谓留群臣也。君以燕礼劳使臣，若臣有功，故与群臣乐之。"贾疏云："案《大射》云'君有命戒射'者，以其大射辨尊卑，故云君有命，明政教由尊者出。燕礼主欢心，不辨尊卑，故不言君有命。"[李学勤主编：《十三经注疏（标点本）仪礼注疏》卷十四"燕礼第六"，彭林整理，王文锦审定，北京大学出版社1999年版，第248~249页。]

[2]［美］塞缪尔·P.亨廷顿：《变化社会中的政治秩序》，王冠华、刘为等译，生活·读书·新知三联书店1989年版，第8~9页。

汉代实行礼治，其礼制的建立，是为了建立和维系国家政治秩序。而汉代国家政治秩序的建立和维系，则是以对君臣关系的规范和对官员之间关系的规范两部分来实现的。汉代礼制建设所表现的复古倾向和其面对大统一局面而有的创新，皆而有之，或者说其礼制建设的创新主要体现为将先秦儒家之礼（礼仪作为行为规则是制度典章的主要内容），以国家典章制度的形式予以明确并加以推行，以此而不同于《周礼》等仅是一种理想化的制度设计。汉代的礼制构建及其推行，借鉴了秦代以"法"的形式所建立的相关制度，故称"汉承秦制"，但汉代是将这类制度与儒家礼论给出的制度设计相结合，且以礼制替代了以"法"的形式所形成的法制。正因为如此，汉代的官制，是其礼制的主要构成部分，而礼制作为规则体系，则是以礼仪，也就是实现礼的规范要求的礼法，为其表现形式的，以此而不同于法制以律文作为其表现形式。在这方面，《周礼》作为典范为汉代所仿效，其礼制以官制为核心，《汉官六种》在叙及君臣之礼和官员之间的礼仪规范的同时，对职官们的职责和权力所作介绍，并非只是对礼仪的适用进行的一种补充说明，而是以此表明官员之间礼仪规则本身，就是对他们之间因官职大小不同所形成的等级关系，以及职责的权力范围不同所具有的职位的相对独立性，这是以礼仪规则的差等性和对等性二者的统一来予以表现的。也就是说，对礼仪规则的遵行，即等同于遵守了为官之道，而所谓为官之道，其主要含义乃是在于通过对权力效能的强化和控制，使之能够实现政治目的，这其中当然也包括官员作为个人，他们之间的私人关系，也应符合礼仪的规范，这倒是基于礼仪的道德属性，只不过礼仪的道德属性作为对个人品性的要求，虽然是决定个人致仕的基本条件，但在成为职官后，其作为政治工具的合格与否，取决于其是否能够为实现政治目的而服务，对此的衡量标准，则是其能否作为官僚体系的有效构成部分，因此服从政治制度对官员之间关系的有效调整，成为其是否合格的主要标准。而这一非人格化的转化本身，也表明了以礼仪规则来实现上述目的，是因为礼仪规则在这种情况下是官员们的政治行为标准。对此，可通过对以下由《汉官典职仪式选用》中记录的部分内容[1]的认识来予以说明：

---

〔1〕 （汉）蔡质撰，（清）孙星衍校辑：《汉官典职仪式选用一卷》，载（清）孙星衍等辑：《汉官六种》，周天游点校，中华书局1990年版，第201~205页。

三署郎见光禄勋，执板拜；见五官、左、右将，执板不拜。于三公诸卿无敬。（续汉志补注）　　　　　　　　　　　　　　　　　　　（A）

谒者仆射见尚书令，对揖无敬。谒者见，执板拜之。（续汉志补注）　　　　　　　　　　　　　　　　　　　　　　　　　　　　　　　（B）

宫中诸有劾奏罪，左都候执戟戟车缚送付诏狱，在官大小各付所属。以马被覆。见尚书令、尚书仆射、尚书，皆执板拜；见丞、郎皆揖。（续汉志补注）　　　　　　　　　　　　　　　　　　　　　　　　　　　（C）

少府符著出见都官从事，持板。都官从事入少府见符著，持板。（续汉志补注）　　　　　　　　　　　　　　　　　　　　　　　　　　　（D）

御史中丞遇尚书丞、郎，避车执板住揖，丞、郎坐车举手礼之，车过远乃去。尚书言左、右丞，敢告知如诏书律令。郎见左、右丞，对揖无敬，称曰左、右君。丞、郎见尚书，执板对揖，见令、仆射，执板拜，朝贺对揖。（续汉志补注）　　　　　　　　　　　　　　　　　　　（E）

A段文字中的"三署"，《后汉书·和帝纪》："元兴元年（105年）春正月戊午，引三署郎召见禁中。"李贤注引《汉官仪》："三署谓五官署也，左、右署也，各置中郎将以司之。郡国举孝廉以补三署郎，年五十以上属五官，其次分在左、右署。"[1]汉代五官中郎将、左官中郎将、右官中郎将的官署合称"三署"。三署郎是出仕长吏、令相的储备人才，地位特殊。[2]而光禄勋总领宫内事务，属九卿之一，属官有大夫、郎、谒者、期门、羽林等。三署郎除了见光禄勋"执板而拜"以外，见本署长官——中郎将，则不拜，见到别的将相大臣，一概不须行礼，即如A段文字中所言："见五官、左、右将，执板不拜。于三公诸卿无敬。"但此制似乎仅在汉代实行，魏晋时虽有三署中郎将，但已无三署郎。[3]汉代设置此项预备官员制度，是基于其特殊的人才政策，在此无特别需要讨论的地方。但是，从礼仪制度上看，这一制度所反映的不是在职的官员，除了面见光禄勋"执板而拜"以外，面见其他官员，

〔1〕　（南朝宋）范晔撰，（唐）李贤等注：《后汉书》卷四"孝和孝殇帝纪第四"，中华书局1965年版，第193页。
〔2〕　俞鹿年编著：《中国官制大辞典》，黑龙江人民出版社1992年版，第991页。
〔3〕　俞鹿年编著：《中国历代官制大辞典》，黑龙江人民出版社1992年版，第991页。

均可不拜，即清楚地表明了礼仪规则实为调整在职官员之间政治关系的行为规则，而并非个人之间的道德行为规则。由于三署郎官职未定，基于官职而有的身份也是未定的，故无法确定其身份等级，因此其与除光禄勋以外的其他官员相见，该依何种礼仪行礼，无法确定，这显然表明了礼仪规则虽然是以礼表达的伦理规范的外在表现形式，但其被用于规制官员之间形成的政治关系时，已不再具有伦理上的意义。

"执板而拜"，[1]在上引 A 至 E 段文字中，均有出现，表明官员相见中的礼仪，是基于官职大小和官职之间的管控关系，下级官员需将记录在板上的事项，向上级官员汇报的一种政治制度，但这一规范官员相见的行为规则，其形式则是一种礼仪，虽然从实用性上看，记录在板上的事项是有限的，对于偶遇，如 E 段文字中所说的，"御史中丞"路遇"尚书丞、郎"，需"避车执板住揖"，而"丞、郎坐车举手礼之，车过远乃去"。其"避车执板住揖"，显然仅是一种礼仪，以表明上下级关系，而并非有事需要汇报。

汉代御史大夫在行政上，其地位仅次于丞相，御史中丞是御史大夫的属官，地位仅次于御史大夫，"掌副丞相"，即协助丞相处理政务。"御史大夫内承本朝之风化，外佐丞相统理天下"（《汉书·薛宣传》），其"位次丞相，典正法度，以职相参，总领百官，上下相监临"（《汉书·朱博传》）。而尚书在皇帝与丞相之间掌呈章奏，尚书郎为尚书属官，在汉成帝以后西汉有尚书郎四人，协助尚书仆射处理事务，由于尚书部门比御史部门更靠近皇帝，[2]所以

---

[1] 板，即笏、笏板。《广韵》上记："笏，一名手版，品官所执。"及《韵会》通作曶，在《史记·夏本纪注》中，郑康成曰："曶者，臣见君所秉，书思对命者也。君亦有焉。"《礼记·玉藻》中记载："笏，天子以球玉，诸侯以象，大夫以鱼须文竹，士竹。本，象可也。见于天子与射，无说笏，入大庙说笏，非古也。小功不说笏，当事免则说之。既搢必盥，虽有执于朝，弗有盥矣。凡有指画于君前，用笏造，受命于君前，则书于笏，笏毕用也，因饰焉。笏度二尺有六寸，其中博三寸，其杀六分而去一。"［李学勤主编：《十三经注疏（标点本）礼记正义》卷三十"玉藻"，龚抗云整理，王文锦审定，北京大学出版社 1999 年版，第903~902 页。］以此可见，官员之间"执板而拜"是由君臣相见中的礼仪衍生而来的，由具有实用功能的行政行为规则，而演变为一种礼节。官员之间"执板而拜"向对方的致敬，以体现双方等级有别之意，并不一定是对方相见时，"有事"相陈而需要记录于笏板。

[2] 汉成帝建始四年（公元前 29 年）罢中书令，以尚书典掌机要。武帝时，尚书已有常侍、二千石、民曹、客曹四曹。汉成帝时增置三公曹，以尚书五人分主诸曹。东汉光武帝为了进一步加强君权，防止臣下专擅，将政务中枢由三公府移入宫廷，由尚书协助皇帝处理政务，称为"尚书台"，名义上隶属了少府，设尚书六人，分管三公、吏曹、民曹、客曹、二千石、中都官六曹。其上有尚书令与尚书仆射，合称"八座"（俞鹿年编著：《中国官制大辞典》，黑龙江人民出版社 1992 年版，第 329 页）。

御史中丞虽然从官职的级别上与尚书丞、郎相当，[1]但地位要比后者低，这里所谓的"地位"，是指政治权力通过官职的等差关系的设置，体现了以接近权力中心的远近来划分其官职的大小不同的由上而下的管控关系，故"御史中丞"路遇"尚书丞、郎"，需"避车执板住揖"，并且要"车过远乃去"，但尚书丞、郎，还是要"举手礼之"，这种于细节中表现的"御史中丞"和"尚书丞、郎"之间在身份等级上的差别，通过礼仪规则表现出来，实则是尚书之职与御史之职在政治权力结构中所处的位置的反映，二者位置的高低固然是一种等差关系，但二者各自拥有的权力，又是相对独立的，不能够相互替代，因而同时具有对等关系。在这种关系中，官员个人因就任某一官职而产生的权利义务，与其官职本身所拥有的权力和义务，并不相同，但有对应关系，即官员手中拥有的权力，会为其带来一定的权利，但他需要完成其职责要求的义务。

值得进一步认识的是，正因为官员因职责而发生的权力义务，与其个人权利存在密切的联系而易被混同，导致以礼仪规则所规范的官员因职务而拥有的权力和个人私权利，以及其职责和个人为履行职责而有的付出之间，会被混同，以礼仪规则来对其予以行为规范时，于礼仪规则体系而言的官员的权利义务会因为混同而被省略，正式的官方语言中，都仅强调"以公废私"，但不可避免的是，与官员个人利益有关的并非只是薪酬，正如同皇权的神圣是与皇帝本身被神化在古代国家政治中是不可分离的一样，官员个人的权利义务也往往与其官职保持着紧密的关系。因此，从所谓施政礼来认识礼仪规则中的权利义务，需与其履行公职中的权力和义务划清界限。也就是说，除了薪酬，官员个人因担任某一官职，与其上级或下级之间形成的关系，如果是以礼仪规则来调整的话，那么其个人因此获得的权利和应承担的义务，是需要从这种关系中的物质性方面来予以认识的，这倒是不用过多涉及，因为少数廉洁官员的行为，并不是一种符合实际的普遍行为，官员假公济私、以权谋私的行为之所以不可避免，是因为官员履行职务的行为，既是公务行为

---

　　[1]　尚书设左、右丞，左丞为尚书令之副属，总领纲纪，右丞为尚书仆射副属，掌廪假钱谷。而尚书郎在东汉时取孝廉中之有才能者入尚书台，在皇帝左右处理政务，初入台称守尚书郎中，满一年称尚书郎，三年称侍郎。[（汉）应劭撰，（清）孙星衍校辑：《汉官仪二卷》"下卷"，载（清）孙星衍等辑：《汉官六种》，周天游点校，中华书局1990年版，第141~142页。]

也是个人行为，且这种二重性在专制体制下尤显突出，然而礼仪规则试图对此做出区别的方式是依赖于个人的道德修为，来避免公私不分。先秦儒家所谓的以礼相见，是指因公事而相见。先秦儒家的公私论，是反对"私见"的（《论语·雍也》："子游为武城宰，子曰：'女得人焉尔乎？'曰：'有澹台灭明者，行不由径。非公事，未尝至于堰之室也'"），在此仅就官员因公事而相见来说，他们之间的权利义务关系，虽然相互之间就个人关系而言，并无任何物质上的交换，但事实上，以其官职所拥有的权力来说，既是为实现整个统治阶层的利益而服务，也体现了社会各利益集团利益冲突调和的结果，因此官员之间所谓政治关系，就其实质而言仍是以物质性为其核心的，并因为具有这种物质性而可以使差等中的对等关系模式，可被推及用于调整社会成员之间的关系。这是因为政治关系是对社会关系的集中反映，且如前引A、E两段文字中的"持板相见"，虽然在偶遇中仅具有象征性意义，但以此礼节所刻画的官员之间的政治关系，与其所担任的职务密切相关。官员担任某一职务，其公事行为本身，代表的是统治阶层物质利益和某一社会集团物质利益二者相统一的关系。官员之间相见，即便是偶遇时的"无事"，也是与"有事"时的政治关系相关联的。

对上述官员之间因公事而以礼相见的情况，C段文字有更为具体的描述：C段文字是关于左都侯将因被劾奏有罪的官员按官职大小"付送"不同的诏狱时，左都侯见到各部门长官时，双方行礼的礼节。左都侯为卫尉属官，卫尉西汉秩千石，东汉比千石，而左右都侯秩六百石，[1]《后汉书·志第二十五·百官志二》："左右都候各一人，六百石"，《汉官》曰："右都候员吏二十二人，卫士四百一十六人。左都候员吏二十八人，卫士三百八十三人。"[2]劾奏为向皇帝检举官吏的过失或罪行，而汉代诏狱为中央级的监狱，郡县监狱则关押地方罪犯。中央级监狱又分为地处京城的"中都官狱"和分布在地方而直属于中央的诏狱。[3]据沈家本考证，汉代的中央级监狱主要有廷尉狱、

---

〔1〕 安作璋、熊铁基：《秦汉官制史稿》，齐鲁书社1984年版，第130、133页。

〔2〕 （清）孙星衍校辑：《汉官一卷》，载（清）孙星衍等辑：《汉官六种》，周天游点校，中华书局1990年版，第3页。

〔3〕 薛瑞泽：《汉代监狱的层次及管理》，载《中国监狱学刊》2004年第1期。

都船狱、寺互狱、上林诏狱等。[1]中央级监狱关押的基本上都是须得到皇帝诏旨批准的"诏狱"人犯。汉代在皇帝之下，三公（即丞相、御史大夫、太尉）拥有劾奏权和议罪权，在三公之下的卫尉，属九卿之一。在九卿中，涉及司法的主要是廷尉、尚书等。汉代设立尚书台，尚书的地位和权限得到提高，以致出现了"虽置三公，事归台阁"的局面。尚书除拥有劾奏权外，还拥有案验权、议罪权和驳议权等，其对三公上报的议罪结果，拥有驳议权。[2]汉代刑制中，有"优礼长吏"的政策，"秩六百石"以上者为长吏，"吏六百石位大夫，有罪先请。"（《汉书·宣帝纪》）因此，作为执行对因劾奏而有罪的官员，左都侯"见尚书令、尚书仆射、尚书"而受命，属执行公务，其需"执板而拜"的礼仪，在于表现这种上下级关系。与"执板而拜"之礼节有所不同的"揖"，是见尚书丞、郎时的礼节，体现的是二者之间的一种地位平等的关系，在这种关系中，双方并无权力义务的隶属关系，双方之间的公务关系，是因职责不同而发生的实现权力效能上的权力义务连接，左都侯的权力来自"尚书令、尚书仆射、尚书"的权力移转，即作为对议罪结果的执行者，其执行逮捕和将罪犯送往"诏狱"的权力，是因其职务而拥有的，这种权力来自对议罪权的承接，具体完成这种承接的是与尚书丞、郎的对接（如与接受执行文书所类似的行为）。如左都侯在执行对因劾奏有罪者进行逮捕和送交"诏狱"关押这一公务中，对于完成这一公务的相关人员的礼仪作出规定，而并不是对双方之间为完成这一公务的具体程序及相关手续作出具体的规定（也许汉律中有这样的程序规定，只不过因为佚失，而无法知晓），以此所体现的"礼法"对具体的相关程序规定的涵盖，虽然是在官制中，而不是或不仅仅是在刑事程序法中作出规定。

以礼仪的形式规则规范官员之间履行公务中所发生的政治关系，"执板而拜"这一礼节对此有很典型的表达，而上述 C 段文字，则进一步将以"执板而拜"所表现的官员之间的政治关系的可能，予以进一步地延伸：地位平等的"少府"和"都官从事"之间的相见，以"有事"而往者需"执板而拜"，而关于对方还礼的礼节则无交代，即"少府符著出见都官从事，持板。都官

---

〔1〕（清）沈家本撰：《历代刑法考》"狱考"，邓经元、骈宇骞点校，中华书局 1985 年版，第 1165～1169 页。

〔2〕王志亮主编：《中国监狱史》，广西师范大学出版社 2009 年版，第 60～61 页。

从事入少府见符著，持板"。

少府是秦时开始设置的官职，也是政府机构，汉代沿用此制，王莽时一度更名为"共工"。西汉时少府与大司分工，为掌管皇室财政的重要机构。少府在中央和地方都设有分支机构掌管各项事宜，其收入来源于"山泽陂地之税"，[1]作为职官，少府属九卿之一。少府机构庞大，属官众多，包括尚书、符节、太医、太官等，其人员不仅超过大司农，在诸卿之中也居第一位，据《汉书·百官公卿表》记载，西汉少府有六丞，而其他政府机构直属长官的丞一般只有两个，但少府直属丞暂无可考。[2]而都事从官，是司隶校尉的高级佐官之一。主察举百官犯法者。司隶校尉始置于汉武帝征和四年（公元前89年），秩二千石，受御史大夫节制，地位略次于丞相的司直。汉成帝元延四年（公元前9年）曾省去，汉哀帝绥和二年（公元前7年）复置，但称"司隶"，属大司空。东汉时复称"司隶校尉"，渐变为郡以上的督察官，权威特重，专道而行，专席而坐，除三公以外都可纠察，与尚书令、御史中丞号称"三独座"。

所属有都官、功曹、别驾、簿曹、兵曹等诸曹从事史及部都国从事史。[3]少府作为皇室私属的管理财政和税金收取的部门，地位特殊，其官职级别虽在后者之上，但司隶校尉的副属都官从事是监察机构的职官，所以这两个拥有特权的机构官员相见，以有公务上门相见一方先行"执板而拜"之礼，来规范他们之间的关系，这种规范方式不仅对双方之间的政治关系做出了明确的解释，而且这种解释通过礼仪规则的固化，使双方的交往行为得以服从于实现政治目的的需要。以此可见的是，礼仪规则所具有的对交往关系的概括和抽象功能与法条相同，但有所不同的是，礼仪规则实为对主体间性的关系的调整，而不同于法条只是对主体的规制。礼仪规则的这一特征，不仅表明其可以对包括契约行为在内的社会行为进行规范，而且表明这种规范是对法条式规范的重要补充。也就是说，礼仪规则所具有的自然法特征，其以对道

---

〔1〕《汉官仪》："少府掌山泽陂池之税，名曰禁钱，以给私养，自别为藏。少者，小也，故称少府。秩中二千石。大用由司农，小用由少府，故曰小藏。北堂书钞设官部。""少者，小也，小故称少府。王者以租税为公用，山泽陂池之税以供王之私用。古皆作小府。"〔（汉）应劭撰，（清）孙星衍校辑：《汉官仪二卷》"上卷"，载（清）孙星衍等辑：《汉官六种》，周天游点校，中华书局1990年版，第135页。〕

〔2〕安作璋、熊铁基：《秦汉官制史稿》，齐鲁书社1984年版，第179页。

〔3〕俞鹿年编著：《中国官制大辞典》，黑龙江人民出版社1992年版，第931页。

德内容的概括的抽象，具体表现为对礼义的表达，已为在此之前先秦儒家礼论给出了证明，汉代的礼治实践正是对先秦儒家礼论的实用性检验。汉代以礼仪规则来建立官制，虽然是对西周的模仿，但这种模仿对后世所具有的开创性意义在于，《周礼》所构建的西周国家制度，并未被证明确实存在过，而以《汉官六种》等史书所记录的汉代以礼仪来构建其官制的情况来看，汉代官制依礼制而形成，是一种现实的存在，并非仅在理论上存在的"理想的政治制度"，礼仪规则被适用于对政治行为和社会行为进行规范，在此即由若干可用于对官员之间政治关系进行调整的事例给出了证明，而汉代以后各朝代对这一制度的继承，表明汉仪所奠立的国家政治制度构建模式，其意义是重大的。以礼仪规则来构建官制，并以此为基础使政治秩序得以形成，这一模式是对礼仪规则的伦理属性进行淡化处理，并因此实现了以礼仪规则作为官员政治行为的一般性规则的政治制度构建，在此基础上的进一步扩展，则是以礼仪规则作为社会行为规则，这种扩展的可能在于国家政治秩序的形成集中反映了对社会关系在其可能的限度内的调整，虽然这一限度对古代国家而言是以皇权在保有的物质能力的范围来界定的，[1]但这一范围却构成社会存在的核心部分，因此，形成政治秩序的规则，不仅在皇权有效的范围内会成为社会行为规则，而且对其有效范围以外的社会行为规则的形成也具有重要影响，因为国家政治本身即是以实现对社会秩序的有效管理为目的。因此可以说，以礼仪规则作为社会主要的行为规则，其已被证明了的对官员之间政治关系所具有的概括和抽象功能，对于以实现商品交易为目的的契约关系而言，是同样有效的，即礼仪规则以其形式，对政治关系和社会关系这样的在形式上表现为人与人之间的交往关系所具有的概括和抽象功能，对于以商品交易为目的的契约双方之间关系，同样有效，因为契约关系本身，属于人与人之间交往的社会关系之一种，实则亦为主体间的关系（就实质内容而言）。

以上由 D 段文字所记录的身份地位相同的官员之间以"有事"而相见于对方者，需"执板而拜"的礼节，B 段文字所记录的情况与此有所不同的是，

---

〔1〕　任剑涛：《政治秩序与社会规则：基于国家–社会关系的视角》，载《人民论坛·学术前沿》2012年第 4 期。

"谒者仆射"与"尚书令"相见,"对揖无敬"。"对揖"是指相互行揖礼,而"无敬"在此是指不以礼节来做上下等级之分。谒者仆射,为秦代始置官名,其为光禄勋所属诸谒者的领班,汉沿置。《汉书·百官公卿表》说:"谒者,掌宾赞受事,员七十人,秩比六百石。有仆射,秩比千石。"东汉时谒者在名义上仍属光禄勋,但实际上已形成独立的台,故《后汉书·百官志》说:"谒者仆射一人,比千石。"其本注曰:"为谒者台率,主谒者,天子出,奉引。古重习武,有主射以督录之,故曰仆射。"[1]而尚书令为少府属官,武帝时用宦者,更名为中书谒者令,成帝时复用士人。东汉时成立尚书台,国家政务,悉归尚书。尚书令为尚书长官,秩千石,领诸曹,主赞奏,总典纪纲,但名义上仍隶属于少府。[2]由于汉代谒者与尚书之官职有渊源上的联系,都为靠近皇帝的近臣,所以谒者仆射与尚书令相见而"无敬",身份上的同等,由其所担任的职务决定。与前述 D 段文字中少府与都官从事的关系有所不同的是,后者上门相见者需先行"执板而拜"之礼,以此强调因"公事"相见之"公事"的重要的标准,是先于身份同等中对个人而言的物质性标准——俸禄(秩二千石)的。但 B、D 两段文字,都以礼仪规则所强调的对等性为主,即以礼节上的对等规则,作为双方交往中的行为规则,这一在国家官制中所明确的官员之间交往的行为规则,如前述中所言,对契约行为中以交易标的物为体现对等性的承载物,是有原则上的规制作用的。

三、汉代礼俗仪式与契约法

汉代礼俗作为习惯法,以其具有的继承性而与周礼和先秦儒家礼治主张有关,中间虽有秦代"法治"兴亡的影响,但并不能割断礼俗在民间社会的流行,至少在汉代以前国家对社会秩序管控的皇权所及范围以外,习惯法的存在是必然的。而礼俗作为习惯法,对中国古代社会习惯、习俗和传统文化的影响,与礼治作为国家治理方式的儒家主张有重要关系。西周国家以礼制作为国家政治法律制度,是形成这种影响的另一重要因素。虽然以《周礼》

---

〔1〕 (南朝宋)范晔撰,(唐)李贤等注:《后汉书》卷一百二十五"百官二",中华书局 1965 年版,第 3574 页。

〔2〕 俞鹿年编著:《中国官制大辞典》,黑龙江人民出版社 1992 年版,第 201 页。

等礼书的记载尚不足以证明其自身的真实性，但春秋和战国时期礼治主张逐渐成为社会主流思想，以儒家典籍和历史记载，是可以被肯定的。而汉代礼治成为国家治理方式对礼俗形成具有主导作用，与先秦时期的情况有所不同的是，汉代礼治的实际推行对礼俗的形成具有重要意义——

　　汉代礼治主导地位的确立，以"罢黜百家，独尊儒术"为标志对后世的影响，使汉制成为被仿制的标本，礼俗顺此得以延续和更新，系因符合国家政治的需要，并因此成为一般社会行为规则。在皇权对社会秩序管控范围以内和以外，这些规则都是有效的，原因在于礼制作为国家政治法律制度，因其适用的等级性限制，使统治阶层意欲实现对社会秩序的管控，不得不借助于民间"自然"形成的"公序良俗"，即礼俗。即便是士以上阶层人士，在政治行为以外的其他行为，包括契约行为所受到的约束，只能来自以礼俗为主的习惯法的规范。因此，除了《汉律》和汉仪以外，官员和民众的社会行为，包括契约行为所遵守的规则，主要见之于礼俗。

　　（一）《风俗通义》[1]所载礼俗仪式与契约法规则

　　礼俗先于作为西周国家政治法律制度的礼仪（周礼）而存在，且在先秦儒家礼论以礼仪作为礼的外在表现形式之前就已存在。因此，在此语义上的礼俗，是以先秦儒家礼论及其对礼仪规则构造作为渊源的。但是，当礼仪以国家典章制度形式而存在时，则反过来会对礼俗的社会存在形成重要影响。法家"观俗立法"（《商君书·算地》曰："圣人之为国也，观俗立法则治，察国事本则宜。不观时俗，不察国本，则其法立而民乱，事剧而功寡。"）与儒家制礼，二者的路径其实是相同的，所不同的是法家之"法"所抽象出的强制性行为规则，是以"罚"来确保其得到遵行的，而先秦儒家从礼俗中抽象得出的行为规则是以教化方式来实现其约束力的。应劭于古今文学之争似无牵涉，却专注于"辨正风俗"，其目的仍在于为"制礼"和礼制的修正提

_____

　　[1]《风俗通义》，东汉泰山太守应劭撰。汉代民俗著作，原书三十卷、附录一卷，今仅存十卷。该以考证历代名物制度、风俗、传闻为主，对两汉民间的风俗迷信、奇闻怪谈多有驳正。宋代苏颂校定《风俗通义》，从庚仲容《子钞》、马总《意林》中辑得原篇目。据苏颂题序，于篇名后补原次序为：《皇霸》第一，《正失》第六，《愆礼》第八，《过誉》第七，《十反》第九，《声音》第十三，《穷通》第十五，《祀典》第二十，《怪神》第二十一，《山泽》第二十四。已佚的二十篇为：《心政》《古制》《阴教》《辨惑》《析当》《恕度》《嘉号》《徽称》《情遇》《姓氏》《讳篇》《释忌》《辑事》《服妖》《丧祭》《宫室》《市井》《数纪》《新秦》《狱法》。

供依据。但清代《四库全书简明目录》并未将《风俗通义》归为礼书，而说应劭所撰《风俗通义》"考论典礼类《白虎通》，纠正流俗类《论衡》，不名一体，故列之于杂说"〔1〕。这一评判确认应劭撰《风俗通义》是为了"考论典礼"和"纠正流俗"，只是因为该书以对名物制度、风俗、传闻的记载为主，虽然对两汉民间的风俗迷信、奇闻怪谈多有驳正，但却因庞杂而"不名一体"，从而将此书归为"杂说"。当然，这一评判和归类方式，倒也未必正确。应劭在该书的《自序》中阐明了其撰该书的目的，即"为政之要，辨正风俗，最为其上"〔2〕。"俗间行语"作为社会舆论，是民情民意的写照，不可不察。不过，"俗间行语"作为民情民意的写照，只是表象，它们作为一种社会存在，在其表象下则是民众所遵从的社会行为规则的汇集。这些规则以风俗习惯为承载物，在以礼制规范社会秩序的过程中，风俗习惯因受礼仪规则的主导和制约致使其核心部分表现为礼俗，这种在礼仪规则作为社会行为应遵行的基本规则的前提下"自然"生成的习惯法（其并非为国家所制定），与作为礼制的规则体系渊源的礼俗已不是同一之物。由于"礼不下庶人"导致礼仪规则作为社会行为规则必要的延伸，只能以习惯法为其表现形式，但礼俗规则的强制力并非仅依赖于"俗间行语"制约，因为除了"俗间行语"作为社会舆论的强制作用以外，违反为礼制所肯定的与礼义相符的礼俗的行为，是要受到国家强制力的制裁的，这种情况以汉代"春秋决狱"为典型表现。并且，礼俗的表现形式并非仅为"俗间行语"，与礼仪规则相同的仪式性行为规则，是其存在的主要表现形式。

《风俗通义》作为应劭于今仅存的一部著作，之所以被认为记录了汉代礼俗，是因为其"辨风正俗"与"考论典礼"密切相关，该书的珍贵也正在于此。因此，我们从该书所记录的民间礼俗中，不仅可以了解到汉代以礼制而实现的对社会秩序的管控效果，且重要之处在于，这些礼俗本身作为较之于礼仪规则更具有普遍意义的社会行为规则，为我们搞清楚以礼俗所规范的秩序效果的具体，提供了第一手资料。但是，由于该书确实内容庞杂，有些记录并非与礼俗相关，在此囿于篇幅，不可一一作出辨析，仅择其所录一、二

---

〔1〕（汉）应劭:《风俗通义》附录《四库全书简明目录》卷十三"子部·杂家类·《风俗通义》十卷附录一卷"，王利器校注，中华书局1981年版，第640页。

〔2〕（汉）应劭:《风俗通义》"风俗通义序"，王利器校注，中华书局1981年版，第5~8页。

事例，用以说明与本书相关的问题。

例1：《风俗通义·愆礼》"九江太守武陵陈子威"，以其路遇独行"老母"为"正母"的"事迹"，应邵"谨按"以"无事正母之号耳"的"正名号"之说，提出了礼仪规则（即"法"）调整范围的概念。对于契约法而言，礼仪规则调整范围的概念的提出，其意义不仅在于使以诚信作为原则的契约法规则体系得以确立其效力范围和适用尺度，还在于以"正名号"的导引所实现的秩序管控，使交易行为依约而行的规则（如有关对价、质量和数量等规则）得以简约化。

"九江太守武陵陈子威"以其奉养之母为母的"事迹"，载于《风俗通义·愆礼》[1]篇：

> 九江太守武陵陈子威，生不识母，常自悲感；游学京师，还于陵谷中，见一老母，年六十余，因就问："母姓为何？"曰："陈家女李氏。""何故独行？"曰："我孤独，欲依亲家。"子威再拜长跪自白曰："子威少失慈母，姓陈，舅氏亦李，又母与亡亲同年，会遇于此，乃天意也。"因载归家，供养以为母。

> 谨按：《礼》，"继母如母，慈母如母。"谓继父之室，慈爱己皆有母道，故事之如母也。何有道路之人而定省！世间共传丁兰克木而事之，今此之事，岂不是似？如仁人恻隐，哀其无归，直可收养，无事正母之号耳。[2]

上述九江太守陈子威的"事迹"中，有一点看起来不太符合作者以"风俗"为研究对象的自述，在此处似乎也可将其称为"名实不符"：按说陈子威为太守，并非庶民百姓，其行为规范当受礼仪的规制，而不应仅依风俗习惯

---

〔1〕 愆，《说文》："愆，过也。"《论语·季氏》："子曰：'侍于君子有三愆：言未及之而言，谓之躁；言及之而不言，谓之隐；未见颜色而言，谓之瞽。'"关于"愆礼"之意，有（晋）张华《女史箴》："知饰其容，莫若知饰其性；性之不饰，或愆礼正。"［（晋）张华撰：《女史箴》，载（梁）萧统编，（唐）李善注：《文选》（第6册），上海古籍出版社1986年版，第2404~2405页。］《左传·哀公十六年》："夫子之言曰：'礼失则昏，名失则愆。'失志为昏，失所为愆。生不能用，死而诔之，非礼也。"［李学勤主编：《十三经注疏（标点本）春秋左传正义》卷六十"哀公十六年至二十七年"，浦卫忠等整理，杨向奎审定，北京大学出版社1999年版，第1689页。］可见"愆礼"即为过当之礼。

〔2〕 （汉）应劭撰：《风俗通义》"风俗通义序"，王利器校注，中华书局1981年版，第138~139页。

而行，因此，此处应邵的评判，所依据的应当是礼仪规则，而非礼俗规则，但如其自序中所言，此段文字所录之事，当是对"流俗"的考察，然而，"流俗"何在？

不过，细读其"谨按"会发现，其以陈子威的"事迹"，类似于"世间共传"的"丁兰克木"的故事的后话，对上述疑惑是有所释明的："丁兰克木"系为"俗间行语"之传闻，而这样的传闻得以"世间共传"，显然是因为人所共识，即为礼俗规则的认同使然，由此而引出"流俗"的存在，所以其评判的对象，并非陈子威将路遇独行之同姓"老母"并把其接回家中当作自己亲生母亲奉养之事，而是与陈子威"事迹"类似的"丁兰克木"传闻背后的礼俗，如此可见，应邵之说果然是意在"纠正流俗"。

然而，"丁兰克木"传闻背后的礼俗，有何可"纠正"之处？

以"无事正母之号耳"的结论，还是要回到陈子威"事迹"上来。陈子威"生不识母"，路遇独行之同姓"老母"，将其接回家中奉养，足见其善，应予褒奖，而并无可指责之处，然而，应劭对陈子威把路遇之"老母"当作自己的母亲尽"孝"的行为，却并未给予肯定，而是认为"如仁人恻隐，哀其无归，直可收养，无事正母之号耳"，即认为这样的做法并非符合于礼仪规范的要求，这倒是有些让人疑惑：以道德规则强调典型的教化意义，是其实现行为控制的基本方式之一，陈子威路遇"孤独"的"老母"，"哀其无归"而收养，且收养后侍奉如自己的亲生母亲，当为道德楷模，这不正是以礼仪规则所欲达到的目的吗？

应邵却说，陈子威"无事正母之号耳"，对此评判加以深思后发现应邵之言，其意思是陈子威不应当给由其收养的"老母"以"正母"之名号，而应当称其为"继母"，此其一。其二，陈子威不应当因为侍奉"继母"，而"无事"于"正母"。这一论断，由此解析，即可见其意谓确为醒世之言。

世之"流俗"，不辨"继母"和"正母"，名号的混淆，虽然其中包含有对陈子威之善行侍"继母"如"生母"之行为的褒奖之意，但是这于礼仪规则的严格规范而言，这种出之于"流俗"的说法是不对的，因为名号不同，与之相对应的礼仪规则是不同的，故应邵之言，其意在以此而"辨正礼典"，足见其当。然而，这仅是以传统视角得出的认识之一，之二是以现代意义上的"法"的概念来说，应邵此处所言，明确表达的是，礼仪规则是"法"，应具有其作为社会行为规则在条文设定上的以概念而定的假定，才会有正确的处理和结果，以此方称为"名实相符"，以此将其评判称为代表了汉代创制的最高水平，实不为过。

不仅如此，应邵的"谨按"，以对陈子威"无事正母之名耳"的行为所做评判表达的意思，还在于所谓"无事正母"之名，与其收养路遇老人而受从称道的行为相比较，其以前者为重，即明确了礼仪规则对礼俗应有的"纠正"是，礼仪和礼俗规则作为社会的一般行为规则，仅应对不包含道德意义的一般性行为进行规范，因为在此意义上的礼仪和礼俗规则，实际上已成为去道德化的一般社会行为规则。并且，以此可见以礼典来表现的礼仪规则，作为国家政治法律制度，对礼俗，即习惯法，是如何"纠正"的。

在此需要提及的是，"丁兰克木"之"事迹"，首见于应邵于此的记录，"丁兰克木"即为"丁兰刻木"或"丁兰刻母"，是后来的"二十四孝"中的事例之一。[1]汉代"以孝治天下"，应邵于此纠正礼俗，则关于"孝"的流俗首当其要，是因为以"孝"而可以言"忠"，进而可以言"信"和"诚"，这一演变，其背后发生的正是礼仪规则由道德行为规则演变为政治行为规则和社会行为规则的异化过程。

费孝通将中国社会进行类型学划分并纳入西方古典社会理论考察，认为至现代以前的中国社会，作为乡土社会，是"礼俗社会"，其在《乡土中国》中指出："在社会学里，我们常分出两种不同性质的社会，一种并没有具体目的，只是因为在一起生长而发生的社会，一种是为了要完成一件任务而结合的社会。用滕尼斯的话说，前者是 Gemeinschaft，后者是 Gesellschaft，用迪尔凯姆的话说，前者是'机械的团结'，后者是'有机的团结'，用我们自己的话说，前者是礼俗社会，后者是法理社会。"[2]不过，费孝通并没有严格区分礼仪与礼俗，其所言的"礼"，实际上是指礼俗，如其在谈到乡土社会的"礼治秩序"时说，乡土社会并不是"不需要规律的秩序"而是以"自动的秩序"得以维持的"无政府"社会，乡土社会是"礼治社会"，而"礼是社会

---

〔1〕　元代郭居敬辑《二十四孝》："汉丁兰，幼丧父母，未得奉养，而思念劬劳之恩，刻木为像，事之如生。其妻久而不敬，以针戏刺其指，血出。木像见兰，眼中垂泪。兰问得其情，遂将妻弃之。"〔（元）郭居敬撰，陈少梅绘图，赵遵礼注译点评：《二十四孝图文解读》，陕西人民出版社 2007 年版，第 21 页。〕

〔2〕　费孝通：《乡土中国》，生活·读书·新知三联书店 1985 年版，第 3 页。

公认合式的行为规范",礼与法的不同在于"礼并不是靠一个外在的权力来推行的,而是从教化中养成了个人的敬畏之感,使人服膺"〔1〕。显然,费孝通在此所说的"社会公认合式的行为规范",并非指国家政治法律制度所规定的行为规范,而是得到国家政治法律制度认可的社会"公认合式的行为规范",这样的行为规范,应当与国家政治法律制度相容,或者说是得到国家政治法律制度认可的,因此,其所言之"礼",应当是指礼俗而并非由国家典章制度所明确规定的礼仪规则。汉代社会"公认合式的行为规范",首要的且为核心的行为规则,即为以"孝"所指称的若干行为规则。

"二十四孝"故事中,时间上最早的并非"丁兰克木",而是"孝感动天"中的作为"至孝"典范的虞舜,〔2〕这个近似于神话的故事,在《孟子》《荀子》《史记·五帝本纪》中均载。作为三皇五帝之一的舜,其以"孝"而"感动天",成为《孝经》中孔子说的"先王有至德要道,以顺天下,民用和睦,上下无怨","夫孝,德之本也,教之所由生也"〔3〕的依据。将"孝"与"天"的感应相联系,这种"天人感应"论,是先秦儒家天人论哲学的核心论点,目的在于表明"孝"作为"德之本"的客观性。《孝经·三才章》中说,"子曰:'夫孝,天之经也,地之义也,德之本也,民之行也。'"此言是否出自孔子,只能是姑妄信之。关于《孝经》的作者,有班固《汉书·艺文志》之孔子说和司马迁《史记·仲尼弟子列传》中的曾子说等,胡平生认为《孝经》的成书,至迟不晚于公元前 241 年,因为这一年《吕氏春秋》修成,其中引用了《孝经》文字。〔4〕以此而论,汉代董仲舒的"天人感应"论其实是确有出处的,而董氏独创之处在于为"天人感应"找到了"人性"的具体依据,"天人同构"说以人性而比附"天性",将"天"的客观存在以人格化的主观视角去认知:"天"对人之所为,是有"感应"的。这种"感应"

---

〔1〕 费孝通:《乡土中国》,生活·读书·新知三联书店 1985 版,第 30~32 页。

〔2〕 元代郭居敬辑《二十四孝》:"虞舜姓姚,名重华。瞽瞍之子,性至孝。父顽母嚚,弟象傲。舜耕于历山,象为之耕,鸟为之耘,其孝感如此。陶于河滨,器不苦窳;渔于雷泽,烈风雷雨弗迷。虽力尽瘁,而无怨怼之心。尧闻之,使臣百揆。事以九男,妻以二女。相尧二十有八载。帝遂让以位焉。"〔(元)郭居敬撰,陈少梅绘图,赵遵礼注译点评:《二十四孝图文解读》,陕西人民出版社 2007 年版,第 1~2 页。〕

〔3〕 (唐)李隆基注,(宋)邢昺疏:《孝经注疏》"开宗明义章第一",邓洪波整理,钱逊审定,北京大学出版社 1998 年版,第 2~3 页。

〔4〕 胡平生:《孝经是怎样的一本书?》,载氏著:《孝经译注》,中华书局 1996 年版,"译注者序"第 3~4 页。

论，其实来自人对"天"依其"道"的运行有所"感应"（感知）的比附，虽然董仲舒较之于以"天"为"神"的有神论，比先秦儒家距离更远了一步（孔子敬天地鬼神而远之，是以不知为界的），并因此而突出了其意在对"天道"的客观性的强调，其理论在一定意义上，确实为汉代将先秦儒家礼治理论运用于实践找到了依据。汉代"以孝治天下"的国策，正是主张"孝道"取自"天道"，而以"天道"的客观性，不仅可以克服先秦儒家礼治理论以"礼"所指称规律体系，源自伦理和道德规则以实现对"仁"的追求为行为标准所具有的"私意"，还实现了以体现"仁"为核心"礼义"的礼仪规则去道德化和去伦理化而向一般社会行为规则演变的异化。如前所述，先秦儒家礼治理论，在理论上已实际完成了这一异化过程，即由"孝"而言"忠"，进而由"忠"而言"信"与"诚"，"诚信"因此成为一般社会行为的最核心的行为规则，其既是具体的行为规则，人与人之间任何一种交往关系皆可以"诚信"来予以规范，并且其也是原则，即以"诚信"可以衍生和统领其他行为规则，正因为如此，契约行为作为以实现交易为目的的具体交往行为，是一般意义上的社会交往行为以相对抽象形式存在的基础（在一般意义上，即非宗族关系和非家族关系而言，礼源于礼物交换这一说法，是正确的，因为礼在此即意指礼物交换中的行为规则），但契约行为同时又是礼仪、礼俗规则被制定出来和自然形成后，社会行为的具体存在形式。人们社会生活中无时无刻不在发生着契约行为，只不过多数并非以书面形式，而是以口头形式存在罢了。因此可以说，由汉代"以孝治天下"所试图形成的社会秩序，是以诚信原则作为一般性社会行为规则中的核心规则或基本原则的，因此使契约以诚信为原则，寻找到了"合法性"依据。而依据的存在使其若干行为规则，具备了成为"法"的基本条件。而对中国古代契约法而言，这一以"法"的形式来表现的契约法规则体系的存在，则主要存在于礼俗之中。礼俗在此应指以国家典章制度形式存在的成文法——礼仪规则体系为主导的，和以其来确认其自身的有效边界的交易行为规则体系。而契约法规则体系以诚信原则的确立，使若干由此衍生的规则得以有效地收敛和扩张，并形成体系。

　　例2：《风俗通义·过誉》中"汝南戴幼起"在父母亡故后"让财与兄"，其行为却被应邵所否定，表明"让"以其双向自律性作为调整交际行为的手段，不适用于家族男性成员之间的财产关系，但却因此证明了礼仪规则去道德化和伦理化后存在的异化倾向，而由这一存在所主导的礼俗规则，虽然不同于以双向的他律性来调整交易行为的契约法规则，但涵盖了契约法规则。另外，在此事例中，"辞让"作为"礼之端"，与"昆弟之义无分"的儒家关于"孝"的教义在形式的冲突，反映出契约法主体由家庭进化为个人的过程中，旧的礼仪规则及受其影响的礼俗规则在涉及具有物质内容的交际行为时其调整方式的不适应，在一定意义上，预示了其演变的需要。

"汝南戴幼起"在"三年服竟"后"让财与兄"的"事迹"，载于《风俗通义·过誉》篇：

> 汝南戴幼起，三年服竟，让财与兄，将妻子出客舍中，住官池田以耕种。为上计史，独车载衣资，表汝南太守上计史戴绍车。后举孝廉，为陕令。
>
> 谨按：《礼》有东宫西宫，辟子之私，不足则资，有余亦归之于宗也。此言兄弟无离异之义也。凡让财者类与弟，子弟尚幼，恩情注，希有与兄。既出之日，可居冢下。冢无屋，宗家犹有赢田庐，田可首粥力者耳，何必官池客舍？推独车，复表其上，为其饰伪，良亦昭。辟有薛孟尝者，与弟子共居，弟子常求分，力不能止，固乃听之，都与，奴婢引其老者，曰："与我共事，汝不能使之。"田屋取其荒坏者，曰："我少时所作买，意所恋也。"器物取其久者，曰："我服食久，身口安之也。"外有共分之名，内实十三耳。子弟无几尽之，辄复更分，如此者数。传称袁盎三兄子分而供其公家之费，此则然矣。《论语》："泰伯三让，民无得而称之焉。"何有让数十万，畏人而不知，欲令皦皦，乃如是乎？方之袁、薛，差以千里。凡同居，上也；通有无，次也；让，其下耳。况若幼起，仍斯不足贵矣。[1]

秦代法家舍礼治而行法治，其实并非在礼仪规则和礼俗规则所形成的一般性社会行为规则之外，另外创制了现代意义上所称谓的"法"，而是对"礼"所指称的行为规则体系中的强制手段"罚"的片面强调，因为以法家

---

[1] （汉）应劭：《风俗通义》"风俗通义序"，王利器校注，中华书局1981年版，第199～200页。

之"罚"，所要求遵守的，仍然是"礼"。关于这一点，本书在秦朝部分的讨论中已有所论述。法家为社会所定制的行为规则之所以与先秦儒家礼论所论及的符合礼义的行为规则的调整对象和范围相同，乃是在于后者在理论上实际已实现了以"礼"所指称的行为规则由道德性和伦理性向一般社会行为规则的转化。

"汉承秦制"这一学界基本趋同的认识结论，从概况上看，与汉代自西汉初年叔孙通制汉宫仪时起对礼治的推行，似乎存在矛盾，但事实上，以汉代"外儒内法"之说，其实并不很恰当地表达汉代推行礼治中对法家之"法"的兼容，因为汉代对秦代的"法"的规则体系的沿用，并不存在"礼"与"法"两个规则体系之间的包容关系。如前所言，"礼"与"法"实则为同一规则体系，只不过法家之"法"是以"罚"为强制手段罢了。当然，法家之"法"的另一面则是因为强调了"罚"的效率，故由"罚"所要求遵守的行为规则，也因为脱去了"教化"柔性的曲折，突出了规则的刚性，从而在形式上显得与"礼"的规则体系有所不同，这应当是对所谓"汉承秦制"之说的一个较为恰当的认识。另外，从表面现象上看，"汉承秦制"的说法不妥之处在于，西汉初期由于典章制度的制定需要一个过程，故对秦制的沿用是一种权宜之计。因此，在这个意义上说，所谓"汉承秦制"，应该说是"西汉承继了秦制"才对，因为东汉时期礼制的成熟，已基本上与秦制脱离了干系。而对西汉承继秦制的现象，从实质上看，也正因为秦代所推行的"法"与西汉儒家们所主张的"礼"，二者作为一般性社会行为规则，调整的内容是基本相同的，才有可能使所谓的沿用成为可能。

基于以上情况，以本段所要言及的《风俗通义·过誉》中"汝南戴幼起"的"事迹"，有关应劭持否定态度的评判进行认识，会发现：戴幼起"让财与兄"的行为，并不被应劭称道，是因为依据先秦儒家之"礼"，戴幼起的行为违背了由《仪礼》所规定的"昆弟之义无分"[1]的教义性规则，这一规定既是教义，也是行为规则。应劭的这一结论，是基于先秦儒家的正统礼治观点，所指向的与"礼"不合的礼俗，即是认为对戴幼起"让财

---

[1]　李学勤主编：《十三经注疏（标点本）仪礼注疏》卷三十"丧服"，彭林整理，王文锦审定，北京大学出版社1999年版，第573页。

与兄"的行为予以肯定的"俗间行语",甚至是来自官方的赞誉,与"礼"不合。

戴幼起先任上计史,"后举孝廉,为陕令",虽然其官职的升迁并不一定是因为其"让财与兄"的行为得到统治阶层的认可,但这件为人所传闻的"事迹",以及其在上任上计史时,仅以"独车载衣资"而无其他财产的廉洁形象,无疑是其官职得以升迁的原因之一。以此可见的是,应劭所要"纠正"的,不仅在于民间礼俗,还在于礼俗对国家礼制造成的"不良影响"。因为戴幼起在"三年服竟"后,"让财与兄",实则是与其兄分家,即如应劭对戴幼起"让财与兄",且"将妻子出客舍中",而自己则"住官池田以耕种"的行为所给出的评议中透露出的当时的礼俗,是违反《仪礼》中"兄弟无离异之义也"教义性规则的:"凡让财者类与弟,子弟尚幼,恩情注,希有与兄。既出之日,可居冢下。冢无屋,宗家犹有赢田庐田,可首粥力者耳,何必官池客舍?"即戴幼起"让财与兄"的行为,虽然符合当时的礼俗,而被社会舆论所称赞,但应劭认为,兄弟间在父母亡故的"让财"行为,仅适用于"子弟尚幼"的情况(即按礼的教义性规则,并不强调在子弟成年的情况下,兄弟间应当"让财")。戴幼起"让财与兄",在"让财"后离家,应"可居冢下",而不必居于"官池客舍"。这里应劭说戴幼起"可居冢下",实际上主要是说戴幼起自居"官池客舍",未能为亡故的父母守灵尽孝,与"礼"不符。

在此值得注意的是,总观应劭的评议,其既言戴幼起有违"兄弟无离异之义也"之礼,又说其自居"官池客舍"不尽孝,似乎是在指出戴幼起的行为有两处违礼的地方,但认真揣摩其文中之意就会发现,应劭并不是在很认真地反对戴幼起与兄分家的行为,其言语中含义复杂:首先是对戴幼起"让财与兄"的行为,应劭只是点明了按礼这种行为只适用于"子弟尚幼"的情况,其以对这个出于《仪礼》的规则的适用条件的说明,使其兄分家的违礼行为变得不再那么分明可见;同样,其言戴幼起"既出之日,可居冢下",是以指戴幼起未尽孝之"过"的后言,再次淡化了对其"既出"之与兄分家的违礼行为的指责,如此看似敷衍,其实是有实在的历史背景的:

事实上,戴幼起"让财与兄",但自居"官池客舍"的"事迹",为其时之礼俗所认可，但这样的礼俗与当时的律法规定是有冲突的：汉承秦制，在秦令中，对于兄弟成年后仍同住，有"民有二男以上不分异者，倍其赋"的禁止性规定。《史记·商君列传》载，商鞅变法考虑到了可能会遇到来自民俗的阻力的，秦孝公也因此有"恐天下议"的顾虑，而商鞅关于"常人安于故俗"，而"至德者不和于俗"，"三代不同礼而王，五伯不同法而霸"的主张，最终还是得到了秦孝公的支持，"卒定变法之令"。〔1〕可见商鞅变法是同时带来了对先秦以来旧礼制的变革的，以此而"移风易俗"，说明国家政治法律制度的变革，对礼俗的改变，是有重要作用的。事实也正是如此：在面对双倍的赋税时，无论是贫困的家庭因没有宽裕的房屋供家人居住而只能父子或兄弟同居一室，还是富裕家庭，都只好选择分居，对此贾谊的评说透露出当时的实情："商君遗礼义，弃仁恩，并心于进取，行之二岁，秦俗日败。故秦人家富子壮则出分，家贫子壮则出赘。"〔2〕即在儒家眼里，富裕家庭待其子成年分给一部分财产而让其另立门户，而贫困家庭只好将其成年儿子"出赘"于另一家庭作"赘仆"，是"秦俗日败"的表现。但是，在此后的汉律中，秦代的这项法令，"差不多被保留了四百年"。〔3〕秦代颁行的这一法令在汉代得以承继，且民间亦因国家法律制度的强制力作用，而有"别籍异财"之风盛行，兄弟同住的旧礼俗因此发生了改变，就连汉初礼治的积极倡导者陆贾，其"有五男"，因为曾被派往南越游说南越王称臣于汉，受南越王赏识，"得使橐中装卖千金"，而"分其子，子二百金，令为生产"〔4〕。究其原因，从国家实行的经济制度角度看，"别籍异财"有利于增加税赋，而国家增加税赋的政策得以贯彻，是因为这一政策与生产力的发展有相适应的一面。

考古发现，汉代出土的铁制农具分布很广，但由于铁农具的价格较贵，仍有不少贫困农民使用木制农具（《盐铁论·水旱》："盐铁价贵，百姓不便，贫民或木耕手耨土櫌"）。《汉书·食货志》记载赵过的牛耕法是"用耦犁，

---

〔1〕　（汉）司马迁撰，（宋）裴骃集解，（唐）司马贞索隐，（唐）张守节正义：《史记》卷六十八"商君列传第八"，中华书局 1973 年版，第 1268~1269 页。

〔2〕　（汉）班固撰，（唐）颜师古注：《汉书》卷四十八"贾谊列传"，中华书局 1962 年版，第 2244 页。

〔3〕　瞿同祖：《汉代社会结构》，邱立波译，上海人民出版社 2007 年版，第 12 页。

〔4〕　（汉）班固撰，（唐）颜师古注：《汉书》卷四十三"陆贾列传"，中华书局 1962 年版，第 2114 页。

二牛三人"。[1]瞿同祖先生从社会学的立场出发，认为这种现象体现了其时的"个人主义的伸张"，[2]然而自东汉复古主义从理论上开始主张恢复先秦儒家"昆弟之义无分"以"孝"为核心的礼治，直至到曹魏时才以"改汉旧律不行于魏者皆除之"，使"除异子之科，使父子无异财也"的规定，自秦代颁行的这一法令，才被取消。[3]由此可以看出，秦代"民有二男以上不分异者，倍其赋"的法令，在整个汉代仍得以沿用。自东汉开始至西晋完成的对先秦儒家教义的复归，以对社会生产条件的适应而论，代表生产力发展方向的个体小家庭为生产单位和仍然试图维系以家族式的大家庭为生产单位的两种社会体系结构的发展趋向之间的相互否定，是一个前者取代后者的发展过程，但后者因部分符合社会生产力发展实际状况，故其虽为复辟，但仍具有合理性。

也正因为上述恢复先秦旧礼的主张具有合理性，作为生产单位的家庭在汉代，既有因秦代的严刑峻法而发生的礼俗之强制性变迁，也有基于社会生产条件的局限以及文化的延续性存在所保留的旧礼俗，所以个体小家庭是一种现实的存在，而家族式大家庭的存在，也是一种社会真实状况。对此，瞿同祖先生细致地考据认为，汉代家庭的一般模式，是以"一对夫妇和他们的未婚子女"所组成，这通常只有"四到五口人"的家庭模式，是汉代的"核心家庭"，"一夫挟五口，治田百亩"是当时典型农家规模的写照。[4]

基于以上社会背景，应劭对戴幼起"让财与兄"所给出的评判，主要是

---

〔1〕林甘泉主编：《中国经济通史·秦汉经济卷》（上），经济日报出版社1999年版，第188～193页。《论衡·乱龙》记录："立春东耕，为土像人，男女各二人，秉耒把锄，或立土牛。（像人、图牛）了未必能耕也，顺气应时，示率下也。"即人为男女二人，一人手中握着耒，一人拿着锄，虽然是一种仪式，表达"率下"劝耕目的，但以此反映出当时的农业生产方式，仍带有一定的生产共同体性质，故有文章认为，当时仍不完全具备以个体小家庭为单位从事生产的条件〔参见曾宪礼：《"民有二男以上不分异者倍其赋"意义辨》，《中山大学学报（哲学社会科学版）》1990年第4期〕。不过，自春秋时代，公社土地所有制已不能适应生产力的发展而逐步瓦解，但这只是就"作为社会生产的基本单位和广泛基础而言的"，因为，"从战国到秦汉，有些家族和宗族仍然以聚居的形式延续下来。而原先的乡里共同体，则成为封建国家的基层组织而长期留存在后世。这种聚落形态虽然已经丧失了原先共同体所具有的经济职能，但它对居民的生产和生活仍然有不可忽视的影响。"〔林甘泉主编：《中国经济通史·秦汉经济卷》（上），经济日报出版社1999年版，第26页。〕因此，"别籍异财"的政策与生产力的发展需要有相适应的一面，只是就个体小家庭为单位从事生产是适应了生产力的发展需要而言的，而东汉的复古是具备一定的社会条件的，即个体小家庭仍然存在与生产条件不相适应的一面。

〔2〕瞿同祖：《汉代社会结构》，邱立波译，上海人民出版社2007年版，第11页。

〔3〕（唐）房玄龄等撰：《晋书》卷三十"刑法志"，中华书局1974年版，第925页。

〔4〕瞿同祖：《汉代社会结构》，邱立波译，上海人民出版社2007年版，第12页。

强调其行为有违"孝"的礼义，而对于其行为有违"昆弟之义无分"之礼，并没有加以过多指责。应劭其实是一位复兴先秦礼仪的积极主张者，对于戴幼起"让财与兄"，等同于"分户异财"，其所循之礼俗，属于如贾谊所指责的"汉承秦之败俗"，[1]其真实意思是反对的，但其作为一位《仪礼》学家的同时，又是朝廷命官（其桓帝时名臣，官至司隶校尉），对汉仪多有创设，但于汉律，不可谓不知。故其对戴幼起"让财与兄"之"事迹"的评议，多有含混之处。

应劭除著有《风俗通义》外，还著有《汉官仪》《礼仪故事》《中汉辑叙》等，"凡所著述，百三十六篇，义集解《汉书》，皆传于时"（《后汉书·应劭传》）。尤其对汉代典章制度、百官仪式制定的贡献最为突出。范晔在《后汉书·应劭传》中说，"凡朝廷制度，百官典式，多劭所立"。在东汉时，应劭主张复兴先秦礼仪，且在形势上占有上风，但汉律承继秦制中"民有二男以上不分异者，倍其赋"的法令，并未被取消，背后的原因是在于这条自秦代以来的法令，以强制性变迁所形成的世俗，其实是存在着适应社会生产力发展需要这一因素的作用的，汉代并未取消这一法令，并非仅是因为立新法的社会条件尚不具备。

以此可见，国家典章制度和世俗是相互影响的：以世俗为基础试图通过其自然发生的过程所形成的"自然法"来完成对国家典章制度的构建，和以成文法的强制性来形成对世风世俗的纠正，这两个方向上的相互作用，同时产生了法律制度和社会风俗"自然生成"的过程。但是，纵观中国古代社会法律制度的发展史，自汉代以后直至清代，"别籍异财"的行为，都被视为违反礼制，也就同时是违反法律禁止性规定的行为。汉代至三国曹魏时期，改律明令废除"异子之科"，此有《晋书·刑法志》载："魏文帝受禅，……改汉旧律不行于魏者皆除之，……除异子之科，使父子无异财也。"而在晋代，则对同居的保障，制定有强制性的律令。在现今存世文献中，最早出现禁止"别籍"一语记载的，当为《晋书》。《晋书·殷仲堪传》载："又以异性相养礼律所不许，子孙继亲族无后者，唯令主其蒸尝，不听别籍以避役也。佐吏

---

〔1〕（汉）班固撰，（唐）颜师古注：《汉书》卷二十二"礼乐志"，中华书局 1962 年版，第 1030 页。

咸服之。"〔1〕《魏书·崔暹传》明言北魏时禁止父子"别籍异财":"崔暹……坐遣子析户,分隶三县,广占田宅,藏匿官奴,障吝陂苇,侵盗公私。为御史中尉王显所弹,免官。"〔2〕及至隋朝,也严禁"别籍异财",《隋书·郑译传》载:"……译也又与母别居,为宪司所劾,由是除名。"〔3〕唐初修律,沿袭隋律的规定。唐高宗时所撰《唐律疏议》,明列"别籍异财"之禁,其中律条有"子孙别籍异财":"诸祖父母、父母在,而子孙别籍、异财者,徒三年。"〔4〕而后来的宋、明、清各代律令,均立此条禁令不变,〔5〕对此,则不能仅从社会经济学观点来予以解释。社会上层建筑,即国家政治法律制度的反作用,具有如此长期的效用,似乎仅从其是否阻碍了社会生产力发展的角度来认识,是有不足的,因为中国古代社会的经济发展至唐代达到鼎盛,其后的发展虽然缓慢,但不可谓不发展,不过,对此以社会制度的伦理化所具有的维系社会稳定的超强力量来解释,应该也只是对此进行认识的一个方面。

如果从另一个方面来看,则可以有更为深入的、与本书主题相关的认识:伦理制度的异化,对于社会关系以主体间"他我"关系的确立,以双方自律

---

〔1〕 (唐)房玄龄等撰:《晋书》卷八十四"殷仲堪传",中华书局1974年版,第2195页。

〔2〕 (北齐)魏收:《魏书》卷八十九"崔暹传",中华书局2013年版,第1925页。《魏书·岛夷刘裕传》中记录南朝立有"别籍异财"之禁,但分家析产为社会主流,法律的禁止效果不佳:"兴光元年(454年),(刘)骏改年曰孝建。其中军府录事参军周朗启骏曰:'今士大夫父母在而兄弟异计,十家而七;庶人父子殊产,八家而五。凡甚者乃危亡不可知,饥寒不相恤,夫残害其间,不可称数。宜明其禁,以异其风。'俗弊如此,骏不能革。"[(北齐)魏收:卷九十七"岛夷刘裕传",中华书局2013年版,第2142页。]

〔3〕 (唐)魏徵等撰:《隋书》卷三十八"郑译传",中华书局1973年版,第1137页。

〔4〕 (唐)长孙无忌等撰:《唐律疏议》卷十二"户婚·子孙别籍异财",中华书局1983年版,第236页。

〔5〕 《宋刑统》:"诸祖父母、父母在,而子孙别籍异财者,徒三年。"[薛梅卿点校:《宋刑统》卷十二"户婚·父母在及居丧别籍异财",法律出版社1999年版,第216页。] 元代《大元通制·户婚》有"诸父母在,分财异居。……重议其罪。诸兄弟析居……罪之"的规定 [(明)宋濂撰:《元史》卷一百零三"刑法志二·户婚",中华书局1976年版,第2639~2640页]。明洪武元年(1368年)所颁布的《大明令》其《户令》载:"凡祖父母父母在者,子孙不许分财异居,其父母许令分析者,听。"(怀效锋点校:《大明律》,法律出版社1999年版,第234页。) 洪武三十年(1397年)修成的《大明律》,其《户律》之"别籍异财"条规定:"凡祖父母、父母在,而子孙别立户籍、分异财产者,杖一百。须祖父母、父母亲告乃坐。若居父母丧而兄弟别立户籍,分异财产者,杖八十。须期亲从上尊长亲告乃坐。"(怀效锋点校:《大明律》,法律出版社1999年版,第51页。) 清代从顺治二年(1645年)开始修撰,至乾隆五年(1740年)方得以编成的《大清律例》,其"别籍异财"条规定:"凡祖父母、父母在,子孙别立户籍分异财产者,杖一百。须祖父母、父母亲告乃坐。若居父母丧,而兄弟别立户籍分异财产者,杖八十。须期亲尊长亲告乃坐。若奉遗命,不在此律。"(田涛、郑秦点校:《大清律例》卷八"户律",法律出版社1999年版,第186~187页)

的同一连结来形成以家庭为核心的家族、宗族共同体，是具有整体大于个别之和的效应的，不同于西方社会以对理性所具有的"物我"关系的形式进行移植，用来构建由假设开始，以不断修正的渐进方式去接近于真实的人与人之间的社会关系的方式，虽然这种构建以形式公平带来了个体权利的解放，并同时以社会化生产共同体的协作关系弥补了集体主义缺失带来的消极影响，但与主体间"他我"关系对以家庭为核心的共同体的维系，来自这种关系以人身关系的不可更改为主要表现是不同的。

对于"他我"关系这一特征，从中国古代社会对"别籍异财"的禁止就可以看出。不过，这里需要首先加以明确的是，如对汉代礼制的构建所表现出的制度伦理化趋向，应该确指的是道德规则的异化，即由在家庭成员之间以"孝"的自律性道德规则，异化为国家政治关系中以"忠"的伦理性规则，最后再次异化为社会成员之间以"信"和"诚"的一般行为规则。这一异化的发生，虽然因中国古代社会宗法制度的存在而产生，但不能不说与儒家礼论的倡导有很大关系。从道德规则异化最终形成一般社会行为规则体系的模式上看，这个结果是去道德化和伦理化的，因此，就最终形成的一般性社会行为规则体系这一最终模式而论，其本身并非伦理化规则，而是以道德和伦理的调整手段，来维系社会秩序的规则体系。

此处所论应该与以往对这一事实抱有的看法有所区分的是：以"礼不下庶人"之定论所断言的，国家成文法形式体现的礼仪规则与以风俗、习俗为表现形式的礼俗，是以二分法分别适用于士以上社会阶层和庶人阶层的。但从本部分所讨论的"汝南戴幼起"之"分财与兄"的事例，可以看出，应劭认为身为上计史而后来又任陕令的官员戴幼起所应遵守的以"礼"为指称的行为规则，是指那种应当纠正的礼俗规则，并不是说他的行为违反了礼仪规则。在这里，说戴幼起是依秦代传继的流俗而行，是不对的。固然与此有关的礼制在应劭看来应当有所纠正，但还原作者当时的立场，就可以看出，其对戴幼起行为评判背后的另一个观点是：对政府官员而言，其行为应当既遵守礼仪规则，也应当遵守礼俗规则，即在政府眼里和百姓评说中，他都应当是一个遵守礼法的人，如此才能算得上是一个好的官员，而不是说其可以仅依礼仪规则而行事。

对此，也可以反过来看，如某人为庶人，其在一般情况下，是不会遇到要求其依礼仪规则行事的场合的，但不能排除的是也有特殊情形，如《汉书·朱买臣传》中，寒士朱买臣，原先靠割草砍柴为生，后来因为跟随上计吏当差，押送重车到了长安。上计吏到朝廷上书后，皇上的回复迟迟不下，他们只好在公车府等待诏书，粮食用完了，二人沦为乞丐，正好遇见同乡严助，"荐买臣，召见，说《春秋》，言《楚词》，帝甚说之，拜买臣为中大夫，与严助俱侍中。"[1]朱买臣的经历可谓少有的奇迹，其在皇帝面前"说《春秋》，言《楚词》"，自然得遵守礼仪规则，这也许和他"担束薪，行且诵书"有关，可见庶人也有见官时，双方必然存在的交往关系，决定了礼仪和礼俗规则是不可分割的。

　　双方自律的同一关系与他律的对等关系分别属于中国古代社会和西方社会的两个不同的社会行为规则体系，因此而有契约法规则的不同，当然，二者也有相互的包含关系：如中国古代契约法中，也有简约化的由"法"所规范范围的契约行为规则，同样，西方契约法，无论是古典契约法还是现代契约法，道德规则的引入，本身就与其"合法化"问题相关。"汝南戴幼起"的"事迹"，不符合礼仪规则，但在"俗间行语"的评价中，其"让财与兄"的行为是值得称道的，而其有"别籍异财"之嫌的行为，虽然在汉代以后为礼制所禁止，但在当时是符合流俗的。这里触及另一个问题，即戴幼起"让财与兄"的行为，孤立来看，是一种"辞让"行为，这是符合礼论教义的行为，但以应劭的评判，戴幼起的"辞让"行为是不对的，其在"谨按"中所述的理由，即认为其"辞让"本属共有财产的份额的行为，并不适用于家庭成员之间。即共有财产作为家庭财产，共有人拥有的权利，应与他们的义务对等，故应劭关于戴幼起"既出之日，可居冢下。冢无屋，宗家犹有赢田庐，田可首粥力者耳，何必官池客舍？"这段评判，前一段言戴氏出家后"可居冢下"，意在表明其并未与家庭分离而另行立户别籍，后一段则是说，如果"冢无屋"，戴氏可求助于宗族，宗族的"赢田庐"可供其居住，"田可首粥力者耳"，也是表明其并未脱离家庭之意，因为这正是宗族资助的目的。故应劭认为戴氏起码应该做到的是，弃财而不离家，其宗旨在于要求戴氏不能因此脱离尽"孝"的义务，即不能将财产权利的放弃，与免除尽"孝"的义务相提

---

〔1〕（汉）班固撰，（唐）颜师古注：《汉书》卷六十四上"朱买臣传"，中华书局1962年版，第2792页。

并论，而戴氏"将妻子出客舍中，住官池田以耕种"，其行为表明的是脱离了家庭，也就脱离了"孝"的规范界限。

以"孝"所指称的规则体系的效力范围，是"礼"所指称的规则体系的第一层级规范，家庭关系的存在为其效力边界。以这一边界的存在，并不是说形式上的离开"家庭"，就算是越界。如应劭所言，戴氏还可以居住于"宗家"的"赢田庐"，也就是宗族田边的简陋房屋，这与其居于父母冢下，意义相同，但其却居于"客舍"，耕种"官池田"，其行为因为具有越界的实质内容，因而表明其确实是脱离了家庭。

显然，应劭所论，是意图对财产继承权与尽"孝"义务之间的关系，以礼论的教义做出说明，以给出定论。即其认为，后者并不以前者为前提，二者之间并不存在可逆互为前提的对应关系。然而，由此必然引出的潜在问题是，戴幼起的"辞让"行为，是否符合礼论的教义？

对于"辞让"，先秦儒家的解说，本书在此之前已有所述，即在对此的诸多解说中，以孟子之说为核心。孟子认为，"辞让"是"礼之端"，为"德"的"四端"之一（《孟子·公孙丑上》），而以"德"作为人对于以"仁"所称谓的"人之道"的个人承接，"辞让"可以说是以个人之"德"的外在表现形式"礼"来体现"德"的要求的，所以有"卑让，德之基也"（《左传·文公元年》）之说。"忠信，礼之本也"（《礼记·礼器》）和"忠信，礼之主也"（《左传·襄公十三年》），"辞让"以"礼"来体现"德"的根本要求，这样的根本要求就是作为"礼之本"和"礼之主"的"忠信"。至于"忠"与"信"的关系，由于在先秦儒家礼论中，对"忠"多归属于政治伦理范畴，且以司马光对此的解说（《四言铭系述》："尽心于人曰忠，不欺于己曰信"）可以作出的划分是："忠"所指称的是符合礼义的政治行为规则体系，"信"和"诚"则是指称符合礼义的社会行为规则体系。以此，"辞让"作为符合于礼论教义的行为，则应归属于以"礼"为指称的第二和第三层级规则系统，这是由于"忠"具有的等级性色彩，或者说在先秦儒家礼论中其被更多地适用于调整政治行为中的等级性关系，而"信"与"诚"却适用于调整一般性社会行为中的平等关系，或适用于调整某一交往场合中暂时的无等级的平等关系。

如以上所述，"辞让"显然不可以被归属为以"孝"为指称的第一层级规则体系。正因为如此，戴幼起以"辞让"处分其继承的家产的行为是不当的，这是因为"辞让"仅适用于由第二层级规则体系调整的行为，即其所对应的是"信"与"诚"所指称的规则体系，而与"孝"所指称的规则体系无关。

如果再次进行细致地分辨，就会发现，"辞让"作为符合礼仪规则和礼俗规则的行为，其只是一种更具有仪式性的行为，而并非交往双方所适用的涉及具有物质内容的实质关系时所适用的行为规则。"辞让"仅是通过双方各自以言语和行为举止来表现的"德之端"，关于这一点，孟子的表述，对此行为所具有的内在含义，已有充分的揭示，即所谓"德"之端，既为体现"德"的初始，其作用在于对交往双方适用于符合于"德"的行为规则作出前置性规定。"辞让"并非要求交往双方在实现交往目的过程中，即在具体涉及礼物或商品交换过程中，放弃对等性原则。

对等性原则是所有交往行为的核心原则。以戴幼起的行为，其"让财与兄"等同于"分财与兄"，这一行为体现的是，戴氏的所为并非一种仪式性行为。戴幼起在这一行为中，虽然并没有取得任何财产，但仍然体现出一种对共有财产的划分方式的表达。然而，这一划分方式是有违对等性原则的。因为对等性虽然包含了差等关系在内，但这种差等关系所适用的对象，是对社会等级关系中交往双方身份等级不同的调适，并以此与交往行为的物质关系所适用的平等关系相统一。

而戴幼起与其兄身份相同，或者说因为其与其兄之间的关系，只能被界定于家庭内部关系，故双方的身份相同（辈分相同），所以在涉及共有财产的处分问题上，由于双方身份上并无等级差别，因此，与之形成对应关系的对双方财产的划分应该是均等的，而这一在汉代仅停留于理论层面的规则，却成为后来历代法律制度所通用的规则。如《唐律疏议·户婚》"诸同居卑幼私辄用财"条："即同居应分，不均平者，计所侵，坐赃论减三等。"疏曰："'即同居应分'，谓准令分，而财物不均平者。准户令：'应分田宅及财物者，兄弟均分。妻家所得之财，不在分限。兄弟亡者，子承父分。'"[1]《宋

---

〔1〕 （唐）长孙无忌等撰：《唐律疏议》卷十二"户婚·诸同居卑幼私辄用财"，中华书局 1983 年版，第 241~242 页。

刑统》的规定与《唐律疏议》相同："即同居应分，不均平者，计所侵，坐贼论减三等。"[1]而明、清律也有内容几乎相同的规定。[2]

综上所述，可以得出的结论是：在本部分中有关应劭对戴幼起"事迹"的评判，以对"别籍异财"礼俗的纠正，实际上显现出由此涉及的对"孝"所指称的规则体系适用范围的界定，明确了"信"和"诚"原则所统摄的规则体系，即礼俗规则体系对人们日常生活秩序进行控制的场效应，使契约法得以在这一规范场中，弥补其简约化的不足，或者说，这样的弥补本身，即构成中国古代契约法的重要组成部分。

（二）《四民月令》所载礼俗仪式与契约法规则

月令"以时系事"，一般来说，是一种根据四时物候对农业生产做出安排的制度。但由于这一制度由国家制定，且同时对官员管理农业主产的常态化行政行为做出安排，故其实际上是政治法律制度，正如《礼记·月令》开篇郑玄《目录》所云："名曰《月令》者，以其记十二月政之所行也"。并且，以郑玄所言的《月令》记录的"政之所行"，月令作为一种由国家制定的以管理农业生产为主的政治法律制度，是应当归属于礼制的。正因为如此，月令不但与先秦儒家礼治理论有关，而且从现代出土的一系列与月令有关的秦汉简牍材料看，月令的内容庞杂，已被扩大为一种国家对与时令季节相关的社会生活进行管理的政治法律制度。如1993年春在江苏省东海县尹湾村6号汉墓中发掘出土的一批西汉后期汉成帝元延年间东海郡《集簿》中"以春令"简文："以春令成户七千卅九，□二万七千九百廿六，用谷七千九百五十一石八斗□升半升，率□二斗八升有奇"，[3]对此，有研究认为，这段"以

---

〔1〕 薛梅卿点校：《宋刑统》卷十二 "户婚·诸同居卑幼私辄用财父母在"，法律出版社1999年版，第221页。

〔2〕《大明律·户律·户役·卑幼私擅用财》："凡同居卑幼，不由尊长，私擅用本家财物者，二十贯笞二十，每二十贯加一等，罪止杖一百。若同居尊长，应分家产不均平者，罪亦如之。"［刘海年、杨一凡总主编：《中国珍稀法律典籍集成》（乙编第2册），科学出版社1994年版，第473页。］《大清律例·户律·户役·卑幼私擅用财》："凡同居卑幼，不由尊长，私擅用本家财物者，十两笞二十，每十两加一等，罪止杖一百。若同居尊长，应分家产不均平者，罪亦如之。"［刘海年、杨一凡总主编：《中国珍稀法律典籍集成》（丙编第1册），科学出版社1994年版，第160页。］

〔3〕 连云港市博物馆、东海县博物馆、中国社会科学院简帛研究中心、中国文物研究所编：《尹湾汉墓简牍》"集簿·一反"，中华书局1997年版，第77页。

春令"简文的内容是"令民嫁娶成户"的一种在春季发布的制度,[1]也有人认为是"按制度救济贫困农户若干",[2]是体现汉代存恤鳏寡孤独穷困政策的一种国家救济制度。[3]《集簿》中"春种树"简文云:"春种树六十五万六千七百九十四亩,多前四万六千三百廿亩",[4]以此,该简文被认为是国家于春季发布的进行农耕种植的劝耕政令,因为"种"与"树"同意。皆是"种植"的意思,两者连用表示农作物种植。[5]"汉代施行的月令,不是遵照那一部儒经或那一系统的月令,而是经过多方采择,不断改变调整,参杂现实的需要以及'祖宗故事'形成的汉家月令。'以春令成户'和'种树'的规定应该当作'汉家月令'的一部分来理解。"[6]

对于月令这样一种时政制度,其渊源与上古时岁时节日的习俗有关。《月令》特有的文本形式,最早见于反映了这种岁时节日习俗的《诗经·豳风·七月》,[7]这首诗反映了西周时豳地民间以一年中轮回的季节安排农事的习俗,清人姚际恒称其"鸟语、虫鸣,草荣、木实,似《月令》。妇子入室,茅、绹、升屋,似风俗书。流火、寒风,似《五行志》。养老、慈幼,跻堂称觥,似库序礼。田官、染职,狩猎、藏冰,祭、献、执功,似国家典制书"[8]。这种将众多物候、农作和风俗事项结合起来叙述的文本形式本身,即是对民间自然形成的农事制度的一种摹拟,闻一多称之为"一篇韵语的《夏小正》或《月令》"。[9]这里提到的《夏小正》,是一本以物候指时为主,兼记录有社会经济和政治事务的历法书,载于《大戴礼记》,[10]其所记录的是百姓日常

---

[1] 邢义田:《尹湾汉墓木牍文书的名称和性质——江苏东海县尹湾汉墓出土简牍读记之一》,载氏著:《地不爱宝:汉代的简牍》,中华书局2011年版。

[2] 高恒:《汉代上计制度论考——兼评尹湾汉墓木版(集簿)》,载《东南文化》1999年第1期。

[3] 杨振红:《月令与秦汉政治再探讨——兼论月令源流》,载《历史研究》2004年第3期。

[4] 连云港市博物馆、东海县博物馆、中国社会科学院简帛研究中心、中国文物研究所编:《尹湾汉墓简牍》"集簿·一反",中华书局1997年版,第77页。

[5] 王子今、赵昆生:《尹湾〈集簿〉"春种树"解》,载《历史研究》2001年第1期。

[6] 邢义田:《月令与西汉政治——从尹湾集簿中的"以春令成户"说起》,载《新史学》1998年第1期。

[7] 王利华:《〈月令〉中的自然节律与社会节奏》,载《中国社会科学》2014年第2期。

[8] (清)姚际恒:《诗经通论》,顾颉刚标点,中华书局1958年版,第164页。

[9] 闻一多:《神话与诗》,上海人民出版社2006年版,第151页。

[10] (清)王聘珍:《大戴礼记解诂》卷二"夏小正第四十七",王文锦点校,中华书局1983年版,第24~47页。

生产和生活的实用性时令知识，"显系源自民间实际经验的纪时之书。名之为《夏小正》，盖亦因其本为民间日用之书，而非朝廷制作之典。"[1]有研究认为，《夏小正》很可能与存在于西周之前的"夏历"有关，"夏历"后来成为历法的正宗，系经过孔子的整理（《礼记·记运》记录孔子的话说："我欲观夏道，是故之杞，而不足征也，事得夏时焉。"郑玄注曰："得夏之四时之书也，其书存有《夏小正》。"[2]《史记·夏本纪》云："孔子正夏时，学者多传《夏小正》。"），后来又被编入《大戴礼记》，方才广为人知，在春秋战国时期，它只在杞国沿用，只是一种地方历法。[3]《夏小正》记载了56个动植物物候，远远超过《七月》。其记录的20个天象，亦是重要指时标识，与《七月》仅有"七月流火"差别很大，这无疑得益于天文学的发展，一方面暗示它成书晚于《七月》诗，另一方面也暗示了它的官方性质。此外还有5条气候记录，与此同时，它记载了38项经济和社会事务，与《七月》大体相当，但具体内容则差别较大。[4]

除了《夏小正》以外，以历法之书为主要特征的《逸周书》中的《时训解》，《管子》中的《幼官图》《四时》《五行》《轻重乙》诸篇，《吕氏春秋》中的《十二纪》，《淮南子》中的《时则训》等，均被认为与《礼记》中的《月令》文体形成有关的文本。但其中如《管子》中的《幼官图》，是将一年划分为"三十时"而非二十四节气，与《月令》明显不同，李零认为，《幼官图》中的四季是以"地气发""小郢""期风至""始寒"为起点，相当于二十四节气的"四立"（立春、立夏、立秋、立冬），这些时节的定名法，显然主要是根据表示阴阳消长的各种"气"，而三十时节则代表的是一种很少为人注意的"四时五行时令"系统，三十时节的确立是为了与五行相配，而《月令》和《吕氏春秋·十二纪》《夏小正》的特点，都是严格与月相配。[5]对此，冯

〔1〕　刘宗迪：《古代月令文献的源流》，载《节日研究》2010年第2期。

〔2〕　李学勤主编：《十三经注疏（标点本）礼记正义》卷二十一"礼运第九"，龚抗云整理，王文锦审定，北京大学出版社1999年版，第664页。

〔3〕　章启群：《〈月令〉思想纵议——兼议中国古代天文学向占星学的转折》，载赵敦华主编：《哲学门》（第9卷·第2册），北京大学出版社2009年版，第99—128页。

〔4〕　王利华：《〈月令〉中的自然节律与社会节奏》，载《中国社会科学》2014年第2期。

〔5〕　李零：《〈管子〉三十时节与二十四节气——再谈〈玄宫〉和〈玄宫图〉》，载《管子学刊》1988年第2期。

友兰先生亦持有类似观点,其认为,《管子》中的《幼官》和《幼官图》,经过后来学者的考证,"幼官"乃"玄宫"之误。"玄宫"就是所谓"明堂","明堂"是古代统治者举行宗教仪式和发号施令的地方。"'明堂'代表一种具有宗教意义的社会、政治制度,包括有很多古代的宗教迷信。"〔1〕

虽然阴阳五行理论并非一种宗教理论,但这一理论是以试图构建的世界图式为宗旨的,其中包括对人们的社会生活和政治制度所作的解释,其对古代历法传统进路的思想渗入,以《管子》中的《幼官》和《幼官图》可见端倪。

然而,《月令》事实上更为明确地表达了对阴阳五行思想的采纳,如《月令》认为,四季变化是五行盛衰所致,"春季'盛德在木',就是说,木是这个季节的自然界的主导力量;而夏季'盛德在火',秋季'盛德在金',冬季'盛德在水'。五行有五个,四时只有四个。上没有'时'可以配,《月令》就把它放在夏、秋之交。木、火、金、水,配了四时;四时的方位,也就是木、火、金、水的方位。木在东方,火在南方,金在西方,水在北方,土便在中央。"〔2〕虽然《月令》并未将时节与"五行"相配,只是将四时气节变化的春、夏、秋、冬四季,与空间上的东、南、西、北相配,并没有直接把子、丑、寅、卯等十二地支配入,但其止步于此,却为后来以十二地支与一年中的十二个月相配,留下了空间,而《淮南子·时则训》已基本完成了这一配置,其以"夏正"(略如现在的农历)的十一月为子月,十二月为丑月,正月为寅月,二月为卯月,三月为辰月,四月为巳月,五月为午月,六月为未月,七月为申月,八月为酉月,九月为戌月,十月为亥月,〔3〕与后来定型沿用至今的历法已大致相近。

与《月令》内容和文体几乎相同的《吕氏春秋·十二纪》每纪的首篇,依春夏秋冬十二月次第,记录各月的天文、历象、物候,十二纪按一年十二个月,春、夏、秋、冬四时之序排列,倒是没有与十二地支相配,但此十二纪已不是单纯的历法。余嘉锡曾分析十二纪取义所在,指出:"其取义何也?

〔1〕 冯友兰:《中国哲学史新编》(上册),人民出版社2001年版,第618页。
〔2〕 冯友兰:《中国哲学史新编》(上册),人民出版社2001年版,第620页。
〔3〕《时则训》:"孟春之月,招摇指寅,……季冬之月,招摇指丑。"(刘文典撰:《淮南鸿烈集解》卷五"时则训",冯逸、乔华点校,中华书局1989年版,第159~183页。)

曰此所谓春生夏长秋收冬藏。其因四时之序而配以人事，则古者天人之学也。"〔1〕即十二纪每纪的纪首，是以春、夏、秋、冬各有孟、仲、季三纪，共十二纪。纪首即为该月的月令，记述该月的季节、气数、天象、物候、农事、政令，并与相应的五行、五力一、五音、五色、五祀及天十等相配合，形成整齐的结构。如言春天生育万物，联系到养生，天地育养万物公而不私，为政应法天地；夏天万物繁盛，是成长壮大的季节，联系到树人；秋季肃杀，所论大都与对外用兵，对内施刑有关；冬季为一岁之终，草枯虫蛰，人息粮藏，在人事上引申出死葬之义，从岁寒知松柏之常青联系到人品的忠贞、俭廉，〔2〕可见其作此之论，目的是在于"根据春夏秋冬四季物候的变化，抽绎出四时之义，或称四时之德，然后根据同类相通的原则，以人事比附而配之"，即其以此是试图"探索普遍性的政治原理或法则"〔3〕。

《淮南子》与《吕氏春秋》之间具有传承关系，徐复观在论后者之《十二纪·纪首》与前者中的《时则训》之间的传承关系时说："没有《十二纪·纪首》便没有《时则训》，甚至可以说没有《吕氏春秋》便没有《淮南子》。"〔4〕牟钟鉴也说："《时则训》将散列于十二纪的纪首归拢在一起，稍加补缀而成。"〔5〕

而在与《礼记·月令》相似的《十二纪·纪首》和《时则训》中，都贯穿了天人一体思想，而阴阳五行说是构建起其天人关系的中介，因此，《月令》又因与阴阳学具有直接关系而被称为"明堂月令"。如郑玄《三礼目录》谓《礼记·月令》于"《别录》属明堂阴阳记"即刘向所撰《别录》属《月令》于《明堂阴阳》，〔6〕清代惠栋认为"郑所云'今月令'皆'明堂月令'也"，〔7〕清段玉裁《说文解字》中有云："按《汉志》说礼云：明堂阴阳三十

---

〔1〕 余嘉锡：《四库提要辨证》"卷十四·子部五·吕氏春秋二十六卷"，科学出版社 1958 年版，第 819~820 页。

〔2〕 牟钟鉴：《〈吕氏春秋〉与〈淮南子〉思想研究》，人民出版社 2013 年版，第 21 页。

〔3〕 庞慧：《〈吕氏春秋〉对社会秩序的理解与构建》，中国社会科学出版社 2009 年版，第 53、57 页。

〔4〕 徐复观：《两汉思想史》（第 2 卷），华东师范大学出版社 2001 年版，第 36 页。

〔5〕 牟钟鉴：《〈吕氏春秋〉与〈淮南子〉思想研究》，人民出版社 2013 年版，第 169 页。

〔6〕 李学勤主编：《十三经注疏（标点本）礼记正义》卷十四"月令第六"，龚抗云整理，王文锦审定，北京大学出版社 1999 年版，第 438 页。

〔7〕 （清）惠栋：《礼记古义》，载《钦定四库全书》"九经古义"卷十一"礼记古义"，单行本《礼记古义》一卷，世楷堂藏版。

三篇,古明堂之遗事。月令盖三十三篇之一。许偁月令皆云明堂月令。"〔1〕但另有一说即为汉代蔡邕《明堂月令论》云:"《周书》七十一篇,而《月令》第五十三。……秦相吕不韦著书,取《月令》为纪号,淮南王安亦取以为第四篇,改名曰《时则》,故偏见之徒,或云《月令》吕不韦著,或云淮南,皆非也。"即认为《明堂月令》来自《周书·月令》,但蔡氏在《释名·月令答问》中又说:"子幼读记,以为《月令》体大经同,不宜与杂记并行。"〔2〕此处"月令"显系《礼记·月令》而言。可见,汉人混《明堂月令》《周书·月令》《礼记·月令》三者为一书。〔3〕

"明堂"一词,最早见于《逸周书》,《逸周书·明堂解第五十五》曰:"明堂,明诸侯之尊卑也,故周公建焉,而朝诸侯于明堂之位。"而关于"明堂"的出现,则被溯源自黄帝时代,《黄帝内经·素问·五行大运论第六十七》云:"黄帝坐明堂,始正天纲,临现八极,考建五常"。后世承续上述说法的,如《艺文类聚·卷十一·帝王部一》引《管子》秩文:"《管子》曰:'黄帝立明堂之议,上观于贤也,尧有衢室之问,下听于民也,舜有告善之旌。'"郑樵《通志·明堂》亦云:"黄帝祀上帝于明堂,或谓之合宫。"而在周代的有关文字记载中,后来的夏朝,称"明堂"为"世室"。(《周礼·考工记·匠人》:"夏后氏世室,堂修二七,广四修一。"郑玄注:"世室者,宗庙也。")夏之后的商朝将其称为"重屋"。(《周礼·考工记·匠人》:"殷人重屋,堂修七寻,堂崇三尺,四阿重屋。"郑玄注:"重屋者,王宫正堂,若大寝也。"孙诒让注曰:"殷人重屋者,亦殷之明堂也。")周代继承了"明堂"这一说法,但在汉代则称之为"太庙"。(《礼记·明堂位第十四》:"明堂,天子太庙也。")

从"明堂"制度的出现,以及后来历代沿袭此制的事实来看,"明堂"作为布政之宫,被认为可上通天象,下统万物,天子在此既可听察天下,又可宣明政教,是体现天人合一的神圣之地。汉代桓谭《新论·正经第九》说:

---

〔1〕 (汉)许慎撰,(清)段玉裁注:《说文解字》"骨部'髑'字",上海古籍出版社1981年版,第318页。

〔2〕 (汉)蔡邕撰:《蔡中郎集》卷十"明堂月令论""月令问答",载《钦定四库全书》"集部·蔡中郎集"。

〔3〕 王连龙:《〈周书·月令〉异名考》,载《沈阳师范大学学报(社会科学版)》2008年第1期。

"王者造明堂、辟雍。所以承天行化也。天称明，故命曰明堂。"《白虎通义·辟雍》也说："天子立明堂者，所以通神灵，感天地，正四时，出教化，宗有德，重有道，显有能，褒有行者也。明堂，上圆下方，八窗四闼，布政之宫，在国之阳。"《大戴礼记·明堂篇》载："明堂者，古之有也。凡九室，一室而有四户八牖。三十六户，七十二牖。以茅盖屋上圆下方。明堂者，明诸侯之尊卑也。"《孝经援神契》则对"明堂"的用途和位置做了描述："明堂者，天子布政之宫，在国之阳，八窗四闼，上园下方，在国之阳。""明堂在国之阳，三里之外，七里之内，在辰巳者也。"〔1〕

因此，以所谓"明堂月令"表明《月令》除了是适时的政治制度的集成之书以外，还是体现政教合一的国家祭祀天地神灵行为的礼仪制度的汇编之书。祭祀天地神灵行为在古代中国并未演变为纯粹的宗教行为，是在于统治阶层将这一行为与政治紧密联系，这是中华文明的早熟使然。而先秦儒家则充分继承了这一政治路线，并在理论上进行了深层次的建构。《孔子家语·观周》记录了孔子将体现政教合一的"明堂"制度与其礼治理论相联系的思考历程："孔子、敬叔与俱至周（洛阳），问《礼》于老聃，访《乐》于苌弘，历郊社之所，考明堂之则，察庙朝之度。"《礼记·明堂位第十四》则以源自西周时期的政教合一的礼制，来论证其礼治思想："武王崩，成王幼弱，周公践天子之位以治天下。六年，朝诸侯于明堂制《礼》作《乐》，颁度量而天下大服；七年，致政于成王；成王以周公为有勋劳于天下，是以封周公于曲阜，地方七百里，革车千乘，命鲁公世世祀周公天以子之礼乐。是以鲁君，孟春乘大路，载弧韣；旗十有二旒，日月之章；祀帝于郊，配以后稷，天子之礼也。……是故，天下资礼乐焉。"汉代实行礼治，以"礼"而统一政教，《白虎通义·辟雍》对此有明确的阐述："天子立辟雍何？所以行礼乐、宣德化也。辟者璧也，象璧圆又以法天；于雍水，侧象教化流行也。辟之为言积也，积天下之道德也；雍之为言壅也，壅天下之残贼。故谓之辟雍也。"

由以上所述可见，《礼记·月令》是对以国家时政诏令的礼仪制度记录和相关理论阐释，而并非仅以历法为内容。汉代实行礼治，而礼治的要旨之一

---

〔1〕　[日] 安居香山、中村璋八辑：《纬书集成》"孝经编·孝经援神契"，河北人民出版社1994年版，第967页。

在于以礼制自身的强制力来确保政治目的的实现，在多数情况下，并不需要国家暴力。然而，礼制以成文法形式存在的行为规则，仅适用于士以上阶层人士，这是以礼制作为政治法律制度所带来的局限，这一局限来自关于礼治的理论试图以伦理的调整手段来形成社会秩序，而这样的社会秩序，必然是以等级秩序为核心的。正因为存在这样的制度屏障，《礼记·月令》及其相关典章制度，并不足以形成适用于全体社会成员的行为规则体系。因此，礼俗于礼仪之外的存在是使然的也是必然的，即与此相关的礼俗形成，既来自统治阶层"移风易俗"的推行，也与礼俗本身作为风俗习惯，必然会受到作为社会秩序形成的核心力量——国家政治的影响力有关。

然而，《礼记·月令》并非礼俗之书，虽然其中关于历法的部分，反映了当时风俗习惯，但其是以记录国家制定的时政诏令为主要内容的。因此，东汉崔寔撰《四民月令》，被认为是一个标志性事件，因为该书开中国古代社会农家月令书之先，但该书仿《月令》之书的体例，对一年中家庭（家族）生产和生活中依时令的变化，而对以耕稼为主的各项经济事务和家政事务，依"自然形成"的风俗习惯而为的具体情况的记录，既有与农业生产有关的技术要领和生产时宜，也有对其他家政的安排，主要包括对神祖的祭祀、医药养生、子女教育、乡里交际、屋室修治、习武警守等方面的内容，实际上是对这种风俗习惯中的具体规则的描述，其中关于对神祖的祭祀、子女教育和乡里交际等世俗行为规则的介绍，即为对礼俗行为规则存在的原状的描述，因此，不能仅将其视为一部民间制作的农历、物候历之书，因为该书对《月令》体例的仿制，并非仅是一种文体上的承继，而是对以《礼记·月令》为代表的时政制度借助于受其影响形成的礼俗而得以贯彻的实际情况的反映，且这种反映通过对零散、杂乱的世俗习惯的整理和归纳，使以《礼记·月令》为代表的时政制度在世俗社会中的衍生物（即礼俗）得以从中剥离出来，这种"写作方式"及其以此所完成的工作，既是对以"民间法"为表现形式的适用于社会基层民众的一般性社会行为规则形成过程的典型再现，也是对这一典型再现的标本，即与此有关的一般性社会行为规则的"民间"创制。

当然，仅以现存的《四民月令》佚文的容量（仅三千余字），尚不足以形成对月令体例的"民间法"的概览，故本部分叙及包括所谓与《四民月令》有关的文献，即本部分内容还主要包括以引用的由缪启愉辑释本和石声汉校注本中，[1]二位研究者的释文和注解给出的线索所涉及的相关文献内容。

言及《四民月令》，不得不提到时间上要早一些的西汉末期著名农学著作《氾胜之书》。[2]将二者进行比较可以发现，前者内容中有相当部分是对后者所总结的依时令而为的先进农耕技术的重述，有所不同的是，前者将百姓农事置于官方推行的时政体系之中，而并非单纯的农学著作，这也证明了《四民月令》的写作目的，并非给农业生产者顺应时令进行农耕种植提供技术指导，而是将农事活动与神祖的祭祀、子女教育和乡里交际等家事和社会活动联系为一体，而这些家事和社会活动显然需要遵循官方的时政体制所规范的社会秩序，因此"自然"生成了可称为以礼俗所维系的民间时政体制，并以此实现了自下而上的与《礼记·月令》所提供的官方时政体制的对接。

关于"四民"，《春秋谷梁传·成公元年》有载："古者有四民：有士民，有商民，有农民，有工民。"而最早提出"四民"说法的管子，是将"四民"归为社会构成的主要层级的，如《管子·小匡》言："士农工商四民者，国之石（柱石）民也。"《淮南子·齐俗训》则将"四民"与官员，以及"四民"者之间进行了身份和各自行为界限上的划分和限制，实则是对管子"四民分业定居"论在政治层面上的扩展，突出的"官不兼事"的主张："是以人不兼官，官不兼事，士农工商，乡别州异，是故农与农言力，士与士言行，工与工言巧，商与商言数。"管子"四民分业定居"论反映了自西周时期就出现的宗族为社会主要组织形式的"宗法封建"制下的社会分工现象，其主张中符合社会生产关系与生产力发展需要相适应的部分，是积极的，但其就"成

---

〔1〕（东汉）崔寔：《四民月令辑释》，缪启愉辑释，万国鼎审订，农业出版社1981年版。关于《四民月令》一书，目前可查的，除缪启愉辑释本外，还有石声汉校注本［（汉）崔寔原著：《四民月令》，石声汉校注，中华书局1965年版］。缪启愉辑释本是以《玉烛宝典》为底本，配合《齐民要术》及其他各书所引，而石声汉校注本亦类同。

〔2〕《氾胜之书》是西汉晚期的一部重要农学著作，也是中国现存最早的一部农学专著，《汉书·艺文志》著录作"《氾胜之》十八篇"，《氾胜之书》是后世的通称。作者氾胜之，汉成帝时人，曾为议郎，内容包括耕作的基本原则、播种日期的选择、种子处理、个别作物的栽培、收获、留种和贮藏技术、区种法等。书中提到的溲种法、耕田法、种麦法、种瓜法、种瓠法、穗选法、调节稻田水温法、桑苗截乾法等，都程度不同地体现了当时精耕农业技术的先进性。氾书早佚，北魏贾思勰《齐民要术》多所征引。清人辑佚本以洪颐所辑为优。今人石声汉撰有《氾胜之书今释》、万国鼎撰有《氾胜之书辑释》。

民之事"的归结，却是消极的，其以"四民分业定居"而"使民于不争之官者，使各为其所长也"（《管子·牧民》），以达到"无争"的主张，只是为社会秩序的维系提供了一种政治手段，而并非出于对社会分工具体"构造了社会和道德秩序本身"作用的认识，这种以政治手段使"四民者，勿使杂处"，是出于对"杂处则其言咙（杂乱），其事易（变）"[《国语·齐语》："桓公曰：'成民之事若何？'管子对曰：'四民者，勿使杂处，杂处则其言咙（杂乱），其事易（变）。'"]现象发生的预防，以防止社会秩序的形成偏离其应有的倾向。为此，汉代董仲舒"天人一体"论在对道家思想的引入中，通过强调"道亦不变"的客观性（《汉书·董仲舒传》："道之大原出于天，天不变，道亦不变"），试图以之克服礼治之教化方式"不能治乱"的弱点，但这种对由道德行为规则异化而来的社会行为规则刚性作用的强化，却往往会导致其脱离原初属性的情况出现，所以董仲舒的"道亦不变"论，同时又是以"道之大原出于天"为前提来强调"道"的恒常不变的，这应该是其"天人一体"论保守性的体现。

然而，中国古代国家政治中重农抑商倾向，是一贯的。这既是出于对农业社会本质属性的认知，也是出于维系等级性社会秩序的需要。但历史同样存在另一面的事实：如钱穆所论，孔子其实是"中国此下四民社会中坚的士一流品的创始人"，[1]士的身份并非不变的，且士可以来自农、工、商三流品，社会并没有禁止农、工、商者读书，从而他们实际上也是可以入仕为官的，"士经过了政府之察举和考试而加入政府，这一制度，由汉武帝时代董仲舒之建议而确立。"[2]而所谓"流品"，"乃指谓虽有其自身职业与属性特征，但却不凝滞固结而可流动的社会群体"。[3]既为"流品"，也意味着这一社会群体本身虽为恒定的存在，但群体中的个人，则会发生流动，士、农、工、商者之间身份虽有隔离却是可破除的，因为社会分工本身就是社会化生产需要所促成的，士、农、工、商四民之所以为"流品"，就是这一动因的作用使然，而政治制度的作用例倒是相对有限的。"四民社会"和"四民"在秦汉

---

〔1〕 钱穆：《钱宾四先生全集》（第 37 册"民族与文化"），联经出版事业公司 1998 年版，第 101 页。

〔2〕 钱穆：《钱宾四先生全集》（第 29 册"中国历史精神"），联经出版事业公司 1998 年版，第 57 页。

〔3〕 罗义俊：《论士与中国传统文化——钱穆的中国知识分子观（古代篇）》，载《史林》1997 年第 4 期。

以后的社会中皆为"流品"，而不构成与贵族相对立阶级，这一说法来自钱穆，如其言："中国社会为'四民社会'，士、农、工、商，谓炎四民。中国社会的特点，就是包括士、农、工、商这四种人。这并非阶级。"[1]而以"四民社会"或"士人社会"为中国古代社会关系形态，以社会关系形态作为社会形态的分层，其仍然"属于生产方式范畴"。[2]不过，以"四民社会"或"士人社会"概念对"生产方式"的表达虽然是含糊的，但这一对中国古代社会关系形态的表象特征的描述，却是如实的。

　　崔寔的《四民月令》，以"四民"主体，所言及的是以礼俗为载体的"四民社会"的"时政"，而不同于《礼记·月令》只是皇帝、王公诸侯和大臣所组成的上层社会的"时政"。当然，二者之间是上下相关联的，如石声汉在评介《四民月令》的内容中提到的，当时的一个家庭，"依一年十二个月的次序，将一个家庭中的事务，作有次序有计划的安排"，这些事务包括："（一）祭祀、家礼、教育及维持改进家庭和社会上的新旧关系；（二）依照时令气候，按排耕、种、收粮食、油料、蔬菜；……"等"九个项目"，[3]这里的家庭安排其家政事务的"计划"，除了农事依据"一年十二个月的次序"的"次序"来自对物候的自然规律的总结以外，"祭祀、家礼、教育及维持改进家庭和社会上的新旧关系"也按照"一年十二个月的次序"，决定这一"次序"的并非经验，而是礼俗。而礼俗本身，却需要与国家时政相符合，否则会受到其强制力的干预，这是显然的。也就是说，对家庭中的这部分事务的安排所形成的"家规"，以及家族和宗族内部的"族规"，以居住区域的行政区划和由定居而自然存在的诸因素所决定的活动范围形成的邻里、乡里区界内的乡规民约和风俗习惯，虽然与国家时政保持了适当的距离，以避免与国家政治法律制度发生直接的冲突，但其仍然是要受到国家有关时政的主导和影响的。在这方面，民间的《四民月令》和官方的《礼记·月令》在相关事务上的规范内容上大致相同，即为证明。"家规""族规"以及乡规民约和风俗习惯，与祭祀和交往等事务相关的规定，是与来官方推行的"礼"的

〔1〕　钱穆：《钱宾四先生全集》（第37册"民族与文化"），联经出版事业公司1998年版，第95页。
〔2〕　郭沂：《中国社会形态的四个层面及其历史分期》，载《文史哲》2003年第6期。
〔3〕　石声汉：《试论崔寔和四民月令》，载（汉）崔寔原著：《四民月令校注》"附录一"，石汉声校注，中华书局1965年版，第89页。

规范保持着相对的一致性的。而这些不见于官方文件的行为规则，即为礼俗规则。因此，如一个家庭对家庭事务的安排计划，不仅要受到时节物候的制约，还要受到国家时政和礼俗的制约，而这些家庭事务中，除了祭祀和交往活动以外，当然主要的还是生产活动，"按当时所谓'士农工商'四民来说，这是以'农'业、小手'工'业收入为主，'商'业收入为辅，来维持一个'士'大夫阶级家庭的生活，合'四民'为一。"[1]这样的活动并非仅是指农业种植和小手工业生产活动，商事活动也必不可少。[2]

如汉代社会的"分工定居"，并非仅是一种官方政策，而是社会真实情况的写照。有分工必然有商品交易的需要，对商品交易行为的规范，往往来自"家规""族规"，以及乡规民约和风俗习惯中有相关行为规则的约束。那些必然存在的对商品交易行为进行规范契约法规则，虽然在《四民月令》中没有明确记录，但实则存在于与礼治的教化保持联系的祭祀、行家礼和对子女的家教等礼俗活动中。《四民月令》所刻意对《礼记·月令》的文体进行模仿的那个"文体"，其实并非仅是一种文章的写作体例，而是一种"法律"规则体系的结构样式，因为这样的"文体"形成，是出于时政需要，其"文本只是以自然时序为结构标志，而对'天子'政令的叙述才是篇章的纲领和话语意义的核心"[3]。也就是说，《四民月令》和其所承袭的《礼记·月令》之"文体"结构，是由"自然和社会两大系统构成"。[4]以这种方式结构而成的"月令系统"，"将自然事物与人事合为一体"，以体现"经之以天地，

---

[1] 石声汉：《试论崔寔和四民月令》，载（汉）崔寔原著：《四民月令校注》"附录一"，石汉声校注，中华书局 1965 年版，第 89 页。

[2] 《四民月令》中有关买卖农业手工业产品的具体安排，如：二月，"可粜粟、黍、大小豆、麻、麦子"；三月，"可粜黍，买布"；四月，"可籴穬及大麦，弊絮"；五月，"粜大小豆、胡麻"，"入穬、大小麦"，"收弊絮及布帛"；六月，"可粜大豆"，"籴穬、小麦"，"收缣缚"；七月，"可粜大、小豆"，"粜麦"，"收缣练"；八月，"粜种麦"，"籴黍"；十月，"卖缣、帛、弊絮"，"籴粟、大小豆、麻子"；十一月，"籴秔稻、米、小豆、麻子。"（柳春藩、沈捷：《〈四民月令〉完整反映地主田庄经济说质疑》，载《吉林大学社会科学学报》1992 年第 6 期。）

[3] 杨雅丽：《"月令"语义文化溯源——〈礼记·月令〉解读》，载《贵州文史丛刊》2010 年第 2 期。

[4] "《月令》叙事以月份为序，排列在春、夏、秋、冬四季十二个月的众多事项，可以划分为自然和社会两大系统：自然系统包括星象、气象和物候，等等；社会系统则包括经济、政治、军事、祭祀、乐舞、日常生活等许多方面。两个系统之间具有明确的时间对应关系：星象、物候变化是时序更替的表现，亦是确定社会活动时宜的依据；自然变化的节律，决定了社会活动相应的节奏。"（王利华：《〈月令〉中的自然节律与社会节奏》，载《中国社会科学》2014 年第 2 期。）

纪之以日月，参之以三光"而为"政教之本"(《礼记·乡饮酒义》)的"礼之大义"，"即天地、阴阳、四时、五行在此与人事、人情、礼义互为基础、互相呈现，自然时序同时也是'物可举''事可列''情可睹'的人文时间。"[1]而这样的"文体"结构，被适用于对"法律"规则体系进行建构，即是对作为阴阳五行运行规律在人类社会的特殊表现形式——礼仪和礼俗规则体系的建构。这种建构是以"人事"依循社会"自然规律"为基本轴线，将这些"自然规律"进行抽象概括，用这样的方式来体现政治目的和统治者意志的(被视为社会成员整体意志)，以此作为对"人事"所涉及的行为进行规范(对于以教化为手段的规范方式而言，所谓的"规范"被视为对"人事"所涉及的行为指引)，这样的结构其实与现代意义上的法律体系结构相差无几，所不同的只是礼仪和礼俗规则体系并非直接来自对"自然系统"的抽象概括，而是对"自然系统"在人类社会的特殊表现形式，即社会规律进行的抽象概括。以此而论，中国古代法律体系较之于以对"物我关系"抽象概括来构建其法律体系的西方形式法，很清晰地表明，这样的对规则建立方式的选择，是正确的。

对"自然规律"抽象概括所得到的，往往是"不可改变"的刚性规则，即所谓"理性"的形式，建立这样的规则的可能，似乎使以董仲舒为代表的汉儒们受到了很大的诱惑，以董氏"天不变，道亦不变"主张，对此是有所反映的。董仲舒的儒家立场，一直是有些摇摆不定的，其理论同时受到道家和阴阳家的影响，但终归还是先秦儒家"敬天地鬼神而远之"的"天道"观，让董仲舒及汉儒们放弃了对"自然规律"的进一步探寻，从而止步于阴阳五行理论。对此，自西汉年末至东汉一代，古文经学的兴起，是一种标志。

阴阳五行理论以对"自然规律"的抽象概括，来对"自然规律"进行模拟式的表达。汉儒们是将"自然规律"作为天人关系的中介的，并由"天人感应"现象来印证的"天人一体"论，从而直接将"阴阳五行的运行规律"嵌入"天道"和"人道"之中，作为对其天人理论的基础。仅此而论，以体

---

[1]　许迪:《论月令系统的时间图式擅变——以〈礼记·月令〉为中心》，载《武汉科技大学学报(社会科学版)》2014年第2期。

现"人道"为宗旨的礼仪和礼俗规则体系，因"阴阳五行的运行规律"嵌入而始终未能摆脱其理想化色彩，而与现实渐行渐远，终致僵化停滞，却并非发展方向上的选择错误，而是在这一方向的发展未能深入所致。中国古代契约法，也因此而表现为早熟，而未能在体系结构和规则设置的层次上有所深入（另一具体原因在于以阴阳五行理论的引入所划定的认识局限，使对"人事"所涉及行为的规范，难以概念的凝聚和概括来演绎推动这种深入）。当然，这方面的问题，并非本书内容。仅就礼俗规则在实现对商事行为的规范中，转化为契约法规则，与《四民月令》及其相关文献中存在情况而言，则由下以例子来说明。

例1：《四民月令》中每年正月、十一月、十二月"谒贺君、师、故将、宗人、父兄、父友、友、亲、乡党耆老"[1]的礼俗，所划定的"社交圈"，与"基层市场"的结构体系[2]有关。而受后者影响的交易行为规则，对形成"圈"内人际交往行为规则具有重要作用。因此，由"敬"而"让"的礼俗仪式，以仪式是由"规则控制的"行为而论，那些控制礼俗仪式的规则，同时可视为"自律性"契约行为规则。

《四民月令》中每年正月、十一月、十二月"谒贺君、师、故将、宗人、父兄、父友、友、亲、乡党耆老"的礼俗，所明确的"交往的对象是同乡里的其他宗族和同宗族中其他族人，交往的时间都是在重要的祭祀之后：正月的拜谒是在'正日'祭祀之后；十一月的拜访是在冬至祭祀之后；十二月的招请是在腊祭、蒸祭结束之后。正月、十一月都是上门拜访，十二月则是在家宴请"[3]。这样的由礼俗所规定的人际交往，出现在祭祀之后。家庭成员对家族、宗族以及社区内其他尊者和朋友的拜访和宴请，显然与祭祀行为有关。而在这样的礼俗中所涉及的社会交往范围，实际上即为由祭祀所表达的礼义及其体现礼义的礼俗行为规则的效力范围。关于这一范围，我国现代人类学部分学者论及的"祭祀圈"和"信仰圈"概念，与之有一定的关联。中

---

〔1〕 （汉）崔寔原著：《四民月令校注》，石汉声校注，中华书局1965年版，第1、65、68页。

〔2〕 美国现代人类学家施坚雅提出以"基层市场"结构来表征中国20世纪40年代中国农村传统社会结构，并因此提出了"施坚雅模式"（任放：《施坚雅模式与中国近代史研究》，载《近代史研究》2004年第4期）。

〔3〕 马敏：《政治仪式：对帝制中国政治的解读》，载《社会科学论坛》2003年第4期。

国台湾地区学者在日本学者冈田谦首先提出"祭祀圈"概念后，[1]由施振民、许嘉明等人进一步对此加以深入研究，并试图用祭祀圈模式将中国台湾地区农村的社会组织，文化和政治制度连贯结合起来[2]。而我国学者林美容则针对"共神信仰"现象，对"祭祀圈"概念重新定义，并以"信仰圈"的概念，来弥补"祭祀圈"概念之不足。[3]这里所说的关联，在于无论是"祭祀圈"还是"信仰圈"的形成，都是由这类概念所表达的祭祀的义务性来维系的，因为"祭祀圈"作为"地方居民之义务性的宗教组织"，以"主祭神与人的义务关系"构成，其成员必须具备的集体性资格。这样就把成员限定在聚落，排除了个体性的零散成员。虽然"信仰圈"主要是以"自愿性"来体现"主祭神与人的关系"的，即其"为某一区域范围内，以某一神明和其分身为信仰中心的信徒之志愿性的宗教组织，笔者名之曰信仰圈"[4]，但这种自愿性同样因为在多数人情形下排除异己的集体性所产生的间接强制力，与义务性的强制力具有相同属性，而这样的强制力无疑是来自风俗习惯规则，其效力是有边界的，虽然上述"祭祀圈"和"信仰圈"概念的提出，来自对现代农村社会某一区域存在风俗习惯的调查研究，但现代风俗习惯与中国古

---

〔1〕 1938 年日本学者冈田谦在对中国台北近郊士林的研究中提出了"祭祀圈"的概念，他把"祭祀圈"定义为："共同奉祭某一位主祭神的居民的居住地域为一个祭祀圈。这个地域范围随着主祭神影响力的大小而有不同，它可小至某一村落中的一个'角头'，大可包括整个村落，甚至无数的村落，形成一个超标际的祭祀圈；在另一方面，祭祀圈的范围是相互重叠的。"（［日］冈田谦：《台湾北部村落之祭祀圈》，陈乃蘗译，载《台北文物》1960 年第 4 期。）

〔2〕 中国台湾学界 1972—1976 年的"浊水大溪"计划（《浊大计划》）研究中，施振民提出"祭祀圈是以主神为经而以宗教活动为纬建立在地域组织上的模式"（参见施振民：《祭祀圈与社会组织》，载《"中央研究院"民族学研究所集刊》1973 年第 36 期，第 199 页）。随后，中国台湾学者许嘉明将"祭祀圈"定义为"以一个主祭神为中心，信徒共同举行祭祀所属的地域单位。其成员则以主祭神名义下之财产所属的地域范围内之住民为限"，并提出了确定"祭祀圈"范围的四个具体指标：头家炉主的资格、婚丧嫁娶请神明的优先权、神明巡游的义务范围、承担祭祀和庙宇维修的义务。（许嘉明：《祭祀圈之于居台汉人社会的独特性》，载《中华文化复兴月刊》1978 年第 6 期，第 62 页。）

〔3〕 林美容对"祭祀圈"的定义是："祭祀圈只是群体性（地域性）之民间信仰的宗教组织的一种，基本上它指涉地方社区内居民因共居一地的关系，有义务举行共同祭祀，祭拜天地鬼神等，因而，祭祀圈为地方居民之义务性的宗教组织。"（林美容：《彰化妈祖的信仰圈》，载《"中央研究院"民族学研究所集刊》1989 年第 68 期，第 96 页。）而"所谓信仰圈，是以某一神明或（和）其分身之信仰为中心，信徒所形成的志愿性宗教组织，信徒的分布有一定的范围，通常必须超越地方社区的范围，才有信仰圈可言"（林美容：《由祭祀圈到信仰圈：台湾民间社会的地域构成与发展》，载张炎宪编：《第三届中国海洋发展史论文集》，"中央研究院"三民主义研究所 1988 年版，第 95~125 页）。

〔4〕 林美容：《由祭祀圈到信仰圈：台湾民间社会的地域构成与发展》，载张炎宪编：《第三届中国海洋发展史论文集》，"中央研究院"三民主义研究所 1988 年版，第 95~125 页。

代礼俗之间，是具有传承关系的，这种传承关系表现为关于农村社会结构中对社会空间〔1〕的研究。由于费孝通的《江村经济》以村庄为研究单位的成功所引领的这一方向存在的不足，而有美国人类学家施坚雅在其所著《中国农村的市场与社会结构》一书中提出以"基层集市"为研究单位的方向性的改变，为弥补这种不足提供了新的空间。施坚雅认为，"基层市场"区域的大小与人口密度呈现反方向变化，而且，大多数基层市场的范围可以让最边远的村民很方便地步行到达，因此基层市场区域自然而然地就成为农民进行各种社会交往的社区。这一社区包括婚姻的范围，宗族、秘密会社组织同样也受到市场社区的影响，寺庙是"基层市场"的一个组成部分，庙会常常是市场活动的交易场所，各种底层人物同样也是基层市场的组成部分，市场是盲人、摆赌摊儿的、卖艺的、练杂技的、卖膏药的以及魔术师等人物的舞台，市场社区不仅仅是一个社会结构还同样是文化载体，正是基层市场决定了不同区域农民之间的文化差异。〔2〕"施坚雅提出的集市系统研究单位，打破了以村庄为研究单位的垄断局面"〔3〕，其目的在于"企图纠正人类学主流学派只注重小社团而忽略村庄与外界联系的实体主义倾向"〔4〕，但施坚雅模式以市场体系的结构来替代或等同于社会结构，是存在弊端的，其本人也认为，这二者实际上并不重合，村庄之上的组织是一个相当复杂的研究课题，市场之

---

〔1〕 社会空间（social space）作为专门术语，承载着多视角的多种观点，简洁的定义如："作为社会时间晶化形式的社合空间，不仅以实物形态存在，而且以关系形态存在，即作为社会关系的体系而存在，也就是所谓的社会结构。"（刘奔：《时间是人类发展的空间——社会时-空特性初探》，载《哲学研究》1991 年第10 期。）20 世纪新马克思主义者列斐伏尔将社会空间是"社会性"的，"它涉及再生产的社会关系"，空间"生产社会关系也被社会关系所生产"，社会空间"总是社会的产物"（包亚明主编：《现代性与空间的生产》，上海教育出版社 2003 年版，第 48 页）。从现代社会中集体"权力"对"社会空间"的作用来看，福柯的"全景监狱"表述是很著名的：社会权力试图通过把空间转化为一个集中的统治性的观点渗透到制度化的网络中。在这种"全景"的权力技术构成了现代社会的监视体系观念之后，每一个人都变成了监视者和被监视者。日益现代的监视操作模式表现出对空间的重视. 想象的文化监视和凝视空间要求建立的透明度和可视性. 权力可以通过这种简单的模式得以实施，即在一种集体匿名的凝视中，人们被看被凝视。"凝视"因此就成为一种权力话语，一种意识形态压抑，一种权力摄控的象征而社会空间就是在这种权力程序扩张过程中被组织起来的。（［法］米歇尔·福柯：《规训与惩罚》，刘北成、杨远婴译，生活·读书·新知三联书店 1999年版，第 224~255 页。）

〔2〕 ［美］施坚雅：《中国农村的市场和社会结构》，史建云、徐秀丽译，中国社会科学出版社 1998版，第 40、48~50 页。

〔3〕 邓大才：《如何超越村庄：研究单位的扩展与反思》，载《中国农村观察》2010 年第 3 期。

〔4〕 ［美］黄宗智：《华北的小农经济与社会变迁》，中华书局 1986 年版，第 22 页。

下的村际组织有自己的辖界。[1]而在施坚雅之后，出现了以集市（镇）为单位的研究，这类研究中，也有以村落的经验材料来研究集市（镇）的，费孝通（2001年）也认为"镇是农民与外界进行交换的中心"，"市场强烈地影响着生产"，但"生产系统对市场情况的反应不是一个简单的过程，而是一个长期复杂的过程，要了解这一过程需进行范围更广泛的调查研究，单纯从经济方面研究是不够的"[2]。然而，以集市（镇）为单位的研究更容易导致过于注重研究集市（镇）层面的经济与权力的交换，而忽视村庄内部本来的结构与关系的欠缺，[3]杜赞奇（2004年）在批评施坚雅提出的基层市场研究单位的基础上，提出了"权利的文化网络"概念，其反对将市场体系作为研究单位，"市场并不是决定乡村大众交易活动的唯一因素，村民纽带在提供多种服务、促成交易方面起着重要的作用。从文化网络的视角看，是市场体系及村民纽带联合决定了乡村经济交往。不过，网络模式揭示得更为深刻。"婚姻圈与水利圈都不与市场体系重合，"婚姻圈等有着自己独立的中心，并不一定与集市中心重合"，而"水利管理组织代表着另一类型的联系，各组织有共同的合作中心，但各自有自己的领辖范围"[4]。在对费孝通村庄类型学研究农村社会结构持有异议的学者中，人类学家莫里斯·弗里德曼（2000年）提出了"宗族模式"。他认为，"几乎在中国的每一个地方，几个紧密相连的村落构成乡村社会的基本单位"，"中国南方的'氏族'与费孝通关于汉人社会的规划（村落与宗族）不相适应"，微观社区不应以村庄为研究单位，而应以宗族或者继嗣为研究单位，因为"宗族之间能够形成群体，不仅因为姓氏相同，而且还以姓氏之间某些传统的联合为基础"[5]。

由上述情况可见，对传统中国农村社会结构的表征，除了以"祭祀圈"和"信仰圈"聚落形态的结构来进行刻画以外，其他以基层市场、集市（镇）、权

---

〔1〕 ［美］杜赞奇：《文化、权力与国家——1900—1942年的华北农村》，王福明译，江苏人民出版社2004年版，第14～15页。

〔2〕 费孝通：《江村经济——中国农民的生活》，商务印书馆2001年版，第217～220页。

〔3〕 邓大才：《如何超越村庄：研究单位的扩展与反思》，载《中国农村观察》2010年第3期。

〔4〕 ［美］杜赞奇：《文化、权力与国家——1900—1942年的华北农村》，王福明译，江苏人民出版社2004年版，第17、19页。

〔5〕 ［英］莫里斯·弗里德曼：《中国东南的宗族组织》，刘晓春译，上海人民出版社2000年版，第1、2、4页。

利的文化网络以及宗族等聚落形态的结构进行的描述，即是以市场体系或文化体系这两种基本样式所形成的社会空间对中国社会传统聚落形态进行描述，在这种描述中给出的社会空间的边界，由市场体系或文化体系的调控力所形成。而所谓调控力，从掌控它的源头上看，即为由风俗习惯形成的权力。这种权力的存在，由祭祀行为义务性的存在就可以看出。而祭祀行为并非仅具有宗教意义，在中国古代社会，祭祀的象征性，由"祭祀礼仪的全部外在表现形式即祭礼之'文'"来予以体现，而"构成祭祀程序的各种要素，诸如祭器、祭品、服饰、时空、仪式等因素就是构成该整体象征的重要象征性元素"。[1]

祭祀行为的仪式性受政治仪式的影响，使祭祀仪式成为政治制度延伸的承载物，实际上以政治制度所确立的行为规则，是其规则体系中的主要部分。对于政治仪式，美国人类学家大卫·科泽给出的定义是："政治仪式就是在权力分配系统性不平等的政治脉络中，通过为官方版本的政治结构提供诸如'帝国''宪法''共和国'或'民族'之类的符号表象进行认知、调控的行为。"[2]马敏认为："政治仪式是一般仪式行为与政治意义的某种结合，政治仪式存在于各类政体中，成为实现不同政治目标的权力技术和权力实践。"[3]事实上，有关的政治仪式理论认为，政治本身在所有社会中都是仪式，仪式是政治统治的一种手段，也是一种分析普通政治的手段。政治仪式理论对分析那些没有直接关注经济和其他物质利益的政治的方方面面特别适用。[4]但是在古代中国社会，使祭祀仪式与政治仪式相遇的是儒家推行的礼治。在中国古代社会，作为儒家之"礼"的外在表现形态的礼仪规则体系，在其"仪式"的形成上，与原始祭祀仪式之间具有的渊源关系，如孔子所言与向死者和鬼神奉献祭品的仪式有关。[5]

---

〔1〕 王秀臣：《祭祀礼仪的象征系统及其文学意义》，载《北方论丛》2009 年第 4 期。

〔2〕 转引自〔美〕保罗·康纳顿：《社会如何记忆》，纳日碧力戈译，上海人民出版社 2000 年版，第 57 页。

〔3〕 马敏：《和谐社会与冲突政治中仪式功能的多样性阐释》，载《理论与改革》2005 年第 3 期。

〔4〕 〔美〕杰弗里·亚历山大编：《迪尔凯姆社会学》，戴聪腾译，陈维振审校，辽宁教育出版社 2001 年版，第 162~173 页。

〔5〕 《孔子家语·问礼第六》："夫礼，初也始于饮食，太古之时，燔黍擘豚，污樽杯饮，蒉桴土鼓。"《礼记·礼运》说："夫礼之初，始诸饮食。其燔黍捭豚，污尊而杯饮，蒉桴而土鼓，犹若可以致其敬于鬼神。"王夫之《礼记章句》疏云："此节言自后圣修火政以来，民知饮食则已知祭祀之礼，致敬于鬼神，一皆天道人情之所不容己，其所从来者远，非三代之始制也。"〔（明）王夫之：《礼记章句》卷九"礼运"，载（明）王夫之撰：《船山全书》（第 4 册"礼记章句"），岳麓书社 2011 年版，第 545 页。〕

　　然而，儒家之"礼"中祭礼的礼仪，却并非宗教性的祭祀活动中的"仪式"，还包括以"礼义"所表达的信念、伦理和情感。而祭礼作为"礼"所指称的礼仪规则体系中的核心部分（《礼记·祭统篇》："凡治人之道，莫急于礼。礼有五经，莫重于祭。"），其所表达的儒家之"礼"源自承继"天道"而有的"人道"，是礼仪规则体系作为政治仪式的合法性依据，其去伦理性的异化，使其整体性地超脱了"仪式"本初的意义，而成为社会一般行为规则，但其调控手段，仍然是伦理的教化方式。礼仪规则体系的这一异化路径，与上述西方政治仪式理论中关于政治仪式与一般意义上的仪式的关系是有不同的，即礼仪规则体系依赖于伦理调控手段维系的集体性，具有不同于一般意义上的以市场体系或文化体系的调控力所形成的集体性，因为后者基于分工所形成的社会化生产需要或一定区域内信仰、价值观等要素所构成的传统影响而具有的调控力，并非仅依赖于伦理的调控手段来确保其集体性的完整。因此，以政治仪式作为一套专门用来表征、传递社会情感、集体信念和普遍价值观的"政治象征体系"，[1]其集人、物、语言、行为等多种要素于一体的意义的"综合表述"，体现了通过在全社会范围内确立某种主导性解释以达成基本的社会一致，从而维护特定的社会、政治秩序的功能，[2]但对于礼仪规则体系而言，这种功能的实现方式，具体则是与一整套由儒家所提供的伦理观念和规则相关联的。

　　一般意义上的仪式，作为一种由"规则控制的"沟通行为，其实现规则控制的效力来自维系集体性完整的他方的监督之力，而礼仪规则体系则主要依赖于己方建立在自愿性基础上的自控之力，受这一调控力作用的社会成员行为所具有的义务性和自愿性，二者是合二为一的，虽然在形式上，对礼仪规则的遵行更多地表现出自愿性，但这种自愿性是以对规则的遵行紧密相联的，一旦脱离这种联系，义务性就会呈现出来。前述中国台湾人类学学者林美容以与非自愿加入的"宗教组织"所拥有的调控力相对应的其成员行为的"义务性"，和与自愿加入的"宗教组织"以共同"信仰"来维系其自身存在的调控力相对应的其成员行为的"自愿性"，来划分"祭祀圈"和"信仰

〔1〕　[英]亚伯纳·柯恩：《权力结构与符号象征》，宋光宇译，金枫出版社1987年版，第30~36页。
〔2〕　马敏：《和谐社会与冲突政治中仪式功能的多样性阐释》，载《理论与改革》2005年第3页。

圈",似乎后者所涉及的"调控力"更符合伦理性的调控手段,虽然这种建立在所谓"自愿性"基础上的以共同"信仰"来使某一社会成员加入的"宗教组织",并不以同族同宗或同村等其他因素的存在为条件,而是在某一"区域"内存在。林美容在《彰化妈祖的信仰圈》等文章中,详细描述彰化妈祖一神的信仰所形成的"信仰圈",由浊水溪与大甲溪之间三百多个村庄内的信徒组成的十个神明会所构成的,每个村庄大致皆有相当数量的会员,可以产生会员代表或董事,表明了"信仰圈"的上述特征,而维系这样的"信仰圈"存在,主要是信仰,没有征集现象,不同于"祭祀圈"是基于同庄共居,或是所属村庄加入某一庙宇有份,故所有庄民都必须共同参与祭祀组织与祭祀活动。[1]但是,以这一现象的社会存在,却在某种程度上表现出对传统礼俗的偏离,因为这种去身份化的共神信仰,所具有的传统宗教意义,要大于传统儒家文化所形成的礼仪和礼俗共同遵循的"仪式"的意义在这个意义上存在的"信仰圈"的区域,与前述"基层市场"和"集市(镇)"的区域有所重合,这种重合也并非仅因为以人类学的视角来研究现代中国农村社会结构时,选取的研究单位不同而造成的,因为这种现象的存在,于现代中国农村社会而言,确实是一种事实,只不过在中国大陆的农村社会,由于历史原因,"信仰圈"的存在的表现不明显(但如刘晓春对赣南宁都县东山坝乡的客家乡镇,以柞树坊罗氏家族为主,有其他家族参与的"白石仙"庙会区域性"信仰中心"的研究,表明了中国大陆现代农村社会中"信仰圈"的存在,但作者未对此"信仰圈"的范围给予清楚的交代[2]),但"基层市场""集市(镇)",以及权利的文化网络区域的存在,还是可以被证明的,这方面,如林耀华所著《金翼》中所描述的东林兄弟的大米交易是在村庄以外的湖口镇进行的,[3]庄孔韶所著的《银翅》中对20世纪80年代后期黄村个体杂货店中有布匹、盐、肥料等农用品出售,可以不出村买到手[4]等现实情形的记录,都证明了以"村"为单位划出的同村村民居住范围内某个"基层市场"的存

〔1〕 林美容:《彰化妈祖的信仰圈》,载《"中央研究院"民族学研究所集刊》1989年第68期,第96页。

〔2〕 刘晓春:《区域信仰——仪式中心的变迁:一个赣南客家乡镇的考察》,载郭于华主编:《仪式与社会变迁》,社会科学文献出版社2000年版,第168~218页。

〔3〕 林耀华:《金翼——中国家族制度的社会学研究》,庄孔韶、林宗成译,生活·读书·新知三联书店2008年版,第73页。

〔4〕 庄孔韶:《银翅——中国的地方社会与文化变迁》,生活·读书·新知三联书店2000年版,第227页。

在，并不与"信仰圈"相关联。这样的事实说明，时代变化使现代农村社会市场体系结构也发生了变化，不再以乡镇集市为唯一中心，而由村庄交易场所承接了集市贸易的部分功能，以此似乎更能够印证农村社会市场体系结构的存在。

以距今两千多年前的《四民月令》中所描述的汉代农村社会结构中"祭祀圈"的存在，与上述刘晓春对赣南宁都县东山坝乡的客家乡镇，以柞树坊罗氏家族为主，有其他家族参与的"白石仙"庙会区域性"信仰中心"的研究所叙及的情况，十分相似，只不过后者更加显露出所谓以"自愿性"而形成的区域内的"信仰圈"特征，但在以家族关系作为"宗教组织"的内部关系支撑上，二者是相似的。

从形式上看，《四民月令》中对在固定的时节拜访和宴请"君、师、故将、宗人、父兄、父友、友、亲、乡党耆老"的礼俗的叙及，这一以相对明确的拜访和宴请的人所划定的范围，是在正月、十一月、十二月的祭祀之后。如正月的"正旦"之日的"洁祀祖祢"后，"谒贺君、师、故将、宗人、父兄、父友、友、亲、乡党耆老"，石汉声注曰：此段"具体实在地说明了东汉封建社会中人与人之间的'社会关系'。'谒'是对尊贵的人——君、师、故将及长辈：宗人、父兄、父友——'拜谒'；'贺'则对平辈相互道贺；'君'指当地封建君主及尊官；'师'兼指当地的'名流学者'及与自己授业的人；'故将'是曾经做过自己首长的人（将是指领导，不一定是武职官员）；'乡党耆老'泛指附近的老人（二千五百家为乡，五百家为党）。"[1]以石注可以较为清楚划分出正月的"正旦"之日祭祖后，人们交际活动不同的社交圈：以对应该"谒贺"的人的分类，包括基于政治关系的君、故将，属于宗族关系的宗人、父兄、亲，一般社会伦理关系中的尊长师、乡党耆老。似乎可以应该"谒贺"的这些人的范围，来划定与家庭祭祖仪式相关的"祭祀圈"，因为在"洁祀祖祢"之后，这样的"谒贺"行为显然是祭祀仪式的必要组成部分，这从该段文字的前半部分所言及的"洁祀祖祢"活动参与人的范围仅局限于同祖或同父的宗室所组成的"家庭"，且由男性家长带领妻子及子女，参加在"室家"（族长家）举行的祭祖仪式（"躬率妻孥，洁祀祖迩。及祀

〔1〕（汉）崔寔原著：《四民月令校注》，石汉声校注，中华书局1965年版，第5页。

日，进酒降神毕，乃室家尊卑，无大无小，以次列于先祖之前。子妇曾孙，各上椒柏酒于家长，称觞举寿，欣欣如也。"石注："孥，子也。"）的情况，就可以看出。

而在《四民月令》中，一年中另外两次由礼俗所规定的社交活动，十一月，"冬至之日，荐黍、羔；先蔍玄冥于井，以及祖祢"，然后"其进酒尊长，及修刺谒贺君、师、耆老，如正旦"；十二月，"遂腊先祖五祀"后，"其进酒尊长，及修刺谒贺君、师、耆老，如正旦"。且在蒸祭后三日，"祀家事毕"，"乃请召宗族婚姻宾旅，讲好和礼，以笃恩纪"，可见"修刺谒贺君、师、耆老"以维护社会关系，和"请召宗族婚姻宾旅进酒尊长"以维护宗族关系，都与"祖祢"的祭祀仪式有关。在这方面，十二月的另一次特殊的祭祀活动，"冢祠君、师、九族、友、朋"，即对"已故的君、师、九族……等既不在二社伏腊祀荐的祖宗之列，又不是'岁长所奉尊神'，但却是与家人有关，而且具有'神格'，目前可能在频行的众神的队伍里面，希望得到祭祀的，现在可以藉'大腊'之便，对他们部共'众'祭一下，以表示'慎终追远，虽死不背'的意思"，[1]更加突出社交与祭祀仪式的关联。

可以注意到的是，与祭祖仪式相关的社会交际活动，被纳入与祭祀之礼规范的范围这种情况，即对宗族以外的尊长、故将、父友和乡党耆老的"谒贺"，这种行为其实是一种由礼俗所规定的具有义务性的行为，这些接受"谒贺"的人，与祭祖所涉及的义务性无关，也与"信仰"无关，显然不能以"祭祀圈"和"信仰圈"所具有的由集体性的调控力作用使然来解释。对此，只能以祭祖仪式与礼义中以"孝"所指称的去伦理化的行为规则有关来解释。之所以说这类规则是去伦理化的，是因为"孝"的基本含义，在此已衍生为"敬"。

将"孝"与"敬"相关联，是先秦儒家礼论将"礼"所指称的规则体系推演至一般性社会行为规则的方式。"孝"所调整的家庭关系本来先于调整与他人的社会关系的"敬"，但在先秦儒家礼论中，"敬"在"孝"之前，是"天下为公"的"公"大于"私"的基本理念所导致。孔子的"知敬"即为"知矣"（《论语·雍也》第六："樊迟问知，子曰：'务民之义，敬鬼神而远

---

〔1〕 （汉）崔寔原著：《四民月令校注》，石汉声校注，中华书局1965年版，第71~76页。

之，可谓知矣。'"）是这一理念的理论基础，而荀子进一步寻找到了将"敬"与"孝"相关联的具体路径，即以"祭祀饰敬"而通过祭祀仪式来实现二者的关联。（《荀子·礼论》："送死饰哀也，祭祀饰敬也，师旅饰威也。""凡礼，事生、饰欢也，送死饰哀也，祭祀饰敬也，师旅饰威也。"）先秦儒家完成这一推演过程的基本思路是以"敬"为对"天道"的认知态度，"天道"转化为"人道"，需要以"敬"为先才可以知，而"人道"之先，乃为对待他人"敬"态度，个人以此才可以履行在家庭中的"孝"的义务。这一推演思路，与以"人道"作为一般性社会行为规则，然后转化为在家庭关系中的个人行为规则的衍化规律，是相符合的。对此，《礼记·乡饮酒义第四十五》中有明确的阐释："民知尊长养老，而后乃能入孝弟。民入孝弟，出尊长养老，而后成教。成教而后国可安也。君子之所谓孝者，非家至而日见之也；合诸乡射，教之乡饮酒之礼，而孝弟之行立矣。"即以乡饮酒礼仪式，让百姓懂得尊敬年长者，懂得奉养老人，然后才能在家里孝顺父母、敬事兄长。《礼记·乡饮酒义第四十五》中，郑玄对乡饮酒过程中"祭荐，祭酒"等行为所规范的礼仪之义的阐释也是："祭荐，祭酒，敬礼也"。而由"敬"推及于家庭关系是以"孝"为先，但在以"敬"所建立的与他人的关系中，礼仪规则进一步向一般性社会行为规则衍化的结果是"让"。《礼记·乡饮酒义》说："尊让，絜、敬也者，君子之所以相接也。"所以，以"让"而"不争"作为处理个人与他人的社会关系的一般性行为规则，其指向的调整对象应当是与"争"有关的交际行为，以此显然可将其调整对象延伸至具有物质利益内容的交际行为。

如前所述，在人类学的研究中，施坚雅以"基层市场"为单位，通过借用市场体系结构来对中国农村社会结构进行表征的理论所提供的认知深度和方式，以中国农村社会"传统"乃存的情况而论，似乎可以此种理论来对距今两千多年前的汉代农村社会结构进行一定解析：在以"敬"所建立的与他人的关系中，先秦儒家所制定的礼仪规则进一步向一般性社会行为规则衍化的"让"的行为规则（这在祭礼仪式中有充分的体现），是与农村社会结构中市场体系结构的存在相关的，虽然如施坚雅得出的在中国这样一个传统农耕社会向现代工业社会转化的过程中，"市场结构必然会形成地方性的社会组织，并为使大量农民社区结合成单一的社会体系，即完整的社会，提供一种重要模式"的结论，是以 1949 年在四川进行的实地调查的材料为基本素材，与本书在此叙及的汉代农村社会的情况存在差异，难以对照辨别，但"中国社会所具有的异乎寻常的长期性和稳定性允许很多地区的市场体系在现代化开始之前达到充分成熟"，却是实情，并且其将"长达几个世纪的中国市场的文献"，用以作为研究中国"传统社会内部全面的发展和变化"的另一素材。[1]考究其立论的内容，也确为事实，所以关于以"市场结构"来表征汉代农村社会结构问题，疑惑虽然有，但却可用以作为将本书论证问题引向主题的一种依据。也就是说，"市场结构"的存在，对于汉代农村社会而言，虽然距离现代意义上的"市场经济"到来尚且遥远，但市场的存在和市场交易行为作为社会生活的重要组成部分，由在这一意义上的"市场经济"所决定的"市场结构"的存在及其对"地方性的社会组织"的形成所具有的组合作用，应当是存在的，以此而论，如《四民月令》中由礼俗调控力所划定的"社交圈"，并不能被单纯地解释为只是"权利的文化网络"，而应当还可以解释为与"市场结构"有关。

　　以上之所以要引入以"市场结构"来表征中国农村社会结构的理论，是因为礼俗仪式的权力结构[2]与"市场结构"存在着大致相同范围内的覆盖。当然，并不能说这二者是同构的。礼俗以其权力所形成的调控区域包括"社交圈"，进一步则延伸至"市场"，这是因为存在着"社交圈"与以"市场结构"来表征的社会结构的范围大致重合现象。也正因为如此，仅从现象上看，如果以"市场结构"来对社会结构表征这一方式是可以被认可的话，那么礼俗的调控区域的形成，就不是以"权利的文化网络"独立所形成的，而是与能够适应交易需要的"市场结构"有重要关系。以此而论，礼俗仪式作为由一系列规则所组成的体系，其核心部分即以反映市场交易关系为主要内容，因此在这个意义上说，礼俗仪式中的这部分行为规则，实际上即可被称为有关市场交易的"法"，虽然我们很难直接将其中对市场秩序具有调控作用的规则以外的剩余部分称为"契约法"，因为这些规则是以自律而非以他律的方式

---

　　[1] [美]施坚雅：《中国农村的市场与社会结构》，史建云、徐秀丽译，中国社会科学出版社 1998 年版，第 1~3 页。
　　[2] 礼俗仪式的权力结构与"政治仪式的权力结构"的定义方式相似（王海洲：《政治仪式中的权力结构及其动态分析》，载《南京社会科学》2011 年第 3 期）。

来规范交易中的具体契约行为的，但是这些服从于"市场结构"的仪式规则，显然对符合"市场结构"秩序需要的行为，具有规范作用。

在此，虽然施坚雅集市体系理论关于 20 世纪 40 年代中国农村社会基层集市的空间分布意味着 18 个自然村以六角形围绕着一个集市[1]的模式本身，多被诟病，但其提供的分析方法及所揭示的中国农村传统社会结构以基层商业社会为核心的理论，"分析了市场与社会结构、市场与社会习俗、市场与交通、市场与地理状况的内在关系"，[2]并非仅对于从社会学和人类学视野研究中国农村传统社会具有开拓意义，其对于本书此处所论，也是具有印证作用的，因为"对乡村社会的研究必须对农民行为方式、特点以及乡村社会的基本结构等问题做出诠释"。

而"施坚雅关于农民行为特点的理论假设，就是农民的行为符合理性选择原则，农民也是具有经济理性的人。了解中国农民，不仅要着眼于村落生活，而且应该看到农民生活在一个'基层市场共同体'之中。既然农民介入到市场体系中，他们的行为必然受到市场规律的影响，必须为获利而思考和选择。在这一点上，施坚雅所揭示的是农民行为之间的互动关系及其所构成的超越于农民个体行为的大系统"[3]，不仅是深刻的，而且可以作为对本书观点的"印证"：由礼俗仪式所表现的一系列行为规则的形成和存在的依据，即为市场规律，以及因市场规律制约而形成的个人交易行为规则，而并非仅与政治仪式的延伸和对文化传统的承袭有关。

例 2：《四民月令》在其时间图式中对一年中二月到十一月商品交易时间及其交易标的物的明确（二月，"可籴粟、黍、大小豆、麻、麦子"；三月，"可籴黍，买布"；……十一月，"籴秔稻、米、小豆、麻子"），是以商品交易行为应符合"伦理之道"为基本依据提出的，并将商品交易行为置于礼俗仪式的规则的调控之中，不仅体现了礼俗对商品交易的理性化指引，而且表明这些规则往往就是商品交易中的契约法规则，或者说这些规则因与相关的

---

　　〔1〕　见〔美〕施坚雅：《中国农村的市场与社会结构》，史建云、徐秀丽译，中国社会科学出版社 1998 年版，第 6～8、22～24 页。

　　〔2〕　樊铧：《民国时期陕北高原与渭河谷地过渡地带商业社会初探——陕西同官县的个案研究》，载《中国历史地理论丛》2003 年第 1 期。

　　〔3〕　任放：《施坚雅模式与中国近代史研究》，载《近代史研究》2004 年第 4 期。

契约法规则功能相同，所以它们实际上就是契约法规则。

《四民月令》中，对于二月到十一月期间每个月应当卖出和购入商品，主要有秔稻（即是粳稻）和小麦精细粮，也有黍、大豆、小豆、粟等粮食作物，但布帛棉絮等主要是购入，从对粮食作物的卖出和购入的时间上看，"购买这些粮食的时间一般是在秋冬季节，正是这些作物成熟、价格低廉的时候；而出售这些粮食的时间一般是春夏时节，正是青黄不接、价格昂贵的时候"，显然，"买卖这些粗粮并非为了生活所需，而是从中赚取差价，谋取利益"[1]。因此可以说，《四民月令》中关于符合礼俗规范的交易行为，包括以谋利为目的的商品交易行为。

事实上，汉代用于交易的商品范围是种类繁多的，其中专业化生产的商品，如《史记》的记载，通邑大都商人每年出售的商品种类和规模，司马迁描述为千瓮酿酒、千瓨醯酱、千儋浆、千种谷物、千枚漆器、千钧铜器、千件素木器、千钧帛絮细布、千匹文采、千石榻布皮革、千荅蘗麹盐豉以及千具旃席、鲐鮆千斤、鲰千石、鲍千钧、枣栗千石等（《史记·货殖列传第六十九》），这些商人的利润也可"比千乘之家"。在通邑大都出售的这类大宗商品，虽然并非都是专业化生产的商品，但汉代拥有生产这些商品的行业，许多都是专业化的，其生产显然不是为了自给自足，因为销售产品而获得的高利润，表明这类生产的目的就是使其产品在市场作为商品销售。

汉代的千亩种植园的单一性和多种经营的庄园经济，如上引《史记·货殖列传》中的记载，单一性专业化畜产品商品生产的牧主和牧场，不限于西北边城，在全国陆地水泽都有散布。《史记·货殖列传》："陆地牧马二百蹄，牛蹄角千，千足羊，泽中千足彘……此其人皆与千户侯等。"如此"以'田畜为事'的仆式，后转牧羊，由'畜羊百余'，'入山牧十余岁，羊致千余头'，这无疑也是单一性专业化商品生产"。而关于非单一性的多种经营畜产品商品生产的牧主和牧场，如《西京杂记》载陈广汉户是："千牛产二百犊；万鸡将五万雏；羊豕鹅鸭，皆道其数。"[2]官营手工业属少府管辖的砖瓦制造、陶器生产、金属制品、玉石雕刻、漆器、画工、纸墨笔砚、纺织产品等。官府还

---

〔1〕 张睿：《崔寔思想研究》，南开大学 2012 年博士学位论文，第 105 页。
〔2〕 （晋）葛洪撰：《西京杂记》卷四"曹算穷物"，中华书局 1985 年版，第 24 页。

在地方上设置工官以管理手工制造业。

　　史载，汉代地方上多设置有工官，工官负责手工业税收，同时组织各种特色手工业品的生产，由盐官、铁官、铜官、三服官等管理和组织各种物资的生产（《汉书·地理志》）。私营手工业如蜀卓氏、临邛程郑、宛孔氏、鲁曹邴氏等皆以冶铸成巨富（《史记·货殖列传》）。煮盐业中，如生产池盐的晋（解州）之猗顿，生产海盐的鲁之东郭咸阳，他们"富至巨万"。吴王濞除煮盐外，还采铜、铸铜钱。他与文帝的宠信邓通生产的铜钱，流通领域"半天下"。珠、玉、金银器、丝织品等，多为大型生产单位生产的，也有个体生产的。西汉元帝时，王章的妻子被徙合浦，"采珠致产数百万"（《汉书·王章传》）。张汤之子张安世，"尊为公侯，食邑万户"，其"夫人自纺绩，家僮七百人，然身衣弋绨（黑色），皆有手技作事。内治产业，累积纤微，是以能殖其货，富于大将军（霍）光。"（《汉书·张汤传附子安世传》）东汉光武皇后之弟郭况，家"累金数亿，家僮四百人，黄金为器，工冶之声震于都鄙"[1]。林甘泉主编的《中国经济通史·秦汉经济卷》认为："汉代除了专业化商品生产之外，商品的生产还包括地主田庄剩余产品（包括租佃制经营地主的剩余产品）转化为商品，农民的部分生产资料、生活资料转化为商品，各地土特产品的加工转化等。"[2]赵德馨主编的《中国经济通史》（第2卷）也认为："汉代市场上的日用手工业品有三个来源：大型商品生产者奴隶工场生产的商品；自给生产者自给有余的，被商业卷入市场，或虽非多余，但被赋税、利息负担逼入市场；手工业小商品生产者生产的商品。手工业小商品生产者为市场生产，但目的在谋取生活资料，即维生之计，他们提供市场的，多非重要商品，常在互通有无的基层市场上交换，且数量少，只起补充的作用。"[3]

　　虽然汉代农村以家庭为生产单位所生产的作为商品、农产品和手工业品数量有限，但是就市场交易的整体情况而言，个体农业生产者却是人数众多的交易行为主体，其实从事市场交易行为，无疑是他们除了从事农业生产和小手工业生产以外日常社会生活的主要内容，而在日常交易活动中，其活动

　　〔1〕王嘉撰：《拾遗记译注》，孟庆祥、商媺妹译注，黑龙江人民出版社1989年版，第182页。
　　〔2〕林甘泉主编：《中国经济通史·秦汉经济卷》（下），经济日报出版社1999年版，第513~514页。
　　〔3〕赵德馨主编：《中国经济通史》（第2卷），湖南人民出版社2002年版，第722页。

以"社交圈"与"基层市场结构"所形成的范围为主，以此类大致相同的有关现代人类学和社会学观点，用于对汉代农村社会结构的认识也应当是基本适用的，其意义在于"社交圈"受礼俗仪式的调控，这种调控力因"社交圈"范围对"基层市场结构"范围的大致覆盖而作用于后者，这也正是作为政治仪式的礼仪以国家制度的形式向世俗社会延伸所追求的目的，正因为如此，礼俗仪式在《四民月令》中与社交行为的结合，并非仅是一种书面写作的体例，而是社会制度本身即为如此的表现。如"二月……可粜粟、黍、大小豆、麻、麦子等。收薪炭"，卖出剩余的"粟、黍、大小豆、麻、麦子等"而收购"薪炭"这样的交易，其中一个原因是农时出售麻子和大豆，二、三月可种苴麻和大豆，[1]而种大豆，"土坏松和无块的，一亩用五升种子"[2]，种麻，"良田一亩，用子三升；薄田二升。"[3]因农时物候而适时售出种子，是为满足耕种对种子的市场需求，以赚取差价，谋取利益。而这种商品交易行为，作为最为普遍的社交行为，与仅在祭祀之日进行的社交行为的关系是，后者以礼俗仪式的规则进行，对前者具有规范作用，正如同以礼俗的调控力所形成的"祭祀圈"，对"基层市场结构"范围内的人们之间交易关系以"上层建筑"形式予以表现一样。"祭祀圈"和"基层市场结构"范围二者的区域相近，是指其核心部分是重合的，这种重合并非不同性质结构关系的叠加，而是"上层建筑"与"生产关系"之间的垂直性关联。

《四民月令》是以记载人们依农时物候从事农业生产，包括进行市场交易活动为主要内容，祭祀活动仅在农历二月的第一个十干甲日这天进行："二月，祠太社之日，荐韭、卵于祖祢。前期齐、馔、扫、涤，如正礼焉。其夕又案冢薄，馔祠具。厥明，于冢上荐之。其非冢良日，若有君命他急，筮择冢祀日。"这里所说的"祠太社之日"，即为农历二月的第一个十干甲日。在二月的这一天，一个家庭要参加家族或宗族举行的祭祀活动，包括在"人社"

---

〔1〕《齐民要术·种麻》："二、三月可种苴麻"，下有小注："麻之实有者者为苴。"《太平玉览·麻》引作："二、三月，可种苴麻，可粜麻子。"《齐民要术·大豆》引作："二月可种大豆。"〔(东汉)崔寔：《四民月令辑释》，缪启愉辑释，万国鼎审订，农业出版社1981年版，第27页注13、14。〕

〔2〕万国鼎辑释：《氾胜之书辑释》"大豆"，中华书局1957年版，第132页。

〔3〕(北魏)贾思勰撰：《齐民要术》卷二"种麻"，石声汉译注，石定枎、谭光万补注，中华书局2016年版，第174页。

或称"民社"祭祀土神和谷神，以及在"冢上"祭祀祖祢的活动。[1]参加社祭与祭祀祖祢都在这一天，此礼俗受周礼影响生成。《周礼·小宗伯》云："右社稷，左宗庙。"郑玄注云："库门内、雉门外之左右。"何休注曰："质家右宗庙，尚亲亲；文家右社稷，尚尊尊。"[2]周代尚左，故有"左宗庙"之天子礼仪，此见周代宗法之制大于社稷之制。而在礼俗中将社祭与祭祀祖祢二者联系在一起，同样是取"尊尊"与"亲亲"这一概括性的"祭义"。在《四民月令》中，主要记录的是祭祀祖祢的仪式：祭祀祖祢的祭品是韭和卵（鸡蛋），祭祀的场所在冢上，祭祀之前的准备"齐、馔、扫、涤"，其所谓"齐"，缪启愉释："礼，将祀，心齐七日，致齐三日。"[3]石汉声注："齐，应解作'齐戒'的齐。"[4]然而对此还是以《礼记·祭统》等解释为定义更妥，即"散齐七日"后"致齐三日"以"定齐"，[5]除了要求参加祭祀者在之前各自均要按礼守戒，还要求在齐聚后再有三日一起守戒，才能一起进行祭祀。而"馔"，即为准备在祭祀祖祢中宴请宾客的食物和祭祀中祭品，

---

〔1〕《白虎通义·社稷》引《礼记·三正记》曰："王者二社，为天下立社曰太社，自为立社曰王社；诸侯为百姓立社曰国社，自为立社曰侯社。太社为天下报功，王社为京师报功，太社尊于王社。土地义故两报之。"天子在太社举行的祭祀，主要是祭祀土神和谷神，"人非土不立，非谷不食。土地广博，不可遍敬也；五谷众多，不可一一祭也。故封土立社，示有土尊。稷，五谷之长，故封稷而祭之也。"〔（清）陈立撰：《白虎通疏证》，吴则虞点校，中华书局1994年版，第83~85页。〕而百姓祭祀土神和谷神的场所，称为"人社"，《礼记·月令》中说社祭的时间为"仲春"之月的"元日"："仲春之月，择元日命人社。"郑玄注："祀社日用甲"，季夏之月，"以祠宗庙社稷之灵，以为民祈福"；孟冬之月，"大割祠于公社。"《月令》佚文有"仲秋择元日，命人（民）社"。《礼记·郊特牲》称社祭"日用甲，用日之始也"。是知社祭分春、夏、秋、冬四季举行四次，祭日在相关月内的第一个十干甲日，这与后世社日在立春和立秋两节气后的第五日戊日举行不一样。

〔2〕（清）孙诒让撰：《周礼正义》卷三十六"春官·小宗伯"，王文锦、陈玉霞点校，中华书局1987年版，第1421页。

〔3〕（东汉）崔寔：《四民月令辑释》，缪启愉辑释，万国鼎审订，农业出版社1981年版，第1页。

〔4〕（汉）崔寔原著：《四民月令校注》，石汉声校注，中华书局1965年版，第5页。

〔5〕《周易·系辞》下："洗心曰齐"，《国语·楚语》："为齐敬也"，皆言"齐"于祭祀中的含义，《论语·乡党》中谈到了"齐"作为守戒规则的具体要求："齐，必有明衣，布。齐必变食，居必迁坐"，"虽疏食菜羹瓜祭，必齐如也。"《礼记·祭统》则进一步明确了"齐"作为祭祀仪式的程序："及时将祭，君子乃齐。齐之为言齐也，齐不齐以致齐者也。是以君子非有大事也，非有恭敬也，则不齐。不齐则于物无防也，嗜欲无止也。及其将齐也，防其邪物，讫其嗜欲，耳不听乐。故记曰：'齐者不乐。'言不敢散其志也。心不苟虑，必依于道，手足不苟动，必依于礼。是故君子之齐也，专致其精明之德也。故散齐七日以定之，致齐三日以齐之。定之谓齐，齐者精明之至也，然后可以交于神明也。是故先期旬有一日，宫宰宿夫人，夫人亦散齐七日，致齐三日。君致齐于外，夫人致齐于内，然后会于大庙。"〔李学勤主编：《十三经注疏（标点本）礼记正义》卷四十九"祭统第二十五"，龚抗云整理，王文锦审定，北京大学出版社1999年版，第1348~1349页。〕

献"馈"是礼俗仪式的组成部分，下文"馈祠具"之言，即将"馈"盛于祠具中，"馈"则成为祭品。[1]至于"扫"与"涤"，是指在祭祀前清洁祭祀场所（《礼记·郊特牲》："扫地而祭，于其质也"）和对祭品进行洗涤。（《礼记·郊特牲》："帝牛必在涤三月"；《周礼·大宰职》："及执事，视涤濯，及纳享，赞王牲事。"）在"散齐七日"和"致齐三日"，并做好了上述的这些准备后，"其夕"按记录已亡先辈的"冢薄"，而"馈祠具"。这应祭祀开始当天于家中的祭祀，而在第二天，"厥明，于冢上荐之"，即将韭和卵荐于已亡先辈的坟墓前。以此而论，祭祀祖祢的过程，一般应为十二日，与从事农事和交易活动的时间相比较，是次要的（况且"齐戒"并不一定影响从事农事和交易活动），但祭祀行为的重要性却是占主导地位的，这从《四民月令》先言祭祀后论农事和交易，就可以看出。

以上是《四民月令》对祭祀祖祢仪式的简要记叙，但其中并未具体记录家庭参加社祭活动的情况，只是说祭祀祖祢是在"祠太社之日"，这一方面说明社祭活动是存在的，另一方面，似乎与汉代土地神地位式微有关，而导致这一现象出现的原因是里社的出现。[2]但现代考古资料证明，春秋战国时期，"同里同社"的现象就已经出现：包山楚简记楚国地方行政组织即是州下辖里，简138记有"同社同里"，简210记有"举祷社一全腊"，[3]可知楚国其时已有里社。其他各国也多设有里社，"秦昭王有病，百姓里买牛，而家为王祷"，而"公孙述出见之，入贺王曰：'百姓乃皆里买牛为王祷'"。见有"奚白杀牛而祠社"（《韩非子·外储说右下》）。《列子》记载一燕人被同行诳指晋国里社，说是该人的"里之社"（《列子·周穆王》）。鲁庄公有如齐"观民于社"（《国语·鲁语上》）。可见，秦、晋、燕、齐等国民间均有里

---

〔1〕《仪礼·士冠礼》："筮与席，所卦者，具馔于西塾。"此处的"馔"为一般人士礼遇客人的食品。《仪礼·聘礼》："馔于东方，亦如之，西北上。"此处的"馔"为聘礼中皇帝宴请诸侯的食品。《论语·为政》："子夏问孝，子曰：'色难。有事，弟子服其劳；有酒食，先生馔，曾是以为孝乎？'"以酒食为馔，荐于先生，这一行为过程，是一种体现"孝"的礼仪。

〔2〕里社自秦以下出现，《礼记·郊特牲十一》："国中之神，莫贵于社。天子大社，必受霜露风雨，以达天地之气也。"郑玄注："大社，王为群姓所立。"孔颖达疏曰："案《祭法》云：'大夫以下，成群立社曰置社。'注云：'大夫不得特立社，与民族居，百家以上则共立一社。今时里社是也。'如郑此言，则周之政法，百家以上得立社，其秦汉以来，虽非大夫，民二十五家以上则得立社，故云今之里社。又《郑志》云：《月令》命民社谓秦社也。自秦以下，民始得立社也。"［李学勤主编：《十三经注疏（标点本）礼记正义》卷二十五"郊特牲第十一"，龚抗云整理，王文锦审定，北京大学出版社1999年版，第788、791页。］

〔3〕 刘信芳：《包山楚简解诂》，艺文印书馆2003年版，第173页。

社。"由于社会等级结构与政治体制发生了重大的变化，社的设置不再以社会等级是以行政区划来确定，并且在社会基础组织中出现了里与社合一的状况。"[1]由里正主持的里社的社祭，作为政治仪式的成分居多，故社祭在汉代，已存在与民间祭祀活动的区别。由考古所发掘的居延汉简中记录军社的社祭，由"劝农橡史"先根据律令规定向都尉府提出报告，都尉府再向下面的候官正式下发文件，进行督促，"社祭是为了祈求屯田有好的收成"，[2]虽然祭祀的目的与民间相同，但却是官方性质的。汉代乡社和里社为"民社"，由社宰或里正负责祭祀，所需费用由里社民众共同承担。《史记·封禅书》云："高祖十年春，有司请令县常以春二月及腊祠社稷以羊豕，民里社各自财以祠。制曰：'可。'"这种情况表明里社的主祭权与行政权合二为一。里社的社祭由里正、父老主持，具体执行为社祝、社宰、祭尊等人，负责社祭费用的收取、祭仪的主持以及祭品的分配。《春秋繁露·止雨》曰："雨太多……令县、乡、里皆扫社下。县邑若丞合史、啬夫三人以上，祝一人；里正、父老三人以上，祝一人，皆齐三日，各衣时衣。具豕一，黍盐美酒财足，祭社。"[3]这段文字中，反映了主祭权是由官方直接行使的。但是，在此文之前篇，《春秋繁露·求雨》中却说："春旱求雨，令县邑以水日令民祷社稷山川，家人祀尸。"[4]即官方人员不参加乡里之社的祭祀活动，主祭权不再由官方直接行使，转变为民间自主行使。这种情况虽然不能说民社的主祭权是完整的，但已出现了独立倾向。民社的设立，依礼制是受官方控制的，《礼记·月令》曰："仲春二月……择元日，命民社。"《淮南子·时则训》也说："仲春之月……择元日，令民社。"但汉代出现了民社私立现象，《汉书·五行志》记载："建昭五年，兖州刺史浩赏禁民私所自立社。"张晏注云："民间三月、九月又社，号曰私社。臣瓒曰：'旧制二社，民或十家五家共为田社，是私社。'"[5]私社的出现虽然并不表明官方对此是认可的，但毕竟这种现象反映了官社和民社分立的一种趋势。

---

〔1〕 孔宾：《从礼制到节庆——先秦两汉时期社祭的变迁》，载《山东社会科学》2011 年第 7 期。
〔2〕 汪桂海：《汉简所见社与社祭》，载《中国历史文物》2005 年第 2 期。
〔3〕 （清）苏舆撰：《春秋繁露义证》"止雨第七十五"，钟哲点校，中华书局 1992 年版，第 437~438 页。
〔4〕 （清）苏舆撰：《春秋繁露义证》"求雨第七十四"，钟哲点校，中华书局 1992 年版，第 426 页。
〔5〕 （汉）班固撰，（唐）颜师古注：《汉书》卷二十七中之下 "五行志中之下"，中华书局 1962 年版，第 1413 页。

由以上情况可以看出，汉代官方是以对社祭中祭祀权的掌控作为贯彻其时令政治的政策之手段，或者说，官方对祭祀权的掌控意图说明社祭本身即为政治仪式，虽然这种掌控以民社的私设现象的出现，而代表了时令政治的贯彻并非如其意图和与社会现实存在不相适应的一面而导致其衰弱，以至于如《四民月令》对礼俗中的社祭仪式并无涉及，对此似乎采取了一种忽略的态度，但《四民月令》却仍将社祭与祭祀祖祢相关联，即二者都在相同的时日进行（"二月，祠太社之日，荐韭、卵于祖祢"），以此可有的认识是，后者虽然是一种由宗族关系控制的民间活动，但仍然不能脱离与政治的关系。也就是说，祭祀祖祢活动并非纯粹意义上的家庭及宗族内部的活动，其与社祭活动一起构成完整的礼俗仪式，是所谓"右社稷、左宗庙"的官方政治仪式的社会再现，而后者作为国家政治法律制度以礼制为形式，这一形式是由制度化的礼仪之仪式规则体系所构成的，礼俗规则体系受其主导而形成，虽然在《四民月令》中对社祭的仪式并无涉及，但其存在不可或缺，只不过至汉代社祭在民间演变为一种更具有社会属性、其原有政治属性有所减弱的社会交际活动。[1]

然而，民间社祭活动去政治化的趋势并非显示为一种没有区界的持续过程，事实上，中国古代传统社会的礼俗延续至今，以现代人类学和社会学实证方式进行的研究，可以得出的基本认识是，民间仪式虽然一直处在不断演变的过程中，但始终不可能脱离其与国家和社会的关系，其"既反映着国家与社会的现实关系，也是调节国家与社会的关系的媒介"。在其与国家的关系中，"民间仪式借用特定的符号而让国家在场"，如民间庙会中"热爱祖国""百花齐放"的标语，国家在场是"形塑民间仪式的力量"，在二者之间的关系中，还表现为"国家对民间仪式的征用"，如民间的秧歌队、龙灯队或狮子

---

〔1〕 两汉时代，春、秋两社除了祭社的本义外，还具有了愈来愈浓重的娱乐节庆色彩，使其成为当时乡村社会中的两大节日。《太平御览》卷五百八十四引《淮南子》曰："夫穷乡之社，扣瓮拊瓶相和而歌，自以为乐。常试为之击建鼓，撞巨钟，乃始知夫瓮瓶之足羞也。"《盐铁论·散不足篇》所记："令富者祈名岳，望山川，椎牛击鼓，戏倡儛象；中者南居当路者，水上云台，屠羊杀狗，鼓瑟吹笙；贫者鸡豕五芳，卫保散腊，倾盖社场。"社祭宴乐的本源是社祭时的娱神，祭神时以歌乐相娱，由来已久。《吕氏春秋·古乐》云："昔葛天氏之乐，三人操牛尾，投足以歌八阕。"《周礼·春官》："凡国祈年于田祖……击土鼓，以乐田。"到了两汉时代，作为娱神的宴乐渐渐从祭神中分化了出来，越来越摆脱了社祭的宗教气氛，而成为比较单纯的节庆娱乐。（马新：《两汉乡村社会史》，齐鲁书社1997年版，第219~220页。）

会被安排在国家庆典中进行表演，在国家规定的节庆之日中的"民间仪式具有潜在的经济价值"。[1]当然，民间仪式所具有的"潜在的经济价值"，更多地体现了其与社会的关系，或者说，其本身即为对形成社会结构的社会关系的表征，即如其以"祭祀圈"的表象，通过"基层市场结构"范围的存在，一定对形成中国农村传统社会结构的社会关系中的核心部分——生产关系的表征。

对于民间社祭活动具有促进商品贸易的作用，《周礼·内宰》即有言："凡建国，佐后立市，设其次，置其叙，正其肆，陈其货贿，出其度、量、淳、制，祭之以阴礼。"郑司农云："佐后立市者，始立市，后立之也。祭之以阴礼者，市中之社，先后所立社也。"孙诒让疏："市中不得有他神位，而周制百家以上则得立社，故知先后命立市时，亦并命为群姓立社，即《祭法》所谓'置社'是也。"祭法属阴礼，唯有社祭可归属于阴礼调控范围的庶民群聚中的社交活动，故周礼通过祭祀之礼的仪式，以演绎仪式的规则，来控制市场交易活动。从现代出土的汉代竹简中，似乎可以找到对上述认识的印证依据：

> 建始二年三月丙午，社买卖☑ （T51.424）[2]
>
> □□□又负官薄余钱二百廿，又社贷千百七十 （T52.185）[3]
>
> □大枼社社便为祷之毋口☑ （T65.542A）[4]
>
> ☑诣官封符，为社内买马☑ （63.34）[5]
>
> 买芯卅束，束四钱，给社 （32.16）[6]
>
> 卖社下贱平所一朁以上，及发养所治饮食若涂墍社皆不庄事，罚平

---

〔1〕 高丙中：《民间的仪式与国家的在场》，载郭于华主编：《仪式与社会变迁》，社会科学文献出版社2000年版，第312~327页。

〔2〕 甘肃省文物考古研究所等编：《居延新简——甲渠候官与第四燧》，文物出版社1990年版，第88页。

〔3〕 甘肃省文物考古研究所等编：《居延新简——甲渠候官与第四燧》，文物出版社1990年版，第103页。

〔4〕 甘肃省文物考古研究所等编：《居延新简——甲渠候官与第四燧》，文物出版社1990年版，第200页。

〔5〕 中国社会科学院考古研究所编：《居延汉简甲乙编》（下册），中华书局1980年版，第46页。

〔6〕 中国社会科学院考古研究所编：《居延汉简甲乙编》（下册），中华书局1980年版，第20页。

一石谷赏以社（敦煌简 218）〔1〕

　　侯吏所贷黍稷米计，王子杰取粟升直一斗，又贷稷米□斛，□□□□☑团侯房张卿稷米三升黍米二升为社，为稷米三升为社。张倬君稷米三升黍米二升为社。（敦煌简 364）〔2〕

以上汉简释文反映了因社祭而有的群聚在礼俗仪式规范的范围内，这种聚会同时又形成了市场，这是进行商品交易的最好机会，或者说由于市场交易需要而在市中设社，〔3〕社祭中的礼俗仪式规则被引入市场。虽然社祭的本义在市场交易中远离，但并未消失，且一直在场，不会消失。因为社祭以礼俗仪式所体现的是国家与民间社会的关系，在这种关系中，国家政治只有通过礼俗仪式作为实现其目的的途径，因为国家是不可见的，只有通过象征形式来获得认同，而国家政治对社会秩序的控制，也必然是通过象征国家存在的形式规则来实现其目的。正如克利福德·格尔兹以"剧场国家"对这一认识的概括：在国家这个"剧场"中，"国王和王公们乃是主持人，祭司乃是导演，而农民则是支持表演的演员、跑龙套者和观众。规模惊人的火葬、锉牙、庙祭、进香和血祭，都动员了数百人甚至数千人以及数量庞大的财富，这并非意味着它们要制造出什么政治结果：它们即是结果本身，它们就正是国家的目的。"也就是说："公众仪式并不是巩固国家的谋术，而正是国家本身"。〔4〕

社祭对市场交易的促进作用为日常生活中的交易提供了机会，这只是停留在对这一现象表面层次上的认识所理解的原因，事实上，社祭活动还为市场交易提供了规则，而这些规则是以礼俗仪式来表现的。以礼俗仪式规则规范的市场交易秩序，是国家为"民间仪式塑型"的具体表现。商品交易中的仪式性规则，或者说商品交易的规则具有仪式性，如本书前述中引证的契约订立中立"誓"的仪式性（西周时期的矞比鼎铭文中记录的矞比对攸卫牧的

〔1〕　甘肃省文物考古研究所编：《敦煌汉简》，中华书局 1991 年版，第 227 页。
〔2〕　甘肃省文物考古研究所编：《敦煌汉简》，中华书局 1991 年版，第 233 页。
〔3〕　史志龙：《先秦社祭研究》，武汉大学 2010 年博士学位论文，第 144~145 页。
〔4〕　[美]克利福德·格尔兹：《尼加拉：十九世纪巴厘岛的剧场国家》，赵丙祥译，王铭铭校，上海人民出版社 199 年版，第 12 页。

起诉，官方在下令调查此事后，其裁判结果是让攸卫牧起"誓"），在许多重要的契约交易中均有出现。在这种订立契约的仪式中，往往有多人参加，最常见就是所谓"中人"。除了具有中介、担保和见证的意义之外，"中人"在场其实还引领契约订立中的仪式进行，从而使双方交易行为被置于礼俗仪式规范场内的意义。大宗商品交易往往不只有"中人"，还有其他的与交易双方或一方具有熟人关系者在场，交易成功后要由交易的一方宴请在场人。宴请也并非仅为了酬谢，因为宴客本身就是具有仪式性的，而仪式之诸礼节，则是由礼俗规则所规范的。

　　仪式的交换功能来自礼物交换的原始经济模式，对此，本书在此之前已有叙及。如马凌诺夫斯基所考察的"库拉"作为一种贸易形式，都是伴有仪式的，且村落之间这种交易关系是终身的。[1]以仪式作为一个象征系统来看，马凌诺夫斯基认为，仪式对于社会结构和人际关系而言，它的第一个基本原则就是交流，而满足交流需要的仪式，其具有的象征主义功能则必需建立在物质工具性媒介（instrumental means）之上。[2]在这里，有必要提及象征主义人类学的另一重要理论，即范·根纳普提出的"通过礼仪"论。这一理论认为：个人从一个相对低级的仪式圈，进入另一个高级的仪式圈期间，处于"边缘"状态，前后两个不同仪式圈的礼仪规则，对他来说是失效的，个人因此处于一种"模棱两可"的状态中。[3]维克多·特纳则进一步以"社群"的

〔1〕　［英］马凌诺斯基：《西太平洋的航海者》，梁永佳、李绍明译，高丙中校，华夏出版社2002年版，第80页。

〔2〕　彭兆荣：《人类学仪式的理论与实践》，民族出版社2007年版，第202~204页。

〔3〕　法国民俗学家范·根纳普认为，人类社会的所有高级仪式，如献祭仪式、入会仪式、宗教仪式等，无不具有边界、开端、运动特点，个人在社会中随着年龄的增长而拥有的不同权利义务，是"通过"仪式被赋予的（彭兆荣：《人类学仪式的理论与实践》，民族出版社2007年版，第185~186页）："从一群体到另一群体、从一社会地位到另一社会地位的过渡被视为现实存在之必然内涵，因此每一个体的一生均由具有相似开头与结尾之一系列所组成：诞生、社会成熟期、结婚、为人之父、上升到一个更高的社会阶层、职业专业化，以及死亡。其中每一事件都伴有仪式，其根本目标相同：使个体能够从一确定的境地过渡到另一同样确定的境地。"（［法］阿诺尔德·范热内普：《过渡礼仪》，张举文译，商务印书馆2010年版，第3~4页。）这些过渡性仪式包括三个方面的内容，即分离、过渡和组合，它们分别被表述为前阈限、阈限和后阈限。（彭兆荣：《人类学仪式的理论与实践》，民族出版社2007年版，第185~186页。）在过渡阶段的期间，称为"阈限期"。对于"过渡"（transition）的含义，由于该词系根据英文转译，与法文中原文中的"边缘"（marge）存在差异，特纳（Victor Turner）的"阈限"理论似乎表达了"边缘"之意［张举文：《对过渡礼仪模式的世界反思（代译序）》，载［法］阿诺尔德·范热内普：《过渡礼仪》，张举文译，商务印书馆2010年版，第15页］。也就是说，个人在进入如前文所提及的"祭祀圈"前，所处于的"边缘"境地，表现为其处于一种"模棱两可"的状态。

概念，来描述个人在脱离仪式圈后所处状态中，地位是相对平等的，[1]这是特纳对"通过礼仪"理论的发展，其关于个人可以暂时脱离仪式圈，在"社群"中地位平等，但仍要受到种姓、等级、世袭关系的一个"结构纽结"的制约，以及政治、经济和法律等社会条件的制约，和"来自同一社会结构的语境下老年人权威的制约"的认识，为我们之前借用施坚雅"基层市场结构"理论和马凌诺夫斯基等人的礼物交换理论来表述的市场交易规则的形成与礼俗仪式规则的关系，提供了依据。

礼物交换理论所说的礼俗仪式规则的"物化"部分，应为其主要内容，以及"基层市场结构"理论中"基层市场结构"所形成的人们社交范围，虽然与"祭祀圈"等由礼俗仪式的权力所调控的范围大致相近，但二者之间并不重合。这一说法的含义是指：二者在各自范围内用于调控的规则，并非相同，虽然前者与后者属性相同，且以后者为表现形式，但前者却有自身的特点，这个特点不仅因为其调整的对象是市场交易行为，而且因为这一调整的有效，必须建立在交易双方地位平等的基础之上。因此可以说，范·根纳普提出的"阀限"及"阀限"阶段概念和特纳的"社群"概念，为解决在礼仪和礼俗的等级性规则体系中寻找调整双方平等的交际关系规则存在的可能，提供了理论上的依据。也就是说，就个人而言是存在暂时脱离仪式圈，而可归入"社群"之中的状态的，虽然在此的意思是说个人脱离仪式圈的目的，是为了进行市场交易，与上述人类学理论中个人脱离前后"阀限"而处于

---

[1] 维克多·特纳（Victor Turner）认为，在介乎"前阀限"和"后阀限"二者之间的"阀限"时期里，"仪式主体［被称作'通过者'（passenger）］的特征并不清晰"，这是因为"这种情况和这些人员会从类别（即正常情况下，在文化空间里为状况和位置进行定位的类别）的网状结构中躲避或逃逸出去"，因此我们可以看到"时间之内或时间之外的片刻"中，"世俗的社会结构之内或之外的存在"，"这些社会关系作为整体此时已经不复存在"，对这种状态下的模式，特纳将其与社会的那个"具有政治-司法-经济等级体制"的"有组织结构，有彼此差别的存在形式"的模式相区别，特纳将其称为"第二种模式"，在这种模式下，"社会是一个没有组织结构，或仅有基本组织结构，而且相对而言缺乏彼此差别的社群，或社区，或者也可能是地位平等的人们结成的共同体，在这一共同体中，大家全都服从于那些仪式长老的普遍权威。"（［英］维克多·特纳：《仪式过程——结构与反结构》，黄剑波、柳博赟译，中国人民大学出版社2006年版，第95～97页。）特纳将这个共同体称为"社群"，以示与表示"人们共同生活于其中的区域"的"社区"概念的区别，在"社群"中，个体的地位相对平等，但他们除了在面临不同阀限的"进入与出去的时机"时，要受涉及复杂关系共同构造的，包括了种姓、等级、世袭关系的一个"结构纽结"（structural-tise）的制约，以及政治、经济和法律等社会条件的制约以外，还要受到"来自同一社会结构的语境下老年人权威的制约"（彭兆荣：《人类学仪式的理论与实践》，民族出版社2007年版，第185～186页）。

"边缘"状态时个人的目的，是为了进入另一个仪式圈不同，但这种状态的存在本身却是相同的。至于个人在"社群"中，按人类学观点，仍要受到种姓、等级、世袭关系等被称为"结构纽结"的制约，以及要受到政治、经济和法律等社会条件的制约，和"来自同一社会结构的语境下老年人权威的制约"，但这些制约对交易双方来说是同等的，对于双方的平等地位关系并无影响，且这些由人类学所表述的制约规则，对中国古代传统社会而言，实际上可归属于先秦儒家通过道德规则向政治和社会的异化，而形成的以"礼"所指称的规则体系的范畴。

以上若干现代人类学和社会学理论，使我们可以更为清晰地对《四民月令》将祭祀仪式置于对农事和商事活动的叙述之前的用意进行透视：这种写作体例实为对汉代政治社会制度的摹状，而在这一体制下，市场交易行为作为商事活动，实际上是人们社交活动的主要内容，因此，以礼俗仪式规则对市场交易行为的规范，不仅是可能的，而且是真实有效的，所谓契约法规则即为与对市场交易行为进行规范有关的礼俗仪式规则。《四民月令》对一年中二月到十一月期间每个月应当卖出和购入商品，除了前面所说的二月以外，三月"可粜黍、买布"，并无祭祀活动，四月"可籴穬及大麦、弊絮"，也同样没有祭祀活动，但"三月，清明节，命蚕妾治蚕室，涂隙、穴，具槌、持箔、笼"。此处所言清明节，是二十四节气之一，还不是祭祀节日。二十四节气名称系统的记载，始见于《逸周书·时训解》陈逢衡注："此七十二候所由始也，盖自周有之，非始于秦汉也。"刘师培注曰："《周髀算经》虽有八节二十四气之名，而七十二候之名则始于本篇。"[1]《淮南子·天文训》中说："春分后十五日，斗指乙，则清明风至。"此处是将此作为时节物候而论的，清明节作为重要的祭祀节日，与始于先秦上巳节和始于上古，止于隋改火、更火、出火的火崇拜礼俗有关。

清明节成为祭祀的节日，与始于先秦时期的上巳节有关。上巳节，俗称"三月三"，汉民族传统节日，该节日在汉代以前定为三月上旬的巳日，后来固定在夏历三月初三。传统的上巳节在农历三月的第一个巳日，也是被禊的

---

〔1〕　黄怀信、张懋镕、田旭东撰：《逸周书汇校集注》卷六"时训解第五十二"，李学勤审定，上海古籍出版社 1995 年版，第 622 页。

日子，即春浴日。《周礼·春官·女巫》："掌岁时祓除衅俗。"郑玄注："岁时祓除，如今三月上巳如水上之类"。贾公彦疏："一月有三巳，据上旬之巳而为祓除之事，见今三月三日水上戒浴是也。"据记载，春秋时期上巳节已在流行。上巳节是古代举行"祓除畔浴"活动中最重要的节日。汉代上巳日定为节日。《后汉书·礼仪志上》："是月上巳，官民皆絜（洁）于东流水上，曰洗濯祓除，去宿垢疢（病），为大絜（洁）。"根据相关史料，从周至汉，人们都要在三月上巳日去水边举行"招魂续魄，拔除不祥"的祭祀活动。从人类学和民俗学的角度分析，这是一种"死亡复活"仪式。[1]而农历三月三的上巳节和在农历三月开始的春季"修火禁"的日期重合。而自周代就有的"修火禁"，并非完全是为了防范森林火灾，而是出于改火、更火、出火中内火（纳）与出火的交替，与存在于上古至殷商时的一种早于阴阳历法的历法——火历有关。上古"以火祀"或"火祀时焉"，"就是以大火的视运行来纪叙时节、规定人事"。而"出火是一种神圣的盛典"，"内火"礼与"出火"礼相呼应，南宋叶时撰《礼经会元·火禁》中说："季秋内火，非令民内火也。火星昏伏，司爟乃以礼而内之，犹和叔寅钱纳日也。"和叔寅钱纳日，见于《尚书·尧典》，是秋季飨日之礼。司爟以礼钠火，大概有如后世的褅尝诸礼，是一种庆祝收获的祭祀。[2]汉代有职官别火令，属太鸿胪，有下丞，掌改火之

---

〔1〕 江玉祥：《清明节的来历及文化意》，载《西华大学学报（哲学社会科学版）》2010 年第 3 期。清明节演变为祭祀的节日，又与始于上古，止于隋的改火、更火、出火的火崇拜礼仪有关。关于改火，《论语·阳货》中有，宰我问："宰我曰：'三年之丧，期已久矣。君子三年不为礼，礼必坏，三年不为乐，乐必崩。旧俗既没，新俗既升，钻燧改火，期可已矣。'"郑注曰："升，成也。言旧俗既成，明期是周岁，天道将复始也。"《周礼》载夏官司爟之职："掌行火之政令，四时变国火，以救时疾。季春出火，民咸从之；季秋内火，民亦从之"；天官宫正之职；"春秋以木铎修火禁"；秋官司烜氏之职："中春，以木铎修火禁于国中。"郑玄注："四时变国火"引郑司农说以《邹子》曰："春取榆柳之火，夏取枣杏之火，季夏取桑柘之火，秋取柞楢之火，冬取槐檀之火。一年之中，钻火各异，故曰改火也。"上述历史资料中所载关于火的周代国家依礼俗而制定的政策有三：一为改火，即宰我所言"钻燧改火"，此俗一年一次，除去旧火，改用新火，源自古老的火神崇拜。二为更火，即司爟所职"四时变国火"，一年四次或五次变更钻木的种类，此乃战国时期阴阳五行家以天人合一思想为背景而在古老的改火之俗基础上衍生出来的一种更火理论；三为出火和内火，即司爟另一职责"季春出火……季秋内火"，宫正和司烜氏分别辅助其在春秋两季"修火禁"于宫中和国中，此乃源于一种古老的历法——火历。火历是依据大火星的运行规律制定的历法，大火星每年春分前后黄昏出现在东方，人们也是在这时开始烧荒种地，称为"出火"；大火星秋分左右西没，人们这时收获庄稼，准备过冬，称为"内火"，是战国之前天人合一思想的一种表现。（张小稳：《改火、更火、出火及其融合》，载《社会科学战线》2015 年第 9 期。）

〔2〕 庞朴：《火历钩沉——一个遗失已久的古历之发现》，载《中国文化》1990 年创刊号。

事。《居延汉简》中有西汉宣帝神爵元年（公元前 61 年）改火的记录，[1]但关于寒食出火，汉代似乎并未有强制性的政令，山西太原介子推故里一带有此民俗的记载，[2]《后汉书·礼仪中》曰："日夏至，禁举大火，止炭鼓铸，消石冶皆绝止"，说的是在夏至禁大火，并不能说明官方在寒食节禁火的政令。

　　周代在仲春"修火禁"，除了与祭祀火神的仪式有关，确实也是因为仲春时节气候干燥，容易引发火灾，且还未到烧荒种地之时。这一关于用火需应适时的政策，后来又因为清明开始之日，与寒食节相连，因此而被加载了介子推"割肉奉君"的尽"忠"之礼义。如《荆楚岁时记》曰："云冬节一百五日，即有疾风甚雨，谓之寒食。禁火三日，造饧，大麦粥。"注曰："介之推三月五日为火所焚，国人哀之，每岁暮春，为小举火，谓之禁烟，犯则雨雹伤田。"[3]只不过清明节正式成为尊天道祭鬼神的重要节日是在唐代。唐《开元礼·杂制》有："冬至寒食各设一日祭如节。"《唐会要·休假》载："（开元）二十四年（736 年）二月十一日敕：寒食清明，四日为假。大历十三年二月十五日敕：自今已后，寒食通清明，休假五日。至贞元六年（790

---

　　[1]《居延汉简》载：①官至夏至一日，以阴隧取火，授中二千石、二千石官在长安、云阳者，其民皆受，以日至易故火。庚戌寝兵不听事，尽甲寅五日。臣请布，臣昧死以闻。（编号 5. 10）②御史大夫吉昧死言：丞相相上大常书言大史压定言，元康五年五月二日壬子日夏至，宜寝兵，大官扣井、更水火、进鸣鸡。渴以闻，布当用者一。臣谨案，比原泉御者、水衡扣大官御井，中二千石、二千石令官各拼。别火。（编号 10. 27）③四月廿九日，庚戌寝兵，五月大，辛亥一日，壬子二日夏至，癸丑三日，甲寅四日尽，乙卯五日，丙辰六日……庚辰卅日。（编号 179. 10）[中国社会科学院考古研究所编：《居延汉简甲乙编》（下册），中华书局 1980 年版，第 3、7、122 页。]

　　据考证，此三简为一完整的奏疏，正确的顺序应该是先②后①，第二简中的"别火"接第一简中的"官"字；第三简载四月廿九日至五月三十日的历谱，与前两简所载日期完全相符；"此二简文与此历谱当时必置于同处。"[罗琨：《说"改火"》，载《简帛研究》（第 2 辑），法律出版社 1996 年版，第 301 页。]此奏疏是请皇帝批准于夏至日改火，具体负责改火的官员是别火官，设于汉武帝太初元年（公元前 104 年）（《汉书·百官公卿表上》）。可见，至汉武帝时，改火由国家负责，日期应该在夏季。东汉时期，改在冬至日进行，《后汉书》载"日冬至，钻隧改火"（《后汉书·礼仪中》）。

　　[2] 桓谭《新论》记："太原郡民以隆冬不火食五日，虽有病缓急，犹不敢犯，为介子推故也。"[（唐）欧阳询撰：《艺文类聚》卷四"时序部上·冬"，汪绍楹校，上海古籍出版社 1982 年版，第 55 页。]《后汉书·周举传》载，东汉后期寒食节期延长，周举为并州刺史时，因见"一月寒食，莫敢烟爨，老少不堪，岁多死者"，而"乃作吊书，以置子推之庙。言：'盛冬止火，残损人命，非贤者之意。以宣示愚民，使还温食'"。东汉末年，魏武帝以《明罚令》禁止寒食节："闻太原上党西河雁门，冬至后百有五日，皆绝火寒食，云为介子推。寒之地，老少羸弱，且北方沍将有不堪之患。令到，人不得寒食。若犯者，家长半岁刑，主吏百日刑，令长一月俸。"[（唐）欧阳询撰：《艺文类聚》卷四"时序部十三·寒食"，汪绍楹校，上海古籍出版社 1982 年版，第 62 页。]

　　[3]（梁）宗懔撰：《荆楚岁时记》，宋金龙校注，山西人民出版社 1987 年版，第 33~34 页。

年）三月九日敕：寒食清明，宜准元日节，前后各给三天。"虽然并没有证据
证明在汉代上巳日、寒食和清明为官方所定节日，但它们却是重要的民俗活
动日，而《四民月令》仅提及清明，可见清明作为节气的意义要大于上巳日
和寒食作为祭祀的节日的意义。汉代是"中国节日风俗的定型时期"，[1]其
以政令确立节日，或针对有关节日的民俗施之以政令，是与其已由上古三代
的神祇文化过渡到人文文化而逐渐形成的宗法——专制社会结构基础之上的
伦理政治型文化范式有关。不过，《四民月令》虽提及清明，但经此作为节
气，目的在于言及与此有关的农事，这与东汉时期就有的移易禁火寒食习俗
的官方认识观点不同有关。如虽有以周举为代表从民生出发，认为寒食节时
间过长，"盛冬止火，残损人命"的务实派观点，但如《后汉书·周举传》
李贤注："龙，星，木位也，春见东方。心为大火，惧火之盛，故为之禁火"，
这一注解的意思与周举禁寒食节时间过长的本意相去甚远，其意在表明寒食
节另有大火星崇拜礼俗的延续之故，是周举等地方官员难以政令改变的，李
贤之说基本反映了汉代官方存在的另一种主流观点。与此相类似的是，同样
没有证据证明上巳日在汉代被奉为节日，虽然西汉时期在灞水边举行被除仪
式是国家的一项重要礼仪活动，如《汉书·外戚传上·孝武卫皇后》载：武
帝曾"被灞上"。孟康注："于灞水上自被除，今三月上巳被禊也。"《汉书·
元后传》载：平帝时，太后王政君率皇后列侯夫人"遵灞水而被除"，且东汉
时三月上巳日禊被节逐渐成为全民性的重大礼仪活动。《续书·礼仪志上》：三
月"上巳，官民皆絜于东流水上，曰洗濯除去宿垢痰为大絜。絜者，言阳气布
畅，万物讫出，始絜之矣"。但并未见有这一活动固定于三月上巳日的记
载。[2]

　　与清明节在《四民月令》中作为节气被提及的情况略有不同的是，礼俗
中的先蚕礼并未被言及，而是将"命蚕妾治蚕室，涂隙、穴，具槌、持箔、
笼"的蚕事活动与节气清明相关联。可见《四民月令》中不仅未将上巳日和
寒食节礼俗仪式纳入其时政体系之中，而且未将先蚕礼仪式作为其时政的载体。
先蚕礼系先秦民间礼俗，其表现形式之一，是对"桑林"的祭祀。《吕氏春秋·

---

　　〔1〕 周耀明、万建中、陈华文等撰：《汉族风俗史·秦汉魏晋南北朝》，学林出版社2004年版，第15
页。

　　〔2〕 彭卫、杨振红：《中国风俗通史》（秦汉卷），上海文艺出版社2002年版，第632页。

顺民》："昔者汤克夏而正天下，天大旱五年不收，汤乃以身祷于桑林。……于是剪其发，磨其手，以身为牺牲，用祈福于上帝，民乃甚说（悦），雨乃大至。"汉高诱注："桑林，桑山之林，能兴云作雨也。"[1]《淮南子·主术》也有相关记载。闻一多曾说："桑林，殷之社，故武王立汤后以奉祀之。"[2]"桑林"为祭祀对象和以桑林为祭祀场所（以之为社），将对与蚕事有关的人神崇拜和祭天求雨两种祭祀行为合二为一；而皇后嫔妃之"躬桑"，代表国家之劝桑，与皇帝之"躬耕"性质相同。

《礼记·月令》："季春之月……鸣鸿拂其羽，戴胜降于桑。具曲植籧筐，后妃齐戒，亲东乡躬桑。"郑玄注："后妃亲采桑，示帅天下也。"[3]天子诸侯有公桑蚕室，季春朔日早晨，经过占卜吉利之夫人、世妇进入蚕室，然后浴种，采桑。显然，皇后嫔妃的"躬桑"为天下示范，是一种政治仪式，因此而被纳入礼制范围，《礼记·祭义》曰："古者天子诸侯必有公桑蚕室，近川而为之，筑宫初有三尺，棘墙而外闭之。及大昕之朝，君皮弁素积，卜三宫之夫人、世妇之吉者，使入蚕于蚕室，奉种浴于川，桑于公桑，风戾以食之。"[4]当然，作为政治仪式的"躬桑"行为，之所以可以被归入礼制范围，乃是因为这一仪式本身源于祭祀仪式。在《史记》中有提及，成书大约在战国时期的《山海经》中，以"桑"为语言符号所代表对蚕的化身的"呕丝之女"的人神崇拜，[5]和以"蚕为龙精"[6]的天神崇拜二者结合所形成的"桑

〔1〕　许维遹：《吕氏春秋集释》卷九"顺民"，梁运华整理，中华书局 2009 年版，第 200~201 页。

〔2〕　闻一多：《古典新义》，载氏著：《闻一多全集》，三联书店 1982 年版，第 566 页。

〔3〕　（清）阮元：《礼记正义》卷十五"月令"，中华书局 1980 年版，第 1363 页。

〔4〕　（清）阮元：《礼记正义》卷四十八"祭义"，中华书局 1980 年版，第 1597~1598 页。

〔5〕　《山海经·海外北经》载："呕丝之野在反踵东，一女子跪据树呕丝，三桑无枝，在呕丝东，其木长百仞，无枝。范木方三百里在三桑东，洲环其下。"（袁珂：《山海经校注》卷三"海北外经"，上海古籍出版 1980 年版，第 242 页。）

〔6〕　"蚕为龙精"最早见于东汉郑玄《周礼注疏·夏官·马质》："禁原蚕者。"郑玄注中所言及的《蚕书》记载："蚕为龙精，月直大火，则浴其种，是蚕与马同气。物莫能两大，禁再蚕者，为伤马与？"贾公彦释曰："'天文，辰为马'者，辰则大火，房为天驷星，故云辰为马。云'《蚕书》，蚕为龙精，月直大火，则浴其种'者，月值大火，谓二月则浴其种，则《内宰》云'仲春，诏后帅外内命妇始蚕于北郊'是也。"[李学勤主编：《十三经注疏（标点本）周礼注疏》卷三十"夏官·马质"，赵伯雄整理，王文锦审定，北京大学出版社 1999 版，第 790~791 页。]《荀子·赋篇》亦有："有物于此，儵儵兮其状，屡化如神，功被天下，为万世文。礼乐以成，贵贱以分。……蛹以为母，蛾以为父。三俯三起，事乃大已。夫是之谓蚕理。"王先谦注曰："女好，柔婉也。其头又类马首。《周礼·马质》'禁原蚕者'。"王注并引郑玄云："天文辰为马，故《蚕书》曰'蚕为龙精，月直大火，则浴其种'"，故王注云："是蚕与马同气也。"[（清）王先谦撰：《荀子集解》，沈啸寰、王星贤点校，中华书局 1988 年版，第 477~478 页。]

蚕"风俗中的祭祀仪式,《礼记·祭统》对此已有明确的规范:"是故天子亲耕于南郊,以共齐盛,王后蚕于北郊,以共纯服。诸侯耕于东郊,亦以共齐盛,夫人蚕于北郊,以共冕服。天子诸侯,非莫耕也;王后夫人,非莫蚕也。身致其诚信,诚信之谓尽,尽之谓敬,敬尽然后可以事神明。此祭之道也。"〔1〕而汉代确实也有实行先蚕礼、祭祀蚕神的记载,《后汉书·礼仪志上》:"是月,皇后帅公卿诸侯夫人蚕。祠先蚕,礼以少牢。"李贤注引谷永称:"案谷永对称:'四月壬子,皇后桑蚕之日也。'则汉桑亦用四月。"李贤且注引《汉旧仪》:"祭蚕神曰菀窳妇人、寓氏公主,凡二神。"并案:"晋后祠先蚕,先蚕坛高一丈,方二丈,为四出陛,陛广五尺,在采桑坛之东南。"〔2〕

《四民月令》言三月清明应行蚕事,而依谷永言,汉代朝廷举行先蚕礼是在四月,于民间而言,当然与先蚕礼"择吉日"而定的礼俗有关,但此礼俗仪式在汉代民间是否盛行,尚无相关资料证明,可见与上巳日、寒食等民间礼俗节日尚未定型的情况相类似,在三月和四月,按照《四民月令》的记录,先蚕礼同样未被纳入官方时政范围,虽然如上巳日和先蚕礼作为节日,有官方的率先实行的记录,但在民间是否推行,使它们作为全国实行的节日。由此反映出官方时政的推行与民间的响应的结合,并非一个简单的过程,政治仪式与民间礼俗仪式二者之间还是有差距的。三月"可粜黍,买布",四月"可籴穬及大麦,弊絮",对这样的民间市场交易行为的规范,是需要通过相对明确和固定的政治仪式规则或礼俗仪式规则来实现的,也正是由于上巳日、寒食和先蚕礼等不具备这样的条件,所以在《四民月令》中并未被提及,以此倒是可以反过来印证该书的体例实为时政体系的写照之结论。

由以上所论,即可对《四民月令》在言及五月到十一月的商事活动时,为何要涉及礼俗的内容有所理解:五月"粜大小豆、胡麻","入穬、大小麦","收弊絮及布帛",但五月夏至日,要"荐麦、鱼于祖祢,厥明,祠。前期一日,馈具、齐、扫,如荐韭、卵";〔3〕六月"可粜大豆","籴穬、小

---

〔1〕 (清)阮元撰:《礼记正义》卷四十九"祭统",中华书局1980年版,第1603页。

〔2〕 (南朝宋)范晔撰,(唐)李贤等注:《后汉书》志第五"礼仪上·祓禊",中华书局1965年版,第3110页。

〔3〕 (汉)崔寔原著:《四民月令校注》,石汉声校注,中华书局1965年版,第41页。

麦"，"收缣缚"，但六月初伏，要"荐麦、瓜于祖祢。齐、馔、扫、涤，如荐麦、鱼"；[1]八月"秨种麦"，"籴黍"，但八月白露节，要"筮择月节于后良日，祠岁时常所奉尊神，前期七日，举家毋到丧家及产乳家。少长及执事者，悉齐；案祠簿，扫、涤，务加谨洁。是月也，以祠泰社；祠日，荐黍、豚于祖祢。厥明祠家，如荐麦、鱼"；[2]十月"卖缣、帛、弊絮"，"籴粟、大小豆、麻子"，十月"酿冬酒，必躬亲洁敬，以供冬至、腊、正、祖，荐韭、卵之祠。是月也，作脯、腊，经供腊祠"；[3]羔，先荐玄冥于井，以及祖祢。齐、馔、扫、涤，如荐黍、豚"，"买白犬养之，以供祖祢"。[4]其中七月和九月没有与祭祀相关的活动，但七月要"曝晒经书及衣裳"[5]，九月要"存问九族：孤、寡、老、病不能自存者。分厚彻重，以救其寒"[6]。

事实上，《四民月令》中所记载的以上五、六、八、十、十一月份与以祭祀祖祢为主的有关活动，在祭礼体系中属于常祀中的月祭。商周金文中的祭礼有二十余种，[7]常祀为定期举行的祭祀，而因为重要的政治、军事和社会活动，以及因灾祸而举行的祭祀活动，称为"临时祭告"。[8]月祭属于常祀，西周时，一年中月祭有十二次，"尝麦""伏""䝙娄"等祭祀共有十二次；如果有闰月，还要加祭一次，总计二十五祠。西汉初期的皇家祭祖礼大致可以分为在陵寝中举行的"日祭"、在陵庙中举行的"月祭"、在陵园便殿中举

〔1〕（汉）崔寔原著：《四民月令校注》，石汉声校注，中华书局1965年版，第49页。

〔2〕（汉）崔寔原著：《四民月令校注》，石汉声校注，中华书局1965年版，第60页。

〔3〕（汉）崔寔原著：《四民月令校注》，石汉声校注，中华书局1965年版，第67页。

〔4〕（汉）崔寔原著：《四民月令校注》，石汉声校注，中华书局1965年版，第71、72页。

〔5〕（汉）崔寔原著：《四民月令校注》，石汉声校注，中华书局1965年版，第55页。

〔6〕（汉）崔寔原著：《四民月令校注》，石汉声校注，中华书局1965年版，第65页。

〔7〕陈梦家在《古文字中之商周祭祀》一文中，列举有周代祭名十八种（陈梦家：《古文字中之商周祭祀》，载《燕京学报》1936年第19期）；刘雨在《西周金文中的祭祖礼》中列祭名二十种（刘雨：《西周金文中的祭祖礼》，载《考古学报》1989年第4期）；张秀华在《西周金文六种礼制研究》中列祭名二十八种，商周金文中祭礼主要有：禘、衣、彭、祷、饗、告、御、报、禋、燎、宜、奠、腊、赠、岁、血、祠、禴、尝、烝、茜、祼、凡、岁、郊、紫等（张秀华：《西周金文六种礼制研究》，吉林大学2010年博士学位论文，第13~43页）。

〔8〕张秀华：《西周金文六种礼制研究》，吉林大学2010年博士学位论文，第44~45页。

行的"时祭"三种类型，[1]这种于特定时日举行的祭祀，也是常祭。

常祭中除按月份来确定祭祀仪式及其祭祀时间以外，还有按季节来确定的四时之祭：西周时，在春天行礿祭，夏天行祠祭，秋天行尝祭，冬天行蒸祭。[2]不过，根据现代考古发现的西周金文资料，西周时的礿祭，也有在夏历九月，即周历十一月举行的情况，可见西周时实际行礿祭的时间，并非一定是"夏曰礿"，但是自战国时期，夏天依四季轮回而确定"礿祠蒸尝"四时之祭祀，已基本固定和系统化。[3]至于汉代的情况，西汉董仲舒曰："古者岁四祭。四祭者，因四时之所生孰，而祭其先祖父母也。故春日祠，夏日礿，秋曰尝，冬日蒸"，[4]但从实际情况来看，如有观点认为，西汉并未实行四时祭祀，四时祭祀制度，明确可考的是东汉。[5]如此似可认为，成书于东汉时期的《四民月令》中，关于五月夏至日的祭祀，亦应属于四时之祭。不过，

---

〔1〕《汉书》载皇家祭祖礼："日祭于寝，月祭于庙，时祭于便殿。寝，日四上食；庙，岁二十五祠；便殿，岁四祠。又月一游衣冠。"如淳释曰："岁二十五祠"，含义曰："月祭朔望，加腊月二十五。"即每月的朔日、望日举行宗庙祭祖礼，一年举行二十四次，腊月又加祭一次，共计二十五次。晋灼对此提出异议："《汉仪注》宗庙一岁十二祠。五月尝麦。六月、七月三伏，立秋貙娄，又尝粢。八月先夕馈飨，皆一太牢，酎祭用九太牢。十月尝稻，又饮蒸，二太牢。十一月尝，十二月腊，二太牢。又每月一太牢，如闰加一祠，与此上十二为二十五。"〔（汉）班固撰，（唐）颜师古注：《汉书》卷七十三"韦贤传第四十三"，中华书局1962年版，第3115~3116页。〕晋灼认为，汉代每月定期举行一次宗庙祭祀，每年总计举行十二次。此外，每逢特定节日，还要举行"尝麦""伏""貙娄""尝粢""馈飨""酎""尝稻""蒸""尝"等祭祀，合计共有十二次；如果有闰月，还要加祭一次。与前述十二次祭祀相加，总计二十五祠。验之文献记载的汉代宗庙祭祖礼名称，晋灼之说较为确切。"蒸""尝"是春秋战国以来帝王宗庙的主要祭祖礼名称；"尝麦""尝粢""尝稻"，大致皆属于先秦时期帝王宗庙尝新祭的范畴。这在秦汉以后被尊为经的若干典籍中多有记载，基本可以视为西汉对先秦相关礼制的吸收和延续。在儒家经典中记载简略的"伏"，"貙娄""酎"等祭祖方式带有浓郁的地域和民间文化色彩，当与西汉初期统治者多出身于庶民阶层、深受民间俗文化的熏染有关。（郭善兵：《汉代皇帝宗庙祭祖制度考论》，载《史学月刊》2007年第1期。）

〔2〕《诗经·小雅·天保》云："礿祠蒸尝，于公先王"，《毛传》曰："春曰祠，夏曰礿，秋曰尝，冬曰蒸"〔李学勤主编：《十三经注疏（标点本）毛诗正义》，龚抗云等整理，刘家和审定，北京大学出版社1999年版，第684页〕，即祠、礿、蒸、尝是西周时按季节来确定对先祖的常祭。但是，《礼记·王制》言："天子诸侯宗庙之祭，春曰礿，夏曰禘，秋曰尝，冬曰蒸"，郑玄注曰："此盖夏殷之祭名。周则改之，春曰祠，夏曰礿，以禘为殷祭。《小雅·天保》曰：'礿祠蒸尝，于公先王'，此周四时宗庙祭祀之名"〔李学勤主编：《十三经注疏（标点本）礼记正义》卷十二"王制"，龚抗云整理，王文锦审定，北京大学出版社1999年版，第385页〕，郑玄此说与《毛传》不同，其言西周四时之祭有禘无祠，且为春礿、夏禘而非春祠、夏礿，有观点认为，其所言"仅仅是推测，而《小雅》的'礿祠蒸尝'才是西周宗庙祭名，也就是说，西周无禘有祠。"〔陈筱芳：《春秋宗庙祭祀以及庙与寝的区别》，载《西南民族大学学报（人文社科版）》2006年第11期。〕

〔3〕 张俊成、陈永红：《甲骨文金文中所见商周礿祭》，载《求索》2010年第9期。

〔4〕 （清）苏舆撰：《春秋繁露义证》"四祭第六十八"，钟哲点校，中华书局1992年版，第406页。

〔5〕 郭善兵：《略析汉晋时期皇帝宗庙四时祭、禘祫祭问题》，载《历史教学问题》2003年第4期。

由于夏至日祭祀是在夏收之后，与社稷之义相同，[1]其并非单纯是为了祭祀祖祢，与"夏曰礿"之礿祭，不尽相同。也正因为如此，四时祭祀由于与农业生产的时令物候相关联，其祭祀仪式规则，具有一定的社会行为规则属性，如《四民月令》中关于五月夏至在"荐麦、鱼于祖祢"（于寝中所祭）之后，"厥明，祠。"而有关"前期一日，馔具、齐、扫"的仪式，即"如荐韭、卵"（的仪式）。在这里，"如荐韭、卵"是一种特定的指称，是指"祠"祭的仪式，与二月"祠太社之日"进行的对祖祢祭祀的仪式相同（"如荐韭、卵"）。以此将祭祀祖祢仪式与"祠太社"的仪式相关联，即表明五月夏至日依"时"而祭祀所遵循的仪式规则是具有社会性的，对此，已如前述。而八月白露节，要"筮择月节于后良日，祠岁时常所奉尊神"，且要"以祠泰社"；十一月冬至之日，要"先荐举玄冥于井"，这与以上所说的情况相同。

---

〔1〕《周礼·春官》载："以夏日至，致地方物魃。"可见周代夏至至日祭祀，是一种祭神仪式，认为向掌握春、夏、秋、冬四季变化的神主献祭，可以消除国中的疫疠、荒年与饥饿。《礼记·孔子闲居》中说："天有四时，春夏秋冬。"《淮南子·本经训》则进一步说："四时者，春生夏长，秋收冬藏；取予有节，出入有时，开阖张歙，不失其叙；喜怒刚柔，不离其礼。"（何宁：《淮南子集释》卷八"本经训"，中华书局1998年版，第584页。）司马迁在《史记·封禅书》中有："于是始皇遂东游东海上，行礼祠名山大川及八神，……八神将自古而有之，或曰太公以来作之。"齐地"八神"，"一曰天主，祠天齐……二曰地主，祠太山，梁父……三曰兵主，祠蚩尤……四曰阴主，祠三山……五曰阳主，祠之罘……六曰月主，祠之莱山……七曰日主，祠成山，八曰四时主，祠琅邪。"〔（汉）司马迁撰，（宋）裴骃集解，（唐）司马贞索隐，（唐）张守节正义：《史记》卷二十八"封禅书"，中华书局1959年版，第611页。〕可见天有四时主神主宰着四季，决定着庄稼的生长和农业丰收。

参考文献

一、著作类（含译著）

（一）古籍类

1. 史类

[1] 黄怀信、张懋镕、田旭东撰：《逸周书汇校集注》，李学勤审定，上海古籍出版社 1995 年版。

[2] 徐元浩：《国语集解》，王树民、沈长云点校，中华书局 2002 年版。

[3] （汉）司马迁撰，（宋）裴骃集解，（唐）司马贞索隐，（唐）张守节正义：《史记》，中华书局 1973 年版。

[4] （汉）班固撰，（唐）颜师古注：《汉书》，中华书局 1962 年版。

[5] （汉）班固撰，（清）王先谦补注：《汉书补注》帝纪第八卷"宣帝"，上海师范大学古籍整理研究所整理，上海世纪股份出版有限公司、上海古籍出版社 2008 年版。

[6] （南朝宋）范晔撰，（唐）李贤等注：《后汉书》，中华书局 1965 年版。

[7] （唐）房玄龄等撰：《晋书》，中华书局 1974 年版。

[8] 袁珂：《山海经校注》，上海古籍出版 1980 年版。

2. 礼经类

[1] 李学勤主编：《十三经注疏（标点本）尚书正义》，廖名春、陈明整理，吕绍纲审定，北京大学出版社 1999 年版。

[2] （清）孙星衍撰：《尚书今古文注疏》，陈抗、盛冬铃点校，中华书局 1986 年版。

[3] 慕平译注：《尚书》，中华书局 2009 年版。

[4] （清）孙诒让撰：《周礼正义》，王文锦、陈玉霞点校，中华书局 1987 年版。

[5] 李学勤主编：《十三经注疏（标点本）周礼注疏》，赵伯雄整理，王文锦审定，北京大学出版社 1999 年版。

[6] 吕友仁：《周礼译注》，中国古籍出版社 2004 年版。

［7］ 李学勤主编：《十三经注疏（标点本）周易正义》，李申、卢光明整理，吕绍纲审定，北京大学出版社 1999 年版。

［8］ 李学勤主编：《十三经注疏（标点本）春秋左传正义》，浦卫忠等整理，杨向奎审定，北京大学出版社 1999 年版。

［9］ 杨伯峻：《春秋左传注》，中华书局 1981 年版。

［10］ 李学勤主编：《十三经注疏（标点本）礼记正义》，龚抗云整理，王文锦审定，北京大学出版社 1999 年版。

［11］ （清）阮元：《礼记正义》，中华书局 1980 年版。

［12］ 李景林、王素玲、邵汉明：《仪礼译注》，吉林文史出版社 1995 年版。

［13］ （清）孙希旦撰：《礼记集解》，沈啸寰、王星贤点校，中华书局 1989 年版。

［14］ （清）王聘珍：《大戴礼记解诂》，王文锦点校，中华书局 1983 年版。

［15］ 杨天宇撰：《礼记译注》，上海古籍出版社 2004 年版。

［16］ 王五云主编：《礼记今注今译》，王梦鸥注译，台湾商务印书馆 1979 年版。

［17］ 李学勤主编：《十三经注疏（标点本）仪礼注疏》，彭林整理，王文锦审定，北京大学出版社 1999 年版。

［18］ （清）胡培翚：《仪礼正义》，段熙仲点校，江苏古籍出版社 1993 年版。

［19］ （元）敖继公撰：《仪礼集说》，何俊主持整理，孙宝点校，上海古籍出版社 2017 年版。

［20］ 杨天宇撰：《仪礼译注》，上海古籍出版社 2004 年版。

［21］ 彭林译注：《仪礼全译》，贵州人民出版社 1997 年版。

［22］ （唐）李隆基注，（宋）邢昺疏：《孝经注疏》，邓洪波整理，钱逊审定，北京大学出版社 1998 年版。

［23］ 胡平生：《孝经译注》，中华书局 1996 年版。

［24］ （宋）朱熹：《四书章句集注》，中华书局 1983 年版。

［25］ （清）黄以周：《礼书通故》，王文锦点校，中华书局 2007 年版。

［26］ （清）姚际恒：《诗经通论》，顾领刚标点，中华书局 1958 年版。

［27］ 余嘉锡：《四库提要辨证》，科学出版社 1958 年版。

［28］ （清）凌廷堪撰：《校礼堂文集》，载（清）凌迁堪撰：《凌迁堪全集》（第 3 册），纪健生校点，黄山书社 2009 年版。

3. 儒、道、法等诸家著作类

［1］ （魏）何晏集解，（梁）皇侃义疏：《论语集解义疏》，商务印书馆 1937 年版。

［2］ 李学勤主编：《十三经注疏（标点本）论语注疏》，朱汉民整理，张岂之审定，北京大学出版社 1999 年版。

[3]（清）刘宝楠：《论语正义》，高流水点校，中华书局 1990 年版。

[4] 程树德：《论语集释》，程俊英、蒋见元点校，中华书局 1990 年版。

[5] 杨伯峻：《论语译注》，中华书局 1980 年版。

[6] 王云五主编，毛子水注译：《论语今译今注》，台湾商务印书馆 2010 年版。

[7] 南怀瑾：《论语别裁》，复旦大学出版社 2003 年版。

[8]（魏）王弼注：《老子道德经注校释》，楼宇烈校释，中华书局 2008 年版。

[9] 朱谦之：《老子校释》，中华书局 2000 年版。

[10] 高亨：《老子正诂》，中国书店 1988 年版。

[11] 黎翔凤：《管子校注》，梁运华整理，中华书局 2004 年版。

[12] 马非白：《管子轻重篇新诠》，中华书局 1979 年版。

[13]（清）王先谦撰：《荀子集解》，沈啸寰、王星贤点校，中华书局 1988 年版。

[14]（清）王先谦撰：《庄子集解》，中华书局 1987 年版。

[15]（清）王先慎：《韩非子集解》，钟哲点校，中华书局 1998 年版。

[16] 张觉：《商君书校疏》，知识产权出版社 2012 年版。

[17] 高亨：《商君书注译》，中华书局 1974 年版。

[18] 许维遹：《吕氏春秋集释》，梁运华整理，中华书局 2009 年版。

[19] 何宁：《淮南子集解》，中华书局 1998 年版。

[20] 刘文典撰：《淮南鸿烈集解》，冯逸、乔华点校，中华书局 1989 年版。

[21] 中国哲学编辑部编：《经学今诠初编》，辽宁教育出版社 2000 年版。

[22] 苏舆撰：《春秋繁露义证》，钟哲点校，中华书局 1992 年版。

[23] 王利器校注：《盐铁论校注》，中华书局 1992 年版。

[24]（清）陈立撰：《白虎通疏证》，吴则虞点校，中华书局 1994 年版。

[25] 王利器：《新语校注》，中华书局 1986 年版。

[26] 黄晖撰：《论衡校释》，中华书局 1990 年版。

[27]（汉）贾谊撰：《新书校注》，阎振益、钟夏校注，中华书局 2000 年版。

[28]（汉）桓谭：《新论》，朱谦之校辑，中华书局 2009 年版。

[29]（汉）王符、（清）汪继培笺：《潜夫论笺校正》，彭铎校正，中华书局 1985 年版。

[30]（汉）刘向撰：《说苑校证》，向宗鲁校证，中华书局 1987 年版。

4. 礼俗类

[1]（汉）应劭撰：《风俗通义校注》，王利器校注，中华书局 1981 年版。

[2]（清）孙星衍等辑：《汉官六种》，周天游点校，中华书局 1990 年版。

[3]（东汉）崔寔：《四民月令辑释》，缪启愉辑释，万国鼎审订，农业出版社 1981 年版。

［4］（汉）崔寔原著：《四民月令》，石声汉校注，中华书局 1965 年版。

［5］万国鼎辑释：《氾胜之书辑释》，中华书局 1957 年版。

［6］（北魏）贾思勰撰：《齐民要术》，石声汉译注，石定枎、谭光万补注，中华书局 2016 年版。

［7］（梁）宗懔撰：《荆楚岁时记》，宋金龙校注，山西人民出版社 1987 年版。

（二）近、现代著作

1. 思想史、哲学史、社会制度史

［1］孙诒让：《古籀余论》，华东师范大学出版社 1988 年版。

［2］王国维：《古史新证——王国维最后的讲义》，清华大学出版 1994 年版。

［3］侯外庐：《中国古代社会史论》，河北教育出版社 2000 年版。

［4］杨宽：《西周史》，上海人民出版社 2003 年版。

［5］林剑鸣：《秦史稿》，上海人民出版社 1981 版。

［6］朱绍侯、张海鹏、齐涛主编：《中国古代史》（上册），福建人民出版社 2000 年版。

［7］尚钺主编：《中国历史纲要》，河北教育出版社 2000 年版。

［8］侯外庐等：《中国思想通史》（第 1 册），人民出版社 1957 年版。

［9］罗光：《中国哲学思想史》，学生书局 1979 年版。

［10］徐复观：《两汉思想史》（卷二），学生书局 1987 年版。

［11］金春峰：《汉代思想史》，中国社会科学出版社 2006 年版。

［12］钱穆：《钱宾四先生全集》（第 37 册），联经出版事业公司 1998 年版。

［13］余英时：《论天人之际：中国古代思想起源试探》，中华书局 2014 年版。

［14］侯外庐等：《中国思想通史》（第 2 卷），人民出版社 1957 年版。

［15］周桂钿：《秦汉思想史》，河北人民出版社 1999 年版。

［16］郑开：《德礼之间——前诸子时代的思想史》，生活·读书·新知三联书店 2009 年版。

［17］冯友兰：《中国哲学史新编》（上），人民出版社 2001 年版。

［18］任继愈主编：《中国哲学史》（第 2 册），人民出版社 2003 年版。

［19］李振纲：《中国古代哲学史论》，社会科学出版社 2004 年版。

［20］冯达文：《中国哲学的本源——本体论》，广东人民出版社 2001 年版。

［21］张金光：《秦制研究》，上海古籍出版社 2004 年版。

［22］赵伯雄：《周代国家形态研究》，湖南教育出版社 1990 年版。

［23］晁福林：《先秦社会形态研究》，北京师范大学出版社 2003 年版。

［24］赵光贤：《周代社会辨析》，人民出版社 1980 年版。

［25］李朝远：《西周土地关系论》，上海人民出版社 1997 年版。

［26］张经：《西周土地关系研究》，中国大百科全书出版社 2006 年版。

［27］王德培：《西周封建制考实》，光明日报出版社 1998 年版。

［28］赵伯雄：《周代国家形态研究》，湖南教育出版社 1990 年版。

［29］钱杭：《周代宗法制度史研究》，学林出版社 1991 年版。

［30］常金仓：《周代社会生活述论》，吉林人民出版社 2007 年版。

［31］瞿同祖：《汉代社会结构》，邱立波译，上海人民出版社 2007 年版。

［32］邵鸿：《商品经济与战国社会变迁》，江西人民出版社 1995 年版。

［33］罗国杰主编，钱逊、陈瑛分主编：《中国传统道德：理论卷》，中国人民大学出版社 1995 年版。

［34］沈善洪、王凤贤：《中国伦理思想史》（上册），人民出版社 2005 年版。

［35］徐复观：《中国人性论史》，华东师范大学出版社 2005 年版。

［36］张亚初、刘雨：《西周金文官制研究》，中华书局 1986 年版。

［37］傅斯年：《傅斯年全集》（第 3 卷），湖南教育出版社 2003 年版。

［38］田昌五、臧知非：《周秦社会结构研究》，天津人民出版社 1980 年版。

［39］李无未：《周代朝聘制度研究》，吉林人民出版社 2005 年版。

［40］何兹全：《中国古代社会》，北京师范大学出版社 2001 年版。

［41］李剑农：《中国古代经济史稿》（第 1 卷），武汉大学出版社 2006 年版。

［42］周自强主编：《中国经济通史·先秦卷》（上），经济日报出版社 2000 年版。

［43］陈啸江：《西汉社会经济研究》，新生命书局 1936 年版。

［44］丁邦友：《汉代物价新探》，中国社会科学出版社 2009 年版。

［45］安作璋、熊铁基：《秦汉官制史稿》，齐鲁书社 1984 年版。

［46］［日］尾形勇：《中国古代的"家"与国家》，张鹤泉译，中华书局 2010 年版。

2. 礼制、经学

［1］勾承益：《先秦礼学》，巴蜀书社 2002 年版。

［2］［日］井上彻：《中国的宗族与国家礼制》，钱杭译、钱圣音校，上海书店出版社 2008 年版。

［3］沈文倬：《宗周礼乐文明考论》，浙江大学出版社 1999 年版。

［4］钱玄：《三礼通论》，南京师范大学出版社 1996 年版。

［5］皮锡瑞：《经学通论》，中华书局 1954 年版。

［6］杨志刚：《中国礼仪制度研究》，华东师范大学出版社 2001 年版。

［7］陈戌国：《中国礼制史》（先秦卷），湖南教育出版社 1993 年版。

［8］陈戍国：《中国礼制史》（秦汉卷），湖南教育出版社 1993 年版。

［9］彭林：《〈周礼〉主体思想与成书年代研究》，中国社会科学出版社 1991 年版。

［10］郭春莲：《韩非法律思想研究》，上海人民出版社 2012 年版。

［11］唐雄山：《贾谊礼治思想研究》，中山大学出版社 2005 年版。

［12］韦政通：《董仲舒》，东大图书有限责任公司 1986 年版。

［13］周桂钿：《董学探微》，北京师范大学出版社 2008 年版。

［14］刘国民：《董仲舒的经学诠释及天的哲学》，中国社会科学出版社 2007 年版。

［15］李景明：《中国儒学史》（秦汉卷），广东教育出版社 1998 年版。

［16］白奚：《稷下学研究——中国古代的思想自由与百家争鸣》，生活·读书·新知三联
书店 1998 年版。

［17］牟钟鉴：《〈吕氏春秋〉与〈淮南子〉思想研究》，人民出版社 2013 年版。

［18］曾振宇、范学辉：《天人衡中——〈春秋繁露〉与中国文化》，河南大学出版社 1998
年版。

3. 古代法制史、法律

［1］程树德：《九朝律考》，中华书局 1963 年版。

［2］（清）沈家本撰：《历代刑法考》，邓经元、骈宇骞点校，中华书局 1985 年版。

［3］瞿同祖：《中国法律与中国社会》，中华书局 1981 年版。

［4］陈顾远：《中国法制史概要》，三民书局 1964 年版。

［5］潘维和：《中国民事法史》，汉林出版社 1982 年版。

［6］张晋藩主编：《中国民法通史》，福建人民出版社 2003 年版。

［7］张晋藩总主编，徐世虹主编：《中国法制通史》（第 2 卷·战国、秦汉），法律出版社
1999 年版。

［8］李志敏：《中国古代民法》，法律出版社 1988 年版。

［9］孔庆明、胡留元、孙季平编著：《中国民法史》，吉林人民出版社 1998 年版。

［10］胡留元、冯卓慧：《长安文物与古代法制》，法律出版社 1989 年版。

［11］张中秋：《中西法律文化比较研究》，南京大学出版社 1991 年版。

［12］梁治平：《寻求自然秩序中的和谐——中国传统法律文化研究》，中国政法大学出版
社 1997 年版。

［13］于振波：《秦汉法律与社会》，湖南人民出版社 2000 年版。

4. 考古类

［1］杨树达：《积微居金文说》，中华书局 1997 年版。

［2］刘信芳、梁柱编著：《云梦龙岗秦简》，科学出版社 1997 年版。

［3］ 吴小强：《秦简日书集释》，岳麓书社 2000 年版。

［4］ 湖北省荆沙铁路考古队：《包山楚简》，文物出版社 1991 年版。

［5］ 张家山二四七号汉墓竹简整理小组编著：《张家山汉墓竹简（二四七号墓）》，文物出版社 2001 年版。

［6］ 李学勤：《简帛佚籍与学术史》，江西教育出版社 2001 年版。

［7］ 朱红林：《张家山汉简（二年律令）集释》，社会科学文献出版社 2005 年版。

［8］ 黄晓芬：《汉墓的考古学研究》，岳麓书社 2003 年版。

［9］ 马承源主编：《商周青铜器铭文选》（第 3 卷），文物出版社 1998 年版。

［10］ 张世超等：《金文形义通解》，中文出版社 1996 年版。

［11］ 裘锡圭：《古文字论集》，中华书局 1992 年版。

［12］ 郭沫若：《两周金文辞大系图录考释》，上海书店出版社 1999 年版。

［13］ 王辉：《商周金文》，文物出版社 2006 年版。

［14］ 吴十洲：《两周礼器制度研究》，五南图书出版公司 2004 年版。

［15］ 唐兰：《西周青铜器铭文分代史征》，中华书局 1986 年版。

［16］ 李均明、朱国招：《居延汉简释文合校》，文物出版社 1987 年版。

［17］ 高敏：《云梦秦简初探》（增订本），河南人民出版社 1981 年版。

［18］ 李均明：《秦汉简牍文书分类辑解》，文物出版社 2009 年版。

［19］ 高恒：《秦汉简牍中法制文书辑考》，社会科学文献出版社 2008 年版。

［20］ 连云港市博物馆、东海县博物馆、中国社会科学院简帛研究中心、中国文物研究所编：《尹湾汉墓简牍》，中华书局 1997 年版。

［21］ 中国社会科学院考古研究所编：《居延汉简甲乙编》（下册），中华书局 1980 年版。

［22］ 甘肃省文物考古研究所编：《敦煌汉简》，中华书局 1991 年版。

［23］ 刘信芳：《包山楚简解诂》，艺文印书馆 2003 年版。

［24］ 甘肃省文物考古研究所等编：《居延新简——甲渠候官与第四燧》，文物出版社 1990 年版。

5. 礼俗、风俗、社会学

［1］ 彭卫、杨振红：《中国风俗通史》（秦汉卷），上海文艺出版社 2002 年版。

［2］ 王贵民：《中国礼俗史》，文津出版社 1993 年版。

［3］ 邓子琴：《中国礼俗学纲要》，中国文化社 1947 年版。

［4］ 王炜民：《中国古代礼俗》，商务印书馆 1997 年版。

［5］ 何联奎：《中国礼俗研究》，台湾中华书局 1984 年版。

［6］ 常金仓：《周代礼俗研究》，黑龙江人民出版社 2005 年版。

［7］［德］哈贝马斯：《在事实与规范之间——关于法律和民主法治国的商谈理论》，童世骏译，生活·读书·新知三联书店 2003 年版。

［8］钟敬文主编：《民俗学概论》，上海文艺出版社 1998 年版。

［9］［英］马凌诺斯基：《西太平洋的航海者》，梁永佳、李绍明译，高丙中校，华夏出版社 2002 年版。

［10］［法］马塞尔·毛斯：《社会学与人类学》，佘碧平译，上海译文出版社 2003 年版。

［11］［法］涂尔干：《社会分工论》，渠东译，生活·读书·新知三联书店 2000 年版。

［12］［英］C. A. 格雷戈里：《礼物与商品》，杜杉杉、姚继德、郭锐译，云南大学出版社 2001 年版。

［13］［美］马歇尔·萨林斯：《石器时代的经济学》，张经纬、郑少雄、张帆译，生活·读书·新知三联书店 2009 年版。

［14］［法］皮埃尔·布尔迪厄：《布尔迪厄访谈录：文化资本与社会炼金术》，包亚明译，上海人民出版社 1997 年版。

［15］［美］罗伯特·芮德菲尔德：《农民社会与文化：人类学对文明的一种诠释》，王莹译，社会科学出版社 2013 年版。

［16］［美］塞缪尔·P. 亨廷顿：《变化社会中的政治秩序》，王冠华、刘为等译，沈宗美校，生活·读书·新知三联书店 1989 年版。

［17］费孝通：《乡土中国》，生活·读书·新知三联书店 1985 年版。

［18］［美］施坚雅：《中国农村的市场和社会结构》，史建云、徐秀丽译，虞和平校，中国社会科学出版社 1998 年版。

［19］［美］杜赞奇：《文化、权力与国家——1900—1942 年的华北农村》，王福明译，江苏人民出版社 2004 年版。

［20］［英］莫里斯·弗里德曼：《中国东南的宗族组织》，刘晓春译，王铭铭校，上海人民出版社 2000 年版。

［21］［美］保罗·康纳顿：《社会如何记忆》，纳日碧力戈译，上海人民出版社 2000 年版。

［22］［英］亚伯纳·柯恩：《权力结构与符号象征》，宋光宇译，金枫出版社 1987 年版。

［23］郭于华主编：《仪式与社会变迁》，社会科学文献出版社 2000 年版。

［24］林耀华：《金翼——中国家族制度的社会学研究》，庄孔韶、林宗成译，生活·读书·新知三联书店 2008 年版。

［25］庄孔韶：《银翅——中国的地方社会与文化变迁》，生活·读书·新知三联书店 2000 年版。

［26］［美］克利福德·格尔兹：《尼加拉：十九世纪巴厘岛的剧场国家》，赵丙祥译，王

铭铭校，上海人民出版社 1999 年版。

[27] 彭兆荣：《人类学仪式的理论与实践》，民族出版社 2007 年版。

[28] [法] 阿诺尔德·范热内普：《过渡礼仪》，张举文译，商务印书馆 2010 年版。

[29] [英] 维克多·特纳：《仪式过程——结构与反结构》，黄剑波、柳博赟译，中国人民大学出版社 2006 年版。

二、论文类

[1] 杨向奎：《礼的起源》，载《孔子研究》1986 年第 1 期。

[2] 梁治平：《"礼法"探原》，载《清华法学》2015 年第 1 期。

[3] 吕丽：《论中国古代的礼仪法》，载《法制与社会发展》2000 年第 2 期。

[4] 栗劲、王占通：《略论奴隶社会的礼与法》，载《中国社会科学》1985 第 5 期。

[5] 杨志刚：《"礼下庶人"的历史考察》，载《社会科学战线》1994 年第 6 期。

[6] 马增强：《〈仪礼〉与礼学研究》，载《西北大学学报（哲学社会科学版）》2003 年第 2 期。

[7] 李学勤：《西周金文中的土地转让》，载《光明日报》1983 年 11 月 30 日。

[8] 周瑗：《矩伯、裘卫两家族的消长与周礼的崩坏——试论董家青铜器群》，载《文物》1976 年第 6 期。

[9] 赵光贤：《从裘卫诸器铭看西周的土地交易》，载《北京师范大学学报（社会科学版）》1979 年第 6 期。

[10] 朱家桢：《西周的井田制与工商食官制》，载《河南师范大学学报（哲学社会科学版）》1991 年第 2 期。

[11] 邹德文、姚晓娟：《论先秦对商品的管理及其节约与诚信意识——以〈周礼·地官·司市〉为例》，载《长春师范学院学报（人文社会科学版）》2006 年第 5 期。

[12] 孙瑞：《〈周礼〉中市场行政管理文书探究》，载《吉林大学社会科学学报》2003 年第 3 期。

[13] 李学勤：《鲁方彝与西周商贾》，载《史学月刊》1985 年第 1 期。

[14] 刘桓：《释颂鼎铭中册命之文——兼谈字的释读》，载《故宫博物院院刊》2002 年第 1 期。

[15] 朱红林：《周代"工商食官"制度再研究》，载《人文杂志》2004 年第 1 期。

[16] 连劭名：《〈兮甲盘〉铭文新考》，载《江汉考古》1986 年第 4 期。

[17] 朱红林：《论春秋时期的商人——"工商食官"制度与先秦时期商人发展形态研究之二》，载《吉林大学社会科学学报》，2006 年第 1 期。

［18］徐中舒：《试论周代田制及其社会性质》，载《四川大学学报》1955 年第 2 期。

［19］马增强：《〈仪礼〉思想研究》，西北大学 2003 年博士学位论文。

［20］唐贤秋、周怀红：《〈礼记〉中的 ‘诚信’ 思想及其特征浅析》，载《长春市委党校学报》2003 年第 11 期。

［21］肖忠群：《传统 “义” 德析论》，载《中国人民大学学报》2008 年第 5 期。

［22］张冠印：《 “绘事后素” 新解》，载《文艺理论与批评》2001 年第 6 期。

［23］刘道广：《孔子的 “绘事后素” 和 “质素” 说浅析》，载《学术月刊》1983 年第 12 期。

［24］杨新宾、黄朴民：《孟子礼论的内在理路》，载《理论学刊》2013 年第 3 期。

［25］刘宗贤：《孟、荀对孔子仁-礼学说的发展及得失》，载《东岳论丛》2009 年第 1 期。

［26］商增涛：《五伦范型及其文化原理》，载《东南大学学报（哲学社会科学版）》2013 年第 1 期。

［27］杨新宾、黄朴民：《孟子礼论的内在理路》，载《理论学刊》2013 年第 3 期。

［28］王公山：《先秦儒家诚信思想研究》，山东大学 2005 年博士学位论文。

［29］徐美莉：《中国古代的客礼》，载《孔子研究》2008 年第 4 期。

［30］景红艳：《论周代天子大飨礼及其历史功能》，载《孔子研究》2013 年第 1 期。

［31］马海敏：《周饮酒礼透视出的社会意识形态》，载《西北民族大学学报（哲学社会科学版）》2008 年第 4 期。

［32］高明：《从金文资料谈西周商业》，载《传统文化与现代化》1999 年第 1 期。

［33］王沛：《裘卫器铭中的公社与礼制——西周时期法律关系设立的再思考》，载《上海师范人学学报（哲学社会科学版）》2011 年第 5 期。

［34］王晶：《枚比鼎铭文集释及西周时期土地侵占案件审理程序初探》，载《农业考古》2013 年第 1 期。

［35］刘银良：《 “公序良俗” 概念解析》，载《内蒙古大学学报（人文社会科学版）》2004 年第 6 期。

［36］郭齐勇：《再论儒家的政治哲学及其正义论》，载《孔子研究》2010 年第 6 期。

［37］黄敦兵、雷海燕：《先秦儒家礼制中公正理念的建构逻辑》，载《理论月刊》2007 年第 4 期。

［38］陈乔见：《先秦诸子公私之辨的本义及其政治哲学内涵》，载《中原文化研究》2013 年第 4 期。

［39］［日］沟口雄三：《 “公” 的概念在中国和日本的区别》，冉毅译，载《般山学刊》1999 年第 2 期。

[40] 尚建飞:《先秦儒家公正理论的基本维度》,载《人文杂志》2011 年第 2 期。

[41] 崔大华:《儒学的一种缺弱:私德与公德》,载《文史哲》2006 年第 1 期。

[42] [法] S. 戴桑蒂斯:《美洲印加人、阿兹蒂克人和马雅人的农村公社——亚细亚生产方式研究》,载郝镇华编:《外国学者论亚细亚生产方式》(下册),中国社会科学出版社 1981 年版。

[43] 刘泽华:《春秋战国的"立公灭私"观念与社会整合(下)》,载《南开学报(哲学社会科学版)》2003 年第 5 期。

[44] 汪奠基:《老子朴素辩证观念的逻辑思想——无名论》,载《哲学研究》1957 年第 5 期。

[45] 顾准:《老子的"无名"是反对孔子的伦常礼教的有名论的吗?》,载氏著:《顾准文集》,贵州人民出版社 1994 年版。

[46] 朱克良:《"教化"含义初探》,载《华东师范大学学报(教育科学版)》1993 第 4 期 。

[47] 贺更粹:《"礼乐教化"考》,载《现代大学教育》2010 年第 4 期。

[48] 焦杰:《试论先秦冠礼和莽礼的象征意义》,载《南开学报(哲学社会科学版)》2011 年第 4 期。

[49] 张二国:《先秦时期的会盟问题》,载《史学集刊》1995 年第 1 期。

[50] 李力:《东周盟书与法制》,载杨一凡总主编、马小红主编:《中国法制史考证》(甲编第一卷"夏商周法制考"),中国社会科学出版社 2003 年版。

[51] 陈梦家:《东周盟誓与出土载书》,载《考古》1966 年第 5 期。

[52] 雒有仓:《论西周的盟誓制度》,载《考古与文物》2007 年第 2 期。

[53] 李学勤:《论留鼎及其反映的西周刑制》,载《中国史研究》1985 年第 1 期。

[54] 武树臣:《寻找最初的"夷"——东夷风俗与远古的法》,载《中外法学》2013 年第 1 期。

[55] 温慧辉:《"钧金"与"束矢"——先秦诉讼中的缴费问题》,载《寻根》2004 年第 3 期。

[56] 于语和:《〈周易〉"无讼"思想及其历史影响》,载《政法论坛(中国政法大学学报)》1999 年第 3 期。

[57] 王玉堂:《"两造具备"及其他——关于古代法学文献若干注释的评述》,载《古汉语研究》1990 年第 1 期。

[58] 詹学农:《中国古代民法渊源的鉴别问题》,载《比较法研究》1987 年第 2 期。

[59] 骆伟雄:《略论民法与礼——中国古代民法文化不发达原因分析》,载《社会科学

家》1991 年第 2 期。

[60] 李中生：《"赘""币"辨》，载《学术研究》1990 年第 2 期。

[61] 霍存福、刘晓林：《契约本性与古代中国的契约自由、平等——中国古代契约语言与社会史的考察》，载《甘肃社会科学》2010 年第 2 期。

[62] 高瑞泉：《平等观念在儒家系统中的四个解释向度》，载《江苏社会科学》2010 年第 6 期。

[63] 李晨阳：《儒家思想传统中的平等与不平等观念》，载《原道》2013 年第 2 期。

[64] 温慧辉：《试论先秦时期两种主要的契约形式："傅别"与"质剂"》，载《史学月刊》2004 年第 12 期。

[65] 李纪才：《"合乎比例的不平等"与"比值相等"——柏拉图、亚里士多德的公平思想》，载《上海行政学院学报》2009 年第 6 期。

[66] 彭邦炯：《西周主体农业生产者试探》，载四川联合大学历史系主编：《徐中舒先生百年诞辰纪念文集》，巴蜀书社 1998 年版。

[67] 孙金邦、陈安全：《论儒家的礼物观》，载《哲学研究》2013 年第 10 期。

[68] 张亮：《周代聘礼研究》，吉林大学 2013 年博士学位论文。

[69] 黎虎：《周代交聘礼中的对等性原则》，载《史学集刊》2010 年第 2 期。

[70] ［美］司马雅伦：《礼物、贿赂与关系：布迪厄的社会资本再思考》，载《中国农业大学学报（社会科学版）》2007 年第 4 期。

[71] 何兹全：《战国秦汉时代的交换经济和自然经济，自由民小农和依附性佃农》，载《史学理论研究》2001 年第 3 期。

[72] 李金波、聂辉华：《儒家孝道、经济增长与文明分岔》，载《中国社会科学》2011 年第 6 期。

[73] 段炳德：《孝道伦理、代际支付与中国经济增长》，载《理论学刊》2013 年第 7 期。

[74] 戚桂宴：《董家村西周卫器断代》，载《山西大学学报》1980 年第 3 期。

[75] 唐兰：《陕西省岐山县董家村新出西周重要铜器铭辞的译文和注释》，载《文物》1976 年第 5 期。

[76] 黄盛璋：《卫盉、鼎中"贮"与"贮田"及其牵涉的西周田制问题》，载《文物》1981 年第 9 期。

[77] 刘海年：《𤼈匜铭文及其所反映的西周刑制》，载《法学研究》1984 年第 1 期。

[78] 李学勤：《岐山董家村训匜考释》，载中国古文字研究会、吉林大学古文学研究室编：《古文字研究》（第 1 辑），中华书局 1979 版。

[79] 王晶：《𤼈匜铭文集释及西周诬告案件的审理程序窥探》，载《重庆师范大学学报

（哲学社会科学版）》2011 年第 5 期。

[80] 俞伟超、高明：《周代用鼎制度研究》（中），载《北京大学学报（哲学社会科学版）》1978 年第 4 期。

[81] 高玉琢、王宏：《〈礼记〉的法理思考》，载《理论探索》2007 年第 2 期。

[82] 王人聪：《珊生簋铭"仆墉土田"辨析》，载《考古》1994 年第 5 期。

[83] 王晶：《五年珊生簋铭文集释》，载《嘉应学院学报（哲学社会科学版）》2012 年第 3 期。

[84] 王长丰：《五祀卫鼎新释》，载《殷都学刊》2004 年第 4 期。

[85] 蔡运章：《西周货币购买力浅论——兼谈西周物价的若干问题》，载《中国钱币》1989 年第 1 期。

[86] 丁邦友、魏晓明：《从出土简牍看汉代马价》，载《鲁东大学学报（哲学社会科学版）》2008 年第 6 期。

[87] 黄锡全：《西周货币史料的重要发现——亢鼎铭文的再研究》，载中国钱币学会编：《中国钱币论文集》（第 4 辑），中国金融出版社 2002 年版。

[88] 丁邦友、魏晓明：《从出土简牍看汉代马价》，载《鲁东大学学报（哲学社会科学版）》2008 年第 6 期。

[89] 刘金华：《汉代物价考——以汉简为中心（二）》，载《文博》2008 年第 3 期。

[90] 李幡：《西周金文所见动作系及货币系贝类交易辞例》，载《北方文物》2008 年第 3 期。

[91] 冯卓慧：《鬲从盨所反映的西周契约关系》，载《考古与文物》1985 年第 6 期。

[92] 李幡：《曼为贾证》，载《考古》2007 年第 11 期。

[93] 徐进：《商鞅法治理论的缺失—再论法家思想与秦亡的关系》，载《法学研究》1997 年第 6 期。

[94] 闫利春：《贾谊"道"论的研究》，武汉大学校 2012 年博士学位论文。

[95] 林苏闽：《西汉儒学的自然主义转型董仲舒哲学研究》，复旦大学 2011 年博士学位论文。

[96] 刘文英：《"仁"的抽象与"仁"的秘密》，载《孔子研究》1990 年第 2 期。

[97] 李德龙：《先秦时期"德"观念源流考》，吉林大学 2013 年博士学位论文。

[98] 孙熙国、肖雁：《论〈尚书〉"德"范畴的形上义蕴》，载《哲学研究》2006 年第 12 期。

[99] 徐麟：《试论董仲舒的五行观》，载《河北学刊》1998 年第 4 期。

[100] 刘学智：《"三纲五常"的历史地位及其作用重估》，载《孔子研究》2011 年第

2 期。

[101] 藏明：《五德终始说的形成与演变》，西北大学 2012 年博士学位论文。

[102] 余治平：《董仲舒〈春秋〉质文法统考论》，载《社会科学》2012 年第 12 期。

[103] 李存山：《"五行"与"五常"的配法》，载《燕京学报》2010 年第 1 期。

[104] 彭华：《阴阳五行研究（先秦篇）》，华东师范大学 2004 年博士学位论文。

[105] 何勤华：《秦汉时的判例法研究及其特点》，载《法商研究》1998 年第 5 期。

[106] 武树臣《中国古代法律样式的理论诠释》，载《中国社会科学》1997 年第 1 期。

[107] 刘笃才：《中国古代判例考论》，载《中国社会科学》2007 年第 4 期。

[108] 胥仕元：《秦汉之际的礼治思想研究》，河北大学 2009 年博士学位论文。

[109] 曹旅宁：《秦〈厩苑律〉考》，载《中国经济史研究》2003 年第 3 期。

[110] 曹旅宁：《从里耶秦简看秦的法律制度——读里耶秦简札记》，载秦始皇兵马俑博物馆《论丛》编委会编：《秦文化论丛》（第 11 辑），三秦出版社 2004 年版。

[111] 于振波：《从"公室告"与"家罪"看秦律的立法精神》，载《湖南大学学报（社会科学版）》2005 年第 9 期。

[112] 陈松长：《睡虎地秦简"关市律"辨，正》，载《史学集刊》2010 年第 4 期。

[113] 杨振红：《秦汉"名田宅制"说——从张家山汉简看战国秦汉的土地制度》，载《中国史研究》2003 年第 3 期。

[114] 杨善群：《商鞅允许"土地买卖"说质疑》，载《陕西师范大学学报（哲学社会科学版）》1983 年第 1 期。

[115] 张金光：《试论秦自商鞅变法后的土地制度》，载《中国史研究》1983 年第 2 期。

[116] 江贻隆、陆建华：《韩非之礼学》，载《江汉论坛》2006 年第 1 期。

[117] 《日书》研读班：《日书：秦国社会的一面镜子》，载《文博》1986 年第 5 期。

[118] 禹平、严俊：《论东汉的礼制建设设》，载《吉林大学社会科学学报》2009 年第 5 期。

[119] 顾向明：《试论汉代礼制的形成与演变》，载《民俗研究》1998 年第 4 期。

[120] 张建国：《叔孙通定〈傍章〉质疑——兼析张家山汉简所载律篇名》，载《北京大学学报（哲学社会科学版）》1887 年第 6 期。

[121] 华友根：《沈家本辑叔孙通为汉立法与汉武帝时长安官狱二十六所及其意义述略》，载《沈家本与中国法律文化国际学术研讨会论文集》（下册），中国法制出版社 2005 年版。

[122] 黄留珠：《秦汉祭祀综义》，载《西北大学学报（哲学社会科学版）》1984 年第 4 期。

[123] 董莲池:《殷周禘祭探真》,载《人文杂志》1994 年第 5 期。

[124] 刘雨:《西周金文中的祭祖礼》,载《考古学报》1989 年第 4 期。

[125] 郭善兵:《汉代皇帝宗庙祭祖制度考论》,《史学月刊》2007 年第 1 期。

[126] 张亮:《周代聘礼研究》,吉林大学 2013 年博士学位论文。

[127] 李俊:《汉代常朝制度考析》,载《信阳师范学院学报(哲学社会科学版)》2008 年第 2 期。

[128] 邢义田:《尹湾汉墓木牍文书的名称和性质——江苏东海县尹湾汉墓出土简牍读记之一》,载氏著:《地不爱宝:汉代的简牍》,中华书局 2011 年版。

[129] 王子今、赵昆生:《尹湾〈集簿〉"春种树"解》,载《历史研究》2001 年第 1 期。

[130] 杨振红:《月令与秦汉政治再探讨——兼论月令源流》,载《历史研究》2004 年第 3 期。

[131] 高恒:《汉代上计制度论考——兼评尹湾汉墓木版(集簿)》,载《东南文化》1999 年第 1 期。

[132] 邢义田:《月令与西汉政治——从尹湾集簿中的"以春令成户"说起》,载《新史学》1998 年第 1 期。

[133] 王利华:《〈月令〉中的自然节律与社会节奏》,载《中国社会科学》2014 年第 2 期。

[134] 章启群:《〈月令〉思想纵议——兼议中国古代天文学向占星学的转折》,载赵敦华主编:《哲学门》(第 9 卷·第 2 册),北京大学出版社 2009 年版。

[135] 李零:《〈管子〉三十时节与二十四节气——再谈〈玄宫〉和〈玄宫图〉》,载《管子学刊》1988 年第 2 期。

[136] 庞慧:《〈吕氏春秋〉对社会秩序的理解与构建》,中国社会科学出版社 2009 年版。

[137] 王连龙:《〈周书·月令〉异名考》,载《沈阳师范大学学报(社会科学版)》2008 年第 1 期。

[138] 郭沂:《中国社会形态的四个层面及其历史分期》,载《文史哲》2003 年第 6 期。

[139] 柳春藩、沈捷:《〈四民月令〉完整反映地主田庄经济说质疑》,载《吉林大学社会科学学报》1992 年第 6 期。

[140] 杨雅丽:《"月令"语义文化溯源——〈礼记·月令〉解读》,载《贵州文史丛刊》2010 年第 2 期。

[141] 许迪:《论月令系统的时间图式擅变——以〈礼记·月令〉为中心》,载《武汉科技大学学报(社会科学版)》2014 年第 2 期。

[142] 马敏:《政治仪式:对帝制中国政治的解读》,载《社会科学论坛》2003 年第 4 期。

［143］［日］冈田谦：《台湾北部村落之祭祀圈》，陈乃蘗译，载《台北文物》1960 年第
4 期。

［144］许嘉明：《祭祀圈之于居台汉人社会的独特性》，载《中华文化复兴月刊》1978 年
第 6 期。

［145］林美容：《由祭祀圈到信仰圈：台湾民间社会的地域构成与发展》，载张炎宪编：
《第三届中国海洋发展史论文集》，"中央研究院" 三民主义研究所 1988 年版。

［146］林美容：《彰化妈祖的信仰圈》，载《"中央研究院" 民族学研究所集刊》1989 年第
68 期。

［147］任放：《施坚雅模式与中国近代史研究》，载《近代史研究》2004 年第 4 期。

［148］张睿：《崔寔思想研究》，南开大学 2012 年博士学位论文。

［149］孔宾：《从礼制到节庆——先秦两汉时期社祭的变迁》，载《山东社会科学》2011
年第 7 期。

［150］史志龙：《先秦社祭研究》，武汉大学 2010 年博士学位论文。

［151］张小稳：《改火、更火、出火及其融合》，载《社会科学战线》2015 年第 9 期。

［152］庞朴：《火历钩沉——一个遗失已久的古历之发现》，载《中国文化》1990 年创
刊号。

［153］张秀华：《西周金文六种礼制研究》，吉林大学 2010 年博士学位论文。

［154］刘雨：《西周金文中的祭祖礼》，载《考古学报》1989 年第 4 期。

［155］陈筱芳：《春秋宗庙祭祀以及庙与寝的区别》，载《西南民族大学学报（人文社科
版）》2006 年第 11 期。

［156］梁慧星：《市场经济与公序良俗原则》，载《民商法论丛》（第 1 期），法律出版社
1994 年版。